福建企业年鉴

2004

福建省企业调查队　编

中国统计出版社
China Statistics Press

（京）新登字 041 号

图书在版编目（CIP）数据

福建企业年鉴.2004/福建省企业调查队编.—北京：中国统计出版社，2004

ISBN 7—5037—4494－4/F・1944

Ⅰ.福... Ⅱ.福... Ⅲ.企业经济－福建省－2004－年鉴 Ⅳ. F279.275. 7－54

中国版本图书馆 CIP 数据核字（2004）第 082911 号

福建企业年鉴－2004

作　　者 / 福建省企业调查队
责任编辑 / 蔡启新
E—mail / yearbook@stats.gov.cn
责任校对 / 林勇
封面设计 / 李赟峰
出版发行 / 中国统计出版社
通信地址 / 北京市西城区三里河月坛南街 75 号 中国统计出版社
邮　　编 / 100826
电　　话 /（010）63262295
印　　刷 / 福州恒福彩印有限公司
经　　销 / 新华书店
开　　本 / 880×1230 毫米　1/16
字　　数 / 120 万字
印　　张 / 27 印张
印　　数 / 1—3000 册
版　　别 / 2004 年 8 月第 1 版
版　　次 / 2004 年 8 月第 1 次印刷
书　　号 / ISBN 7—5037—4494—4/F・1944
定　　价 / 200 元

《福建企业年鉴--2004》
编委会及编辑人员

编辑说明

一、《福建企业年鉴----2004 年版》是由福建省企业调查队编辑的以图文表并茂方式宣传福建省企业改革与发展的成就、多角度展示各类典型企业的风采、详实介绍与企业运行密切相关的政策法规和服务指南的大型资料性年刊。对于社会各界全面了解我省企业改革与发展的进程和现状，研究探索我省未来经济发展，推动福建经济、社会发展，将发挥应有的作用；对于福建企业了解宏观经济发展态势、研究市场动向和参与市场竞争，亦将有所裨益。

二、《福建企业年鉴----2004 年版》的主要内容包括闽企总览、市场占有、景气监测、企业集团、重点企业、专题调研、企业风采、政策法规等 8 篇章。

三、《福建企业年鉴----2004 年版》引用的统计数字，均按国家统一规定，做到全面、准确、统一、可比。年鉴表中的符号使用说明："…"表示数据不足本指标最小单位数；"空格"表示无该项指标数据；"#"表示其中的主要项。

四、《福建企业年鉴----2004 年版》在编辑出版过程中，得到省直有关单位、省统计局有关处室、各中心城市企业调查队、各有关企业的大力支持，参与文稿编撰、审定的同志付出了辛勤劳动和巨大努力。在此，我们一并致以诚挚的感谢。
《福建企业年鉴一 2004 年版》内容广泛，编辑时间短促，工作中疏漏和错误之处难免，敬请广大读者批评指正。

福建省企业调查队

二〇〇四年八月

ISI
福建雪津
真情的味道
真情的味道
天地

福建三安钢铁有限公司

福建三安钢铁有限公司是集钢铁、冶金、水电站、贸易等多种行业的钢铁联合企业，是福建省大型民营企业，是福建省第二大钢铁企业，公司占地1600亩，总投资16亿元，具有年生产160万吨铁、200万吨钢、200万吨材的综合生产能力。三安钢铁的主体设备有2座60平方米烧结机，2座400立方米炼铁高炉，2座50吨氧气顶吹转炉，1座600吨混铁炉，2台4机4流方坯连铸机，1座20000立方米制氧机，1条棒材连轧生产线，1条线材连轧生产线。三安钢铁的主导产品有："国光"牌热轧带肋钢筋，规格为φ10～φ40毫米，普通线材规格为φ5.5～φ12毫米。"国光"牌产品被福建省建筑业协会和统计信息咨询中心评定为"重点推荐品牌"和"福建省地产最畅销商品"，2003年被中国建筑材料流通协会评定为"信誉诚信单位"和"产品质量、售后服务无投诉单位"，同年，"国光"牌热轧带肋钢筋和圆盘条通过了ISO 9001:2000质量管理体系认证，2004年被福建省人民政府授予"福建省名牌产品"荣誉称号。

福建三安为钢铁项目配套建设的白濑水电站和磨石坑水电站，年发电量13500万度，白濑水电站已经投入发电。三安钢铁从1998年开始，陆续在厦门、漳州、泉州、福州等地成立国光工贸公司，建立强大的营销网络，2003年这4家贸易公司销售收入近18亿元人民币，同时还为三安钢铁解决了大宗原材料的采购问题。三安钢铁在扩建自身配套的同时，学习国内外著名企业管理经验，研究探讨在市场经济条件下，民营企业文化建设的思路、方式、办法，以"发展与创新"为主题，结合民营企业特点，全面开展"用户满意文明单位"创建活动，提炼"建业、做强、报国"的三安精神。

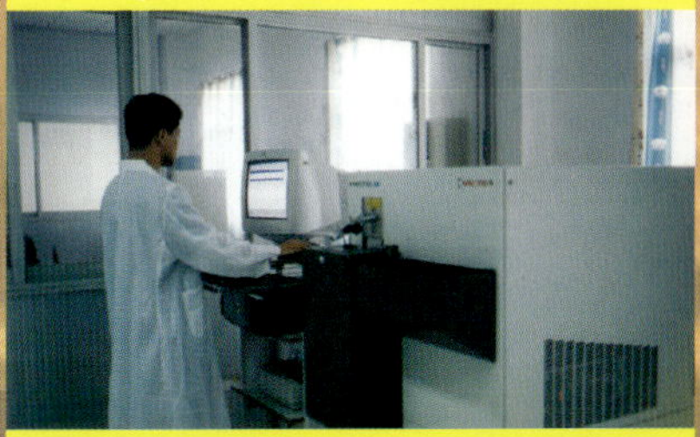

泉州奈步体育用品有限公司

QUANZHOUNIBUTIYIYONGPINGYOUXIANGONGSI

泉州奈步体育用品有限公司位于著名的中国鞋都晋江，地处泉州晋江机场工业园区黄金地段，公司现有标准厂房2万平方米，拥有4条现代化的真皮冷粘运动鞋生产流水线，以及国际水平的生产与检测设备，拥有各种专业人才200余人，员工2000人，年生产各类运动、休闲鞋500多万双。

多年来，在“谦信、务实”的精神指导下，在“保质量、守信誉”的基础上，不断开发拓展，不断采用新材料、新技术、保障产品在强烈的市场竞争中永战不殆。公司不断的完善自身的管理体系与品牌战略，致力于推动“奈步”品牌走在同类产品的前列。公司坚持以市场为导向，建立规范科学的营销管理运作模式，于2003年8月份成功引进国际名牌英国皇家保罗（POLO-MEISDO）。在立足于“让消费者满意”的基本理念前，奈步公司加强市场调研工作，争取做到接近市场、反应迅速、为代理商提供快速、有效及准确的营销细节服务，制订出一整套长远的品牌发展战略。奈步公司现已拥有一个密集的销售网络。在全国已有近一千个销售点，并且在消费者心目中已树立了极高的知名度与信誉度。

公司以“团结、奋进、敬业、创新”的企业经营理念，不断努力奋进，在激烈的鞋业竞争中开拓创新，脱颖而出，创造更辉煌的业绩！

POLO MEISDO
地址：福建泉州晋江机场旁边坑脚工业区
电话：0595-85126555、85136555
传真：0595-85197952
HTTP：//www.nai-bu.com

石狮市

石狮市服装城位于中国服装名城石狮市区南部的商业腹地，紧邻著名的鸳鸯池纺织面料市场，与面料市场、辅料市场、缝制设备市场共同构成南洋路纺织服装商业繁荣带。项目规划总用地面积74公顷（合1110亩），总建筑面积60多万平方米，仓储建筑面积8.5万平方米，绿化用地8.29公顷，地面停车位600个，地下停车位4400个，屋面停车位1200个，交易区商铺总数4500多间，计划总投资近10亿人民币。

中国鞋都全球拍卖公告
中国鞋都（晋江）
CHINA SHOES CAPITAL(JIN JIANG)
中国鞋都（晋江）是晋江市和泉州市重点工程，占地２００余亩，总建筑面积２０万平方米，是集品牌鞋、鞋材辅料、鞋机一体化的物流中心。本项目的诞生将对闽南地区的经济发展和中国休闲运动产业的规范升级产生巨大的推动作用。该项目被誉为晋江鞋业产业集群以及大泉州规划的重点示范工程。
8大核心概念，层层诠释鞋都内涵
1.理念篇：划界鞋业的奥林匹克　亚洲战区的赛事中心
2.品牌管：旗舰品牌核心区　中国鞋业CGD
3.市场篇：世界的创业机会　中国的财富特区
4.魅力篇：共享技术人才市场　奠定作业成本领先
5.企业篇：晋升世界品牌A梯队　实现巅峰企业价值观
6.城市篇：中国行业发展的动力引擎　东南城市经营的示范工程
7.区域篇：大东南区域增长极　大泉州经营突破口
8.行业篇：产业大盘引领行业规范
6大产品物点，彰显民族产业
1.滚滚超额利润源自集中采购
2.共享品牌、技术、人才、市场、奠定作业成本领先
3.政策扶持、产业孵化、培育鞋企做强做大
4.特色联袂、超大景观和逾千车位
5.四通八达　四面均享临街富华
6.闽南风情+伊斯兰建筑文化，诠释“执着诚信和博大灵空”的全球经营理念
发展商：澳门金龙集团.晋江鞋业市场建设发展有限公司
贵宾热线：（0595）85130001　85130002　85130003
项目地址：福建省晋江市

安溪县兴华水电开发有限公司

安溪县兴华水电开发有限公司（以下简称兴华水电）是由安溪籍企业家黄建章先生于1999年4月创建的。黄建章先生早年在云南经商，先后创建云南常青环保设备公司，业务涉及商贸、成套设备供货和安装、地产开发等领域。为了为家乡发展作贡献，1998年黄建章先生毅然决定回到家乡的经济建设。回到家乡后，他发现安溪县境内及周围县市水利资源丰富，但现有供电能力却不能满足用户的供电需求，因此，他决定投入基础设施建设，投资开发水电资源。在安溪县县委、县政府的大力支持下，他独资创办兴华水电，从事水利、水电开发。

1999年3月，兴华水电与安溪县虎邱镇经济联合社签定了开发协议，投资兴建百丈崖水电站。电站充分利用“百丈崖”优越的自然落差，为一座崖顶筑坝引水、崖下建厂发电的迳流式水电站，设计装机容量5000KW，年平均发电站，设计装机容量5000KW，年平均发电量为2197万KE.H，年利用小时数为4394小时，在保证率为85%时的保证出力为904KW，电站总投资2691.34万元。2001年3月，电站竣工，并一次试车成功投入商业运行。电站投入商业运行以来，在安溪县兴华水电开发有限公司的科学管理下，运行稳定，设备维护保养及时，设备完好率高，年发电小时达到设计利用小时，甚至超出，经济效益和社会效益显著。此后，兴华水电积极开拓进取，先后投资开发了富兴水电站、罗丰水电站、化苍兴华水电站，总装机容量达到八万千瓦时，这些电站建成运行后，均实现了良好的经济效益和社会效益。2003年1月，兴华水电又通过拍卖，以3300万元获得了永春县龙门滩四级水电站的开发经营权，投资兴建装机容量为2.8万千瓦时的龙门滩四级水电站；同时，为了达到水资源综合开发利用的目的，兴华水电又与永春县政府就龙门滩自来水项目达成一致，将投资兴建龙门滩自来水厂，利用龙门滩水库的蓄水生产自来水，解决永春县的供水矛盾。

兴华水电注册资金1000万元，经过几年的经营，公司总资产已超过5亿元，走上了以水电开发产业为龙头，商贸、成套设备供货安装为辅助的综合开发经营的良性循环。目前，兴华水电在职员工约210人，引进了20多个工程技术、项目管理、财务管理方面的专业人才，为公司下一步的发展奠定了良好的人力资源基础。水电开发成功后，兴华水电又积极开拓市场，涉足水务产业，把自来水、污水处理作为公司新的投资发展方向，计划将其培育发展成为公司新的产业，计划成立兴华水务投资公司。为此，兴华不电与拥有丰富的自来水、污水处理工程设计院，以及拥有丰富的污水处理厂、排水设施建设管理运行经验的昆明市排水有限责任公司建立了战略合作伙伴关系，利用这两家单位雄厚的专业技术实力和自身雄厚的资金实力，打造兴华水务产业。

智盛石材有限公司

ZHISHENGSHICAIYOUXIANGONGSI

智盛石材有限公司创办于1992年，注册资金1728万元。公司坚持按IS09001：2000国际质量标准生产，并于2003年11月通过该质量体系认证。是一家集国内外各类花岗岩大理石板材和石材工艺品生产加工、石材工程设计施工、室内外装修、花岗岩大理石矿山开发、自营进出口贸易、技术咨询服务为一体的中大型石材工贸企业，公司凭着得天独厚的花岗岩资源优势，依靠先进的技术和高效的管理服务体系，高质量高效发展，公司总资产300多万元，占地面积三十多亩，员工近300人，配备有各种先进生产设备，年产石板材近20万米，石材工艺品近10万米，年营业收入数千万元，公司先后受上级各部门的多次表彰。

智盛石材有限公司投入巨资引进意大利全自动切石机、磨光机、数控绳锯、电脑切割机、红条机、柱座机、电脑修边机等各种异型石材切机及生产设备，聘请高级石材技术管理专业人才，保证质量达到国际级水平。

智盛石材有限公司以其品种多样、丰富、齐全，品质优良、工艺精湛、供货及时、更可依客户需求规格订造而获得国内外用户的好评。产品不仅畅销全国各主要城市，而且远销美国、日本、东南亚，同时公司具备大量专业人才，可提供石材生产、石材工程设计、施工、安装等一条龙服务，在承接工程中信守合同，以高质量、高效率尽力满足客户、用户的合理要求，提供完善的服务而得到客户的依赖和好评。

前进发展中的智盛石材有限公司，十分珍惜已取得的成就和名誉，将继续发扬质量第一、顾客至上的立业之本和优质、高效、求实、开拓的智盛精神，竭诚与国内外工商界、实业界以及各界新朋好友携起手来，共创美好的明天。智盛乃至胜之本，选择智盛永远获胜。

地址：南安市柳城街道帽山工业区　电话：0595-86351349　86365698　传真：0595-86357198
手机：13905986979 13805966126　E-mail: web@fjnazs.com　http://www.fjnazs.com

福建省三钢（集团）有限责任公司

福建省三钢（集团）有限责任公司（以下简称三钢）是福建省最大的钢铁联合企业。前身为福建省三明钢铁厂，兴建于1958年。厂区占地面积272万平方米。2000年4月，经福建省人民政府批准改制设立福建省三钢（集团）有限责任公司。公司现有职工11509人。总投资62.47亿元。所有者权25.10亿元。历经46年的发展，已形成拥有炼焦、烧结、炼钢、轧钢全流程生产工艺及配套的辅助设施，年产钢能力达250万吨以上的大型钢铁联合企业。主要产品为建筑用钢材和金属制品材。主导产品热轧带肋钢筋和热轧圆盘条产品均为省名牌产品。其中热轧带肋钢筋被国家质量技术监督局审定为免检产品；HRB335、HRB400热轧带肋钢筋被中国钢铁工业协会授予“冶金产品实物质量金杯奖”。企业被中国质量协会用户委员会和全国冶金质量管理协会评为“产品质量”和“服务质量”双十佳企业。

近年来，三钢紧紧抓住发展这个第一要务，加快结构调整，深化内部改革，推进管理创新，不断提升企业核心竞争力，做优做强做精企业。2003年累计产钢210.75万吨，实现销售收入51.09亿元；实现利税15.92亿元，其中，利润10.98亿元，税金4.94亿元。在全国70家重点钢铁企业的主要技术经济指标汇总比较中，经济效益综合指数居第3位，社会贡献、总资产贡献率和资本利税率均居第2位，吨钢利润和成本费用利润率居第3位，销售利润率居第5位，资本收益率居第7位，人均利润居第8位，人均利税居第9位，全员劳动生产率居第10位。资本保值增值率达133.56%，比行业平均水平高出18.05个百分点。一批主要技术指标稳居行业前列。企业先后荣获“全国五一劳动奖状”、“全国精神文明建设工作先进单位”、“全国质量管理先进企业”、“全国企业职工培训先进单位”、“福建省第六届、第七届文明单位”、“福建省先进基层党组织”、“福建省省级花园式单位”等荣誉称号。

公司大门

炼钢高效连铸

高炉夜景

联系电话：0598-8205161
联系地址：三明市工业中路

110米／秒高速线材生产线外景

福建省德化闽通瓷业有限公司

FUJIAN DEHUA MINTONG PORCELAIN INDUSTRY CORP.,LTD.

福建省德化闽通瓷业有限公司，是一家具有较高科技含量的民营陶瓷企业。公司主要产品有：釉中彩茶具、德化白茶具、釉中彩餐具等七大类产品500多个花色品种，产品畅销国内连锁超市（商场），星级宾馆、酒店，以及日、韩、俄、美等国外市场。尤其被广泛地作为礼品瓷、促销赠品瓷，深受国内外市场的青睐和赞誉。釉中彩茶具、餐具采用高科技的釉中花纸，贴花后经高温烧成，花面彩色已陷入釉中，因而瓷器表面没有任何含铅等有害物质，符合瓷器卫生标准，属环保型茶具、餐具。其外表装饰，色彩鲜艳，古色古香，釉面滑润，惹人喜爱，既高雅卫生，又给人一种艺术的享受，是中国茶道及家庭餐具的最佳选择。釉中彩餐具填补了福建省陶瓷业的空白，具有巨大的发展潜力。高档宾馆酒店配套中西餐具，配上釉中彩茶具、餐具，将起到意想不到的艺术装饰效果，目前在国内中、高档餐厅中，已十分流行和备受欢迎。

德化白，又名“中国白”、“奶油白”、“象牙白”、其釉面略呈乳黄又似牙白，美如凝脂冻玉，在光线映照透视下，瓷器通体呈糯米胎质和肉红色，或牙红半透明，显得珠光宝气，是德化精品陶瓷的代表。

德化闽通瓷业有限公司已通过国家商标局商标注册，并通过ISO9001-2000国际质量管理体系认证。德化闽通瓷业将始终以艺术创意，完美质量和品牌营销作为企业长远发展战略，“用闽通茶具、品天下名茶”，“用闽通餐具、享美食美器”。

MT40　15头德化白茶具

MT51　贝雕孔明茶盘

MT21　釉中彩茶具系列

MT04　三件杯

MT48　釉中彩餐具系列

总经理：卢允照
地址：中国福建省德化县科技园区
电话：0595-23589229、23525015
传真：0595-23527808、13808504526
邮编：362500
E-mail:mintong@public.qz.fj.cn
http://www.dehuamt.com

邵武中竹纸业有限责任公司

邵武中竹纸业有限责任公司隶属中竹纸业集团公司，公司占地面积1200多亩，现有员工80人，注册资金4.60亿元，资产总额10亿元，现有生产能力年产硫酸盐漂白浆5.5万吨，高级文化用纸2.5万吨，厂区座于福建省邵武市下王塘，交通便利，距武夷山机场仅75公里，鹰厦铁路和316国道由此通过。

公司引进加拿大、芬兰、德国、瑞典等国家的制浆、造纸、碱回收、污水处理等先进的污染清洁生产技术和设备，是国内行业环保先进的示范工程之一，生产高白度硫酸盐漂白竹浆板和各种高档文化用纸，其白度达到88%ISO以上，产品质量可与国际名牌“银星”“北木”相媲美，并获得中质协质量保证中心颁布的ISO9002质量保证体系认证，被中国质量协会、中国商品学会联会评为“产品质量美誉第一名”，被福建省技术监督局评为名优产品，被福建省造纸协会评为福建省“造纸行业优质产品”，注册的“武夷牌”商标被中国技术监督局为“中国市场知名品牌”，企业被评为“中国市场知名企业”。

公司坚持可持续发展战略，十分重视环保工作，污水处理共投入资金3700万元，投资额占总投资的8.6%，超出国际标准，废水排放指标优于国家GB3544－92造纸工业污染排放标准，为福建省“一控双达标”先进单位。

为实现企业的可持续发展，调整产业结构，优化资源配置，公司在现有生产能力基础上拟实施新增15万吨/年漂白竹浆生产线技改项目，项目总投资138718万元。建成投产后，可新增制浆能力.5万吨，实现销售收入67500万元。

福建东南造船厂

福建省东南造船厂是福建省船舶工业的点企业，信用等级为AA级。工厂始建1956年，已设计建造了近千艘船舶，除了足国内船东需求外，还分别出口澳大利亚、法属波利尼西亚、日本、新加坡、西非、来西亚、印度等国家和香港、台湾地区。厂主导产品有大功率海洋三用工作拖轮、轮、货轮、登陆艇、集装箱船、工程船、品油轮、旅游船等。工厂坚持以“提高素、用户至上、高质拓市场、高新求发展”质量方针，在采用CAD和CAM技术基础上，2001年改进了HD-SHM2000版的船体建造系，还引进了荷兰NCG公司造船专业设计软件；工厂于2001年通过ISO9001质量体系认证，2003年8月通过了GB/T19000-2000版的换工作，同年9月还获得英国皇家认可委员会的UKAS标准证书。工厂通过不断完善修造和质量管理体系，竭诚为国内外的客商务。出口法属波利尼西亚的64米客货两用轮出澳大利亚延绳钓鱼船，分别获2003年福建新产品称号。

出口澳大利亚新式延绳钓渔船，获2003年福建省新产品称号。

2004年4月15日出口新加坡的海洋三用工作拖轮，其具有海洋消防、石油平台抛锚定位、海洋供应补给等功能，是当今先进的海洋工作拖轮。

为中国渔政设计建造的公务船

东南造船厂码头一角

出口法属波利尼西亚登陆艇

东南造船厂厂长黄文定（左四）出访法属波利尼西亚，受到波利尼西亚政府主席（左五）的亲切接见。

溪石集团

XISHI GROUP

福建溪石集团有限公司位于民族英雄郑成功的故乡中国建材之乡——福建省南安市。公司注册资金1亿元人民币，占地面积15.5万多平方米。公司拥有各类先进的意大利石材加工设备，BARSANTI公司的花岗岩大砂锯、大理石排锯、自动磨抛机、PELLEGRINI公司的金刚石串珠绳锯、GMM红外线多功能桥切机和意大利贝德里尼公司的成套大理石薄板生产线等，产品有进口大板、圆形、异型、大理石、薄板等各类石材精品，承接全国各地的大型会展中心、机场、星级酒店、写字楼、商厦、公园、广场等重点工程石材项目，博得广泛的赞誉。公司通过ISO9001：2000质量管理体系和国际标准认证，产品质量历次经国家监督抽查合格获得国家建材局“石材产品质量信得过企业”、工商银行福建省分行“省级优秀企业”、国家工商总局和福建省工商局“重合同守信用企业”等荣誉称号。“溪石”石材被福建省人民政府评为“福建省名牌产品”，被北京人民大会堂管理局授予“优质的产品，优质的服务”荣誉证书。“溪石”商标被评为“中国驰名商标”、“福建省著名商标”。公司秉持“质量第一、信誉第一”的宗旨，愿为更多的海内外客户提供优质的服务，携手共创更辉煌的明天。

全国人大常委、全国人大民委副主任、中国轻工业联合会会长陈士能亲切会见王伯瑶董事长，并欣然为溪石集团题字

泉州市潮兴集团公司—潮兴工业区

THE QUANZHOU CHAOXING GROUP BRIEF INTRODUCTION OF CHINA

泉州市潮兴集团公司
董事长、总经理：张汉辉

“负责、开拓、勤奋、真诚”是泉州潮兴集团的企业文化基础。

潮兴集团是“中国石雕之乡”福建省泉州市惠安县崇武镇潮乐村集体创建的跨区域、跨行业、跨所有制的企业集团。它集科技、生产、经营、服务于一体，拥有８７６０万元的固定资产，有２８家集团企业和一个占地１１万平方米的“潮兴工业区”。

潮兴集团以出口高级基园石、基碑制品、石影雕、汉白玉雕塑品、园林环境艺术雕塑、花岗岩建筑装饰等为主，同时发展其他加工和轻工业，并拓展了旅游服务业、房地产以及海洋业。

潮兴集团系列产品遍及日本、东南亚及欧美等国及香港、台湾和内地。集团董事长、总经理张汉辉是第九届全国人大代表、福建省第十届人大代表，副总经理进丁是“全国优秀村委会主任”。

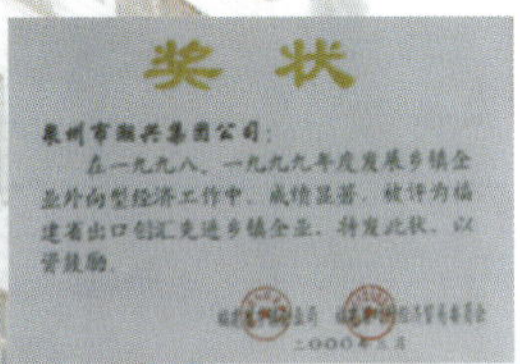

1998年3月11日李鹏总理与出席九届全国人代会福建代表合影（第六排右二为体集团董事长）

福建贤盛·厦门旭辉

我司创立于1992年，专营国内外各种石材的加工和销售，并承接石材工程的设计和施工以及室内外墙体、地面、台面等装饰装修，并且具有自营进出口权的综合性企业。

一直以来我们坚信：品质是企业的生存根本，服务是企业的发展之路。因此我们致力于产品质量的严格控制，以及“全心全意”为您服务的行动指南，迄今我们已拥有三座矿山，两家全资工厂，一家进出口公司和一批专业的销售施工服务人才，建立起了我们特有相对完善的专业经营模式。

与此同时我们认为我们的企业还很年轻，尚有许多不足之处需要社会各界及业内人仕的指导和促督，因些我们本着最初时的信念“客户第一，信誉第一，质量第一”为宗旨，发扬“勤奋，拼搏，开拓，进取”的精神，竭诚与海内外客商携手合作，共创美好的明天！

石井镇

石井镇地处南安市最南端，东隔马江毗邻晋江东石，南临浯江遥对金门，西连龟山与同安巷东接壤，北与水头交界，陆地83平方公里，海域50多平方公里，海岸线长24公里，是闽东南海峡西岸对外交通要冲，也是南安市唯一的出海口。

改革开放以来，石井人秉成先人不屈不挠的创业精神，树立敢拼敢博的时代观念，围绕建设“现代化港口城镇”的总体目标，进一步解放思想、与时俱进，立足区位特点，发挥港口优势，壮大“石材、石化、航运渔业、新型轻工、旅游”五大支柱产业，经济保持快速发展势头，社会各项事业取得较大进一步。2003年，全镇完成工商税收17466万元，全年全镇总供电力达5亿千瓦时，经济实力位居全省农村50强乡镇第4位，被省委、省政府评为“福建省第八届文明镇”，是福建省小城镇改革试点镇。

目前，石井镇基础设施日臻完善，水陆交通便捷，水电供给充足，通信网络快捷，码头群建设初具规模，石井港辟为国家二类口岸和台轮停泊点。现有7家航运公司拥有货轮97艘，总载重吨位达13万吨，是福建知名的“航运之乡”。石井得天独厚的投资环境，将是一个有力的吸引。我们热烈欢迎、热忱期盼社会各界有识之士到石井投资兴业、观光旅游、共襄盛举！

晋江市安海镇

安海镇位于福建东南沿海，现有土地面积55.72 平方里，辖36个行政村和5个居委会，人口11.2万人。安海历史悠久，自公元1130年建镇，至今已近874年，因朱朱熹父子和郑成功在此留下深刻足迹，故有“二朱过”、“朱文郑武”之谓，安平桥、石井书院、龙山寺、心亭、白塔、星塔、忠义古庙等古迹，无不在诉说着安历史的辉煌。改革开放以来，安海人秉承先人遗风，以贸善贾、勤业拼搏和崇实守信的精神，致力于经济发，取得令人瞩目的成就。2003年，全镇工商税收入库1808亿元，农民人均收入6366元。综合经济实力连续年保持在福建省十强镇的前列，被中央宣传部等五部委为“全国创建文明小城镇示范点”，被国家科技部评为十五”第一批“全国星火小城镇示范镇”创建单位，被政府确定为“十五”期间重点建设的中心城镇之一，并后被授予全国乡镇企业投资环境100强和全国50个乡镇业示范区的荣誉称号。

安海镇政府办公楼

二朱过化-文公祠

五里桥

沙县国安装饰装修工程有限公司

沙县国安装饰装修工程有限公司，是香港国安装饰装璜有限公司在沙县国安工业小区独资兴、的集家私、灯具、床上用品、工艺品、仿真花卉制造及销售、室内外装饰工程于一体的现代化企业。目前已具有国家二级装饰装修设计、施工资质，同时持有国家乙级消防工程设计与施工的可证。

公司遵守行业自律公约，通过ISO9001：2000质量管理体系认证，公司秉承“质量第一，用至上”的经营理念，树立了良好的企业信誉：2001年被评为“AAA”级信用企业；2002年被中质量协会用户委员会评为“放心建筑装饰企业”；2003年被福建省建设厅评为百家绩优建筑装企业。2003年被福建省建筑业协会评为“2002年度全省信得过建筑装饰企业”；2003年被授予“讲诚信，重质”单位。

为迎合市场需求，公司引进意大利最先进的家俱制造生产设备，年生产万套中、高档家俱。对国内外日益激烈的家私装饰市场的竞争，我公司确定了“出口创汇、立足福建、辐射全国市”的主导方针，“以研制开发中高档家俱与室内外装饰工程相结合，进而实现家俱制造、室内装饰工程并举”的市场定位，用独特的设计将装饰工程“搬”进工厂，又将家私制造巧妙地融装饰工程中，使“国安”家私与装饰同时具有独特、新颖、质优、价实的特点。成为“利”、“柒牌”、“老人头”等数十种中外驰名服饰品牌专卖店装饰与货架的指定生产企业。

至2002年，公司完成投资4000余万元，建设完成了高起点的9幢花园式标准厂房；现代化家私示中心；现代化办公大楼；园林式生活区及中央空调系统安装、智能布线、系统预埋等各项配工程。

新世纪，国安人将秉持诚信精神、勤勉创业，为沙县工业经济发展做出不懈的努力。

泉州汽车运输总公司

即将建成投产的泉州汽车客运中心站

福建省泉州汽车运输总公司创建于1950年7月，原为省属企业，1993年成建制下放泉州市。2001年被交通部评为道路旅客运输二级企业。总公司现有职工2900多人，离退休职工1500多人，企业总资产3.6亿元(不含土地评估值1.29亿元)，营运车辆1200多辆。2003年企业创产值接近3亿元，实现利润1393万元，上缴税金2405万元。

总公司是闽南地区最大的一家国有道路运输企业。营运网点遍布泉州市各县(市、区)主要乡镇，有各类道路客运站28个，经营客运线路498条(其中省际班线60多条)，货运线18条，形成了以泉州市区为中心，幅射全国17个省、135个地(市)县的专业运输服务网络。

几十年来，总公司累计上缴国家税利5亿多元，为侨乡泉州经济发展和服务人民群众做出积极贡献。改革开放，特别是自1993年体制下放以来，总公司在泉州市委、市政府的正确领导下，两个文明建设取得了丰硕成果，经济效益连续十二年保持持续快速健康发展势头，主要经济指标名列全省同行前茅，先后被省政府为“全国百家重点企业”、被省委授予“先进基层党组织”等称号。总公司在2003年首次评选全国交通百强企业中排行第83位；在2002年度中国72个行业纳税排行榜—“中国汽车运输业纳税十强”中位居第3，名列福建省纳税300强企业第123位。企业已步入历史发展最佳时期。

公司法定代表人：张以平（总经理） 地址：福建省泉州市鲤城区民权路26号
电话：0595-22284141（总机） 电传：0595-22284213 邮编：362000

福建省平和电力公司

福建省平和电力公司是集发电、供电和电力基本建设于一体的国有企业。公司固定资产原值8100多万元，供电网络覆盖全县15个乡镇，通电率达100%。年供电量1.8亿千瓦时，年销售收入6000多万元；年实现利税1100万元。公司以“优质、方便、规范、真诚”的服务，赢得社会各届的广泛好评，地方行风评议名列前茅，蝉联县、市文明单位，2004年5月被授予五一劳动奖状。

总经理:陈建南

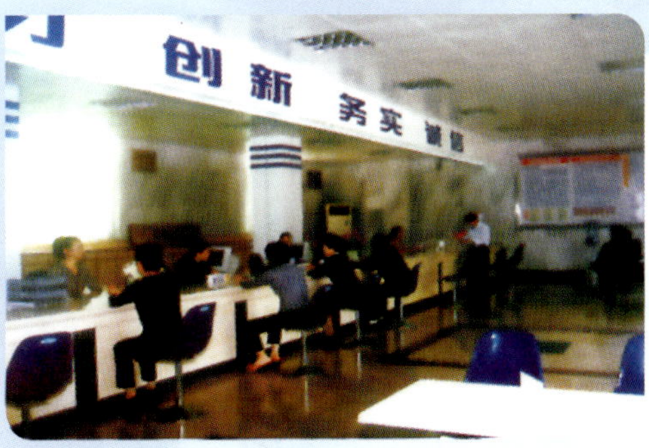

宽敞明亮的客户中心营业厅

变电站一角

地址：福建省平和县小溪镇北大路86号 邮编：363700 电话：0596-5232581
传真：0596-5239518

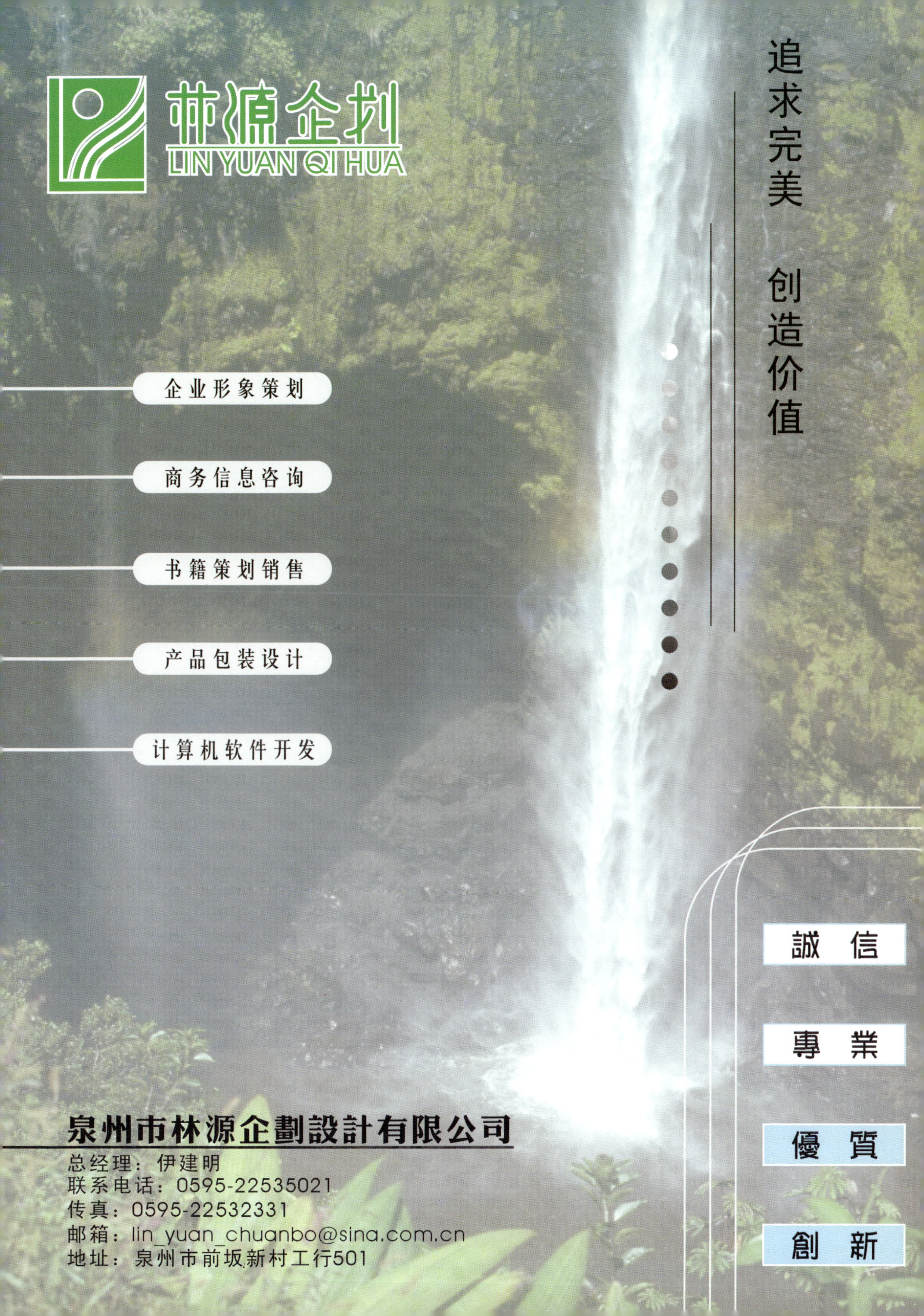
林源企划
LIN YUAN QI HUA
追求完美
创造价值
企业形象策划
商务信息咨询
书籍策划销售
产品包装设计
计算机软件开发
誠信
專業
優質
創新
泉州市林源企劃設計有限公司
总经理：伊建明
联系电话：0595-22535021
传真：0595-22532331
邮箱：lin_yuan_chuanbo@sina.com.cn
地址：泉州市前坂新村工行501

目　录

一、闽企总览

第二部分　市场占有

三、景气监测

四、企业集团

五、重点企业

六、专题调研

七、企业风采

八、政策法规

一 闽企总览

2004

FUJIAN ENTERPRISE YEARBOOK

2003年福建企业发展综述

2003年，福建省认真贯彻中央宏观调控政策，克服了复杂的国际形势、“非典”疫情、自然灾害等不利因素影响，从实际出发，围绕海峡西岸经济区建设的战略目标，加快经济发展，我省企业呈现持续、协调、稳健发展的态势。全年企业运行呈如下特点：

国有、集体企业数量逐年减少。据工商登记，2003年末，福建省共有国有、集体法人企业32237家，比上年减少7915家，比2000年减少28123家，国有集体企业本年注消数比本年开业数多12729家。与上年相比，2003年国有、集体的规模以上工业企业单位数减少8.8%。2003年国有企业一至四季度综合景气指数分别为123.5、104.8、122.0、126.9，与上年同比分别增长8.1、-7.5、6.7、11.7。表明2003年国有企业生产经营情况较去年有所起色。而集体企业四个季度综合景气指数分别为99.1、87.6、89.1、93.9，均处于不景气区间，未见好转。

非公有制企业生产经营状况良好。随着经济结构调整步伐加快，非公有制企业的地位日益瞩目，以私营企业、股份制企业为主的民营企业异军突起，活力强劲。据工商登记，在全省企业数持续减少的情况下，私营企业显示了蓬勃的生机和活力。2003年私营企业达87510家，比上年增加32.6%。从各类企业完成的业务总量看：2003年，仅规模以上私营工业总产值增幅就高达42.8%，比全部规模以上工业高14.4个百分点。私营建筑企业总产值增长139.2%，私营批发和零售贸易企业销售总额增长71.8%，其增幅远高于国有和集体企业，成为经济发展新的增长点。

外商和港澳台商投资企业继续保持高速增长。截止2003年底，累计投产开业外商投资企业达8194家，本年实际投资31.17亿美元，增长24.9%，全年完成总产值3339.14亿元，比上年增长40.6%，出口销售收入达169.61亿美元，比上年增长31.8%，相当于占全省外贸出口总额的80.3%，是我省外贸出口的生力军和主要支柱。分行业看，全省20个行业中有17个行业总产值保持两位数增长，有15个行业增幅超过20.0%以上，其中制造业、电力燃气水生产供应、建筑业、信息传输计算机软件业、贸易业、住宿餐饮业、金融业、租赁商务服务业等8个行业增长均在35.0%以上。

工业企业生产高位运行，增速加快。2003年工业对国内生产总值的贡献率达54.1%，创历史新高。全省工业增加值占GDP的41%，拉动全省GDP增长6.2个百分点，比上年提高了0.3个百分点。据统计，至2003年底，全省共有规模以上工业企业9208家，比上年增长23.4%；完成工业总产值4953.74亿元，比上年增长28.4%，增速居全国第4位、华东区第1位。从分行业情况看，全省37个大类工业行业中有32个行业产值保持两位数增长，有29个行业增长速度超过20%。其中交通运输设备制造业、非金属矿采选业、化学原料及化学制品制造业、专用设备制造业、水的生产和供应业、通用设备制造业、文教体育用品制造业、通信设备、计算机及其电子设备制造业等8个行业的增长速度均在35.0%以上。

房地产业迅猛增长，推动建筑业整体走强。随着我省房地产市场的持续升温，拉动了建筑业整体走强。2003年房地产开发完成投资362.07亿元，比上年增长45.4％。2003年全省建筑业企业（含劳务分包企业）完成建筑业总产值557.31亿元，比上年增长36.3%。我省建筑业企业各类房屋施工面积达6440.08万平方米，比上年增长16.2%。同时装饰装修业成为建筑业生产新的增长点。装饰装修产值35.86亿元，比上年增长41.1%。2003年一至四季度房地产业的景气指数分别为112.8、116.2、117.0、113.7。而建筑业一至四季度的景气指数分别为101.6、103.3、100.4、102.1，比上年同期均有所增长。2003年，建筑业企业通过企业改制，优化组合，形成各种建筑业行业门类齐全，结构较为合理的建筑业企业群体，企业整体资质水平也有所提高，其中，本年有工作量的施工总承包企业747个，专业承包企业773个，劳务分包企业86个，施工总承包企业中二级以上企业占38.2%，专业承包企业二级以上企业占48.8%。

批发零售餐饮业稳中趋旺。2003年全省批发和零售贸易业销售总额3284.11亿元，比上年增长10.4%；餐饮业营业收入223.86亿元，增长27.3%。其中限额以上批发业1060家，比上年增加87家，全年销售总额1464.03亿元，增长23.3%；零售业769家，比上年增加210家，全年销售总额311.33亿元，增长 59.6%；餐饮业314家，比上年增加61家，全年营业收入36.05亿元，增长14.2%。据景气监测，一至四季度批发零售贸易业企业景气指数分别为：133.8、122.0、126.8、139.7，均处于景气区间。

对外贸易业大幅跃升。2003 年全省对外贸易迅猛发展，亮点频现，不断创出佳绩。2003 年全省进出口总额达 353.35 亿美元，比上年增长 24.4%，其中出口211.40亿美元，进口141.95亿美元，分别增长21.7%和28.7%，双双再次迈上一个新台阶，全年实现贸易顺差69.45亿美元，比上年增长9.5%。2003年我省25家企业入选进出口额最大的500强。

1-1 福建企业在全国位置

（2003年）

项　　目	2003年			2002年
	总量	占全国比重（%）	位　次	位次
一、企业单位数（个）				
1. 规模以上工业	9208	4.69	6	8
2. 建筑业	1443	2.96	16	15
3. 限额以上批发和零售贸易、餐饮业法人企业	2143	6.44	7	7
（1）批发业	1060	7.10	3	4
（2）零售业	769	6.20	6	7
（3）餐饮业	314	5.29	6	7
二、业务总量（亿元）				
1. 规模以上工业总产值（当年价）	4953.07	3.48	9	9
2. 建筑业总产值（当年价）	549.34	2.38	15	16
3. 限额以上批发和零售贸易业销售总额	1775.30	3.65	9	9
4. 餐饮业营业收入	178.00	2.81	12	12
三、从业人员（万人）				
1. 规模以上工业	221.40	3.85	8	12
2. 建筑业	55.36	2.29	16	17
3. 限额以上批发和零售贸易、餐饮业	17.28	3.32	12	13
（1）批发业	6.53	3.66	10	13
（2）零售业	5.86	2.57	14	17
（3）餐饮业	4.89	4.32	7	8

1-2 福建企业与华东各省市企业比较

（2003年）

项　　　　目	福建	上海	江苏	浙江	安徽	江西	山东
一、企业单位数（个）							
1. 规模以上工业	9208	10956	23862	25526	4158	3051	16177
2. 建筑业	1606	2009	4267	3514	1713	1106	4745
3. 限额以上批发和零售贸易、餐饮业法人企业	2143	1282	2231	2645	686	1046	2594
（1）批发业	1060	758	821	1481	388	241	865
（2）零售业	769	282	827	763	243	188	1179
（3）餐饮业	314	242	583	401	55	617	550
二、业务总量（亿元）							
1. 规模以上工业总产值（当年价）	4953.74	10342.8	18034.6	12864.2	2610.21	1472.33	15379.54
2. 建筑业总产值（当年价）	557.31	1195.80	2794.94	3127.28	623.04	359.81	1485.90
3. 限额以上批发和零售贸易业销售总额	1775.36	4196.03	3846.29	5219.98	1024.10	579.28	2915.90
4. 餐饮业营业收入	223.86	63.04	78.35	82.86	156.80	93.40	524.60
三、从业人员（万人）							
1. 规模以上工业	221.35	220.51	569.48	482.58	149.01		595.42
2. 建筑业	59.99	50.52	277.91	247.22	91.18	57.70	210.10
3. 限额以上批发和零售贸易、餐饮业	17.28	35.88	40.30	27.93	12.50	30.17	44.00
（1）批发业	6.53	9.96	10.26	10.39	5.87	3.47	13.10
（2）零售业	5.86	20.93	21.20	9.28	5.17	3.15	22.00
（3）餐饮业	4.89	4.99	8.84	8.26	1.46	23.55	8.90

1-3 各类企业经济活动总量所占比重

(2002-2003 年)

项　　　　目	2002 年	2003 年
一、总产出（亿元）	**12901.95**	**14828.22**
第二产业	7847.42	9226.27
工业	6992.83	8155.9
建筑业	854.59	1070.37
第三产业	3965.83	4466.75
#批发和零售贸易、餐饮业	1130.65	1250.71
二、总产出构成(%)	**100.0**	**100.0**
第二产业	60.8	62.2
工业	54.2	55.0
建筑业	6.6	7.2
第三产业	30.7	30.1
#批发和零售贸易、餐饮业	8.8	8.4
三、增加值（亿元）	**4682.01**	**5232.17**
第二产业	2159.94	2492.73
工业	1882.55	2147
建筑业	277.39	345.73
第三产业	1857.29	2046.5
农林牧渔服务业	7.65	9.01
地质勘探、水利管理业	7.38	8.13
交通运输、仓储、邮电通讯业	491.00	532.04
批发和零售贸易餐饮业	444.20	492.59
金融保险业	227.94	252.01
房地产业	142.17	158.21
社会服务业	200.81	221.45
四、增加值构成(%)	**100.0**	**100.0**
第二产业	46.1	47.6
工业	40.2	41.0
建筑业	5.9	6.6
第三产业	39.7	39.1
农林牧渔服务业	0.2	0.2
地质勘探、水利管理业	0.2	0.2
交通运输、仓储、邮电通讯业	10.5	10.2
批发和零售贸易、餐饮业	9.5	9.4
金融保险业	4.8	4.8
房地产业	3.0	3.0
社会服务业	4.3	4.2

1-4 各类企业单位数

(2002-2003 年)　　　　单位：个

项　　目	2002 年	2003 年	2003 年比 2002 年增长（%）
一、工业			
（一）规模以上工业	**7462**	**9208**	23.40
1. 按注册类型分			
国有企业	737	577	-21.71
集体企业	758	732	-3.43
股份合作企业	310	321	3.55
联营企业	103	102	-0.97
有限责任公司	577	830	43.85
股份有限公司	138	167	21.01
私营企业	1581	2540	60.66
其他企业	28	35	25.00
港、澳、台商投资企业	2317	2715	17.18
外商投资企业	913	1189	30.23
2. 按轻重工业分			
轻工业	4640	5663	22.05
以农产品为原料	2877	3542	23.11
以非农产品为原料	1763	2121	20.31
重工业	2822	3545	25.62
采掘工业	193	228	18.13
原料工业	865	1340	54.91
加工工业	1764	1977	12.07
二、建筑业	**1548**	**1606**	3.75
1. 按注册类型分			
国有企业	199	129	-35.18
集体企业	266	176	-33.83
股份合作企业	173	147	-15.03
联营企业	25	21	-16.00
有限责任公司	319	420	31.66
股份有限公司	109	128	17.43
私营企业	383	521	36.03
其他企业	3	1	-66.67

1-4 续表 1 (2002-2003 年) 单位：个

项 目	2002 年	2003 年	2003 年比 2002 年增长（%）
港、澳、台商投资企业	56	48	-14.29
外商投资企业	15	15	0.00
2. 按资质等级分			
施工总承包		747	
特级、一级		47	
二级		238	
三级		462	
专业承包		773	
一级		39	
二级		338	
三级及不分等级		396	
劳务分包		86	
3. 按行业分			
房屋和土木工程建筑业		827	
房屋工程建筑		622	
土木工程建筑		205	
铁路、道路、隧道和桥梁工程建筑		82	
水利和港口工程建筑		40	
工矿工程建筑		8	
架线和管道工程建筑		29	
其他土木工程建筑		46	
建筑安装业		197	
建筑装饰业		463	
其他建筑业		119	
工程准备		24	
提供施工设备服务		8	
其他未列明的建筑活动		87	
三、批发和零售贸易、餐饮业(限额以上)	**1785**	**2143**	**20.1**
（一）批发贸易业	**973**	**1060**	**8.9**
1. 按注册类型分			
#国有企业	357	317	-11.2
集体企业	37	35	-5.4
股份合作企业	8	6	-25.0

1-4 续表 2 (2002-2003 年) 单位：个

项 目	2002 年	2003 年	2003 年比 2002 年增长（%）
联营企业	32	31	-3.1
有限责任公司	188	219	16.5
股份有限公司	67	62	-7.5
私营企业	264	364	37.9
港、澳、台商投资企业	12	19	58.3
外商投资企业	6	6	0.0
2.按行业分			
农蓄产品批发业	162	30	-81.5
食品、饮料、烟草批发业	3	144	4700.0
#米、面制品及食用油批发业	98	25	-74.5
烟草制品批发业	38	66	73.7
纺织、服装及日用品批发业	9	144	1500.0
#服装批发业	49	40	-18.4
文化、体育用品及器材批发业	49	56	14.3
医药及医疗器械批发业	92	53	-42.4
矿产品、建材及化工产品批发业	65	5361	8147.7
#煤炭及制品批发业	8	19	137.5
石油及制品批发业	56	89	58.9
金属及金属矿批发业	12	77	541.7
建材批发业	76	68	-10.5
化肥批发业	90	17	-81.1
机械设备、五金交电及电子产品批发业	50	202	304.0
#汽车、摩托车及零配件批发业	6	51	750.0
家用电器批发业	29	23	-20.7
计算机、软件及辅助设备批发业	9	18	100.0
贸易经纪与代理	39	6	-84.6
其他类未包括的批发业	33	64	93.9
(二) 零售贸易业	559	769	37.6
1.按注册类型分			
#国有企业	143	132	-7.7
集体企业	64	78	21.9
股份合作企业	12	16	33.3
联营企业	12	11	-8.3

1-4 续表 3 (2002-2003 年) 单位：个

项 目	2002 年	2003 年	2003 年比 2002 年增长（%）
有限责任公司	79	148	87.3
股份有限公司	37	48	29.7
私营企业	203	325	60.1
港、澳、台商投资企业	3	2	-33.3
外商投资企业	4	4	0.0
2. 按行业分			
综合零售业		184	
＃百货零售业		59	
超级市场零售业		93	
食品、饮料及烟草指品专门零售业		39	
纺织品、服装及日用品零售业		21	
＃服装零售业		8	
文化、体育用品及器材零售业		66	
#体育用品零售业		3	
图书零售业		53	
医药及医疗器械零售业		40	
＃药品零售业		37	
汽车、摩托车、燃料及零配件专门零售业		273	
＃汽车零售业		153	
机动车燃料零售业	44	78	77.3
家用电器及电子产品零售业	123	98	-20.3
＃家用电器零售业	8	51	537.5
计算机、软件及辅助设备零售业	2	20	900.0
通讯设备零售业	60	17	-71.7
五金、家具及室内装修材料零售业	43	31	-27.9
无店铺及其他零售业	45	17	-62.2
〈三〉餐饮业	**253**	**314**	**24.1**
1. 按注册类型分			
＃国有企业	27	30	11.1
集体企业	21	20	-4.8
股份合作企业	8	16	100.0
联营企业	4	2	-50.0
有限责任公司	19	26	36.8

1-4 续表 4 (2002-2003 年) 单位:个

项 目	2002 年	2003 年	2003 年比 2002 年 增长（%）
股份有限公司	6	4	-33.3
私营企业	95	147	54.7
港、澳、台商投资企业	47	42	-10.6
外商投资企业	24	26	8.3
2. 按行业分			
正餐	236	294	24.6
快餐	11	12	9.1
其他餐饮业	6	8	33.3
四、外商投资企业	**7948**	**8194**	**3.1**
（一）按投资方式分			
#合资企业	2313	2228	-3.7
合作企业	304	276	-9.2
独资企业	5312	5669	6.7
（二）按行业分			
#采掘业	52	43	-17.3
制造业	6110	6403	4.8
电力、燃气及水的生产和供应业	96	95	-1.0
建筑业	98	88	-10.2
交通运输业、仓储及邮政业	59	74	25.4
信息传输、计算机服务和软件业		38	
批发和零售贸易	78	82	5.1
住宿和餐饮业	126	135	7.1
金融业	17	16	-5.9
房地产业	747	723	-3.2
租赁和商务服务业		36	
科学研究、技术服务和地质勘查业		61	
水利、环境和公共设施管理业		50	
居民服务和其他服务业		61	
教育		4	
卫生、社会保障和社会福利业		3	
文化、体育和娱乐业		97	
公共管理和社会组织		5	
国际组织		14	

1-5 规模以上工业分行业企业单位数

(2002-2003 年)　　　　单位：个

项　　目	2002 年	2003 年	2003 年比 2002 年增长（%）
总　　计	7462	9208	23.40
#煤炭采选业	50	56	12.00
黑色金属矿采选业	22	27	22.73
有色金属矿采选业	24	28	16.67
非金属矿采选业	68	81	19.12
木材及竹材采运业	40		
食品加工业	408	459	12.50
#饲料工业	78	57	-26.92
水产品加工业	143	188	31.47
食品制造业	225	288	28.00
#糕点、糖果制造业	75	40	-46.67
罐头食品制造业	82	100	21.95
饮料制造业	156	171	9.62
#啤酒制造业	24	23	-4.17
软饮料制造业	44	49	11.36
制茶业	68	79	16.18
烟草加工业	10	8	-20.00
纺织业	401	606	51.12
纺织服装、鞋、帽制造业	618	815	31.88
纺织服装制造	467	725	55.25
纺织面料鞋的制造	77	86	11.69
皮革、皮毛、羽绒及制品业	366	595	62.57
#皮鞋制造业	220	404	83.64
木材加工及竹、藤、棕、草制品业	212	303	42.92
#人造板制造业	125	164	31.20
家具制造业	83	94	13.25
造纸及纸制品业	308	349	13.31
#造纸业	127	141	11.02
印刷业、记录媒介的复制	134	169	26.12
#印刷业	132	139	5.30
文教体育用品制造业	119	148	24.37
#体育用品制造业	48	57	18.75
玩具制造业	36	44	22.22
石油加工及炼焦业	9	11	22.22

1-5 续表 1 (2002-2003 年) 单位：个

项目	2002 年	2003 年	2003 年比 2002 年增长（%）
化学原料及化学制品制造业	292	352	20.55
#基本化学原料制造业	30	51	70.00
化学肥料制造业	50	47	-6.00
专用化学产品制造业	72	88	22.22
医药制造业	67	80	19.40
化学纤维制造业	37	46	24.32
橡胶制品业	64	61	-4.69
塑料制品业	442	578	30.77
非金属矿物制品业	869	1061	22.09
#水泥制造业	182	197	8.24
建筑用石加工业	266	355	33.46
黑色金属冶炼及压延加工业	90	106	17.78
有色金属冶炼及压延加工业	48	47	-2.08
金属制品业	258	246	-4.65
#金属包装物品及容器制造业	34	35	2.94
通用设备制造业	218	266	22.02
专用设备制造业	130	165	26.92
交通运输设备制造业	200	258	29.00
#汽车制造业	106	170	60.38
电气机械及器材制造业	211	245	16.11
#输配电及控制设备制造业	52	65	25.00
电线、电缆、光缆及电工器材制造	51	36	-29.41
家用电力器具制造	18	21	16.67
电子及通讯设备制造业	223	262	17.49
#电子计算机制造业	28	32	14.29
电子元件制造业	81	91	12.35
家用视听设备制造	27	32	18.52
仪器仪表及文化、办公用机械制造业	82	136	65.85
#钟表制造业	31	37	19.35
工艺美术品制造业	484	711	46.90
电力、蒸汽、热水的生产和供应业	262	282	7.63
煤气生产和供应业	8	5	-37.50
自来水生产和供应业	82	90	9.76

1-6 各类企业业务总量

(2002-2003 年)

单位：亿元

项　　目	2002 年	2003 年	2003 年比 2002 年增长（%）
一、工业总产值			
（一）规模以上工业	3676.37	4953.74	28.4
1. 按注册类型分			
国有企业	329.12	358.20	13.8
集体企业	154.34	171.78	21.7
股份合作企业	47.74	63.35	28.5
联营企业	47.77	45.09	11.5
有限责任公司	262.36	391.20	31.0
股份有限公司	193.92	217.54	7.4
私营企业	319.17	559.10	42.8
其他企业	13.27	21.21	66.8
港、澳、台商投资企业	1416.23	1894.49	26.4
外商投资企业	892.46	1231.77	34.8
2. 按轻重工业分			
轻工业	1856.89	2300.35	24.9
以农产品为原料	1121.80	1450.31	22.5
以非农产品为原料	735.08	850.04	28.0
重工业	1819.49	2653.39	31.9
采掘工业	42.68	53.97	30.1
原料工业	556.31	999.84	26.8
加工工业	1220.50	1599.58	34.1
二、建筑业总产值	408.80	557.31	36.3
1. 按注册类型分			
国有企业		150.71	
集体企业		52.45	
股份合作企业		53.89	
联营企业		13.77	
有限责任公司		165.09	
股份有限公司		35.54	
私营企业		76.69	
其他企业		0.02	
港、澳、台商投资企业		4.94	
外商投资企业		4.21	
2. 按资质等级分			

注：2003 年规模以上工业增长速度为可比价总产值速度。

1-6 续表 1 (2002-2003 年) 单位: 亿元

项 目	2002 年	2003 年	2003 年比 2002 年 增长 (%)
施工总承包		472.77	
特级、一级		188.15	
二级		175.66	
三级		108.96	
专业承包		76.57	
一级		20.85	
二级		33.05	
三级及不分等级		22.67	
劳务分包		7.97	
3. 按行业分			
房屋和土木工程建筑业		470.48	
房屋工程建筑		345.85	
土木工程建筑		124.62	
铁路、道路、隧道和桥梁工程建筑		81.69	
水利和港口工程建筑		20.42	
工矿工程建筑		4.15	
架线和管道工程建筑		8.54	
其他土木工程建筑		9.82	
建筑安装业		48.33	
建筑装饰业		24.18	
其他建筑业		14.32	
工程准备		2.89	
提供施工设备服务		0.13	
其他未列明的建筑活动		11.31	
三、批发和零售贸易、餐饮业			
(一) 批发和零售贸易业销售总额	**2973.64**	**3284.11**	**10.4**
1. 限额以上批发和零售贸易企业	1381.99	1775.36	28.5
(1) 按注册类型分			
#国有企业	546.00	575.80	5.5
集体企业	50.15	62.35	24.3
股份合作企业	8.99	6.38	-29.1
联营企业	34.65	44.94	29.7
有限责任公司	207.81	312.76	50.5
股份有限公司	255.00	309.40	21.3
私营企业	233.80	401.69	71.8
港、澳、台商投资企业	8.09	18.82	132.7
外商投资企业	33.15	39.44	19.0

1-6 续表 2　　(2002-2003 年)　　单位：亿元

项　　目	2002 年	2003 年	2003 年比 2002 年增长（%）
（2）按行业分	1186.94	1464.03	23.3
批发业		36.23	
农畜产品批发业		235.18	
食品、饮料、烟草批发业		30.53	
＃米、面制品及食用油批发业		135.91	
烟草制品批发业		290.07	
纺织、服装及日用品尝批发业		133.94	
＃服装批发业		50.05	
文化、体育用品及器材批发业		70.52	
医药及医疗器械批发业		479.55	
矿产品、建材及化工产品批发业		15.15	
＃煤炭及制品批发业		143.88	
石油及制品批发业		128.97	
金属及金属矿批发业		70.9	
建材批发业		35.93	
化肥批发业		220.45	
机械设备、五金交电及电子产品批发业		32.93	
＃汽车、摩托车及零配件批发业		30.57	
家用电器批发业		22.03	
计算机、软件及辅助设备批发业		6.31	
贸易经纪与代理		75.68	
其他类未包括的批发业	195.05	311.33	59.6
零售业		87.83	
综合零售业		29.54	
＃百货零售业		54.54	
超级市场零售业		8.24	
食品、饮料及烟草指品专门零售业		9.3	
纺织品、服装及日用品零售业		1.79	
＃服装零售业		13.39	
文化、体育用品及器材零售业		0.36	
＃体育用品零售业		10.83	
图书零售业		9.27	
医药及医疗器械零售业		8.9	
＃药品零售业		138.15	
汽车、摩托车、燃料及零配件专门零售业		85.21	
＃汽车零售业		30.59	
机动车燃料零售业	1186.94	1464.03	23.3

1-6 续表 3 (2002-2003 年) 单位：亿元

项 目	2002 年	2003 年	2003 年比 2002 年增长（%）
家用电器及电子产品零售业		35.16	
#家用电器零售业		21.79	
计算机、软件及辅助设备零售业		6.47	
通讯设备零售业		4.25	
五金、家具及室内装修材料零售业		4.57	
无店铺及其他零售业		5.42	
2. 限额以下批发和零售贸易业	1693.02	1748.29	3.3
(二)餐饮业营业收入	**175.81**	**223.86**	**27.3**
1. 限额以上餐饮业	31.58	36.05	14.2
正餐	26.33	29.77	13.1
快餐	4.61	5.05	9.5
其他	0.63	1.23	95.2
2. 限额以下餐饮业	144.23	187.81	30.2
四、外商投资企业销售收入	**2486.40**	**3216.06**	**29.3**
(一)按投资方式分			
#合资企业	825.64	1024.22	24.1
合作企业	136.19	152.75	12.2
独资企业	1516.33	1962.6	29.4
(二)按行业分			
#采掘业	4.30	5.25	22.1
制造业	2212.32	2901.33	31.1
电力、燃气及水的生产和供应业	77.72	76.14	-2.0
建筑业	7.61	8.14	7.0
交通运输业、仓储及邮政业	17.04	17.58	3.2
信息传输、计算机服务和软件业		2.06	
批发和零售贸易	19.25	22.42	16.5
住宿和餐饮业	12.59	15.31	21.6
金融业	3.68	4.19	13.9
房地产业	91.48	138.59	51.5
租赁和商务服务业		8.87	
科学研究、技术服务和地质勘查业		2.48	
水利、环境和公共设施管理业		2.36	
居民服务和其他服务业		0.96	
教育		0.04	
卫生、社会保障和社会福利业		0.16	
文化、体育和娱乐业		2.11	
公共管理和社会组织		0.33	
国际组织			

1-7 规模以上工业分行业工业总产值

(2002-2003 年)

单位：亿元

项　　目	2002 年	2003 年	2003 年比 2002 年增长（%）
总　　计	**3676.37**	**4953.74**	**28.4**
#煤炭采选业	13.49	16.72	8.5
黑色金属矿采选业	4.07	6.04	24.4
有色金属矿采选业	5.35	7.61	34.8
非金属矿采选业	9.73	15.37	44.8
木材及竹材采运业	10.85		
食品加工业	155.25	197.18	18.2
#饲料工业	39.82	33.49	46.6
水产品加工业	57.60	79.34	2.5
食品制造业	66.94	99.21	25.8
#糕点、糖果制造业	21.67	13.89	39.4
罐头食品制造业	24.64	32.90	25.9
饮料制造业	56.45	69.18	26.7
#啤酒制造业	23.72	27.03	20.8
软饮料制造业	24.21	29.43	27.9
制茶业	6.86	9.94	33.6
烟草加工业	81.39	79.65	3.2
纺织业	172.16	265.82	24.7
纺织服装、鞋、帽制造业	187.53	261.83	32.3
纺织服装制造	130.31	220.00	33.2
纺织面料鞋的制造	30.53	36.48	27.4
皮革、皮毛、羽绒及制品业	203.83	282.67	23.5
#皮鞋制造业	156.19	221.37	21.7
木材加工及竹、藤、棕、草制品业	38.07	50.59	31.1
#人造板制造业	22.79	28.87	31.6
家具制造业	34.35	48.13	33.1
造纸及纸制品业	99.49	122.50	23.1
#造纸业	51.98	61.84	19.6
印刷业、记录媒介的复制	28.31	34.50	8.4
#印刷业	22.76	27.34	14.5
文教体育用品制造业	33.49	45.67	36.5
#体育用品制造业	17.45	25.84	53
玩具制造业	7.39	11.07	21.8
石油加工及炼焦业	68.70	89.63	14.9

注：规模以上工业增长速度为可比价总产值速度。

1-7 续表 1 (2002-2003 年) 单位: 亿元

项目	2002 年	2003 年	2003 年比 2002 年增长（%）
化学原料及化学制品制造业	133.24	200.75	40.8
#基本化学原料制造业	17.27	29.90	17.6
化学肥料制造业	28.48	29.40	14.4
专用化学产品制造业	47.60	51.09	-0.5
医药制造业	32.51	44.72	32.3
化学纤维制造业	64.78	73.98	4.7
橡胶制品业	47.33	52.31	20.7
塑料制品业	143.76	196.92	24.3
非金属矿物制品业	177.39	254.22	31.6
#水泥制造业	38.13	49.77	18.8
建筑用石加工业	46.90	69.54	29.2
黑色金属冶炼及压延加工业	104.03	163.85	30
有色金属冶炼及压延加工业	48.30	61.79	19
金属制品业	91.56	97.99	23.9
#金属包装物品及容器制造业	16.26	24.30	22.6
通用设备制造业	63.46	86.39	37.1
专用设备制造业	69.67	109.65	39.1
交通运输设备制造业	184.33	278.14	44.8
#汽车制造业	142.48	232.27	50.4
电气机械及器材制造业	151.22	199.03	30.4
#输配电及控制设备制造业	35.00	55.96	22.3
电线、电缆、光缆及电工器材制造	43.48	21.71	12.3
家用电力器具制造	34.06	39.16	15.2
电子及通讯设备制造业	690.70	901.43	35.7
#电子计算机制造业	329.02	451.21	33.2
电子元件制造业	81.35	109.44	48.7
家用视听设备制造	166.61	115.74	34.8
仪器仪表及文化、办公用机械制造业	27.50	77.13	26.5
#钟表制造业	8.10	9.45	30.2
工艺美术品制造业	98.17	174.64	26.8
电力、蒸汽、热水的生产和供应业	222.15	270.17	109.3
煤气生产和供应业	6.57	5.23	29.9
自来水生产和供应业	10.83	12.68	9.6

1-8 各类企业从业人员

(2002-2003 年)　　　　单位：人

项　　　　目	2002 年	2003 年	2003 年比 2002 年增长（%）
一、工业			
（一）规模以上工业	1789590	2213532	23.7
1. 按注册类型分			
国有企业	180465	139090	-22.9
集体企业	115429	98334	-14.8
股份合作企业	45406	51290	13.0
联营企业	15081	15203	0.8
有限责任公司	145687	184783	26.8
股份有限公司	70727	78119	10.5
私营企业	214825	341613	59.0
其他企业	3397	5647	66.2
港、澳、台商投资企业	679004	882557	30.0
外商投资企业	319569	416896	30.5
2. 按轻重工业分			
轻工业	1206135	1520430	26.1
以农产品为原料	748202	946866	26.6
以非农产品为原料	457933	573564	25.3
重工业	583455	693102	18.8
采掘工业	45273	45169	-0.2
原料工业	170926	291478	70.5
加工工业	367256	356455	-2.9
二、建筑业	448815	599928	33.7
1. 按注册类型分			
国有企业	109497	98559	-10.0
集体企业	65358	60245	-7.8
股份合作企业	90057	88957	-1.2
联营企业	13955	21501	54.1
有限责任公司	93605	174802	86.7
股份有限公司	25499	44630	75.0
私营企业	43346	104320	140.7
其他企业	404	20	-95.0

1-8 续表 1　　(2002-2003 年)　　单位：人

项　　目	2002 年	2003 年	2003 年比 2002 年增长（%）
港、澳、台商投资企业	3861	4241	9.8
外商投资企业	3233	2653	-17.9
2. 按资质等级分			
施工总承包		476306	
特级、一级		119153	
二级		214175	
三级		142978	
专业承包		77305	
一级		18530	
二级		30565	
三级及不分等级		28210	
劳务分包		46317	
3. 按行业分			
房屋和土木工程建筑业		491425	
房屋工程建筑		397382	
土木工程建筑		94043	
铁路、道路、隧道和桥梁工程建筑		55415	
水利和港口工程建筑		20962	
工矿工程建筑		3682	
架线和管道工程建筑		5036	
其他土木工程建筑		8948	
建筑安装业		29475	
建筑装饰业		31399	
其他建筑业		47629	
工程准备		2614	
提供施工设备服务		402	
其他未列明的建筑活动		44613	
三、批发和零售贸易、餐饮业(限额以上)	**143170**	**172847**	**20.7**
(一) 批发贸易业	**59658**	**65323**	**9.5**
1. 按注册类型分			
#国有企业	31767	26938	-15.2
集体企业	2194	2379	8.4
股份合作企业	203	186	-8.4

1-8 续表 2 (2002-2003 年) 单位：人

项 目	2002 年	2003 年	2003 年比 2002 年 增长（%）
联营企业	726	855	17.8
有限责任公司	7583	9650	27.3
股份有限公司	7754	9145	17.9
私营企业	7686	13561	76.4
港、澳、台商投资企业	1123	1764	57.1
外商投资企业	442	775	75.3
2. 按行业分			
农蓄产品批发业		1875	
食品、饮料、烟草批发业		17032	
#米、面制品及食用油批发业		1874	
烟草制品批发业		9678	
纺织、服装及日用品尝批发业		6772	
#服装批发业		1617	
文化、体育用品及器材批发业		2157	
医药及医疗器械批发业		6951	
矿产品、建材及化工产品批发业		17493	
#煤炭及制品批发业		863	
石油及制品批发业		5981	
金属及金属矿批发业		1916	
建材批发业		2089	
化肥批发业		1073	
机械设备、五金交电及电子产品批发业		10987	
#汽车、摩托车及零配件批发业		1420	
家用电器批发业		1497	
计算机、软件及辅助设备批发业		1773	
贸易经纪与代理		199	
其他类未包括的批发业		1857	
〈二〉零售贸易业	**42709**	**58646**	**37.3**
1. 按注册类型分			
#国有企业	11348	12927	13.9
集体企业	3532	4636	31.3
股份合作企业	634	1114	75.7
联营企业	390	334	-14.4

1-8 续表 3 (2002-2003 年) 单位：人

项　　目	2002 年	2003 年	2003 年比 2002 年增长（%）
有限责任公司	8873	13559	52.8
股份有限公司	4149	3514	-15.3
私营企业	11527	19747	71.3
港、澳、台商投资企业	110	52	-52.7
外商投资企业	1361	2512	84.6
2. 按行业分			
综合零售业		28704	
＃百货零售业		11215	
超级市场零售业		15547	
食品、饮料及烟草指品专门零售业		2515	
纺织品、服装及日用品零售业		1944	
＃服装零售业		256	
文化、体育用品及器材零售业		4187	
＃体育用品零售业		130	
图书零售业		3507	
医药及医疗器械零售业		4313	
#药品零售业		4132	
汽车、摩托车、燃料及零配件专门零售业		7656	
#汽车零售业		3782	
机动车燃料零售业		3130	
家用电器及电子产品零售业		6948	
＃家用电器零售业		4879	
计算机、软件及辅助设备零售业		709	
通讯设备零售业		1089	
五金、家具及室内装修材料零售业		1204	
无店铺及其他零售业		1175	
（三）餐饮企业	**40803**	**48878**	**19.8**
1. 按注册类型分			
＃国有企业	6931	7355	6.1
集体企业	1844	1283	-30.4
股份合作企业	741	1761	137.7
联营企业	1470	1200	-18.4
有限责任公司	3864	5312	37.5

1-8 续表4 (2002-2003年) 单位：人

项目	2002年	2003年	2003年比2002年增长（%）
股份有限公司	720	1037	44.0
私营企业	9700	14453	49.0
港、澳、台商投资企业	9134	9617	5.3
外商投资企业	6110	6779	10.9
3.按行业分			
正餐	38084	44386	16.5
快餐	2171	3177	46.3
其他餐饮业	548	1315	140.0
四、外商投资企业	**1327863**	**1477193**	**11.2**
(一)按投资方式分			
#合资企业	400287	426641	6.6
合作企业	45609	36918	-19.1
独资企业	878247	999598	13.8
(二)按行业分			
#采掘业	2332	1925	-17.5
制造业	1236651	1402460	13.4
电力、煤及水的生产和供应业	13520	5369	-60.3
建筑业	4749	4054	-14.6
交通运输业、仓储及邮政业	4972	5882	18.3
信息传输、计算机服务和软件业		859	
批发和零售贸易	2865	2979	4.0
住宿和餐饮业	15368	16295	6.0
金融业	628	710	13.1
房地产业	16149	15400	-4.6
租赁和商务服务业		2225	
科学研究、技术服务和地质勘查业		3302	
水利、环境和公共设施管理业		2924	
居民服务和其他服务业		1423	
教育		144	
卫生、社会保障和社会福利业		219	
文化、体育和娱乐业		3914	
公共管理和社会组织		350	
国际组织		6	

1-9 规模以上工业分行业从业人员

(2002-2003 年)

单位：人

项 目	2002 年	2003 年	2003 年比 2002 年增长（%）
总 计	**1789590**	**2213532**	**23.69**
# 煤炭采选业	22382	23565	5.29
黑色金属矿采选业	3305	3811	15.31
有色金属矿采选业	3096	3971	28.26
非金属矿采选业	14820	14656	-1.11
木材及竹材采运业	10630		
食品加工业	52939	62674	18.39
#饲料工业	5503	4167	-24.28
水产品加工业	19484	27531	41.30
食品制造业	37415	49856	33.25
#糕点、糖果制造业	11511	9563	-16.92
罐头食品制造业	15461	18132	17.28
饮料制造业	21514	23554	9.48
#啤酒制造业	7910	7780	-1.64
软饮料制造业	5815	7314	25.78
制茶业	5859	6123	4.51
烟草加工业	5048	4491	-11.03
纺织业	97576	153384	57.19
纺织服装、鞋、帽制造业	202092	266379	31.81
纺织服装制造	144179	220559	52.98
纺织面料鞋的制造	40169	42454	5.69
皮革、皮毛、羽绒及制品业	216545	293867	35.71
#皮鞋制造业	178793	247179	38.25
木材加工及竹、藤、棕、草制品业	29783	38952	30.79
#人造板制造业	15823	19870	25.58
家具制造业	23816	31073	30.47
造纸及纸制品业	45498	49491	8.78
#造纸业	22636	24613	8.73
印刷业、记录媒介的复制	15796	20563	30.18
#印刷业	15464	17607	13.86
文教体育用品制造业	34574	44100	27.55
#体育用品制造业	18044	23957	32.77
玩具制造业	9943	12404	24.75
石油加工及炼焦业	3456	3289	-4.83

注：从业人员为年平均数。

1-9 续表 1 (2002-2003 年) 单位：人

项目	2002 年	2003 年	2003 年比 2002 年增长（%）
化学原料及化学制品制造业	53149	51765	-2.60
#基本化学原料制造业	7696	10281	33.59
化学肥料制造业	22312	17142	-23.17
专用化学产品制造业	7679	7962	3.69
医药制造业	15863	18709	17.94
化学纤维制造业	12924	13624	5.42
橡胶制品业	23505	19369	-17.60
塑料制品业	84094	120661	43.48
非金属矿物制品业	141325	165114	16.83
#水泥制造业	29891	29280	-2.04
建筑用石加工业	26583	30679	15.41
黑色金属冶炼及压延加工业	26301	29378	11.70
有色金属冶炼及压延加工业	10858	11158	2.76
金属制品业	39375	39617	0.61
#金属包装物品及容器制造业	3502	4058	15.88
通用设备制造业	35389	39027	10.28
专用设备制造业	25319	34763	37.30
交通运输设备制造业	40486	52213	28.97
#汽车制造业	21498	33078	53.87
电气机械及器材制造业	62886	84477	34.33
#输配电及控制设备制造业	8485	12377	45.87
电线、电缆、光缆及电工器材制造	17846	10446	-41.47
家用电力器具制造	12947	22119	70.84
电子及通讯设备制造业	114583	130161	13.60
#电子计算机制造业	15980	18747	17.32
电子元件制造业	44229	55038	24.44
家用视听设备制造	24878	16612	-33.23
仪器仪表及文化、办公用机械制造业	14632	43061	194.29
#钟表制造业	6018	7204	19.71
工艺美术品制造业	127798	189821	48.53
电力、蒸汽、热水的生产和供应业	65969	69231	4.94
煤气生产和供应业	2100	1715	-18.33
自来水生产和供应业	11802	11926	1.05

1-10　内资企业工商登记注册情况

（2003年）　　单位：个

项　　目	年末企业单位合计	#法人企业	注册资金(亿元)	本年开业数	本年注销数
总　　计	**98492**	**53657**	**2841.78**	**7742**	**21025**
一、按注册类型分					
国有企业	23292	8950	682.42	1341	4667
集体企业	44037	23287	259.52	1822	11225
联营企业	952	725	29.44	48	328
股份合作企业	5314	4585	105.32	607	840
公司	24700	16077	1758.04	3830	3909
其他企业	197	33	7.03	94	56
二、按行业分					
#采掘业	1093	945	26.26	108	271
#煤炭采选业	196	182	10.95	41	99
黑色金属矿采选业	84	74	2.59	1	14
有色金属矿采选业	76	68	2.25	7	15
非金属矿采选业	604	517	7.10	38	107
其他矿采选业	38	26	0.39	10	4
木材及竹材采运业	94	78	2.99	10	31
制造业	20302	18109	616.55	824	5896
#食品加工业	1312	1061	29.33	103	346
食品制造业	611	455	13.16	14	227
饮料制造业	784	700	18.45	40	210
烟草加工业	38	24	10.44	2	12
纺织业	749	712	40.31	25	191
服装及其他纤维制品制造业	2463	2380	42.41	186	1447
皮革、皮毛、羽绒及制品业	436	425	8.65	2	96
木材加工及竹、藤、棕、草制品业	1169	946	13.11	60	242
家具制造业	519	452	4.55	16	141
造纸及纸制品业	825	766	44.05	22	184
印刷业、记录媒介的复制	890	791	11.39	23	181
文教体育用品制造业	223	201	2.12	6	69
石油加工及炼焦业	54	34	23.22	2	23
化学原料及化学制品制造业	811	730	37.13	22	196

1-10 续表1 （2003年） 单位：个

项目	年末企业单位合计	#法人企业	注册资金(亿元)	本年开业数	本年注销数
医药制造业	100	86	8.41	10	27
化学纤维制造业	36	33	3.01	1	16
橡胶制品业	165	156	3.50	2	52
塑料制品业	942	891	18.59	25	262
非金属矿物制品业	2628	2456	102.17	41	646
黑色金属冶炼及压延加工业	175	133	13.91	6	94
有色金属冶炼及压延加工业	106	96	8.50	7	13
金属制品业	929	809	15.04	39	211
普通机械制造业	840	765	32.39	19	195
专用设备制造业	457	386	12.80	19	102
交通运输设备制造业	865	665	28.46	38	226
电气机械及器材制造业	345	313	14.75	11	63
电子及通讯设备制造业	367	329	33.70	19	60
仪器仪表及文化、办公用机械制造业	169	147	4.38	12	25
其他制造业	1294	1167	18.61	52	339
电力、煤气及水的生产和供应业	2568	1850	199.56	292	302
电力、蒸汽、热水的生产和供应业	2058	1450	146.61	239	211
煤气生产和供应业	124	45	3.32	22	32
自来水生产和供应业	386	355	49.64	31	59
建筑业	4426	2318	209.45	635	903
土木工程建筑业	3344	1604	182.80	502	640
线路、管道和设备安装业	595	356	17.61	69	126
装修装饰业	487	358	9.04	64	137
交通运输、仓储及邮电通信业	4294	1814	359.13	411	564
#铁路运输业	62	29	90.38	6	9
公路运输业	1341	768	24.12	131	208
水上运输业	301	234	12.52	16	42
航空运输业	88	24	25.79	7	5
交通运输辅助业	719	414	30.67	87	111
其他交通运输业	54	27	0.58	5	21

1-10 续表 2 （2003年） 单位：个

项目	年末企业单位合计	#法人企业	注册资金（亿元）	本年开业数	本年注销数
仓储业	365	220	12.93	23	56
邮电通信业	1364	98	162.13	136	112
批发和零售贸易、餐饮业	40405	15141	444.73	2664	8959
食品、饮料、烟草、家庭日用品批发业	12310	6543	203.67	494	3344
能源、材料和机械电子设备批发业	6507	4433	173.74	307	1671
其他批发业	3267	1194	27.70	180	690
零售业	16606	2369	29.48	1600	2823
商业经纪与代理业	363	160	4.44	40	89
餐饮业	1352	442	5.70	43	342
金融、保险业	6385	994	175.71	796	674
金融业	5638	983	175.23	394	576
保险业	747	11	0.48	402	98
房地产业	2353	1975	204.53	239	293
房地产开发与经营业	1474	1306	187.41	128	177
房地产管理业	687	539	15.17	85	86
房地产经纪与代理业	192	130	1.95	26	30
社会服务业	9187	5520	161.12	956	1673
公共设施服务业	906	653	31.13	135	119
居民服务业	2233	978	10.25	176	462
旅馆业	1401	763	20.20	52	227
租赁服务业	101	67	1.61	8	40
旅游业	609	392	9.22	85	75
娱乐服务业	399	229	6.64	20	120
信息、咨询服务业	2386	1697	41.21	199	444
计算机应用服务业	275	205	20.76	28	73
其他社会服务业	877	536	20.11	253	113

1-11 内资企业工商登记注册变化情况

（2002-2003 年）

项　　目	2002 年		2003 年		2003 年比 2002 年增长(%)
	绝对数	比重(%)	绝对数	比重(%)	
总　计					
年末企业单位数	111775	100.0	98492	100.0	-11.9
#法人企业	63102	100.0	53657	100.0	-15.0
注册资金(亿元)	2638.71	100.0	2841.78	100.0	7.7
本年开业数	7837	100.0	7742	100.0	-1.2
本年注销数	21055	100.0	21025	100.0	-0.1
一、国有企业					
年末企业单位数	26618	23.8	23292	23.6	-12.5
#法人企业	10269	16.3	8950	16.7	-12.8
注册资金(亿元)	657.12	24.9	682.42	24.0	3.9
本年开业数	1345	17.2	1341	17.3	-0.3
本年注销数	4608	21.9	4667	22.2	1.3
二、集体企业					
年末企业单位数	53440	47.8	44037	44.7	-17.6
#法人企业	29883	47.3	23287	43.4	-22.1
注册资金(亿元)	308.59	11.7	259.52	9.1	-15.9
本年开业数	2087	26.6	1822	23.5	-12.7
本年注销数	13288	63.1	11225	53.4	-15.5
三、联营企业					
年末企业单位数	1232	1.1	952	1.0	-22.7
#法人企业	990	1.6	725	1.4	-26.8
注册资金(亿元)	35.52	1.3	29.44	1.0	-17.1
本年开业数	32	0.4	48	0.6	50.0
本年注销数	242	1.1	328	1.6	35.5
四、股份合作企业					
年末企业单位数	5547	5.0	5314	5.4	-4.2
#法人企业	4802	7.6	4585	8.5	-4.5
注册资金(亿元)	100.06	3.8	105.32	3.7	5.3
本年开业数	565	7.2	607	7.8	7.4
本年注销数	670	3.2	840	4.0	25.4
五、公司					
年末企业单位数	24779	22.2	24700	25.1	-0.3
#法人企业	17125	27.1	16077	30.0	-6.1
注册资金(亿元)	1532.79	58.1	1758.04	61.9	14.7
本年开业数	3763	48.0	3830	49.5	1.8
本年注销数	2208	10.5	3909	18.6	77.0
六、其他企业					
年末企业单位数	159	0.1	197	0.2	23.9
#法人企业	33	0.1	33	0.1	0.0
注册资金(亿元)	4.62	0.2	7.03	0.2	52.2
本年开业数	45	0.6	94	1.2	108.9
本年注销数	39	0.2	56	0.3	43.6

1-12 私营企业工商登记注册情况

（2003年）

项　　　目	户　数（户）	投资者人数（人）	雇工人数（人）	注册资金（亿元）
总　计	87510	194021	868470	1317.52
#本期开业	26664	56318	257060	334.95
#城镇	66857	146078	608440	1001.42
按注册类型分				
独资企业	18965	19574	160690	57.09
合伙企业	5789	18470	57123	29.82
有限责任公司	62717	153042	649964	1216.09
股份有限公司	39	2935	693	14.52
按行业分				
#采掘业	639	1395	7438	4.54
制造业	30021	65611	398709	429.61
#印刷业	654	1238	8480	8.58
建筑业	2289	5976	33252	87.25
交通运输、仓储业	3409	5598	15260	31.91
#交通运输业	3103	4794	11778	25.37
批发零售贸易、餐饮业	29967	64189	238382	414.06
#批发零售贸易业	27536	58087	214871	360.50
社会服务业	12780	28185	92234	107.57
#理发及美容化妆业	191	313	1246	0.46
沐浴业	71	150	696	0.74
日用品修理业	165	303	1217	0.56
旅馆业	322	658	2924	5.32
娱乐服务业	746	1163	6010	5.56
信息咨询服务业	3084	7397	21173	25.83
计算机应用服务业	2093	3853	13720	16.59

1-13 个体户工商登记注册情况

（2003 年）

项　　目	户　数（户）	从业人员（人）	注册资金（亿元）
总　计	**463866**	**923974**	**208.10**
#本期开业	111732	226023	73.03
#城镇	284107	529473	156.04
按行业分			
#采掘业	1906	8394	1.75
制造业	47631	151399	32.00
#印刷业	227	914	0.14
建筑业	164	674	0.19
交通运输、仓储业	7700	11084	9.43
#交通运输业	6625	8695	8.87
批发零售贸易、餐饮业	329219	590973	135.43
#批发零售贸易业	262700	451618	110.48
社会服务业	67340	137264	23.00
#理发及美容化妆业	18528	37944	5.53
沐浴业	142	490	0.14
日用品修理业	15248	25025	1.61
旅馆业	2187	5785	0.95
娱乐服务业	4297	12277	2.12
信息咨询服务业	1294	2892	0.71
计算机应用服务业	1190	2630	2.26

1-14 外商投资企业工商登记注册情况

(2002-2003 年)　　　　单位：亿美元

项　　目	年末企业数(个)		注册资本		投资总额	
	2002 年	2003 年	2002 年	2003 年	2002 年	2003 年
总　　计	15563	16884	330.41	360.79	594.00	661.18
一、按投资方式分						
#合资企业	4345	4368	94.54	101.91	164.11	173.91
合作企业	536	494	18.82	17.37	35.14	32.12
独资企业	10672	12009	214.89	236.58	391.67	449.57
二、按行业分						
工业	11720	12974	227.05	255.29	399.03	459.56
#食品制造业	418	413	5.21	5.24	8.26	8.65
纺织业	486	545	17.58	21.03	28.34	33.21
缝纫业	2686	3260	36.97	43.69	46.26	57.79
皮革、毛皮及其制品业	302	350	4.91	5.39	7.69	8.62
木材加工及藤棕草制品业	333	361	2.51	2.85	3.68	4.29
化学工业	448	480	9.91	10.84	19.69	21.67
塑料制品业	621	649	8.30	8.80	27.17	27.64
建材及其他非金属矿物制品业	802	858	18.67	18.93	31.64	31.65
金属制品业	562	610	10.50	13.51	19.65	25.62
机械制造业	279	323	4.59	4.95	7.27	7.64
电气机械及器材制造业	347	366	6.85	7.68	11.87	12.90
电子通信设备制造业	556	587	21.80	18.66	35.19	32.29
建筑业	223	211	5.63	6.48	9.57	10.62
交通运输业	164	148	6.71	7.10	10.70	11.84
商业	401	420	3.54	3.71	5.36	5.62
房地产业	1403	1414	58.38	59.08	121.59	124.71
三、按国别（地区）分						
#中国香港	8089	8630	181.06	195.15	297.95	324.75
印度尼西亚	113	117	2.32	2.53	3.78	3.55
日本	546	594	7.30	8.47	14.98	1.26
约旦	2	2	0.01	0.02	0.02	0.01
中国澳门	268	329	4.19	5.11	8.35	6.80
马来西亚	175	188	5.01	5.75	8.21	9.96
菲律宾	468	610	10.01	11.82	19.49	15.39
新加坡	605	630	14.87	15.73	30.41	29.02
泰国	47	44	0.85	0.90	1.51	1.45
英国	108	110	12.35	6.53	14.23	19.76
德国	33	35	2.39	2.22	4.99	5.30
荷兰	12	13	0.16	0.14	0.24	0.28
玻利维亚	3	7	0.05	0.05	0.06	0.01
加拿大	90	114	1.43	2.06	3.69	2.83
美国	567	633	17.77	19.12	49.30	46.62
澳大利亚	113	126	0.89	1.45	2.22	1.51

1-15 各设区市各类

（2003

项　　　　　　　　目	全省	福州市	厦门市
一、规模以上工业工业	**9208**	**1900**	**943**
1. 按注册类型分			
国有企业	577	148	40
集体企业	732	191	27
股份合作企业	321	12	
联营企业	102	28	14
有限责任公司	830	186	70
股份有限公司	167	33	9
私营企业	2540	517	123
其他企业	35	13	3
港、澳、台商投资企业	2715	470	436
外商投资企业	1189	302	221
2. 按轻重工业分			
轻工业	5663	1112	540
以农产品为原料	3542	672	260
以非农产品为原料	2121	440	280
重工业	3545	788	403
采掘工业	228	27	8
原料工业	1340	181	145
加工工业	1977	580	250
二、建筑业	**1606**	**470**	**266**
1. 按注册类型分			
国有企业	129	47	25
集体企业	176	36	25
股份合作企业	147	63	1
联营企业	21	10	8
有限责任公司	420	92	72
股份有限公司	128	28	16
私营企业	521	161	105
其他企业	1		1

企业单位数

年）　　　　　　　　　　　　　　　　　　　　　　　　　　　　　　单位：个

莆田市	三明市	泉州市	漳州市	南平市	龙岩市	宁德市
431	**602**	**3183**	**909**	**532**	**369**	**338**
23	60	64	86	58	61	36
49	57	242	65	21	64	16
14	11	210	25	15	11	23
6	9	15	5	5	14	6
42	157	179	44	70	55	27
4	29	48	18	13	8	5
92	190	838	240	260	96	184
3		12	2	1	1	
137	70	1163	331	44	40	24
61	19	412	93	45	19	17
335	204	2423	591	220	86	152
234	167	1512	381	168	63	85
101	37	911	210	52	23	67
96	398	760	318	312	283	186
2	50	32	10	45	50	4
43	259	170	130	174	176	61
51	89	558	178	93	57	121
76	**88**	**287**	**117**	**101**	**126**	**75**
6	12	14	6	11	4	4
16	19	32	15	17	8	8
6	1	46	6	9	2	13
				2		1
18	24	88	35	28	30	33
11	9	19	19	22	3	1
19	23	78	35	11	74	15

项　　目	全省	福州市	厦门市
港、澳、台商投资企业	48	23	11
外商投资企业	15	10	2
2. 按资质等级分			
施工总承包	747	196	86
特级、一级	47	23	9
二级	238	82	34
三级	462	91	43
专业承包	773	262	146
一级	39	21	8
二级	338	125	74
三级及不分等级	396	116	64
劳务分包	86	12	34
3. 按行业分			
房屋和土木工程建筑业	827	227	93
房屋工程建筑	622	162	69
土木工程建筑	205	65	24
铁路、道路、隧道和桥梁工程建筑	82	21	18
水利和港口工程建筑	40	12	2
工矿工程建筑	8		
架线和管道工程建筑	29	12	1
其他土木工程建筑	46	20	3
建筑安装业	197	80	37
建筑装饰业	463	136	94
其他建筑业	119	27	42
工程准备	24	7	6
提供施工设备服务	8	1	1
其他未列明的建筑活动	87	19	35
三、批发和零售贸易、餐饮业（限额以上）	**2143**	**659**	**693**
（一）批发贸易业	**1060**	**217**	**535**
按注册类型分			
#国有企业	317	81	95

年）　　　　　　　　　　　　　　　　　　　　　　　　　　　　单位：个

莆田市	三明市	泉州市	漳州市	南平市	龙岩市	宁德市
		8	1	1	4	
		2			1	
38	50	129	70	64	68	46
1	1	5	3	1	3	1
7	11	43	15	14	21	11
30	38	81	52	49	44	34
38	34	147	31	34	55	26
		10				
18	3	74	11	9	20	4
20	31	63	20	25	35	22
	4	11	16	3	3	3
40	52	141	83	68	71	52
31	38	117	71	44	50	40
9	14	24	12	24	21	12
4	6	3	8	8	7	7
2	4	3	1	8	4	4
	1	1		1	5	
3	2	5	1	3	2	
	1	12	2	4	3	1
9	12	23	11	14	7	4
26	21	102	20	16	31	17
1	3	21	3	3	17	2
1	1	4	2	1	2	
		4			1	1
	2	13	1	2	14	1
25	**90**	**327**	**119**	**100**	**80**	**50**
14	**44**	**95**	**59**	**36**	**34**	**26**
4	24	35	28	23	12	15

项　　　目	全省	福州市	厦门市
集体企业	35	7	5
股份合作企业	6		1
联营企业	31	10	20
有限责任公司	219	55	119
股份有限公司	62	14	16
私营企业	364	47	262
港、澳、台商投资企业	19	3	12
外商投资企业	6		5
(二)零售贸易业	769	297	93
按注册类型分			
#国有企业	132	29	10
集体企业	78	40	2
股份合作企业	16	3	2
联营企业	11	4	4
有限责任公司	148	42	35
股份有限公司	48	10	2
私营企业	325	164	34
港、澳、台商投资企业	2	1	1
外商投资企业	4	1	3
〈三〉餐饮业	314	145	65
按注册类型分			
#国有企业	30	13	8
集体企业	20	15	1
股份合作企业	16	2	
联营企业	2	1	
有限责任公司	26	12	9
股份有限公司	4	2	
私营企业	147	68	33
港、澳、台商投资企业	42	24	9
外商投资企业	26	7	5

年）　　　　　　　　　　　　　　　　　　　　　　　　　　单位：个

	莆田市	三明市	泉州市	漳州市	南平市	龙岩市	宁德市
	2	6	7	2	1	4	1
			3	2			
			1				
	2	8	14	6	4	7	4
	4	4	9	5	4	3	3
	1	2	23	15	4	8	2
			2	1			1
			1				
	11	34	166	44	59	44	21
	4	11	23	12	21	13	9
		2	22	3	3	2	5
		1	9		1		
			2			1	
	4	7	36	6	11	4	3
	1	8	6	7	8	4	2
	2	5	67	17	14	20	2
		12	66	16	5	2	3
		1	4	3			1
		1	3				
		1	11	1	1	1	
			1				
			4				1
			1				
		6	29	5	4	1	1
		1	3	5			
		2	10	2			

1-16 各设区市各类

（2003

项目	全省	福州市	厦门市
一、规模以上工业总产值	**4953.74**	**1285.69**	**1320.15**
1.按注册类型分			
国有企业	358.20	39.20	57.60
集体企业	171.78	39.67	5.44
股份合作企业	63.35	1.95	
联营企业	45.09	23.42	6.80
有限责任公司	391.20	77.09	33.09
股份有限公司	217.54	58.23	42.24
私营企业	559.10	150.06	42.04
其他企业	21.21	1.65	16.39
港、澳、台商投资企业	1894.49	614.98	514.85
外商投资企业	1231.77	279.43	601.69
2.按轻重工业分			
轻工业	2300.35	496.42	457.77
以农产品为原料	1450.31	306.70	186.33
以非农产品为原料	850.04	189.72	271.44
重工业	2653.39	789.27	862.38
采掘工业	53.97	8.76	3.18
原料工业	999.84	164.05	248.78
加工工业	1599.58	616.46	610.42
二、建筑业总产值	**557.31**	**240.58**	**89.24**
1.按注册类型分			
国有企业	150.71	91.69	18.74
集体企业	52.45	22.84	8.34
股份合作企业	53.89	27.24	0.13
联营企业	13.77	11.70	1.50
有限责任公司	165.09	51.24	31.97
股份有限公司	35.54	10.41	7.69
私营企业	76.69	20.32	18.67
其他企业	0.02		0.02
港、澳、台商投资企业	4.94	1.55	2.01
外商投资企业	4.21	3.58	0.15
2.按资质等级分			
施工总承包	472.77	208.04	65.64
特级、一级	188.15	110.68	21.95
二级	175.66	59.64	31.39
三级	108.96	37.72	12.30
专业承包	76.57	32.23	16.81

企业业务总量

年）　　单位：亿元

莆田市	三明市	泉州市	漳州市	南平市	龙岩市	宁德市
219.18	**236.94**	**1139.80**	**335.17**	**157.14**	**162.54**	**93.86**
17.11	21.05	118.64	15.23	18.81	58.51	8.78
10.22	17.73	72.66	8.21	4.65	11.21	1.99
2.97	1.21	43.82	4.66	3.13	1.32	4.31
2.77	1.21	3.19	1.16	1.34	3.68	1.52
14.07	129.76	56.37	12.14	35.65	15.88	17.17
2.93	24.98	26.18	9.72	30.29	20.03	2.93
25.26	22.68	160.60	58.68	34.12	27.13	38.55
0.69		2.02	0.18	0.04	0.24	
74.98	15.34	484.46	143.64	14.54	19.26	12.44
68.20	2.99	171.86	81.56	14.59	5.28	6.18
163.09	66.91	764.92	193.80	65.99	62.88	28.57
118.73	57.08	535.39	121.59	51.58	57.25	15.66
44.36	9.83	229.53	72.21	14.41	5.63	12.92
56.10	170.03	374.88	141.37	91.15	99.66	65.29
0.33	10.28	8.41	1.48	3.94	15.62	1.97
31.54	120.98	214.84	75.45	59.49	61.84	19.60
24.23	38.77	151.63	64.45	27.72	22.20	43.71
16.00	**18.49**	**94.69**	**28.39**	**18.13**	**35.53**	**16.27**
3.80	7.91	17.96	0.68	3.73	5.29	0.90
4.67	2.55	8.82	0.92	1.99	0.63	1.69
0.47		19.40	1.51	1.67	0.41	3.05
				0.54		0.03
2.74	3.35	38.35	15.74	6.13	7.43	8.14
1.50	3.30	1.72	4.34	3.32	3.23	0.02
2.82	1.38	6.89	5.20	0.51	18.48	2.43
		1.09		0.25	0.02	
		0.45			0.03	
12.99	16.47	82.65	26.02	15.32	30.66	14.98
2.00	5.17	25.73	10.93	1.05	7.49	3.13
2.90	5.63	38.32	8.74	6.44	15.55	7.05
8.09	5.67	18.59	6.34	7.84	7.62	4.80
3.01	1.78	11.55	2.29	2.78	4.85	1.27

项　　目	全省	福州市	厦门市
一级	20.85	13.96	5.17
二级	33.05	11.60	8.77
三级及不分等级	22.67	6.67	2.87
劳务分包	7.97	0.30	6.78
3. 按行业分			
房屋和土木工程建筑业	470.48	200.08	67.05
房屋工程建筑	345.85	140.70	44.14
土木工程建筑	124.62	59.38	22.91
铁路、道路、隧道和桥梁工程建筑	81.69	41.26	21.77
水利和港口工程建筑	20.42	11.80	0.36
工矿工程建筑	4.15		
架线和管道工程建筑	8.54	3.08	0.31
其他土木工程建筑	9.82	3.25	0.47
建筑安装业	48.33	29.48	7.71
建筑装饰业	24.18	8.37	7.91
其他建筑业	14.32	2.65	6.57
工程准备	2.89	1.02	0.72
提供施工设备服务	0.13		0.03
其他未列明的建筑活动	11.31	1.63	5.82
三、批发和零售贸易、餐饮业			
（一）批发和零售贸易业销售总额	**3284.11**	**913.85**	**829.47**
1. 限额以上批发零售贸易业	1775.36	508.20	778.30
（1）按注册类型分			
#国有企业	575.80	176.26	168.79
集体企业	62.35	34.86	4.75
股份合作企业	6.38	1.69	0.60
联营企业	44.94	15.36	27.85
有限责任公司	312.76	110.85	132.92
股份有限公司	309.40	49.11	176.69
私营企业	401.69	96.37	232.24
港、澳、台商投资企业	18.82	3.20	13.57
外商投资企业	39.44	17.51	20.88
（2）按行业分			
批发业	1464.03	373.65	706.82
零售业	311.33	134.55	71.48
2. 限额以下批发和零售贸易业	1748.29	486.99	156.88
（二）餐饮业营业收入	**223.86**	**63.33**	**35.70**
1. 限额以上餐饮业	36.05	14.45	11.22
2. 限额以下餐饮业	187.81	48.89	24.48

年）　　　　单位：亿元

莆田市	三明市	泉州市	漳州市	南平市	龙岩市	宁德市
		1.72				
1.58	0.62	5.52	1.00	1.24	2.37	0.36
1.44	1.16	4.31	1.29	1.54	2.48	0.91
	0.24	0.49	0.08	0.03	0.02	0.02
14.39	16.43	85.49	25.74	15.28	30.87	15.16
10.02	11.96	70.98	23.46	9.64	21.05	13.91
4.37	4.47	14.51	2.28	5.64	9.82	1.24
2.41	2.26	5.78	1.71	1.82	3.90	0.77
0.25	0.57	3.41	0.28	2.68	0.62	0.46
	1.37			0.25	2.53	
1.71	0.19	2.54	0.25	0.37	0.09	
	0.07	2.79	0.03	0.52	2.68	0.02
0.70	1.57	3.95	1.93	1.60	0.87	0.52
0.82	0.38	4.24	0.57	0.74	0.56	0.59
0.09	0.11	1.01	0.15	0.51	3.23	
0.09	0.01	0.32	0.15	0.51	0.07	
		0.03			0.06	
	0.09	0.66		0.01	3.10	
168.94	**167.38**	**559.24**	**288.58**	**129.97**	**111.44**	**114.11**
32.86	52.02	215.50	76.10	45.39	41.19	25.80
10.42	27.68	99.42	34.90	25.54	19.56	13.23
0.59	4.00	12.87	1.70	0.52	2.36	0.71
	0.54	2.03	1.44	0.08		
		1.36			0.37	
7.53	5.64	35.96	6.45	3.86	4.49	5.07
12.16	11.51	26.13	14.08	7.21	7.37	5.13
1.61	2.65	35.13	17.09	8.11	7.05	1.44
		1.42	0.40			0.22
		1.01	0.04			
28.95	41.81	163.53	64.50	28.94	33.57	22.26
3.91	10.21	51.97	11.60	16.45	7.62	3.54
135.03	116.00	392.73	213.69	86.69	69.31	89.82
12.04	**12.99**	**51.93**	**18.86**	**10.89**	**6.83**	**11.31**
1.37	0.60	6.02	0.93	0.50	0.41	0.55
10.68	12.38	45.90	17.92	10.39	6.42	10.76

1-17 各设区市各类

（2003

项　　　目	全省	福州市	厦门市
一、规模以上工业工业	**2213532**	**409195**	**376699**
1.按注册类型分			
国有企业	139090	31627	13090
集体企业	98334	18240	2874
股份合作企业	51290	1082	
联营企业	15203	3988	2226
有限责任公司	184783	30727	21697
股份有限公司	78119	17132	6853
私营企业	341613	58220	25452
其他企业	5647	829	2168
港、澳、台商投资企业	882557	128470	187851
外商投资企业	416896	118880	114488
2.按轻重工业分			
轻工业	1520430	263461	216103
以农产品为原料	946866	168092	84244
以非农产品为原料	573564	95369	131859
重工业	693102	145734	160596
采掘工业	45169	2216	2515
原料工业	291478	35790	70794
加工工业	356455	107728	87287
二、建筑业	**599928**	**218703**	**109913**
1.按注册类型分			
国有企业	98559	48759	11870
集体企业	60245	19612	12198
股份合作企业	88957	44355	250
联营企业	21501	18350	1967
有限责任公司	174802	40526	46384
股份有限公司	44630	13366	7001
私营企业	104320	29716	29035
其他企业	20		20

企业从业人员

年）　　　　单位：人

莆田市	三明市	泉州市	漳州市	南平市	龙岩市	宁德市
134658	**119525**	**810762**	**156413**	**83692**	**73730**	**46826**
8404	14443	18938	15542	13376	13574	8064
6265	9081	45560	5120	2343	6852	1999
1468	935	39866	2339	2157	1234	2209
1869	1169	2267	438	604	1806	836
13597	53405	27475	5279	17267	9982	5354
722	12334	11501	4829	11409	10193	3146
16034	16560	144969	24738	24034	14648	16958
256		2070	96	36	192	
54931	10038	396696	81751	5842	11306	5672
31112	1560	121420	16281	6624	3943	2588
116287	36662	693149	116550	38115	23739	16364
89866	29435	448043	68934	30816	20047	7389
26421	7227	245106	47616	7299	3692	8975
18371	82863	117613	39863	45577	49991	30462
238	10412	7191	1103	3644	17152	698
10502	48814	38215	18423	28400	25530	12978
7631	23637	72207	20337	13533	7309	16786
18413	**21779**	**121244**	**32067**	**21870**	**35963**	**19976**
4675	8224	14931	828	4354	3646	1272
5634	3708	10466	2517	2709	1030	2371
534	68	35244	1616	1526	777	4587
				1119		65
3424	5403	40234	15529	6098	8038	9166
1919	2417	6202	6055	4899	2691	80
2227	1959	12720	5504	1100	19624	2435

1-17 续表 1 （2003

项　　目	全省	福州市	厦门市
港、澳、台商投资企业	4241	1744	1158
外商投资企业	2653	2275	30
2.按资质等级分			
施工总承包	476306	184823	53351
特级、一级	119153	56332	14460
二级	214175	82942	26858
三级	142978	45549	12033
专业承包	77305	33208	12538
一级	18530	14412	2141
二级	30565	10186	7035
三级及不分等级	28210	8610	3362
劳务分包	46317	672	44024
3.按行业分			
房屋和土木工程建筑业	491425	191879	58618
房屋工程建筑	397382	142823	49696
土木工程建筑	94043	49056	8922
铁路、道路、隧道和桥梁工程建筑	55415	32916	6904
水利和港口工程建筑	20962	10687	499
工矿工程建筑	3682		
架线和管道工程建筑	5036	1590	60
其他土木工程建筑	8948	3863	1459
建筑安装业	29475	14055	4289
建筑装饰业	31399	10788	7104
其他建筑业	47629	1981	39902
工程准备	2614	930	433
提供施工设备服务	402		102
其他未列明的建筑活动	44613	1051	39367
三、批发和零售贸易、餐饮业(限额以上)	**172847**	**54994**	**46771**
(一)批发贸易业			
1.批发贸易企业	65323	16889	20789
按注册类型分			

年）

单位：人

莆田市	三明市	泉州市	漳州市	南平市	龙岩市	宁德市
		1117	18	65	139	
		330			18	
14865	18585	108277	30045	17034	31205	18121
2908	2585	23870	9167	810	5471	3550
2988	6661	56593	10313	7060	13643	7117
8969	9339	27814	10565	9164	12091	7454
3548	2779	12518	1703	4557	4710	1744
		1977				
1380	942	6442	744	1090	2213	533
2168	1837	4099	959	3467	2497	1211
	415	449	319	279	48	111
16205	18486	109474	30161	16745	31141	18716
12994	13590	100528	28374	10714	21931	16732
3211	4896	8946	1787	6031	9210	1984
1352	1858	2803	1476	2871	3929	1306
246	1697	3994	138	2026	1015	660
	1026			34	2622	
1613	235	633	80	434	391	
	80	1516	93	666	1253	18
731	2338	2284	1173	3526	709	370
1267	711	7780	593	1130	1162	864
210	244	1706	140	469	2951	26
210	56	480	140	255	110	
		148			126	26
	188	1078		214	2715	
5977	**7032**	**30435**	**9108**	**8001**	**5803**	**4526**
1665	3910	9832	4078	2607	3002	2351

1-17 续表 2 （2003

项目	全省	福州市	厦门市
#国有企业	26938	7562	5966
集体企业	2379	1065	215
股份合作企业	186		17
联营企业	855	236	597
有限责任公司	9650	3069	4426
股份有限公司	9145	3028	1433
私营企业	13561	876	7084
港、澳、台商投资企业	1764	753	672
外商投资企业	775	300	379
〈二〉零售贸易业(限额以上)			
1.零售贸易企业	58646	20310	13874
按注册类型分			
#国有企业	12927	2188	1867
集体企业	4636	2619	319
股份合作企业	1114	369	437
联营企业	334	106	124
有限责任公司	13559	3014	6139
股份有限公司	3514	1299	129
私营企业	19747	9050	3812
港、澳、台商投资企业	52	4	48
外商投资企业	2512	1458	999
〈三〉餐饮业(限额以上)	**48878**	**17795**	**12108**
按注册类型分			
#国有企业	7355	2509	2042
集体企业	1283	552	301
股份合作企业	1761	344	
联营企业	1200	135	581
有限责任公司	5312	2114	1571
股份有限公司	1037	197	91
私营企业	14453	4777	3390
港、澳、台商投资企业	9317	5157	2044
外商投资企业	6779	1929	2088

年）　　　　　　　　　　　　　　　　　　　　　　　　　　　　单位：人

莆田市	三明市	泉州市	漳州市	南平市	龙岩市	宁德市
646	2915	2882	1972	1771	1807	1417
93	218	500	72	25	163	28
		144	25			
		22				
29	221	502	269	297	462	375
775	476	811	501	403	348	370
52	80	733	1362	111	222	41
		142	77			120
		96				
2192	2069	9099	3289	4203	2280	1330
1876	562	2119	897	1951	710	757
	97	953	106	182	67	293
	82	203		23		
		46			58	
159	708	2213	439	541	280	66
99	514	390	353	370	233	127
58	106	3162	1439	1101	932	87
			55			
2120	**1053**	**11504**	**1741**	**1191**	**521**	**845**
286	207	1103	770	207	171	60
151	12	267				
	32	1142	50		36	157
		484				
600		483		77		467
90	47	400		110	102	
599	516	4461	289	202	58	161
394	66	1241	559	50	106	
	173	1923	73	545	48	

1-18 各设区市内资企业

(2003

项目	全省	福州市	厦门市
总计			
年末企业单位数	98492	19467	12970
#法人企业	53657	10251	8352
注册资金(亿元)	2841.78	343.58	577.88
本年开业数	7742	1321	910
本年注销数	21025	4251	2437
一、国有企业			
年末企业单位数	23292	4914	2635
#法人企业	8950	1594	1109
注册资金(亿元)	682.42	101.33	114.98
本年开业数	1341	293	138
本年注销数	4667	937	632
二、集体企业			
年末企业单位数	44037	9929	3185
#法人企业	23287	5878	2162
注册资金(亿元)	259.52	55.74	21.89
本年开业数	1822	271	29
本年注销数	11225	2361	466
三、联营企业			
年末企业单位数	952	290	144
#法人企业	725	238	78
注册资金(亿元)	29.45	5.65	7.47
本年开业数	48	1	5
本年注销数	328	82	37
四、股份合作企业			
年末企业单位数	5314	455	190
#法人企业	4585	261	136
注册资金(亿元)	105.32	13.19	1.42
本年开业数	607	57	11
本年注销数	840	73	11
五、公司			
年末企业单位数	24700	3782	6816
#法人企业	16077	2274	4867
注册资金(亿元)	1758.04	161.86	432.11
本年开业数	3830	682	727
本年注销数	3909	776	1291
六、其他企业			
年末企业单位数	197	97	
#法人企业	33	6	
注册资金(亿元)	7.03	5.8	
本年开业数	94	17	
本年注销数	56	22	

登记注册情况

年）

单位：个

莆田市	三明市	泉州市	漳州市	南平市	龙岩市	宁德市
4406	7525	17860	11576	9235	6592	6865
2446	3652	11897	5843	4406	2589	2403
58.16	121.11	491.98	128.52	107.18	99.16	67.22
615	516	1191	1014	1022	497	486
2285	1529	4192	2093	1760	1424	797
831	1967	2555	2363	2651	2264	2063
325	751	892	983	1133	633	579
11.45	48.12	51.54	32.43	33.30	29.65	14.72
121	80	122	109	215	132	100
443	505	349	634	509	302	222
2239	3483	7878	6445	4531	3044	3102
1100	1898	4656	2973	2257	1229	937
14.27	15.02	96.67	16.04	11.69	12.45	5.75
277	97	213	322	353	132	107
1188	726	3271	1070	925	824	371
57	81	60	76	83	104	8
43	66	57	54	37	96	7
1.54	2.25	4.53	1.18	0.58	1.78	0.09
12		1	3	25	1	
46	10	19	17	17	78	7
406	181	2854	726	186	94	222
376	126	2685	641	122	69	169
6.47	2.05	69.79	6.37	1.90	2.41	1.71
75	3	169	243	21	11	17
357	22	174	101	48	15	39
871	1765	4474	1966	1784	1086	1470
602	798	3598	1192	857	562	711
24.42	53.35	269.24	72.49	59.71	52.86	44.95
128	307	650	337	408	221	262
251	257	368	271	261	191	158
2	48	39				
	13	9				
	0.31	0.21				
2	29	36				
	9	11			14	

1-19 各设区市个体户工商登记注册情况

（2003年）

项　　目	户数（户）	从业人员（人）	注册资金（亿元）
总　计	**463866**	**923974**	**208.10**
福州市	91898	192928	71.11
厦门市	46608	91445	6.71
莆田市	23535	52941	4.19
三明市	47049	73922	11.26
泉州市	77503	167532	39.53
漳州市	52038	93854	9.60
南平市	41768	88325	25.33
龙岩市	41006	92203	10.77
宁德市	42461	70824	29.60

1-20 各设区市私营企业工商登记注册情况

（2003年）

项　　目	户数（户）	投资者人数（人）	雇工人数（人）	注册资金（亿元）
总　计	**87510**	**194051**	**870494**	**1317.52**
省局本部	1260	4864	9926	99.93
福州市	21299	41107	164425	295.23
厦门市	19035	46616	119132	251.03
莆田市	3184	8460	42447	45.10
三明市	4789	14400	52388	58.48
泉州市	20334	38166	309051	362.70
漳州市	4664	10117	45988	63.96
南平市	4795	12276	49613	48.79
龙岩市	3550	8099	50181	53.96
宁德市	4600	9946	27343	38.36

1-21 大中型工业企业概况

（2003 年）

企业名称	企业规模	登记注册
煤炭开采和洗选业		
福建煤电股份有限公司	大型	股份有限
福建省邵武煤矿	中型	其他有限责任
福建省天湖山矿务局	中型	国有
福建省上京矿务局	中型	国有独资
福建省红炭山矿业有限责任公司漳平分公司	中型	国有独资
福建省永安煤业有限责任公司	中型	国有
黑色金属矿采选业		
福建省潘洛铁矿	中型	国有
有色金属矿采选业		
福建省武平县金鑫矿业有限公司	中型	其他有限责任
福建省上杭鸿阳矿山工程有限公司	中型	私营有限责任
尤溪矿业集团有限公司	中型	其他有限责任
农副食品加工业		
福建省圣农实业有限公司	大型	其他有限责任
厦门欣椿食品有限公司	中型	港澳台商独资
厦门华顺食品工业有限公司	中型	港澳台商合资
晋江市闽南水产开发有限公司	中型	港澳台商独资
东山县海魁水产集团有限公司	中型	私营有限责任
中绿（福建）农业综合开发有限公司	中型	外资企业
厦门新时鲜食品有限工司	中型	私营有限责任
福建省闽中蔬菜食品工业总厂	中型	国有联营
厦门浦头饲料有限公司	中型	私营有限责任
福建省糖业股份有限公司	中型	国有
福建亲亲股份有限公司	中型	股份有限公司
厦门市翔安区源水水产有限公司	中型	其他有限责任
福州德克士食品有限公司	中型	外资企业
福州海马饲料有限公司	中型	港澳台商合资
福州百洋海味食品有限公司	中型	中外合资
东山县东兴水产品加工有限公司	中型	港澳台商独资
漳州绿雅食品有限公司	中型	港澳台商独资
龙海市东海冷冻食品有限公司	中型	港澳台商独资
亚细亚食品(龙海)有限公司	中型	港澳台商独资
福清市福荣食品有限公司	中型	港澳台商独资
福清市齐翔食品有限公司	中型	港澳台商合资
信华食品(漳州)有限公司	中型	港澳台商独资
森宝(龙岩)实业有限公司	中型	港澳台商独资
福建龙和食品实业有限公司	中型	中外合资经营
厦门如意食品有限公司	中型	其他有限责任
福清市弘晟食品有限公司	中型	港澳台商独资
福清市谊华水产食品有限公司	中型	港澳台商合资
食品制造业		
福建省福马食品饮料工业有限公司	中型	中外合资
福建裕兴果蔬食品开发有限公司	中型	其他有限责任
福建省晋江市雅仕达食品有限公司	中型	私营合伙
福建长富集团有限公司	中型	私营有限责任
三和食品（三明）有限公司	中型	其他有限责任
福州统一企业有限公司	中型	港澳台商独资
福州富成味精食品有限公司	中型	中外合资
福建省成功果蔬食品有限公司	中型	股份合作
厦门金达威维生素股份有限公司	中型	股份有限
蜡笔小新(福建)食品工业有限公司	中型	港澳台商独资
福建进发实业有限公司	中型	港澳台商合资
福建泉州喜多多食品有限公司	中型	私营有限责任
漳州市龙文区东方食品有限公司	中型	私营有限股份
福建省建阳武夷味精有限公司	中型	股份合作
福建紫山集团有限公司	中型	私营有限责任
福州民天集团有限公司	中型	国有
福建沙县麦丹生物工程企业	中型	其他有限责任
厦门罐头厂	中型	国有
福建顶益食品有限公司	中型	外资企业
福建漳州市港昌罐头食品有限公司	中型	中外合资
泉州中侨(集团)股份有限公司	中型	中外合资
晋江市金冠食品有限公司	中型	港澳台商合资
福建达利食品有限公司	中型	港澳台商合资
进发食品工业(龙海)有限公司	中型	港澳台商合资
南安市宏发食品有限公司	中型	港澳台商合资
饮料制造业		
厦门惠尔康食品有限公司	中型	港澳台商合资
泉州清源啤酒朝日有限公司	中型	港澳台商合资
青岛啤酒（厦门）有限公司	中型	其他有限责任
福建雪津啤酒有限公司	中型	国有
永定金德啤酒有限公司	中型	港澳台商合资
亚洲酿酒（厦门）有限公司	中型	外资企业
厦门太古可口可乐饮料有限公司	中型	港澳台商合资
厦门银鹭食品有限公司	中型	港澳台商合资
福建省安溪茶厂有限公司	中型	其他有限责任
福建惠泉啤酒股份集团公司	中型	股份有限
福建雪津啤酒（三明）有限公司	中型	其他有限责任

1-21 续表 1 (2003 年)

企业名称	企业规模	登记注册	企业名称	企业规模	登记注册
青岛（福州）啤酒有限公司	中型	中外合资	福建众和股份有限公司	中型	股份有限
莆田金匙啤酒有限公司	中型	港澳台商独资	厦门福盛纺织有限公司	中型	港澳台商独资
福州百事可乐饮料有限公司	中型	中外合资	厦门同纶实业有限公司	中型	港澳台商独资
烟草加工业			厦门东纶织造有限公司	中型	港澳台商独资
福建省三明金叶复烤有限公司	中型	其他有限责任	厦门华诚实业有限公司	中型	港澳台商独资
龙岩卷烟厂	中型	国有	长乐市三磊实业有限公司	中型	其他有限责任
厦门卷烟厂	中型	国有	福建长隆纺织有限公司	中型	其他有限责任
纺织业			福建省三明天泰实业有限公司	中型	其他有限责任
晋江市百宏弹性织造有限公司	大型	港澳台商独资	福建省长乐市金源纺织有限公司	中型	私营有限责任
福建南纺股份有限公司	大型	股份有限	厦门华铃织造有限公司	中型	港澳台商独资
福建嘉达纺织股份有限公司	大型	中外合资	福建东龙针纺有限公司	中型	其他有限责任
厦门进雄企业有限公司	大型	港澳台商独资	泉州海天染整有限公司	中型	港澳台商独资
华懋（厦门）织造染整有限公司	中型	港澳台商独资	福建省长乐市广丰纺织有限公司	中型	私营有限责任
晋江市盛隆纺织实业有限公司	中型	港澳台商独资	晋江市维盛织造漂染有限公司	中型	港澳台商独资
石狮市鸿泰织造漂染有限公司	中型	外资企业	永安市升汇纺织有限公司	中型	其他有限责任
晋江市远大服装织造有限公司	中型	港澳台商独资	福建佳丽斯家纺有限公司	中型	私营有限责任
晋江市大发化纤织造有限公司	中型	港澳台商独资	龙岩喜鹊纺织有限公司	中型	私营有限责任
福建省石狮市华丰针织有限公司	中型	中外合资	福建南安市万家美针织有限公司	中型	集体
石狮市祥鸿织造漂染有限公司	中型	港澳台商合资	福建省经纬集团有限公司	中型	其他有限责任
协丰（石狮市）染织实业有限公司	中型	港澳台商独资	福建省长乐市金鹤毛绒有限公司	中型	私营有限责任
晋江天辉织造有限公司	中型	港澳台商合资	福建省长乐市金林生织造有限公司	中型	私营有限责任
晋江市宏伟服饰发展有限公司	中型	港澳台商独资	福建省长乐市金林来纺织有限公司	中型	其他有限责任
晋江市南方织造有限公司	中型	港澳台商独资	福建省长乐市华良染整有限公司	中型	私营有限责任
晋江市龙兴隆染织实业有限公司	中型	港澳台商独资	福建省长乐市金鑫纺织有限公司	中型	私营有限责任
晋江市三福纺织实业有限公司	中型	港澳台商独资	厦门升汇华纶纺织工业有限公司	中型	其他有限责任
锦兴（福建）化纤纺造实业有限公司	中型	港澳台商独资	厦门华纶印染有限公司	中型	国有联营
福建冠运印染有限公司	中型	外资企业	三明福维纺织有限公司	中型	其他有限责任
福建省长乐市金沙港针纺实业有限公司	中型	私营有限股份	福建联众集团有限公司	中型	其他有限责任
福建省联丰盛漂染植绒有限公司	中型	港澳台商独资	福建省立丰印染股份有限公司	中型	股份有限
福建省长汀汇鑫棉纺织实业有限公司	中型	私营有限责任	福建省三明纺织有限公司	中型	其他有限责任
晋江龙峰织造有限公司	中型	港澳台商独资	石狮市祥华漂染厂	中型	其他有限责任
福建利瑶纺织制衣有限公司	中型	港澳台商独资	福清市洪良染织有限公司	中型	港澳台商独资
福建省晓星纺织印染有限公司	中型	港澳台商独资	福州承展纺织有限公司	中型	港澳台商独资
福建省长乐市华亚纺织有限公司	中型	私营有限责任	晋江盛威织造有限公司	中型	港澳台商合资
邵武隆鑫纺织有限公司	中型	外资企业	南安市南晶针织时装（中国）有限公司	中型	港澳台商合资
福建省长乐市华源纺织有限公司	中型	私营有限责任	晋江市维丰织造漂染有限公司	中型	港澳台商独资
晋江市德艺服装织造有限公司	中型	港澳台商独资	福建省东伦织造企业有限公司	中型	港澳台商独资
龙岩创冠纺织有限公司	中型	港澳台商独资	泉州市联益纺织印染有限公司	中型	港澳台商独资
福建省长乐市正隆纺织有限公司	中型	私营有限责任	福建凤竹纺织科技股份有限公司	中型	港澳台商投资
永安市金林凯轻纺实业有限公司	中型	其他有限责任	晋江福联织造有限公司	中型	港澳台商独资
福建省长乐市泰源纺织实业有限公司	中型	其他有限责任	泉州海天轻纺有限公司	中型	私营独资

1-21 续表 2　　　　　　　　（2003 年）

企业名称	企业规模	登记注册
福建省石狮市亿祥染整有限公司	中型	其他有限责任
福建逢元针织有限公司	中型	港澳台商独资
福州福华纺织印染有限公司	中型	港澳台商独资
纺织服装、鞋、帽制造业		
厦门奋发（FUN）企业有限公司	中型	外资企业
现代时装（厦门）有限公司	中型	外资企业
厦门福祥礼服有限公司	中型	港澳台商独资
晋江隆鑫服装织造有限公司	中型	港澳台商独资
利郎（福建）时装有限公司	中型	港澳台商独资
晋江毓英织造有限公司	中型	港澳台商独资
泉州皇星轻工有限公司	中型	外资企业
旗牌王(泉州)制衣实业有限公司	中型	港澳台商独资
波特(安溪)鞋业有限公司	中型	港澳台商独资
泉州隆泉制衣有限公司	中型	港澳台商独资
泉州虎都制衣有限公司	中型	港澳台商独资
晋江市天守服装织造有限公司	中型	港澳台商独资
福建劲霸时装有限公司	中型	港澳台商合资
泉州宝峰鞋业有限公司	中型	外资企业
金威服装(福建)有限公司	中型	港澳台商独资
福建晋江市贝斯特织造有限公司	中型	港澳台商合资
福建格林轻工有限公司	中型	港澳台商独资
泉州鸿绮轻工有限公司	中型	港澳台商合资
九牧王（福建）服饰发展有限公司	中型	港澳台商独资
晋江市威立织造实业有限公司	中型	港澳台商独资
福建华吴集团有限公司	中型	外资企业
晋江市合德轻纺发展有限公司	中型	港澳台商合资
晋江思梦发织造服装有限公司	中型	港澳台商独资
晋江华峰织造印染实业有限公司	中型	港澳台商独资
福建彬晖轻工有限公司	中型	外资企业
晋江市达胜纺织实业有限公司	中型	港澳台商独资
石狮市大帝集团有限公司	中型	港澳台商合资
泉州九牧王洋服时装有限公司	中型	港澳台商独资
莆田市华峰工贸有限公司	中型	私营有限责任
泉州鸿星尔克体育用品有限公司	中型	港澳台商独资
泉州道崎鞋业有限公司	中型	外资企业
福州福田制衣有限公司	中型	私营有限责任
泉州星威服装有限公司	中型	港澳台商独资
莆田艾力艾鞋服有限公司	中型	外资企业
莆田市多瑙鞋服有限公司	中型	外资企业
福建鸿星沃登卡体育用品有限公司	中型	港澳台商独资
福建省长汀威鸿制衣有限公司	中型	港澳台商独资
厦门斯美泰服装包袋有限公司	中型	港澳台商合资
宏远纺织（泉州）有限公司	中型	港澳台商独资
福建省莆田鞋业集团有限公司	中型	国有独资公司
福建省石狮迪娜胸围内衣有限公司	中型	私营有限责任
福建福马企业集团公司	中型	集体
福建才子集团有限公司	中型	私营有限责任
福建省莆田正源鞋业有限公司	中型	其他有限责任
福建富的乐运动品有限公司	中型	外资企业
石狮市益兴针织服装有限公司	中型	港澳台商独资
晋江爱都制衣有限公司	中型	港澳台商合资
石狮市东源服装发展有限公司	中型	港澳台商合资
石狮市盖奇制衣有限公司	中型	港澳台商独资
福建柒牌集团有限公司	中型	港澳台商合资
依凌(泉州)服饰有限公司	中型	港澳台商独资
晋江市思奇乐服装织造有限公司	中型	港澳台商独资
福建七匹狼制衣实业有限公司	中型	股份有限公司
惠安县双喜制衣有限公司	中型	中外合资经营
福建野豹儿童用品有限公司	中型	港澳台商合资
晋江市龙湖利瑶织造企业有限公司	中型	港澳台商合作
福建省安溪凤华制衣有限公司	中型	港澳台商合资
晋江大发制衣有限公司	中型	港澳台商合资
南安南丰纺织有限公司	中型	港澳台商合资
福建省石狮市华联服装配件企业有限公司	中型	中外合作经营
福建省晋江市浩沙制衣有限公司	中型	私营有限责任
厦门望德龙实业有限公司	中型	私营有限责任
福清市东丰制衣有限公司	中型	港澳台商独资
福建省建乐鞋业有限公司	中型	港澳台商合资
莆田新果鞋业有限公司	中型	中外合资
福建万丰鞋业有限公司	中型	港澳台商合资
李氏(福建)鞋服有限公司	中型	外资企业
皮革、毛皮、羽绒及其制品业		
华夏山二实业有限公司	大型	外资企业
福建清禄鞋业有限公司	大型	外资企业
厦门鑫兴鞋业有限公司	中型	外资企业
厦门义芳鞋业股份有限公司	中型	港澳台商独资
厦门广懋国际有限公司	中型	外资企业
波特（厦门）鞋业有限公司	中型	港澳台商独资
厦门集立工业有限公司	中型	外资企业
亚美（厦门）皮件有限公司	中型	港澳台商独资
万益皮革（厦门）有限公司	中型	港澳台商独资
诚安(福建)鞋业有限公司	中型	港澳台商独资

1-21 续表 3　　　　　　　　（2003 年）

企业名称	企业规模	登记注册	企业名称	企业规模	登记注册
福建和诚鞋业有限公司	中型	港澳台商独资	莆田振兴鞋业有限公司	中型	集体联营
泉州子燕轻工有限公司	中型	港澳台商独资	龙海鞋业有限公司	中型	港澳台商独资
晋江兴业皮革有限公司	中型	中外合资经营	石狮市猛士达鞋业有限公司	中型	港澳台商合资
福建省南安市雅利斯鞋服有限公司	中型	港澳台商独资	福建省晋江市恒丰鞋服有限公司	中型	港澳台商合资
福建省晋江市国辉鞋服有限公司	中型	港澳台商合资	晋江峰安皮业有限公司	中型	港澳台商合资
石狮市豪德盛实业有限公司	中型	港澳台商独资	福建省仙游亿承鞋业有限公司	中型	港澳台商独资
泉州寰球鞋服有限公司	中型	外资企业	莆田大吉利鞋业有限公司	中型	港澳台商独资
安踏(福建)鞋业有限公司	中型	港澳台商独资	福建仙游泰立鞋业有限公司	中型	港澳台商独资
福建晋江德尔惠鞋业有限公司	中型	港澳台商独资	晋江市求质体育用品有限公司	中型	集体
晋江振兴鞋塑有限公司	中型	港澳台商独资	福建三丰鞋业有限公司	中型	港澳台商合资
福州开发区福禄鞋业有限公司	中型	外资企业	福州祥龙鞋业有限公司	中型	港澳台商合资
鸿鹏(福建)鞋服有限公司	中型	港澳台商合资	福建顺大运动品有限公司	中型	外资企业
晋江市泰亚鞋业发展有限公司	中型	港澳台商独资	福建荔丰鞋业开发有限公司	中型	中外合资经营
百力得(福建)鞋服有限公司	中型	港澳台商独资	莆田涵江金星鞋业有限公司	中型	港澳台商合资
福建省晋江市陈埭金莱克鞋业有限公司	中型	私营有限股份	郭氏（福建）鞋业有限公司	中型	中外合资经营
道崎(福建)制鞋有限公司	中型	港澳台商独资	仙游宏茂鞋业有限公司	中型	港澳台商合资
福建晋江市佳信轻发展有限公司	中型	港澳台商独资	福建莆田笏立鞋业有限公司	中型	港澳台商合资
陈埭四境露友鞋业有限公司	中型	私营有限责任	福建协丰鞋业有限公司	中型	中外合资经营
爱奇（福建）鞋塑有限公司	中型	中外合资经营	莆田涵江鞋业有限公司	中型	港澳台商独资
福建石狮市福盛鞋业有限公司	中型	港澳台商独资	莆田市成果鞋业有限公司	中型	港澳台商合资
泉州泉昱实业有限公司	中型	港澳台商独资	莆田市涵江大福鞋业有限公司	中型	港澳台商合资
爱乐服装鞋业(福建)有限公司	中型	港澳台商独资	福建省莆田市协龙鞋业有限公司	中型	中外合资经营
福建省晋江市中利鞋材有限公司	中型	外资企业	**木材加工及竹、藤、棕、草制品业**		
晋江兴安皮业有限公司	中型	港澳台商合资	福建省永安林业集团股份有限公司	大型	股份有限
福州开发区钜联鞋业有限公司	中型	外资企业	厦门尚贸家饰工业有限公司	中型	外资企业
莆田市成果鞋革有限公司	中型	港澳台商独资	厦门权昱木材制品有限公司	中型	港澳台商独资
福建省名乐体育用品有限公司	中型	私营有限责任	福建福人木业有限公司	中型	其他有限责任
泉州洛江泰华轻工实业有限公司	中型	私营有限责任	三明明新木业有限公司	中型	港澳台商合资
福建喜得龙体育用品有限公司	中型	港澳台商独资	厦门涌泉科技发展股份有限公司	中型	股份有限公司
厦门兴立工业公司	中型	外资企业	**家具制造业**		
福建新祥龙鞋业有限公司	中型	港澳台商合资	厦门新技术集成有限公司	中型	中外合资
福建省莆田三路鞋业集团有限公司	中型	其他有限责任	厦门西华家具有限公司	中型	港澳台商独资
福建省莆田嘉裕华制鞋工业有限公司	中型	私营有限责任	厦门喜盈门家具制品有限公司	中型	港澳台商独资
别克(福建)鞋业有限公司	中型	港澳台商独资	菲莉集团（福建）有限公司	中型	港澳台商独资
贵人鸟(福建)鞋塑有限公司	中型	港澳台商独资	福建省南安市森源木业有限公司	中型	私营有限责任
莆田市双驰体育用品有限公司	中型	其他有限责任	福建冠达星五金制品有限公司	中型	港澳台商独资
福建省南安市新厅皮塑厂	中型	集体	泉州市菲莉家俱发展有限公司	中型	港澳台商独资
福建省晋江市安海兴业皮制品厂	中型	集体	仙游县宝峰钢木家具有限公司	中型	中外合资
石狮市富贵鸟集团	中型	港澳台商合资	厦门山伟五金工业有限公司	中型	港澳台商独资
福州市东顺鞋业有限公司	中型	港澳台商独资	厦门三德盛实业有限公司	中型	私营有限责任
福建省莆田市华丰鞋业有限公司	中型	私营有限责任	尧富家具（漳州）有限公司	中型	港澳台商独资

1-21 续表 4　　（2003 年）

企业名称	企业规模	登记注册
福建联福林业有限公司	中型	港澳台商合资
丰笙实业(漳州)有限公司	中型	港澳台商独资
全世好(漳州)家具有限公司	中型	港澳台商独资
福建正盛日用品有限公司	中型	外资企业
诚丰装饰家具(福清)有限公司	中型	港澳台商独资
造纸及纸制品业		
福建南纸股份有限公司	大型	股份有限
福建省青山纸业股份有限公司	大型	股份有限
厦门安发纸业有限公司	中型	港澳台商独资
厦门合兴包装印刷有限公司	中型	港澳台商合资
恒安（福建）妇幼用品有限公司	中型	港澳台商合资
福建省晋江优兰发纸业有限公司	中型	中外合资
晋江恒安心相印纸制品有限公司	中型	外资企业
福建省铙山纸业集团公司	中型	其他有限责任
泉州贵格纸业有限公司	中型	港澳台商独资
泉州联兴纸业集团有限公司	中型	港澳台商合资
罗源县雄丰纸业有限公司	中型	其他有限责任
泉州宝树包装有限公司	中型	港澳台商合资
邵武中竹纸业有限责任公司	中型	其他有限责任
福建省建阳明珠纸业有限公司	中型	私营有限责任
厦门厦华源发包装工业有限公司	中型	港澳台商合资
恒安（晋江）生活用品有限公司	中型	外资企业
南平延润纸业有限责任公司	中型	其他有限责任
福建省龙岩造纸有限责任公司	中型	国有
福建省青州造纸有限责任公司	中型	其他有限责任
莆田市泰盛包装彩印厂	中型	股份合作
福建省长泰厦广实业有限公司	中型	中外合资
福建恒安集团有限公司	中型	港澳台商合资
福州聚丰纸业有限公司	中型	私营有限责任
印刷业、记录媒介的复制		
联盛（厦门）彩印有限公司	中型	港澳台商独资
厦门五福印务有限公司	中型	港澳台商合资
福建新华印刷厂	中型	国有
晋江市大自然彩色印刷有限公司	中型	私营有限责任
福建恒达集团公司	中型	私营有限责任
泉州晚报印刷厂	中型	国有
文教体育用品制造业		
茂欣（厦门）工业有限公司	中型	外资企业
厦门侨兴工业有限公司	中型	港澳台商独资
厦门悠来斯球业有限公司	中型	港澳台商独资
厦门飞鹏运动器材有限公司	中型	外资企业
厦门纬嘉运动器材有限公司	中型	外资企业
厦门元保运动器材有限公司	中型	港澳台商独资
厦门新凯复材科技有限公司	中型	港澳台商独资
晋江好利来玩具电子有限公司	中型	港澳台商合资
厦门群鑫机械工业有限公司	中型	港澳台商独资
厦门飞鹏高科技铝业有限公司	中型	外资企业
隆好（厦门）球业有限公司	中型	港澳台商独资
福建省万年青运动器材制造有限公司	中型	其他有限责任
晋江恒盛玩具有限公司	中型	港澳台商合资
晋江市华侨玩具有限公司	中型	港澳台商合作
福建元吉体育用品有限公司	中型	港澳台商独资
晋江美斯达电子玩具有限公司	中型	港澳台商合资
福建新代实业有限公司	中型	港澳台商独资
福万（福建）玩具有限公司	中型	外资企业
福州和声钢琴有限公司	中型	港澳台商合资
石油加工及炼焦化		
福建炼油化工有限公司	大型	国有
化学原料及化学制品制造业		
福建石化集团三明化工有限责任公司	大型	国有独资
福建省东南电化股份有限公司	大型	股份有限
厦门舫昌佛具企业有限公司	中型	港澳台商合作
福建省泰宁县德立化工有限公司	中型	私营有限责任
柯达（中国）股份有限公司厦门分公司	中型	外商投资
翔鹭石化企业（厦门）有限公司	中型	中外合资
福建省南平市榕昌化工有限公司	中型	其他有限责任
福建省顺昌富宝实业有限公司	中型	国有独资
福建省邵武化肥厂	中型	国有
福建省永春县化肥厂	中型	国有
福建省金鹿日化股份有限公司	中型	股份有限
漳州龙文磷肥厂	中型	国有
永安智胜化工联合公司	中型	其他有限责任
福建省三联化工股份有限公司	中型	股份有限
福建省龙岩龙化集团公司	中型	私营有限责任
福建省屏南榕屏联营化工厂	中型	国有联营
福建省永安化工厂	中型	国有
福州一化硫酸化工有限公司	中型	国有
福州市耀隆化工集团	中型	国有
福州一化化学品股份有限公司	中型	股份有限
厦门电化厂	中型	国有
福建三农集团股份有限公司	中型	股份有限
南平嘉联化工有限公司	中型	中外合资

1-21 续表 5　　　　　　　　　　（2003 年）

企业名称	企业规模	登记注册
福州佳宁化妆品有限公司	中型	外资企业
医药制造业		
厦门金日制药有限公司	中型	港澳台商独资
福建省福抗药业股份有限公司	中型	股份有限
福州海王福药制药有限公司	中型	股份有限
福建省三爱药业股份有限公司	中型	股份有限
漳州片仔癀药业股份有限公司	中型	股份有限
福建青山漳州香料有限公司	中型	其他有限责任
福建古田药业有限公司	中型	其他有限责任
厦门中药厂有限公司	中型	港澳台商合资
厦门星鲨实业总公司	中型	国有
金陵药业股份有限公司福州梅峰制药厂	中型	股份有限
厦门市东风药业有限公司	中型	港澳台商合资
福建汇天生物药业有限公司	中型	其他有限责任
浦城县正大生化有限公司	中型	中外合资
福建省古田抗菌素厂	中型	国有
福州福兴医药有限公司	中型	港澳台商合作
化学纤维制造业		
福建纺织化纤集团有限公司	大型	国有独资
翔鹭涤纶纺纤（厦门）有限公司	中型	港澳台商合资
晋江万兴隆化纤制品有限公司	中型	港澳台商独资
泉州三宏化纤有限公司	中型	港澳台商合资
福建百宏纺织化纤实业有限公司	中型	港澳台商独资
福建省长乐市华威化纤有限公司	中型	私营有限责任
长乐市山力化纤有限公司	中型	私营有限责任
和顺(中国)实业集团有限公司	中型	港澳台商独资
橡胶制品业		
福建佳通轮胎有限公司	大型	外资企业
厦门正新橡胶工业有限公司	大型	港澳台商独资
厦门厦晖橡胶金属工业有限公司	中型	外资企业
厦门白马橡塑金属工业有限公司	中型	港澳台商独资
杰宏(厦门)电子有限公司	中型	港澳台商独资
厦门永大橡塑五金工业有限公司	中型	港澳台商独资
隆基（厦门）塑胶有限公司	中型	港澳台商独资
福建鑫华股份有限公司	中型	股份有限公司
厦门正新海燕轮胎有限公司	中型	港澳台商合资
福建省泉州正亿实业有限公司	中型	港澳台商合资
塑料制品业		
明达塑胶（厦门）有限公司	大型	外资企业
厦门佛大工业有限公司	中型	港澳台商独资
厦门武峰塑料有限公司	中型	港澳台商独资

企业名称	企业规模	登记注册
拥华（厦门）家用品有限公司	中型	外资企业
厦门建霖卫浴工业有限公司	中型	港澳台商独资
隆台(厦门)塑胶工业有限公司	中型	港澳台商独资
石狮市昌盛鞋业有限公司	中型	港澳台商独资
晋江市亿泰鞋用材料有限公司	中型	港澳台商独资
泉州龙盛轻工有限公司	中型	港澳台商合资
福联(福建)鞋塑有限公司	中型	港澳台商合资
盛辉(福建)鞋材有限公司	中型	港澳台商独资
福建省隆盛轻工有限公司	中型	中外合资
泉州市三兴体育用品有限公司	中型	外资企业
福建宏玮鞋塑有限公司	中型	外资企业
福建晋江凤竹鞋业发展有限公司	中型	港澳台商合资
泉州市雅兴家庭用品有限公司	中型	外资企业
福清市五友机械模具有限公司	中型	其他有限责任
福清宏太鞋业有限公司	中型	外资企业
厦门明蓓塑胶有限公司	中型	港澳台商独资
厦门威迪亚建材工业公司	中型	中外合资
宇科塑料（厦门）有限公司	中型	外资企业
厦门革新塑胶制品有限公司	中型	外资企业
星泉（福建）鞋塑有限公司	中型	港澳台商独资
厦门市夏新工程塑胶有限公司	中型	其他有限责任
厦门德运实业有限公司	中型	其他有限责任
福建省宏明塑胶股份有限公司	中型	股份有限
厦门市湖里嵘源日用品有限公司	中型	私营有限责任
福建日新塑料制品有限公司	中型	外资企业
福清福捷塑胶有限公司	中型	港澳台商独资
福建亚通塑胶有限公司	中型	中外合资
福州东阳塑料制品有限公司	中型	外资企业
福清利亚塑胶有限公司	中型	港澳台商独资
福州闽侯兰顿塑胶有限公司	中型	港澳台商独资
泉州华美密胺塑料制品有限公司	中型	外资企业
福建捷福塑胶有限公司	中型	港澳台商独资
福州远洋塑料日用品有限公司	中型	私营有限股份
镒得塑胶(福建)有限公司	中型	外资企业
福清市明达塑胶(福建)有限公司	中型	外资企业
福清市茂山塑料制品有限公司	中型	外资企业
太平洋塑胶(福建)有限公司	中型	外资企业
福建振云塑业股份有限公司	中型	中外合资
福清市永超鞋革制品有限公司	中型	港澳台商合资
莆田达福塑料工业有限公司	中型	港澳台商合资
非金属矿物制品业		

1-21 续表6 （2003年）

企业名称	企业规模	登记注册
福耀玻璃工业集团股份有限公司	大型	港澳台商合资
厦门陆宝陶瓷有限公司	中型	港澳台商合资
厦门三荣陶瓷开发有限公司	中型	港澳台商独资
福建省德化必德陶瓷有限公司	中型	中外合资
福建省晋江市腾达陶瓷有限公司	中型	港澳台商合资
福建德化协发建白陶瓷有限公司	中型	中外合资
南安协进建材有限公司	中型	港澳台商合资
晋江恒达陶瓷有限公司	中型	港澳台商合资
福建新世界石业股份有限公司	中型	中外合资
福建闽清康源工贸 有限公司	中型	私营有限责任
泉州冠杰陶瓷有限公司	中型	港澳台商合资
福建冠福现代家用股份有限公司	中型	股份有限
福建省晋江市凤山石材有限公司	中型	私营有限责任
福建水泥股份有限公司建福水泥厂	中型	股份有限
福建水泥股份有限公司炼石水泥厂	中型	股份有限
福建溪石集团公司	中型	股份合作
豪德（厦门）石材有限公司	中型	港澳台商合资
明达玻璃（厦门）有限公司	中型	中外合资
福建三和混凝土桩杆有限公司	中型	港澳台商合资
福建泉州南星大理石有限公司	中型	港澳台商合资
福建省德化龙峰陶瓷有限公司	中型	私营有限责任
厦门立扬光学科技有限公司	中型	港澳台商独资
泉州腾辉陶瓷有限公司	中型	港澳台商合资
福建南平水泥股分有限公司	中型	股份有限
福建永春县美岭水泥厂	中型	集体
福建省德化佳美瓷厂	中型	股份合作
福建省安溪三元岩水泥有限公司	中型	私营有限责任
福建省永安建筑材料厂	中型	国有
福建麒磷股份有限公司	中型	股份有限
福建龙岩春驰水泥有限公司	中型	其他有限责任
福建省晋江市永源建材有限公司	中型	私营有限责任
闽清飞天陶瓷有限公司	中型	私营有限责任
福建省大田县岩城水泥有限责任公司	中型	其他有限责任
福建建明建材集团三明新型建材总厂	中型	国有联营
福建省晋江市燕山建陶有限公司	中型	股份合作
福建宏发集团公司	中型	集体
福州绿榕玻璃有限公司	中型	港澳台商合资
福建省万达汽车玻璃工业有限公司	中型	港澳台商合资
南安市鹏程石业有限公司	中型	港澳台商合资
晋江前兴陶瓷有限公司	中型	港澳台商合资
惠安坚石水泥制品有限公司	中型	港澳台商合资
欧浦登(福建)光学有限公司	中型	外资企业
莆田金匙玻璃制品有限公司	中型	港澳台商独资
福建龙岩三德水泥建材工业有限公司	中型	中外合资
福建省晋江市华泰集团公司	中型	集体
黑色金属冶炼及压延加工业		
福建三安钢铁有限公司	大型	中外合资
福建省三钢（集团）有限责任公司	大型	国有独资
晋江市三益钢铁有限公司	中型	外资企业
福建省闽光新型材料有限公司	中型	其他有限责任
龙岩卓鹰锰铁有限公司	中型	私营有限责任
福建省闽清金盛钢业有限公司	中型	其他有限责任
福建省三明钢铁厂劳动服务公司	中型	集体
福建省三明钢铁厂小蕉轧钢厂	中型	集体
福建中日达金属有限公司	中型	外资企业
福建吴航不锈钢制品有限公司	中型	中外合资
福建省三山钢铁（集团）有限公司	中型	其他有限责任
福建省三祥冶金有限公司	中型	中外合资
中国国际钢铁制品有限公司	中型	港澳台商合资
有色金属冶炼及压延加工业		
福建省南平铝业有限公司	大型	其他有限责任
厦门金鹭特种合金有限公司	中型	中外合资
厦门厦顺铝箔有限公司	中型	港澳台商独资
厦门虹鹭钨钼工业有限公司	中型	中外合资
厦门春保精密钨钢制品有限公司	中型	外资企业
泉州双恒集团有限公司	中型	私营独资
福建省南平华瑞综合加工厂	中型	集体
福建省华银铝业有限公司	中型	集体
福建闽发铝业有限公司	中型	股份合作
福建紫金矿业股份有限公司	中型	股份有限
厦门钨业股份有限公司	中型	股份有限
福建瑞闽铝板带有限公司	中型	港澳台商合资
南方铝业(中国)有限公司	中型	港澳台商独资
金属制品业		
亨国（厦门）精机工业有限公司	中型	港澳台商独资
厦门圣源金属制造有限公司	中型	港澳台商独资
厦门美美餐具工业有限公司	中型	港澳台商独资
厦门新长诚钢构浪板有限公司	中型	港澳台商合资
永嘉（厦门）工业有限公司	中型	港澳台商独资
福建省泉州市申鹭达集团有限公司	中型	私营有限责任
漳州招商局集装箱有限公司	中型	港澳台商合资
福建德和铁塔设备制品有限公司	中型	中外合资经营

1-21 续表 7　　(2003 年)

企业名称	企业规模	登记注册	企业名称	企业规模	登记注册
厦门松霖卫浴有限公司	中型	港澳台商合作	福州友通精密冶金有限公司	中型	外资企业
厦门谊瑞货架有限公司	中型	中外合资	福建永安机械厂	中型	国有
和成路达(厦门)有限公司	中型	港澳台商独资	福建革新机器厂	中型	国有
厦门太平货柜制造有限公司	中型	港澳台商合资	福建丰泉环保集团有限公司	中型	其他有限责任
厦门骏逸金属有限公司	中型	港澳台商独资	福建拖拉机厂(福建装载机厂)	中型	国有
厦门市清宏实业有限公司	中型	其他有限责任	福建省三明双轮化工机械有限公司	中型	其他有限责任
漳州三川钢管制品有限公司	中型	港澳台商合资	福建省泉州筑路机械厂	中型	国有
福建中宇集团有限公司	中型	集体	厦门工程机械股份有限公司	中型	股份有限
福建融林塑胶五金实业有限公司	中型	港澳台商独资	厦工集团三明重型机器有限公司	中型	其他有限责任
福建省嘉美五金制品有限公司	中型	港澳台商独资	晋江市深沪镇浔兴精密模具有限公司	中型	港澳台商合作
通用设备制造业			南安市南星工业机械有限公司	中型	港澳台商独资
福大自动化系统有限公司	中型	其他有限责任	泉州建德鲤达里机械有限公司	中型	港澳台商独资
福建力佳股份有限公司	中型	股份有限	福建龙岩龙工机械配件有限公司	中型	港澳台商独资
福建三明三重铸锻有限公司	中型	其他有限责任	福建南方路面机械有限公司	中型	私营有限责任
裕兴螺丝（厦门）工业有限公司	中型	港澳台商独资	福建省天广消防器材有限公司	中型	集体
林德-厦门叉车有限公司	中型	中外合作	厦门蒙发利科技有限公司	中型	私营有限责任
厦门瑞丰密封件有限公司	中型	外资企业	福建省金得利集团有限公司	中型	私营有限责任
福建省永安轴承有限责任公司	中型	其他有限责任	厦门厦工新宇机械有限公司	中型	其他有限责任
福建龙溪轴承股份有限公司	中型	股份有限	福建省莆田协丰模具有限公司	中型	中外合资
厦门齿轮厂	中型	国有	福建飞毛腿精密制模有限公司	中型	港澳台商合资
福州锅炉厂	中型	国有	**交通运输设备制造业**		
福州机床厂	中型	国有	东南（福建）汽车工业有限公司	大型	港澳台商合资
福建宏达机械有限公司	中型	国有	三立(厦门)汽车配件有限公司	中型	港澳台商合资
福建省南安轴承有限责任公司	中型	其他有限责任	厦门金龙联合汽车工业有限公司	中型	中外合资
福建省三明齿轮箱有限责任公司	中型	其他有限责任	厦门民兴工业有限公司	中型	港澳台商独资
厦门银华机械厂	中型	国有	厦门金龙旅行车有限公司	中型	港澳台商合资
厦门市育明工程机械配件厂	中型	私营合伙	厦门厦杏摩托有限公司	中型	中外合资
诺尔起重设备（中国）有限公司	中型	外资企业	厦门太古飞机工程有限公司	中型	港澳台商合资
漳州南方机械有限公司	中型	港澳台商独资	福建东亚机械有限公司	中型	中外合资
南安市福山五金机电有限公司	中型	港澳台商合资	福州六和机械有限公司	中型	港澳台商独资
厦门叉车总厂	中型	国有	建瓯市巨力活塞有限公司	中型	其他有限责任
厦门锻压机床有限公司	中型	其他有限责任	福建华美(三沙)机械配件公司	中型	其他有限责任
福建日立工机有限公司	中型	外资企业	福建船舶重工股份有限公司	中型	股份有限
专用设备制造业			厦门士林电机有限公司	中型	外资企业
瑞声达听力技术（中国）有限公司	中型	外资企业	南平汽车配件厂	中型	国有
泉州建德鲤达里机械有限公司惠安分公司	中型	港澳台商独资	福建正兴车轮有限公司	中型	私营有限责任
福建红旗股份有限公司	中型	股份有限	福建省马尾造船股份有限公司	中型	股份有限
福建龙净环保股份有限公司	中型	股份有限	福建省东南造船厂	中型	国有
福建龙岩工程机械（集团）有限公司	中型	私营有限责任	福建省白马船厂	中型	国有
福建省南平三泰机械制造有限公司	中型	其他有限责任	厦门瀚盛游艇有限公司	中型	其他有限责任
福建华橡自控技术股份有限公司	中型	股份有限	福建省瀚海船业有限公司	中型	其他有限责任

1-21 续表 8　　　　(2003 年)

企业名称	企业规模	登记注册
厦门工程机械制动器厂	中型	集体
全兴汽车配件（福州）有限公司	中型	外资企业
福州中端电器有限公司	中型	港澳台商独资
福州新裕电装有限公司	中型	外资企业
福州明扬交通器材有限公司	中型	港澳台商独资
福建源光组合电线有限公司	中型	中外合资经营
福州联泓交通器材有限公司	中型	外资企业
协展（福建）机械工业有限公司	中型	港澳台商独资
福州福亨汽车工业有限公司	中型	外资企业
福州钜全汽车配件有限公司	中型	港澳台商独资
福清市冠良汽车配件厂有限公司	中型	外资企业
电气机械及器材制造业		
利胜电光源（厦门）有限公司	大型	港澳台商独资
厦门灿坤实业股份有限公司	大型	港澳台商投资
厦门三圈日化有限公司	大型	国有独资
漳州灿坤实业有限公司	大型	港澳台商合资
厦门ＡＢＢ开关有限公司	中型	中外合资
厦门伟志电器制造有限公司	中型	外资企业
中日电热(厦门)有限公司	中型	港澳台商独资
福建泉州大华蓄电池有限公司	中型	港澳台商合资
福建万达电机有限公司	中型	私营合伙
福建省安溪闽华电池有限公司	中型	港澳台商合资
福建省仙游县电机有限公司	中型	私营有限股份
厦门贸联电子有限公司	中型	私营有限责任
漳浦联颖工业有限公司	中型	港澳台商独资
厦门通士达照明有限公司	中型	中外合资
新视电子(厦门)有限公司	中型	外资企业
厦门宝龙工业股份有限公司	中型	股份有限
厦门洪氏企业有限公司	中型	港澳台商独资
厦门ＡＢＢ低压电器设备有限公司	中型	中外合资
厦门海莱照明有限公司	中型	港澳台商合资
厦门五发电子有限公司	中型	港澳台商独资
石狮文行灯饰有限公司	中型	港澳台商独资
福建源光亚明电器股份有限公司	中型	中外合资
福建省南平南线电缆集团公司	中型	其他有限责任
南平市三红电缆有限公司	中型	私营有限责任
福建九州南平电机厂	中型	国有
福州天宇电气股份有限公司	中型	股份有限
闽东电机(集团)股份有限公司	中型	股份有限
福建南平太阳电缆股份有限公司	中型	股份有限
神州学人集团股份有限公司	中型	股份有限
福建省泉州市华侨蓄电池厂	中型	股份合作
飞毛腿(福建)电子有限公司	中型	港澳台商独资
龙海协祥电池有限公司	中型	港澳台商独资
福清市大朋电子配件有限公司	中型	外资企业
福州山昌电子有限公司	中型	外资企业
福建省苍乐电子企业有限公司	中型	港澳台商独资
三协精机(福州)有限公司	中型	外资企业
南平南孚电池有限公司	中型	港澳台商合资
福安市新永隆电机有限公司	中型	港澳台商合资
福建闽东德丰电机有限公司	中型	港澳台商合资
闽东安波电器有限公司	中型	港澳台商合资
福建闽东本田发动机有限公司	中型	中外合资
通信设备、计算机及其电子设备制造业		
厦门宏发电声有限公司	大型	中外合资
福建实达电脑集团股份有限公司	大型	股份有限
南靖县万利达视听有限公司	大型	港澳台商合资
冠捷电子（福建）有限公司	大型	港澳台商独资
NEC 东金电子(厦门)有限公司	大型	外资企业
厦门华侨电子企业有限公司	大型	港澳台商合资
戴尔计算机（中国）有限公司	大型	外资企业
华映光电股份有限公司	大型	港澳台商投资
夏新电子有限公司	大型	港澳台商合资
厦门 TDK 有限公司	大型	外资企业
厦门台松精密电子有限公司	中型	港澳台商独资
振源（厦门）工业有限公司	中型	外资企业
厦门宏泰发展有限公司	中型	港澳台商独资
厦门台和电子有限公司	中型	港澳台商独资
厦门迈昕电子科技有限公司	中型	外资企业
厦门多威电子有限公司	中型	外资企业
厦门中桥通讯设备有限公司	中型	港澳台商独资
厦门宁利电子有限公司	中型	港澳台商独资
厦门智丞电子有限公司	中型	港澳台商独资
信华(厦门)科技有限公司	中型	港澳台商独资
埃梯梯科能(中国)电子工业有限公司	中型	外资企业
福建 JVC 电子有限公司	中型	中外合资经营
福建网讯科技有限公司	中型	其他有限责任
泉州神州电子有限公司	中型	私营有限责任
联想厦华(厦门)移动通信科技有限公司	中型	其他内资
福建捷联电子有限公司	中型	港澳台商独资
漳州万利达数码科技有限公司	中型	港澳台商合资
日立（福建）数字媒体有限公司	中型	中外合资

1-21 续表 9　　　　（2003 年）

企业名称	企业规模	登记注册	企业名称	企业规模	登记注册
厦门建松电器有限公司	中型	港澳台商独资	厦门升明电子有限公司	中型	外资企业
厦门歌乐电子企业有限公司	中型	港澳台商独资	艾美凯仪表（厦门）有限公司	中型	外资企业
厦门宏美电子有限公司	中型	中外合资	杏晖光学(厦门)有限公司	中型	外资企业
厦门松下电子信息有限公司	中型	外资企业	柯达（厦门）有限公司	中型	中外合资
厦门柏恩氏电子有限公司	中型	外资企业	富华（漳州）光学工业有限公司	中型	港澳台商合资
厦门兴联电子有限公司	中型	港澳台商合资	福州水表厂	中型	集体
厦门富士电气化学有限公司	中型	外资企业	福州瑞达电子有限公司	中型	港澳台商合资
福建福日电子股份有限公司	中型	股份有限	漳州宏源表业有限公司	中型	港澳台商合资
丞信电子科技（厦门）有限公司	中型	外资企业	福建省莆田县德基电子有限公司	中型	港澳台商独资
福建闽芗电子厂	中型	国有	莆田德信电子有限公司	中型	港澳台商独资
宏智科技股份有限公司	中型	股份有限	**工艺品及其他制造业**		
冠城大通股份有限公司	中型	股份有限	厦门福太伞业有限公司	中型	港澳台商独资
厦门华联电子有限公司	中型	其他有限责任	厦门好立工艺美术有限公司	中型	外资企业
厦门达真磁记录有限公司	中型	其他有限责任	厦门市鸿佳地毯有限公司	中型	港澳台商独资
福建新大陆电脑股份有限公司	中型	股份有限	厦门金鹏人造花有限公司	中型	港澳台商独资
福建爱普生实达电子有限公司	中型	中外合资	泉州宏利伞业有限公司	中型	港澳台商合资
福州闽威电路板有限公司	中型	港澳台商合资	泉州明日艺品有限公司	中型	中外合资
石狮市通达集团有限公司	中型	港澳台商独资	晋江市恒顺洋伞有限公司	中型	港澳台商独资
晋江华达电子有限公司	中型	港澳台商独资	晋江福兴拉链有限公司	中型	港澳台商独资
福建福强精密印制线路板有限公司	中型	港澳台商合资	亚伦集团（福建）有限公司	中型	港澳台商独资
华达集团（福建）有限公司	中型	港澳台商独资	晋江市深沪镇浔兴拉链制造有限公司	中型	港澳台商合作
福建实达网络科技有限公司	中型	外资企业	晋江福兴服饰有限公司	中型	港澳台商独资
厦门信达电子有限公司	中型	国有联营	安溪县英发家具装饰有限公司	中型	外资企业
福建省石狮市华宝集团公司	中型	集体	泉州建文艺品有限公司	中型	外资企业
厦门法拉电子股份有限公司	中型	股份有限	晋江市富隆洋伞有限公司	中型	外资企业
福建华科光电有限公司	中型	外资企业	厦门星星工艺品有限公司	中型	港澳台商独资
福州日光照明电器有限公司	中型	外资企业	福建建华管桩有限公司	中型	港澳台商合资
福建福日电视机有限公司	中型	港澳台商合资	晋江市鸿盛雨具有限公司	中型	港澳台商独资
仪器仪表及文化、办公用机械制造业			漳州仂元工业有限公司	中型	港澳台商独资
福建省新威电子工业有限公司	大型	港澳台商独资	晋江市东石振华制伞厂	中型	集体
来明工业(厦门)有限公司	中型	港澳台商独资	福建省晋江市深沪镇光华五金制品厂	中型	私营独资
坤联（厦门）照相器材有限公司	中型	港澳台商独资	莆田市中茂集团公司	中型	集体
光明眼镜(厦门)有限公司	中型	外资企业	福州云飞编织有限公司	中型	港澳台商合资
玉晶光电（厦门）有限公司	中型	外资企业	福州艺源日用品有限公司	中型	港澳台商合资
厦门泰利眼镜工业有限公司	中型	港澳台商独资	长乐富登工艺品有限公司	中型	港澳台商独资
诚益光学（厦门）有限公司	中型	港澳台商独资	石狮市通达五金有限公司	中型	外资企业
厦门长荣光学工业有限公司	中型	外资企业	富兴伞业有限公司	中型	港澳台商独资
龙海市华艺钟表有限公司	中型	私营有限责任	闽侯闽兴编织品有限公司	中型	港澳台商合资
华茂光学工业（厦门）有限公司	中型	港澳台商独资	台福（福州）有限公司	中型	港澳台商独资
麦克奥迪实业集团有限公司	中型	港澳台商合资	绿星(福州)居室用品有限公司	中型	港澳台商独资

1-21 续表 10　　(2003 年)

企业名称	企业规模	登记注册
福清市元升轻工制品有限公司	中型	港澳台商独资
电力、热力的生产和供应业		
福建省电力有限公司	大型	国有
福建省福州电业局	大型	国有
福建水口发电有限公司	中型	国有联营
福建省闽东老区水电开发总公司福鼎分公司	中型	国有
华能国际电力股份有限公司福州分公司	中型	外商投资股份
福建省尤溪流域水电开发有限责任公司	中型	其他有限责任
厦门华夏国际电力发展有限公司	中型	港澳台商合作
福建闽东电力股份有限公司	中型	股份有限
南平市电力联营公司	中型	国有联营
福建省南平电业局	中型	国有
光泽县电力公司	中型	国有
武夷山市水利电力开发实业总公司	中型	国有
浦城县电力有限责任公司	中型	国有独资
霞浦县供电公司	中型	国有
闽东老区水电开发总公司宁德分公司	中型	国有
福建省闽东老区水电开发总公司	中型	国有
福建省顺昌县电力公司	中型	国有
建瓯市电力公司	中型	国有
建阳市电力公司	中型	国有
福建华电邵武发电有限公司	中型	国有
永春县电力公司	中型	国有
德化县电力公司	中型	国有
福建省安溪县电力公司	中型	国有
福建省诏安县电力公司	中型	国有
漳浦县电力公司	中型	国有
福建省华安水力发电厂	中型	国有
福建省平和电力公司	中型	国有
东山县电力公司	中型	国有
福建省漳州市电业局	中型	国有
福建省龙海市电力公司	中型	国有
福建省永安供电局	中型	国有
福建华电漳平电厂	中型	国有
福建省龙岩电业局	中型	国有
福建省长汀县电力公司	中型	国有
福建省古田溪水力发电厂	中型	国有
福建省上杭县电力公司	中型	国有
福建省永定县电力公司	中型	国有
福建永安火电厂	中型	国有
连城县电力公司	中型	国有
福建闽西武平电力集团公司	中型	国有
平潭县电力公司	中型	国有
福建省福清供电有限公司	中型	国有联营
福建省厦门电业局	中型	国有
福建省厦门电厂	中型	国有
长乐市供电公司	中型	国有
福建省连江县供电有限公司	中型	国有独资
福建省闽清县电力公司	中型	国有
大田县电力公司	中型	国有
沙县电力公司	中型	国有
福建省尤溪电力公司	中型	国有
晋江市电力公司	中型	国有独资
南安市电力总公司	中型	国有
福建省泉州电业局	中型	国有
福建省莆田电业局	中型	国有
福建省三明电业局	中型	国有
仙游县电力总公司	中型	国有
华阳电业有限公司	中型	外资企业
福建漳平发电有限公司	中型	港澳台商合作
燃气生产和供应业		
厦门市燃气总公司	中型	国有
福州市煤气公司	中型	国有
水的生产和供应业		
厦门水务集团有限公司	中型	国有
福建省石狮市供水股份有限公司	中型	股份有限
福州市自来水总公司	中型	国有
泉州市自来水公司	中型	国有
福建恒源供水股份有限公司	中型	股份有限

二 市场占有

2004

FUJIAN ENTERPRISE YEARBOOK

2003年福建省产品市场占有情况概述

一、闽货三大市场销售状况

1. 主要农产品

2003年，我省农林牧渔业产品销往省内、省外、境外三大市场比重分别为71.91%，15.77%，12.32%。与上期（2001年度调查，下同）相比，销往省内比重下降约3个百分点，销往省外上升近1个百分点，销往境外上升约2个百分点。

——农业。销往省内、省外、境外三大市场比重分别为72.63%，19.14%，8.23%，与上期相比，销往省内及省外比重上升，销往境外比重下降。粮食类，年产量达713.06万吨，同比下降6.60%，比上期下降12.75%。口粮省内基本自给，省外调入的主要是饲料和工业用粮。销往省内比重99.01%，销往省外比重0.99%。与上期相比，省内比重上升，省外、境外比重下降。蔬菜类，全省实施“菜篮子”工程后，产量逐年上升，年产量1289.23万吨，同比增长4.50%，比上期增长11.05%。销往省内比重与上期基本持平（81.19%）；销往境外比重13.56%，比上期上升5.6个百分点；销往境外比重5.25%，比上期下降5.8个百分点。食用菌，年产量49.01万吨，同比增长5.83%。与上期相比，产量增长11.82%，增产部分主要销往省内，销往省外总量略有下降，销往境外总量略有上升。水果，年产量441.68万吨（其中柑桔、香蕉占63.0%），同比增长3.94%。与上期相比，产量增长10.10%，增产部分主要销往省内，销往省外、境外总量及比重均有所下降。茶叶，年产量15.02万吨，同比增长4.82%。与上期相比，产量增长12.18%，增产部分均销往省内，销往省外及境外的总量及比重均有所下降。

——林业。我省林业产品种较少，如：竹子、木材、松脂、油桐籽、油茶籽等，主要用于满足本省工农业生产需要，直接用于消费的林产品较少。销往省内比重89.0%，销往省外5.0%，销往境外6.0%。与上期相比，省内比重下降1个百分点，省外比重上升1个百分点。

——牧业。我省牧业产品主要是猪、家禽、蛋、奶等，主要用于满足省内消费需要，销往省外、境外较少。销往省内比重96.00%，省外3.00%，境外1.00%。与上期相比，省内比重上升1个百分点，境外比重下降1个百分点。

——渔业。我省海岸线长，位居全国第二，海域辽阔，海水产品品种多、产量在渔业中占主导地位。渔业年产量572.77万吨，其中海水产品占88.7%，同比增长2.52%。与上期相比，产品销往省内及省外的总量及比重均下降，销往境外比重上升11个百分点，销往境外总量增长47.3%（主要是海水产品，增长49.00%）。

2. 工业产品

2003年，全部工业实现销售收入7047.95亿元，销往省内比重45.13%，销往省外比重23.74%，销往境外比重 31.13%。与上期相比，销售收入增长29.19%，销往省内比重下降近14个百分点，销往省外比重上升近 7 个百分点，销往境外比重上升近 7 个百分点。采掘业、制造业（不包括修理加工业）实现销售收入6605.52亿元，与上期相比，销售收入增长59.29%，销往省内比重降约 4 个百分点，销往省外比重上升约 3 个百分点，销往境外比重上升近 1 个百分点。重工业销往省内比重下降近6个百分点，销往省外、境外比重分别上升约1个和5个百分点；轻工业销往省内、境外比重分别下降约3个和2个百分点，销往省外比重上升近5个百分点。制造业实现销售收入6483.91亿元。与上期相比，销售收入增长59.51%，销往省内比重下降约4个百分点，销往省外、境外比重分别上升约3个和1个百分点。

制造业分行业及产品观察，2003年与上期相比：

（1）省内销售比重上升的前6位行业及其主要产品有烟草制品业（主要产品是复烤烟叶、卷烟），非金属矿采选业（主要产品是硅铁、化学矿），交通运输设备制造业（主要产品是客车），化学纤维制造业（主要产品是合成纤维），农副食品加工业（主要产品是食用植物油、小麦粉），金属制品业（主要产品是金属铸件、金属管材）。省内销售比重下降的前 6 位行业及其主要产品有有色金属冶炼及压延加工业（主要产品是铝材、钼），食品制造业（主要产品是罐头、糖果、味精），饮料制造业（主要产品是茶叶），医药制造业（主要产品是中成药、中药片剂、生物制品），纺织业（主要产品是针织服装），专用设备制造业（主要产品是工程机械）。

(2)省外销售比重上升的前6位行业及其主要产品有有色金属冶炼及压延加工业（主要产品是铝材、成品金、线材），医药制造业（主要产品是中药片剂、生物制品、中成药），饮料制造业（主要产品是茶叶），专用设备制造业（主要产品是装载机、道路机械），化学原料及化学制品制造业（主要产品是磺酸、化学农药），造纸及纸制品业（主要产品是纸浆、新闻纸）。省外销售比重下降的前 6 位行业及其主要产品有烟草制品业（主要产品是复烤烟叶、卷烟），非金属矿采选业（主要产品是水泥、混凝土），交通运输设备制造业（主要产品是客车、民用钢质船舶），皮革、毛皮、羽毛（绒）及其制品业（主要产品是羽绒服装），化学纤维制造业（主要产品是合成纤维），通信设备、计算机及其他电子设备制造业（主要产品是微型计算机、电视中心设备）。

(3)境外销售比重上升的前6位行业及其主要产品有木材加工及木、藤、棕、草制品业（主要产品是纤维板），皮革、毛皮、羽毛（绒）及其制品业（主要产品是水洗羽绒），仪器仪表及文化、办公用机械制造业（主要产品是自动化仪表及系统、大气污染防治设备），食品制造业（主要产品是水产品、罐头），塑料制品业（主要产品是塑料薄膜、塑料鞋），工艺品及其他制造业（主要产品是伞、竹木工艺制品）。境外销售比重下降的前 6 位行业及其主要产品有金属制品业（主要产品是金属构件、日用不锈钢制品），橡胶制品业（主要产品是注塑鞋），通用设备制造业（主要产品是铸件、水暖管件），医药制造业（主要产品是中成药、生物制品），化学原料及化学制品制造业（主要产品是塑料树脂及共聚物、化学农药），有色金属冶炼及压延加工业（主要产品是线材）。

二、国内市场占有率

1. 省内市场占有率。由于农产品和商品市场流通方式的不同，以下考察 2003 年度省内市场占有率分为农产品市场和商品市场两个方面进行。

（1）农产品省内市场占有率

我省城镇居民日常生活需要的粮食、蔬菜、水果、肉类、水产品等，省内市场份额达 77.56%，其中，粮食、蔬菜、肉类、水产品达八成（或以上），水果达 48.38%。省外农产品在我省市场份额为 20.19%，主要是水果、肉类、和水产品。境外农产品在我省市场份额为 2.25%，主要是水果及水产品。

（2）工业品省内市场占有率

我省全年社会消费品零售总额 1740.45 亿元，同比增长 4.64%，比上期增长 16.07%。剔除餐饮业中非烟酒、饮料部分及其他行业中农对非部分后全省消费品销售合计约为 1592.59 亿元，比上期增长 23.83%，其中我省产品市场份额 42.93%，外省产品 52.01%，境外产品 5.06%。与上期相比，我省产品省内市场占有率上升 2.9 个百分点。

——食品、饮料、烟酒类。该类商品市场交易量大，销售额 451.17 亿元，占全年消费品销售总额的近三成。本省产品占 41.82%市场份额，与上期相比，上升约 11 个百分点；外省产品占 55.0%，与上期相比，下降近 7 个百分点。水产品类和肉禽蛋类商品市场占有率高，前者达 89.68%，后者达 96.76%，与上期基本持平。饮料类和烟酒类，本省产品占有率分别为 48.21%和 40.28%，比上期均有所提高。其他食品类，本省产品市场占率较低，仅 28.07%，比上期下降，六成强的市场份额被外省产品占领。分具体商品观察，本省产品市场份额较高的主要有水产品、肉禽蛋、调味品、茶叶、啤酒等，外省产品市场份额较高的有方便面、滋补品、白酒、糖果等。

——服装鞋帽、针、纺织品。该类商品市场交易量较大，销售额 308.57 亿元，占全省消费品销售总额近二成。本省产品占据 48.29%的市场份额，比上期上升 7 个百分点；外省产品占据 41.72%的市场份额，比上期下降近 16 个百分点。与上期相比，服装类商品市场份额略有下降，针、纺织品及鞋帽类商品市场份额均上升。分具体产品观察，本省产品市场份额较高的有旅游鞋、布鞋、成衣，外省产品市场份额较高的有内衣裤、皮鞋、窗帘布等。

——化妆品类。我省产品较少，仅有低档洗发、护发、美容品等，市场份额很小，仅达 20.77%，比上期略有上升。外省产品占据很大市场份额，达 77.29%。

——金银珠宝类。本省产品占据 66.65%的市场份额，与上期基本持平。主要产品有黄金首饰制品、石雕工艺品等。

——日用品类。本省产品占据 38.90%的市场份额，比上期上升 4 个百分点。主要产品有干电池、节能灯、卫生纸等。自行车、燃气用具、钟表、日用洗涤品等产品市场被外省产品垄断，外省日用品类占据我省近六成市场份额。

——五金、电料类。本省产品占据 60.90%的市场份额，比上期上升约 8 个百分点。主要产品有电线电缆、日用五金、建筑小五金等。

——体育、娱乐用品类。我省产品不多，仅有球类、球类器材、棋牌类、钓鱼用具、钢琴、胶卷等，总量偏小，市场占有率仅 23.84%，比上期下降约 4 个百分点。健康器材、游艺器材、照相机等热点商品超过七成的市场份额被外省产品瓜分。

——书报杂志、电子出版物及音像制品类。总体上，我省书籍报纸、杂志电子出版物、音像制品发行量小，市场被外省产品占领。本省产品市场占有率低，书报杂志类仅达 20.63%，电子出版特及音像制品类仅 20.97%，与上期相比，均略有上升。

——家用电器和音像器材类。我省产品种类及总量少，除 DVD、彩电、组合音响、日用小家电、录（放）音机、热水器外，其他产品基本空白。房间空调、电冰箱、电烤箱、洗碗机等热销商品市场基本上被外省产品垄断。本省产品市场份额仅 12.75%，比上期下降约 5 个百分点。

——中西药品类。我省医药行业近几年有长足的进步，除片仔癀、万金油等传统中药外，硫酸庆大霉素、单硫酸卡那霉素、粉针剂等医药产品市场前景看好，本省产品市场占率比上期上升约 6 个百分点，达 43.53%。

——办公用品类。我省产品品种少、价值低、总量小，除办公用纸、教学器材、计算机辅助设备、磁盘等占有一定市场份额，高价值或用量大的复印机、计算器、碎纸机、文具等办公用品市场均被省外产品占领。本省产品市场占有率仅 28.13%，与上期基本持平。

——通讯器材类。我省品种及总量小，除手机、电话机等外，其他产品本省基本空白。传真机、高档电话机等大宗、高价值商品市场基本上被外省产品占领，本省产品市场占有率仅达 22.66%，比上期上升约 3 个百分点。

——其他生产资料类。我省产品市场占有率 57.95%，比上期下降约 15 个百分点，主要产品有无烟煤、木材、纸浆、新闻纸等。

2. 国内市场占有率

（1）农产品国内市场占有率

我省山地丘陵面积占 80.70%以上，耕地面积少，可用于粮食、油料等播种的面积少，生产总量小。粮食、油料国内市场占有率低，全国排位均在 20 位以后。2002 年，粮食国内市场占有率 1.67%，居全国第 24 位；油料国内市场占有率 0.98%，居全国第 24 位。我省亚热带性气侯，雨量充沛，适合果蔬、烟叶、茶叶等种植，产品国内市场占有率名列各省前茅。2002 年，甘蔗国内市场占有率 1.31%，比上年上升 0.05 个百分点，位居全国第 8 位；烟叶国内市场占有率 4.54%，比上年上升 0.24 个百分点，位居全国第 6 位；茶叶国内市场占有率 19.19%，比上年上升 0.10 个百分点，保持数年来全国第一的位次；水果国内市场占有率 6.11%，比上年上升 0.08 个百分点，位居全国第 7 位。水果产品中，柑桔连续两年保持全国产销第一，国内市场占有率 16.11%；香蕉连续 5 年保持全国产销前四，国内市场占有率 13.77%。我省海岸线长，海域面积辽阔，在国内居海洋大省，可用养殖的滩涂面积大，使我省成为全国重要的海水产品生产基地，海水产品品种多，如：虾蟹、牡蛎、海水鱼、螺等贝类、藻类等。海水产品产销连续五年保持全国第二位，2002 年国内市场占有率 18.70%，与上年相比基本持平，其中，人工海水养殖产品国内市场占有率 23.33%。淡水产品产销近几年居全国第 10 位左右，2002 年国内市场占有率 3.33%，与上年相比基本持平，位居全国第 11 位。我省畜、禽养殖总体规模小，肉蛋奶产品国内市场占有率不高。2002 年，肉类国内市场占有率 2.16%，比上年降低 0.05 个百分点，位居全国第 19 位；奶类国内市场占有率 1.01%，比上年略有下降，位居全国第 22 位；禽蛋国内市场占有率 1.66%，比上年略有下降，位居全国第 15 位。

（2）工业产品国内市场占有率

我省工业（规模以上，下同）产销 2002 年在全国位次由 1999 年-2001 年第 12 位，前移为第 9 位。2003 年国内市场占有率 3.43%，比上年上升 0.21 个百分点。1999-2002 部分省市工业产品国内市场占有率见下表。

部份省市工业产品国内市场占有率（%）（1999-2002年）

	第1位	第2位	第3位	第4位	第5位	第6位	第7位	福建
1999年	广东 14.62	江苏 11.82	山东 9.40	上海 7.83	浙江 7.21	辽宁 4.91	河北 4.20	第12位 2.95
2000年	广东 14.71	江苏 11.85	山东 9.58	浙江 7.71	上海 7.64	辽宁 5.12	河北 4.07	第12位 2.93
2001年	广东 14.82	江苏 12.00	山东 9.70	浙江 8.31	上海 7.70	辽宁 4.89	河北 4.03	第12位 2.98
2002年	广东 14.84	江苏 12.36	山东 10.08	浙江 8.89	上海 7.29	辽宁 4.58	河北 4.04	第9位 3.22

注：本表根据全国规模以上工业有关数据整理。

分行业观察，2003年我省行业国内市场占有率最高的前5个行业是：其他制造业（13.07%），皮毛、毛皮、羽绒及其制品业（12.43%），服装及其它纤维制品制造业（8.04%），家具制造业（7.31%），塑料制品业（6.57%）。

分产品观察（列入国家统计目录的产品），根据现有资料，2003年国内市场占有率上升幅度较大的产品有：纱（4.27%，上升1.57个百分点），布（4.20%，上升1.53个百分点），木材（11.72%，上升1.37个百分点）。

三、出口市场占有率

1.位居全国前列

我省属外向型省份，自1995年以来出口市场占有率在5-6%之间，全国排名在5-7位。1997年出口市场占有率最高，达5.62%，2002出口市场占有率在5.34%，名列第6位。

2.产品出口市场占有率

2003年，我省出口千万元以上商品有近70种，其中，机电产品、高新技术产品、自动数据处理设备及其部件、服装及衣着附件、鞋类出口额均超过20亿美元。2003年出口额同比增长的有60种，增幅最大的前5位商品有高新技术产品（增长约220倍），蓄电池（285.33%），机电产品（265.85%），纸及纸板（未切成形的）（168.52%），集装箱（118.40%）。从出口产品结构看，2003年，初级产品同比增长0.11%，工业制品同比增长23.48%，机电、电子等高附加值产品出口比重增大。

2003年出口市场占有率最高的前10位产品是：花岗石石材及其制品（79.69%），制作或保藏的河鳗（烤鳗）（52.79%），伞（29.19%），装饰用陶瓷制品（27.64%），鞋（18.25%），天然硫酸钡（重晶石）（17.49%），日用钟（17.10%），显示器（16.76%），家用或装使用木制品（14.09%），蔬菜（12.59%），中式成药（11.54%）。

3.出口市场较单一

我省出口市场较为单一，出口市场覆盖率低。自1997年以来，近7成的出口额都集中在亚洲及美国。2003年，出口美国占出口总额24.2%，出口日本占20.2%，出口我国香港占10.3%，出口这三个国家或地区的比重达54.7%。

2-1 主要农产品三大市场销售情况

(2003年)

项　　目	产值(亿元)	产量(万吨)	销售区域比重(%)		
			省内	省外	境外
农林牧渔合计	1135.20		71.91	15.77	12.32
农业	466.76		72.63	19.14	8.23
#粮食	113.03	713.06	99.01	0.99	
蔬菜	130.34	1289.23	81.19	13.56	5.25
食用菌	52.56	49.01	36.80	33.10	30.10
水果	79.89	441.68	50.99	39.21	9.80
# 柑桔	28.27	194.37	26.70	56.44	16.86
香蕉	13.74	83.76	31.99	63.03	4.98
茶叶	24.16	15.02	39.70	39.44	20.86
林业	79.25		89.00	5.00	6.00
牧业	237.34		96.00	3.00	1.00
渔业	351.85	572.77	59.46	15.36	25.18
海水产品	264.27	507.87	48.99	19.36	31.65
淡水产品	87.60	64.90	91.06	3.30	5.64

备注：(1）产品类别销售区域比重为抽样调查数据；

(2）受资料限制，设定农产品库存、坏损为零，产值近似于销售产值；

(3）林业、牧业销售比重采用专家调查法取得。

2-2 工业产品三大市场销售情况

（2003 年）

项　　　目	销售收入（万元）	销售区域比重（%）		
		省内	省外	境外
一、全部工业	70479532	45.13	23.74	31.13
二、采掘业、制造业（不包括修理加工业）	66055153	41.45	25.33	33.22
（一）按轻重分				
（1）重工业	30045797	41.70	27.49	30.82
（2）轻工业	36009356	41.25	23.52	35.23
（二）按行业分				
（1）采掘业	1216020	62.88	34.58	2.54
煤炭开采和洗选业	381311	85.47	14.53	0.00
黑色金属矿采选业	71988	60.00	38.19	1.81
有色金属矿采选业	605227	49.04	50.96	0.00
非金属矿采选业	157494	62.66	18.56	18.78
（2）制造业（不包括修理加工）	64839133	41.05	25.15	33.80
农副食品加工业	3205612	58.57	14.16	27.27
食品制造业	1599481	33.73	33.63	32.64
饮料制造业	1389651	54.69	35.93	9.38
烟草制品业	831108	83.65	15.64	0.71
纺织业	3647220	46.82	26.59	26.59
纺织服装、鞋、帽制造业	4524315	37.85	21.03	41.12
皮革、毛皮、羽毛（绒）及其制品业	3717964	15.08	18.88	66.04
木材加工及木、竹、藤、棕、草制品业	1378049	42.20	16.30	41.50
家具制造业	815251	22.32	10.27	67.41
造纸及纸制品业	2122856	59.28	37.13	3.59
印刷业和记录媒介的复制	956266	81.16	11.35	7.49
文教体育用品制造	604694	16.61	16.90	66.49
石油加工、炼焦及核燃料加工业	915848	63.32	23.92	12.76
化学原料及化学制品制造业	2728355	44.60	41.84	13.56
医药制造业	476859	17.39	65.87	16.74
化学纤维制造业	703521	64.39	32.11	3.50
橡胶制品业	675438	31.19	39.54	29.27
塑料制品业	3129070	42.56	16.89	40.55
非金属矿物制品业	6510630	52.15	26.49	21.36

2-2 续表

(2003年)

项目	销售收入（万元）	销售区域比重（%）		
		省内	省外	境外
黑色金属冶炼及压延加工业	1776999	74.08	22.66	3.26
有色金属冶炼及压延加工业	672180	25.03	61.39	13.58
金属制品业	1675713	49.56	27.73	22.71
通用设备制造业	1725471	48.19	33.20	18.61
专用设备制造业	1441639	27.69	65.07	7.24
交通运输设备制造业	2834054	61.12	27.26	11.62
电气机械及器材制造业	2221127	31.59	23.63	44.78
通信设备、计算机及其他电子设备制造业	9139358	24.79	20.48	54.73
仪器仪表及文化、办公用机械制造业	832607	14.71	18.48	66.81
工艺品及其他制造业	2554504	7.64	8.65	83.71
废弃资源和废旧材料回收加工	33294	96.38	3.62	

2-3 三大产地(区域)主要农产品福建市场销售情况

(2003年)

项目	销售金额（万元）	产地（区域）比重（%）		
		省内	省外	境外
合计	**3078877.48**	**77.56**	**20.19**	**2.25**
粮食	348977.95	93.26	6.64	0.10
蔬菜	380584.71	89.63	7.50	2.87
水果	504586.96	48.38	45.17	6.45
肉类	1029581.65	79.79	20.21	0.00
水产品	815146.21	80.45	16.44	3.11

注：(1) 粮食仅指口粮，肉类指猪肉、牛肉和羊肉；

(2) 产品销售区域比重由抽样调查取得；

(3) 销售金额指市场销售额，由人均农产品消费支出、权重等推算。

2-4 三大产地（区域）商品福建市场销售情况

（2003 年）

项 目	零售总额(万元)	所销产品产地区域（%）		
		省内	省外	境外
合 计	15925880.20	42.93	52.01	5.06
食品、饮料、烟酒类	4511735.46	41.82	55.00	3.18
#水产品类	253891.70	89.68	6.17	4.16
肉禽蛋	121844.37	96.76	3.24	
其他食品类	1171698.29	28.07	65.55	6.38
饮料类	232143.95	48.21	50.81	0.98
烟酒类	2732157.15	40.28	57.68	2.04
服装鞋帽、针、纺织品类	3085717.54	48.29	41.72	9.99
#服装类	2146163.30	52.88	35.17	11.95
鞋帽类	652335.89	36.62	56.23	7.15
针、纺织品类	287218.35	40.47	57.76	1.77
化妆品类	100960.10	20.77	77.29	1.94
金银珠宝类	65840.63	66.65	31.32	2.03
日用品类	560286.91	38.90	59.22	1.88
#洗涤用品类	309611.82	22.69	77.31	
儿童玩具类	53985.45	20.41	77.82	1.77
五金、电料类	79450.12	60.90	37.95	1.15
体育、娱乐用品类	119617.14	23.84	73.80	2.36
书报杂志类	348929.42	20.63	77.31	2.06
电子出版物及音像制品类	186028.31	20.97	77.27	1.76
家用电器和音像器材类	1124035.48	12.75	82.12	5.13
中西药品类	2390332.99	43.53	53.09	3.38
#西药	1430019.27	21.11	74.82	4.05
中草药及中成药	621469.51	39.26	60.74	
文化办公用品类	149128.63	28.13	69.22	2.65
通讯器材类	262071.87	22.66	74.44	2.90
其他类	2941745.60	57.95	36.04	6.01

2-5 主要农产品国内市场占有率

（1998-2002 年）

单位：%

项　　目	1998 年	1999 年	2000 年	2001 年	2002 年
粮食	1.87（22）	1.85（21）	1.85（21）	1.81（21）	1.67（24）
#谷物	1.67（23）	1.65（21）	1.63（23）	1.59（22）	1.46（24）
油料	1.06（20）	0.99（21）	0.87（24）	0.91（23）	0.98（24）
#花生	1.90（12）	1.88（12）	1.65（13）	1.68（13）	1.63（13）
甘蔗	2.63（5）	1.86（8）	1.21（10）	1.26（9）	1.31（8）
烟叶	3.13（11）	3.56（10）	3.68（10）	4.30（7）	4.54（6）
茶叶	17.88（1）	18.27（1）	18.43（1）	19.09（1）	19.19（1）
水果	6.29（5）	6.32（6）	5.73（7）	6.03（6）	6.11（7）
#柑桔	17.04（2）	14.73（2）	14.87（2）	15.59（1）	16.11（1）
香蕉	18.75（3）	16.51（3）	15.11（3）	15.12（4）	13.77（4）
松脂	14.35（3）	13.25（3）	13.24（3）	11.84（3）	12.04（4）
油桐籽	4.06（9）	3.99（9）	4.00（8）	4.40（8）	4.73（5）
油茶籽	7.91（4）	7.42（4）	7.65（4）	7.74（4）	7.43（4）
肉类	2.36（17）	2.33（18）	2.25（18）	2.21（17）	2.16（19）
奶类	0.90（23）	0.99（23）	1.08（22）	1.02（22）	1.01（22）
禽蛋	1.82（14）	1.84（13）	1.81（13）	1.72（15）	1.66（15）
海水产品	18.06（2）	18.15（2）	18.53（2）	18.74（2）	18.70（2）
#人工养殖	25.59（2）	24.83（2）	24.75（2）	24.10（2）	23.33（2）
淡水产品	3.25（9）	3.26（9）	3.30（10）	3.35（10）	3.33（11）
#人工养殖	3.30（9）	3.28（9）	3.29（10）	3.30（10）	3.31（11）

注：（1）本表根据相关统计指标数据推算；

（2）表中括号内数据系在全国位次。

2-6 分行业国内市场占有率

（1998-2003 年）

单位：%

项目	1998 年	1999 年	2000 年	2001 年	2002 年	2003 年
煤炭开采和洗选业	0.62	0.71	0.80	0.81	0.81	0.72
黑色金属矿采选业	1.24	1.41	1.64	1.80	1.88	1.91
有色金属矿采选业	0.61	0.65	0.81	0.90	1.13	1.28
非金属矿采选业	1.93	1.79	2.53	2.39	2.35	3.15
农副食品加工业	3.68	3.61	3.30	3.19	3.27	3.39
食品制造业	4.11	3.78	3.61	3.38	3.39	4.57
饮料制造业	2.95	2.89	2.82	2.83	2.79	3.10
烟草制品业	2.94	3.28	3.65	3.68	4.03	3.73
纺织业	2.01	1.93	2.18	2.38	2.52	3.40
纺织服装、鞋、帽制造业	5.21	4.62	5.46	5.72	6.60	8.04
皮革、毛皮、羽毛（绒）及其制品业	12.31	11.55	10.78	9.69	10.69	12.43
木材加工及木、竹、藤、棕、草制品业	4.31	3.73	3.68	4.05	4.43	4.95
家具制造业	3.56	3.94	5.63	6.65	7.01	7.31
造纸及纸制品业	4.30	4.60	5.21	5.28	4.94	4.94
印刷业和记录媒介的复制	3.71	3.39	3.19	3.26	3.20	3.77
文教体育用品制造	5.82	3.76	3.85	4.36	4.29	4.80
石油加工、炼焦及核燃料加工业	1.79	1.88	1.95	1.61	1.41	1.43
化学原料及化学制品制造业	1.52	1.84	1.89	1.78	1.87	2.25
医药制造业	1.31	1.42	1.28	1.20	1.21	1.49
化学纤维制造业	3.81	3.74	3.74	5.16	5.53	5.22
橡胶制品业	3.66	3.58	3.90	4.28	4.58	4.12
塑料制品业	5.77	5.96	5.54	5.44	5.64	6.57
非金属矿物制品业	3.68	3.60	3.77	3.91	4.14	4.74
黑色金属冶炼及压延加工业	1.46	1.84	1.54	1.58	1.59	1.58
有色金属冶炼及压延加工业	1.52	1.82	1.95	1.99	1.90	1.80
金属制品业	2.12	2.24	2.71	2.50	2.81	2.62
通用设备制造业	1.09	1.13	1.29	1.54	1.54	1.61
专用设备制造业	1.68	1.63	1.95	2.06	2.55	2.79
交通运输设备制造业	1.36	18.96	1.75	2.17	2.06	2.19
电气机械及器材制造业	2.51	2.48	2.35	2.39	2.52	2.51
通信设备、计算机及其他电子设备制造业	5.34	5.45	5.10	4.90	6.15	5.86
仪器仪表及文化、办公用机械制造业	2.00	2.03	1.97	2.09	2.46	4.16
工艺品及其他制造业	10.39	10.15	11.51	10.93	11.19	13.07
废弃资源和废旧材料回收加工						0.51

注：本表根据全国规模以上工业相关统计指标数据推算。2003 年数据为快报数。

2-7 部分工业产品国内市场占有率

（1999-2003 年）

单位：%

项　　目	1999 年	2000 年	2001 年	2002 年	2003 年
原煤	0.44	0.38	0.92	0.47	0.59
铁矿石原矿量	0.43	0.76	0.68	0.60	0.69
铁矿石成品矿	0.71	1.22	1.19	1.13	
硫铁矿	0.42	0.36	0.23	0.28	
原盐	1.33	0.91	1.39	0.95	1.27
木材	8.29	8.59	8.94	10.35	11.72
食用植物油	1.55	0.75	1.01	1.23	
机制糖	1.70	0.87	0.58	0.56	0.81
方便主食品	1.35	2.67	2.46	3.98	
乳制品	1.30	0.20	0.16		
罐头	17.43	15.00	22.44	9.09	
饮料酒	4.26	3.98	4.19	4.01	
啤酒	5.25	4.94	5.08	4.74	
软饮料	2.93	2.67	2.75	2.85	2.93
卷烟	2.53	2.90	2.98	3.02	
纱	1.96	2.18	2.15	2.70	4.27
布	1.90	2.02	3.62	2.47	4.20
印染布	3.46	2.44	3.45	5.70	
绒线	1.38	1.77	2.16	2.06	
机制纸及纸板	3.13	3.41	4.38	2.65	
原油加工量	1.60	1.71	1.65	1.53	
汽油	2.30	2.47	2.37	2.23	2.17
柴油	2.19	2.28	2.15	1.91	1.73
燃料油	0.31	0.49	0.20	0.63	
液化石油气	1.77	2.36		1.76	
焦炭	0.37	0.37	0.34	0.32	0.35
硫酸	1.38	1.42	1.30	1.23	1.23
盐酸	2.49	2.81	2.58	2.62	
氢氧化钠	2.44	2.34	2.10	2.13	2.63
碳酸钠	1.01	1.10	1.25	1.20	1.46
合成氨	2.27	2.38	2.25	2.30	
化学肥料总计	1.85	1.87	1.70	1.60	
氮肥	2.08	2.11	1.93	1.87	
磷肥	1.15	0.99	0.87	0.75	
化学农药	2.33	1.82	1.70	1.12	1.04
塑料树脂及共聚物	0.84	1.32	1.35	1.34	1.91
合成洗涤剂	0.10		0.02	0.20	0.12

2-7 续表 1 （1999-2003 年） 单位：%

项　　目	1999 年	2000 年	2001 年	2002 年	2003 年
化学原料药	0.35	0.23	0.20	0.20	
中成药	0.68	0.96	0.43	0.37	
化学纤维	6.06	5.93	5.76	6.66	5.11
轮胎外胎	7.03	8.07	7.43	8.46	
塑料制品	5.83	5.37	4.53	4.36	4.15
水泥	3.17	2.53	2.67	2.34	2.60
平板玻璃	2.72	2.61	2.23	2.17	2.03
生铁	1.19	1.14	1.16	1.06	1.06
钢	0.99	0.97	1.02	1.16	1.16
线材	4.71	4.19	3.38	2.69	
薄钢板	0.86	1.11	0.77	0.99	
钢带	0.60	0.15	0.72	2.35	
无缝钢管	0.40	0.40	0.02	0.17	
焊接钢管	1.54	1.56	1.16	1.03	
铁合金	0.75	0.98	1.01	0.76	
锌	0.10	0.16	0.23	0.21	
铜加工材	0.28	0.31	0.24	0.25	0.24
金属切削工具	0.60	0.19	0.15	0.09	
日用精铝制品	0.84	1.29	0.99	1.51	
工业锅炉	1.53	1.59	1.53	1.32	0.27
内燃机	0.48	0.31	0.48	0.49	0.44
金属切削机床	0.29	0.34	0.23	0.29	0.36
汽车	0.59	1.14	1.40	1.49	1.93
摩托车	0.78	0.74	0.72	0.84	
自行车	0.67	0.24	0.05	0.01	
发电设备	0.65	1.17	1.10	1.07	0.82
变压器	1.09	1.17	1.02	1.01	
原电池	6.92	7.66	8.62	7.83	
程控交换机	0.90	0.20		0.01	
电话单机	4.15	6.91	8.27	9.02	
传真机	3.44	4.99	4.71	3.32	1.84
微型电子计算机	12.75	13.18	10.12	11.91	7.84
彩色显像管	8.65	10.72	16.28	4.32	
彩色电视机	4.30	5.18	4.25	4.40	3.56
照相机	4.22	5.83	6.08	5.72	
表	5.72	2.48	4.47	7.39	
发电量	2.86	2.97	3.38	3.22	3.31

注：（1）本表根据全国规模以上工业相关统计指标数据推算。

（2）2003 年数据为快报数。

2-8 部分省市出口市场占有率

（1995-2002 年）

单位：%

占有率 位次 年份	第1位	第2位	第3位	第4位	第5位	第6位	第7位	第8位	第9位	第10位
1995 年	广东 38.02	上海 8.71	北京 6.89	江苏 6.58	辽宁 5.54	山东 5.48	福建 5.32	浙江 5.17	天津 2.73	河北 1.93
1996 年	广东 39.29	上海 8.63	江苏 7.68	山东 6.08	辽宁 5.72	福建 5.55	北京 5.38	浙江 5.32	天津 3.08	河北 2.04
1997 年	广东 40.80	上海 8.25	江苏 7.72	山东 5.95	福建 5.62	浙江 5.52	北京 5.25	辽宁 5.01	天津 2.87	河北 1.77
1998 年	广东 41.14	上海 8.68	江苏 8.50	浙江 5.91	北京 5.72	山东 5.68	福建 5.42	辽宁 4.38	天津 2.99	河北 1.70
1999 年	广东 39.85	上海 9.64	江苏 9.39	浙江 6.60	山东 5.94	福建 5.31	北京 5.08	辽宁 4.21	天津 3.25	河北 1.60
2000 年	广东 36.88	江苏 10.34	上海 10.17	浙江 7.80	山东 6.23	福建 5.18	北京 4.80	辽宁 4.36	天津 3.46	河北 1.49
2001 年	广东 35.85	江苏 10.85	上海 10.38	浙江 8.63	山东 6.81	福建 5.23	北京 4.43	辽宁 4.14	天津 3.57	河北 1.49
2002 年	广东 36.38	江苏 11.81	上海 9.84	浙江 9.03	山东 6.48	福建 5.34	北京 3.87	辽宁 3.80	天津 3.57	河北 1.41

注：本表根据全国海关出口数据整理，调查年份为 2001 年和 2003 年。

2-9 部分产品出口市场占有率

（2001、2003年）

项　　目	2003年		2001年
	全国出口总值（千美元）	占有率（%）	占有率（%）
水海产品	3332457	4.58	17.05
#冻虾仁	234798	4.07	0.23
蔬菜	2195591	12.59	12.59
食用植物油（包括棕榈油）	59670	0.00	0.36
食糖	29564	3.45	1.16
茶叶	367337	9.48	21.33
制作或保藏的河鳗（烤鳗）	467583	52.79	45.69
啤酒	76180	1.07	3.33
纸烟	237288	3.50	1.65
锯材	233854	1.16	5.74
天然硫酸钡（重晶石）	67443	17.49	5.83
成品油	3720664	0.15	3.02
仲钨酸铵	41733	9.23	80.74
合成有机染料	544884	0.04	1.67
中式成药	104662	11.54	18.00
美容化妆品及护肤品	327161	5.30	10.05
松香及树脂酸	139805	5.16	13.00
新的充气橡胶轮胎	1607819	6.24	7.57
家用或装饰用木制品	826230	14.09	14.04
纸及纸板（未切成形的）	862371	5.84	1.38
纺织纱线、织物及制品	26928239	1.90	3.27
#丝绸	287214	0.01	1.81
毛纺机织物	343099	0.04	8.27
棉机织物	5463310	1.21	5.68
亚麻及苎麻机织物	381863	0.16	1.15
塑料编织袋（周转袋除外）	242133	3.43	1.50
水泥	171578	0.02	0.52
花岗岩石材及其制品	914087	79.69	12.16
平板玻璃	282416	6.48	3.26
玻璃制品	974691	0.00	7.92
家用陶瓷器皿	1080633	2.88	16.32
装饰用陶瓷制品	623703	27.64	2.28

注：本表根据全国海关数据整理。

2-9 续表1 （2001、2003年）

项目	2003年		2001年
	全国出口总值（千美元）	占有率（%）	占有率（%）
生铁及镜铁	125604		1.33
钢坯及粗锻件	375320		3.48
钢材	3104964	1.35	1.28
#钢铁线材	743504	0.31	0.78
钢铁管配件	517705	2.10	2.81
未锻造的锡及锡合金	180411		0.70
钢铁或铜制标准紧固件	819948	1.14	0.85
不锈钢厨具、餐具等家用器具	1079779	0.23	9.96
餐桌、厨房及其他家用搪瓷器	156257	0.87	0.68
手用或机用工具	1762303	2.39	3.82
锁	566390	0.68	0.13
纺织机械及零件	517351	1.81	2.05
金属加工机床	379098	1.69	0.79
#铣床	15203	1.86	1.92
电子计算器(包括具有计算功能的袖珍数据记录重现机)	941397	5.59	25.91
显示器	9671422	16.76	21.47
轴承	658768	2.66	6.63
电动机及发电机	2438672	4.08	7.20
变压器	1035570	5.52	0.23
原电池	864379	4.35	6.27
有线电话机（包括手持或车载无线电话机）	9035568	0.93	3.84
扬声器	1407549	3.70	0.51
录音机及收录（放）音组合机(包括整套散件)	3135356	4.37	0.08
收音机	323094	5.25	64.81
电视机（包括整套散件）	3471593	4.35	6.53
彩色电视机(包括整套散件)	3255071	4.48	6.98
黑白电视机(包括整套散件)	216522	2.53	2.45
电容器	985268	4.29	0.94
印刷电路	2398113	0.39	0.28
二极管及类似半导体器件	1733199	0.49	8.42
集成电路及微电子组件	6411599	0.30	0.73
电线和电缆	2665704	2.51	2.11
集装箱	3854124	2.91	1.73
汽车和汽车底盘	417646	1.77	0.82

2-9　续表2　（2001、2003年）

项　　目	2003年		2001年
	全国出口总值（千美元）	占有率（%）	占有率（%）
汽车零件	2415681	4.39	4.91
自行车	1432497	0.54	0.14
蓄电池	2090530	4.65	2.01
摩托车及自行车的零件	1173311	4.17	2.10
船舶	2987516	5.42	5.80
照相机	564451	1.91	3.84
复印机	588150	0.00	0.08
医疗仪器及器械	1002901	1.83	2.36
电动手表	934029	1.92	0.55
已组装的完整表芯	162184	3.06	8.92
日用钟	444117	17.10	9.56
家具及其零件	7297106	7.81	8.51
灯具、照明装置及类似品	3778864	1.48	5.30
旅行用品及箱包	5058153	8.81	3.28
服装及衣着附件	51916379	4.66	3.61
#皮革服装	2342807	0.29	0.33
织物制袜子	894673	0.42	0.65
帽类	911329	2.41	2.66
鞋	12489979	18.25	15.98
#皮面鞋	5356062	16.52	14.95
塑料制品	7317795	0.00	15.78
玩具	5979300	1.57	1.60
铅笔	98399	0.91	0.22
贵金属或包贵金属的首饰	1378635	7.33	13.64
伞	633215	29.19	19.08
鬃刷	78380	1.68	9.52
人造花	540727	6.92	4.48
金属制品	15904186	9.00	4.58
机械设备	83470029	5.10	1.06
电器及电子产品	88979306	2.96	5.42
运输工具	15593031	4.44	2.06
仪器仪表	10564304	3.43	1.33
计算机与通信技术	91931203	4.42	3.13

2-10 产品出口市场分布

（1999-2003 年）　　单位：亿美元；%

国别（地区）	1999 年		2000 年		2001 年		2002 年		2003 年	
	出口额	比重	出口额	比重	出口额	比重	出口额	比重	出口额	比重
亚洲	**49.50**	**47.8**	**59.99**	**46.4**	**61.89**	**44.5**	**82.62**	**47.6**	**98.24**	**46.5**
#香港	14.40	13.9	15.09	11.7	14.69	10.5	18.22	10.5	21.81	10.3
澳门	0.08	0.1	0.17	0.1	0.15	0.1	0.21	0.1	0.25	0.1
日本	20.56	19.9	23.56	18.3	25.75	18.5	35.72	20.6	42.75	20.2
*东南亚	5.23	5.0	7.36	5.7	7.29	5.2	9.88	5.7	11.00	5.2
阿联酋	0.93	0.9	1.39	1.1	1.63	1.2	2.61	1.5	3.32	1.6
欧洲	**19.68**	**19.0**	**24.40**	**18.9**	**28.06**	**20.2**	**33.03**	**19.0**	**42.06**	**19.9**
#德国	5.22	5.0	5.03	3.9	5.87	4.2	6.81	3.9	7.62	3.6
法国	1.43	1.4	1.72	1.3	1.83	1.3	2.11	1.2	2.39	1.1
意大利	1.72	1.7	2.06	1.6	2.21	1.6	2.59	1.5	3.41	1.6
芬兰	0.13	0.1	0.22	0.2	0.35	0.3	0.42	0.2	0.63	0.3
英国	2.15	2.1	3.28	2.5	3.43	2.5	4.22	2.4	4.99	2.4
丹麦	0.29	0.3	0.33	0.3	0.34	0.2	0.39	0.2	0.48	0.2
瑞典	0.42	0.4	0.49	0.4	0.56	0.4	0.72	0.4	0.82	0.4
瑞士	0.21	0.2	0.22	0.2	0.31	0.2	0.34	0.2	0.47	0.2
西班牙	1.53	1.5	1.68	1.3	1.86	1.3	2.06	1.2	2.59	1.2
北美洲	**27.22**	**26.3**	**34.25**	**26.5**	**37.34**	**26.8**	**44.34**	**25.5**	**55.12**	**26.1**
#加拿大	1.68	1.6	2.36	1.8	2.87	2.1	3.63	2.1	3.91	1.8
美国	25.54	24.7	31.89	24.7	34.47	24.8	40.71	23.4	51.21	24.2
大洋洲	**1.54**	**1.5**	**2.22**	**1.7**	**2.42**	**1.7**	**3.15**	**1.8**	**3.92**	**1.9**
#澳大利亚	1.28	1.2	1.95	1.5	2.14	1.5	2.79	1.6	3.43	1.6
南美洲及非洲	**5.58**	**5.4**	**8.36**	**6.5**	**9.51**	**6.8**	**10.56**	**6.1**	**11.98**	**5.7**

注：（1）本表根据我省海关有关数据整理；

（2）表中东南亚数据，由菲律宾、泰国、马来西亚、新加坡四国的汇总数推算。

三 景气监测

2004

FUJIAN ENTERPRISE YEARBOOK

2003年福建企业景气走势及对2004年预期分析

2003年初以来，面对复杂多变的国际形势，面对突如其来的“非典”疫情，面对罕见的持续高温干旱缺水等自然灾害，全省上下在省委、省政府的正确领导下，围绕三条战略通道，积极实施项目带动战略，采取了一系列行之有效的措施，广大企业积极应对，有力地促进了福建企业生产经营持续稳定协调健康发展。全年企业景气走势，除二季度外，总体呈攀新高态势。一季度开局良好，企业景气指数为129.7，比2002年四季度上升6.3点；二季度受非典疫情的影响，出现大幅回落，全省企业景气指数结束了自2002年一季度以来连续上升的势头，首次出现下降，为115.6，比一季度下降14.1点。尽管上半年有了非典影响，但随着世界经济复苏步伐的加快和全省抗击非典负面影响的政策措施的进一步落实到位，部分受非典影响较大的行业的生产经营很快恢复正常，企业景气曲线在经过短暂盘亘之后，三季度呈现恢复性增长，企业景气指数为130.8，比二季度上升15.2点，比一季度高出1.1点；四季度企业景气再创新高，为132.5，比三季度上升1.7点，比上年同期上升9.1点。总之，2003年全省企业景气指数除二季度因非典下滑外，一、三、四季度均创1998年开展企业景气调查以来新高，这表明企业景气循环稳健，企业内在活力持续增强，经济增长的微观基础进一步得到巩固，为福建新一轮经济增长周期打下良好铺垫。

一、企业景气运行主要亮点

1.工业企业景气运行稳健。一年来，福建工业企业生产经营高量质运行。一季度全省工业企业景气指数为135.9，比2002年四季度上升2.3点。4月份以来，SARS对全省工业经济的负面影响逐步显现，工业企业景气指数在连续五个季度持续走强后，首度出现下降。二季度全省工业企业景气指数为132.8，比一季度下降3.0点，其中制造业为132.0，下降5.8点。值得一提的是，由于工业门类众多，既有受负面影响的行业，也有受益的行业。因此，非典疫情对福建工业整体生产经营的影响有限。生产制药、口罩、消毒剂的医药企业销售形势明显趋好，二季度全省医药制造业企业景气指数为175.5，位居各行业首位。三季度福建工业生产虽受高温干旱“限电”等不利因素影响，但工业企业景气指数明显回升。工业企业景气指数为142.3，比二季度上升9.5点；其中制造业景气指数为144.4，比二季度上升12.4点。继夏秋连旱之后，入冬以来福建降雨继续偏少，各地水库比往年明显偏枯，水力发电大幅下降；而火电部分，尽管开足马力有较大增长，但由于煤炭供应问题较为突出，严重制约福建电力增长，能源再度成为全省工业发展的“瓶颈”。四季度全省电力、燃气及水生产供应业景气指数为125.6，比三季度下降1.8点；四季度全省工业企业景气指数为141.7，虽比第三季度略降0.7点，但比上年同期上升8.1点。企业资金状况良好，经济效益稳步提高。一年来工业企业流动资金景气指数稳定运行在景气区间，四季度税后利润景气指数119.9，比三季度和上年同期分别上升2.5和3.7点。

2.建筑业生产经营步入景气区间。福建建筑业市场竞争激烈，其景气状况长时间位于不景气区间运行。2003年福建开始实施项目带动战略，为建筑业企业增添了许多商机，建筑企业景气平稳运行。一季度福建建筑企业就开始摆脱长时间不景气的运行状态，步入景气区间。一季度全省建筑业企业景气指数为101.6，比2002年四季度上升8.3点。至四季度全省建筑业企业景气指数为102.1，比三季度和上年同期分别上升1.6和8.8点；房屋和土木工程建筑业景气提升较快，为106.2，比三季度和上年同期分别上升5.2和15.9点。建筑企业资金状况改善，工程款相互拖欠的现象有所减少。四季度流动资金景气指数63.9，比三季度上升3.6点；固定资产投资景气指数为95.9，比三季度上升7.1点；货款拖欠景气指数为81.4，比三季度上升10.5点。

3.消费品及餐饮市场稳中见旺。一季度全省批发和零售贸易企业景气指数为133.8，比2002年四季度上升14.1点，其中零售业上升33.4点，批发业上升8.5点。二季度人们为了加强防范SARS病毒，减少外出购物的频率，加上“五.一”长假的取消，使得批发和零售业企业景气指数下降。二季度全省批发和零售贸易企业景气指数为122.0,比一季度下降11.6点。其中批发业下降10.7点，零售业下降14.6点。下半年随着商品供求关系进一步好转，广大消费者消费信心不断增强，居民的消费预期逐步好转，带动市场销售趋向活跃，通过改善消费环境、提高消费质量、大力推行消费信贷政策，市场的内在活力得到更大程度上的激发，汽车、通讯等消费热点持续升温，四季度消费品市场一直保持良好的发展态势，消费景气在较高水平上平稳运行。四季度全省批发和零售贸易业企业景气指数为139.7,比三季度和上年同期分别上升12.9和19.9点，年度上升幅度创历史新高。非典疫情的突然降临，虽给福建餐饮业以沉重打击，但摆脱影响后，快速回升。二季度餐饮业的企业景气指数大幅下降，其企业景气指数仅为64.6，比一季度下降78.1点。“十.一”黄金周显示出正常的假日消费集聚效应，拉动餐饮市场消费需求的增长，四季度福建餐饮市场恢复往日繁荣景象，家庭宴、婚庆宴、旅游宴成为节日餐饮市场三大消费热点，从而带动餐饮市场需求和企业经营得到全面回升，四季度全省餐饮业企业景气指数为146.2，比三季度上升9.0点。

4.房地产业景气平稳。随着福建各地加快城镇新区建设和旧城改造步伐，全省房地产投资继续在高位运行，商品房生产和销售产销两旺。二季度房地产业企业景气指数在一季度的回调的基础上回升，为116.2，比一季度和上年同期分别上升3.4和3.5点。四季度房地产业景气理性回归。虽然房地产开发面积和投资在继续增加，随着房地产市场从卖方市场向买方市场的转化，房地产业的竞争日趋激烈，企业景气趋于理性。四季度全省房地产业景气指数为113.7，比第四季度下降3.2点。

5.社会服务业稳步回升。虽然非典疫情对社会服务性的行业特别是旅游业的发展产生严重冲击。“五.一”黄金周的空白，使企业家信心严重受挫，企业家信心指数跌入谷底。旅游业、旅馆业和公共设施服务业的企业生产全面受到影响，二季度全省社会服务业企业景气指数为81.6，比一季度和上年同期分别下降52.8和52.3点。鉴于中国非典疫情已经得到有效控制，“十.一”黄金周期间，外出旅游、休闲的人数明显增多，福建的旅游消费需求在“十.一”黄金周期间得以集中释放，成为成色最足的黄金周。在旅游业加快复苏的带动下，推动了全省社会服务业的稳步发展。住宿业的入住人数和就餐人数迅速回升，相关服务也明显上升，营业收入增加。四季度客房出租情况景气指数为111.0，比三季度上升17.1点；社会服务业税后利润景气指数为116.3，比三季度上升4.1点；四季度全省社会服务业景气指数为121.5，比三季度上升4.1点。

6.企业生产经营微观基础趋于巩固。一是企业订货明显提高。工业企业产品订货景气指数从一季度的109.1，上升到四季度的125.3，比上年同期上升24.5点；其中国外产品订货景气指数从一季度的105.4,上升到四季度的118.6,比上年同期上升19.3点；建筑工程合同签订情况景气指数从一季度的75.3，上升到四季度的107.3，比上年同期上升4.3点；批发和零售贸易业商品购进额景气指数从一季度的108.1，上升到四季度的134.2，比上年同期上升19.6点。二是企业扩大生产投资的意愿增强。固定资产投资景气指数从一季度的108.8,上升到四季度的114.1，比上年同期上升3.8点，其中工业、建筑业固定资产投资景气指数分别从一季度的115.1、85.8，上升到四季度的118.2、95.9，分别比上年同期上升1.7、12.5点；企业用工继续改善，企业劳动力需求景气指数从一季度的101.0,上升到四季度的106.7，比上年同期上升8.5点，其中工业、建筑业劳动力需求景气指数分别从一季度的105.9、85.2上升到四季度的110.4、109.4，分别比上年同期上升6.2、16.4点。三是企业流动资金状况明显改善。企业流动资金景气指数从一季度的98.5，上升到四季度的101.0，比上年同期上升10.5点；其中工业企业流动资金状况明显好于平均水平，从一季度的103.2，上升到四季度110.0，比上年同期上升13.3点，明显摆脱长时间运行于不景气区间的状态。四是企业盈利水平持续上升。企业税后利润景气指数从一季度的为110.6，上升到四季度的115.1，比上年同期上升5.8点，其中工业企业税后利润景气指数从一季度的为98.7，上升到四季度的119.9，比上年同期上升3.7点。

二、企业景气循环稳健上升的主要原因

2003年福建经济运行出现不少亮点，企业景气循环上升，主要有以下几点原因：

1.国家政策对整个经济的支撑作用稳健。为保

持经济政策的连续性和稳定性，2003年国家继续坚持积极的财政政策和稳健的货币政策，这对经济的稳定和向好发展起到积极作用，也为福建企业景气良性循环提供良好的政策预期环境。福建通过实施项目带动战略政策一系列措施，成效明显。

2. **经济自主增长的机制增强**。市场机制引导的经济增长成分不断扩大。首先，产业结构的调整与升级的步伐加快。2003年福建机械工业、电子通讯设备制造业、交通运输设备制造业、高新技术产业的快速增长及其产品出口增幅的大幅提高，说明产业结构调整和产业结构升级取得了显著的效果，这是促进工业经济健康快速发展的重要动力。其次，国有经济战略性重组和民营经济的迅速崛起，以私营经济为主的其他经济类型企业工业总产值快速增长，市场主体的活力逐步增强，这也是2003年企业景气稳健运行的主要原因之一。

3. **宏观经济环境改善**。从外部需求来看，2003年世界经济总体上保持温和增长态势，世界经济逐步复苏，特别是下半年以来，美国、日本经济复苏的势头均超过预期，世界经济增长率比上年略有提高，为福建企业的发展提供了良好的外部需求环境。企业景气调查显示，一年来福建企业发展尽管受到非典和缺水限电的影响，但福建企业家对宏观经济发展信心持较为乐观的态度，综合反映全行业景气状况的企业家信心指数，除二季度受非典影响而受挫回调15.3点外，一、三、四季度均保持平稳上升的态势，分别为127.1、123.6和129.1，四季度并再次创下历史新高。随着外需环境的改善，外贸出口持续较快增长。

4. **消费结构升级换代**。福建经济进入新的增长阶段。2003年以来，经济继续保持持续升温的趋势，特别是一些消费热点的形成和升温，电子信息、住房、汽车等三大热点商品消费继续保持旺盛态势，带动部分重点行业、重点产品的快速增长。表现之一：电子信息通信产品市场需求依然旺盛，生产继续保持快速增长，是各类商品销售中增长最快的之一，由此带动了工业第一大行业即电子通信设备制造业生产快速增长。表现之二：受汽车市场旺销的影响，交通运输设备制造业生产加快增长。

在充分肯定当前经济运行积极向上的同时，也应当看到，经济运行中仍然存在一些问题，全省实现经济持续高增长的基础仍然存在不确定性。从需求结构看，汽车、住房消费持续快速扩张及其带动作用不断增强是新一轮消费结构升级的主要标志，但福建汽车生产和消费总量偏小，对总需求增长的拉动作用有限；住房消费则因房价偏高及供需结构的不对称，将对房地产需求的进一步释放形成明显压力。调查表明，（1）工业生产所面临的外部压力加大。工业生产所需的燃料、动力、原材料供应趋紧，价格上涨已是普遍现象。2003年四季度福建有23.8 %的工业调查企业认为主要原材料及能源供应不能满足企业正常生产需要，原材料及能源供应景气指数为110.4，比三季度下降22.1点；有47.4%的企业认为购进的原材料及能源价格比三季度上升，只有9.0%的企业认为下降，主要原材料及能源购进价格景气指数为61.6，比三季度下降25.7点。随着能源、原材料的供应趋紧，企业生产成本增加，生产成本景气指数为72.3，比三季度下降10.3点，预计2004年一季度主要原材料及能源购进价格和生产成本景气指数仍在不景气区间运行，分别为73.8和80.9。（2）出口保持快速增长的不确定因素依然较多。出口增速有可能出现一定程度的回落，预计2004年一季度出口商品销售额景气指数为93.8，比2003年四季度下降21.6点。（3）城乡居民收入增长缓慢，影响内需强度的扩大。预计2004年一季度全省批发和零售业景气指数为134.3，比2003年四季度下降5.4点；商品销售额景气指数为112.6，比2003年四季度下降19.0点。

三、2004年企业景气将继续在上升通道中稳健运行

展望2004年，党的十六届三中全会的胜利召开将为国民经济的持续快速健康发展注入新的活力，完善社会主义经济体制和加快经济发展的积极性将进一步高涨，支撑中国经济快速增长的新的发展观已经确立，坚持统筹兼顾、协调发展的原则，将更加注重城乡之间、地区之间、经济与社会之间、人与自然之间以及国内经济与对外开放之间的协调发展，更加注重政府的社会管理和公共服务职能，更加注重全面把握宏观调控的各项目标，更加注重全面提高人民的物质生活、文化生活和健康水平，已成为全国的共识。全国经济将继续保持较快的增长势头，这将为福建经济发展提供更为宽松的外围环境。从全省经济发展趋势看，2003年经济的持续快

速健康发展为 2004 年的经济增长奠定了坚实的基础，主要经济指标的良好增势将得以延续，企业景气将继续在上升通道循环中运行。企业景气调查监测表明，2004 年第一季度全省企业景气指数预期达 132.0，由于季节性因素，比 2003 年第四季度下降 0.5 点，但比 2003 年第一季度上升 2.3 点；其中工业企业景气指数预计为 140.2，比 2003 年第四季度下降 1.5 点，比 2003 年第一季度上升 4.4 点。

3-1　企业家信心指数

（1999-2002年）

项　　目	1999年				2000年			
	一季度	二季度	三季度	四季度	一季度	二季度	三季度	四季度
总体状况	**94.7**	**88.7**	**94.3**	**99.5**	**103.6**	**106.9**	**108.9**	**109.0**
一、按行业门类分								
工　业	95.6	90.6	97.7	104.9	108.9	111.9	118.1	116.2
采掘业	63.6	66.7	58.3	58.3	100.0	118.8	100.0	106.3
制造业	94.8	89.9	97.0	105.9	112.7	111.7	115.2	114.4
电力、煤气及水的生产和供应业	109.8	102.7	112.2	107.2	92.9	114.3	137.3	123.4
建筑业	89.0	74.1	71.3	76.8	86.9	91.0	85.2	89.5
交通运输、仓储和邮政业	94.0	83.5	92.7	93.1	97.1	86.0	83.6	87.5
批发和零售业	90.5	74.4	84.3	85.7	100.6	103.7	105.8	99.2
房地产业	86.1	108.4	104.8	134.5	107.3	127.5	135.4	131.6
社会服务业	101.5	110.1	106.1	94.8	84.4	99.2	107.1	110.6
信息传输、计算机服务和软件	120.0	130.0	146.2	138.5	122.2	154.6	125.0	154.6
住宿和餐饮业	102.7	108.3	86.0	93.4	103.4	109.5	100.9	105.5
二、按企业登记注册类型分								
国有企业	94.1	86.5	90.8	96.5	92.4	98.4	104.6	102.6
集体企业	87.2	75.8	82.6	81.8	85.9	86.3	86.5	86.5
股份合作企业	113.3	89.2	76.4	97.7	100.0	98.7	89.7	100.0
联营企业	83.3	93.9	102.7	82.0	116.9	136.2	150.0	128.6
有限责任公司	101.4	83.0	101.1	111.3	116.1	114.0	110.6	115.6
股份有限公司	104.1	98.7	98.3	108.2	126.1	124.4	136.1	134.3
私营企业	81.8	92.9	106.3	106.3	94.3	131.5	124.1	131.1
外商及港、澳、台投资企业	99.2	100.6	106.9	114.3	130.3	128.1	131.5	128.5
三、按企业规模分								
大型及特大型	115.3	102.1	94.5	99.9	115.4	117.8	133.4	129.1
特大型	100.0	168.9	100.0	100.0	56.9	104.9	191.8	199.2
大　型	115.6	100.8	94.4	99.9	124.9	119.9	123.6	117.9
中小型	91.0	85.0	93.5	98.5	102.0	104.4	105.8	105.4
中　型	91.6	92.3	96.2	104.4	108.9	115.3	116.5	113.8
小　型	90.5	78.6	91.0	93.2	97.7	97.2	98.6	99.8
四、特殊分组								
国家重点企业	156.4	102.2	95.3	103.4	76.4	124.1	170.7	170.7
乡镇企业	93.6	89.5	89.8	91.2	105.9	103.2	104.2	107.9
上市公司	118.9	116.9	112.0	117.3	144.3	139.7	148.7	148.1
国有控股企业								
百家重点企业					136.5	137.0	143.4	143.5
名牌产品企业					126.7	123.1	131.4	130.6

3-1 续表

（1999-2002年）

项　　目	2001年				2002年			
	一季度	二季度	三季度	四季度	一季度	二季度	三季度	四季度
总体状况	**108.8**	**103.2**	**103.8**	**105.6**	**114.0**	**113.0**	**116.0**	**119.2**
一、按行业门类分								
工　业	110.0	107.9	107.4	110.6	117.0	120.5	125.2	130.2
采掘业	86.7	80.0	93.3	106.7	100.0	85.7	107.7	92.3
制造业	112.2	108.6	107.2	110.9	116.3	122.0	127.1	131.8
电力、煤气及水的生产和供应业	101.0	113.1	113.9	111.2	123.3	113.0	114.4	124.0
建筑业	88.4	81.8	76.4	88.5	88.4	82.1	87.5	88.3
交通运输、仓储和邮政业	97.6	90.8	96.1	90.6	105.3	95.5	96.9	89.3
批发和零售业	104.0	89.6	99.1	87.6	97.9	99.4	94.2	110.4
房地产业	138.6	123.6	125.9	147.2	141.6	128.4	135.1	134.2
社会服务业	115.6	109.7	109.1	104.7	137.6	130.4	131.8	130.7
信息传输、计算机服务和软件	163.6	145.5	130.0	150.0	162.6	142.7	152.7	136.8
住宿和餐饮业	103.4	114.3	111.0	105.0	123.3	129.9	125.0	123.8
二、按企业登记注册类型分								
国有企业	103.2	96.3	99.0	100.2	103.5	100.1	103.1	107.6
集体企业	87.7	80.0	81.5	88.7	85.6	81.8	86.0	88.8
股份合作企业	100.0	86.4	86.4	77.3	91.3	91.3	91.3	90.9
联营企业	126.7	120.0	133.3	113.3	102.6	110.7	109.7	125.5
有限责任公司	111.0	110.0	103.9	111.2	104.5	113.3	115.3	113.1
股份有限公司	129.8	123.4	122.1	128.2	132.0	135.7	128.9	146.4
私营企业	128.3	122.2	129.6	125.9	138.5	125.6	122.6	141.4
外商及港、澳、台投资企业	119.8	117.8	116.8	115.4	134.6	134.0	141.4	140.4
三、按企业规模分								
大型及特大型	124.1	117.7	110.8	111.0	126.5	130.1	135.6	145.2
特大型	103.9	105.0	103.9	103.9	89.3	112.1	109.8	109.8
大　型	126.2	119.0	111.6	111.7	129.8	131.8	137.9	148.3
中小型	105.4	100.2	102.5	104.7	107.1	105.0	106.1	107.1
中　型	107.6	109.5	109.1	108.6	111.9	113.2	115.6	114.3
小　型	104.2	94.6	98.5	102.3	104.3	100.0	100.2	102.7
四、特殊分组								
国家重点企业	124.6	126.7	125.5	126.3	131.5	135.0	127.3	137.3
乡镇企业	108.6	105.3	106.5	112.7	122.6	110.3	122.5	123.2
上市公司	147.9	147.4	143.4	143.3	130.8	140.0	126.4	158.2
国有控股企业					106.2	106.1	105.9	112.2
百家重点企业	136.0	145.5	148.0	138.0	130.2	146.5	150.4	143.9
名牌产品企业	125.8	118.6	119.4	122.9	117.2	136.5	138.9	146.0

3-2 企业景气指数

（1999-2002年）

项目	1999年				2000年			
	一季度	二季度	三季度	四季度	一季度	二季度	三季度	四季度
总体状况	103.9	98.3	98.4	102.8	101.8	106.4	107.5	107.7
一、按行业门类分								
工　业	105.0	100.7	104.2	109.0	108.0	113.0	112.1	115.5
采掘业	81.8	91.7	83.3	75.0	125.0	118.8	125.0	118.8
制造业	103.3	97.9	99.9	108.5	107.9	109.4	108.0	115.8
电力、煤气及水的生产和供应业	122.4	124.5	140.6	119.1	110.0	134.3	136.0	118.2
建筑业	90.4	79.3	78.5	88.9	74.1	89.1	87.8	89.7
交通运输、仓储和邮政业	103.3	95.8	88.9	82.1	89.9	86.6	84.6	84.5
批发和零售业	100.7	95.1	97.2	100.9	113.0	108.5	115.1	107.9
房地产业	97.2	99.0	98.3	108.3	103.3	108.2	111.4	102.9
社会服务业	112.5	122.6	103.4	99.7	91.4	115.7	122.6	113.7
信息传输、计算机服务和软件	150.0	120.0	115.4	146.2	100.0	118.2	141.7	136.4
住宿和餐饮业	97.5	98.2	90.8	89.2	101.5	100.5	97.6	104.0
二、按企业登记注册类型分								
国有企业	105.4	104.5	100.8	104.4	100.4	107.1	110.7	107.6
集体企业	87.5	80.0	79.1	75.0	78.6	80.7	82.1	78.3
股份合作企业	90.5	82.1	86.1	89.3	103.5	103.5	57.4	92.9
联营企业	100.0	87.0	90.9	85.0	114.6	125.7	113.1	98.4
有限责任公司	108.0	96.1	96.3	110.1	97.4	111.7	108.8	113.8
股份有限公司	129.3	115.3	117.5	123.8	144.9	129.7	118.6	148.5
私营企业	54.6	71.4	100.0	93.8	98.1	110.9	118.8	130.5
外商及港、澳、台投资企业	109.8	99.9	110.8	116.2	123.0	123.6	126.6	127.5
三、按企业规模分								
大型及特大型	150.2	136.7	134.5	135.5	136.0	141.0	142.2	147.3
特大型	107.1	168.9	107.1	76.0	124.9	196.1	189.9	132.0
大　型	151.1	136.1	135.0	136.6	137.7	132.4	134.2	149.7
中小型	94.4	90.2	91.1	94.6	97.4	101.2	100.9	101.4
中　型	102.2	101.8	100.2	106.5	106.7	114.4	111.8	113.8
小　型	87.3	79.8	82.9	84.0	91.6	92.5	93.7	93.2
四、特殊分组								
国家重点企业	171.3	111.3	158.8	170.8	129.7	153.4	148.8	124.3
乡镇企业	88.7	89.0	83.4	85.9	98.8	101.7	97.8	98.1
上市公司	148.2	116.2	125.8	136.9	157.9	134.0	125.2	158.7
国有控股企业								
百家重点企业					136.5	155.3	151.3	156.6
名牌产品企业					126.7	130.4	122.7	141.3
五、不同观察指标的综合经营指数								
生产总量	91.8	100.4	102.0	102.8	98.2	117.3	109.1	111.5
盈利（亏损）变化	69.9	72.2	73.9	83.6	76.8	91.0	84.2	90.2
流动资金	60.3	58.3	59.3	60.6	66.9	69.7	71.8	70.3
货款拖欠	94.7	89.6	87.0	88.8	100.6	94.7	94.7	93.5
劳动力需求	74.4	72.9	76.9	81.8	83.5	92.1	89.1	89.4
固定资产投资	103.9	104.0	100.1	104.4	102.4	106.8	109.0	109.1

3-2 续表 （1999-2002年）

项 目	2001年				2002年			
	一季度	二季度	三季度	四季度	一季度	二季度	三季度	四季度
总体状况	**107.7**	**105.8**	**104.3**	**104.3**	**114.5**	**118.5**	**120.7**	**123.4**
一、按行业门类分								
工 业	106.9	109.1	104.7	105.1	114.8	129.2	129.7	133.6
采掘业	80.0	100.0	100.0	113.3	100.0	100.0	100.0	76.9
制造业	107.9	105.4	99.8	103.9	115.0	132.6	132.5	135.7
电力、煤气及水的生产和供应业	108.6	134.5	137.1	114.3	116.1	107.9	117.5	127.7
建筑业	93.0	89.0	88.3	92.3	87.7	85.9	96.7	93.3
交通运输、仓储和邮政业	97.5	90.8	94.4	90.7	111.5	96.7	100.7	92.7
批发和零售业	113.2	99.8	109.0	102.3	115.1	108.6	109.1	119.7
房地产业	121.0	122.6	110.9	120.8	121.4	112.7	112.9	115.6
社会服务业	108.9	122.1	112.1	111.5	130.4	134.2	117.5	137.6
信息传输、计算机服务和软件	154.6	136.4	150.0	150.0	157.0	145.8	175.3	164.2
住宿和餐饮业	116.2	113.7	96.3	115.0	127.9	116.6	122.9	130.8
二、按企业登记注册类型分								
国有企业	104.5	108.7	105.1	100.2	115.4	112.5	115.5	115.2
集体企业	87.2	82.1	79.3	80.1	83.6	82.6	82.6	78.5
股份合作企业	87.0	81.8	81.8	68.2	77.7	81.5	100.0	86.4
联营企业	126.7	120.0	126.7	100.0	110.3	110.7	137.0	144.7
有限责任公司	108.1	110.4	109.1	103.0	107.1	114.2	115.9	124.3
股份有限公司	127.5	135.4	130.4	139.3	130.7	135.0	139.8	148.4
私营企业	105.0	125.1	120.4	113.0	110.2	107.6	101.3	124.4
外商及港、澳、台投资企业	119.3	107.5	105.9	117.3	126.2	142.8	142.5	144.3
三、按企业规模分								
大型及特大型	138.4	142.7	134.2	133.0	132.7	148.7	154.1	158.2
特大型	102.0	193.5	189.6	105.1	132.9	135.3	143.6	120.5
大 型	142.1	137.5	128.3	136.0	132.7	149.9	155.0	161.6
中小型	101.7	99.9	98.4	98.7	103.9	103.1	104.2	106.3
中 型	104.6	107.8	106.0	104.6	115.9	113.2	114.4	114.7
小 型	99.9	95.2	93.8	95.1	96.7	97.0	97.9	101.2
四、特殊分组								
国家重点企业	122.7	160.0	152.2	113.4	95.3	123.4	127.6	138.6
乡镇企业	105.5	100.7	103.5	103.0	107.5	114.3	120.5	109.6
上市公司	152.4	144.3	150.0	155.2	128.1	135.3	145.5	161.4
国有控股企业					112.3	115.1	117.5	122.8
百家重点企业	148.1	151.8	141.6	131.5	133.5	156.5	176.7	171.1
名牌产品企业	134.9	126.7	114.9	123.8	120.1	149.6	151.9	154.2
五、不同观察指标的综合经营指数								
生产总量	93.8	109.5	105.0	99.4	100.6	116.7	118.1	118.5
盈利（亏损）变化	88.5	90.1	89.4	95.5	89.0	102.9	106.6	109.3
流动资金	77.4	72.9	70.0	75.9	86.3	85.9	85.4	90.5
货款拖欠	102.2	92.7	92.7	94.6	105.4	95.6	101.5	100.7
劳动力需求	88.1	89.8	88.9	86.3	96.2	97.3	100.4	98.2
固定资产投资	100.1	106.9	109.4	106.2	102.7	111.8	108.6	110.3

3-3 工业企业景气指数

（1999-2002年）

项目	1999年				2000年			
	一季度	二季度	三季度	四季度	一季度	二季度	三季度	四季度
企业家信心指数	**95.6**	**90.6**	**97.7**	**104.9**	**108.9**	**111.9**	**118.1**	**116.2**
企业景气指数	**105.0**	**100.7**	**104.2**	**109.0**	**108.0**	**113.0**	**112.1**	**115.5**
一、按工业行业门类分								
采掘业	81.8	91.7	83.3	75.0	125.0	118.8	125.0	118.8
制造业	103.3	97.9	99.9	108.5	107.9	109.4	108.0	115.8
电力、煤气及水的生产和供应业	122.4	124.5	140.6	119.1	110.0	134.3	136.0	118.2
二、按企业登记注册类型分								
国有企业	105.2	105.2	99.9	107.8	93.4	106.0	106.3	110.0
集体企业	86.0	84.3	88.4	83.3	89.4	88.8	93.0	87.6
股份合作企业	77.8	57.1	75.0	85.7	127.3	127.3	58.3	118.2
联营企业	100.0	75.0	100.0	100.0	107.0	118.2	115.2	109.0
有限责任公司	111.8	107.3	104.8	119.5	102.3	115.2	113.0	118.1
股份有限公司	145.8	123.2	133.4	132.0	153.3	134.7	117.5	149.2
私营企业	28.6	62.5	100.0	87.5	81.8	109.1	120.0	100.0
外商及港、澳、台投资企业	110.2	102.9	113.6	120.8	124.2	125.7	128.5	129.0
三、按企业规模分								
大型及特大型	166.5	140.7	138.9	145.0	137.5	141.2	142.0	151.3
特大型	100.0	166.5	100.0	66.5	121.2	197.1	189.7	128.6
大　型	168.9	139.8	140.1	147.5	141.4	128.1	129.9	156.6
中小型	93.9	93.4	97.9	102.2	103.0	108.1	106.7	109.3
中　型	103.9	106.1	103.3	114.8	104.1	116.4	110.6	115.3
小　型	82.7	79.0	91.9	88.4	102.2	102.2	103.9	104.9
四、特殊分组								
国家重点企业	171.3	111.3	158.8	170.8	129.7	153.4	148.8	124.3
乡镇企业	88.4	93.2	88.5	90.4	106.1	108.4	105.7	103.9
上市公司	177.6	122.9	130.0	145.4	161.0	124.4	111.6	153.0
国有控股企业								
百家重点企业					136.5	155.3	151.3	156.6
名牌产品企业					126.7	130.4	122.7	141.3
五、不同观察指标的综合经营指数								
生产成本	87.3	89.7	89.3	84.8	82.8	82.6	81.5	82.1
生产总量	89.3	103.9	110.7	105.3	100.1	125.4	117.2	114.9
产品订货	88.2	90.0	97.6	103.2	92.9	96.2	94.1	97.6
#国外订货					68.4	70.7	69.4	67.7
产品销售	86.1	98.9	102.6	108.8	96.4	122.0	114.8	112.7
产品销售价格	62.1	63.6	65.5	75.9	78.3	80.4	78.0	84.0
产成品库存	107.7	103.5	105.7	117.6	112.3	108.7	110.0	108.1
盈利（亏损）变化	69.9	78.7	74.7	90.2	75.9	97.1	84.4	95.3
流动资金	56.5	58.7	59.4	60.3	66.2	69.4	73.9	69.7
货款拖欠	94.1	85.9	85.2	91.4	100.4	93.7	95.4	90.1
劳动力需求	77.8	76.7	81.0	88.2	90.5	99.4	95.0	93.2
固定资产投资	106.7	104.3	101.6	107.4	104.8	107.1	114.5	116.1
科技创新	109.4	104.6	110.9	109.8	115.3	119.7	111.8	115.9
主要原材料及能源购进价格	92.2	88.9	91.8	72.2	73.7	64.1	66.5	77.3
主要原材料及能源供应	120.5	123.4	131.0	120.2	130.1	127.4	131.3	133.9

3-3 续表　　　　　　　　　　（1999-2002年）

项　　目	2001年				2002年			
	一季度	二季度	三季度	四季度	一季度	二季度	三季度	四季度
企业家信心指数	110.0	107.9	107.4	110.6	117.0	120.5	125.2	130.2
企业景气指数	106.9	109.1	104.7	105.1	114.8	129.2	129.7	133.6
一、按工业行业门类分								
采掘业	80.0	100.0	100.0	113.3	100.0	100.0	100.0	76.9
制造业	107.9	105.4	99.8	103.9	115.0	132.6	132.5	135.7
电力、煤气及水的生产和供应业	108.6	134.5	137.1	114.3	116.1	107.9	117.5	127.7
二、按企业登记注册类型分								
国有企业	94.5	109.0	100.6	96.0	109.9	114.2	114.4	121.5
集体企业	93.1	87.9	86.2	80.7	89.6	95.2	97.2	93.6
股份合作企业	77.8	75.0	87.5	62.5	80.0	90.0	110.0	90.0
联营企业	100.0	85.7	114.3	71.4	144.4	166.7	144.4	144.4
有限责任公司	98.1	106.6	105.2	106.1	101.1	117.8	123.5	131.0
股份有限公司	125.4	139.5	125.5	134.1	126.2	141.6	140.8	145.8
私营企业	105.9	133.3	133.3	120.0	122.1	134.2	116.4	142.0
外商及港、澳、台投资企业	119.8	107.7	107.0	116.6	125.2	145.1	144.5	145.8
三、按企业规模分								
大型及特大型	137.8	149.0	130.6	127.2	130.0	158.7	157.4	161.1
特大型	99.7	195.7	191.8	104.0	132.9	135.3	143.6	120.5
大　型	144.1	141.2	120.4	131.1	129.6	161.7	159.2	166.4
中小型	102.1	102.8	100.7	101.6	104.3	108.8	110.5	114.4
中　型	97.1	104.3	102.2	101.7	110.2	115.0	120.1	118.6
小　型	105.1	101.8	99.7	101.6	101.0	105.2	104.9	112.0
四、特殊分组								
国家重点企业	122.7	160.0	152.2	113.4	95.3	123.4	127.6	138.6
乡镇企业	112.6	105.4	108.1	104.0	111.6	124.3	129.0	120.4
上市公司	140.9	146.9	134.6	139.7	127.1	137.2	145.7	145.5
国有控股企业					103.8	118.3	118.3	127.0
百家重点企业	148.1	151.8	141.6	131.5	133.5	156.5	176.7	171.1
名牌产品企业	134.9	126.7	114.9	123.8	120.1	149.6	151.9	154.2
五、不同观察指标的综合经营指数								
生产成本	84.3	91.6	86.2	88.8	89.9	89.4	83.4	81.9
生产总量	90.4	114.5	110.3	101.5	96.3	126.1	123.7	127.0
产品订货	92.2	89.8	91.5	95.7	95.6	99.7	97.5	100.8
＃国外订货	73.6	78.0	81.4	77.8	81.6	90.8	97.4	99.3
产品销售	87.8	108.3	105.6	105.5	94.3	124.5	121.4	125.3
产品销售价格	78.6	73.8	71.3	77.4	81.3	92.4	80.6	85.8
产成品库存	111.3	105.6	100.9	108.0	103.4	101.6	99.5	100.7
盈利（亏损）变化	82.7	96.2	91.3	101.0	86.9	112.1	109.4	116.3
流动资金	75.0	71.7	68.7	77.8	90.4	93.8	92.0	96.7
货款拖欠	100.6	90.6	93.5	97.8	105.2	92.5	103.2	101.6
劳动力需求	89.6	92.8	89.2	87.1	100.6	102.9	104.4	104.2
固定资产投资	101.4	110.5	111.1	109.6	109.0	118.8	110.7	116.5
科技创新	107.0	112.8	115.6	118.1	114.3	123.9	113.0	116.5
主要原材料及能源购进价格	85.9	90.8	87.7	97.2	91.9	76.9	82.5	83.3
主要原材料及能源供应	136.7	135.4	136.8	136.8	136.7	138.7	142.1	134.7

3-4 建筑业企业景气指数

（1999-2002年）

项目	1999年				2000年			
	一季度	二季度	三季度	四季度	一季度	二季度	三季度	四季度
企业家信心指数	89.0	74.1	71.3	76.8	86.9	91.0	85.2	89.5
企业景气指数	90.4	79.3	78.5	88.9	74.1	89.1	87.8	89.7
一、按主要行业类别分								
房屋和土木工程建筑业	89.1	83.6	82.8	89.8	78.6	90.9	89.0	85.4
建筑安装业	85.7	78.2	66.7	83.3	75.0	117.0	75.0	108.5
建筑装饰业	100.0	45.5	50.0	91.7	36.4	60.0	81.8	120.0
二、按企业登记注册类型分								
国有企业	86.7	96.2	103.3	104.5	75.0	90.5	95.7	102.5
集体企业	86.8	69.2	61.5	70.0	79.5	82.9	87.2	80.5
有限责任公司	77.8	57.1	42.9	87.5	60.0	113.3	86.7	100.0
股份有限公司	125.0	133.3	100.0	125.0	66.7	100.0	125.0	125.0
三、按企业规模分								
大　型	88.5	109.9	110.0	108.2	75.3	84.8	101.0	109.1
中小型	90.9	70.1	68.0	82.7	73.8	90.4	84.0	84.0
中　型	92.6	72.0	84.6	80.0	94.1	109.5	90.5	104.8
小　型	90.0	69.2	59.6	83.9	68.3	83.9	81.7	76.7
四、特殊分组								
乡镇企业	104.2	80.0	70.8	75.0	81.5	81.5	76.0	77.8
国有控股企业								
五、不同观察指标综合经营指数								
工程合同	78.0	59.4	66.4	73.4	66.8	80.7	86.1	106.4
#国(境)外的工程合同					62.6	81.8	67.0	69.9
建筑工程量	81.0	79.9	83.0	93.7	65.4	106.3	95.0	126.2
新开工工程量								
技术设备能力	79.8	73.2	77.4	78.1	66.4	108.9	103.4	124.1
工程进度	83.7	56.7	66.2	87.7	77.7	75.7	96.5	113.7
工程结算收入	85.3	66.5	81.0	91.8	67.8	86.4	93.3	101.0
建筑材料购进价格	104.9	121.5	123.3	80.8	92.1	39.1	82.9	85.8
工程结算成本	92.2	105.3	101.0	77.7	93.6	61.6	68.9	76.5
盈利(亏损)变化	65.6	52.4	65.2	68.8	52.3	63.4	68.3	74.0
流动资金	50.8	46.8	48.0	48.3	58.1	55.3	50.4	54.1
工程款拖欠	74.8	80.0	78.9	75.1	82.1	69.6	68.6	74.8
劳动力需求	72.4	64.7	78.0	81.1	67.5	96.5	90.6	106.5
固定资产投资	92.9	91.3	92.3	98.8	89.5	93.6	85.5	100.9

3-4 续表 （1999-2002年）

项　　目	2001年				2002年			
	一季度	二季度	三季度	四季度	一季度	二季度	三季度	四季度
企业家信心指数	88.4	81.8	76.4	88.5	88.4	82.1	87.5	88.3
企业景气指数	93.0	89.0	88.3	92.3	87.7	85.9	96.7	93.3
一、按主要行业类别分								
房屋和土木工程建筑业	92.5	88.8	90.3	91.0	85.4	85.5	97.4	90.4
建筑安装业	83.2	116.3	91.3	75.0	116.7	83.3	80.0	120.0
建筑装饰业	100.0	81.8	70.0	109.1	90.0	90.0	100.0	100.0
二、按企业登记注册类型分								
国有企业	89.3	88.3	83.5	97.0	94.5	97.1	108.1	100.8
集体企业	90.2	92.7	87.2	90.0	76.6	67.6	73.7	65.5
有限责任公司	115.4	103.9	119.3	100.0	96.4	107.3	109.8	118.2
股份有限公司	66.7	100.0	100.0	100.0	100.0	100.0	90.3	90.3
三、按企业规模分								
大　型	89.8	97.4	95.2	100.0	111.4	106.0	116.2	118.7
中小型	93.9	86.6	86.3	90.0	76.1	76.1	86.4	80.0
中　型	100.0	105.3	111.1	100.0	61.5	76.9	75.0	75.0
小　型	92.1	81.0	79.0	87.1	79.3	75.9	88.9	81.1
四、特殊分组								
乡镇企业	88.0	84.0	87.5	96.0	89.5	79.0	88.9	64.7
国有控股企业					97.9	100.0	105.1	106.9
五、不同观察指标综合经营指数								
工程合同	84.8	84.5	78.6	95.1	66.9	71.9	99.0	103.1
#国(境)外的工程合同	88.8	87.9	70.8	86.0	75.3	75.1	92.7	89.5
建筑工程量	80.8	104.7	102.2	118.5	71.1	98.6	106.9	112.1
新开工工程量					63.4	85.1	100.1	98.7
技术设备能力	86.3	110.1	105.5	114.6	70.5	99.9	110.4	116.2
工程进度	86.6	81.5	97.9	113.8	69.2	75.3	97.5	109.3
工程结算收入	89.2	98.1	94.8	118.9	80.9	93.7	102.2	116.0
建筑材料购进价格	85.1	83.0	93.7	95.4	95.4	92.5	105.7	83.8
工程结算成本	82.8	78.1	91.1	81.4	85.9	89.7	85.5	67.8
盈利(亏损)变化	91.5	84.6	87.4	106.8	69.8	74.1	103.8	103.6
流动资金	57.7	46.2	54.2	49.7	64.2	60.3	61.6	60.0
工程款拖欠	89.8	74.4	62.8	64.5	88.9	87.8	82.3	75.2
劳动力需求	85.8	94.4	97.4	96.4	76.6	86.2	100.5	93.0
固定资产投资	88.4	90.9	88.9	87.9	83.6	87.5	92.8	83.4

3-5 交通运输、仓储和邮政业企业景气指数

（1999-2002年）

项　　目	1999年				2000年			
	一季度	二季度	三季度	四季度	一季度	二季度	三季度	四季度
企业家信心指数	94.0	83.5	92.7	93.1	97.1	86.0	83.6	87.5
企业景气指数	103.3	95.8	88.9	82.1	89.9	86.6	84.6	84.5
一、按主要行业类别分								
道路运输业	111.5	97.3	85.5	78.7	100.0	90.1	84.0	80.0
城市公共交通业	200.0	166.7	166.7	166.7	200.0	166.7	200.0	166.7
水上运输业	85.4	85.7	89.1	75.0	57.7	67.3	64.3	72.3
航空运输业	166.7	150.0	100.0	140.0	180.0	100.0	160.0	160.0
二、按企业登记注册类型分								
国有企业	120.4	106.4	95.4	95.2	119.1	97.2	109.1	94.3
集体企业	69.1	67.4	60.0	50.0	43.1	60.8	53.1	56.9
联营企业	150.0	116.7	100.0	66.7	66.7	100.0	100.0	133.3
有限责任公司	144.4	100.0	116.7	109.1	100.0	106.3	93.3	106.7
股份有限公司	200.0	200.0	145.3	200.0	200.0	125.0	100.0	175.0
外商及港、澳、台投资企业	116.7	133.3	150.0	100.0	83.3	50.0	66.7	66.7
三、按企业规模分								
大　型	200.0	200.0	185.6	196.9	200.0	188.6	194.3	194.3
中小型	97.4	89.6	83.2	75.2	84.5	81.4	79.0	78.8
中　型	93.8	115.8	109.5	85.7	133.3	104.6	127.3	122.7
小　型	97.9	85.3	78.5	73.2	76.0	77.1	69.8	70.4
四、特殊分组								
乡镇企业	71.4	88.9	87.5	87.5	58.3	66.7	54.6	83.3
上市公司	200.0	200.0	145.3	200.0	200.0	150.0	150.0	200.0
国有控股企业								
五、不同观察指标综合经营指数								
业务预订	100.2	95.5	99.2	85.0	93.2	98.0	90.7	82.2
业务量	99.3	90.6	91.3	82.7	96.5	94.8	87.8	78.7
业务收费价格	88.7	71.4	73.0	73.4	88.8	82.0	79.9	90.5
业务成本	59.9	63.8	68.1	61.8	66.2	57.5	55.6	49.9
盈利(亏损)变化	78.9	72.0	71.9	63.3	80.0	74.2	69.4	65.9
流动资金	73.6	69.8	74.7	68.6	72.8	70.7	69.7	66.7
货款拖欠	98.3	90.2	80.6	80.6	103.0	88.9	86.0	94.8
劳动力需求	74.0	67.7	71.1	73.3	83.9	79.8	81.3	76.9
固定资产投资	106.7	112.1	99.5	103.9	104.5	104.5	105.5	96.2

3-5 续表

(1999-2002年)

项　　目	2001年				2002年			
	一季度	二季度	三季度	四季度	一季度	二季度	三季度	四季度
企业家信心指数	**97.6**	**90.8**	**96.1**	**90.6**	**105.3**	**95.5**	**96.9**	**89.3**
企业景气指数	**97.5**	**90.8**	**94.4**	**90.7**	**111.5**	**96.7**	**100.7**	**92.7**
一、按主要行业类别分								
道路运输业	105.3	86.5	89.0	95.8	121.5	94.7	90.9	84.8
城市公共交通业	160.0	120.0	180.0	140.0	150.0	150.0	150.0	166.7
水上运输业	69.4	81.5	84.0	80.0	94.2	89.3	101.2	104.0
航空运输业	166.7	166.7	166.7	116.7	150.0	183.3	183.3	150.0
二、按企业登记注册类型分								
国有企业	116.1	96.8	107.0	103.6	129.4	109.1	101.9	91.4
集体企业	65.3	59.2	61.7	66.0	63.6	66.7	68.8	54.6
联营企业	150.0	150.0	150.0	150.0	133.3	133.3	166.7	166.7
有限责任公司	106.7	113.3	121.4	100.0	137.5	111.8	106.3	112.5
股份有限公司	155.6	162.5	133.3	137.5	161.5	141.3	149.0	125.9
外商及港、澳、台投资企业	57.1	85.7	71.4	100.0	114.3	100.0	128.6	142.9
三、按企业规模分								
大　型	191.2	195.6	200.0	140.3	143.9	105.3	149.6	120.7
中小型	92.9	85.5	89.0	88.1	108.3	95.8	95.8	89.8
中　型	116.0	112.5	125.0	112.5	145.8	131.8	136.4	122.7
小　型	87.8	79.8	81.3	82.7	99.0	87.8	86.5	82.3
四、特殊分组								
乡镇企业	72.7	81.8	80.0	100.0	77.8	60.0	75.0	55.6
上市公司	200.0	200.0	200.0	200.0	200.0	200.0	200.0	200.0
国有控股企业					132.7	112.5	112.3	101.7
五、不同观察指标综合经营指数								
业务预订	94.0	87.2	91.5	88.7	105.9	89.7	94.7	94.2
业务量	98.2	86.9	93.5	88.7	106.1	83.1	90.1	86.1
业务收费价格	88.3	79.2	81.2	79.0	98.6	89.1	82.9	82.5
业务成本	63.5	64.7	70.1	79.6	76.9	72.3	65.3	68.9
盈利(亏损)变化	92.3	78.9	77.6	75.7	93.2	74.5	86.8	89.1
流动资金	78.9	80.1	65.5	71.2	77.7	71.4	72.7	74.1
货款拖欠	105.5	91.2	91.6	90.0	101.6	93.2	95.2	88.8
劳动力需求	83.9	77.6	84.9	82.6	98.6	88.3	89.0	87.5
固定资产投资	101.4	106.4	112.5	108.9	97.4	114.8	109.8	111.9

3-6 批发和零售业企业景气指数

（1999-2002年）

项　　目	1999年				2000年			
	一季度	二季度	三季度	四季度	一季度	二季度	三季度	四季度
企业家信心指数	90.5	74.4	84.3	85.7	100.6	103.7	105.8	99.2
企业景气指数	100.7	95.1	97.2	100.9	113.0	108.5	115.1	107.9
一、按主要行业类别分								
批发业	100.5	95.9	100.8	105.3	116.2	111.8	120.9	110.7
零售业	103.9	91.0	83.4	84.1	105.2	96.5	91.1	89.3
二、按企业登记注册类型分								
国有企业	99.0	97.0	101.7	103.2	114.5	114.9	118.9	112.4
集体企业	115.7	93.1	88.5	85.0	88.7	57.1	61.1	47.4
有限责任公司	100.0	75.0	71.4	100.0	125.0	90.9	127.3	120.0
股份有限公司	107.2	114.3	128.6	128.6	137.5	174.3	149.3	161.8
外商及港、澳、台投资企业								
三、按企业规模分								
大　型	138.0	129.5	128.8	117.7	138.7	146.1	142.8	133.0
中小型	91.7	86.2	88.9	96.5	105.7	98.2	107.6	101.0
中　型	101.4	96.0	96.1	105.3	122.0	112.5	121.9	108.1
小　型	73.7	69.1	75.0	80.0	84.8	77.8	85.7	90.7
四、特殊分组								
上市公司	107.2	128.6	142.9	142.9	142.9	170.6	170.6	170.6
国有控股企业								
五、不同观察指标综合经营指数								
购货合同	94.8	93.9	104.1	103.9	106.3	110.2	101.6	99.9
商品购进价格	109.1	112.8	107.5	108.6	98.9	101.2	102.7	114.2
商品销售	87.2	91.2	92.3	108.6	108.5	116.8	108.2	103.2
#出　口					121.6	147.4	152.4	133.7
商品销售价格	66.4	65.5	68.3	77.6	88.8	81.5	88.8	69.7
商品库存	108.9	116.1	110.1	118.5	105.6	121.3	98.1	107.8
经营费用	94.4	93.7	88.5	75.2	87.7	93.9	99.7	89.0
盈利(亏损)变化	67.3	63.2	80.8	91.7	90.6	100.3	104.5	100.0
流动资金	65.0	62.2	55.8	66.9	75.2	73.5	83.7	79.3
货款拖欠	111.0	99.7	97.0	93.1	109.5	107.6	104.2	110.1
劳动力需求	62.3	62.8	63.4	65.9	76.2	76.5	76.6	75.3
固定资产投资	93.3	103.8	97.8	94.0	98.3	111.7	105.4	93.0

3-6 续表　　　　　　　　　　　　　　　　（1999-2002年）

项　　目	2001年				2002年			
	一季度	二季度	三季度	四季度	一季度	二季度	三季度	四季度
企业家信心指数	**104.0**	**89.6**	**99.1**	**87.6**	**97.9**	**99.4**	**94.2**	**110.4**
企业景气指数	**113.2**	**99.8**	**109.0**	**102.3**	**115.1**	**108.6**	**109.1**	**119.7**
一、按主要行业类别分								
批发业	117.1	105.1	110.6	107.9	114.8	110.3	109.5	125.3
零售业	98.5	78.2	98.8	79.8	116.3	103.5	107.2	101.4
二、按企业登记注册类型分								
国有企业	107.0	99.8	104.8	97.6	115.6	108.1	118.3	111.6
集体企业	81.4	70.6	64.7	62.5	85.7	78.6	57.1	71.4
有限责任公司	129.6	101.5	95.3	81.0	108.2	100.4	87.9	101.6
股份有限公司	155.6	120.0	160.2	163.9	135.6	130.9	132.1	162.5
外商及港、澳、台投资企业	166.7	166.7	166.7	133.3	200.0	161.9	141.9	139.1
三、按企业规模分								
大　型	142.0	128.1	142.7	156.1	135.7	127.3	145.2	161.7
中小型	102.0	88.9	95.9	83.7	104.4	98.9	90.1	96.6
中　型	105.4	92.7	103.7	90.7	118.5	109.3	98.2	102.0
小　型	97.7	84.1	86.4	75.0	84.2	84.2	78.4	88.9
四、特殊分组								
上市公司	166.9	109.6	173.1	179.3	128.8	117.7	124.6	183.3
国有控股企业					112.0	107.0	112.1	125.3
五、不同观察指标综合经营指数								
购货合同	89.0	88.5	100.7	79.9	97.6	98.0	120.9	114.6
商品购进价格	96.3	99.7	110.2	124.3	109.6	95.9	103.4	90.8
商品销售	93.1	93.3	89.7	77.2	111.0	112.8	121.9	108.6
#出　口	107.5	136.9	89.6	50.1	116.2	113.9	126.0	78.1
商品销售价格	86.1	90.0	92.9	73.0	89.3	87.8	81.9	95.2
商品库存	116.6	110.8	108.1	115.2	118.3	108.9	118.6	116.8
经营费用	87.0	99.1	85.2	96.4	95.3	80.9	86.2	72.2
盈利(亏损)变化	94.3	84.0	106.3	87.5	96.2	104.3	115.5	101.0
流动资金	99.4	80.0	87.4	88.2	93.2	91.9	84.6	94.9
货款拖欠	111.5	102.6	108.0	99.0	121.5	108.2	102.7	115.1
劳动力需求	75.9	75.9	82.1	74.4	92.2	94.8	97.4	87.8
固定资产投资	96.7	97.0	99.7	91.7	96.1	101.3	105.5	98.0

3-7 房地产业企业景气指数

（1999-2002年）

项　　目	1999年				2000年			
	一季度	二季度	三季度	四季度	一季度	二季度	三季度	四季度
企业家信心指数	**86.1**	**108.4**	**104.8**	**134.5**	**107.3**	**127.5**	**135.4**	**131.6**
企业景气指数	**97.2**	**99.0**	**98.3**	**108.3**	**103.3**	**108.2**	**111.4**	**102.9**
一、按企业登记注册类型分								
国有企业	88.9	102.4	105.8	107.2	91.4	90.2	106.5	100.0
有限责任公司	100.0	133.3	120.0	120.0	100.0	133.3	116.7	100.0
股份有限公司	124.0	111.5	62.5	98.9	106.6	85.5	108.7	109.9
外商及港、澳、台投资企业	93.3	73.7	90.0	110.4	124.6	124.6	113.8	100.4
二、按企业规模分								
大　型	126.1	183.2	157.4	195.3	154.1	162.4	151.5	154.4
中小型	91.8	83.9	88.7	93.0	91.8	96.1	102.0	89.6
中　型	107.7	100.0	94.3	100.0	93.3	106.7	106.7	93.1
小　型	73.9	66.7	81.5	83.3	89.5	81.0	94.7	84.2
三、特殊分组								
上市公司	133.3	100.0	66.7	100.0	166.8	144.7	144.7	144.7
国有控股企业								
四、不同观察指标综合经营指数								
土地开发	77.9	84.2	88.1	87.9	66.5	84.6	81.9	86.0
完成投资	83.6	107.9	93.8	121.6	97.2	115.1	113.2	108.9
新开工情况								
房屋竣工	81.8	85.2	90.5	105.9	96.2	94.8	103.9	103.0
商品房预售	83.0	101.0	107.4	129.1	100.1	109.2	111.2	89.5
商品房销售	89.8	104.7	103.3	119.6	96.8	110.5	120.0	106.5
商品房销售价格	67.8	68.3	75.4	96.4	80.0	102.2	105.2	98.7
空置商品房	123.5	126.8	123.4	120.5	141.6	157.8	159.7	148.4
盈利(亏损)变化	68.4	64.8	74.7	95.3	80.7	98.5	92.3	92.2
流动资金	71.6	54.1	58.1	73.9	66.9	75.5	69.2	82.4
货款拖欠	112.5	125.8	113.9	106.0	129.3	120.7	127.2	121.7
劳动力需求	75.9	79.5	79.1	79.8	80.2	83.9	77.1	76.8
固定资产投资	86.9	77.5	104.5	96.7	96.1	98.0	100.3	103.1

3-7 续表 （1999-2002年）

项　　目	2001年				2002年			
	一季度	二季度	三季度	四季度	一季度	二季度	三季度	四季度
企业家信心指数	138.6	123.6	125.9	147.2	141.6	128.4	135.1	134.2
企业景气指数	121.0	122.6	110.9	120.8	121.4	112.7	112.9	115.6
一、按企业登记注册类型分								
国有企业	133.3	118.0	107.1	125.0	124.4	114.8	114.8	116.4
有限责任公司	157.1	157.1	128.6	128.6	136.4	127.3	118.2	127.3
股份有限公司	76.0	133.3	100.0	115.6	83.3	105.4	119.7	83.3
外商及港、澳、台投资企业	119.7	113.8	126.4	120.5	129.4	106.2	106.2	128.4
二、按企业规模分								
大　型	131.5	138.4	125.8	167.1	185.3	172.7	172.7	185.4
中小型	118.9	119.2	107.7	111.8	110.9	101.8	101.9	103.8
中　型	138.7	132.3	116.1	123.3	119.4	106.5	106.5	110.0
小　型	90.9	100.0	95.2	95.2	100.0	95.8	95.7	95.7
三、特殊分组								
上市公司	179.2	200.0	133.3	200.0	100.0	170.6	170.6	150.0
国有控股企业					127.7	113.6	116.8	121.5
四、不同观察指标综合经营指数								
土地开发	102.9	103.1	92.5	95.5	93.9	99.4	101.2	76.1
完成投资	109.1	131.4	127.9	130.7	94.4	115.4	108.6	105.3
新开工情况					96.6	95.1	88.8	78.9
房屋竣工	84.1	99.5	99.0	110.8	105.7	90.1	99.8	101.7
商品房预售	101.7	89.8	93.2	119.8	80.2	102.5	100.0	100.3
商品房销售	93.2	97.3	82.0	123.3	96.0	93.5	112.0	105.7
商品房销售价格	105.8	99.1	111.5	96.7	118.7	105.4	98.5	109.1
空置商品房	146.5	157.7	151.7	159.3	154.0	156.3	158.3	159.6
盈利(亏损)变化	96.4	92.0	95.5	109.5	98.6	82.1	106.5	109.9
流动资金	73.2	82.4	72.9	77.9	74.5	67.6	74.4	86.3
货款拖欠	106.5	116.7	121.8	124.0	134.6	128.2	123.6	133.7
劳动力需求	82.7	90.7	92.4	91.7	93.7	78.9	84.8	92.6
固定资产投资	107.2	113.6	109.2	114.6	93.5	97.2	97.9	105.8

3-8 社会服务业企业景气指数

（1999-2002年）

项　　目	1999年				2000年			
	一季度	二季度	三季度	四季度	一季度	二季度	三季度	四季度
企业家信心指数	101.5	110.1	106.1	94.8	84.4	99.2	107.1	110.6
企业景气指数	112.5	122.6	103.4	99.7	91.4	115.7	122.6	113.7
一、按主要行业类别分								
商务服务业	106.5	125.0	106.2	95.1	86.2	114.3	126.2	101.2
二、按企业登记注册类型分								
国有企业	105.9	140.0	120.0	108.4	83.3	118.1	131.6	105.6
有限责任公司	100.0	75.0	50.0	75.0	120.0	140.0	100.0	140.0
三、按企业规模分								
大　型	137.6	100.0	62.4	73.0	107.7	157.3	107.7	107.7
中小型	108.3	126.9	110.7	104.0	89.7	111.1	124.1	114.3
中　型	100.0	136.4	130.0	111.1	90.0	160.0	140.0	150.0
小　型	114.3	120.0	100.0	100.0	89.5	82.4	115.8	94.4
四、特殊分组								
国有控股企业								
五、不同观察指标综合经营指数								
服务预订	116.9	118.8	104.7	93.1	86.6	105.0	104.6	110.0
竞争能力	40.0	100.0	75.0	100.0	75.0	116.7	100.0	116.7
旅游客源	148.5	134.8	156.4	154.6	73.8	140.5	127.7	142.9
收费(服务)价格	101.5	87.9	82.0	75.7	72.4	78.6	93.1	81.6
业务量	90.7	106.3	101.7	86.2	74.1	100.7	107.9	119.4
营业成本	64.5	65.9	49.2	37.7	83.7	55.0	65.6	74.2
盈利(亏损)变化	58.6	81.6	74.6	54.8	61.8	71.6	68.8	80.8
流动资金	69.7	37.9	47.1	63.3	53.1	77.5	66.0	78.9
货款拖欠	104.1	96.2	84.9	104.2	96.0	90.9	103.6	103.9
劳动力需求	79.5	90.6	84.7	71.3	76.6	93.7	85.1	97.4
固定资产投资	98.0	107.0	106.9	112.8	83.9	85.2	105.6	103.3

3-8 续表　　　　　　　　　　（1999-2002年）

项　　目	2001年				2002年			
	一季度	二季度	三季度	四季度	一季度	二季度	三季度	四季度
企业家信心指数	115.6	109.7	109.1	104.7	137.6	130.4	131.8	130.7
企业景气指数	108.9	122.1	112.1	111.5	130.4	134.2	117.5	137.6
一、按主要行业类别分								
商务服务业	99.3	124.2	118.2	112.1	127.7	137.7	119.5	147.1
二、按企业登记注册类型分								
国有企业	100.0	131.3	116.7	117.7	125.0	137.6	119.9	137.4
有限责任公司	116.4	127.5	122.2	105.2	122.2	133.3	122.2	144.4
三、按企业规模分								
大　型	128.3	128.3	200.0	122.1	156.2	178.3	177.9	177.9
中小型	106.9	121.4	103.3	110.3	125.0	125.0	104.4	129.2
中　型	109.1	140.0	109.1	145.5	125.0	125.0	118.2	141.7
小　型	105.6	111.1	100.0	88.9	125.0	125.0	91.7	116.7
四、特殊分组								
国有控股企业					128.0	142.6	124.7	142.5
五、不同观察指标综合经营指数								
服务预订	95.9	103.8	107.1	84.5	110.3	117.0	95.4	117.0
竞争能力	50.0	120.0	75.0	80.0	50.0	100.0	66.7	75.0
旅游客源	100.0	157.1	112.5	93.3	109.1	177.8	135.8	135.0
收费(服务)价格	98.1	85.7	90.3	88.2	92.3	100.0	85.7	93.1
业务量	93.4	103.2	103.0	80.8	110.3	117.0	102.5	106.4
营业成本	82.4	76.8	72.7	77.5	72.1	72.4	83.7	72.7
盈利(亏损)变化	93.9	100.6	93.9	67.8	110.3	120.5	99.3	117.6
流动资金	89.8	93.0	88.0	84.4	88.4	92.1	85.3	92.7
货款拖欠	111.5	102.9	88.8	107.4	100.0	99.7	96.0	92.9
劳动力需求	102.7	106.5	100.0	93.8	89.7	96.2	95.8	96.0
固定资产投资	87.3	92.6	96.8	114.3	103.4	103.6	100.0	110.1

3-9 信息传输、计算机服务和软件业企业景气指数

（1999-2002年）

项目	1999年				2000年			
	一季度	二季度	三季度	四季度	一季度	二季度	三季度	四季度
企业家信心指数	**120.0**	**130.0**	**146.2**	**138.5**	**122.2**	**154.6**	**125.0**	**154.6**
企业景气指数	**150.0**	**120.0**	**115.4**	**146.2**	**100.0**	**118.2**	**141.7**	**136.4**
一、按主要行业类别分								
信息传输业	144.4	133.3	110.0	140.0	100.0	122.2	144.4	144.4
软件业	200.0	0.0	133.3	166.7	100.0	100.0	133.3	100.0
二、按企业登记注册类型分								
国有企业	162.5	125.0	122.2	155.6	100.0	142.9	157.1	142.9
有限责任公司	100.0	100.0	200.0	200.0	100.0	75.0	120.0	125.0
三、按企业规模分								
大　型	100.0	200.0	200.0	200.0	100.0	200.0	200.0	200.0
中小型	150.0	111.1	108.3	141.7	100.0	110.0	136.4	130.0
中　型	175.0	133.3	133.3	150.0	50.0	150.0	150.0	150.0
小　型	133.3	100.0	83.3	133.3	114.3	100.0	133.3	125.0
四、特殊分组								
国有控股企业								
五、不同观察指标综合经营指数								
产品销售（提供服务）	140.0	140.0	107.7	123.1	144.4	127.3	116.7	172.7
销售（收费）价格	70.0	50.0	63.6	41.7	37.5	50.0	72.7	90.0
营业收入	160.0	130.0	107.7	130.8	122.2	118.2	108.3	127.3
营业成本	70.0	60.0	76.9	92.3	88.9	72.7	75.0	63.6
盈利(亏损)变化	80.0	70.0	84.6	92.3	100.0	109.1	116.7	118.2
流动资金	50.0	40.0	53.9	30.8	55.6	72.7	66.7	72.7
货款拖欠	55.6	88.9	84.6	76.9	88.9	118.2	100.0	81.8
劳动力需求	80.0	80.0	84.6	100.0	66.7	90.9	100.0	90.9
固定资产投资	140.0	130.0	100.0	123.1	133.3	154.6	133.3	136.4

3-9 续表　　　　　　　　　　　　（1999-2002年）

项　　目	2001年				2002年			
	一季度	二季度	三季度	四季度	一季度	二季度	三季度	四季度
企业家信心指数	163.6	145.5	130.0	150.0	162.6	142.7	152.7	136.8
企业景气指数	154.6	136.4	150.0	150.0	157.0	145.8	175.3	164.2
一、按主要行业类别分								
信息传输业	171.4	142.9	150.0	166.7	154.6	149.8	190.9	163.6
软件业	133.3	133.3	133.3	133.3	133.3	163.3	146.6	163.3
二、按企业登记注册类型分								
国有企业	171.4	128.6	157.1	157.1	150.0	137.4	180.0	150.0
有限责任公司	100.0	100.0	100.0	100.0	148.2	150.0	148.2	148.2
三、按企业规模分								
大　型	200.0	200.0	200.0	200.0	187.8	137.4	192.7	192.7
中小型	150.0	130.0	144.4	144.4	141.7	150.0	166.7	150.0
中　型	150.0	150.0	175.0	150.0	162.5	150.0	150.0	162.5
小　型	150.0	116.7	120.0	140.0	100.0	150.0	200.0	125.0
四、特殊分组								
国有控股企业					161.5	140.8	183.0	161.5
五、不同观察指标综合经营指数								
产品销售（提供服务）	154.6	154.6	130.0	120.0	175.2	128.7	164.2	154.1
销售（收费）价格	0.0	36.4	33.3	50.0	59.8	40.8	76.9	85.9
营业收入	145.5	118.2	110.0	110.0	159.7	147.2	155.4	112.0
营业成本	100.0	81.8	70.0	90.0	52.8	71.6	66.5	99.2
盈利(亏损)变化	109.1	63.6	60.0	90.0	77.9	137.8	117.6	87.4
流动资金	54.6	54.6	40.0	60.0	84.8	68.5	92.8	98.2
货款拖欠	90.0	100.0	60.0	70.0	74.3	82.8	120.6	111.2
劳动力需求	118.2	100.0	90.0	90.0	81.5	97.1	103.9	80.9
固定资产投资	109.1	127.3	160.0	120.0	90.0	97.2	135.1	111.1

3-10　住宿和餐饮业企业景气指数

（1999--2002 年）

项　　目	1999 年				2000 年			
	一季度	二季度	三季度	四季度	一季度	二季度	三季度	四季度
企业家信心指数	102.7	108.3	86.0	93.4	103.4	109.5	100.9	105.5
企业景气指数	97.5	98.2	90.8	89.2	101.5	100.5	97.6	104.0
一、按主要行业类别分								
住宿业	90.1	90.5	80.4	77.2	89.6	83.6	79.4	98.5
餐饮业	117.0	117.4	112.9	113.9	123.0	132.3	128.2	113.9
二、按企业登记注册类型分								
国有企业	86.7	82.4	70.6	64.7	74.4	75.5	62.2	80.0
外商及港、澳、台投资企业	101.0	110.0	104.8	109.9	122.0	137.5	139.3	127.1
三、按企业规模分								
大　型	134.9	138.7	132.7	137.1	122.8	128.4	151.5	127.2
中小型	86.1	85.4	77.8	75.0	94.4	89.2	75.7	94.6
中　型	87.0	81.5	82.1	75.0	110.0	95.0	90.0	120.0
小　型	84.6	92.9	70.6	75.0	75.0	82.4	58.8	64.7
四、特殊分组								
国有控股企业								
五、不同观察指标综合经营指数								
业务量	91.0	105.1	67.3	104.8	116.0	107.8	87.6	113.0
客房出租	48.3	71.0	54.1	62.3	55.4	72.9	65.4	82.5
收费(服务)价格	64.2	66.4	59.0	73.4	64.5	87.0	74.7	84.2
营业收入	83.2	88.7	67.3	104.8	111.8	105.9	78.1	111.3
营业成本	89.8	102.2	87.5	74.3	65.2	85.8	79.7	73.4
盈利(亏损)变化	57.1	74.8	47.9	73.6	80.3	102.8	75.0	100.4
流动资金	67.8	72.0	67.7	57.0	71.7	84.0	78.0	82.0
货款拖欠	93.1	81.7	98.2	79.4	90.7	102.8	104.1	91.7
劳动力需求	66.7	68.4	68.1	77.3	76.1	88.4	82.5	97.9
固定资产投资	125.6	116.0	103.7	101.7	106.1	119.8	112.3	134.4

3-10 续表　　　　　　　　　　　　（1999--2002年）

项　　目	2001年				2002年			
	一季度	二季度	三季度	四季度	一季度	二季度	三季度	四季度
企业家信心指数	103.4	114.3	111.0	105.0	123.3	129.9	125.0	123.8
企业景气指数	116.2	113.7	96.3	115.0	127.9	116.6	122.9	130.8
一、按主要行业类别分								
住宿业	95.9	112.9	89.3	100.0	90.9	93.3	96.4	107.5
餐饮业	152.4	115.1	108.9	141.1	184.8	150.1	159.0	162.0
二、按企业登记注册类型分								
国有企业	83.1	94.5	107.1	92.9	69.8	69.5	95.6	95.6
外商及港、澳、台投资企业	133.9	116.6	93.3	135.2	152.8	140.0	134.2	146.3
三、按企业规模分								
大　型	154.4	113.1	86.0	133.5	170.4	154.6	148.8	167.2
中小型	102.7	113.9	100.0	108.3	100.0	90.0	103.6	103.6
中　型	117.4	121.7	100.0	108.7	126.3	100.0	105.6	100.0
小　型	78.6	100.0	100.0	107.7	61.5	75.0	100.0	110.0
四、特殊分组								
国有控股企业					81.8	94.3	88.7	102.7
五、不同观察指标综合经营指数								
业务量	100.4	135.4	74.5	99.9	119.5	122.6	132.2	112.7
客房出租	70.5	93.1	76.0	77.4	69.1	83.3	93.2	96.4
收费(服务)价格	88.0	89.5	72.4	83.5	65.4	97.7	80.0	96.7
营业收入	100.4	128.0	74.5	103.8	109.7	112.8	117.9	112.7
营业成本	99.2	62.9	91.6	83.3	101.4	88.7	89.1	82.7
盈利(亏损)变化	100.2	89.2	53.2	109.8	109.1	113.1	111.0	144.8
流动资金	98.8	98.0	99.8	96.7	102.6	91.3	102.6	122.1
货款拖欠	110.4	94.4	107.5	98.3	101.3	93.6	105.1	98.2
劳动力需求	100.8	112.2	89.8	91.7	108.2	106.1	119.1	128.6
固定资产投资	118.4	122.3	129.0	114.0	124.2	134.5	126.9	128.6

3-11　生产总量景气指数

（1999--2002年）

项目	1999年				2000年			
	一季度	二季度	三季度	四季度	一季度	二季度	三季度	四季度
总体状况	**91.8**	**100.4**	**102.0**	**102.8**	**98.2**	**117.3**	**109.1**	**111.5**
一、按行业门类分								
工　业	89.3	103.9	110.7	105.3	100.1	125.4	117.2	114.9
采掘业	54.6	108.3	83.3	75.0	75.0	118.8	125.0	118.8
制造业	91.4	103.3	108.8	108.0	104.0	124.6	114.3	119.1
电力、煤气及水的生产和供应业	81.7	105.0	131.0	90.6	86.0	133.5	140.7	98.6
建筑业	81.0	79.9	83.0	93.7	65.4	106.3	95.0	126.2
交通运输、仓储和邮政业	100.2	95.5	99.2	85.0	93.2	98.0	90.7	82.2
批发和零售业	87.2	91.2	92.3	108.6	108.5	116.8	108.2	103.2
房地产业	83.6	107.9	93.8	121.6	97.2	115.1	113.2	108.9
社会服务业	116.9	118.8	104.7	93.1	86.6	105.0	104.6	110.0
信息传输、计算机服务和软件	140.0	140.0	107.7	123.1	144.4	127.3	116.7	172.7
住宿和餐饮业	91.0	105.1	67.3	104.8	116.0	107.8	87.6	113.0
二、按企业登记注册类型分								
国有企业	98.7	109.9	106.6	102.9	95.1	122.3	109.2	105.3
集体企业	72.0	81.1	83.5	79.0	81.2	94.7	89.1	92.9
股份合作企业	104.0	77.2	89.4	88.9	100.0	106.9	93.1	90.6
联营企业	66.7	85.2	118.2	106.4	110.1	152.9	90.4	111.6
有限责任公司	94.8	98.9	112.5	120.5	104.5	123.2	115.7	118.9
股份有限公司	94.5	115.9	104.1	117.0	120.8	122.4	131.5	145.9
私营企业	63.6	84.6	106.3	87.5	98.1	135.9	128.3	136.1
外商及港、澳、台投资企业	92.9	91.4	102.3	111.2	109.2	128.1	121.2	121.3
三、按企业规模分								
大型及特大型	116.8	117.5	116.8	100.2	100.5	144.2	137.7	128.1
特大型	45.3	168.9	68.9	14.2	24.9	196.5	180.5	45.3
大　型	118.4	116.5	117.7	101.8	112.7	135.9	130.5	141.2
中小型	86.2	95.2	97.7	100.8	97.2	113.5	104.1	106.6
中　型	95.7	108.0	104.5	115.1	101.5	126.5	110.2	110.5
小　型	77.5	83.6	91.5	87.9	94.4	104.8	100.0	104.0
四、特殊分组								
国家重点企业	143.1	77.3	160.0	176.2	78.6	172.8	189.1	87.0
乡镇企业	85.1	84.5	93.3	84.4	99.1	113.8	106.5	113.2
上市公司	118.5	88.9	108.9	121.0	143.8	131.6	138.8	154.9
国有控股企业								

3-11 续表

（1999--2002年）

项目	2001年				2002年			
	一季度	二季度	三季度	四季度	一季度	二季度	三季度	四季度
总体状况	93.8	109.5	105.0	99.4	100.6	116.7	118.1	118.5
一、按行业门类分								
工　业	90.4	114.5	110.3	101.5	96.3	126.1	123.7	127.0
采掘业	53.3	106.7	73.3	100.0	57.1	114.3	53.9	84.6
制造业	92.2	111.3	105.7	105.6	97.2	127.0	125.2	130.5
电力、煤气及水的生产和供应业	92.0	138.6	147.7	80.9	95.6	117.9	123.3	107.8
建筑业	80.8	104.7	102.2	118.5	71.1	98.6	106.9	112.1
交通运输、仓储和邮政业	94.0	87.2	91.5	88.7	105.9	89.7	94.7	94.2
批发和零售业	93.1	93.3	89.7	77.2	111.0	112.8	121.9	108.6
房地产业	109.1	131.4	127.9	130.7	94.4	115.4	108.6	105.3
社会服务业	95.9	103.8	107.1	84.5	110.3	117.0	95.4	117.0
信息传输、计算机服务和软件	154.6	154.6	130.0	120.0	175.2	128.7	164.2	154.1
住宿和餐饮业	100.4	135.4	74.5	99.9	119.5	122.6	132.2	112.7
二、按企业登记注册类型分								
国有企业	91.3	109.2	106.9	96.8	97.1	101.5	120.3	114.2
集体企业	80.9	93.2	83.2	88.2	75.4	93.9	81.8	83.2
股份合作企业	78.3	86.4	76.2	63.6	51.6	91.3	108.7	109.7
联营企业	114.3	133.3	121.4	114.3	74.8	153.9	123.1	130.2
有限责任公司	94.3	115.8	109.1	99.2	89.9	123.5	114.1	122.9
股份有限公司	91.9	142.0	112.5	129.9	122.4	136.5	144.2	134.3
私营企业	103.3	128.3	105.6	116.7	115.3	94.8	95.2	145.2
外商及港、澳、台投资企业	95.9	105.5	116.5	102.3	110.2	137.4	126.3	129.0
三、按企业规模分								
大型及特大型	82.0	136.3	130.6	126.9	115.2	141.2	140.3	144.5
特大型	11.3	200.0	192.3	11.9	156.7	139.5	197.6	190.2
大　型	89.3	129.7	124.1	139.3	111.5	141.3	135.2	140.3
中小型	93.1	105.0	100.5	94.5	90.4	105.4	107.0	106.4
中　型	91.9	114.0	105.5	96.2	99.7	117.6	117.3	116.2
小　型	93.8	99.5	97.4	93.5	84.7	97.9	100.6	100.4
四、特殊分组								
国家重点企业	52.9	166.7	125.4	102.3	104.7	147.9	147.0	168.0
乡镇企业	95.2	98.6	102.8	104.4	85.5	107.6	111.7	115.2
上市公司	110.3	153.8	110.7	136.7	111.7	138.3	166.6	155.2
国有控股企业					98.3	115.6	121.0	124.2

3-12 盈利（亏损）景气指数

（1999--2002年）

项目	1999年				2000年			
	一季度	二季度	三季度	四季度	一季度	二季度	三季度	四季度
总体状况	**69.9**	**72.2**	**73.9**	**83.6**	**76.8**	**91.0**	**84.2**	**90.2**
一、按行业门类分								
工　业	69.9	78.7	74.7	90.2	75.9	97.1	84.4	95.3
采掘业	27.3	75.0	16.7	50.0	87.5	131.3	87.5	93.8
制造业	70.1	76.7	70.6	89.7	76.5	92.3	83.3	99.3
电力、煤气及水的生产和供应业	78.1	95.0	116.2	102.8	74.1	123.6	104.6	83.5
建筑业	65.6	52.4	65.2	68.8	52.3	63.4	68.3	74.0
交通运输、仓储和邮政业	78.9	72.0	71.9	63.3	80.0	74.2	69.4	65.9
批发和零售业	67.3	63.2	80.8	91.7	90.6	100.3	104.5	100.0
房地产业	68.4	64.8	74.7	95.3	80.7	98.5	92.3	92.2
社会服务业	58.6	81.6	74.6	54.8	61.8	71.6	68.8	80.8
信息传输、计算机服务和软件	80.0	70.0	84.6	92.3	100.0	109.1	116.7	118.2
住宿和餐饮业	57.1	74.8	47.9	73.6	80.3	102.8	75.0	100.4
二、按企业登记注册类型分								
国有企业	74.2	83.0	85.4	88.8	80.5	98.4	83.3	90.2
集体企业	61.0	51.1	59.1	59.1	58.6	69.5	71.2	64.6
股份合作企业	46.7	40.4	44.8	64.2	62.1	87.1	66.5	75.9
联营企业	45.5	72.7	64.5	45.0	98.7	120.0	104.3	68.9
有限责任公司	72.6	78.5	60.0	87.8	84.4	96.8	92.8	99.8
股份有限公司	69.7	78.7	72.1	120.2	98.6	92.9	82.5	132.6
私营企业	36.4	50.0	37.5	56.3	83.1	95.9	91.4	102.9
外商及港、澳、台投资企业	72.3	69.3	70.4	90.4	72.6	98.6	89.6	102.1
三、按企业规模分								
大型及特大型	90.0	95.3	90.6	106.7	76.5	121.7	79.8	116.6
特大型	45.3	137.9	61.8	0.0	29.6	198.9	39.4	50.0
大　型	91.0	94.5	91.1	108.8	84.2	109.5	86.6	127.1
中小型	65.4	67.1	69.1	77.6	75.6	86.4	83.4	85.5
中　型	72.6	77.9	76.7	91.4	83.1	103.7	90.8	94.3
小　型	58.8	57.6	62.3	65.3	70.9	75.0	78.5	79.6
四、特殊分组								
国家重点企业	135.9	123.3	110.4	184.0	54.0	144.6	24.4	103.1
乡镇企业	60.5	57.2	48.3	48.5	67.4	81.1	84.5	76.2
上市公司	102.7	79.0	76.3	131.7	100.3	104.4	68.8	153.5
国有控股企业								

3-12 续表　　　　　　　　（1999--2002年）

项目	2001年				2002年			
	一季度	二季度	三季度	四季度	一季度	二季度	三季度	四季度
总体状况	**88.5**	**90.1**	**89.4**	**95.5**	**89.0**	**102.9**	**106.6**	**109.3**
一、按行业门类分								
工　业	82.7	96.2	91.3	101.0	86.9	112.1	109.4	116.3
采掘业	46.7	86.7	93.3	140.0	71.4	114.3	115.4	69.2
制造业	84.7	92.2	85.0	105.2	88.4	115.0	110.9	118.8
电力、煤气及水的生产和供应业	80.8	123.8	132.3	74.2	77.4	89.5	101.6	106.3
建筑业	91.5	84.6	87.4	106.8	69.8	74.1	103.8	103.6
交通运输、仓储和邮政业	92.3	78.9	77.6	75.7	93.2	74.5	86.8	89.1
批发和零售业	94.3	84.0	106.3	87.5	96.2	104.3	115.5	101.0
房地产业	96.4	92.0	95.5	109.5	98.6	82.1	106.5	109.9
社会服务业	93.9	100.6	93.9	67.8	110.3	120.5	99.3	117.6
信息传输、计算机服务和软件	109.1	63.6	60.0	90.0	77.9	137.8	117.6	87.4
住宿和餐饮业	100.2	89.2	53.2	109.8	109.1	113.1	111.0	144.8
二、按企业登记注册类型分								
国有企业	86.8	91.4	93.3	93.1	89.2	93.0	101.4	109.2
集体企业	81.5	75.4	70.9	78.9	65.3	76.6	74.4	80.1
股份合作企业	73.9	50.0	63.6	36.4	52.2	91.8	108.7	86.4
联营企业	100.0	120.0	100.0	113.3	48.1	82.9	141.0	122.0
有限责任公司	90.8	94.7	94.0	91.1	76.0	97.1	103.8	106.4
股份有限公司	100.8	120.5	101.7	117.3	105.5	118.1	128.6	110.9
私营企业	85.3	97.9	89.0	125.9	88.3	101.2	103.7	135.0
外商及港、澳、台投资企业	86.4	91.8	96.3	111.7	100.3	126.2	116.3	123.9
三、按企业规模分								
大型及特大型	82.1	110.5	102.4	123.6	97.4	128.4	126.6	133.8
特大型	11.3	195.3	179.3	13.0	152.5	139.5	133.8	131.1
大　型	89.4	101.8	94.2	135.5	92.4	127.4	125.9	134.0
中小型	88.4	88.4	87.7	91.5	82.5	89.3	95.5	97.7
中　型	87.1	99.3	93.7	97.0	92.9	101.9	108.1	107.6
小　型	89.2	81.9	84.1	88.2	76.2	81.7	87.7	91.7
四、特殊分组								
国家重点企业	79.0	154.5	102.6	105.4	97.3	107.6	113.2	109.5
乡镇企业	92.4	88.6	93.7	96.3	85.1	97.2	106.4	98.5
上市公司	119.3	138.4	106.8	140.5	97.2	114.2	128.2	98.9
国有控股企业					87.7	97.6	108.4	109.9

3-13 流动资金景气指数

（1999--2002年）

项目	1999年				2000年			
	一季度	二季度	三季度	四季度	一季度	二季度	三季度	四季度
总体状况	60.3	58.3	59.3	60.6	66.9	69.7	71.8	70.3
一、按行业门类分								
工　业	56.5	58.7	59.4	60.3	66.2	69.4	73.9	69.7
采掘业	36.4	41.7	50.0	50.0	50.0	68.8	87.5	62.5
制造业	56.5	58.2	57.6	57.5	68.0	71.1	74.4	71.1
电力、煤气及水的生产和供应业	60.9	67.5	77.3	84.2	70.6	72.6	82.4	73.3
建筑业	50.8	46.8	48.0	48.3	58.1	55.3	50.4	54.1
交通运输、仓储和邮政业	73.6	69.8	74.7	68.6	72.8	70.7	69.7	66.7
批发和零售业	65.0	62.2	55.8	66.9	75.2	73.5	83.7	79.3
房地产业	71.6	54.1	58.1	73.9	66.9	75.5	69.2	82.4
社会服务业	69.7	37.9	47.1	63.3	53.1	77.5	66.0	78.9
信息传输、计算机服务和软件	50.0	40.0	53.9	30.8	55.6	72.7	66.7	72.7
住宿和餐饮业	67.8	72.0	67.7	57.0	71.7	84.0	78.0	82.0
二、按企业登记注册类型分								
国有企业	56.5	54.7	57.5	60.2	60.4	64.4	67.0	62.7
集体企业	54.0	54.7	52.8	48.7	57.3	55.0	60.4	52.4
股份合作企业	53.9	51.2	45.4	47.0	59.9	58.6	55.2	55.8
联营企业	66.7	67.0	54.6	55.0	45.1	67.6	79.8	52.1
有限责任公司	57.8	52.3	54.6	67.5	65.7	70.8	67.7	71.4
股份有限公司	65.1	72.6	59.6	71.0	82.7	81.9	85.0	88.8
私营企业	54.6	42.9	62.5	37.5	56.9	75.6	57.7	67.6
外商及港、澳、台投资企业	75.2	73.4	73.5	73.0	92.4	94.0	98.1	100.9
三、按企业规模分								
大型及特大型	77.6	71.6	76.2	73.3	79.1	91.0	95.4	90.4
特大型	107.1	107.1	14.2	68.9	33.8	34.6	35.4	35.2
大　型	77.0	71.0	77.4	73.3	86.4	99.9	105.5	99.1
中小型	57.2	57.0	56.5	58.5	65.6	66.6	68.4	66.9
中　型	58.3	58.4	56.3	61.7	68.6	74.0	77.1	75.3
小　型	56.2	55.8	56.7	55.6	63.7	61.7	62.6	61.3
四、特殊分组								
国家重点企业	62.5	95.9	63.3	69.6	74.4	76.5	55.9	55.6
乡镇企业	57.6	52.7	51.2	50.9	64.7	64.5	64.3	55.6
上市公司	83.1	81.6	62.6	71.1	106.8	107.1	89.5	91.3
国有控股企业								

3-13 续表 （1999--2002年）

项　　目	2001年				2002年			
	一季度	二季度	三季度	四季度	一季度	二季度	三季度	四季度
总体状况	**77.4**	**72.9**	**70.0**	**75.9**	**86.3**	**85.9**	**85.4**	**90.5**
一、按行业门类分								
工　业	75.0	71.7	68.7	77.8	90.4	93.8	92.0	96.7
采掘业	93.3	80.0	93.3	113.3	114.3	100.0	115.4	115.4
制造业	75.4	71.4	67.3	78.1	89.8	96.3	92.9	97.2
电力、煤气及水的生产和供应业	78.0	80.9	79.3	76.5	91.9	75.4	84.7	93.4
建筑业	57.7	46.2	54.2	49.7	64.2	60.3	61.6	60.0
交通运输、仓储和邮政业	78.9	80.1	65.5	71.2	77.7	71.4	72.7	74.1
批发和零售业	99.4	80.0	87.4	88.2	93.2	91.9	84.6	94.9
房地产业	73.2	82.4	72.9	77.9	74.5	67.6	74.4	86.3
社会服务业	89.8	93.0	88.0	84.4	88.4	92.1	85.3	92.7
信息传输、计算机服务和软件	54.6	54.6	40.0	60.0	84.8	68.5	92.8	98.2
住宿和餐饮业	98.8	98.0	99.8	96.7	102.6	91.3	102.6	122.1
二、按企业登记注册类型分								
国有企业	71.3	64.7	59.8	68.2	83.6	76.4	71.7	85.2
集体企业	63.5	54.8	60.0	58.9	58.1	58.6	57.8	57.8
股份合作企业	34.8	45.5	45.5	36.4	60.9	64.7	69.6	77.3
联营企业	66.7	60.0	46.7	66.7	41.0	84.2	60.6	88.4
有限责任公司	76.2	73.2	71.0	77.2	73.9	72.7	82.9	77.4
股份有限公司	104.5	94.0	89.8	98.9	113.2	106.3	109.8	117.6
私营企业	76.7	67.1	71.5	64.1	77.6	69.6	80.7	83.2
外商及港、澳、台投资企业	93.6	95.7	89.4	99.3	101.6	114.0	110.0	111.1
三、按企业规模分								
大型及特大型	115.0	96.0	74.9	105.5	112.2	115.3	108.3	118.3
特大型	12.7	15.3	7.3	12.7	86.9	37.1	37.1	37.1
大　型	125.6	104.3	82.2	115.5	114.5	122.2	114.6	125.6
中小型	71.5	69.3	69.5	71.7	73.4	72.8	75.2	78.1
中　型	79.5	77.8	74.1	76.7	80.2	77.5	83.1	86.9
小　型	66.7	64.3	66.8	68.7	69.3	70.0	70.3	72.7
四、特殊分组								
国家重点企业	67.5	63.9	39.2	37.8	105.4	73.8	83.9	95.3
乡镇企业	65.6	62.8	63.1	70.3	91.5	88.4	91.9	82.4
上市公司	122.1	107.4	101.1	107.6	119.8	117.8	111.9	125.3
国有控股企业					83.2	79.4	77.8	88.2

3-14 货款拖欠景气指数

（1999--2002年）

项目	1999年				2000年			
	一季度	二季度	三季度	四季度	一季度	二季度	三季度	四季度
总体状况	94.7	89.6	87.0	88.8	100.6	94.7	94.7	93.5
一、按行业门类分								
工　业	94.1	85.9	85.2	91.4	100.4	93.7	95.4	90.1
采掘业	80.0	66.7	72.7	91.7	87.5	93.8	106.7	112.5
制造业	95.3	87.3	86.7	91.6	101.8	93.0	94.4	90.8
电力、煤气及水的生产和供应业	86.7	78.4	75.3	90.3	95.0	101.0	104.5	81.2
建筑业	74.8	80.0	78.9	75.1	82.1	69.6	68.6	74.8
交通运输、仓储和邮政业	98.3	90.2	80.6	80.6	103.0	88.9	86.0	94.8
批发和零售业	111.0	99.7	97.0	93.1	109.5	107.6	104.2	110.1
房地产业	112.5	125.8	113.9	106.0	129.3	120.7	127.2	121.7
社会服务业	104.1	96.2	84.9	104.2	96.0	90.9	103.6	103.9
信息传输、计算机服务和软件	55.6	88.9	84.6	76.9	88.9	118.2	100.0	81.8
住宿和餐饮业	93.1	81.7	98.2	79.4	90.7	102.8	104.1	91.7
二、按企业登记注册类型分								
国有企业	96.4	95.6	95.3	94.8	105.2	98.4	101.2	96.9
集体企业	93.3	83.2	77.1	80.5	90.2	83.3	81.0	84.4
股份合作企业	62.0	53.8	59.8	59.9	90.9	81.5	73.7	84.4
联营企业	116.7	93.7	79.1	55.6	85.4	101.7	90.4	87.5
有限责任公司	85.8	73.8	80.1	84.9	104.5	99.7	94.4	95.4
股份有限公司	126.7	90.4	95.2	104.0	116.2	118.6	100.6	107.0
私营企业	72.7	41.7	81.3	50.0	95.7	97.6	89.6	81.3
外商及港、澳、台投资企业	95.5	98.8	93.1	90.0	103.0	92.8	99.2	91.7
三、按企业规模分								
大型及特大型	107.9	104.0	106.4	103.3	104.0	98.7	113.0	101.8
特大型	107.1	100.0	100.0	100.0	117.4	102.5	95.1	95.3
大　型	107.9	104.1	106.5	103.3	101.9	98.1	116.0	102.8
中小型	93.5	87.9	85.4	85.9	100.6	94.3	91.7	91.2
中　型	95.2	90.2	87.2	90.5	109.9	101.0	103.9	99.0
小　型	91.9	85.9	83.8	81.8	94.8	89.9	83.6	86.0
四、特殊分组								
国家重点企业	149.2	91.2	72.4	101.9	121.7	122.5	104.4	106.5
乡镇企业	87.0	81.9	74.4	77.3	93.5	90.7	82.1	81.7
上市公司	130.3	99.8	85.8	108.0	118.5	123.0	103.4	112.2
国有控股企业								

3-14 续表　　　　（1999--2002年）

项　　目	2001年				2002年			
	一季度	二季度	三季度	四季度	一季度	二季度	三季度	四季度
总体状况	**102.2**	**92.7**	**92.7**	**94.6**	**105.4**	**95.6**	**101.5**	**100.7**
一、按行业门类分								
工　业	100.6	90.6	93.5	97.8	105.2	92.5	103.2	101.6
采掘业	100.0	126.7	126.7	140.0	92.9	121.4	107.7	107.7
制造业	100.7	89.3	92.7	97.2	106.9	94.9	104.8	103.9
电力、煤气及水的生产和供应业	98.6	90.0	97.5	96.0	93.0	72.8	92.1	85.0
建筑业	89.8	74.4	62.8	64.5	88.9	87.8	82.3	75.2
交通运输、仓储和邮政业	105.5	91.2	91.6	90.0	101.6	93.2	95.2	88.8
批发和零售业	111.5	102.6	108.0	99.0	121.5	108.2	102.7	115.1
房地产业	106.5	116.7	121.8	124.0	134.6	128.2	123.6	133.7
社会服务业	111.5	102.9	88.8	107.4	100.0	99.7	96.0	92.9
信息传输、计算机服务和软件	90.0	100.0	60.0	70.0	74.3	82.8	120.6	111.2
住宿和餐饮业	110.4	94.4	107.5	98.3	101.3	93.6	105.1	98.2
二、按企业登记注册类型分								
国有企业	106.9	93.0	95.8	93.8	101.6	91.8	96.3	98.3
集体企业	94.6	88.9	84.1	84.8	97.3	89.7	85.1	84.8
股份合作企业	87.0	81.8	85.7	95.2	90.9	95.1	77.3	100.0
联营企业	113.3	85.7	106.7	106.7	91.9	105.7	108.8	78.0
有限责任公司	95.8	99.2	93.8	95.0	103.3	98.1	105.1	104.2
股份有限公司	108.7	87.1	95.1	104.3	105.5	97.9	109.3	109.4
私营企业	94.0	86.0	87.0	110.1	121.9	111.7	89.9	81.7
外商及港、澳、台投资企业	105.1	95.0	97.6	100.3	115.7	98.0	114.0	110.9
三、按企业规模分								
大型及特大型	106.6	91.3	98.6	98.4	111.8	97.2	110.4	113.0
特大型	100.0	95.8	95.8	95.8	72.7	69.5	113.4	92.6
大　型	107.2	90.8	98.9	98.6	115.4	99.7	110.2	114.8
中小型	101.6	92.6	92.7	94.7	103.1	94.9	97.7	95.5
中　型	106.0	99.0	98.2	99.5	108.8	103.4	101.6	101.6
小　型	98.9	88.7	89.4	91.8	99.6	89.7	95.3	91.7
四、特殊分组								
国家重点企业	89.8	88.5	107.2	114.5	98.4	85.3	108.1	106.4
乡镇企业	102.2	87.2	79.7	83.0	109.1	83.4	92.4	87.6
上市公司	97.3	73.3	102.4	97.1	99.9	91.1	104.9	104.8
国有控股企业					103.8	97.4	100.7	102.9

3-15 劳动力需求景气指数

（1999--2002年）

项　　目	1999年				2000年			
	一季度	二季度	三季度	四季度	一季度	二季度	三季度	四季度
总体状况	**74.4**	**72.9**	**76.9**	**81.8**	**83.5**	**92.1**	**89.1**	**89.4**
一、按行业门类分								
工　业	77.8	76.7	81.0	88.2	90.5	99.4	95.0	93.2
采掘业	81.8	50.0	50.0	58.3	62.5	81.3	87.5	93.8
制造业	77.1	76.3	80.5	90.2	91.5	100.3	95.6	93.9
电力、煤气及水的生产和供应业	83.0	84.5	90.4	79.8	86.0	93.0	91.8	86.5
建筑业	72.4	64.7	78.0	81.1	67.5	96.5	90.6	106.5
交通运输、仓储和邮政业	74.0	67.7	71.1	73.3	83.9	79.8	81.3	76.9
批发和零售业	62.3	62.8	63.4	65.9	76.2	76.5	76.6	75.3
房地产业	75.9	79.5	79.1	79.8	80.2	83.9	77.1	76.8
社会服务业	79.5	90.6	84.7	71.3	76.6	93.7	85.1	97.4
信息传输、计算机服务和软件	80.0	80.0	84.6	100.0	66.7	90.9	100.0	90.9
住宿和餐饮业	66.7	68.4	68.1	77.3	76.1	88.4	82.5	97.9
二、按企业登记注册类型分								
国有企业	68.8	67.3	68.7	73.3	76.1	81.4	80.2	82.1
集体企业	70.2	70.4	71.5	76.2	76.6	84.9	81.1	80.7
股份合作企业	104.0	61.4	69.5	72.1	59.9	81.9	77.6	65.6
联营企业	58.3	60.9	70.1	62.0	111.8	97.3	79.8	112.6
有限责任公司	88.4	77.6	86.2	87.5	85.0	98.3	90.1	93.3
股份有限公司	83.0	65.3	68.2	80.9	95.0	89.3	108.0	104.2
私营企业	63.6	85.7	100.0	93.8	97.4	115.0	95.5	109.1
外商及港、澳、台投资企业	84.0	86.0	96.3	101.8	105.6	118.5	107.4	102.7
三、按企业规模分								
大型及特大型	91.3	68.2	71.8	83.5	82.1	98.5	95.9	95.9
特大型	100.0	107.1	92.9	68.9	100.0	117.0	118.1	122.7
大　型	91.1	67.5	71.4	83.7	79.2	95.6	92.2	91.7
中小型	71.7	72.4	76.7	80.1	85.2	91.7	87.8	87.9
中　型	69.8	74.4	74.7	82.8	85.3	95.6	87.7	93.1
小　型	73.5	70.6	78.5	77.7	85.1	89.1	87.9	84.3
四、特殊分组								
国家重点企业	88.0	101.1	116.2	94.7	84.4	81.1	104.3	95.4
乡镇企业	81.7	76.1	80.4	83.2	97.1	104.5	89.0	97.9
上市公司	93.9	61.9	79.1	95.1	100.1	83.9	112.3	107.8
国有控股企业								

3-15 续表 （1999--2002年）

项目	2001年				2002年			
	一季度	二季度	三季度	四季度	一季度	二季度	三季度	四季度
总体状况	**88.1**	**89.8**	**88.9**	**86.3**	**96.2**	**97.3**	**100.4**	**98.2**
一、按行业门类分								
工　业	89.6	92.8	89.2	87.1	100.6	102.9	104.4	104.2
采掘业	66.7	106.7	66.7	86.7	121.4	85.7	92.3	92.3
制造业	91.0	94.1	88.4	88.2	102.4	105.5	106.8	106.5
电力、煤气及水的生产和供应业	80.1	78.3	91.9	79.7	82.4	85.5	87.7	89.1
建筑业	85.8	94.4	97.4	96.4	76.6	86.2	100.5	93.0
交通运输、仓储和邮政业	83.9	77.6	84.9	82.6	98.6	88.3	89.0	87.5
批发和零售业	75.9	75.9	82.1	74.4	92.2	94.8	97.4	87.8
房地产业	82.7	90.7	92.4	91.7	93.7	78.9	84.8	92.6
社会服务业	102.7	106.5	100.0	93.8	89.7	96.2	95.8	96.0
信息传输、计算机服务和软件	118.2	100.0	90.0	90.0	81.5	97.1	103.9	80.9
住宿和餐饮业	100.8	112.2	89.8	91.7	108.2	106.1	119.1	128.6
二、按企业登记注册类型分								
国有企业	79.8	83.9	85.3	84.3	89.0	88.5	93.2	90.6
集体企业	77.7	81.5	80.9	81.4	77.4	83.5	83.6	81.0
股份合作企业	87.0	77.3	68.2	54.6	73.9	78.3	104.4	72.7
联营企业	93.3	106.7	86.7	93.3	84.8	98.1	89.7	86.1
有限责任公司	87.0	89.3	85.2	83.9	84.8	87.5	87.7	91.4
股份有限公司	102.2	100.8	92.5	93.1	113.9	111.0	124.9	99.4
私营企业	117.6	106.2	109.3	119.3	90.9	96.4	86.8	102.4
外商及港、澳、台投资企业	97.6	100.1	99.0	90.3	113.3	113.7	112.5	118.3
三、按企业规模分								
大型及特大型	99.3	94.6	98.3	93.5	114.9	113.0	116.6	112.1
特大型	102.3	102.3	190.9	102.3	142.7	102.7	104.5	106.9
大　型	99.0	93.8	88.2	92.5	112.4	113.9	117.7	112.5
中小型	85.5	89.0	86.9	84.7	86.5	89.4	91.8	91.1
中　型	85.6	93.0	84.1	85.0	90.2	93.2	96.3	94.9
小　型	85.4	86.5	88.6	84.5	84.2	87.1	89.1	88.7
四、特殊分组								
国家重点企业	98.0	107.3	124.2	99.3	142.3	108.7	120.9	104.0
乡镇企业	95.1	95.5	90.6	97.7	98.3	109.6	110.8	104.3
上市公司	107.6	104.1	102.9	97.3	119.0	116.2	134.5	110.3
国有控股企业					94.2	92.3	97.8	92.4

3-16 固定资产投资景气指数

（1999--2002年）

项目	1999年				2000年			
	一季度	二季度	三季度	四季度	一季度	二季度	三季度	四季度
总体状况	103.9	104.0	100.1	104.4	102.4	106.8	109.0	109.1
一、按行业门类分								
工　业	106.7	104.3	101.6	107.4	104.8	107.1	114.5	116.1
采掘业	81.8	75.0	91.7	41.7	118.8	150.0	131.3	125.0
制造业	105.9	103.1	101.3	108.2	105.9	102.8	112.1	113.7
电力、煤气及水的生产和供应业	117.4	118.6	105.2	113.2	103.2	128.4	129.3	133.7
建筑业	92.9	91.3	92.3	98.8	89.5	93.6	85.5	100.9
交通运输、仓储和邮政业	106.7	112.1	99.5	103.9	104.5	104.5	105.5	96.2
批发和零售业	93.3	103.8	97.8	94.0	98.3	111.7	105.4	93.0
房地产业	86.9	77.5	104.5	96.7	96.1	98.0	100.3	103.1
社会服务业	98.0	107.0	106.9	112.8	83.9	85.2	105.6	103.3
信息传输、计算机服务和软件	140.0	130.0	100.0	123.1	133.3	154.6	133.3	136.4
住宿和餐饮业	125.6	116.0	103.7	101.7	106.1	119.8	112.3	134.4
二、按企业登记注册类型分								
国有企业	104.8	103.4	97.0	106.6	92.3	105.9	111.4	111.5
集体企业	89.4	91.0	84.9	86.5	97.2	93.8	96.9	95.4
股份合作企业	116.7	114.4	100.0	103.6	97.8	94.4	75.0	87.0
联营企业	100.0	109.1	114.3	96.6	100.0	118.7	120.0	117.7
有限责任公司	92.3	106.7	112.0	101.3	102.3	108.9	103.7	115.4
股份有限公司	117.7	110.6	106.3	113.9	112.4	97.2	114.8	107.7
私营企业	110.0	130.8	106.3	112.5	115.0	130.3	143.2	119.1
外商及港、澳、台投资企业	115.7	108.5	110.3	113.9	121.6	121.3	122.1	120.6
三、按企业规模分								
大型及特大型	129.8	118.7	95.0	118.2	92.6	115.3	130.2	126.6
特大型	107.1	107.1	138.2	138.2	47.4	182.4	192.2	183.6
大　型	130.3	118.9	94.2	117.9	100.0	104.6	119.6	117.6
中小型	98.8	100.1	99.8	100.8	103.4	105.0	105.8	106.5
中　型	99.0	100.7	104.1	104.9	103.5	107.8	110.0	111.3
小　型	98.6	99.6	95.9	97.1	103.3	103.1	103.0	103.3
四、特殊分组								
国家重点企业	163.8	100.1	88.4	142.5	31.2	127.9	167.8	148.2
乡镇企业	104.2	99.2	95.6	87.8	115.3	109.8	102.0	110.5
上市公司	123.4	114.6	112.2	124.4	110.0	86.9	122.6	112.3
国有控股企业								

3-16 续表

（1999--2002年）

项　　目	2001年				2002年			
	一季度	二季度	三季度	四季度	一季度	二季度	三季度	四季度
总体状况	100.1	106.9	109.4	106.2	102.7	111.8	108.6	110.3
一、按行业门类分								
工　业	101.4	110.5	111.1	109.6	109.0	118.8	110.7	116.5
采掘业	86.7	100.0	113.3	106.7	85.7	92.9	92.3	107.7
制造业	103.9	107.7	110.0	108.2	109.2	119.3	110.2	116.1
电力、煤气及水的生产和供应业	92.5	129.4	116.0	115.9	111.4	119.0	116.7	120.1
建筑业	88.4	90.9	88.9	87.9	83.6	87.5	92.8	83.4
交通运输、仓储和邮政业	101.4	106.4	112.5	108.9	97.4	114.8	109.8	111.9
批发和零售业	96.7	97.0	99.7	91.7	96.1	101.3	105.5	98.0
房地产业	107.2	113.6	109.2	114.6	93.5	97.2	97.9	105.8
社会服务业	87.3	92.6	96.8	114.3	103.4	103.6	100.0	110.1
信息传输、计算机服务和软件	109.1	127.3	160.0	120.0	90.0	97.2	135.1	111.1
住宿和餐饮业	118.4	122.3	129.0	114.0	124.2	134.5	126.9	128.6
二、按企业登记注册类型分								
国有企业	93.5	108.7	111.1	109.4	103.8	114.7	110.3	112.5
集体企业	92.7	95.5	93.3	93.7	95.0	104.1	91.7	94.8
股份合作企业	104.4	86.4	95.5	81.8	95.7	104.4	104.4	90.9
联营企业	78.6	121.4	113.3	106.7	82.6	109.7	102.0	102.0
有限责任公司	103.2	111.5	120.3	105.5	100.4	105.5	105.0	105.7
股份有限公司	101.8	111.8	118.1	119.2	109.6	109.1	111.2	104.7
私营企业	116.7	119.3	107.4	113.0	93.6	115.7	114.9	128.5
外商及港、澳、台投资企业	110.7	111.2	111.1	108.2	107.6	117.7	114.1	121.3
三、按企业规模分								
大型及特大型	82.0	122.1	127.6	121.9	110.7	120.8	114.2	116.2
特大型	12.7	192.0	192.0	192.0	123.1	123.1	123.1	125.5
大　型	89.2	114.8	120.6	114.2	109.6	120.6	113.4	115.4
中小型	102.5	104.5	105.8	103.3	98.8	107.7	105.6	107.5
中　型	106.0	104.1	109.4	108.8	102.8	114.7	113.3	109.0
小　型	100.5	104.8	103.6	100.0	96.4	103.4	100.8	106.6
四、特殊分组								
国家重点企业	52.1	151.8	171.6	167.7	107.6	105.5	94.0	92.6
乡镇企业	105.0	101.8	104.6	104.4	103.4	110.5	114.8	106.1
上市公司	114.9	114.5	126.8	115.4	108.1	109.6	105.2	89.3
国有控股企业					105.2	112.8	109.7	107.8

3-17 国有企业景气指数

（1999--2002年）

项目	1999年				2000年			
	一季度	二季度	三季度	四季度	一季度	二季度	三季度	四季度
企业家信心指数	94.1	86.5	90.8	96.5	92.4	98.4	104.6	102.6
企业景气指数	105.4	104.5	100.8	104.4	100.4	107.1	110.7	107.6
一、按企业规模分								
大型及特大型	138.6	140.9	123.4	128.0	126.0	146.3	140.4	140.4
特大型	100.0	200.0	100.0	100.0	100.0	199.5	109.9	109.9
大　型	139.7	139.6	123.9	128.6	132.0	134.2	147.5	147.5
中小型	94.9	93.0	92.7	95.4	94.1	97.0	98.9	98.9
中　型	99.1	100.9	96.5	102.3	96.3	105.7	104.3	104.3
小　型	86.6	78.4	85.7	83.2	91.7	86.9	92.5	92.5
二、不同观察指标的综合经营指数								
生产总量	98.7	109.9	106.6	102.9	95.1	122.3	109.2	105.3
盈利（亏损）变化	74.2	83.0	85.4	88.8	80.5	98.4	83.3	90.2
流动资金	56.5	54.7	57.5	60.2	60.4	64.4	67.0	62.7
货款拖欠	96.4	95.6	95.3	94.8	105.2	98.4	101.2	96.9
劳动力需求	68.8	67.3	68.7	73.3	76.1	81.4	80.2	82.1
固定资产投资	104.8	103.4	97.0	106.6	92.3	105.9	111.4	111.5

项目	2001年				2002年			
	一季度	二季度	三季度	四季度	一季度	二季度	三季度	四季度
企业家信心指数	103.2	96.3	99.0	100.2	103.5	100.1	103.1	107.6
企业景气指数	104.5	108.7	105.1	100.2	115.4	112.5	115.5	115.2
一、按企业规模分								
大型及特大型	133.1	157.5	138.1	116.6	137.6	142.7	149.6	146.9
特大型	100.0	200.0	200.0	100.0	100.0	100.0	100.0	100.0
大　型	140.3	148.2	123.5	120.6	137.6	142.7	149.6	146.9
中小型	97.4	96.0	96.6	96.0	107.2	101.1	102.6	103.4
中　型	92.0	94.7	96.5	94.0	114.1	100.8	104.1	106.6
小　型	103.1	97.5	96.8	98.1	101.3	101.4	101.4	100.7
二、不同观察指标的综合经营指数								
生产总量	91.3	109.2	106.9	96.8	97.1	101.5	120.3	114.2
盈利（亏损）变化	86.8	91.4	93.3	93.1	89.2	93.0	101.4	109.2
流动资金	71.3	64.7	59.8	68.2	83.6	76.4	71.7	85.2
货款拖欠	106.9	93.0	95.8	93.8	101.6	91.8	96.3	98.3
劳动力需求	79.8	83.9	85.3	84.3	89.0	88.5	93.2	90.6
固定资产投资	93.5	108.7	111.1	109.4	103.8	114.7	110.3	112.5

3-18 有限责任公司景气指数

（1999--2002年）

项　　目	1999年				2000年			
	一季度	二季度	三季度	四季度	一季度	二季度	三季度	四季度
企业家信心指数	101.4	83.0	101.1	111.3	116.1	114.0	110.6	115.6
企业景气指数	108.0	96.1	96.3	110.1	97.4	111.7	108.8	113.8
一、按企业规模分								
大型及特大型	108.2	100.0	100.0	100.0	104.0	162.7	179.6	179.6
特大型	100.0	100.0	100.0	100.0	200.0	200.0	200.0	200.0
大　型	108.2	100.0	100.0	100.0	69.8	149.4	172.3	172.3
中小型	107.5	94.4	94.6	109.6	96.8	107.5	108.0	108.0
中　型	107.1	121.4	109.4	131.3	98.2	108.3	115.8	115.8
小　型	107.7	76.7	83.3	92.7	95.8	106.9	101.5	101.5
二、不同观察指标的综合经营指数								
生产总量	94.8	98.9	112.5	120.5	104.5	123.2	115.7	118.9
盈利（亏损）变化	72.6	78.5	60.0	87.8	84.4	96.8	92.8	99.8
流动资金	57.8	52.3	54.6	67.5	65.7	70.8	67.7	71.4
货款拖欠	85.8	73.8	80.1	84.9	104.5	99.7	94.4	95.4
劳动力需求	88.4	77.6	86.2	87.5	85.0	98.3	90.1	93.3
固定资产投资	92.3	106.7	112.0	101.3	102.3	108.9	103.7	115.4

项　　目	2001年				2002年			
	一季度	二季度	三季度	四季度	一季度	二季度	三季度	四季度
企业家信心指数	111.0	110.0	103.9	111.2	104.5	113.3	115.3	113.1
企业景气指数	108.1	110.4	109.1	103.0	107.1	114.2	115.9	124.3
一、按企业规模分								
大型及特大型	112.0	123.2	123.6	129.0	113.9	124.9	138.9	151.3
特大型	200.0	200.0	100.0	200.0	100.0	110.4	189.6	189.6
大　型	106.9	118.7	125.0	124.8	117.4	128.6	125.9	141.4
中小型	107.5	108.4	107.0	99.2	104.6	110.4	107.5	114.6
中　型	105.8	119.6	109.8	98.0	113.6	120.0	124.6	125.5
小　型	108.6	101.3	105.1	100.0	98.9	104.3	96.7	107.9
二、不同观察指标的综合经营指数								
生产总量	94.3	115.8	109.1	99.2	89.9	123.5	114.1	122.9
盈利（亏损）变化	90.8	94.7	94.0	91.1	76.0	97.1	103.8	106.4
流动资金	76.2	73.2	71.0	77.2	73.9	72.7	82.9	77.4
货款拖欠	95.8	99.2	93.8	95.0	103.3	98.1	105.1	104.2
劳动力需求	87.0	89.3	85.2	83.9	84.8	87.5	87.7	91.4
固定资产投资	103.2	111.5	120.3	105.5	100.4	105.5	105.0	105.7

3-19 股份有限公司景气指数

（1999--2002年）

项　　目	1999年				2000年			
	一季度	二季度	三季度	四季度	一季度	二季度	三季度	四季度
企业家信心指数	**104.1**	**98.7**	**98.3**	**108.2**	**126.1**	**124.4**	**136.1**	**134.3**
企业景气指数	**129.3**	**115.3**	**117.5**	**123.8**	**144.9**	**129.7**	**118.6**	**148.5**
一、按企业规模分								
大型及特大型	150.1	118.8	133.9	136.7	147.7	123.6	156.2	156.2
特大型	100.0	100.0	100.0	100.0	200.0	100.0	200.0	200.0
大　型	150.1	118.8	133.9	136.7	146.7	124.0	155.4	155.4
中小型	112.5	112.5	103.1	115.6	142.9	134.1	142.9	142.9
中　型	108.0	107.7	116.0	124.0	145.2	148.4	150.0	150.0
小　型	128.6	133.3	57.1	85.7	136.4	100.0	125.0	125.0
二、不同观察指标的综合经营指数								
生产总量	94.5	115.9	104.1	117.0	120.8	122.4	131.5	145.9
盈利（亏损）变化	69.7	78.7	72.1	120.2	98.6	92.9	82.5	132.6
流动资金	65.1	72.6	59.6	71.0	82.7	81.9	85.0	88.8
货款拖欠	126.7	90.4	95.2	104.0	116.2	118.6	100.6	107.0
劳动力需求	83.0	65.3	68.2	80.9	95.0	89.3	108.0	104.2
固定资产投资	117.7	110.6	106.3	113.9	112.4	97.2	114.8	107.7

项　　目	2001年				2002年			
	一季度	二季度	三季度	四季度	一季度	二季度	三季度	四季度
企业家信心指数	**129.8**	**123.4**	**122.1**	**128.2**	**132.0**	**135.7**	**128.9**	**146.4**
企业景气指数	**127.5**	**135.4**	**130.4**	**139.3**	**130.7**	**135.0**	**139.8**	**148.4**
一、按企业规模分								
大型及特大型	141.3	145.9	150.7	157.4	125.6	131.8	144.0	164.5
特大型		100.0	100.0	100.0	100.0	100.0	100.0	100.0
大　型	143.3	146.5	151.5	158.2	131.3	138.9	153.9	179.0
中小型	118.0	128.3	116.4	127.1	135.9	138.5	135.3	130.6
中　型	120.6	135.3	132.4	142.4	143.8	145.2	151.6	143.3
小　型	114.8	119.2	96.3	107.7	123.8	128.6	110.0	110.5
二、不同观察指标的综合经营指数								
生产总量	91.9	142.0	112.5	129.9	122.4	136.5	144.2	134.3
盈利（亏损）变化	100.8	120.5	101.7	117.3	105.5	118.1	128.6	110.9
流动资金	104.5	94.0	89.8	98.9	113.2	106.3	109.8	117.6
货款拖欠	108.7	87.1	95.1	104.3	105.5	97.9	109.3	109.4
劳动力需求	102.2	100.8	92.5	93.1	113.9	111.0	124.9	99.4
固定资产投资	101.8	111.8	118.1	119.2	109.6	109.1	111.2	104.7

3-20 上市公司景气指数

（1999--2002年）

项目	1999年				2000年			
	一季度	二季度	三季度	四季度	一季度	二季度	三季度	四季度
企业家信心指数	118.9	116.9	112.0	117.3	144.3	139.7	148.7	148.1
企业景气指数	148.2	116.2	125.8	136.9	157.9	134.0	125.2	158.7
一、按企业规模分								
大　型	165.6	117.8	133.6	142.7	144.1	110.6	153.3	153.3
中小型	123.1	114.3	114.3	133.3	178.6	166.7	166.7	166.7
中　型	125.0	115.4	123.1	142.9	176.9	169.2	169.2	169.2
小　型	100.0	100.0			200.0	150.0	150.0	150.0
二、不同观察指标的综合经营指数								
生产总量	118.5	88.9	108.9	121.0	143.8	131.6	138.8	154.9
盈利（亏损）变化	102.7	79.0	76.3	131.7	100.3	104.4	68.8	153.5
流动资金	83.1	81.6	62.6	71.1	106.8	107.1	89.5	91.3
货款拖欠	130.3	99.8	85.8	108.0	118.5	123.0	103.4	112.2
劳动力需求	93.9	61.9	79.1	95.1	100.1	83.9	112.3	107.8
固定资产投资	123.4	114.6	112.2	124.4	110.0	86.9	122.6	112.3

项目	2001年				2002年			
	一季度	二季度	三季度	四季度	一季度	二季度	三季度	四季度
企业家信心指数	147.9	147.4	143.4	143.3	130.8	140.0	126.4	158.2
企业景气指数	152.4	144.3	150.0	155.2	128.1	135.3	145.5	161.4
一、按企业规模分								
大　型	149.8	140.3	145.7	158.9	117.2	132.4	142.9	161.3
中小型	156.3	150.0	156.3	150.0	143.8	140.0	150.0	161.5
中　型	157.1	150.0	164.3	150.0	145.5	150.0	160.0	177.8
小　型	150.0	150.0	100.0	150.0	140.0	120.0	125.0	125.0
二、不同观察指标的综合经营指数								
生产总量	110.3	153.8	110.7	136.7	111.7	138.3	166.6	155.2
盈利（亏损）变化	119.3	138.4	106.8	140.5	97.2	114.2	128.2	98.9
流动资金	122.1	107.4	101.1	107.6	119.8	117.8	111.9	125.3
货款拖欠	97.3	73.3	102.4	97.1	99.9	91.1	104.9	104.8
劳动力需求	107.6	104.1	102.9	97.3	119.0	116.2	134.5	110.3
固定资产投资	114.9	114.5	126.8	115.4	108.1	109.6	105.2	89.3

3-21 外商及港、澳、台投资企业景气指数

（1999--2002年）

项目	1999年				2000年			
	一季度	二季度	三季度	四季度	一季度	二季度	三季度	四季度
企业家信心指数	99.2	100.6	106.9	114.3	130.3	128.1	131.5	128.5
企业景气指数	109.8	99.9	110.8	116.2	123.0	123.6	126.6	127.5
一、按企业规模分								
大型及特大型	169.6	121.4	151.0	152.5	164.2	146.2	166.6	166.6
特大型	200.0	200.0	200.0	200.0	200.0	195.7	195.7	195.7
大　型	169.3	120.6	150.5	152.1	158.4	138.7	162.2	162.2
中小型	98.1	97.1	104.6	110.9	114.9	118.8	119.3	119.3
中　型	108.0	108.0	112.9	115.6	117.4	128.3	123.8	123.8
小　型	84.9	81.4	93.1	104.4	113.2	110.9	115.5	115.5
二、不同观察指标的综合经营指数								
生产总量	92.9	91.4	102.3	111.2	109.2	128.1	121.2	121.3
盈利（亏损）变化	72.3	69.3	70.4	90.4	72.6	98.6	89.6	102.1
流动资金	75.2	73.4	73.5	73.0	92.4	94.0	98.1	100.9
货款拖欠	95.5	98.8	93.1	90.0	103.0	92.8	99.2	91.7
劳动力需求	84.0	86.0	96.3	101.8	105.6	118.5	107.4	102.7
固定资产投资	115.7	108.5	110.3	113.9	121.6	121.3	122.1	120.6

项目	2001年				2002年			
	一季度	二季度	三季度	四季度	一季度	二季度	三季度	四季度
企业家信心指数	119.8	117.8	116.8	115.4	134.6	134.0	141.4	140.4
企业景气指数	119.3	107.5	105.9	117.3	126.2	142.8	142.5	144.3
一、按企业规模分								
大型及特大型	149.4	97.0	93.2	141.1	139.2	169.0	164.5	163.1
特大型	200.0	100.0	100.0	153.0	200.0	200.0	170.3	100.0
大　型	148.7	96.9	93.1	141.0	135.0	166.9	164.1	167.5
中小型	114.7	109.1	107.8	113.8	109.8	110.3	115.5	120.9
中　型	117.9	113.8	111.9	114.7	120.6	121.9	121.6	119.4
小　型	112.3	105.5	104.8	113.1	102.0	102.0	111.0	122.0
二、不同观察指标的综合经营指数								
生产总量	95.9	105.5	116.5	102.3	110.2	137.4	126.3	129.0
盈利（亏损）变化	86.4	91.8	96.3	111.7	100.3	126.2	116.3	123.9
流动资金	93.6	95.7	89.4	99.3	101.6	114.0	110.0	111.1
货款拖欠	105.1	95.0	97.6	100.3	115.7	98.0	114.0	110.9
劳动力需求	97.6	100.1	99.0	90.3	113.3	113.7	112.5	118.3
固定资产投资	110.7	111.2	111.1	108.2	107.6	117.7	114.1	121.3

3-22 乡镇企业景气指数

（1999--2002年）

项目	1999年				2000年			
	一季度	二季度	三季度	四季度	一季度	二季度	三季度	四季度
企业家信心指数	93.6	89.5	89.8	91.2	105.9	103.2	104.2	107.9
企业景气指数	88.7	89.0	83.4	85.9	98.8	101.7	97.8	98.1
一、按企业规模分								
大　型	160.4	100.0	94.4	103.9	82.4	85.1	84.3	84.3
中小型	84.9	88.1	81.6	83.9	100.0	102.8	98.9	98.9
中　型	105.0	105.0	80.0	116.7	131.3	129.4	123.5	123.5
小　型	81.3	85.1	81.9	78.6	96.9	100.0	96.2	96.2
二、不同观察指标的综合经营指数								
生产总量	85.1	84.5	93.3	84.4	99.1	113.8	106.5	113.2
盈利（亏损）变化	60.5	57.2	48.3	48.5	67.4	81.1	84.5	76.2
流动资金	57.6	52.7	51.2	50.9	64.7	64.5	64.3	55.6
货款拖欠	87.0	81.9	74.4	77.3	93.5	90.7	82.1	81.7
劳动力需求	81.7	76.1	80.4	83.2	97.1	104.5	89.0	97.9
固定资产投资	104.2	99.2	95.6	87.8	115.3	109.8	102.0	110.5

项目	2001年				2002年			
	一季度	二季度	三季度	四季度	一季度	二季度	三季度	四季度
企业家信心指数	108.6	105.3	106.5	112.7	122.6	110.3	122.5	123.2
企业景气指数	105.5	100.7	103.5	103.0	107.5	114.3	120.5	109.6
一、按企业规模分								
大　型	105.3	101.7	90.1	60.9	131.0	147.7	163.4	151.1
中小型	106.0	100.7	104.0	104.7	101.7	106.1	110.0	99.1
中　型	138.5	141.7	123.1	138.5	135.7	150.0	142.9	128.6
小　型	102.9	97.1	102.2	101.5	97.0	100.0	105.2	94.9
二、不同观察指标的综合经营指数								
生产总量	95.2	98.6	102.8	104.4	85.5	107.6	111.7	115.2
盈利（亏损）变化	92.4	88.6	93.7	96.3	85.1	97.2	106.4	98.5
流动资金	65.6	62.8	63.1	70.3	91.5	88.4	91.9	82.4
货款拖欠	102.2	87.2	79.7	83.0	109.1	83.4	92.4	87.6
劳动力需求	95.1	95.5	90.6	97.7	98.3	109.6	110.8	104.3
固定资产投资	105.0	101.8	104.6	104.4	103.4	110.5	114.8	106.1

3-23 企业家信心指数

（2003年）

项　　目	一季度				二季度			
	偏好（%）	持平（%）	偏差（%）	景气指数	偏好（%）	持平（%）	偏差（%）	景气指数
总体状况	**37.7**	**51.7**	**10.6**	**127.1**	**30.1**	**51.6**	**18.3**	**111.8**
一、按行业门类分								
工　业	43.5	48.2	8.3	135.2	36.9	51.3	11.9	125.0
采掘业	33.3	66.7		133.3	41.7	50.0	8.3	133.3
制造业	44.1	47.4	8.5	135.5	36.5	50.7	12.8	123.8
电力、煤气及水的生产和供应业	40.4	52.3	7.3	133.2	39.7	56.0	4.3	135.4
建筑业	19.6	67.8	12.6	107.0	13.7	67.9	18.4	95.3
交通运输、仓储和邮政业	25.8	55.4	18.9	106.9	10.5	42.2	47.3	63.2
批发和零售业	38.1	50.4	11.6	126.5	30.9	57.1	12.0	118.9
房地产业	39.6	50.4	10.0	129.6	42.4	51.3	6.3	136.1
社会服务业	34.4	54.9	10.7	123.7	21.9	45.2	33.0	88.9
信息传输、计算机服务和软件	38.4	48.9	12.7	125.7	38.8	42.9	18.3	120.5
住宿和餐饮业	25.6	66.7	7.7	117.9	6.4	43.4	50.2	56.1
二、按企业登记注册类型分								
国有企业	31.5	53.4	15.1	116.4	23.4	52.2	24.4	99.0
集体企业	15.0	62.8	22.2	92.8	16.2	55.1	28.7	87.5
股份合作企业	20.0	64.8	15.2	104.8	12.0	68.8	19.2	92.8
联营企业	8.8	75.9	15.4	93.4	9.1	53.9	37.0	72.1
有限责任公司	29.4	57.6	13.0	116.4	27.3	56.9	15.9	111.4
股份有限公司	63.4	33.3	3.4	160.0	31.4	54.2	14.4	117.0
私营企业	42.7	51.2	6.1	136.5	45.8	41.8	12.5	133.3
外商及港、澳、台投资企业	49.2	46.6	4.2	144.9	43.9	44.9	11.3	132.6
三、按企业规模分								
大型及特大型	56.9	39.9	3.2	153.8	40.8	48.4	10.9	129.9
特大型	48.4	51.7		148.4	13.1	86.9		113.1
大　型	57.8	38.8	3.5	154.3	43.4	44.6	12.0	131.5
中小型	29.4	56.7	13.9	115.5	26.0	53.1	20.9	105.0
中　型	32.7	55.9	11.4	121.3	26.9	52.8	20.3	106.6
小　型	27.3	57.2	15.5	111.7	25.4	53.3	21.4	104.0
四、特殊分组								
国家重点企业	77.9	22.2		177.9	23.5	72.2	4.3	119.3
乡镇企业	38.0	52.5	9.5	128.5	33.1	51.5	15.4	117.7
上市公司	80.1	19.7	0.2	180.0	35.4	61.8	2.8	132.6
国有控股企业	35.2	53.2	11.6	123.6	23.6	54.9	21.5	102.2
百家重点企业	59.2	39.6	1.3	158.0	45.7	47.2	7.2	138.5
名牌产品企业	52.8	44.0	3.2	149.5	42.2	47.2	10.6	131.6

3-23 续表　　　　　　　　　（2003年）

项目	三季度				四季度			
	偏好（％）	持平（％）	偏差（％）	景气指数	偏好（％）	持平（％）	偏差（％）	景气指数
总体状况	**34.6**	**54.4**	**11.0**	**123.6**	**39.4**	**50.3**	**10.3**	**129.1**
一、按行业门类分								
工　业	39.1	53.0	8.0	131.2	44.7	46.6	8.7	136.0
采掘业	33.3	66.7		133.3	41.7	50.0	8.3	133.3
制造业	40.3	52.0	7.7	132.6	45.8	45.7	8.5	137.3
电力、煤气及水的生产和供应业	29.5	59.9	10.6	119.0	35.7	53.5	10.8	124.9
建筑业	15.0	70.0	15.0	99.9	19.0	65.5	15.5	103.5
交通运输、仓储和邮政业	25.8	55.5	18.7	107.1	30.1	54.2	15.6	114.5
批发和零售业	30.7	54.2	15.2	115.5	34.4	52.4	13.2	121.1
房地产业	42.1	50.2	7.7	134.4	41.8	51.7	6.6	135.2
社会服务业	37.5	51.5	11.0	126.5	28.6	64.3	7.1	121.5
信息传输、计算机服务和软件	42.7	43.2	14.1	128.5	59.5	36.2	4.3	155.3
住宿和餐饮业	35.8	54.9	9.4	126.4	45.9	48.0	6.2	139.7
二、按企业登记注册类型分								
国有企业	24.1	61.8	14.1	111.0	32.8	54.9	12.3	120.6
集体企业	18.1	59.4	22.5	95.7	14.4	66.0	19.6	94.8
股份合作企业	21.7	62.5	15.8	105.9	25.8	61.7	12.5	113.3
联营企业	38.5	53.9	7.7	130.8	46.2	46.2	7.7	138.5
有限责任公司	26.7	59.9	13.4	113.3	39.5	49.2	11.4	128.1
股份有限公司	39.7	55.5	4.9	134.8	46.7	50.1	3.2	143.4
私营企业	51.4	34.9	13.6	137.8	43.7	44.1	12.2	131.5
外商及港、澳、台投资企业	51.3	44.7	4.0	147.3	51.2	42.4	6.4	144.8
三、按企业规模分								
大型及特大型	46.6	48.4	5.1	141.5	54.5	41.3	4.2	150.3
特大型	14.1	85.9		114.1	14.1	85.9		114.1
大　型	49.7	44.7	5.6	144.1	58.4	37.0	4.6	153.8
中小型	29.8	57.2	13.0	116.7	32.9	54.3	12.8	120.1
中　型	30.6	59.0	10.4	120.2	35.8	55.5	8.7	127.0
小　型	29.2	56.0	14.8	114.4	31.0	53.5	15.5	115.5
四、特殊分组								
国家重点企业	19.7	74.1	6.2	113.5	33.4	57.5	9.2	124.2
乡镇企业	43.5	41.9	14.7	128.8	44.2	48.3	7.5	136.7
上市公司	41.1	56.0	2.9	138.3	45.2	52.4	2.4	142.8
国有控股企业	29.0	60.7	10.3	118.6	37.3	52.4	10.3	127.0
百家重点企业	48.5	49.0	2.5	146.0	58.5	38.7	2.8	155.6
名牌产品企业	44.8	51.8	3.4	141.3	54.0	41.4	4.5	149.5

3-24 企业景气指数

（2003年）

项　　目	一季度				二季度			
	偏好（%）	持平（%）	偏差（%）	景气指数	偏好（%）	持平（%）	偏差（%）	景气指数
总体状况	**39.6**	**50.4**	**10.0**	**129.6**	**30.2**	**55.1**	**14.7**	**115.6**
一、按行业门类分								
工　业	41.9	52.0	6.1	135.9	35.9	61.1	3.0	132.9
采掘业	25.0	66.7	8.3	116.7	33.3	66.7	0.0	133.3
制造业	44.2	49.4	6.4	137.8	35.3	61.4	3.3	132.0
电力、煤气及水的生产和供应业	26.2	70.9	2.9	123.2	42.9	56.6	0.5	142.5
建筑业	22.9	55.7	21.4	101.6	18.6	66.1	15.3	103.3
交通运输、仓储和邮政业	40.1	39.0	20.9	119.2	7.9	41.4	50.7	57.2
批发和零售业	42.9	47.8	9.3	133.6	36.4	49.3	14.4	122.0
房地产业	30.3	52.2	17.5	112.8	31.4	53.4	15.2	116.2
社会服务业	39.8	54.9	5.4	134.4	23.7	34.3	42.1	81.6
信息传输、计算机服务和软件	46.7	49.2	4.1	142.7	50.8	42.9	6.4	144.4
住宿和餐饮业	30.2	59.8	10.0	120.2	3.5	26.7	69.8	33.7
二、按企业登记注册类型分								
国有企业	34.8	54.0	11.3	123.5	24.0	56.8	19.2	104.8
集体企业	23.0	53.1	23.9	99.1	16.6	54.4	29.0	87.6
股份合作企业	12.5	75.8	11.7	100.8	16.8	68.0	15.2	101.6
联营企业	38.1	54.2	7.7	130.4	24.1	38.8	37.0	87.1
有限责任公司	36.3	55.6	8.1	128.3	34.7	52.7	12.6	122.1
股份有限公司	63.9	29.7	6.5	157.4	39.5	44.6	16.0	123.5
私营企业	43.2	48.5	8.4	134.8	46.9	48.2	4.9	141.9
外商及港、澳、台投资企业	42.6	50.6	6.8	135.8	35.0	58.6	6.3	128.7
三、按企业规模分								
大型及特大型	56.3	38.1	5.6	150.7	42.1	53.6	4.3	137.8
特大型	34.3	65.8		134.3		100.0		100.0
大　型	58.4	35.5	6.1	152.3	46.2	49.1	4.7	141.5
中小型	31.5	56.7	11.7	119.8	25.3	55.5	19.2	106.1
中　型	33.2	58.0	8.7	124.5	27.2	55.0	17.9	109.3
小　型	30.4	55.9	13.7	116.6	24.1	55.8	20.1	104.0
四、特殊分组								
国家重点企业	44.0	44.4	11.6	132.5	16.0	84.0		116.0
乡镇企业	34.9	56.5	8.6	126.2	23.2	66.5	10.3	113.0
上市公司	76.2	19.7	4.1	172.1	41.2	56.6	2.2	139.1
国有控股企业	41.1	48.3	10.6	130.5	29.4	51.6	18.9	110.5
百家重点企业	60.4	34.1	5.6	154.8	45.7	50.9	3.5	142.2
名牌产品企业	51.9	40.9	7.2	144.7	38.9	57.4	3.7	135.2
五、不同观察指标的综合经营指数								
生产总量	34.7	35.0	30.4	104.3	33.9	32.9	33.2	100.7
盈利（亏损）变化	32.4	35.8	31.8	100.6	31.1	34.1	34.8	96.4
流动资金	26.6	45.3	28.1	98.5	24.4	46.0	29.6	94.8
货款拖欠	26.2	57.5	16.4	109.8	17.0	60.2	22.7	94.3
劳动力需求	18.4	64.1	17.4	101.0	16.6	61.8	21.5	95.1
固定资产投资	20.8	67.2	12.0	108.8	20.2	66.2	13.6	106.6

3-24 续表 （2003年）

项目	三季度				四季度			
	偏好（%）	持平（%）	偏差（%）	景气指数	偏好（%）	持平（%）	偏差（%）	景气指数
总体状况	38.9	53.0	8.1	130.8	39.3	54.0	6.7	132.5
一、按行业门类分								
工业	45.8	50.7	3.5	142.4	44.4	52.8	2.8	141.7
采掘业	25.0	75.0		125.0	41.7	58.3		141.7
制造业	47.8	48.9	3.3	144.5	46.1	51.5	2.5	143.6
电力、煤气及水的生产和供应业	32.2	63.0	4.8	127.3	30.4	64.8	4.8	125.6
建筑业	15.4	69.7	15.0	100.4	16.3	69.5	14.2	102.1
交通运输、仓储和邮政业	27.1	53.4	19.5	107.6	22.2	63.9	13.9	108.4
批发和零售业	37.1	52.6	10.3	126.8	48.0	43.6	8.4	139.7
房地产业	30.2	56.6	13.2	117.0	28.2	57.3	14.5	113.7
社会服务业	32.1	53.1	14.8	117.3	32.2	57.1	10.7	121.5
信息传输、计算机服务和软件	44.8	48.9	6.4	138.4	59.4	33.1	7.4	152.0
住宿和餐饮业	47.6	46.1	6.4	141.2	45.2	47.2	7.7	137.6
二、按企业登记注册类型分								
国有企业	31.1	59.9	9.1	122.0	34.0	58.9	7.1	126.9
集体企业	12.8	63.5	23.7	89.1	15.3	63.3	21.4	93.9
股份合作企业	25.8	62.5	11.7	114.2	21.7	70.0	8.3	113.3
联营企业	52.8	39.5	7.7	145.1	38.5	46.2	15.4	123.1
有限责任公司	36.8	53.6	9.6	127.1	36.4	56.4	7.2	129.2
股份有限公司	46.8	50.0	3.3	143.5	62.7	35.3	2.0	160.8
私营企业	51.1	41.4	7.5	143.6	41.0	50.2	8.8	132.1
外商及港、澳、台投资企业	53.2	44.5	2.3	150.9	45.9	51.4	2.7	143.2
三、按企业规模分								
大型及特大型	57.5	40.0	2.4	155.1	59.6	38.2	2.2	157.4
特大型	32.8	67.2		132.8	50.8	49.2		150.8
大型	59.9	37.4	2.7	157.3	60.4	37.1	2.4	158.0
中小型	31.1	58.8	10.1	121.0	30.7	60.6	8.8	121.9
中型	32.6	59.8	7.6	125.0	33.5	60.3	6.2	127.3
小型	30.1	58.0	11.8	118.3	28.8	60.8	10.5	118.3
四、特殊分组								
国家重点企业	19.8	80.2		119.8	55.5	44.5		155.5
乡镇企业	35.0	57.1	8.0	127.0	36.2	57.2	6.6	129.6
上市公司	45.6	52.3	2.2	143.4	75.9	23.7	0.4	175.4
国有控股企业	35.9	56.9	7.2	128.7	42.8	51.1	6.1	136.6
百家重点企业	62.3	35.0	2.7	159.5	59.8	38.4	1.8	158.0
名牌产品企业	54.8	43.7	1.5	153.2	56.0	43.1	0.9	155.1
五、不同观察指标的综合经营指数								
生产总量	47.0	34.1	18.9	128.1	40.7	35.7	23.6	117.1
盈利（亏损）变化	39.5	37.2	23.2	116.3	39.8	35.5	24.7	115.1
流动资金	25.9	48.5	25.6	100.2	28.6	43.7	27.7	101.0
货款拖欠	15.2	64.5	20.3	94.9	20.2	60.5	19.3	100.9
劳动力需求	20.8	65.9	13.3	107.6	19.8	67.0	13.2	106.7
固定资产投资	21.9	68.2	10.0	112.0	23.7	66.8	9.5	114.1

3-25 工业企业景气指数

（2003年）

项目	一季度				二季度			
	偏好（%）	持平（%）	偏差（%）	景气指数	偏好（%）	持平（%）	偏差（%）	景气指数
企业家信心指数	**43.5**	**48.2**	**8.3**	**135.2**	**36.9**	**51.3**	**11.9**	**125.0**
企业景气指数	**41.9**	**52.0**	**6.1**	**135.9**	**35.9**	**61.1**	**3.0**	**132.9**
一、按工业行业门类分								
采掘业	25.0	66.7	8.3	116.7	33.3	66.7		133.3
制造业	44.2	49.4	6.4	137.8	35.3	61.4	3.3	132.0
电力、煤气及水的生产和供应业	26.2	70.9	2.9	123.2	42.9	56.6	0.5	142.5
二、按企业登记注册类型分								
国有企业	35.3	61.2	3.6	131.7	21.8	74.2	4.0	117.7
集体企业	24.2	66.9	8.9	115.3	26.2	69.1	4.8	121.4
股份合作企业	7.7	76.9	15.4	92.3	23.1	69.2	7.7	115.4
联营企业	43.8	56.2		143.8	43.8	56.2		143.8
有限责任公司	37.4	56.3	6.3	131.1	39.0	56.5	4.5	134.5
股份有限公司	67.9	25.3	6.8	161.1	52.0	45.6	2.4	149.7
私营企业	50.0	46.2	3.9	146.2	51.6	48.4		151.6
外商及港、澳、台投资企业	43.6	50.3	6.1	137.5	35.8	62.1	2.2	133.6
三、按企业规模分								
大型及特大型	56.0	38.7	5.3	150.7	45.4	52.7	1.9	143.5
特大型	34.3	65.8		134.3		100.0		100.0
大　型	59.0	35.0	6.0	153.0	51.7	46.2	2.1	149.5
中小型	32.0	61.4	6.6	125.4	29.1	67.1	3.8	125.3
中　型	33.9	62.1	4.0	129.9	29.3	67.8	2.9	126.4
小　型	30.8	60.9	8.2	122.6	29.0	66.7	4.4	124.6
四、特殊分组								
国家重点企业	44.0	44.4	11.6	132.5	16.0	84.0		116.0
乡镇企业	36.8	59.3	3.9	132.8	26.2	69.8	4.0	122.3
上市公司	71.6	21.9	6.5	165.2	48.7	51.4		148.7
国有控股企业	38.7	53.5	7.9	130.8	34.7	60.4	4.9	129.9
百家重点企业	60.4	34.1	5.6	154.8	45.7	50.9	3.5	142.2
名牌产品企业	51.9	40.9	7.2	144.7	38.9	57.4	3.7	135.2
五、不同观察指标的综合经营指数								
生产成本	14.8	43.6	41.6	73.2	19.5	44.7	35.8	83.8
生产总量	35.4	31.6	33.0	102.3	38.0	35.2	26.8	111.2
产品订货情况	26.6	56.0	17.5	109.1	25.3	55.1	19.6	105.6
#国外订货	25.2	54.9	19.8	105.4	24.1	53.9	22.0	102.1
产品销售量	33.3	29.3	37.4	95.8	37.5	34.1	28.4	109.1
产品销售价格	13.3	59.5	27.2	86.1	7.8	61.4	30.8	77.1
产成品库存	32.9	59.2	7.9	125.0	30.3	57.8	12.0	118.3
税后利润	32.7	33.3	34.0	98.7	33.4	38.6	28.0	105.4
流动资金情况	29.9	43.5	26.7	103.2	30.7	43.9	25.4	105.2
货款拖欠情况	26.2	58.6	15.2	111.0	16.4	62.8	20.9	95.5
劳动力需求	22.5	60.9	16.6	105.9	20.6	59.4	20.0	100.6
固定资产投资情况	25.0	65.0	10.0	115.1	23.8	67.3	8.9	114.9
科技开发情况	25.5	69.6	5.0	120.5	25.5	68.3	6.3	119.1
主要原材料及能源购进价格	10.7	50.6	38.7	72.0	14.5	58.2	27.3	87.1
原材料及能源供应	43.8	44.9	11.3	132.5	47.5	46.8	5.7	141.8

3-25 续表 （2003年）

项目	三季度				四季度			
	偏好（%）	持平（%）	偏差（%）	景气指数	偏好（%）	持平（%）	偏差（%）	景气指数
企业家信心指数	39.1	53.0	8.0	131.2	44.7	46.6	8.7	136.0
企业景气指数	45.8	50.7	3.5	142.4	44.4	52.8	2.8	141.7
一、按工业行业门类分								
采掘业	25.0	75.0		125.0	41.7	58.3		141.7
制造业	47.8	48.9	3.3	144.5	46.1	51.5	2.5	143.6
电力、煤气及水的生产和供应业	32.2	63.0	4.8	127.3	30.4	64.8	4.8	125.6
二、按企业登记注册类型分								
国有企业	29.4	67.8	2.8	126.6	32.8	65.2	2.0	130.8
集体企业	22.0	70.7	7.3	114.6	30.8	66.7	2.6	128.2
股份合作企业	23.1	69.2	7.7	115.4	25.0	75.0		125.0
联营企业	43.7	56.3		143.7	50.0	50.0		150.0
有限责任公司	41.5	50.7	7.8	133.7	40.3	53.6	6.1	134.2
股份有限公司	56.3	43.4	0.4	155.9	70.4	29.3	0.4	170.0
私营企业	42.2	53.0	4.8	137.4	40.1	52.2	7.7	132.4
外商及港、澳、台投资企业	54.1	44.0	2.0	152.1	46.4	51.8	1.9	144.5
三、按企业规模分								
大型及特大型	61.5	36.5	2.0	159.5	58.7	39.1	2.2	156.6
特大型	32.8	67.2		132.8	50.8	49.2		150.8
大　型	65.5	32.2	2.3	163.2	59.8	37.7	2.5	157.4
中小型	34.6	60.9	4.5	130.1	34.2	62.6	3.2	131.0
中　型	37.4	58.5	4.1	133.3	34.3	64.0	1.7	132.6
小　型	32.8	62.4	4.8	128.0	34.1	61.8	4.1	130.0
四、特殊分组								
国家重点企业	19.8	80.2		119.8	55.5	44.5		155.5
乡镇企业	38.2	57.0	4.9	133.3	41.7	55.7	2.7	139.0
上市公司	55.1	44.9		155.1	71.5	28.5		171.5
国有控股企业	39.0	57.8	3.2	135.8	43.8	53.4	2.8	141.0
百家重点企业	62.3	35.0	2.7	159.5	59.8	38.4	1.8	158.0
名牌产品企业	54.8	43.7	1.5	153.2	56.0	43.1	0.9	155.1
五、不同观察指标的综合经营指数								
生产成本	17.4	47.6	35.0	82.3	16.7	38.9	44.4	72.3
生产总量	49.8	32.6	17.6	132.2	40.9	32.8	26.3	114.6
产品订货情况	38.1	51.3	10.6	127.5	36.4	52.6	11.1	125.3
#国外订货	35.5	46.3	18.3	117.2	35.1	48.3	16.6	118.6
产品销售量	48.9	35.1	16.0	133.0	43.9	35.7	20.4	123.4
产品销售价格	10.3	60.9	28.8	81.5	18.3	66.4	15.3	103.0
产成品库存	34.3	58.0	7.7	126.5	29.9	62.0	8.1	121.8
税后利润	39.4	38.6	22.0	117.5	42.7	34.5	22.8	119.9
流动资金情况	31.5	47.1	21.5	110.0	35.1	39.9	25.1	110.0
货款拖欠情况	13.7	68.3	18.0	95.6	21.3	61.2	17.5	103.8
劳动力需求	25.5	63.3	11.2	114.2	22.5	65.4	12.1	110.4
固定资产投资情况	23.0	69.0	8.0	115.0	26.0	66.3	7.7	118.2
科技开发情况	23.9	71.9	4.2	119.7	20.0	75.9	4.1	116.0
主要原材料及能源购进价格	12.7	62.0	25.4	87.3	9.0	43.6	47.4	61.6
原材料及能源供应	44.8	42.9	12.3	132.5	34.1	42.1	23.8	110.4

3-26　建筑业企业景气指数

（2003年）

项　　目	一季度				二季度			
	偏好（%）	持平（%）	偏差（%）	景气指数	偏好（%）	持平（%）	偏差（%）	景气指数
企业家信心指数	19.6	67.8	12.6	107.0	13.7	67.9	18.4	95.3
企业景气指数	22.9	55.7	21.4	101.6	18.6	66.1	15.3	103.3
一、按主要行业类别分								
房屋和土木工程建筑业	22.1	56.9	21.0	101.2	18.6	68.3	13.1	105.5
建筑安装业	28.6	57.1	14.3	114.3	19.9	65.8	14.3	105.6
建筑装饰业	25.0	25.0	50.0	75.0	20.0	20.0	60.0	60.0
二、按企业登记注册类型分								
国有企业	27.9	61.5	10.6	117.3	17.2	79.7	3.1	114.1
集体企业	16.2	53.1	30.7	85.6	13.3	61.8	24.9	88.4
股份合作公司	25.0	62.5	12.5	112.5	11.1	66.7	22.2	88.9
有限责任公司	26.9	49.5	23.6	103.3	26.9	56.1	17.0	109.9
股份有限公司	25.0	50.0	25.0	100.0	50.0	50.0		150.0
三、按企业规模分								
大　型	29.9	60.8	9.3	120.7	15.0	82.2	2.9	112.1
中小型	19.1	52.9	27.9	91.2	20.6	57.4	22.1	98.5
中　型		70.6	29.4	70.6	11.8	64.7	23.5	88.2
小　型	25.5	47.1	27.5	98.0	23.5	54.9	21.6	102.0
四、特殊分组								
乡镇企业	31.3	43.8	25.0	106.3	20.0	60.0	20.0	100.0
国有控股企业	30.2	56.4	13.4	116.8	17.0	80.6	2.4	114.5
五、不同观察指标综合经营景气指数								
工程合同签定情况	21.0	33.3	45.7	75.3	40.2	32.2	27.6	112.7
＃对国外承包工程合同签定情况	0.7	96.7	2.6	98.1	2.5	95.0	2.5	100.0
建筑产品实物工程量	18.5	43.6	37.9	80.6	37.8	39.0	23.3	114.5
新开工工程量	19.9	35.7	44.5	75.4	39.5	36.7	23.8	115.8
施工产值	21.1	31.0	47.9	73.2	40.1	37.0	22.9	117.2
竣工产值	16.9	38.6	44.5	72.4	31.7	42.6	25.6	106.1
工程结算收入	14.8	43.1	42.1	72.6	33.2	42.2	24.7	108.5
建筑材料购进价格	9.9	45.0	45.1	64.8	5.9	57.8	36.3	69.6
工程结算成本	9.5	50.9	39.6	69.8	5.4	59.4	35.2	70.2
税后利润情况	17.1	53.5	29.4	87.7	31.9	48.6	19.6	112.3
流动资金情况	11.2	50.2	38.7	72.6	7.0	48.3	44.8	62.2
货款拖欠情况	16.7	62.0	21.3	95.4	11.2	53.4	35.4	75.8
劳动力需求	17.0	51.1	31.9	85.2	27.5	55.6	16.9	110.6
固定资产投资情况	6.5	72.8	20.7	85.8	9.0	61.7	29.4	79.6

3-26 续表　　　　　　　　　　　　（2003年）

项　　目	三季度				四季度			
	偏好（%）	持平（%）	偏差（%）	景气指数	偏好（%）	持平（%）	偏差（%）	景气指数
企业家信心指数	15.0	70.0	15.0	99.9	19.0	65.5	15.5	103.5
企业景气指数	15.4	69.7	15.0	100.4	16.3	69.5	14.2	102.1
一、按主要行业类别分								
房屋和土木工程建筑业	13.7	73.6	12.7	101.0	17.8	70.6	11.6	106.2
建筑安装业	19.9	65.8	14.3	105.6	5.6	80.1	14.3	91.3
建筑装饰业	40.0		60.0	80.0		25.0	75.0	25.0
二、按企业登记注册类型分								
国有企业	8.6	88.2	3.2	105.4	20.1	76.7	3.2	116.9
集体企业	7.0	69.0	24.1	82.9	10.7	66.2	23.1	87.6
股份合作公司	33.3	44.4	22.2	111.1	22.2	66.7	11.1	111.1
有限责任公司	28.0	54.3	17.7	110.3	15.4	72.6	12.0	103.4
股份有限公司	25.0	75.0		125.0	25.0	75.0		125.0
三、按企业规模分								
大　型	5.0	91.3	3.8	101.2	17.8	78.1	4.1	113.8
中小型	21.2	57.6	21.2	100.0	15.4	64.6	20.0	95.4
中　型	18.8	56.3	25.0	93.8	12.5	62.5	25.0	87.5
小　型	22.0	58.0	20.0	102.0	16.3	65.3	18.4	98.0
四、特殊分组								
乡镇企业	28.6	57.1	14.3	114.3	28.6	64.3	7.1	121.4
国有控股企业	7.8	87.2	5.1	102.7	19.3	75.6	5.1	114.2
五、不同观察指标综合经营景气指数								
工程合同签定情况	36.1	38.4	25.5	110.6	38.3	30.7	31.0	107.3
#对国外承包工程合同签定情况	0.0	95.6	4.4	95.6	2.8	94.4	2.8	100.0
建筑产品实物工程量	38.0	43.4	18.7	119.3	43.9	33.9	22.2	121.6
新开工工程量	30.7	43.5	25.8	104.9	35.7	37.7	26.6	109.1
施工产值	48.1	32.0	19.9	128.2	51.0	25.5	23.6	127.4
竣工产值	31.9	41.9	26.2	105.8	39.6	44.8	15.6	124.1
工程结算收入	34.5	44.3	21.3	113.2	40.7	34.8	24.5	116.2
建筑材料购进价格	5.2	37.0	57.8	47.4	2.3	19.2	78.5	23.9
工程结算成本	4.2	43.9	51.8	52.4	3.9	27.5	68.5	35.4
税后利润情况	29.9	49.8	20.3	109.6	29.6	39.7	30.8	98.8
流动资金情况	4.8	50.7	44.5	60.3	5.9	52.1	42.0	63.9
货款拖欠情况	8.6	53.8	37.7	70.9	8.9	63.7	27.4	81.4
劳动力需求	32.0	49.3	18.7	113.2	29.4	50.6	20.0	109.4
固定资产投资情况	6.5	75.8	17.7	88.8	10.8	74.3	14.9	95.9

3-27 交通运输、仓储和邮政业企业景气指数

（2003年）

项　　目	一季度				二季度			
	偏好（%）	持平（%）	偏差（%）	景气指数	偏好（%）	持平（%）	偏差（%）	景气指数
企业家信心指数	25.8	55.4	18.9	106.9	10.5	42.2	47.3	63.2
企业景气指数	40.1	39.0	20.9	119.2	7.9	41.4	50.7	57.2
一、按主要行业类别分								
道路运输业	44.4	36.8	18.8	125.7	6.7	29.0	64.4	42.3
城市公共交通业	63.6	36.4		163.6		58.3	41.7	58.3
水上运输业	26.9	55.0	18.2	108.7	17.2	59.3	23.5	93.7
航空运输业	57.1	28.6	14.3	142.9	14.3	14.3	71.4	42.9
装卸搬运和其他运输服务业		50.0	50.0	50.0		33.3	66.7	33.3
邮政业	40.0	40.0	20.0	120.0	40.0	60.0		140.0
二、按企业登记注册类型分								
国有企业	35.5	40.2	24.3	111.3	5.4	51.4	43.2	62.3
集体企业	16.7	37.5	45.8	70.8	4.2	29.2	66.7	37.5
有限责任公司	42.9	52.4	4.8	138.1	19.1	47.6	33.3	85.7
股份有限公司	82.4	17.7		182.4	11.6	18.4	70.0	41.6
外商及港、澳、台投资企业	33.3	50.0	16.7	116.7	37.5	62.5		137.5
三、按企业规模分								
大　型	62.4	9.4	28.2	134.2	9.4	37.6	53.0	56.5
中小型	37.4	42.6	20.0	117.4	7.7	41.9	50.4	57.3
中　型	61.5	26.9	11.5	150.0	10.7	50.0	39.3	71.4
小　型	30.3	47.2	22.5	107.9	6.7	39.3	53.9	52.8
四、特殊分组								
乡镇企业	12.5	62.5	25.0	87.5		62.5	37.5	62.5
上市公司	100.0			200.0	22.6	77.4		122.6
国有控股企业	52.3	32.0	15.7	136.6	6.9	40.6	52.5	54.4
五、不同观察指标的综合经营指数								
业务量	32.0	46.3	21.7	110.4	11.6	32.3	56.1	55.5
业务收入	32.2	36.6	31.2	101.0	8.5	27.0	64.6	43.9
业务收费价格	17.3	64.8	17.9	99.4	3.9	72.6	23.5	80.4
营业成本	9.5	44.5	46.0	63.5	12.2	44.9	42.9	69.4
税后利润情况	38.4	27.1	34.5	104.0	12.0	22.0	66.0	46.0
流动资金情况	23.0	42.3	34.7	88.3	8.8	49.7	41.6	67.2
货款拖欠情况	24.3	62.5	13.2	111.1	13.7	61.1	25.3	88.4
劳动力需求	12.1	75.9	12.1	100.0	5.3	71.6	23.1	82.3
固定资产投资情况	17.3	67.8	15.0	102.3	16.3	62.1	21.6	94.7

3-27 续表 （2003年）

项目	三季度				四季度			
	偏好（%）	持平（%）	偏差（%）	景气指数	偏好（%）	持平（%）	偏差（%）	景气指数
企业家信心指数	25.8	55.5	18.7	107.1	30.1	54.2	15.6	114.5
企业景气指数	27.1	53.4	19.5	107.6	22.2	63.9	13.9	108.4
一、按主要行业类别分								
道路运输业	23.4	49.9	26.7	96.7	8.9	72.4	18.8	90.1
城市公共交通业	9.1	90.9		109.1		100.0		100.0
水上运输业	17.2	65.1	17.7	99.6	23.1	68.1	8.8	114.3
航空运输业	57.1	28.6	14.3	142.9	84.7	15.3		184.7
装卸搬运和其他运输服务业	33.3	33.3	33.3	100.0	33.3	16.7	50.0	83.3
邮政业	20.0	80.0		120.0	40.0	60.0		140.0
二、按企业登记注册类型分								
国有企业	33.3	48.6	18.1	115.2	21.4	69.0	9.6	111.8
集体企业		56.0	44.0	56.0	4.2	62.5	33.3	70.8
有限责任公司	14.3	76.2	9.5	104.8	23.8	66.7	9.5	114.3
股份有限公司	48.2	46.2	5.6	142.7	28.2	71.8		128.2
外商及港、澳、台投资企业	37.5	62.5		137.5	37.5	50.0	12.5	125.0
三、按企业规模分								
大型	87.3	10.4	2.3	185.0	85.0	15.0		185.0
中小型	19.8	58.6	21.6	98.3	14.7	69.8	15.5	99.1
中型	28.6	64.3	7.1	121.4	14.8	74.1	11.1	103.7
小型	17.1	56.8	26.1	90.9	14.6	68.5	16.9	97.8
四、特殊分组								
乡镇企业		77.8	22.2	77.8	0.0	66.7	33.3	66.7
上市公司	47.6	52.4		147.6	47.6	52.4		147.6
国有控股企业	37.1	48.0	14.9	122.2	26.2	65.9	7.9	118.3
五、不同观察指标的综合经营指数								
业务量	40.9	40.7	18.4	122.5	21.9	55.5	22.7	99.2
业务收入	42.4	34.1	23.5	118.9	20.4	49.2	30.4	90.1
业务收费价格	10.0	80.8	9.2	100.7	7.3	81.6	11.2	96.1
营业成本	7.1	57.8	35.1	72.1	7.0	56.9	36.2	70.8
税后利润情况	39.0	34.4	26.6	112.4	23.3	46.7	30.0	93.2
流动资金情况	9.8	54.0	36.3	73.5	11.2	46.5	42.3	68.9
货款拖欠情况	18.9	63.9	17.3	101.6	15.0	65.2	19.8	95.3
劳动力需求	7.1	78.4	14.5	92.6	15.2	74.1	10.7	104.5
固定资产投资情况	25.9	63.3	10.8	115.2	25.3	67.0	7.7	117.6

3-28 批发和零售业企业景气指数

（2003年）

项　　目	一季度				二季度			
	偏好（%）	持平（%）	偏差（%）	景气指数	偏好（%）	持平（%）	偏差（%）	景气指数
企业家信心指数	38.1	50.4	11.6	164.6	30.9	57.1	12.0	118.9
企业景气指数	42.9	47.8	9.3	133.6	36.4	49.3	14.4	122.0
一、按主要行业类别分								
批发业	43.6	46.4	10.1	133.5	35.7	51.5	12.8	122.9
零售业	41.1	52.6	6.3	134.9	39.0	42.2	18.8	120.3
二、按企业登记注册类型分								
国有企业	39.7	45.8	14.6	125.1	42.2	38.2	19.6	122.6
集体企业	27.3	63.6	9.1	118.2	9.1	72.7	18.2	90.9
有限责任公司	33.6	59.2	7.3	126.3	29.9	50.5	19.6	110.4
股份有限公司	57.9	42.1		157.9	38.2	61.8		138.2
私营企业	20.0	80.0		120.0	45.0	55.0		145.0
外商及港、澳、台投资企业	58.4	30.5	11.1	147.2	49.6	39.3	11.1	138.5
三、按企业规模分								
大　型	68.2	29.5	2.3	165.9	41.9	54.6	3.5	138.4
中小型	31.3	56.3	12.5	118.8	33.7	46.7	19.6	114.1
中　型	30.5	54.2	15.3	115.3	36.4	41.8	21.8	114.6
小　型	32.4	59.5	8.1	124.3	29.7	54.1	16.2	113.5
四、特殊分组								
上市公司	71.4	28.6		171.4	23.3	76.7		123.3
国有控股企业	49.1	39.6	11.3	137.8	39.6	43.7	16.6	123.0
五、不同观察指标的综合经营指数								
商品购进额	36.6	34.9	28.5	108.1	41.3	27.1	31.6	109.8
商品购进价格	12.8	57.2	30.0	82.7	21.6	58.5	20.0	101.6
商品销售额	47.1	25.6	27.3	119.8	42.0	19.9	38.2	103.8
#出　口	17.0	51.4	31.7	85.3	29.4	35.4	35.2	94.2
商品销售价格	29.1	55.3	15.6	113.6	19.2	53.8	27.1	92.1
商品库存情况	28.6	37.6	33.8	94.8	29.0	37.1	33.9	95.0
经营费用(营业费用)	26.6	39.7	33.6	93.0	26.7	31.3	42.1	84.6
税后利润情况	39.3	37.0	23.7	115.6	45.1	21.7	33.2	111.9
流动资金情况	22.8	51.7	25.6	97.2	23.4	52.0	24.7	98.7
货款拖欠情况	32.2	47.1	20.7	111.5	20.7	52.6	26.7	94.0
劳动力需求	7.4	74.1	18.6	88.8	6.2	74.5	19.3	86.9
固定资产投资情况	17.6	73.8	8.6	109.0	18.3	74.0	7.7	110.6

3-28 续表　　　　　　　　　　（2003年）

项　　目	三季度				四季度			
	偏好（%）	持平（%）	偏差（%）	景气指数	偏好（%）	持平（%）	偏差（%）	景气指数
企业家信心指数	30.7	54.2	15.2	115.5	34.4	52.4	13.2	121.1
企业景气指数	37.1	52.6	10.3	126.8	48.0	43.6	8.4	139.7
一、按主要行业类别分								
批发业	36.8	51.9	11.3	125.6	50.6	40.6	8.8	141.8
零售业	37.1	56.5	6.5	130.6	38.2	55.4	6.5	131.7
二、按企业登记注册类型分								
国有企业	40.1	47.8	12.1	128.0	40.1	50.8	9.1	130.9
集体企业		70.0	30.0	70.0		60.0	40.0	60.0
有限责任公司	28.2	59.3	12.6	115.6	37.2	58.9	3.9	133.3
股份有限公司	39.3	60.7		139.3	81.1	19.0		181.1
私营企业	75.0	25.0		175.0	32.5	67.5		132.5
外商及港、澳、台投资企业	60.7	28.2	11.1	149.6	80.6	8.3	11.1	169.5
三、按企业规模分								
大　型	50.0	46.4	3.6	146.4	75.9	21.8	2.3	173.6
中小型	30.7	55.7	13.6	117.1	34.1	54.6	11.4	122.7
中　型	28.9	57.7	13.5	115.4	36.5	55.8	7.7	128.9
小　型	33.3	52.8	13.9	119.4	30.6	52.8	16.7	113.9
四、特殊分组								
上市公司	23.3	76.7		123.3	100.0			200.0
国有控股企业	38.0	53.8	8.2	129.8	54.3	39.2	6.6	147.7
五、不同观察指标的综合经营指数								
商品购进额	43.9	29.3	26.8	117.2	53.7	26.8	19.5	134.2
商品购进价格	18.0	61.7	20.3	97.6	11.7	45.2	43.0	68.7
商品销售额	51.0	23.5	25.6	125.4	53.2	25.1	21.7	131.6
#出　口	37.7	41.4	21.0	116.7	42.0	31.1	26.9	115.1
商品销售价格	22.0	57.0	21.0	101.0	40.2	45.6	14.2	126.1
商品库存情况	24.9	48.1	27.0	97.9	28.5	46.4	25.2	103.3
经营费用(营业费用)	20.1	45.9	33.9	86.2	18.3	35.7	46.0	72.2
税后利润情况	49.4	23.3	27.3	122.1	51.7	24.0	24.2	127.5
流动资金情况	30.6	46.2	23.2	107.5	33.8	44.9	21.3	112.5
货款拖欠情况	16.9	57.1	26.0	90.9	23.8	57.2	19.0	104.8
劳动力需求	4.7	79.8	15.5	89.3	6.1	77.0	16.9	89.2
固定资产投资情况	18.8	72.7	8.6	110.2	17.1	74.0	8.9	108.3

3-29 房地产业企业景气指数

（2003年）

项目	一季度				二季度			
	偏好（%）	持平（%）	偏差（%）	景气指数	偏好（%）	持平（%）	偏差（%）	景气指数
企业家信心指数	39.6	50.4	10.0	129.6	42.4	51.3	6.3	136.1
企业景气指数	30.3	52.2	17.5	112.8	31.4	53.4	15.2	116.2
一、按企业登记注册类型分								
国有企业	43.0	40.4	16.6	126.3	50.0	33.3	16.7	133.3
有限责任公司	27.3	63.6	9.1	118.2	18.2	72.7	9.1	109.1
股份有限公司	25.0	37.5	37.5	87.5	25.0	37.5	37.5	87.5
外商及港、澳、台投资企业	30.3	59.2	10.5	119.8	35.3	59.1	5.6	129.8
二、按企业规模分								
大　型	72.3	27.7		172.3	78.2	21.8		178.2
中小型	24.3	55.7	20.0	104.3	24.6	58.0	17.4	107.3
中　型	32.4	48.7	18.9	113.5	30.6	55.6	13.9	116.7
小　型	15.2	63.6	21.2	93.9	18.2	60.6	21.2	97.0
三、特殊分组								
国有控股企业	42.9	38.4	18.7	124.1	42.2	39.1	18.8	123.4
四、不同观察指标的综合经营指数								
土地开发面积	14.2	52.9	32.9	81.4	16.5	62.7	20.9	95.6
完成投资情况	22.4	43.5	34.1	88.3	32.5	45.6	21.9	110.6
房屋施工面积	13.6	57.3	29.1	84.6	18.3	60.8	20.9	97.4
房屋竣工面积	14.3	53.1	32.6	81.7	15.7	60.2	24.1	91.5
商品房预售面积	30.3	38.9	30.8	99.5	20.2	47.2	32.6	87.6
商品房销售面积	28.8	40.4	30.8	97.9	30.1	45.4	24.5	105.5
商品房销售价格	16.2	80.1	3.7	112.4	12.1	81.1	6.7	105.4
空置商品房面积	53.8	38.7	7.5	146.3	57.6	38.1	4.3	153.4
税后利润情况	31.2	43.4	25.4	105.7	33.7	43.2	23.2	110.5
流动资金情况	27.8	41.0	31.2	96.6	25.2	48.9	25.9	99.3
货款拖欠情况	39.9	49.1	11.0	128.9	38.5	55.1	6.3	132.2
劳动力需求	13.0	64.5	22.5	90.5	13.9	66.9	19.2	94.7
固定资产投资情况	14.9	68.4	16.7	98.2	18.6	65.7	15.7	102.9

3-29 续表 （2003年）

项　　目	三季度				四季度			
	偏好（%）	持平（%）	偏差（%）	景气指数	偏好（%）	持平（%）	偏差（%）	景气指数
企业家信心指数	42.1	50.2	7.7	134.4	41.8	51.6	6.6	135.2
企业景气指数	30.2	56.6	13.2	117.0	28.2	57.3	14.5	113.7
一、按企业登记注册类型分								
国有企业	38.8	44.5	16.7	122.1	45.8	33.4	20.8	125.0
有限责任公司	22.7	72.7	4.6	118.2	20.0	70.0	10.0	110.0
股份有限公司	14.3	57.1	28.6	85.7	0.0	85.7	14.3	85.7
外商及港、澳、台投资企业	34.8	57.4	7.8	127.0	29.2	65.2	5.6	123.7
二、按企业规模分								
大　型	45.3	51.6	3.1	142.3	54.3	45.7		154.3
中小型	27.9	57.4	14.7	113.2	24.2	59.1	16.7	107.6
中　型	31.4	57.2	11.4	120.0	26.5	64.7	8.8	117.7
小　型	24.2	57.6	18.2	106.1	21.9	53.1	25.0	96.9
三、特殊分组								
国有控股企业	34.6	49.3	16.1	118.5	41.6	38.4	20.0	121.6
四、不同观察指标的综合经营指数								
土地开发面积	15.4	58.6	26.0	89.4	9.1	76.1	14.8	94.2
完成投资情况	31.7	46.4	21.9	109.8	33.2	52.3	14.5	118.7
房屋施工面积	19.7	58.1	22.2	97.6	10.4	68.2	21.4	89.0
房屋竣工面积	22.5	58.3	19.2	103.3	17.5	66.7	15.8	101.7
商品房预售面积	20.2	52.0	27.8	92.5	28.4	47.0	24.6	103.8
商品房销售面积	25.1	47.6	27.3	97.8	29.8	47.8	22.4	107.5
商品房销售价格	11.7	80.2	8.1	103.6	30.6	62.8	6.6	124.0
空置商品房面积	62.2	32.3	5.5	156.6	55.5	37.9	6.6	149.0
税后利润情况	24.6	53.3	22.1	102.4	29.0	43.7	27.3	101.7
流动资金情况	20.4	57.3	22.3	98.1	23.5	50.7	25.9	97.6
货款拖欠情况	34.6	60.7	4.7	129.8	37.7	57.0	5.3	132.5
劳动力需求	6.9	73.0	20.1	86.8	12.3	70.5	17.2	95.1
固定资产投资情况	28.1	57.8	14.1	114.0	19.8	63.0	17.2	102.6

3-30 社会服务业企业景气指数

（2003年）

项目	一季度				二季度			
	偏好（%）	持平（%）	偏差（%）	景气指数	偏好（%）	持平（%）	偏差（%）	景气指数
企业家信心指数	34.4	54.9	10.7	123.7	21.9	45.2	33.0	88.9
企业景气指数	39.8	54.9	5.4	134.4	23.7	34.3	42.1	81.6
一、按主要行业类别分								
商务服务业	41.1	51.7	7.1	134.0	26.9	31.4	41.8	85.1
居民服务业	37.5	62.5		137.5	12.5	37.5	50.0	62.5
二、按企业登记注册类型分								
国有企业	28.6	64.3	7.1	121.4	14.8	48.1	37.1	77.8
有限责任公司	55.6	44.4		155.6	44.1	22.2	33.7	110.4
三、按企业规模分								
大　型	65.6	34.4		165.6	20.4	17.1	62.6	57.8
中小型	37.3	56.9	5.9	131.4	24.0	36.0	40.0	84.0
中　型	26.3	73.7		126.3	10.5	36.8	52.6	57.9
小　型	43.8	46.9	9.4	134.4	32.3	35.5	32.3	100.0
四、特殊分组								
国有控股企业	30.3	63.9	5.9	124.4	12.1	38.9	48.9	63.2
五、不同观察指标的综合经营指数								
业务量	30.9	51.3	17.9	113.0	21.8	25.2	53.0	68.9
竞争能力情况	50.0	48.2	1.8	148.2	40.1	54.5	5.5	134.6
旅游客源情况	28.6	54.8	16.6	112.0		13.6	86.4	13.6
收费(服务)价格	9.6	77.0	13.4	96.2		66.2	33.8	66.2
营业收入	30.9	47.8	21.4	109.5	14.6	23.4	62.1	52.5
营业成本	19.6	54.9	25.5	94.1	33.0	47.0	20.0	113.0
盈利亏损变化	18.4	51.3	30.3	88.1	16.4	25.2	58.4	58.0
流动资金情况	28.6	57.4	14.1	114.6	22.4	47.0	30.7	91.7
货款拖欠情况	20.8	56.1	23.2	97.6	7.8	74.0	18.2	89.6
劳动力需求	21.4	67.9	10.7	110.8	5.5	60.3	34.3	71.2
固定资产投资情况	23.3	62.5	14.2	109.0	14.9	66.2	19.0	95.9

3-30 续表

（2003年）

项目	三季度				四季度			
	偏好（%）	持平（%）	偏差（%）	景气指数	偏好（%）	持平（%）	偏差（%）	景气指数
企业家信心指数	37.5	51.5	11.0	126.5	28.6	64.3	7.1	121.5
企业景气指数	32.1	53.1	14.8	117.3	32.2	57.1	10.7	121.5
一、按主要行业类别分								
商务服务业	33.3	47.0	19.7	113.6	35.8	50.0	14.3	121.5
居民服务业	25.0	75.0		125.0		100.0		100.0
二、按企业登记注册类型分								
国有企业	21.4	60.7	17.9	103.6	32.1	53.6	14.3	117.9
有限责任公司	54.6	33.3	12.1	142.5	38.5	55.9	5.6	133.0
三、按企业规模分								
大型	39.9	34.4	25.7	114.1	20.4	79.6		120.4
中小型	31.4	54.9	13.7	117.7	33.3	54.9	11.8	121.6
中型	15.8	73.7	10.5	105.3	31.6	52.6	15.8	115.8
小型	40.6	43.8	15.6	125.0	34.4	56.3	9.4	125.0
四、特殊分组								
国有控股企业	20.6	60.9	18.5	102.1	32.4	52.9	14.7	117.7
五、不同观察指标的综合经营指数								
业务量	44.4	37.8	17.9	126.5	32.4	53.3	14.3	118.1
竞争能力情况	40.6	54.1	5.4	135.2	42.6	55.6	1.8	140.8
旅游客源情况	77.7	17.0	5.3	172.5	47.4	15.8	36.8	110.5
收费(服务)价格	8.9	80.4	10.7	98.2	9.4	76.3	14.3	95.1
营业收入	40.8	39.6	19.6	121.2	35.9	39.1	25.0	110.9
营业成本	7.1	50.3	42.6	64.6	17.9	44.4	37.7	80.1
盈利亏损变化	35.4	41.4	23.2	112.2	37.7	40.8	21.4	116.3
流动资金情况	21.5	59.1	19.4	102.1	26.8	58.9	14.3	112.5
货款拖欠情况	8.9	67.3	23.7	85.2	14.2	72.8	13.0	101.2
劳动力需求	21.2	67.6	11.2	109.9	12.5	75.0	12.5	100.0
固定资产投资情况	21.5	69.1	9.4	112.0	26.8	62.5	10.7	116.1

3-31 信息传输、计算机服务和软件业企业景气指数

（2003年）

项　　目	一季度				二季度			
	偏好（%）	持平（%）	偏差（%）	景气指数	偏好（%）	持平（%）	偏差（%）	景气指数
企业家信心指数	**38.4**	**48.9**	**12.7**	**125.7**	**38.8**	**42.9**	**18.3**	**120.5**
企业景气指数	**46.7**	**49.2**	**4.1**	**142.7**	**50.8**	**42.9**	**6.4**	**144.4**
一、按主要行业类别分								
信息传输业	41.7	58.3		141.7	42.5	57.5		142.5
计算机服务业	28.6	42.9	28.6	100.0	66.7	16.7	16.7	150.0
软件业	62.0	38.1		162.0	59.5	28.6	11.9	147.5
二、按企业登记注册类型分								
国有企业	39.2	60.8		139.2	37.1	62.9		137.1
有限责任公司	41.7	41.7	16.7	125.0	54.6	27.3	18.2	136.4
股份有限公司	47.6	52.4		147.6	32.0	55.5	12.5	119.5
外商及港、澳、台投资企业	63.5	36.5		163.5	66.2	25.5	8.3	157.8
三、按企业规模分								
大　型	40.6	59.4		140.6	43.3	56.3	0.4	143.0
中小型	50.0	43.8	6.3	143.8	54.8	35.5	9.7	145.2
中　型	56.3	43.8		156.3	62.5	25.0	12.5	150.0
小　型	43.8	43.8	12.5	131.3	46.7	46.7	6.7	140.0
四、特殊分组								
上市公司	60.2	39.8		160.2	39.8	26.9	33.3	106.4
国有控股企业	39.1	60.9		139.1	43.5	56.3	0.2	143.3
五、不同观察指标的综合经营指数								
产品销售情况	48.3	32.4	19.4	128.9	44.1	36.0	19.9	124.2
产品订货情况	22.6	60.7	16.6	106.0	17.6	72.9	9.6	108.0
竞争能力情况	62.0	36.0	2.0	159.9	56.4	32.5	11.1	145.3
销售价格情况	4.2	57.5	38.3	65.8	4.2	62.5	33.3	70.9
营业收入	47.9	27.5	24.7	123.2	51.2	22.6	26.2	125.1
营业成本	29.7	32.4	37.9	91.8	14.7	37.7	47.6	67.1
盈利亏损变化情况	39.7	33.7	26.6	113.1	41.0	25.6	33.4	107.6
流动资金情况	35.7	35.2	29.1	106.6	31.3	41.0	27.7	103.6
货款拖欠情况	24.6	57.4	18.1	106.5	23.7	49.3	27.0	96.6
劳动力需求	26.6	55.1	18.4	108.2	31.2	49.8	18.9	112.3
固定资产投资情况	25.7	51.7	22.6	103.0	23.9	49.6	26.6	97.3

3-31 续表

（2003年）

项　　目	三季度				四季度			
	偏好（%）	持平（%）	偏差（%）	景气指数	偏好（%）	持平（%）	偏差（%）	景气指数
企业家信心指数	42.7	43.2	14.1	128.5	59.5	36.2	4.3	155.3
企业景气指数	44.8	48.9	6.4	138.4	59.4	33.1	7.4	152.0
一、按主要行业类别分								
信息传输业	36.7	63.3		136.7	47.2	44.5	8.3	138.9
计算机服务业	33.3	50.0	16.7	116.7	33.3	50.0	16.7	116.7
软件业	59.5	28.6	11.9	147.5	86.5	6.7	6.8	179.7
二、按企业登记注册类型分								
国有企业	37.1	62.9		137.1	55.4	36.9	7.7	147.7
有限责任公司	45.5	27.3	27.3	118.2	63.6	27.3	9.1	154.6
股份有限公司	37.4	50.1	12.5	124.9	44.5	38.2	17.3	127.3
外商及港、澳、台投资企业	52.5	47.5		152.5	69.2	30.8		169.2
三、按企业规模分								
大　型	44.0	55.6	0.4	143.7	40.7	56.3	2.9	137.8
中小型	45.2	45.2	9.7	135.5	70.0	20.0	10.0	160.0
中　型	50.0	43.8	6.3	143.8	68.8	18.8	12.5	156.3
小　型	40.0	46.7	13.3	126.7	71.4	21.4	7.1	164.3
四、特殊分组								
上市公司	39.8	26.9	33.3	106.4	73.1		26.9	146.2
国有控股企业	37.9	61.9	0.2	137.7	49.1	43.3	7.7	141.4
五、不同观察指标的综合经营指数								
产品销售情况	35.5	40.1	24.4	111.1	57.0	19.0	24.1	132.9
产品订货情况	32.3	49.6	18.1	114.2	41.2	52.4	6.4	134.8
竞争能力情况	57.7	41.4	0.9	156.8	52.8	35.2	12.0	140.7
销售价格情况	8.3	54.0	37.6	70.7	4.4	58.2	37.4	67.0
营业收入	50.8	27.3	21.9	129.0	39.0	26.2	34.8	104.1
营业成本	6.3	50.7	43.0	63.2	14.1	48.9	37.1	77.0
盈利亏损变化情况	33.8	30.8	35.5	98.3	38.6	32.3	29.1	109.5
流动资金情况	34.4	37.2	28.4	105.9	29.6	48.7	21.7	107.8
货款拖欠情况	19.7	60.8	19.5	100.2	24.5	35.3	40.2	84.4
劳动力需求	27.1	56.1	16.9	110.2	27.9	62.9	9.2	118.6
固定资产投资情况	25.6	51.1	23.3	102.3	30.0	42.0	28.0	102.1

3-32 住宿和餐饮业企业景气指数

（2003年）

项 目	一季度				二季度			
	偏好（%）	持平（%）	偏差（%）	景气指数	偏好（%）	持平（%）	偏差（%）	景气指数
企业家信心指数	25.6	66.7	7.7	117.9	6.4	43.4	50.2	56.1
企业景气指数	30.2	59.8	10.0	120.2	3.5	26.7	69.8	33.7
一、按主要行业类别分								
住宿业	17.7	67.6	14.7	103.0		11.9	88.2	11.9
餐饮业	46.7	49.4	4.0	142.7	9.0	46.6	44.4	64.6
二、按企业登记注册类型分								
国有企业	10.1	72.2	17.7	92.5		13.5	86.5	13.5
有限责任公司	25.0	75.0		125.0		25.0	75.0	25.0
私营企业	64.3	17.8	17.9	146.4		25.2	74.8	25.2
外商及港、澳、台投资企业	37.5	54.6	8.0	129.5	5.7	33.6	60.7	45.0
三、按企业规模分								
大 型	45.1	51.1	3.8	141.3	8.6	48.9	42.5	66.2
中小型	20.0	65.7	14.3	105.7		11.4	88.6	11.4
中 型	15.8	79.0	5.3	110.5		15.8	84.2	15.8
小 型	25.0	50.0	25.0	100.0		6.3	93.8	6.3
四、特殊分组								
国有控股企业	5.9	76.7	17.4	88.5		10.1	89.9	10.1
五、不同观察指标的综合经营指数								
业务量	33.5	36.1	30.5	103.0	6.6	10.6	82.8	23.9
竞争能力情况	41.5	55.1	3.4	138.2	34.0	54.7	11.3	122.8
客房出租情况	2.4	78.6	19.1	83.3		5.4	94.6	5.4
业务收费(服务)价格	8.4	74.2	17.4	90.9	7.8	41.3	50.9	57.0
营业收入	29.8	36.2	34.0	95.8		19.6	80.4	19.6
营业成本	20.5	44.8	34.7	85.8	37.8	28.9	33.4	104.4
税后利润情况	24.0	40.4	35.6	88.3	6.2	14.4	79.4	26.8
流动资金情况	26.2	56.1	17.7	108.5	18.0	37.4	44.6	73.4
货款拖欠情况	23.1	59.4	17.6	105.5	19.4	62.1	18.5	100.8
劳动力需求	12.0	79.1	9.0	103.0		32.3	67.7	32.3
固定资产投资情况	5.4	87.8	6.8	98.7	9.5	62.6	27.9	81.6

3-32 续表　　　　　　　　　　　（2003年）

项目	三季度				四季度			
	偏好（%）	持平（%）	偏差（%）	景气指数	偏好（%）	持平（%）	偏差（%）	景气指数
企业家信心指数	35.8	54.9	9.4	126.4	45.9	48.0	6.2	139.7
企业景气指数	47.6	46.1	6.4	141.2	45.2	47.2	7.7	137.6
一、按主要行业类别分								
住宿业	41.2	58.8		141.2	38.2	52.9	8.8	129.4
餐饮业	54.3	28.7	17.1	137.2	52.6	41.0	6.4	146.2
二、按企业登记注册类型分								
国有企业	22.5	64.1	13.5	109.0	54.7	45.3		154.7
有限责任公司	25.0	75.0		125.0	75.0	25.0		175.0
私营企业	17.8	25.2	57.1	60.7	17.8	25.2	57.1	60.7
外商及港、澳、台投资企业	61.6	36.9	1.5	160.2	38.2	57.8	4.0	134.2
三、按企业规模分								
大　型	64.2	19.3	16.5	147.7	62.6	31.3	6.2	156.4
中小型	37.1	62.9		137.1	34.3	57.1	8.6	125.7
中　型	21.1	79.0		121.1	47.4	52.6		147.4
小　型	56.3	43.8		156.3	18.8	62.5	18.8	100.0
四、特殊分组								
国有控股企业	28.1	60.4	11.5	116.7	57.8	42.2		157.8
五、不同观察指标的综合经营指数								
业务量	71.5	22.1	6.4	165.1	65.0	26.2	8.8	156.2
竞争能力情况	50.1	46.0	3.9	146.1	52.2	46.1	1.8	150.5
客房出租情况	9.2	75.5	15.3	93.9	21.5	67.9	10.5	111.0
业务收费(服务)价格	8.2	79.2	12.6	95.7	5.2	86.1	8.7	96.6
营业收入	72.6	21.0	6.3	166.3	65.9	22.6	11.5	154.4
营业成本	14.4	30.9	54.7	59.8	16.0	32.4	51.6	64.4
税后利润情况	68.3	21.6	10.1	158.2	57.6	25.6	16.8	140.8
流动资金情况	33.2	39.8	27.0	106.1	31.4	43.8	24.8	106.6
货款拖欠情况	16.8	58.3	24.9	91.9	15.9	45.3	38.8	77.2
劳动力需求	46.8	41.9	11.4	135.4	33.6	58.7	7.6	126.0
固定资产投资情况	28.1	64.6	7.3	120.7	33.6	60.1	6.4	127.2

3-33　生产总量景气指数

（2003年）

项　　目	一季度				二季度			
	偏好（%）	持平（%）	偏差（%）	景气指数	偏好（%）	持平（%）	偏差（%）	景气指数
总体状况	**34.7**	**35.0**	**30.4**	**104.3**	**33.9**	**32.9**	**33.2**	**100.7**
一、按行业门类分								
工　业	35.4	31.6	33.0	102.3	38.0	35.2	26.8	111.2
采掘业	16.7	41.7	41.7	75.0	41.7	50.0	8.3	133.3
制造业	36.3	31.1	32.6	103.7	35.0	36.5	28.5	106.5
电力、煤气及水的生产和供应业	29.1	33.9	37.1	92.0	63.3	22.2	14.5	148.8
建筑业	18.5	43.6	37.9	80.6	37.8	39.0	23.3	114.5
交通运输、仓储和邮政业	32.0	46.3	21.7	110.4	11.6	32.3	56.1	55.5
批发和零售业	47.1	25.6	27.3	119.8	42.0	19.9	38.2	103.8
房地产业	22.4	43.5	34.1	88.3	32.5	45.6	21.9	110.6
社会服务业	30.9	51.3	17.9	113.0	21.8	25.2	53.0	68.9
信息传输、计算机服务和软件	48.3	32.4	19.4	128.9	44.1	36.0	19.9	124.2
住宿和餐饮业	33.5	36.1	30.5	103.0	6.6	10.6	82.8	23.9
二、按企业登记注册类型分								
国有企业	40.7	29.9	29.4	111.3	36.5	26.4	37.1	99.3
集体企业	22.7	38.4	39.0	83.7	21.0	43.0	36.1	84.9
股份合作企业	16.0	40.0	44.0	72.0	40.8	20.0	39.2	101.6
联营企业	16.5	60.5	23.1	93.4	31.8	8.0	60.1	71.7
有限责任公司	24.4	43.4	32.3	92.1	35.3	33.1	31.6	103.8
股份有限公司	50.9	28.6	20.5	130.4	33.1	37.0	29.9	103.2
私营企业	36.8	32.1	31.1	105.7	43.2	31.2	25.6	117.6
外商及港、澳、台投资企业	38.2	31.4	30.3	107.9	36.5	32.8	30.7	105.8
三、按企业规模分								
大型及特大型	46.7	27.4	25.9	120.8	43.4	28.3	28.4	115.0
特大型	63.1	36.9		163.1	36.9	34.3	28.8	108.1
大　型	45.1	26.5	28.4	116.7	44.0	27.7	28.4	115.6
中小型	29.3	38.4	32.3	97.1	29.6	34.9	35.5	94.1
中　型	36.0	33.2	30.8	105.2	34.2	30.6	35.3	98.9
小　型	24.9	41.8	33.3	91.6	26.6	37.7	35.7	90.8
四、特殊分组								
国家重点企业	65.0	2.9	32.1	132.9	22.9	70.9	6.2	116.7
乡镇企业	31.0	37.9	31.1	99.9	26.4	38.6	35.0	91.4
上市公司	50.6	33.5	16.0	134.6	37.6	49.4	12.9	124.7
国有控股企业	39.0	32.0	29.0	109.9	36.0	28.2	35.8	100.1
百家重点企业	44.0	26.7	29.3	114.7	36.3	37.7	26.0	110.4
名牌产品企业	39.1	26.8	34.1	104.9	30.1	42.0	27.9	102.2

3-33 续表 (2003年)

项目	三季度				四季度			
	偏好（%）	持平（%）	偏差（%）	景气指数	偏好（%）	持平（%）	偏差（%）	景气指数
总体状况	47.0	34.1	18.9	128.1	40.7	35.7	23.6	117.1
一、按行业门类分								
工　业	49.8	32.6	17.6	132.2	40.9	32.8	26.3	114.6
采掘业		91.7	8.3	91.7	8.3	83.3	8.3	100.0
制造业	50.0	33.2	16.8	133.3	43.6	33.1	23.3	120.3
电力、煤气及水的生产和供应业	56.6	16.9	26.5	130.2	21.8	23.2	55.0	66.7
建筑业	38.0	43.4	18.7	119.3	43.9	33.9	22.2	121.6
交通运输、仓储和邮政业	40.9	40.7	18.4	122.5	21.9	55.5	22.7	99.2
批发和零售业	51.0	23.5	25.6	125.4	53.2	25.1	21.7	131.6
房地产业	31.7	46.4	21.9	109.8	33.2	52.3	14.5	118.7
社会服务业	44.4	37.8	17.9	126.5	32.4	53.3	14.3	118.1
信息传输、计算机服务和软件	35.5	40.1	24.4	111.1	57.0	19.0	24.1	132.9
住宿和餐饮业	71.5	22.1	6.4	165.1	65.0	26.2	8.8	156.2
二、按企业登记注册类型分								
国有企业	45.7	31.3	23.0	122.8	39.2	33.4	27.5	111.7
集体企业	25.4	44.9	29.8	95.7	26.2	43.7	30.1	96.1
股份合作企业	42.5	41.7	15.8	126.7	40.0	51.3	8.7	131.3
联营企业	60.5	23.1	16.5	144.0	32.2	7.7	60.1	72.1
有限责任公司	41.6	37.6	20.9	120.7	39.1	36.6	24.3	114.8
股份有限公司	51.7	39.5	8.9	142.8	51.2	34.6	14.2	137.0
私营企业	45.0	34.4	20.6	124.3	50.8	28.8	20.4	130.4
外商及港、澳、台投资企业	56.9	27.9	15.2	141.7	43.5	34.3	22.3	121.2
三、按企业规模分								
大型及特大型	60.4	27.2	12.5	148.0	49.4	25.5	25.1	124.2
特大型	51.1	48.9		151.1	68.2		31.8	136.4
大　型	61.3	25.1	13.7	147.6	47.5	28.0	24.5	123.0
中小型	40.8	37.4	21.9	119.0	36.7	40.3	23.0	113.7
中　型	46.9	32.3	20.8	126.1	42.5	38.9	18.6	123.9
小　型	36.8	40.7	22.6	114.2	32.8	41.3	25.9	106.9
四、特殊分组								
国家重点企业	31.8	64.1	4.1	127.8	63.2	11.4	25.4	137.8
乡镇企业	42.3	45.3	12.4	129.8	37.7	44.8	17.5	120.2
上市公司	46.9	47.1	6.0	140.9	55.9	38.1	6.1	149.8
国有控股企业	48.9	32.6	18.6	130.3	44.6	31.6	23.7	120.9
百家重点企业	58.1	34.0	7.9	150.3	45.3	32.7	22.0	123.2
名牌产品企业	46.9	40.5	12.7	134.2	54.7	22.5	22.8	131.9

3-34 盈利（亏损）景气指数

（2003年）

项目	一季度				二季度			
	偏好（%）	持平（%）	偏差（%）	景气指数	偏好（%）	持平（%）	偏差（%）	景气指数
总体状况	**32.4**	**35.8**	**31.8**	**100.6**	**31.1**	**34.1**	**34.8**	**96.4**
一、按行业门类分								
工　业	32.7	33.3	34.0	98.7	33.4	38.6	28.0	105.4
采掘业	16.7	33.3	50.0	66.7	33.3	50.0	16.7	116.7
制造业	34.4	31.8	33.8	100.6	31.7	39.4	28.9	102.8
电力、煤气及水的生产和供应业	20.3	44.6	35.0	85.3	51.0	28.8	20.2	130.9
建筑业	17.1	53.5	29.4	87.7	31.9	48.6	19.6	112.3
交通运输、仓储和邮政业	38.4	27.1	34.5	104.0	12.0	22.0	66.0	46.0
批发和零售业	39.3	37.0	23.7	115.6	45.1	21.7	33.2	111.9
房地产业	31.2	43.4	25.5	105.7	33.7	43.2	23.2	110.5
社会服务业	18.4	51.3	30.3	88.1	16.4	25.2	58.4	58.0
信息传输、计算机服务和软件	39.7	33.7	26.6	113.1	41.0	25.6	33.4	107.6
住宿和餐饮业	24.0	40.4	35.6	88.3	6.2	14.4	79.4	26.8
二、按企业登记注册类型分								
国有企业	33.3	36.5	30.3	103.0	31.1	26.4	42.5	88.6
集体企业	13.4	40.6	46.0	67.3	19.1	44.5	36.4	82.8
股份合作企业	12.0	36.8	51.2	60.8	24.8	44.0	31.2	93.6
联营企业	38.1	31.1	30.8	107.3	16.5	15.4	68.2	48.3
有限责任公司	30.8	40.7	28.5	102.4	30.7	39.2	30.1	100.7
股份有限公司	41.1	37.7	21.3	119.8	34.2	36.9	29.0	105.2
私营企业	35.9	35.9	28.2	107.7	41.2	32.2	26.6	114.6
外商及港、澳、台投资企业	35.1	30.0	34.9	100.2	33.7	31.8	34.5	99.2
三、按企业规模分								
大型及特大型	42.7	33.3	24.0	118.7	37.8	34.0	28.2	109.6
特大型	34.3	32.8	32.9	101.3	3.5	68.7	27.8	75.7
大　型	43.5	33.4	23.1	120.4	41.1	30.6	28.3	112.8
中小型	27.1	36.7	36.2	90.9	27.7	34.1	38.2	89.6
中　型	33.6	35.0	31.4	102.2	30.2	34.9	34.9	95.3
小　型	22.7	37.9	39.4	83.4	26.1	33.6	40.3	85.8
四、特殊分组								
国家重点企业	42.9	19.0	38.1	104.8	9.5	70.6	19.8	89.7
乡镇企业	26.6	31.0	42.4	84.2	19.9	43.8	36.3	83.5
上市公司	36.1	46.4	17.5	118.6	39.5	53.0	7.5	132.0
国有控股企业	36.6	33.9	29.5	107.1	32.8	30.9	36.3	96.4
百家重点企业	43.0	33.4	23.6	119.4	34.3	45.4	20.3	114.0
名牌产品企业	39.2	31.9	29.0	110.2	25.3	51.0	23.8	101.5

3-34 续表　　　　　　　　　　　(2003年)

项　　目	三季度				四季度			
	偏好（%）	持平（%）	偏差（%）	景气指数	偏好（%）	持平（%）	偏差（%）	景气指数
总体状况	39.5	37.2	23.2	116.3	39.8	35.5	24.7	115.1
一、按行业门类分								
工　业	39.4	38.6	22.0	117.5	42.7	34.5	22.8	119.9
采掘业	33.3	41.7	25.0	108.3	25.0	66.7	8.3	116.7
制造业	39.9	40.1	20.1	119.8	44.7	34.8	20.5	124.2
电力、煤气及水的生产和供应业	37.5	25.0	37.5	100.1	27.8	28.3	43.9	83.9
建筑业	29.9	49.8	20.3	109.6	29.6	39.7	30.8	98.8
交通运输、仓储和邮政业	39.0	34.4	26.6	112.4	23.3	46.7	30.0	93.2
批发和零售业	49.4	23.3	27.3	122.1	51.7	24.0	24.2	127.5
房地产业	24.6	53.3	22.1	102.4	29.0	43.7	27.3	101.7
社会服务业	35.4	41.4	23.2	112.2	37.7	40.8	21.4	116.3
信息传输、计算机服务和软件	33.8	30.8	35.5	98.3	38.6	32.3	29.1	109.5
住宿和餐饮业	68.3	21.6	10.1	158.2	57.6	25.6	16.8	140.8
二、按企业登记注册类型分								
国有企业	39.9	32.8	27.3	112.5	39.8	34.0	26.2	113.6
集体企业	19.8	43.2	37.0	82.8	20.3	41.8	38.0	82.3
股份合作企业	20.8	55.0	24.2	96.7	21.7	36.7	41.7	80.0
联营企业	45.1	30.8	24.1	120.9	16.8	30.8	52.4	64.4
有限责任公司	32.3	42.7	25.1	107.2	32.9	41.1	26.0	106.9
股份有限公司	48.0	40.8	11.2	136.9	51.7	36.5	11.8	139.9
私营企业	54.2	30.6	15.2	139.0	44.9	41.9	13.2	131.8
外商及港、澳、台投资企业	46.0	34.2	19.8	126.2	47.2	31.6	21.3	125.9
三、按企业规模分								
大型及特大型	51.0	35.9	13.1	137.9	50.6	34.5	14.9	135.6
特大型	47.6	52.5		147.6	79.7	20.3		179.7
大　型	51.3	34.3	14.4	137.0	47.8	35.9	16.4	131.4
中小型	34.3	38.0	27.7	106.7	34.9	36.1	29.0	106.0
中　型	37.6	36.5	25.8	111.8	36.1	39.4	24.5	111.6
小　型	32.2	39.0	28.8	103.3	34.2	33.8	32.0	102.2
四、特殊分组								
国家重点企业	3.3	82.0	14.7	88.6	46.6	32.5	21.0	125.6
乡镇企业	31.8	44.0	24.2	107.6	31.1	41.8	27.1	104.1
上市公司	40.6	47.2	12.2	128.4	57.2	35.6	7.2	150.1
国有控股企业	40.2	37.3	22.5	117.7	41.8	36.3	21.9	119.9
百家重点企业	46.4	45.9	7.8	138.6	47.8	43.2	9.0	138.9
名牌产品企业	32.6	54.7	12.7	119.8	46.2	39.8	14.0	132.3

3-35 流动资金景气指数

（2003年）

项目	一季度				二季度			
	偏好（%）	持平（%）	偏差（%）	景气指数	偏好（%）	持平（%）	偏差（%）	景气指数
总体状况	26.6	45.3	28.1	98.5	24.4	46.0	29.6	94.8
一、按行业门类分								
工　业	29.9	43.5	26.7	103.2	30.7	43.9	25.4	105.2
采掘业	25.0	58.3	16.7	108.3	33.3	58.3	8.3	125.0
制造业	30.6	42.8	26.6	104.1	31.8	42.1	26.2	105.6
电力、煤气及水的生产和供应业	25.5	47.0	27.5	98.0	22.1	58.3	19.6	102.5
建筑业	11.2	50.2	38.7	72.6	7.0	48.3	44.8	62.2
交通运输、仓储和邮政业	23.0	42.3	34.7	88.3	8.8	49.7	41.6	67.2
批发和零售业	22.8	51.7	25.6	97.2	23.4	52.0	24.7	98.7
房地产业	27.8	41.0	31.2	96.6	25.2	48.9	25.9	99.3
社会服务业	28.6	57.4	14.1	114.6	22.4	47.0	30.7	91.7
信息传输、计算机服务和软件	35.7	35.2	29.1	106.6	31.3	41.0	27.7	103.6
住宿和餐饮业	26.2	56.1	17.7	108.5	18.0	37.4	44.6	73.4
二、按企业登记注册类型分								
国有企业	21.7	43.9	34.4	87.4	18.9	41.7	39.3	79.6
集体企业	10.1	45.7	44.2	65.9	9.6	47.2	43.3	66.3
股份合作企业	4.0	68.0	28.0	76.0	12.0	60.0	28.0	84.0
联营企业	21.7	39.5	38.8	82.9		24.1	75.9	24.1
有限责任公司	23.3	46.3	30.4	92.9	20.2	49.1	30.7	89.5
股份有限公司	36.5	42.7	20.8	115.7	33.3	48.3	18.4	114.9
私营企业	19.4	45.8	34.9	84.5	23.4	51.4	25.1	98.3
外商及港、澳、台投资企业	35.8	47.9	16.3	119.5	35.3	47.3	17.5	117.8
三、按企业规模分								
大型及特大型	40.2	42.2	17.6	122.6	39.9	41.0	19.2	120.7
特大型		45.4	54.6	45.4	1.0	44.4	54.6	46.4
大　型	44.1	41.9	14.1	130.0	43.6	40.7	15.7	127.9
中小型	20.2	47.6	32.3	88.0	17.7	48.6	33.8	83.9
中　型	23.2	47.1	29.7	93.5	21.7	46.7	31.6	90.1
小　型	18.2	47.8	33.9	84.3	15.0	49.8	35.2	79.7
四、特殊分组								
国家重点企业	28.7	15.9	55.4	73.4	26.4	20.2	53.4	73.1
乡镇企业	16.4	47.2	36.4	80.0	20.7	47.8	31.5	89.2
上市公司	35.4	50.9	13.7	121.7	38.9	45.9	15.2	123.8
国有控股企业	26.4	43.1	30.5	95.9	23.5	41.3	35.2	88.3
百家重点企业	46.7	40.7	12.7	134.0	48.3	38.8	12.9	135.4
名牌产品企业	30.4	45.2	24.4	105.9	29.5	41.1	29.4	100.1

3-35 续表　　　　　　　　　　　　（2003年）

项目	三季度				四季度			
	偏好（%）	持平（%）	偏差（%）	景气指数	偏好（%）	持平（%）	偏差（%）	景气指数
总体状况	25.9	48.5	25.6	100.2	28.6	43.7	27.7	101.0
一、按行业门类分								
工　业	31.5	47.1	21.5	110.0	35.1	39.9	25.1	110.0
采掘业	33.3	50.0	16.7	116.7	41.7	41.7	16.7	125.0
制造业	32.4	45.4	22.2	110.2	36.6	37.9	25.4	111.2
电力、煤气及水的生产和供应业	23.4	62.9	13.7	109.7	20.5	58.0	21.5	99.0
建筑业	4.8	50.7	44.5	60.3	5.9	52.1	42.0	63.9
交通运输、仓储和邮政业	9.8	54.0	36.3	73.5	11.2	46.5	42.3	68.9
批发和零售业	30.6	46.2	23.2	107.5	33.8	44.9	21.3	112.5
房地产业	20.4	57.3	22.3	98.1	23.5	50.7	25.9	97.6
社会服务业	21.5	59.1	19.4	102.1	26.8	58.9	14.3	112.5
信息传输、计算机服务和软件	34.4	37.2	28.4	105.9	29.6	48.7	21.7	107.8
住宿和餐饮业	33.2	39.8	27.0	106.1	31.4	43.8	24.8	106.6
二、按企业登记注册类型分								
国有企业	21.3	46.9	31.9	89.4	20.9	47.7	31.4	89.5
集体企业	12.2	44.6	43.2	69.0	9.2	45.7	45.1	64.0
股份合作企业	12.5	62.5	25.0	87.5	20.8	45.8	33.3	87.5
联营企业		69.2	30.8	69.2		39.9	60.1	39.9
有限责任公司	19.2	50.0	30.8	88.4	23.4	46.5	30.1	93.2
股份有限公司	39.3	46.6	14.2	125.1	46.4	36.3	17.3	129.1
私营企业	17.6	54.5	27.9	89.7	9.5	60.3	30.2	79.3
外商及港、澳、台投资企业	36.9	50.0	13.1	123.8	42.1	41.6	16.3	125.7
三、按企业规模分								
大型及特大型	41.9	41.9	16.3	125.6	49.2	32.5	18.4	130.8
特大型	14.1	31.3	54.6	59.5	14.1	31.3	54.6	59.5
大　型	44.5	42.9	12.6	131.9	52.5	32.6	14.9	137.7
中小型	19.0	52.3	28.8	90.2	19.9	49.4	30.7	89.2
中　型	24.4	48.9	26.7	97.8	24.8	48.7	26.5	98.3
小　型	15.3	54.5	30.1	85.2	16.6	49.9	33.5	83.2
四、特殊分组								
国家重点企业	29.8	18.2	52.1	77.7	26.4	21.5	52.1	74.4
乡镇企业	22.7	47.4	29.9	92.8	24.7	43.5	31.8	92.9
上市公司	41.6	41.5	16.9	124.6	56.4	30.6	13.1	143.3
国有控股企业	25.2	46.5	28.3	97.0	28.4	40.9	30.7	97.7
百家重点企业	48.3	41.2	10.5	137.8	55.0	32.2	12.8	142.2
名牌产品企业	31.7	42.2	26.1	105.6	36.8	34.8	28.4	108.5

3-36 货款拖欠景气指数

（2003年）

项目	一季度				二季度			
	偏好（%）	持平（%）	偏差（%）	景气指数	偏好（%）	持平（%）	偏差（%）	景气指数
总体状况	**26.2**	**57.5**	**16.4**	**109.8**	**17.0**	**60.2**	**22.7**	**94.3**
一、按行业门类分								
工　业	26.2	58.6	15.2	111.0	16.4	62.8	20.9	95.5
采掘业	41.7	50.0	8.3	133.3	8.3	91.7		108.3
制造业	27.0	58.1	15.0	112.0	16.6	62.5	20.9	95.7
电力、煤气及水的生产和供应业	15.7	66.6	17.7	97.9	16.1	61.6	22.2	93.9
建筑业	16.7	62.0	21.3	95.4	11.2	53.4	35.4	75.8
交通运输、仓储和邮政业	24.3	62.5	13.2	111.1	13.7	61.1	25.3	88.4
批发和零售业	32.2	47.1	20.7	111.5	20.7	52.6	26.7	94.0
房地产业	39.9	49.1	11.0	128.9	38.5	55.1	6.3	132.2
社会服务业	20.8	56.1	23.2	97.6	7.8	74.0	18.2	89.6
信息传输、计算机服务和软件	24.6	57.4	18.1	106.5	23.7	49.3	27.0	96.6
住宿和餐饮业	23.1	59.4	17.6	105.5	19.4	62.1	18.5	100.8
二、按企业登记注册类型分								
国有企业	25.5	54.8	19.7	105.8	21.5	54.7	23.8	97.7
集体企业	17.5	63.6	18.9	98.6	10.5	60.9	28.6	82.0
股份合作企业	32.5	59.2	8.3	124.2	15.2	60.8	24.0	91.2
联营企业	24.1	60.1	15.7	108.4	24.1	37.4	38.5	85.7
有限责任公司	22.5	62.2	15.3	107.2	15.0	62.7	22.3	92.7
股份有限公司	35.7	49.6	14.7	121.0	15.0	60.6	24.5	90.5
私营企业	23.3	64.7	12.0	111.3	26.2	65.5	8.4	117.8
外商及港、澳、台投资企业	31.5	54.0	14.6	116.9	18.4	61.9	19.7	98.7
三、按企业规模分								
大型及特大型	29.1	59.5	11.4	117.7	18.4	63.9	17.8	100.6
特大型		100.0		100.0	27.8	72.2		127.8
大　型	32.0	55.5	12.5	119.4	17.4	63.0	19.5	97.9
中小型	25.9	55.6	18.5	107.3	17.1	58.3	24.7	92.4
中　型	29.8	51.8	18.4	111.4	19.9	57.9	22.2	97.8
小　型	23.3	58.1	18.6	104.6	15.1	58.5	26.4	88.8
四、特殊分组								
国家重点企业	8.3	59.6	32.1	76.3	10.7	69.5	19.8	90.8
乡镇企业	27.0	52.1	20.9	106.2	15.5	55.4	29.1	86.3
上市公司	32.5	60.7	6.9	125.6	7.3	68.3	24.4	82.9
国有控股企业	28.9	54.3	16.8	112.2	19.4	58.8	21.8	97.6
百家重点企业	30.0	62.9	7.1	122.9	16.2	75.0	8.8	107.4
名牌产品企业	19.1	67.0	13.9	105.2	15.6	67.5	16.9	98.7

3-36 续表 （2003年）

项　　目	三季度				四季度			
	偏好（%）	持平（%）	偏差（%）	景气指数	偏好（%）	持平（%）	偏差（%）	景气指数
总体状况	**15.2**	**64.5**	**20.3**	**94.9**	**20.2**	**60.5**	**19.3**	**100.9**
一、按行业门类分								
工　业	13.7	68.3	18.0	95.6	21.3	61.2	17.5	103.8
采掘业	25.0	58.3	16.7	108.3	33.3	58.3	8.3	125.0
制造业	13.0	70.0	17.0	96.0	21.5	60.5	17.9	103.6
电力、煤气及水的生产和供应业	18.2	57.4	24.4	93.8	17.6	68.3	14.1	103.5
建筑业	8.6	53.8	37.7	70.9	8.9	63.7	27.4	81.4
交通运输、仓储和邮政业	18.9	63.9	17.3	101.6	15.0	65.2	19.8	95.3
批发和零售业	16.9	57.1	26.0	90.9	23.8	57.2	19.0	104.8
房地产业	34.6	60.7	4.7	129.8	37.7	57.0	5.3	132.5
社会服务业	8.9	67.3	23.7	85.2	14.2	72.8	13.0	101.2
信息传输、计算机服务和软件	19.7	60.8	19.5	100.2	24.5	35.3	40.2	84.4
住宿和餐饮业	16.8	58.3	24.9	91.9	15.9	45.3	38.8	77.2
二、按企业登记注册类型分								
国有企业	14.0	65.8	20.2	93.8	19.3	60.9	19.8	99.5
集体企业	10.9	60.0	29.1	81.9	14.1	58.9	27.0	87.1
股份合作企业	15.8	71.7	12.5	103.3	16.7	75.0	8.3	108.3
联营企业	31.8	45.1	23.1	108.8	24.1	37.4	38.5	85.7
有限责任公司	14.2	65.0	20.9	93.3	19.8	63.3	16.9	102.9
股份有限公司	22.7	57.6	19.6	103.1	21.5	60.6	17.9	103.7
私营企业	22.0	75.8	2.3	119.7	18.4	73.5	8.1	110.3
外商及港、澳、台投资企业	13.6	67.4	18.9	94.7	23.4	56.4	20.2	103.2
三、按企业规模分								
大型及特大型	12.8	68.4	18.8	93.9	22.7	59.7	17.6	105.1
特大型		83.4	16.6	83.4		95.4	4.6	95.4
大　型	14.0	67.0	19.0	95.0	24.9	56.3	18.9	106.0
中小型	16.4	63.0	20.7	95.8	19.4	60.5	20.1	99.3
中　型	18.0	62.3	19.7	98.3	20.6	61.1	18.3	102.3
小　型	15.3	63.4	21.3	94.1	18.7	60.0	21.3	97.4
四、特殊分组								
国家重点企业	3.3	70.9	25.8	77.5	7.1	72.0	21.0	86.1
乡镇企业	21.8	52.4	25.8	96.0	18.4	60.3	21.3	97.0
上市公司	16.7	59.8	23.6	93.1	11.7	65.3	23.0	88.7
国有控股企业	16.0	63.1	21.0	95.0	18.8	62.3	19.0	99.8
百家重点企业	8.2	80.5	11.3	96.9	24.6	65.5	9.9	114.7
名牌产品企业	9.1	73.3	17.5	91.6	16.3	65.0	18.7	97.6

3-37 劳动力需求景气指数

（2003年）

项　　目	一季度				二季度			
	偏好（％）	持平（％）	偏差（％）	景气指数	偏好（％）	持平（％）	偏差（％）	景气指数
总体状况	18.4	64.1	17.4	101.0	16.6	61.8	21.5	95.1
一、按行业门类分								
工　业	22.5	60.9	16.6	105.9	20.6	59.4	20.0	100.6
采掘业	8.3	75.0	16.7	91.7	8.3	83.3	8.3	100.0
制造业	25.2	57.6	17.2	108.0	23.1	55.5	21.5	101.6
电力、煤气及水的生产和供应业	1.5	87.7	10.8	90.7	1.4	90.0	8.6	92.9
建筑业	17.0	51.1	31.9	85.2	27.5	55.6	16.9	110.6
交通运输、仓储和邮政业	12.1	75.9	12.1	100.0	5.3	71.6	23.1	82.3
批发和零售业	7.4	74.1	18.6	88.8	6.2	74.5	19.3	86.9
房地产业	13.0	64.5	22.5	90.5	13.9	66.9	19.2	94.7
社会服务业	21.4	67.9	10.7	110.8	5.5	60.3	34.3	71.2
信息传输、计算机服务和软件	26.6	55.1	18.4	108.2	31.2	49.8	18.9	112.3
住宿和餐饮业	12.0	79.1	9.0	103.0		32.3	67.7	32.3
二、按企业登记注册类型分								
国有企业	11.3	72.0	16.8	94.5	10.0	66.1	23.9	86.1
集体企业	8.2	65.0	26.9	81.3	7.5	65.7	26.8	80.7
股份合作企业	12.8	56.0	31.2	81.6	24.8	48.0	27.2	97.6
联营企业	9.1	75.5	15.4	93.7	1.1	83.2	15.7	85.3
有限责任公司	13.0	66.3	20.7	92.3	14.2	63.3	22.5	91.7
股份有限公司	16.3	67.1	16.6	99.7	16.0	58.2	25.7	90.3
私营企业	26.8	63.0	10.2	116.6	26.1	68.0	5.9	120.1
外商及港、澳、台投资企业	32.9	53.5	13.6	119.3	26.8	54.2	19.0	107.9
三、按企业规模分								
大型及特大型	27.0	61.3	11.7	115.3	26.7	57.7	15.6	111.0
特大型	27.8	53.5	18.7	109.1	27.8	15.7	56.5	71.3
大　型	26.9	62.1	11.0	115.9	26.6	61.8	11.7	114.9
中小型	14.8	65.0	20.2	94.7	11.8	63.0	25.3	86.5
中　型	16.4	61.5	22.1	94.3	13.0	59.5	27.6	85.4
小　型	13.8	67.4	18.8	94.9	11.0	65.3	23.8	87.2
四、特殊分组								
国家重点企业	1.1	88.9	10.0	91.1		56.2	43.8	56.2
乡镇企业	21.8	61.5	16.6	105.2	16.0	60.4	23.6	92.4
上市公司	13.3	76.9	9.7	103.6	17.3	57.4	25.3	92.0
国有控股企业	13.6	69.9	16.5	97.2	11.4	64.6	24.1	87.3
百家重点企业	35.5	55.3	9.2	126.3	31.3	51.7	17.0	114.2
名牌产品企业	21.6	62.7	15.7	106.0	18.0	61.4	20.6	97.4

3-37 续表 （2003年）

项目	三季度				四季度			
	偏好（%）	持平（%）	偏差（%）	景气指数	偏好（%）	持平（%）	偏差（%）	景气指数
总体状况	**20.8**	**65.9**	**13.3**	**107.6**	**19.8**	**67.0**	**13.2**	**106.7**
一、按行业门类分								
工　业	25.5	63.3	11.2	114.2	22.5	65.4	12.1	110.4
采掘业	8.3	83.3	8.3	100.0	16.7	66.7	16.7	100.0
制造业	27.3	60.6	12.1	115.2	24.0	63.6	12.5	111.5
电力、煤气及水的生产和供应业	10.9	84.9	4.3	106.6	9.0	82.4	8.6	100.4
建筑业	32.0	49.3	18.7	113.2	29.4	50.6	20.0	109.4
交通运输、仓储和邮政业	7.1	78.4	14.5	92.6	15.2	74.1	10.7	104.5
批发和零售业	4.7	79.8	15.5	89.3	6.1	77.0	16.9	89.2
房地产业	6.9	73.0	20.1	86.8	12.3	70.5	17.2	95.1
社会服务业	21.2	67.6	11.2	109.9	12.5	75.0	12.5	100.0
信息传输、计算机服务和软件	27.1	56.1	16.9	110.2	27.9	62.9	9.2	118.6
住宿和餐饮业	46.8	41.9	11.4	135.4	33.6	58.7	7.6	126.0
二、按企业登记注册类型分								
国有企业	11.7	75.7	12.6	99.1	13.7	71.4	14.8	98.9
集体企业	11.6	61.8	26.6	85.0	13.4	64.6	22.0	91.4
股份合作企业	33.3	46.7	20.0	113.3	33.3	66.7		133.3
联营企业	15.7	67.8	16.5	99.3	23.1	53.9	23.1	100.0
有限责任公司	15.4	67.8	16.7	98.7	17.3	67.5	15.2	102.1
股份有限公司	19.0	71.1	9.9	109.0	11.4	75.1	13.5	97.9
私营企业	32.0	47.6	20.4	111.6	22.8	59.6	17.6	105.2
外商及港、澳、台投资企业	33.7	58.8	7.5	126.2	30.0	62.0	8.0	122.0
三、按企业规模分								
大型及特大型	26.4	66.0	7.6	118.8	23.3	66.2	10.6	112.7
特大型	13.1	64.7	22.3	90.8	0.0	81.3	18.7	81.3
大　型	27.7	66.2	6.1	121.6	25.5	64.7	9.8	115.7
中小型	18.2	66.2	15.6	102.6	17.8	67.8	14.5	103.3
中　型	20.2	66.3	13.5	106.7	19.4	68.7	11.8	107.6
小　型	16.8	66.2	17.0	99.8	16.6	67.1	16.3	100.4
四、特殊分组								
国家重点企业	1.1	87.6	11.3	89.9	14.7	75.0	10.3	104.5
乡镇企业	32.5	55.8	11.7	120.8	25.5	62.0	12.6	112.9
上市公司	16.3	77.3	6.4	109.8	9.5	82.4	8.1	101.3
国有控股企业	13.0	73.8	13.3	99.7	12.7	73.5	13.8	98.9
百家重点企业	30.7	62.1	7.2	123.4	23.9	68.2	7.9	116.0
名牌产品企业	21.1	67.1	11.8	109.4	18.8	68.4	12.8	106.0

3-38　固定资产投资景气指数

（2003年）

项　　目	一季度				二季度			
	偏好（%）	持平（%）	偏差（%）	景气指数	偏好（%）	持平（%）	偏差（%）	景气指数
总体状况	**20.8**	**67.2**	**12.0**	**108.8**	**20.2**	**66.2**	**13.6**	**106.6**
一、按行业门类分								
工　业	25.0	65.0	10.0	115.1	23.8	67.3	8.9	114.9
采掘业	16.7	58.3	25.0	91.7	25.0	58.3	16.7	108.3
制造业	26.7	63.7	9.7	117.0	22.5	68.1	9.4	113.2
电力、煤气及水的生产和供应业	12.8	76.2	10.9	101.9	35.1	61.5	3.4	131.7
建筑业	6.5	72.8	20.7	85.8	9.0	61.7	29.4	79.6
交通运输、仓储和邮政业	17.3	67.8	15.0	102.3	16.3	62.1	21.6	94.7
批发和零售业	17.6	73.8	8.6	109.0	18.3	74.0	7.7	110.6
房地产业	14.9	68.4	16.7	98.2	18.6	65.7	15.7	102.9
社会服务业	23.3	62.5	14.2	109.0	14.9	66.2	19.0	95.9
信息传输、计算机服务和软件	25.7	51.7	22.6	103.0	23.9	49.6	26.6	97.3
住宿和餐饮业	5.4	87.8	6.8	98.7	9.5	62.6	27.9	81.6
二、按企业登记注册类型分								
国有企业	14.4	68.3	17.4	97.0	23.0	60.1	16.9	106.1
集体企业	7.3	72.0	20.7	86.6	11.3	66.4	22.3	89.0
股份合作企业	16.0	52.8	31.2	84.8	4.0	80.8	15.2	88.8
联营企业	16.5	83.6		116.5	24.1	46.5	29.4	94.8
有限责任公司	26.2	65.2	8.6	117.7	22.0	68.7	9.3	112.7
股份有限公司	16.8	68.8	14.3	102.5	20.3	66.0	13.7	106.6
私营企业	17.6	71.2	11.2	106.4	29.5	64.3	6.3	123.2
外商及港、澳、台投资企业	31.7	62.2	6.1	125.6	21.3	69.8	8.9	112.3
三、按企业规模分								
大型及特大型	28.8	61.6	9.7	119.1	23.8	65.7	10.6	113.2
特大型	27.8	72.2		127.8	31.3	68.7		131.3
大　型	28.9	60.6	10.6	118.3	23.1	65.4	11.6	111.5
中小型	17.6	69.3	13.0	104.6	18.8	66.9	14.3	104.5
中　型	19.1	67.6	13.3	105.8	21.1	62.9	16.1	105.0
小　型	16.7	70.5	12.9	103.8	17.4	69.5	13.2	104.2
四、特殊分组								
国家重点企业	7.1	86.7	6.2	100.8	25.2	73.4	1.4	123.9
乡镇企业	26.4	59.8	13.8	112.6	20.1	67.2	12.7	107.4
上市公司	8.4	79.9	11.7	96.7	18.4	72.8	8.9	109.5
国有控股企业	18.1	68.9	13.0	105.0	22.3	63.1	14.6	107.7
百家重点企业	38.2	55.8	6.0	132.2	22.5	72.7	4.8	117.7
名牌产品企业	22.0	68.9	9.1	112.9	23.4	68.4	8.2	115.2

3-38 续表 （2003年）

项目	三季度				四季度			
	偏好（%）	持平（%）	偏差（%）	景气指数	偏好（%）	持平（%）	偏差（%）	景气指数
总体状况	21.9	68.2	10.0	112.0	23.7	66.8	9.5	114.1
一、按行业门类分								
工　业	23.0	69.0	8.0	115.0	26.0	66.3	7.7	118.2
采掘业	33.3	41.7	25.0	108.3	25.0	75.0		125.0
制造业	21.6	70.4	8.0	113.6	24.8	66.9	8.2	116.6
电力、煤气及水的生产和供应业	32.0	63.2	4.9	127.1	34.2	61.2	4.5	129.7
建筑业	6.5	75.8	17.7	88.8	10.8	74.3	14.9	95.9
交通运输、仓储和邮政业	25.9	63.3	10.8	115.2	25.3	67.0	7.7	117.6
批发和零售业	18.8	72.7	8.6	110.2	17.1	74.0	8.9	108.3
房地产业	28.1	57.8	14.1	114.0	19.8	63.0	17.2	102.6
社会服务业	21.5	69.1	9.4	112.0	26.8	62.5	10.7	116.1
信息传输、计算机服务和软件	25.6	51.1	23.3	102.3	30.0	42.0	28.0	102.1
住宿和餐饮业	28.1	64.6	7.3	120.7	33.6	60.1	6.4	127.2
二、按企业登记注册类型分								
国有企业	20.7	66.4	13.0	107.8	25.4	64.0	10.6	114.8
集体企业	16.5	63.6	19.8	96.7	11.9	68.2	19.9	92.1
股份合作企业	20.8	63.3	15.8	105.0	13.9	81.7	4.4	109.6
联营企业	30.4	69.6		130.4	9.1	90.9		109.1
有限责任公司	19.6	69.5	10.9	108.6	28.0	61.0	11.0	117.1
股份有限公司	27.4	65.7	6.9	120.6	19.5	69.7	10.8	108.7
私营企业	27.2	56.4	16.4	110.8	26.8	58.9	14.3	112.5
外商及港、澳、台投资企业	23.5	71.5	5.0	118.5	25.8	69.2	5.0	120.8
三、按企业规模分								
大型及特大型	24.3	70.4	5.3	119.0	28.7	64.9	6.4	122.3
特大型	16.6	83.4		116.6	13.1	86.9		113.1
大　型	25.1	69.1	5.8	119.2	30.2	62.8	7.1	123.1
中小型	21.2	66.8	12.0	109.1	21.4	67.5	11.1	110.2
中　型	26.7	62.6	10.7	116.0	22.5	66.5	11.0	111.6
小　型	17.6	69.5	12.9	104.6	20.6	68.2	11.2	109.4
四、特殊分组								
国家重点企业	19.6	80.4		119.6	31.8	65.3	2.9	128.9
乡镇企业	22.4	67.8	9.9	112.5	23.6	64.4	11.9	111.7
上市公司	21.7	73.7	4.6	117.0	9.5	82.9	7.6	101.9
国有控股企业	24.0	66.2	9.9	114.1	26.7	64.3	9.1	117.6
百家重点企业	18.5	80.3	1.2	117.3	25.8	70.5	3.7	122.1
名牌产品企业	24.9	68.8	6.4	118.5	28.8	62.1	9.1	119.7

3-39 国有控股企业景气指数

（2003年）

项　　目	一季度				二季度			
	偏好（%）	持平（%）	偏差（%）	景气指数	偏好（%）	持平（%）	偏差（%）	景气指数
企业家信心指数	**35.2**	**53.2**	**11.6**	**123.6**	**23.6**	**54.9**	**21.5**	**102.2**
企业景气指数	**41.1**	**48.3**	**10.6**	**130.5**	**29.4**	**51.6**	**18.9**	**110.5**
一、按企业规模分								
大型及特大型	55.7	34.1	10.3	145.4	38.9	54.0	7.1	131.9
特大型	58.9	41.1		158.9		100.0		100.0
大　型	55.3	33.3	11.4	143.9	43.3	48.9	7.9	135.4
中小型	33.6	55.7	10.8	122.9	24.5	50.4	25.1	99.5
中　型	33.7	57.7	8.7	125.0	25.9	51.3	22.8	103.1
小　型	33.5	53.4	13.1	120.5	23.0	49.4	27.6	95.4
二、不同观察指标的综合经营指数								
生产总量	39.0	32.0	29.0	109.9	36.0	28.2	35.8	100.1
盈利（亏损）变化	36.6	33.9	29.5	107.1	32.8	30.9	36.3	96.4
流动资金	26.4	43.1	30.5	95.9	23.5	41.3	35.2	88.3
货款拖欠	28.9	54.3	16.8	112.2	19.4	58.8	21.8	97.6
劳动力需求	13.6	69.9	16.5	97.2	11.4	64.6	24.1	87.3
固定资产投资	18.1	68.9	13.0	105.0	22.3	63.1	14.6	107.7

项　　目	三季度				四季度			
	偏好（%）	持平（%）	偏差（%）	景气指数	偏好（%）	持平（%）	偏差（%）	景气指数
企业家信心指数	**29.0**	**60.7**	**10.3**	**118.6**	**37.3**	**52.4**	**10.3**	**127.0**
企业景气指数	**35.9**	**56.9**	**7.2**	**128.7**	**42.8**	**51.1**	**6.1**	**136.6**
一、按企业规模分								
大型及特大型	51.6	46.2	2.2	149.4	67.7	30.6	1.7	166.0
特大型	32.2	67.8		132.2	65.0	35.0		165.0
大　型	53.8	43.8	2.5	151.3	68.0	30.1	1.9	166.1
中小型	27.7	62.6	9.8	117.9	29.7	61.9	8.4	121.3
中　型	26.7	65.2	8.0	118.7	32.5	60.1	7.5	125.0
小　型	28.7	59.7	11.7	117.0	26.6	63.9	9.5	117.2
二、不同观察指标的综合经营指数								
生产总量	48.9	32.6	18.6	130.3	44.6	31.6	23.7	120.9
盈利（亏损）变化	40.2	37.3	22.5	117.7	41.8	36.3	21.9	119.9
流动资金	25.2	46.5	28.3	97.0	28.4	40.9	30.7	97.7
货款拖欠	16.0	63.1	21.0	95.0	18.8	62.3	19.0	99.8
劳动力需求	13.0	73.8	13.3	99.7	12.7	73.5	13.8	98.9
固定资产投资	24.0	66.2	9.9	114.1	26.7	64.3	9.1	117.6

3-40 国有企业景气指数

（2003年）

项目	一季度				二季度			
	偏好（%）	持平（%）	偏差（%）	景气指数	偏好（%）	持平（%）	偏差（%）	景气指数
企业家信心指数	**31.5**	**53.4**	**15.1**	**116.4**	**23.4**	**52.2**	**24.4**	**99.0**
企业景气指数	**34.8**	**54.0**	**11.3**	**123.5**	**24.0**	**56.8**	**19.2**	**104.8**
一、按企业规模分								
大　型	42.8	49.4	7.8	135.0	28.0	67.8	4.2	123.8
中小型	31.6	55.7	12.7	119.0	22.4	52.4	25.2	97.2
中　型	32.3	57.5	10.2	122.1	21.1	55.3	23.6	97.6
小　型	31.0	54.0	15.1	115.9	23.6	49.6	26.8	96.8
二、不同观察指标的综合经营指数								
生产总量	40.7	29.9	29.4	111.3	36.5	26.4	37.1	99.3
盈利（亏损）变化	33.3	36.5	30.3	103.0	31.1	26.4	42.5	88.6
流动资金	21.7	43.9	34.4	87.4	18.9	41.7	39.3	79.6
货款拖欠	25.5	54.8	19.7	105.8	21.5	54.7	23.8	97.7
劳动力需求	11.3	72.0	16.8	94.5	10.0	66.1	23.9	86.1
固定资产投资	14.4	68.3	17.4	97.0	23.0	60.1	16.9	106.1

项目	三季度				四季度			
	偏好（%）	持平（%）	偏差（%）	景气指数	偏好（%）	持平（%）	偏差（%）	景气指数
企业家信心指数	**24.1**	**61.8**	**14.1**	**110.0**	**32.8**	**54.9**	**12.3**	**120.6**
企业景气指数	**31.1**	**59.9**	**9.1**	**122.0**	**34.0**	**58.9**	**7.1**	**126.9**
一、按企业规模分								
大　型	42.5	54.6	2.8	139.7	50.2	48.6	1.2	149.1
中小型	26.5	62.0	11.6	114.9	27.4	63.1	9.5	117.8
中　型	23.1	66.1	10.7	112.4	28.9	62.8	8.3	120.7
小　型	29.8	57.9	12.4	117.4	25.8	63.3	10.8	115.0
二、不同观察指标的综合经营指数								
生产总量	45.7	31.3	23.0	122.8	39.2	33.4	27.5	111.7
盈利（亏损）变化	39.9	32.8	27.3	112.5	39.8	34.0	26.2	113.6
流动资金	21.3	46.9	31.9	89.4	20.9	47.7	31.4	89.5
货款拖欠	14.0	65.8	20.2	93.8	19.3	60.9	19.8	99.5
劳动力需求	11.7	75.7	12.6	99.1	13.7	71.4	14.8	98.9
固定资产投资	20.7	66.4	13.0	107.8	25.4	64.0	10.6	114.8

3-41　有限责任公司景气指数

（2003年）

项　　目	一季度				二季度			
	偏好（%）	持平（%）	偏差（%）	景气指数	偏好（%）	持平（%）	偏差（%）	景气指数
企业家信心指数	**29.4**	**57.6**	**13.0**	**116.4**	**27.3**	**56.9**	**15.9**	**111.4**
企业景气指数	**36.3**	**55.6**	**8.1**	**128.3**	**34.7**	**52.7**	**12.6**	**122.1**
一、按企业规模分								
大型及特大型	42.0	51.7	6.3	135.7	50.7	45.4	3.9	146.8
特大型		100.0		100.0		100.0		100.0
大　型	50.3	42.2	7.5	142.8	60.9	34.5	4.7	156.2
中小型	34.9	56.6	8.5	126.4	30.8	54.5	14.7	116.1
中　型	37.2	56.4	6.4	130.8	27.3	57.1	15.6	111.7
小　型	33.6	56.7	9.7	123.9	32.8	53.0	14.2	118.7
二、不同观察指标的综合经营指数								
生产总量	24.4	43.4	32.3	92.1	35.3	33.1	31.6	103.8
盈利（亏损）变化	30.8	40.7	28.5	102.4	30.7	39.2	30.1	100.7
流动资金	23.3	46.3	30.4	92.9	20.2	49.1	30.7	89.5
货款拖欠	22.5	62.2	15.3	107.2	15.0	62.7	22.3	92.7
劳动力需求	13.0	66.3	20.7	92.3	14.2	63.3	22.5	91.7
固定资产投资	26.2	65.2	8.6	117.7	22.0	68.7	9.3	112.7

项　　目	三季度				四季度			
	偏好（%）	持平（%）	偏差（%）	景气指数	偏好（%）	持平（%）	偏差（%）	景气指数
企业家信心指数	**26.7**	**59.9**	**13.4**	**113.3**	**39.5**	**49.2**	**11.4**	**128.1**
企业景气指数	**36.8**	**53.6**	**9.6**	**127.1**	**36.4**	**56.4**	**7.2**	**129.2**
一、按企业规模分								
大型及特大型	59.9	26.5	13.6	146.3	46.4	40.5	13.1	133.3
特大型	92.1	8.0		192.1		100.0		100.0
大　型	53.4	30.2	16.4	137.1	55.8	28.5	15.7	140.0
中小型	31.4	59.9	8.7	122.7	34.2	60.0	5.9	128.3
中　型	37.3	58.7	4.0	133.3	30.7	64.0	5.3	125.3
小　型	28.0	60.6	11.4	116.7	36.2	57.7	6.2	130.0
二、不同观察指标的综合经营指数								
生产总量	41.6	37.6	20.9	120.7	39.1	36.6	24.3	114.8
盈利（亏损）变化	32.3	42.7	25.1	107.2	32.9	41.1	26.0	106.9
流动资金	19.2	50.0	30.8	88.4	23.4	46.5	30.1	93.2
货款拖欠	14.2	65.0	20.9	93.3	19.8	63.3	16.9	102.9
劳动力需求	15.4	67.8	16.7	98.7	17.3	67.5	15.2	102.1
固定资产投资	19.6	69.5	10.9	108.6	28.0	61.0	11.0	117.1

3-42 股份有限公司景气指数

（2003年）

项目	一季度				二季度			
	偏好（%）	持平（%）	偏差（%）	景气指数	偏好（%）	持平（%）	偏差（%）	景气指数
企业家信心指数	63.4	33.3	3.4	160.0	31.4	54.2	14.4	117.0
企业景气指数	63.9	29.7	6.5	157.4	39.5	44.6	16.0	123.5
一、按企业规模分								
大型及特大型	75.3	20.3	4.4	170.9	44.1	54.8	1.0	143.1
特大型	88.3	11.7		188.3		100.0		100.0
大　型	73.1	21.8	5.2	167.9	51.8	47.0	1.2	150.6
中小型	49.1	41.8	9.1	140.0	33.9	32.2	33.9	100.0
中　型	50.0	37.5	12.5	137.5	48.6	31.4	20.0	128.6
小　型	47.8	47.8	4.4	143.5	12.5	33.3	54.2	58.3
二、不同观察指标的综合经营指数								
生产总量	50.9	28.6	20.5	130.4	33.1	37.0	29.9	103.2
盈利（亏损）变化	41.1	37.7	21.3	119.8	34.2	36.9	29.0	105.2
流动资金	36.5	42.7	20.8	115.7	33.3	48.3	18.4	114.9
货款拖欠	35.7	49.6	14.7	121.0	15.0	60.6	24.5	90.5
劳动力需求	16.3	67.1	16.6	99.7	16.0	58.2	25.7	90.3
固定资产投资	16.8	68.8	14.3	102.5	20.3	66.0	13.7	106.6

项目	三季度				四季度			
	偏好（%）	持平（%）	偏差（%）	景气指数	偏好（%）	持平（%）	偏差（%）	景气指数
企业家信心指数	39.7	55.5	4.9	134.8	46.7	50.1	3.2	143.4
企业景气指数	46.8	50.0	3.3	143.5	62.7	35.3	2.0	160.8
一、按企业规模分								
大型及特大型	49.8	49.9	0.3	149.4	81.1	18.1	0.8	180.3
特大型	2.7	97.3		102.7	97.3	2.7		197.3
大　型	57.9	41.7	0.4	157.6	78.2	20.8	1.0	177.3
中小型	43.1	50.0	6.9	136.2	40.7	55.9	3.4	137.3
中　型	44.1	50.0	5.9	138.2	51.4	45.7	2.9	148.6
小　型	41.7	50.0	8.3	133.3	25.0	70.8	4.2	120.8
二、不同观察指标的综合经营指数								
生产总量	51.7	39.5	8.9	142.8	51.2	34.6	14.2	137.0
盈利（亏损）变化	48.0	40.8	11.2	136.9	51.7	36.5	11.8	139.9
流动资金	39.3	46.6	14.2	125.1	46.4	36.3	17.3	129.1
货款拖欠	22.7	57.6	19.6	103.1	21.5	60.6	17.9	103.7
劳动力需求	19.0	71.1	9.9	109.0	11.4	75.1	13.5	97.9
固定资产投资	27.4	65.7	6.9	120.6	19.5	69.7	10.8	108.7

3-43 上市公司景气指数

（2003年）

项　　目	一季度				二季度			
	偏好（%）	持平（%）	偏差（%）	景气指数	偏好（%）	持平（%）	偏差（%）	景气指数
企业家信心指数	80.1	19.7	0.2	180.0	35.4	61.8	2.8	132.6
企业景气指数	76.2	19.7	4.1	172.1	41.2	56.6	2.2	139.1
一、按企业规模分								
大型及特大型	79.1	15.2	5.8	173.2	45.3	54.7		145.3
特大型	88.3	11.7		188.3		100.0		100.0
大　型	76.8	16.0	7.2	169.6	56.3	43.7		156.3
中小型	69.2	30.8		169.2	30.8	61.5	7.7	123.1
中　型	88.9	11.1		188.9	44.4	44.4	11.1	133.3
小　型	25.0	75.0		125.0		100.0		100.0
二、不同观察指标的综合经营指数								
生产总量	50.6	33.5	16.0	134.6	37.6	49.4	12.9	124.7
盈利（亏损）变化	36.1	46.4	17.5	118.6	39.5	53.0	7.5	132.0
流动资金	35.4	50.9	13.7	121.7	38.9	45.9	15.2	123.8
货款拖欠	32.5	60.7	6.9	125.6	7.3	68.3	24.4	82.9
劳动力需求	13.3	76.9	9.7	103.6	17.3	57.4	25.3	92.0
固定资产投资	8.4	79.9	11.7	96.7	18.4	72.8	8.9	109.5

项　　目	三季度				四季度			
	偏好（%）	持平（%）	偏差（%）	景气指数	偏好（%）	持平（%）	偏差（%）	景气指数
企业家信心指数	41.1	56.0	2.9	138.3	45.2	52.4	2.4	142.8
企业景气指数	45.6	52.3	2.2	143.4	75.9	23.7	0.4	175.4
一、按企业规模分								
大型及特大型	45.3	54.7		145.3	87.5	11.8	0.6	186.9
特大型	2.7	97.3		102.7	97.3	2.7		197.3
大　型	55.7	44.3		155.7	85.2	14.1	0.8	184.4
中小型	46.2	46.2	7.7	138.5	46.2	53.9		146.2
中　型	55.6	33.3	11.1	144.4	55.6	44.4		155.6
小　型	25.0	75.0		125.0	25.0	75.0		125.0
二、不同观察指标的综合经营指数								
生产总量	46.9	47.1	6.0	140.9	55.9	38.1	6.1	149.8
盈利（亏损）变化	40.6	47.2	12.2	128.4	57.2	35.6	7.2	150.1
流动资金	41.6	41.5	16.9	124.6	56.4	30.6	13.1	143.3
货款拖欠	16.7	59.8	23.6	93.1	11.7	65.3	23.0	88.7
劳动力需求	16.3	77.3	6.4	109.8	9.5	82.4	8.1	101.3
固定资产投资	21.7	73.7	4.6	117.0	9.5	82.9	7.6	101.9

3-44 外商及港、澳、台投资企业景气指数

（2003年）

项　　目	一季度				二季度			
	偏好（%）	持平（%）	偏差（%）	景气指数	偏好（%）	持平（%）	偏差（%）	景气指数
企业家信心指数	**49.2**	**46.6**	**4.2**	**144.9**	**43.9**	**44.9**	**11.3**	**132.6**
企业景气指数	**42.6**	**50.6**	**6.8**	**135.8**	**35.0**	**58.6**	**6.3**	**128.7**
一、按企业规模分								
大型及特大型	53.1	41.5	5.4	147.7	45.0	52.4	2.6	142.4
特大型		100.0		100.0		100.0		100.0
大　型	57.6	36.5	5.9	151.8	48.9	48.3	2.8	146.1
中小型	31.8	59.9	8.3	123.5	24.7	65.1	10.2	114.4
中　型	30.2	65.6	4.2	126.0	26.3	63.2	10.5	115.8
小　型	33.1	55.4	11.6	121.5	23.3	66.7	10.0	113.3
二、不同观察指标的综合经营指数								
生产总量	38.2	31.4	30.3	107.9	36.5	32.8	30.7	105.8
盈利（亏损）变化	35.1	30.0	34.9	100.2	33.7	31.8	34.5	99.2
流动资金	35.8	47.9	16.3	119.5	35.3	47.3	17.5	117.8
货款拖欠	31.5	54.0	14.6	116.9	18.4	61.9	19.7	98.7
劳动力需求	32.9	53.5	13.6	119.3	26.8	54.2	19.0	107.9
固定资产投资	31.7	62.2	6.1	125.6	21.3	69.8	8.9	112.3

项　　目	三季度				四季度			
	偏好（%）	持平（%）	偏差（%）	景气指数	偏好（%）	持平（%）	偏差（%）	景气指数
企业家信心指数	**51.3**	**44.7**	**4.0**	**147.3**	**51.2**	**42.4**	**6.4**	**144.8**
企业景气指数	**53.2**	**44.5**	**2.3**	**150.9**	**45.9**	**51.4**	**2.7**	**143.2**
一、按企业规模分								
大型及特大型	65.1	34.4	0.5	164.5	53.8	45.4	0.8	153.0
特大型	32.0	68.0		132.0	32.0	68.0		132.0
大　型	67.9	31.5	0.6	167.4	55.7	43.4	0.9	154.8
中小型	40.6	55.2	4.3	136.3	37.4	57.8	4.7	132.7
中　型	39.8	58.1	2.2	137.6	39.1	58.7	2.2	137.0
小　型	41.2	52.9	5.9	135.3	36.1	57.1	6.7	129.4
二、不同观察指标的综合经营指数								
生产总量	56.9	27.9	15.2	141.7	43.5	34.3	22.3	121.2
盈利（亏损）变化	46.0	34.2	19.8	126.2	47.2	31.6	21.3	125.9
流动资金	36.9	50.0	13.1	123.8	42.1	41.6	16.3	125.7
货款拖欠	13.6	67.4	18.9	94.7	23.4	56.4	20.2	103.2
劳动力需求	33.7	58.8	7.5	126.2	30.0	62.0	8.0	122.0
固定资产投资	23.5	71.5	5.0	118.5	25.8	69.2	5.0	120.8

3-45 乡镇企业景气指数

（2003年）

项目	一季度				二季度			
	偏好（%）	持平（%）	偏差（%）	景气指数	偏好（%）	持平（%）	偏差（%）	景气指数
企业家信心指数	**38.0**	**52.5**	**9.5**	**128.5**	**33.1**	**51.5**	**15.4**	**117.7**
企业景气指数	**34.9**	**56.5**	**8.6**	**126.2**	**23.2**	**66.5**	**10.3**	**113.0**
一、按企业规模分								
大　型	47.4	50.8	1.8	145.7	35.5	62.8	1.8	133.7
中小型	31.1	58.3	10.7	120.4	19.6	67.7	12.8	106.9
中　型	22.2	55.6	22.2	100.0	36.8	57.9	5.3	131.6
小　型	32.9	58.8	8.2	124.7	15.7	69.9	14.5	101.2
二、不同观察指标的综合经营指数								
生产总量	31.0	37.9	31.1	99.9	26.4	38.6	35.0	91.4
盈利（亏损）变化	26.6	31.0	42.4	84.2	19.9	43.8	36.3	83.5
流动资金	16.4	47.2	36.4	80.0	20.7	47.8	31.5	89.2
货款拖欠	27.0	52.1	20.9	106.2	15.5	55.4	29.1	86.3
劳动力需求	21.8	61.5	16.6	105.2	16.0	60.4	23.6	92.4
固定资产投资	26.4	59.8	13.8	112.6	20.1	67.2	12.7	107.4

项目	三季度				四季度			
	偏好（%）	持平（%）	偏差（%）	景气指数	偏好（%）	持平（%）	偏差（%）	景气指数
企业家信心指数	**43.5**	**41.9**	**14.7**	**128.8**	**44.2**	**48.3**	**7.5**	**136.7**
企业景气指数	**35.0**	**57.1**	**8.0**	**127.0**	**36.2**	**57.2**	**6.6**	**129.6**
一、按企业规模分								
大　型	50.9	44.3	4.7	146.2	48.8	48.8	2.4	146.4
中小型	30.0	61.0	9.0	121.0	32.4	59.8	7.8	124.5
中　型	38.9	55.6	5.6	133.3	38.9	55.6	5.6	133.3
小　型	28.1	62.2	9.8	118.3	31.0	60.7	8.3	122.6
二、不同观察指标的综合经营指数								
生产总量	42.3	45.3	12.4	129.8	37.7	44.8	17.5	120.2
盈利（亏损）变化	31.8	44.0	24.2	107.6	31.1	41.8	27.1	104.1
流动资金	22.7	47.4	29.9	92.8	24.7	43.5	31.8	92.9
货款拖欠	21.8	52.4	25.8	96.0	18.4	60.3	21.3	97.0
劳动力需求	32.5	55.8	11.7	120.8	25.5	62.0	12.6	112.9
固定资产投资	22.4	67.8	9.9	112.5	23.6	64.4	11.9	111.7

四 企业集团

2004

FUJIAN ENTERPRISE YEARBOOK

2003年福建省企业集团发展概述

2003年我省企业集团以改革、创新为契机，努力克服“非典”疫情和持续干旱等不利因素，加大优化重组力度，不断向规模化、市场化迈进，运行质量良好，实力进一步增强，经济效益显著提高，建立现代企业制度成效显著，但存在问题值得关注。

一、企业集团运营情况良好

1.优化重组力度加大，整体实力增强。

我省企业集团加大兼并、重组力度，企业集团整体实力进一步增强。如：厦门国际航空港集团有限公司收购重组福州长乐国际机场与与龙岩冠豸山机场，福建省冶金（控股）有限责任公司重组福建省三钢(集团)有限责任公司等等。同时，多数企业集团加大企业技术改造、厂房修建、设备购置、生产经营拓展等方面的力度。据省企调队对我省年营业收入0.5亿元以上的239家企业集团调查，239家企业集团2003年共完成固定资产投资额82.09亿元，比上年增长85.5%。固定资产投资完成额超亿元以上的企业集团有15家，居前5位的是福建省冶金(控股)有限责任公司、福耀玻璃工业集团、恒安集团、福建省汽车工业集团、福建省煤炭工业集团。

企业集团整体实力增强、资产规模扩大。2003年末，239家企业集团拥有1609家成员企业，拥有资产总额达1987.12亿元，比上年增长20.5%，每一集团平均资产达83143万元，比2002年末每家平均增加10646万元，每一集团平均拥有6.7家成员企业。固定资产原价754.65亿元，增长27.6%；无形资产56.04亿元，增长82.9%；流动资产平均余额989.74亿元，增长14.8%。资产超过5亿元的有81家，其中资产10-50亿元的有41家，50亿元以上的有7家.居前五位的是厦门建发集团(145.84亿元)、福建省冶金(控股)有限责任公司（99.78亿元)、福建省轻纺(控股)有限责任公司(69.46亿元)、福建省汽车工业集团（64.61亿元)、福建省煤炭工业集团（58.17亿元)。

2.资产经营能力提高，生产、效益大幅增长。

企业集团积极发挥规模优势，经济效益大幅提升。2003年，239家企业集团共完成营业收入1417.34亿元，比上年增长22.0%.其中主营业务收入达1399.19亿元，占营业收入的98.7%，比上年增长21.6%；实现利润总额78.05亿元，比上年增长47.2%，销售利润率达5.5%，比上年提高1.0个百分点。分行业看：工业、交通运输仓储邮政业、信息传输计算机服务软件业、批发零售业实现利润分别比上年增长55.8%、36.4%、53.9%、44.3%，受”非典”疫情影响，租赁和商务服务业、住宅和餐饮业.利润大幅下滑。

资产运营能力提高。2003年，239家企业集团的净资产收益率、资产利税率、总资产报酬率分别为7.1%、5.4%、5.0%，分别比上年提高1.3、0.6、0.7个百分点。

生产大幅增长。2003年，239家企业集团中，农林牧渔业总产值7.37亿元，增长94.7%；工业总产值826.09亿元，增长22.6%；建筑业总产值98.37亿元，增长32.5%；完成货运总量12639万吨，增长22.5%，客运总量6666万吨，增长4.7%；外贸出口总额170696万美元，增长3.9%。

3.上缴税金成为财政收入重要来源，职工收入稳步提高。

2003年，239家企业集团共上缴税金61.69亿元.比上年增长20.7%.占全省财政总收入的11.2%。从业人员年末人数达44.81万人，比上年增长6.2%，其中在岗职工增长7.4%。从业人员劳动报酬65.87亿元，增长18.0%，在岗职工劳动报酬增长18.8%。企业集团从业人员劳动生产率达31.63万元，比上年增加4.10万元。

4.科技实力壮大，创新成果显著。

一是研发队伍壮大。2003年，239家企业集团共有研究开发人员7566人，增长17.6%，比在岗职工人数增速高10.2个百分点。研发人员占在岗职工的比重为1.7%，比上年提高0.2个百分点。

二是研发经费增加。239家企业集团全年共投入研究开发费用达8.26亿元，比上年增长35.2%。

三是研发实力增强。至2003年末，239家企业集团中已建立技术中心的有101家，占被调查企业的42.3%.技术中心设施、经费和人员基本能满足需要的占 80.2%。企业获得新产品新技术的途径.认同自主开发的占 48.5%;认同引进技术消化吸收和创新的占 34.3%；认同与院校科研机构联合开发的占 27.6%；认同接受技术成果转让的占 15.5%。近三年来全省企业集团中有40家企业集团获得国内专利申请授权.应用率达 100%.另有 5 家获得美国专利申请授权.100%的专利得到应用。四是科技成果转化效益明显。2003 年实现新产品销售收入 121.12 亿元，比上年增长 29.8%,企业新产品销售收入占营业收入的比重由 8.0 %上升至 8.6%，提高了 0.5 个百分点。

5.国有控股企业集团发展潜力和实力增强。

2003 年，国有控股企业集团各项指标趋优，在企业集团做大做强中起到了中流砥柱的作用。与其他控股企业集团相比，国有控股企业集团发展潜力和实力显现：（1）营业收入比重最大，增长速度最快。76 家国有控股企业集团实现的营业收入占 239 家企业集团 66.5%,增长速度比 239 家企业集团高出 1.5 个百分点，分别比 19 家集体控股、144 家私营企业集团平均水平高 4.3 和 4.4 个百分点。（2）资本实现保值增值，资产负债率下降。国有控股企业集团资本保值增值率达 123.0%.比私营企业集团的增幅高 4.9 个百分点。资产负债率为 59.6%，比上年下降 1.3 个百分点。（3）盈利能力增强，利税大幅增长。国有控股企业集团实现利税总额占 239 家企业集团的 50.8%，比上年增长 39.1%.较私营企业集团高 31.5 个百分点。盈亏相抵后实现利润 41.35 亿元，比上年增长 64.6%。76 家国有绝对控股企业集团中盈利比上年增长的 33 家，扭亏为盈的 5 家，减亏的 10 家。亏损面减少，整体盈利能力增强。

二、企业集团建立现代企业制度成效显著

1.体制改革进一步深化。

一是实现了比较彻底的产权制度改革。239 家企业集团中，有 180 家企业集团母公司已改为公司制企业，占 239 家企业集团的 75.3%，其中母公司为国有独资公司 46 家，占 180 家改制母公司的 25.5%；其他有限责任公司 107 家，占 59.4%；股份有限公司 17 家，占 9.4%；中外合资和港澳台合资企业 10 家，占 5.5%。

二是母子公司体制基本建立，母公司核心地位增强。239 家企业集团中已经建立母子公司体制的集团有 222 家，占 92.9%，有 79 家企业集团已执行合并报表制度。母公司的核心地位也进一步加强，有 94.1%的集团母公司能够对集团发展战略进行统一决策，有 83.7%的集团母公司能够对集团重大投融资项目进行统一决策，79.1%集团母公司统一制定财务管理制度，45.6%的企业集团母公司统一科研开发.43.1%的企业集团母公司统一决策集团涉外贸易和经济技术合作项目。

三是出资人进一步明确，基本可以行使权利。239 家企业集团中，235 家企业集团已明确了母公司出资人，企业集团子公司出资人已全部明确的有 223 家。在已明确出资人的 235 家集团母公司中，九成企业集团母公司能够行使企业重大经营决策权，近七成企业集团母公司可以行使选择企业经营者的权力，六成企业集团母公司有收取资产收益的权力。

四是法人治理结构逐步规范，并能发挥作用。239 家企业集团母公司中，成立股东大会有 125 家，占调查集团的 69.4%，成立董事会的有 179 家，占 99.4%，其中 69.8%的母公司董事会成员由出资人委派，设立独立董事的有 74 家，占 41.3%，成立监事会的有 87 家，占 48.3%。母公司的总经理产生方式以董事会聘任为主要形式，占 59.0%。七成以上的股东会、董事会、监事会和总经理都能够行使《公司法》所赋予的各项主要权力。通过”新三会”的建立，企业的权力机构、决策机构、执行机构和监督机构相互独立、相互制衡、相互协调的机制已基本形成。

五是配套政策基本落实，多渠道增加企业资本金。近年来，我省为了扶持企业集团的发展，相继出台了一系列有利于企业集团发展的配套政策，在构建良好的市场运作机制的同时，给予企业充分的经营自主权，为企业的生产经营活动创造了较好的外部环境。239 家企业集团中，87.9%的集团拥有投资自主权， 65.3%的集团拥有自营产品进出口权，64.4%的集团拥有对外担保权，36.4%的集团拥有对外工程承包与劳动合作权，24.3%的集团拥有境外融资权，20.5%的集团拥有合并纳税权，但目前还没有一家企业集团内部成立财务公司。

政府为了促进企业集团的发展，拓宽了企业集团增加资本金的渠道。239 家企业集团中，有 39 家集团贷款转投资增加国家资本金，31 家集团由经营性基金划转为国家资本，24 家集团通过地方政府拨

改贷划转为国家资本，9家通过中央政府拨改贷划转国家资本金，另外还有4家通过债权转股权增加国家资本金。

2.企业集团劳动人事制度改革取得新突破。

一是企业集团劳动用工制度改革基本到位。239家企业集团中.84.1%企业集团与职工通过平等协商签订劳动合同、确定劳动关系；83.7%企业集团的内部管理人员已实行公开竞聘、择优录用制度，企业内部已经形成能上能下的机制；78.2%企业集团改革用工制度，根据生产经营需要依法自主决定招聘职工，已经实现全员竞争上岗制度，形成职工能进能出的机制；69.0%企业集团已经打破传统的”干部”和”工人”之间的界限，变身份管理为岗位管理；随着企业集团改革纵深发展，企业集团的社会保险意识不断加强，2003年企业集团劳动待业保险费占从业人员劳动报酬的比重为11.4%，其中有87.9%的集团公司已足额缴纳社会保险费。

二是分配制度不断创新，多种生产要素参与收益分配。239家企业集团中，有213家企业集团实行岗位工资为主的工资制，占89.1%。与此同时，多种生产要素参与收益分配的新形式普遍推行。企业经营者实行年薪制的企业集团有109家.占45.6%；企业经营者持有股权、股票期权的企业集团有43家，占18.0%;实行科技人员工资收入分配激励机制的企业集团有113家，占47.3%。此外.工资集体协商制度和职工持股分配制等新颖的分配方式也在相当一部分企业集团施行，其比例分别为27.2%和8.0%。

3.企业集团管理更为科学化。

一是决策管理进一步科学化。随着企业集团法人治理结构日臻完善，产权清晰、权责明确、管理科学的现代企业制度的确立，科学合理的内部管理制度已逐步形成。调查的239家企业集团中，88.3%企业集团摒弃了传统的粗放式决策方式，确立了重大事项决策程序制度，23.4%企业集团在扩张过程中开始尝试更为科学有效的事业部制，66.1%企业集团对管理制度进行了创新，并取得了较好的效果，很好和较好的认同率达91.1%。

二是企业财务管理进一步规范化。调查的239家企业集团中，33.1%企业集团实行合并会计报表制度，53.1%企业集团实施财务总监委派制.74.9%企业集团实施预算管理制度，达到及时预警，合理控制经营风险，另有48.1%企业集团实行产权代表管理制度。

三是企业集团管理进一步与国际接轨。中国加入WTO后，ISO认证的意义进一步为企业集团所认识，多数企业集团踊跃认领国际通行证。调查的239家企业集团中，有167家企业集团主要产品（服务）已通过ISO9000-9004质量体系认证，占239家集团的69.9%。有48家企业集团主要产品（服务）通过ISO14000环境体系认证，占20.1%，有43家企业集团主要产品(服务)还通过其他国际认证，占18.0%。

四是企业管理初步实现信息化。随着全球信息化发展进程的加快，积极推进企业信息化建设成为企业集团发展的必然趋势。调查的239家企业集团中，有103家企业集团建立了自己的商业网站，占调查数的43.1%。

三、企业集团运行中的问题与障碍

从总体情况看，我省企业集团运营良好，已成为我省经济发展的主力军。但应当看到，我省企业集团经济运行中仍存在一些问题，主要表现为：

1.科技投入相对不足影响企业集团竞争力。

国际企业界普遍认为，研究开发费用占主营业务收入比重5%以上才有竞争力，占2%仅够维持，不足1%的企业则难以生存.而作为我省企业领头羊的239家企业集团2003年研究开发费占主营业务收入的比重仅为1.2%，有57.7%的企业集团没有建立技术研究开发中心。有33.9%和33.5%的企业集团负责人认为”产品缺乏竞争力与科研开发能力弱”是影响集团生产经营的主要原因，研究开发投入不足影响了企业集团的核心竞争力。

2.还有相当部分企业集团或成员企业经济效益不理想。

从2003年我省企业集团盈利情况看，利润来源主要集中在几家大企业集团。如福建省冶金(控股)有限责任公司、福建省汽车工业集团等13家企业集团共实现利润48.49亿元，占239家企业集团利润总额的62.1%。有23家企业集团出现亏损，亏损面达13.4%。从集团内部各成员公司看，也有相当部分成员企业经济效益不理想。如福建省冶金(控股)有限责任公司的盈利主要是福建省三钢(集团)有限责任公司，三钢公司利润占该集团利润的85.9%，其属下15家成员公司，有4家出现亏损。

3.部分企业集团内部管理不规范。

我省企业集团的母子公司框架初步形成，法人治理结构基本成立，但是，实际运作的规范化水平不高 。据对239家企业集团经营者的问卷调查，分别有30.1%、21.3%企业集团负责人认为”缺乏对经营者的激励和约束机制”、”集团内部母公司体制不健全”是集团内部管理所面临的主要问题。另外，有 8.4%的企业集团认为产权管理部门职能弱，有18.8%的企业产权关系不顺，无法按照产权关系对集团内的企业实行统一的专业化分工和结构调整，企业集团的整体优势难以发挥。

4.企业集团实施兼并、资产重组的主要障碍。

一是资本市场、产权交易市场不健全。52.3%企业集团认为资本市场、产权交易市场不健全是影响企业集团实施兼并、资产重组的主要障碍。资本市场的不健全，将阻滞社会资源的配置和再配置，影响企业集团融资。产权交易市场发展滞后，一方面使相当部分产权交易特别是公有资产的产权交易未能真正纳入统一的市场轨道，效率不高。另一方面，使得大量存量资产难以获得流动、重组的畅通渠道，不得不在低效率的领域僵滞。

二是被兼并企业的银行历史欠帐难以处理。41.8%企业集团认为被兼并企业沉重的历史债务也是影响企业集团实施资产重组的另一主要因素。据调查，一些企业集团在实施兼并重组过程中，往往将被兼并企业的优良资产吸纳进来，而将其职工和其他不良资产剥离出去，从而引发如何合理处置不良资产，盘活存量资产的新问题。

三是国有资产管理体制改革滞后。43.9%企业集团认为国有资产管理体制改革滞后已严重影响企业集团的兼并重组。我省企业集团以国有及控股企业集团为主，现行的国有资产管理体制，职责不明，边界不清，使得企业集团产权关系难以明晰，影响企业集团的兼并重组。

四是无法安置被兼并企业的职工。36.9%企业集团认为安置被兼并企业的职工也是困扰企业集团兼并重组的一大障碍。被兼并企业多为濒临死亡没有活力的企业，其冗员较多，在社会保障制度尚不健全的情况下，如何选择良好的社会消化途径安置被兼并企业的职工，已是企业改革的关键。

4-1 企业集团主要经济指标变化情况

（2002 年-2003 年）

项　　目	计量单位	2002 年	2003 年	2003 年比 2002 年增长（%）
单位数	个	247	239	-3.2
年末资产总计	万元	17635449	19871247	12.7
固定资产原价	万元	6620813	7546522	14.0
累计折旧	万元	1970425	2211493	12.2
＃本年折旧	万元	297510	356225	19.7
累计对外投资	万元	1557836	1813989	16.4
＃本年对外投资	万元	218764	225730	3.2
存货	万元	2308402	2701009	17.0
流动资产年平均余额	万元	9111178	9897364	8.6
应收帐款	万元	1720722	1732925	0.7
年末负债合计	万元	10383173	11145846	7.4
＃流动负债	万元	8711266	9518813	9.3
年末股东(所有者)权益合计	万元	6400358	7402623	15.7
＃股本(实收资本)	万元	3975971	4370718	9.9
主营业务收入	万元	11919987	13991948	17.4
＃主营业务成本	万元	9815974	11719932	19.4
＃主营业务税金及附加	万元	143186	150610	5.2
其他业务收入	万元	138272	181467	31.2
新产品销售收入	万元	938452	1211247	29.1
出口销售总值	万元	2738194	2690013	-1.8
存货跌价损失和营业、管理、财务等费用合计	万元	1305774	1481573	13.5
＃税金	万元	29168	39713	36.2
＃劳动、待业保险费	万元	93384	75371	-19.3
＃利息支出	万元	236738	214926	-9.2
投资收益	万元	68191	109863	61.1
营业外收入	万元	31837	33772	6.1
利润总额	万元	534623	780460	46.0
应交所得税	万元	126592	165540	30.8
应交增值税	万元	226901	261016	15.0
研究开发费用	万元	63929	82619	29.2
从业人员年末人数	人	458908	448132	-2.3
＃在岗职工	人	446877	439035	-1.8
＃研究开发人员	人	6894	7566	-8.9
从业人员劳动报酬	万元	604153	658732	9.0
＃在岗职工	万元	592483	649278	9.6
＃研究开发人员	万元	15249	21885	43.5
资产负债率	%	58.9	56.1	-2.8
营业收入利润率	%	4.4	5.5	1.1
成本费用利润率	%	4.8	5.9	1.1
资产利税率	%	5.1	6.0	0.9
净资产收益率	%	5.6	7.1	1.5
总资产报酬率	%	4.4	5.0	0.6

注:本表统计范围为年营业收入 5000 万元以上的企业集团。

4-2 企业集团主要经济指标

（2003 年）

单位:万元

项目	单位数（个）	年末资产总计	固定资产原价	累计折旧	#本年折旧
总计	239	19871247	7546522	2211493	356225
一、按母公司控股情况分					
国有及国有控股	76	13085635	5002932	1554795	228249
国有绝对控股	66	11703812	4609619	1454314	209209
国有相对控股	10	1381823	393313	100481	19040
集体及集团控股	19	877653	230048	50744	8512
集体绝对控股	14	403917	147528	35178	4946
集体相对控股	5	473736	82520	15566	3566
其他	144	5907959	2313542	605954	119464
二、按母公司登记注册类型分					
国有企业	19	458470	171697	71650	6833
公司制企业	180	18571697	6976315	2038308	332616
国有独资企业	46	11209353	4413735	1374867	200684
其他有限责任公司	107	4457832	1563270	371132	80017
股份有限公司	17	2419423	789598	209000	40061
中外合资企业	4	159975	118379	56803	8650
港澳台合资企业	6	325114	91333	26506	3204
其他	40	841080	398510	101535	16776
三、按母公司企业规模分					
大型	12	1705026	485559	147225	29861
中型	57	4988618	2222780	563743	123904
小型	98	3198830	1210012	319215	48049
其他	72	9978773	3628171	1181310	154411
四、按集团主营行业分					
农、林、牧、渔业	5	56144	16435	3584	415
工业	149	10477124	4748626	1414669	224483
采矿业	1	581716	223314	59446	9292
制造业	143	9427020	4368164	1322177	207653
电力、燃气及水的生产和供应业	5	468388	157148	33046	7538
建筑业	12	1153867	188542	70295	9752
交通运输、仓储和邮政业	7	1617510	1211729	368302	49928
信息传输、计算机服务和软件业	1	36355	7640	1310	122
批发和零售业	44	4545116	1087797	266342	60851
住宿和餐饮业	5	169928	92939	21355	3060
金融业	1	542171	13373	5079	412
房地产业	11	826568	78977	23869	3956
其他	4	446464	100464	36688	3246
#租赁和商务服务业	3	427981	89770	32360	2568

注:本表统计范围为年营业收入 5000 万元以上的企业集团。

4-2 续表 1　　　　　　（2003 年）　　　　　　单位:万元

项　　目	累计对外投资	#本年对外投资	存货	流动资产年平均余额	应收帐款
总　计	1813989	225730	2701009	9897364	1732925
一、按母公司控股情况分					
国有及国有控股	1527245	147342	1659649	6571001	1066519
国有绝对控股	1374723	113022	1366494	5821103	994071
国有相对控股	152522	34320	293155	749898	72448
集体及集团控股	6571	897	140949	425470	104913
集体绝对控股	6507	897	92326	252130	68446
集体相对控股	64		48623	173340	36467
其他	280173	77491	900411	2900893	561493
二、按母公司登记注册类型分					
国有企业	65286	28484	49051	221485	29701
公司制企业	1738397	196587	2498592	9241565	1592251
国有独资企业	1306431	84004	1317410	5593638	963742
其他有限责任公司	166934	37562	685100	2155950	374369
股份有限公司	255559	72795	404718	1202071	169522
中外合资企业	2120		23021	80175	20659
港澳台合资企业	7353	2226	68343	209731	63959
其他	10306	659	153366	434314	110973
三、按母公司企业规模分					
大型	125422	20425	312449	1008402	222247
中型	388305	45816	609445	2364545	505606
小型	319880	65207	349254	1545138	351226
其他	980382	94282	1429861	4979279	653846
四、按集团主营行业分					
农、林、牧、渔业	7897	912	4332	18537	4320
工业	643358	117261	1433967	4815824	811681
采矿业	7882	370	27916	257963	16344
制造业	601629	105365	1375742	4404298	751283
电力、燃气及水的生产和供应业	33847	11526	30309	153563	44054
建筑业	69722	5826	232410	849093	188640
交通运输、仓储和邮政业	203944	25931	19290	401428	72212
信息传输、计算机服务和软件业	3382		2307	28224	1696
批发和零售业	524834	42881	770395	2747467	537010
住宿和餐饮业	7748		12613	53261	12798
金融业	49011	2946	8488	340648	54011
房地产业	81669	17973	199991	505574	43617
其他	222424	12000	17216	137308	6940
#租赁和商务服务业	222424	12000	10827	128323	6933

4-2 续表2 （2003年） 单位:万元

项　　目	年末负债合计	#流动负债	年末股东(所有者)权益合计	#股本(实收资本)	主营业务收入
总　计	**11145846**	**9518813**	**7402623**	**4370718**	**1399194**
一、按母公司控股情况分					
国有及国有控股	7798863	6618984	4212368	2317549	9282380
国有绝对控股	6947962	5828765	3730031	2110262	8129491
国有相对控股	850901	790219	482337	207287	1152889
集体及集团控股	435848	393789	378353	241336	742953
集体绝对控股	216131	185364	183577	117712	458272
集体相对控股	219717	208425	194776	123624	284681
其他	2911135	2506040	2811902	1811833	3966615
二、按母公司登记注册类型分					
国有企业	238120	206209	170658	75111	378910
公司制企业	10510400	8973349	6798067	3990860	12813101
国有独资企业	6687527	5607997	3545699	2022406	7741173
其他有限责任公司	2121512	1911526	2166069	1426048	2984723
股份有限公司	1457278	1216809	864835	388759	1649855
中外合资企业	35561	33092	104872	71159	224413
港澳台合资企业	208522	203925	116592	82488	212937
其他	397326	339255	433898	304747	799937
三、按母公司企业规模分					
大型	1105363	967346	578237	312506	1730815
中型	2893322	2498816	1800739	1028301	3829058
小型	1599725	1363786	1436471	816481	2535022
其他	5547436	4688865	3587176	2213430	5897053
四、按集团主营行业分					
农、林、牧、渔业	24903	20715	30532	13647	75402
工业	5334047	4504472	4246364	2544566	7638746
采矿业	345823	273438	199945	148240	271009
制造业	4741554	4018117	3880822	2305706	7174478
电力、燃气及水的生产和供应业	246670	212917	165597	90620	193259
建筑业	777151	745655	365568	220378	929318
交通运输、仓储和邮政业	756484	429378	755649	298417	393417
信息传输、计算机服务和软件业	7762	7762	28616	15000	424
批发和零售业	3065943	2751649	1189796	704246	4704581
住宿和餐饮业	80261	70710	89667	71090	36430
金融业	380542	338085	161570	60000	3558
房地产业	563758	525221	247120	182833	133816
其他	154995	125166	287741	260541	76256
#租赁和商务服务业	150986	121229	273267	242071	74974

4-2 续表 3 （2003 年） 单位:万元

项　　目	#主营业务成本	#主营业务税金及附加	其他业务收入	新产品销售收入	出口销售总额
总　计	11719932	150610	181467	1211247	2690013
一、按母公司控股情况分					
国有及国有控股	7894496	109634	140181	851908	1586909
国有绝对控股	6897088	91676	130711	779387	1404432
国有相对控股	997408	17958	9470	72521	182477
集体及集团控股	618043	6987	2742	9915	102959
集体绝对控股	406125	464	1939	417	94496
集体相对控股	211918	2342	803	9498	8463
其他	3207393	33989	38544	349424	1000145
二、按母公司登记注册类型分					
国有企业	326027	1289	2095	3052	237944
公司制企业	10713802	138120	176783	1197524	2190620
国有独资企业	6562842	89977	125838	776335	1166488
其他有限责任公司	2400779	28003	35709	249316	451968
股份有限公司	1377017	19402	12378	76626	259921
中外合资企业	187384	218	923		208182
港澳台合资企业	185780	520	1935	95247	104061
其他	680103	11201	2589	10671	261449
三、按母公司企业规模分					
大型	1508333	17272	9299	72193	338459
中型	3272200	34575	40728	239987	644887
小型	2182990	22322	25310	75299	807797
其他	4756409	76441	106130	823768	898870
四、按集团主营行业分					
农、林、牧、渔业	65941	1742	520	417	11838
工业	6137231	77259	108534	1197895	1270386
采矿业	211264	4266	15257		34944
制造业	5764195	71036	90097	1197822	1233623
电力、燃气及水的生产和供应业	161772	1957	3180	73	1819
建筑业	810832	30148	11339		1000
交通运输、仓储和邮政业	270481	11788	14071		4991
信息传输、计算机服务和软件业	450	62	290		
批发和零售业	4264088	18859	39873	12935	1390394
住宿和餐饮业	13504	1574	833		3383
金融业	619	107	414		
房地产业	95855	7588	3992		62
其他	60931	1483	1601		7959
#租赁和商务服务业	60737	1277	1480		7959

4-2 续表 4　　　　(2003 年)　　　　单位:万元

项　　目	存货跌价损失和营业、管理、财务等费用合计	#税　金	#劳动待业保险费	#利息支出	投资收益
总　计	1481573	39713	75371	214926	109863
一、按母公司控股情况分					
国有及国有控股	977889	28682	64505	144171	80454
国有绝对控股	850514	26846	61834	121404	66609
国有相对控股	127375	1836	2671	22767	13845
集体及集团控股	47222	890	1256	5011	8555
集体绝对控股	29253	353	989	3025	461
集体相对控股	17969	537	267	1986	8094
其他	456462	10141	9610	65744	20854
二、按母公司登记注册类型分					
国有企业	44365	945	3612	4444	6346
公司制企业	1375036	36352	70119	200742	102394
国有独资企业	803995	25806	57668	116862	60044
其他有限责任公司	337095	6475	5839	41040	24096
股份有限公司	195846	3216	4522	39707	18216
中外合资企业	17931	432	1736	592	-128
港澳台合资企业	20169	423	354	2541	166
其他	62172	2416	1640	9740	1123
三、按母公司企业规模分					
大型	164893	2504	6485	24282	14445
中型	395304	14202	11605	62263	36284
小型	228283	6598	8510	29292	18953
其他	693093	16409	48771	99089	40181
四、按集团主营行业分					
农、林、牧、渔业	3399	18	27	394	20
工业	901234	20602	47411	117533	39285
采矿业	52350	663	11684	2149	2090
制造业	832821	18657	35501	112677	36478
电力、燃气及水的生产和供应业	16063	1282	226	2707	717
建筑业	64280	560	6807	13096	6374
交通运输、仓储和邮政业	86446	6207	6303	16259	5035
信息传输、计算机服务和软件业	1145	70	100	-25	-741
批发和零售业	354525	10498	12914	54662	44423
住宿和餐饮业	14942	939	488	1331	521
金融业	5740	112	219	941	2703
房地产业	26988	348	206	7779	7743
其他	22874	359	896	2956	4500
#租赁和商务服务业	21621	355	876	2917	4500

4-2 续表 5　　　　（2003 年）　　　　单位:万元

项　目	营业外收入	利润总额	应交所得税	应交增值税	研究开发费用
总　计	33772	780460	165540	261016	82619
一、按母公司控股情况分					
国有及国有控股	25707	413455	112886	158245	51823
国有绝对控股	25136	377892	94864	142688	45966
国有相对控股	571	35563	18022	15557	5857
集体及集团控股	604	80694	5447	10096	1623
集体绝对控股	404	19257	2697	4773	611
集体相对控股	200	61437	2750	5323	1012
其他	7461	286311	47207	92675	29173
二、按母公司登记注册类型分					
国有企业	1086	15887	4436	6043	1142
公司制企业	32067	728691	153716	240306	79297
国有独资企业	23971	361720	90207	136616	44824
其他有限责任公司	932	251028	35361	71362	20920
股份有限公司	7021	89634	24399	31497	11251
中外合资企业	106	17725	1796	-1678	347
港澳台合资企业	37	8584	1953	2509	1955
其他	619	35882	7388	14667	2180
三、按母公司企业规模分					
大型	2086	62028	8748	20969	8783
中型	16162	176998	31491	53667	17897
小型	6182	131743	29829	37757	7085
其他	9342	409691	95472	148623	48854
四、按集团主营行业分					
农、林、牧、渔业	73	4124	8	21	82
工业	17648	592165	115015	252390	81452
采矿业	586	8582	1784	12567	
制造业	16684	564103	109073	234942	81372
电力、燃气及水的生产和供应业	378	19480	4158	4881	80
建筑业	595	15479	5560	870	84
交通运输、仓储和邮政业	4211	49495	10995	836	
信息传输、计算机服务和软件业	2	-1682			
批发和零售业	11363	110204	30755	5869	991
住宿和餐饮业	1942	878	564	304	10
金融业	65	32	242		
房地产业	-2267	12001	2158	726	
其他	140	-2236	243		
#租赁和商务服务业	134	-1892	228		

4-3 企业集团从业人员和劳动报酬

（2003 年）

项　　目	从业人员年末人数（人）	#在岗职工	#研究开发人员	从业人员劳动报酬（万元）	#在岗职工	#研究开发人员
总　计	**448132**	**439035**	**7566**	**658732**	**649278**	**21885**
一、按母公司控股情况分						
国有及国有控股小计	207622	202474	3187	388207	381878	11099
国有绝对控股	196788	191739	2602	368748	362493	9150
国有相对控股	10834	10735	585	19459	19385	1949
集体及集团控股小计	19393	19139	395	18553	18302	990
集体绝对控股	13960	13777	252	12832	12648	539
集体相对控股	5433	5362	143	5721	5654	451
其他	221117	217422	3984	251972	249098	9796
二、按母公司登记注册类型分						
国有企业	8854	8841	268	14610	14580	611
公司制企业小计	395045	386294	6897	603788	594814	20316
国有独资企业	186515	181479	2334	352803	346578	8539
其他有限责任公司	152236	148990	2633	173910	171819	6521
股份有限公司	26255	25905	1452	40402	39959	3804
中外合资企业	22065	22057	30	26250	26246	41
港澳台合资企业	7974	7863	448	10423	10212	1411
其他	44233	43900	401	40334	39884	958
三、按母公司企业规模分						
大型	41076	39146	1299	66935	65165	3416
中型	107543	106925	1229	153749	153319	4037
小型	85186	82246	1967	112588	111204	4152
其他	214327	210718	3071	325460	319590	10280
四、按集团主营行业分						
农、林、牧、渔业	1273	1209	43	1226	1181	142
工业小计	315054	310382	7040	430206	425025	20827
采矿业	21040	21015		30563	30489	
制造业	290816	286536	7030	394824	390104	20811
电力、燃气及水的生产和供应业	3198	2831	10	4819	4432	16
建筑业	48681	46956	73	66717	64985	116
交通运输、仓储和邮政业	23983	23914		57790	57682	
信息传输、计算机服务和软件业	101	101		312	312	
批发和零售业	48328	46642	404	85889	84329	785
住宿和餐饮业	4043	3989	6	3938	3890	15
金融业	303	303		1724	1724	
房地产业	3650	2845		5136	4447	
其他合计	2716	2694		5794	5703	
#租赁和商务服务业	2563	2561		5454	5446	

4-4 企业集团主要经济效益指标

（2003年） 单位：%

项目	资产负债率	营业收入利润率	成本费用利润率	资产利税率	净资产收益率	总资产报酬率
总计	56.1	5.5	5.9	6.0	7.1	5.0
一、按母公司控股情况分						
国有及国有控股	59.6	4.4	4.7	5.2	5.7	4.3
国有绝对控股	59.4	4.6	4.9	5.2	6.0	4.3
国有相对控股	61.6	3.1	3.2	5.0	3.3	4.2
集体及集团控股	49.7	10.8	12.1	11.1	17.0	9.8
集体绝对控股	53.5	4.2	4.4	7.1	8.8	5.5
集体相对控股	46.4	21.5	26.7	14.6	23.1	13.4
其他	49.3	7.2	7.8	7.0	8.0	6.0
二、按母公司登记注册类型分						
国有企业	51.9	4.2	4.3	5.1	5.2	4.4
公司制企业	56.6	5.6	6.0	6.0	7.1	5.0
国有独资企业	59.7	4.6	4.9	5.3	6.0	4.3
其他有限责任公司	47.6	8.3	9.2	7.9	9.2	6.6
股份有限公司	60.2	5.4	5.7	5.8	6.8	5.4
中外合资企业	22.2	7.9	8.6	10.2	12.8	11.5
港澳台合资企业	64.1	4.0	4.2	3.6	5.7	3.4
其他	47.2	4.5	4.8	7.3	6.4	5.4
三、按母公司企业规模分						
大型	64.8	3.6	3.7	5.9	8.9	5.1
中型	58.0	4.6	4.8	5.3	6.9	4.8
小型	50.0	5.2	5.5	6.0	6.4	5.0
其他	55.6	6.8	7.5	6.4	7.1	5.1
四、按集团主营行业分						
农、林、牧、渔业	44.4	5.4	6.0	10.5	13.2	8.1
工业	50.9	7.6	8.4	8.8	9.3	6.8
采矿业	59.5	3.0	3.3	4.4	2.9	1.8
制造业	50.3	7.8	8.6	9.2	9.7	7.2
电力、燃气及水的生产和供应业	52.7	9.9	11.0	5.6	6.9	4.7
建筑业	67.4	1.7	1.8	4.0	2.6	2.5
交通运输、仓储和邮政业	46.8	12.2	13.9	3.8	4.5	4.1
信息传输、计算机服务和软件业	21.4	-235.6	-105.5	-4.5	-5.9	-4.7
批发和零售业	67.5	2.3	2.4	3.0	5.4	3.6
住宿和餐饮业	47.2	2.4	3.1	1.6	0.4	1.3
金融业	70.2	0.8	0.5	-0.1	0.2	
房地产业	68.2	8.7	9.8	2.5	3.8	2.4
其他	34.7	-2.9	-2.7	-0.2	-0.9	0.2
#租赁和商务服务业	35.3	-2.5	-2.3	-0.1	-0.8	0.2

4-5 企业集团按规模分组的主要经济指标

（2003 年）

分组	单位数（个）	资产总额（万元）	营业收入（万元）	利税总额（万元）	从业人员（人）
总　计	**239**	**19871247**	**14173415**	**1192086**	**448132**
按营业收入和资产总额分					
50 亿元及以上	3	3102346	3272948	353112	35074
10 亿元及以上	28	10709325	8891376	778405	182498
5 亿元及以上	54	14014235	11044141	905633	282899
按资产总额分					
100-500 亿元	1	1458445	1311030	29379	9274
50-100 亿元	6	3968311	2735629	413069	65169
5-50 亿元	74	11730212	7649617	544721	238498
0.5-5 亿元	137	2655171	2375662	190882	126697
0.5 亿元以下	21	59108	101477	14035	8494
按营业收入分					
100 亿元及以上	2	2104579	2479399	173612	14766
50-100 亿元	2	1370930	1327039	193134	21095
5-50 亿元	56	10712085	7644058	559360	252394
1-5 亿元	97	3854550	2317528	233332	123734
0.5-1 亿元	39	650559	295873	26550	22429
0.1-0.5 亿元	35	836759	104654	264882	448132
0.1 亿元以下	8	341785	4864	2232	13714
按利润总额分					
10 亿元及以上	1	997767	793549	179500	20308
5-10 亿元	2	1049912	1372649	200369	7688
1-5 亿元	10	4374978	3538023	273568	75364
0.5-1 亿元	19	3021899	2127166	198385	82411
0.1-0.5 亿元	62	4596566	3123493	252030	126542
0.05-0.1 亿元	40	1752919	1087472	52496	42749
0.05 亿元以下	105	4077206	2131063	35738	93070
按从业人员分					
1-5 万人	9	3645844	2499915	335399	141796
0.5-1 万人	11	4614458	3875987	335954	76068
0.1-0.5 万人	79	6397996	4497745	300609	169435
0.05-0.1 万人	53	2307221	2131183	145341	39408
0.05 万人以下	87	2905728	1168585	74783	21425

4-6　国有及国有控股企业集团主要经济指标

（2003 年）　　单位：万元

项　　目	单位数（个）	年末资产总计	固定资产原价	累计折旧	#本年折旧
总　计	76	13085635	5002932	1554795	228249
一、按母公司控股情况分					
国有及国有控股	76	13085635	5002932	1554795	228249
国有绝对控股	66	11703812	4609619	1454314	209209
国有相对控股	10	1381823	393313	100481	19040
集体及集团控股					
集体绝对控股					
集体相对控股					
其他					
二、按母公司登记注册类型分					
国有企业	19	458470	171697	71650	6833
公司制企业	57	12627165	4831235	1483145	221416
国有独资企业	46	11209353	4413735	1374867	200684
其他有限责任公司	3	115266	75404	17903	3320
股份有限公司	7	1259285	325465	85554	17284
中外合资企业					
港澳台合资企业	1	43261	16631	4821	128
其他					
三、按母公司企业规模分					
大型	8	1189114	215271	72867	9281
中型	17	3051506	1380184	354453	78930
小型	24	1301208	524378	152143	18215
其他	27	7543807	2883099	975332	121823
四、按集团主营行业分					
农、林、牧、渔业	2	33188	4276	1600	69
工业	27	5646868	2588470	860909	117989
采矿业	1	581716	223314	59446	9292
制造业	25	4920520	2277177	778796	104769
电力、燃气及水的生产和供应业	1	144632	87979	22667	3928
建筑业	6	971887	167711	63888	7850
交通运输、仓储和邮政业	5	1577404	1179457	354628	44929
信息传输、计算机服务和软件业					
批发和零售业	30	3818280	911633	227796	53100
住宿和餐饮业	2	67856	48242	8535	1332
金融业	1	542171	13373	5079	412
房地产业					
其他	3	427981	89770	32360	2568
#租赁和商务服务业	3	427981	89770	32360	2568

注:本表统计范围为年营业收入 5000 万元以上的企业集团。

4-6 续表 1 （2003 年） 单位:万元

项 目	累计对外投资	#本年对外投资	存 货	流动资产年平均余额	应收帐款
总 计	1527245	147342	1659649	6571001	1066519
一、按母公司控股情况分					
国有及国有控股	1527245	147342	1659649	6571001	1066519
国有绝对控股	1374723	113022	1366494	5821103	994071
国有相对控股	152522	34320	293155	749898	72448
集体及集团控股					
集体绝对控股					
集体相对控股					
其他					
二、按母公司登记注册类型分					
国有企业	65286	28484	49051	221485	29701
公司制企业	1461959	118858	1610598	6349516	1036818
国有独资企业	1306431	84004	1317410	5593638	963742
其他有限责任公司	6216	724	1647	19769	1910
股份有限公司	149312	34130	284924	710796	62870
中外合资企业					
港澳台合资企业			6617	25313	8296
其他					
三、按母公司企业规模分					
大型	100202	20288	222668	823598	175845
中型	305150	10116	326005	1424854	297292
小型	195585	24595	92351	561909	127002
其他	926308	92343	1018625	3760640	466380
四、按集团主营行业分					
农、林、牧、渔业	6147	227	2270	14841	3470
工业	502541	60414	785486	2632998	327834
采矿业	7882	370	27916	257963	16344
制造业	494659	60044	757559	2366414	311137
电力、燃气及水的生产和供应业			11	8621	353
建筑业	68712	5155	190868	708844	162364
交通运输、仓储和邮政业	202113	25931	18342	393737	70408
信息传输、计算机服务和软件业					
批发和零售业	475770	40669	642572	2344590	439299
住宿和餐饮业	527		796	7020	2200
金融业	49011	2946	8488	340648	54011
房地产业					
其他	222424	12000	10827	128323	6933
#租赁和商务服务业	222424	12000	10827	128323	6933

(2003 年)　　　　单位:万元

项　　目	年末负债合计	#流动负债	年末股东(所有者)权益	#股本(实收资本)	主营业务收入
总　计	**7798863**	**6618984**	**4212368**	**2317549**	**9282380**
一、按母公司控股情况分					
国有及国有控股	7798863	6618984	4212368	2317549	9282380
国有绝对控股	6947962	5828765	3730031	2110262	8129491
国有相对控股	850901	790219	482337	207287	1152889
集体及集团控股					
集体绝对控股					
集体相对控股					
其他					
二、按母公司登记注册类型分					
国有企业	238120	206209	170658	75111	378910
公司制企业	7560743	6412775	4041710	2242438	8903470
国有独资企业	6687527	5607997	3545699	2022406	7741173
其他有限责任公司	51209	41585	62337	47710	41295
股份有限公司	783456	724851	428964	162498	1107235
中外合资企业					
港澳台合资企业	38551	38342	4710	9824	13767
其他					
三、按母公司企业规模分					
大型	842059	802342	325629	186652	1389379
中型	1962118	1665971	818976	453127	2179181
小型	661888	531614	600874	242824	1032755
其他	4332798	3619057	2466889	1434946	4681065
四、按集团主营行业分					
农、林、牧、渔业	19281	16406	13907	8051	32192
工业	3190685	2681369	1784308	1011353	3993602
采矿业	345823	273438	199945	148240	271009
制造业	2803991	2367415	1491608	827038	3708245
电力、燃气及水的生产和供应业	40871	40516	92755	36075	14348
建筑业	668063	646596	292676	171339	824145
交通运输、仓储和邮政业	735363	420030	736711	283289	367136
信息传输、计算机服务和软件业					
批发和零售业	2618974	2363597	917042	515197	3974804
住宿和餐饮业	34969	31672	32887	26249	11969
金融业	380542	338085	161570	60000	3558
房地产业					
其他	150986	121229	273267	242071	74974
#租赁和商务服务业	150986	121229	273267	242071	74974

4-6 续表 3　　(2003 年)　　单位:万元

项　　目	#主营业务成本	#主营业务税金及附加	其他业务收入	新产品销售收入	出口销售总额
总　计	7894496	109634	140181	851908	1586909
一、按母公司控股情况分					
国有及国有控股	7894496	109634	140181	851908	1586909
国有绝对控股	6897088	91676	130711	779387	1404432
国有相对控股	997408	17958	9470	72521	182477
集体及集团控股					
集体绝对控股					
集体相对控股					
其他					
二、按母公司登记注册类型分					
国有企业	326027	1289	2095	3052	237944
公司制企业	7568469	108345	138086	848856	1348965
国有独资企业	6562842	89977	125838	776335	1166488
其他有限责任公司	30097	1124	3954		
股份有限公司	962782	17223	8079	72364	182477
中外合资企业					
港澳台合资企业	12748	21	215	157	
其他					
三、按母公司企业规模分					
大型	1262857	17110	8146	67471	273020
中型	1932846	25020	28035	7945	342986
小型	895483	6825	16509	2376	489403
其他	3803310	60679	87491	774116	481500
四、按集团主营行业分					
农、林、牧、渔业	28771	222	295		11638
工业	3217735	54806	77323	844146	298575
采矿业	211264	4266	15257		34944
制造业	3000300	49927	60342	844146	263631
电力、燃气及水的生产和供应业	6171	613	1724		
建筑业	722024	26323	9775		1000
交通运输、仓储和邮政业	250956	11215	14061		4991
信息传输、计算机服务和软件业					
批发和零售业	3608573	15080	36026	7762	1262746
住宿和餐饮业	5081	604	807		
金融业	619	107	414		
房地产业					
其他	60737	1277	1480		7959
#租赁和商务服务业	60737	1277	1480		7959

4-6 续表 4　　(2003 年)　　单位:万元

项　　目	存货跌价损失和营业、管理、财务等费用合计	#税　金	#劳动待业保险费	#利息支出	投资收益
总　计	**977889**	**28682**	**64505**	**144171**	**80454**
一、按母公司控股情况分					
国有及国有控股	977889	28682	64505	144171	80454
国有绝对控股	850514	26846	61834	121404	66609
国有相对控股	127375	1836	2671	22767	13845
集体及集团控股					
集体绝对控股					
集体相对控股					
其他					
二、按母公司登记注册类型分					
国有企业	44365	945	3612	4444	6346
公司制企业	933524	27737	60893	139727	74108
国有独资企业	803995	25806	57668	116862	60044
其他有限责任公司	12174	369	1028	593	486
股份有限公司	115660	1508	2193	22262	13578
中外合资企业					
港澳台合资企业	1695	54	4	10	
其他					
三、按母公司企业规模分					
大型	110930	1671	5831	17127	12834
中型	209707	10310	8155	36855	31271
小型	93113	4084	5696	6014	7068
其他	564139	12617	44823	84175	29281
四、按集团主营行业分					
农、林、牧、渔业	1972	15	19	281	20
工业	501758	12278	38937	64186	23969
采矿业	52350	663	11684	2149	2090
制造业	446464	11615	27253	61852	22257
电力、燃气及水的生产和供应业	2944			185	-378
建筑业	59350	513	6670	12062	6374
交通运输、仓储和邮政业	83838	6051	6237	15352	5593
信息传输、计算机服务和软件业					
批发和零售业	295454	9079	11137	47653	37274
住宿和餐饮业	8156	279	410	779	21
金融业	5740	112	219	941	2703
房地产业					
其他	21621	355	876	2917	4500
#租赁和商务服务业	21621	355	876	2917	4500

4-6 续表 5　　　　　　（2003 年）　　　　　　单位:万元

项　目	营业外收入	利润总额	应交所得税	应交增值税	研究开发费用
总　计	**25707**	**413455**	**112886**	**158245**	**51823**
一、按母公司控股情况分					
国有及国有控股	25707	413455	112886	158245	51823
国有绝对控股	25136	377892	94864	142688	45966
国有相对控股	571	35563	18022	15557	5857
集体及集团控股					
集体绝对控股					
集体相对控股					
其他					
二、按母公司登记注册类型分					
国有企业	1086	15887	4436	6043	1142
公司制企业	24621	397568	108450	152202	50681
国有独资企业	23971	361720	90207	136616	44824
其他有限责任公司	488	1325	507	704	
股份有限公司	162	34703	17736	14785	5837
中外合资企业					
港澳台合资企业		-180		97	20
其他					
三、按母公司企业规模分					
大型	2033	18997	5586	6718	5613
中型	8144	48075	11725	7252	454
小型	4866	52706	10458	5799	68
其他	10664	293677	85117	138476	45688
四、按集团主营行业分					
农、林、牧、渔业		867	5	-60	
工业	7925	268611	70222	155810	50980
采矿业	586	8582	1784	12567	
制造业	7334	252186	67732	143027	50980
电力、燃气及水的生产和供应业	5	7843	706	216	
建筑业	559	7689	3951	870	84
交通运输、仓储和邮政业	4169	47097	10765	836	
信息传输、计算机服务和软件业					
批发和零售业	10938	90280	27470	786	759
住宿和餐饮业	1917	771	3	3	
金融业	65	32	242		
房地产业					
其他	134	-1892	228		
#租赁和商务服务业	134	-1892	228		

4-7 国有及国有控股企业集团从业人员和劳动报酬

（2003年）

项　　目	从业人员年末人数（人）	#在　岗职　工	#研究开发人员	从业人员劳动报酬（万元）	#在　岗职　工	#研究开发人员
总　　计	**207622**	**202474**	**3187**	**388207**	**381878**	**11099**
一、按母公司控股情况分						
国有及国有控股小计	207622	202474	3187	388207	381878	11099
国有绝对控股	196788	191739	2602	368748	362493	9150
国有相对控股	10834	10735	585	19459	19385	1949
集体及集团控股小计						
集体绝对控股						
集体相对控股						
其他						
二、按母公司登记注册类型分						
国有企业	8854	8841	268	14610	14580	611
公司制企业小计	198768	193633	2919	373597	367298	10488
国有独资企业	186515	181479	2334	352803	346578	8539
其他有限责任公司	3972	3929		4744	4709	
股份有限公司	8051	7995	575	15826	15787	1929
中外合资企业						
港澳台合资企业	230	230	10	224	224	20
其他						
三、按母公司企业规模分						
大型	29917	27989	593	50007	48271	1936
中型	32623	32115	116	64874	64585	262
小型	18593	18401	15	45269	45049	30
其他	126489	123969	2463	228057	223973	8871
四、按集团主营行业分						
农、林、牧、渔业	258	241		270	250	
工业小计	103440	101557	2911	196257	193089	10649
采矿业	21040	21015		30563	30489	
制造业	81920	80062	2911	165109	162015	10649
电力、燃气及水的生产和供应业	480	480		585	585	
建筑业	38400	36723	73	54626	52930	116
交通运输、仓储和邮政业	23195	23126		56389	56281	
信息传输、计算机服务和软件业						
批发和零售业	37261	35802	203	71328	70030	334
住宿和餐饮业	2202	2161		2159	2128	
金融业	303	303		1724	1724	
房地产业						
其他合计	2563	2561		5454	5446	
#租赁和商务服务业	2563	2561		5454	5446	

4-8 国有及国有控股企业集团主要经济效益指标

（2003 年）

单位：%

项目	资产负债率	营业收入利润率	成本费用利润率	资产利税率	净资产收益率	总资产报酬率
总计	**59.6**	**4.4**	**4.7**	**5.2**	**5.7**	**4.3**
一、按母公司控股情况分						
国有及国有控股	59.6	4.4	4.7	5.2	5.7	4.3
国有绝对控股	59.4	4.6	4.9	5.2	6.0	4.3
国有相对控股	61.6	3.1	3.2	5.0	3.3	4.2
集体及集团控股						
集体绝对控股						
集体相对控股						
其他						
二、按母公司登记注册类型分						
国有企业	51.9	4.2	4.3	5.1	5.2	4.4
公司制企业	59.9	4.4	4.7	5.2	5.7	4.3
国有独资企业	59.7	4.6	4.9	5.2	6.0	4.3
其他有限责任公司	44.4	2.9	3.1	2.7	1.3	1.7
股份有限公司	62.2	3.1	3.2	5.3	3.6	4.5
中外合资企业						
港澳台合资企业	89.1	-1.3	-1.2	-0.1	-3.8	-0.4
其他						
三、按母公司企业规模分						
大型	70.8	1.4	1.4	3.6	3.9	3.0
中型	64.3	2.2	2.2	2.6	3.3	2.8
小型	50.9	5.0	5.3	5.0	6.6	4.5
其他	57.4	6.2	6.7	6.5	6.5	5.0
四、按集团主营行业分						
农、林、牧、渔业	58.1	2.7	2.8	3.1	6.2	3.5
工业	56.5	6.6	7.2	8.5	8.1	5.9
采矿业	59.4	3.0	3.3	4.4	2.9	1.8
制造业	57.0	6.7	7.3	9.0	8.7	6.4
电力、燃气及水的生产和供应业	28.3	48.8	86.0	6.0	6.9	5.6
建筑业	68.7	0.9	1.0	3.6	1.2	2.0
交通运输、仓储和邮政业	46.6	12.4	14.1	3.7	4.3	4.0
信息传输、计算机服务和软件业						
批发和零售业	68.6	2.3	2.3	2.8	5.2	3.6
住宿和餐饮业	51.5	6.0	5.8	2.0	2.3	2.3
金融业	70.2	0.8	0.5	0.0	-0.1	0.2
房地产业						
其他	35.3	-2.5	-2.3	-0.1	-0.8	0.2
#租赁和商务服务业	35.3	-2.5	-2.3	-0.1	-0.8	0.2

4-9 国有及国有控股企业集团按规模分组的主要经济指标

（2003 年）

分组	单位数（个）	资产总额（万元）	营业收入（万元）	利税总额（万元）	从业人员（人）
总　计	**76**	**13085635**	**9422561**	**681334**	**207622**
按营业收入和资产总额分					
50 亿元及以上	3	3102346	3272948	353112	35074
10 亿元及以上	20	8766484	7379584	571715	136516
5 亿元及以上	33	10902117	8567672	637783	177762
按资产总额分					
1000 亿元及以上					
500-1000 亿元					
100-500 亿元	1	1458445	1311030	29379	9274
50-100 亿元	6	3968311	2735629	413069	65169
5-50 亿元	37	7103410	4804817	227962	119405
0.5-5 亿元	27	543777	557413	11555	13575
0.5 亿元以下	5	11692	13672	-631	199
按营业收入分					
100 亿元及以上	2	2104579	2479399	173612	14766
50-100 亿元	2	1370930	1327039	193134	21095
5-50 亿元	32	7517374	4961399	274101	142565
1-5 亿元	20	1138678	581022	42048	22738
0.5-1 亿元	6	75354	47979	-2054	2766
0.1-0.5 亿元	10	600301	24052	156826	207622
0.1 亿元以下	4	278419	1671	1912	3692
按利润总额分					
10 亿元及以上	1	997767	793549	179500	20308
5-10 亿元	1	646134	1168369	144233	5492
1-5 亿元	6	3516740	2680371	137004	34123
0.5-1 亿元	9	2168761	1403613	108837	48662
0.1-0.5 亿元	14	2308502	1470904	89004	43302
0.05-0.1 亿元	7	1003367	497673	10612	7066
0.05 亿元以下	38	2444364	1408082	12144	48669
按从业人员分					
10 万人及以上					
5-10 万人					
1-5 万人	5	2940864	1920857	253303	74035
0.5-1 万人	9	4243334	3656697	285930	62014
0.1-0.5 万人	24	3512693	2344696	74553	55854
0.05-0.1 万人	15	1143879	1093514	52491	11180
0.05 万人以下	23	1244865	406797	15057	4539

4-10 企业集团改革及规范化状况

（2003 年）

项　　目	企业集团总计		#国有及国有控股企业集团	
	单位数（个）	比重（%）	单位数（个）	比重（%）
企业集团单位数	239	100.0	76	100.0
一、按是否建立母子公司体制分				
已建立	222	92.9	71	93.4
未建立	17	7.1	5	6.6
二、按子公司中是否存在纯管理型公司分				
是	6	2.5	1	1.3
否	233	97.5	75	98.7
三、按集团是否已执行合并会计报表制度分				
是	79	33.1	45	59.2
否	160	66.9	31	40.8
四、按母公司是否对“五大”事项进行统一决策分				
对集团发展战略统一决策	225	94.1	74	97.4
对重大投融资项目统一决策	200	83.7	71	93.4
对涉外贸易和经济技术合作统一决策	103	43.1	35	46.1
对科研开发统一决策	109	45.6	27	35.5
对财务管理制度统一决策	189	79.1	59	77.6
五、按集团母公司是否已建立出资人制度分				
是	235	98.3	73	96.1
否	4	1.7	3	3.9
六、按企业集团子公司(单位)出资人是否明确分				
全部明确	223	93.3	68	89.5
80-99%	9	3.8	4	5.3
60-79%	3	1.3	1	1.3
40-59%	3	1.3	2	2.6
20-39%	1	0.4	1	1.3
1-19%				
全部未明确				
七、按集团母公司出资人目前是否行使”三项”主要权利分				
能对企业重大经营决策	218	91.2	65	85.5
能对选择企业经营者	159	66.5	54	71.1
能收取资产收益	142	59.4	46	60.5

4-10 续表 1 (2003 年)

项目	企业集团总计		#国有及国有控股企业集团	
	单位数（个）	比重（%）	单位数（个）	比重（%）
八、按集团母公司是否成立“新三会”分				
已成立股东会	125	69.4	10	17.5
已成立董事会	179	99.4	57	100.0
#董事会成员由出资人委派	125	69.4	34	59.6
已成立监事会	87	48.3	26	45.6
九、集团核心企业实行劳动人事分配制度情况				
已全面实行劳动合同制度	201	84.1	59	77.6
已实行全员竞争上岗，职工能进能出	187	78.2	49	64.5
不存在“干部”和“工人”的身份界限	165	69.0	43	56.6
内部管理人员实行公开竞聘	200	83.7	52	68.4
按照足额缴纳社会保险费	210	87.9	74	97.4
十、企业集团是否实行“六种”分配方法				
经营者年薪制	109	45.6	30	39.5
经营者持有股权、股票期权	43	18.0	5	6.6
岗位工资为主的工资制	213	89.1	65	85.5
科技人员工资收入分配激励机制	113	47.3	22	28.9
职工持股分配制	19	7.9	2	2.6
工资集体协商制度	65	27.2	17	22.4
十一、按企业集团是否拥有“九大”配套政策情况分				
投资自主权	210	87.9	58	76.3
境外融资权	58	24.3	9	11.8
对外担保权	154	64.4	49	64.5
自营进出口权	156	65.3	49	64.5
合并纳税权	49	20.5	12	15.8
对外工程承包与劳动合作权	87	36.4	25	32.9
外事审批权	27	11.3	5	6.6
建立了技术研发中心	101	42.3	25	32.9
成立了财务公司				
十二、按集团母公司或成员企业中是否有上市公司分	23	9.6	18	23.7
有	23	9.6	18	23.7
#A 股	23	9.6	18	23.7
否	216	90.4	58	76.3

4-11　各设区市企业集

（2003

项　　目	单　位	全　省	福州市	厦门市
单位数	个	239	83	28
年末资产总计	万元	19871247	11102332	4722952
固定资产原价	万元	7546522	4032162	1680183
累计折旧	万元	2211493	1304419	415853
#本年折旧	万元	356225	178645	86432
累计对外投资	万元	1813989	1111090	572653
#本年对外投资	万元	225730	100440	66206
存货	万元	2701009	1438080	697710
流动资产年平均余额	万元	9897364	6011438	2203871
应收帐款	万元	1732925	1079015	313566
年末负债合计	万元	11145846	6569050	2938421
#流动负债	万元	9518813	5600210	2516742
年末股东(所有者)权益合计	万元	7402623	3735582	1437654
#股本(实收资本)	万元	4370718	2291551	739533
主营业务收入	万元	13991948	7231864	3782569
#主营业务成本	万元	11719932	6006780	3359098
#主营业务税金及附加	万元	150610	89157	20077
其他业务收入	万元	181467	97170	64290
新产品销售收入	万元	1211247	757968	199493
出口销售总额	万元	2690013	1281242	734465
存货跌价损失和营业、管理、财务等费用合计	万元	1481573	815747	329970
#税金	万元	39713	16212	16138
#劳动、待业保险费	万元	75371	55573	11258
#利息支出	万元	214926	127959	48253
投资收益	万元	109863	49065	44879
营业外收入	万元	33772	13853	8478
利润总额	万元	780460	373363	137676
应交所得税	万元	165540	98376	26125
应交增值税	万元	261016	159874	13815
研究开发费用	万元	82619	52280	8814
资产负债率	%	56.1	59.2	62.2
营业收入利润率	%	5.5	5.1	3.6
成本费用利润率	%	5.9	5.5	3.7
资产利税率	%	6.0	5.6	3.6
净资产收益率	%	7.1	6.1	6.3
总资产报酬率	%	5.0	4.5	3.9

团主要经济指标

年）

莆田市	三明市	泉州市	漳州市	南平市	龙岩市	宁德市
4	8	80	19	2	9	6
126981	258436	2720534	560644	110670	224117	44581
29914	105791	1333636	224087	52553	69897	18299
9518	49481	336776	71340	6563	14249	3294
1088	5408	68480	11139	1953	2473	607
19133	42806	34362	29249		3449	1247
137	33891	9896	11071		2922	1167
21145	21722	369682	90019	8375	52124	2152
91350	116287	1107136	197879	33570	116089	19744
11769	20837	231831	23608	1057	45239	6003
72813	143895	951927	226048	75122	146212	22358
65678	113877	850972	195223	29842	132243	14026
53105	87506	1656656	297867	35246	77769	21238
48809	42057	1008530	143576	30805	51396	14461
101100	122454	2051504	289891	38617	354452	19497
83772	100991	1592571	227591	22095	313170	13864
685	968	31825	5510	113	2016	259
9	824	5485	5718	19	7916	36
	73	215307	7140		31266	
25990	12478	587877	42705		2030	3226
12679	20319	232386	34768	12866	19265	3573
128	358	4594	1655	25	535	68
371	2463	3793	1348	23	456	86
1309	3858	25169	2988	2778	2361	251
2232	98	12817	491	1	241	39
32	34	6558	435	2399	1893	90
5755	2227	206816	26868	3259	22800	1696
1239	335	28529	5417	0	5431	88
3623	2439	67388	4496	240	8550	591
90	1253	11398	810	1685	6277	12
57.3	55.7	35	40.3	67.9	65.2	50.2
5.7	1.8	10.1	9.1	8.4	6.3	8.7
6.0	1.8	11.3	10.2	9.3	6.9	9.7
7.9	2.2	11.2	6.6	3.3	14.9	5.7
8.3	1.7	10.1	6.4	9.2	22.3	7.2
5.6	2.4	8.5	5.3	5.5	11.2	4.4

4-12 各设区市国有及国有投股

（2003

项　目	单　位	全　省	福州市	厦门市
单位数	个	76	42	13
年末资产总计	万元	13085635	8431710	3877505
固定资产原价	万元	5002932	3074131	1476147
累计折旧	万元	1554795	1034094	378524
＃本年折旧	万元	228249	128055	77817
累计对外投资	万元	1527245	977938	491826
＃本年对外投资	万元	147342	68049	44608
存货	万元	1659649	1039901	560309
流动资产年平均余额	万元	6571001	4518980	1810600
应收帐款	万元	1066519	796617	235494
年末负债合计	万元	7798863	5024689	2433661
＃流动负债	万元	6618984	4281196	2056915
年末股东(所有者)权益合计	万元	4212368	2724734	1119809
＃股本(实收资本)	万元	2317549	1651185	494349
主营业务收入	万元	9282380	5694707	3199223
＃主营业务成本	万元	7894496	4749998	2839274
＃主营业务税金及附加	万元	109634	78791	16858
其他业务收入	万元	140181	74340	58381
新产品销售收入	万元	851908	712495	135060
出口销售总额	万元	1586909	820122	603137
存货跌价损失和营业、管理、财务等费用合计	万元	977889	640225	281984
＃税金	万元	28682	12377	14934
＃劳动、待业保险费	万元	64505	50762	10429
＃利息支出	万元	144171	98261	39700
投资收益	万元	80454	43102	36220
营业外收入	万元	25707	14741	7854
利润总额	万元	413455	274675	113210
应交所得税	万元	112886	82046	23138
应交增值税	万元	158245	137050	10030
研究开发费用	万元	51823	44416	6181
资产负债率	%	59.6	59.6	62.8
营业收入利润率	%	4.4	4.8	3.5
成本费用利润率	%	4.7	5.1	3.6
资产利税率	%	5.2	5.8	3.6
净资产收益率	%	5.7	5.7	6.2
总资产报酬率	%	4.3	4.4	3.9

企业集团主要经济指标

年）

莆田市	三明市	泉州市	漳州市	南平市	龙岩市	宁德市
	3	6	5		4	3
	100915	300419	302747		61939	10400
	46137	217945	158013		25296	5263
	24603	59327	51369		5896	982
	1720	12976	7329		316	36
	17369	17001	22537		527	47
	17300	7049	10336			
	7895	25150	18568		7560	266
	25154	99887	77580		34217	4583
	4336	11772	5467		10952	1881
	52936	135462	90181		53338	8596
	31721	113462	76928		50883	7879
	24052	156822	176546		8601	1804
	12546	76416	62311		14577	6165
	38675	274497	52193		17358	5727
	29941	227829	27086		15261	5107
	712	12106	1034		88	45
	331	1847	4884		362	36
		4196			157	
		153294	10356			
	7824	29355	14604		3322	575
	83	616	489		173	10
	1145	847	1047		222	53
	1295	3986	577		320	32
	-690	1319	502		-38	39
	9	1210	140		1745	8
	672	8784	16003		-22	133
	17	3701	3937		39	8
	1330	7943	1561		261	70
	780	210	216		20	
	52.5	45.1	29.8		86.1	82.7
	1.7	3.2	28		-0.1	2.3
	1.8	3.4	38.4		-0.1	2.3
	2.7	9.6	6.1		0.5	2.4
	1.4	3.1	5.7		-0.7	6.9
	1.9	4.3	5.5		0.5	1.6

4-13　营业收入2亿元以上的企业集团

（2003年）

位　次	企业集团名称	位　次	企业集团名称
1	厦门建发集团	30	福建省物资集团
2	福建省汽车工业集团	31	厦门港务集团
3	福建省冶金(控股)有限责任公司	32	南益集团
4	厦门国贸集团	33	福建省机电(控股)有限责任公司
5	厦门厦工集团	34	福建省电子信息集团
6	福建省轻纺(控股)有限责任公司	35	福建经纬集团
7	福建建工集团	36	福建省船舶工业集团
8	福建省煤炭工业集团	37	福建惠泉啤酒集团
9	福建龙工集团	38	福建省建材(控股)有限责任公司
10	厦门象屿集团	39	福建省商业集团
11	福建厦门经贸集团	40	福建柒牌集团
12	福建省农资集团	41	泉州轻工工艺进出口集团
13	福建实达电脑集团	42	福建铁路建设集团
14	福建天成集团	43	厦门国际航空港集团
15	恒安集团	44	厦门古龙集团
16	福建泉州三安集团	45	厦门银鹭集团
17	福建大丰投资集团	46	泉州五矿集团
18	福建石油化工集团	47	厦门市东方龙集团
19	福建三木集团	48	宝龙集团
20	中国(福建)对外贸易中心集团	49	福建清禄集团
21	福州建工集团	50	福建德胜实业集团
22	福耀玻璃工业集团	51	永恩投资集团
23	厦门商业集团	52	福建三农集团
24	福建省交通运输(控股)有限责任公司	53	晋江市百宏集团
25	福建省亿力电力集团	54	福建省鞋帽进出口集团
26	万利达集团	55	福建吉马集团
27	福建六建建工集团	56	厦门市惠尔康集团
28	福建省粮油食品进出口集团	57	福建省黎明企业集团
29	福建二建建设集团	58	厦门涌泉集团

4-13 续表

位次	企业集团名称	位次	企业集团名称
59	福建省医药集团	87	福建省海新集团
60	福建东百集团	88	石狮市大帝集团
61	福建新大陆科技集团	89	福建家具工贸集团
62	菲莉(福建)集团	90	福建省连城红心地瓜干集团
63	福州华物实业集团	91	福州一化集团
64	福建省佳美集团	92	福建向荣建设集团
65	福建中旅集团	93	福建省宏发集团
66	厦门星鲨集团	94	漳州片仔癀集团
67	福建地矿建设集团	95	福建紫山集团
68	厦门森宝集团	96	福建福马食品集团
69	新华都实业集团	97	福建省金福集团
70	石狮市富贵鸟集团	98	福建省华泰集团
71	福建长富集团	99	福州耀隆化工集团
72	福建省永安林业集团	100	福建省晨光集团
73	福建恒达集团	101	福建省烟山集团
74	福建凤竹集团	102	厦门华远建设集团
75	福建万兴隆集团	103	福建省先锋集团
76	福建省浔兴集团	104	福建省溪石集团
77	石狮市通达集团	105	厦门市建安集团
78	福建锦溪集团	106	福建省琯头海运企业集团
79	福建省中宇集团	107	福建泉州美岭集团
80	福建省石狮市华宝集团	108	泉州中侨集团
81	福建远洋渔业集团	109	福建缔邦集团
82	厦门旅游集团	110	厦门鑫叶集团
83	福建金源实业集团	111	泉州港务集团
84	福建省莆田市中茂集团	112	福建省华龙饲料技术开发集团
85	宏发集团(中国)	113	神州学人集团
86	福建金冠集团	114	和顺(中国)实业集团

4-14 资产总额3亿元以上的企业集团

（2003年）

位 次	企业集团名称	位 次	企业集团名称
1	厦门建发集团	28	万利达集团
2	福建省冶金（控股）有限责任公司	29	福建新大陆科技集团
3	福建省轻纺（控股）有限责任公司	30	福建省建材（控股）有限责任公司
4	福建省汽车工业集团	31	宝龙集团
5	福建省煤炭工业集团	32	福建闽南（漳州）经济发展股份有限公司
6	福建省华兴集团	33	福建惠泉啤酒集团
7	厦门港务集团	34	福建中旅集团
8	福建省交通运输（控股）有限责任公司	35	福建厦门经贸集团
9	福建建工集团	36	福建省机电（控股）有限责任公司
10	厦门国际航空港集团	37	福建天成集团
11	福建石油化工集团	38	福建三农集团
12	福建泉州三安集团	39	神州学人集团
13	厦门厦工集团	40	和顺（中国）实业集团
14	福建省船舶工业集团	41	福建龙工集团
15	厦门国贸集团	42	厦门商业集团
16	福耀玻璃工业集团	43	福建省粮油食品进出口集团
17	福建省电子信息集团	44	福建省农资集团
18	福建三木集团	45	福建省黎明企业集团
19	恒安集团	46	福建金源实业集团
20	厦门象屿集团	47	漳州片仔癀集团
21	福建投资开发总公司	48	福建省永安林业集团
22	福建省亿力电力集团	49	福建长富集团
23	利嘉实业（福建）集团	50	福建六建建工集团
24	中国（福建）对外贸易中心集团	51	福建大丰投资集团
25	南益集团	52	厦门涌泉集团
26	福建实达电脑集团	53	福建省物资集团
27	福州建工集团	54	福建二建建设集团

4-14 续表

位次	企业集团名称	位次	企业集团名称
55	福州一化集团	81	福建缔邦集团
56	厦门大洋集团	82	福建邦辉集团
57	福建清禄集团	83	福建恒利集团
58	福建经纬集团	84	福建泉州金帝集团
59	厦门福信集团	85	福建华侨实业集团
60	晋江市百宏集团	86	福建汇海建工集团
61	福建省商业集团	87	福建省莆田市中茂集团
62	泉州港务集团	88	福建龙马集团
63	新华都实业集团	89	永升(福建)集团
64	福建东百集团	90	福建泉州美岭集团
65	厦门银鹭集团	91	信诚集团
66	福建铁路建设集团	92	远太(福建)集团
67	福建凤竹集团	93	福建洪山企业集团
68	福建新城集团	94	福建省晋江五星集团
69	福建七匹狼集团	95	福建省泉州丰盛集团
70	福建德胜实业集团	96	泉州五矿集团
71	厦门古龙集团	97	福建省琯头海运企业集团
72	福建汇荣集团	98	福建八闽通信股份有限公司
73	厦门市惠尔康集团	99	福建省漳州长运集团
74	福州聚春园集团	100	厦门星鲨集团
75	永恩投资集团	101	福建省浔兴集团
76	福建省成龙集团	102	石狮市富贵鸟集团
77	泉州中侨集团	103	华达集团
78	福建地矿建设集团	104	福建省中宇集团
79	福建省鞋帽进出口集团	105	昇兴(福建)集团
80	厦门华远建设集团	106	福建远洋渔业集团

4-15 从业人员1千人以上的企业集团

（2003年）

位次	企业集团名称	位次	企业集团名称
1	福建省煤炭工业集团	26	万利达集团
2	福建省冶金(控股)有限责任公司	27	泉州市创意集团
3	福建大丰投资集团	28	福建省莆田市中茂集团
4	福建清禄集团	29	泉州龙鹏集团
5	南益集团	30	福建省浔兴集团
6	恒安集团	31	福建地矿建设集团
7	福建省轻纺(控股)有限责任公司	32	福建省电子信息集团
8	福建建工集团	33	福建省建材(控股)有限责任公司
9	福州建工集团	34	石狮市富贵鸟集团
10	福建省交通运输(控股)有限责任公司	35	福建龙工集团
11	厦门建发集团	36	福建柒牌集团
12	福建石油化工集团	37	厦门古龙集团
13	福建省佳美集团	38	福建省九龙建设集团
14	厦门港务集团	39	福建铁路建设集团
15	厦门厦工集团	40	亚伦集团
16	福耀玻璃工业集团	41	福州一化集团
17	福建省汽车工业集团	42	福建汇海建工集团
18	福建二建建设集团	43	厦门市建安集团
19	福建六建建工集团	44	厦门市惠尔康集团
20	福建省机电(控股)有限责任公司	45	福建三农集团
21	石狮市大帝集团	46	晋江市百宏集团
22	福建天成集团	47	福建惠泉啤酒集团
23	福建经纬集团	48	泉州中侨集团
24	福建省船舶工业集团	49	福建省永安林业集团
25	厦门国际航空港集团	50	福建实达电脑集团

4-15 续表

位 次	企业集团名称	位 次	企业集团名称
51	福建紫山集团	76	福建泉州美岭集团
52	福建泉州三安集团	77	福建省烟山集团
53	宝龙集团	78	福建泉州顺美集团
54	福建恒达集团	79	福建省漳州长运集团
55	厦门银鹭集团	80	福建省先锋集团
56	福建才子集团	81	福建吉马集团
57	华达集团	82	福建省石狮市信德集团
58	福建省中宇集团	83	福建凤竹集团
59	福州聚春园集团	84	泉州港务集团
60	福建省黎明企业集团	85	福建金冠集团
61	福建中旅集团	86	福建省成龙集团
62	福建省粮油食品进出口集团	87	福建闽星集团
63	福建向荣建设集团	88	福建金源实业集团
64	厦门商业集团	89	福建省泉州伟盛集团
65	福建七匹狼集团	90	福建泉州兴达集团
66	福建旗牌王集团	91	福建洪山企业集团
67	泉州正大集团	92	福建厦门经贸集团
68	达狮雄(福建)集团	93	福建新大陆科技集团
69	石狮市通达集团	94	福州耀隆化工集团
70	菲莉(福建)集团	95	福建省泉州得盛集团
71	福建省商业集团	96	福建省威明集团
72	厦门象屿集团	97	神州学人集团
73	中国(福建)对外贸易中心集团	98	福建华侨实业集团
74	厦门涌泉集团	99	福建华昊集团
75	福建省石狮市华宝集团		

4-16 福建省企业集团概览

（2003 年）

企业集团名称 （母公司或核心企业）	母公司详细地址	电话号码	主要产品（活动）
福建实达电脑集团股份有限公司	福州市洪山园路 68 号	3703333	电脑终端，针式机印机，PC 机
福建省电子信息（集团）有限责任公司	福州市五一北路 169 号福日大厦	3379833	4 英寸集成电路，卫星接收机，单双面印制电路板
漳州片仔癀集团公司	漳州市芗城区上街 1 号	2301922	片仔癀，碳酸饮料，客房、餐饮
福建省轻纺（控股）有限责任公司	福州市省府路 1 号金皇大厦 18 楼	7510902	新闻纸，纸袋纸，聚乙烯醇
福建省煤炭工业（集团）有限责任公司	福州市省府路 1 号	7550044	原煤生产
福州建工（集团）总公司	福州市福新路 315 号	3305763	房屋工程建筑
福建二建建设集团公司	福州市鼓楼区冶山路 105 号	7823324	房屋工程建筑
福建六建建工集团公司	福市州鼓楼区龙庭路 10 号	3334613	房屋工程建筑，成品油销售，商品混凝土
福建省东百集团股份有限公司	福州市六一北路 84 号	7531143	百货零售
新华都实业集团股份有限公司	福州市五四路 162 号	7279019	百货零售，金矿采选
福州聚春园集团有限公司	福州市道山路 119 号	7568853	餐饮，住宿
福建亿康集团有限公司	福州市五四路 155 号新天地大厦 25 层	7800998	建筑材料批发，百货商品销售
福建省大丰集团有限公司	福州市五四路国贸广场 28/G	7544076	汽车轮胎批发，汽车配件批发
福州华物实业（集团）有限公司	福州市六一北路 558 号金三桥大厦 B 座六层	7670420	汽车零售，化工产品零售，机电设备零售
福建省晨光集团公司	福州市杨桥西路 160 号	3715752	石英钟，机芯，石、沙
福建省农资集团公司	福州市鼓楼区尚宾路 32 号	7508666	化肥农药批发，代理出口轻工业品等
福建经协集团公司	福州市湖东路 154 号中山大厦 A 座 29 层	7843105 -363	铝锭批发，化工原料批发
福建省家具工贸集团公司	福州市五一北路 31 号	7537186	钢材、钢木家具批发
福建蓝建集团公司	福州市杨桥中路 275 号	2621072	印刷线路板，航空减速伞，塑料制品
福建投资开发总公司	福州市湖东路 169 号	7543260	资金投资
福建中旅集团公司	福州市湖东路 171 号	7625188	旅行社，饭店
福建省汽车工业集团公司	福州市华林路 212 号	7843267	东南菱帅轿车，东南得利卡，东南富利卡
福建建工集团总公司	福州市五四路 89 号置地广场 36 层	3170022	设备安装，建筑施工，建筑设计服务

4-16 续表 1　　　　（2003年）

企业集团名称（母公司或核心企业）	母公司详细地址	电话号码	主要产品（活动）
福建远洋渔业集团公司	福州市圣庙路19号海晖大厦5—6层	3354626	海产品捕捞
福建省冶金（控股）有限责任公司	福州市省府路1号	7553584	钢材，铝材，综合仲钨酸铵
福建省鞋帽进出口集团公司	福州市五四路国际大厦8-9层	7810280	各种鞋出口，服装出口，包袋出口
福建省黎明企业集团公司	福州市白马路黎明街8号	3720618	家用电器零售，通讯产品，网络产品
福建省粮油食品进出口集团公司	福州市五四路71号国贸广场18-21	7506688	出口烤鳗，出口水煮笋，出口蘑菇罐头
中国（福建）对外贸易中心集团公司	福州市五四路71号国贸广场31层	7533575	进出口额
福建洪山企业集团公司	福州市鼓楼区工业路550号	3713343	石英钟，减速机，空调面板
福建省金福集团公司	福州市鼓楼区屏路41号	7558068	贸易代理，制牌，印务
福建省华龙饲料技术开发集团公司	福州市鼓楼区华林路184号	7865574	配合饲料
福建八闽通信股份有限公司	福州市鼓楼区西洪路33号	7608085	移动电信服务
福建邦辉集团有限公司	福州市温泉路58号	7533060	旅游饭店，客房餐饮，墓石加工
福建华侨实业集团公司	福州市华林路245号罗马假日花园	7752513	服装批发，啤酒，塑料拖鞋
福建省船舶工业集团公司	福州市群众路27号	3333969	船舶制造，修船，其他技术服务
福建地矿建设集团公司	福州市五四路285号	7730645	工程施工、勘探
福建省物资（集团）有限公司	福州市五四路239号	7851343	钢材批发，水泥销售，汽车销售
福建天成集团有限公司	福州市东街33号武夷中心19层	7503388	服装纺织批发，棉纱生产，PU革布生产
福建石油化工集团有限责任公司	福州市东街33号武夷中心十一层	7525308	尿素，聚氯乙烯，烧碱
福建超大集团有限公司	福州市铜盘路29号鼓楼区	7835933-3135	复混肥
福建省金得利集团有限公司	福州市鼓楼区洪山园8#	3715443	工艺饰品制造，首饰模具生产，人造珠宝
福建省建材（控股）有限责任公司	福州市北大路242号	7853455	水泥，商品熟料
新乐阳企业集团有限公司	福州市五一中路49号先施大厦16层	3358877	保龄球馆等娱乐业
永升（福建）集团有限公司	福州市五四路国际大厦23C	7810008	房地产，旅游，物业管理
福建大拇指实业集团有限公司	福州市鼓楼区五四路环球广场13层	7826003	水煮笋、箱包等进出口贸易，包袋生产
福建缔邦集团有限公司	福州市东街33号武夷中心12层	7548122	IC卡电话亭销售，波纹管制造，塑料制品

4-16 续表 2　　　　　　　　　　　　（2003 年）

企业集团名称 （母公司或核心企业）	母公司详细地址	电话号码	主要产品（活动）
福建正荣集团有限公司	福州市五四北路 158 号环球广场 20 层	7877233	房地产，基础设施，建材贸易
福建省医药(集团)有限责任公司	福州市五四北路 296 号	7825190	中药材、中成药批发零售，西药批发零售，医疗器械
福建省机电(控股)有限责任公司	福州市省府路 1 号 11 座三层	7619395	其他机械设备批发与销售，工业炸药，工业雷管
福建省商业(集团)有限责任公司	福州市中山路 23 号商业大厦八楼	7850476	家用电器批发，进出口贸易，糖酒批发零售
福建省亿力电力(集团)股份有限公司	福州市北大路 133 号省物价大厦 7 层	7023850	电力供应
福建省交通运输(控股)有限责任公司	福州市鼓楼区东水路交通综合大楼东楼 21-23f	7077999	国际国内货物运输，港口货物装卸，国内旅客运输
福建省华兴集团有限责任公司	福州市华林路 69 号	7873196	信托
福州民天集团有限公司	福州市广达路 20 号	3350455	酱油，鱼露，食醋
神州学人集团股份有限公司	福州市工业路 223 号	3282128	通讯设备，发电设备
福建三木集团股份有限公司	福州市群众路 93 号	3341508	建筑材料、五交化贸易，房地产开发
福建新大陆科技集团有限公司	福州市高桥路 26 号阳光酒店 14 层	3330658	通讯网络控制处理器，紫外 C 消毒设备，TSGF 肿瘤测试剂
福建省福马企业集团有限公司	福州市福马路 638 号	3610699	针织胚布，胚布漂染，针织服装
闽东电机(集团)股份有限公司	福州市五一中路 88 号	3355466	交流电动机，交流发电机
福建德胜实业集团有限公司	福州市广达路 50 号	3339298	药品生产，印刷品
福建省康利特集团有限公司	福州市台江广达路 68 号金源广场西区 17 层	3338033	医用导（尿）管
利嘉实业(福建)集团有限公司	福州市五一中路 169 号大利嘉城 25 层	3573063-3020	房地产开发
福建金源实业集团有限公司	福州市广达路 68 号金源广场 13 区 32 层	7088819	房地产开发，商品混凝土生产
福州九星企业集团有限公司	福州市台江区鳌峰路 115 号	7483666	电蚊拍，电子感应垃圾箱，微电脑理疗器
福州高湖集团有限公司	福州市仓山区盖山镇高湖村三座 1 号	3535189	塑料制品及化工原料，机械器材配件
福州市建新花卉集团公司	福州市仓山区建新镇	3741200	花卉的种植，盆景
福建省先锋集团公司	福州市仓山区仓山镇先锋村展进路 188 号	3424944	纸品生产，机械设备制造，锌粉生产
福建省烟山集团公司	福州市仓山区程厝后路 99 号	3445064	电器开关，互感器，工艺品
福建大丰投资集团有限公司	福州市仓山城门排下洋	3497668	皮制运动鞋
福建万福企业集团有限公司	福州市仓山科技园双湖路 8 号	3468908	塑料日用品，塑料玩具

4-16 续表 3　　　　　　　　　　　(2003 年)

企业集团名称（母公司或核心企业）	母公司详细地址	电话号码	主要产品（活动）
福建汇海建工集团公司	福州市马尾前街 199 号	3682144	房屋建筑，房地产开发，物业管理
昇兴(福建)集团有限公司	福州市经济技术开发区经一路	3680888	生产易拉罐
福建清禄集团有限公司	福州市马尾开发区上歧路 1 号	3688888-8090	皮制运动鞋
福建拖拉机(农机)集团公司	福州市晋安区新店后唐 73 号	7911590	小型拖拉机，装载机
福州耀隆化工集团公司	福州市晋安区化工路 17 号	3660085	氯化氨，纯碱，碳铵
福州一化集团有限公司	福州市晋安区福马路 164 号	3656440	发泡剂 abc，硫酸
福建铁路建设(集团)有限公司	福州市晋安区沁园路 77 号	7586040	铁路工程建筑，房屋建筑，建材批发等贸易
福建省琯头海运企业集团公司	连江县琯头镇连江路 1 号	3202063	海上运输，自来水，船舶制造
福建三方集团有限公司	福清市融侨工业区	3265957	小型电视机
福建省成龙集团有限公司	福清市华侨新村 147 号	5266308	木地板加工，房屋工程建筑，餐饮业
福耀玻璃工业集团股份有限公司	福清市福耀工业村	5383777	夹层玻璃，钢化玻璃
福建经纬集团有限公司	长乐市金峰镇六林路	8672101	涤纶纱
和顺(中国)实业集团有限公司	长乐市漳港镇漳文路	8619676	涤纶长丝
厦门建发集团有限公司	厦门市思明区鹭江道海滨大厦九层	2987071	贸易代理，彩色电视机，五金交电、化工批发
厦门旅游集团有限公司	厦门市思明区厦禾路 1118 号 16 楼	3989837	旅游服务，进出口贸易，客运
厦门星鲨实业总公司	厦门市思明区沙波尾 58 号	2099061	胶丸，乳剂，VE 丸
厦门商业集团有限公司	厦门市思明区厦禾路 939 号 17-18 楼	5891182	肉、禽、蛋及水产品批发，百货零售
厦门市供销社集团公司	厦门市思明区豆仔尾路 296 号	2206608	农业生产资料批发，废旧物资、汽车报废、拆解
厦门国贸集团股份有限公司	厦门市湖滨南路 388 号国贸大厦 8-18 层	5898537	钢材批发，服装，水产品
福建省福源集团公司	厦门市思明区莲前西路福林山庄 215 号	5193246	其他化工产品批发，鞋，工艺品
福建省厦门经贸集团有限公司	厦门市思明区湖滨北路 10 号新港广场 11 层 A、B 单元	5312205	米、面制品批发
厦门鑫叶集团有限公司	厦门市思明区湖滨中路 24 号	5854828-2209	白板纸批发，包装纸，
厦门古龙集团有限公司	厦门市思明区禾祥西路 4 号鸿升大厦 18 层	2395555-616	罐头，调味品，饮料
厦门厦工集团有限公司	厦门市思明区禾祥东路 11 号 7 层	5170733	装载机，压路机

4-16 续表 4 (2003 年)

企业集团名称 (母公司或核心企业)	母公司详细地址	电话号码	主要产品(活动)
宝龙集团发展有限公司	厦门市思明区嘉禾路305号宝龙中心二期4楼	5328833	其他机械设备及电子产品批发
厦门大洋集团有限公司	厦门市思明区湖滨北路建业路 18 号	5311832	房地产开发经营
厦门福信集团有限公司	厦门市思明区厦禾路 857 号二、三层	5801112	房地产开发,高科技
福建省大通集团股份有限公司	厦门市思明区湖滨南路 57 号金源大厦 21B 单元	2233333	生猪
厦门市东方龙集团有限公司	厦门市思明区湖滨南路国贸大厦 31 层	5162206	金属材料、建筑材料批发
福建山湖集团有限公司	厦门市思明区莲花新村香莲里 33 号 32A	5514525	香菇,黑木耳,银耳
厦门国际航空港集团有限公司	厦门市高崎国际机场	6022936 -8161	飞机起降费,客运量,货运量
厦门港务集团有限公司	厦门市湖里区东渡路 127 号	5829003	货物吞吐量,集装箱,旅客吞吐量
厦门森宝集团有限公司	厦门市湖里区华荣路 50 号	5625999	传真机批发
厦门象屿集团有限公司	厦门市湖里区象屿保税区银盛大厦九楼	5603361	金属及金属矿批发
厦门华远建设集团有限公司	厦门市湖里区南山路 107-109 号二楼	5658583	提供施工设务服务,房地产业
万利达集团有限公司	厦门市湖里区嘉禾路 618 号	5700999	影碟机,移动 DVD,光崔化净化器
厦门涌泉集团有限公司	厦门市集美区灌口镇涌泉工业园	5161286	其他化工产品批发,劳保系列手套等,香料香精
厦门市建安集团有限公司	厦门市集美区银江路 236 号	6065568	提供施工设备服务,园林绿化,建筑劳务
福建省银芝集团有限公司	厦门市同安区城南工业区(西湖段)	7126678	茶叶
厦门市惠尔康集团有限公司	厦门市同安区汀溪隘头村	2272059	饮料,含乳饮料,牛奶
厦门银鹭集团有限公司	厦门市翔安区新圩镇马塘村	7176591	饮料系列,八宝粥,荔枝罐头
福建才子集团有限公司	莆田市城厢区东海镇海头工业区	5361037	衬衫
福祥集团(福建)有限公司	莆田市涵江区江口镇石西村	3791144	布鞋
永恩投资(集团)有限公司	莆田市荔城区畅林街	2782722	时装鞋批发
福建省莆田市中茂集团公司	莆田市仙游县东大路 3-5 号	8295089	烤鳗
福建三农集团股份有限公司	三明市梅列区列东街北段 1829 号	8238008	农药原药,化学药品制剂,化工原料
福建省凯明纺织集团公司	三明市东新四路丁香新村 14 幢	8237008	棉布营业收入
三明新型建材总厂	三明市梅列区列东街 136 号	8223874	硅酸钙板,石棉水泥中波瓦

4-16 续表 5　　　　　　　　　　（2003 年）

企业集团名称 （母公司或核心企业）	母公司详细地址	电话号码	主要产品（活动）
福建三明塑料集团公司	三明市三元区长兴路 23 号	8322327	塑料制品，螺旋纸管，针织品
福建三恒集团有限公司	三明市三元区新市南路 8 号	8331488	移印机，手动机，丝印机
福建汇华集团有限公司	三明市三元区溪口工业园 1 号	8889088	发电量，缸套，硅铁
建宁县莲蓉绿色食品(集团)有限公司	建宁县城关黄舟坊南路上坑 40 号	3989589	山雪饮品系列，"文鑫"莲籽系列，"三早"系列饮料
福建省永安林业(集团)总公司	永安市燕江东路 12 号	3608562	胶合板，中纤板，木材
泉州五矿(集团)公司	泉州市鲤城区泉秀路中段五矿大厦	2286219	非金属矿批发，鞋，陶瓷工艺品
福建泉州元鸿集团公司	泉州市鲤城区浮桥仙景工业大楼	2485742	服装，包袋
泉州匹克(集团)公司	泉州市鲤城区泉州大桥边	2581671	批制运动鞋，鞋底，服装
泉州华联集团总公司	泉州市鲤城区天后路	2205148	五金、交电批发
泉州港务集团有限公司	泉州市鲤城区江滨北路第九码头港务集团大楼	2509882	装卸搬运
福建亿昌集团有限公司	泉州市鲤城区九一路百源大厦	2186425	包袋，衣架
泉州中侨(集团)股份有限公司	泉州市鲤城区温陵北路 290 号	2183913	味精，面粉，中成药
亚伦集团(福建)有限公司	泉州市鲤城区浮桥车蒲工业区	2488188	树脂工艺品，陶瓷工艺品
力高集团(福建)有限公司	泉州市鲤城区泉秀路怡景大厦 16 楼	2508871	房屋工程建筑，商品房
泉州轻工工艺进出口(集团)公司	泉州市丰泽区温陵路福华商业中心 16-18 楼	2552255	陶瓷工艺品、服装批发
福建金帝集团有限公司（泉州市金帝房地产发展有限公司	泉州市丰泽区田安路金帝大厦	2592068	商品房
福建拿破仑集团公司	泉州市丰泽区北峰工业区	2882727	服装，工艺美术品
远太集团(福建)有限公司	泉州市丰泽区温陵路	2985298	商品房，园珠笔，餐饮
南益集团(福建)有限公司	泉州市丰泽区田安北路	2916995	针织毛衣，针织 T 恤，针织缝纫机
福建旗牌王集团企业有限公司	泉州市丰泽区泉秀路成洲工业区	2586255	服装
泉州市佳丽集团有限公司（泉州佳丽彩色印刷有限公司）	泉州市丰泽区北门拒洪工业区	2797298	烟标，纸箱
福建省泉州丰盛集团有限公司	泉州市丰泽区泉秀路丰盛大厦	2533596	商品房，餐饮
泉州九龙集团有限公司	泉州市泉港区涂岭九龙大厦	7702777	商品房，客运收入，建筑装璜及建材批发
泉州正大集团有限公司	泉州市惠安县百崎香莲埭工业区	7487888	旅游鞋，鞋材

4-16 续表 6 （2003 年）

企业集团名称（母公司或核心企业）	母公司详细地址	电话号码	主要产品（活动）
泉州市潮兴集团公司	泉州市惠安县崇武镇台湾街潮东工业区	7682102	墓碑及石材艺雕制品,塑胶制品
福建省惠泉啤酒集团股份有限公司	泉州市惠安县螺城镇建设大街 157 号	7389072	啤酒,麦芽加工
福建泉州三安集团有限公司	泉州市安溪县凤城镇祥云路 237 号	3102883	钢材
福建省万隆集团公司（安溪县新德水泥有限公司）	泉州市安溪县凤城镇吾都工业区	3256311	水泥,生铁,装载机
福建泉州美岭集团公司	泉州市永春县一都镇美岭村	3991988	水泥,纤维板,火电
福建省泉州双恒集团有限公司（双恒水泥塑料有限公司）	泉州市永春县横口乡	3971296	铝型材,水泥,火力发电
福建省泉州伟立集团有限公司	泉州市永春县蓬壶镇	3802828	涂布白板纸
福建省佳美集团公司	泉州市德化县东环路	3557186	陶瓷工艺品,树脂工艺品
福建泉州兴达集团公司	泉州市德化县龙浔镇丁溪坪埔	3515658	陶瓷工艺品,树脂工艺品,水泥工艺品
泉州市创意集团公司（福建省德化县国红瓷厂）	泉州市德化城关丁乾大洋开发区	3555111	陶瓷工艺品
福建泉州顺盛达集团有限公司	泉州市德化县城东开发区	3528888	陶瓷工艺品,矿产品
福建泉州顺美集团有限责任公司	泉州市德化东环路顺德工业区	3522267	陶瓷工艺品,树脂工艺品,纸箱
福建泉州万顺捷集团有限公司	泉州市德化县龙湖街第一工业路 18 号	3588729	陶瓷工艺品
福建省泉州龙鹏集团有限公司	泉州市德化县浔中镇东坑垅山	3586626	陶瓷工艺品,树脂工艺品,腊工艺品
福建省泉州得盛集团有限公司	泉州市德化县城关金锁新村 20 号	3558058	陶瓷工艺品
福建省泉州伟盛集团有限公司	泉州市德化县浔中镇浔中村西墩	3522877	陶瓷工艺品,树脂工艺品
福建石狮兴达集团公司	石狮市九二路兴达大厦	8581952	制鞋,商品房
福建省威明集团公司	石狮市蚶江镇威明工业大厦	8680256	服装
福建冠宏集团公司	石狮市长福炮台顶	8907991	针织布,漂染加工,纺织品
福建省石狮市信德集团公司	石狮市锦尚镇深埕工业区	8981809	树脂工艺品,蜡烛工艺品,陶瓷工艺品
石狮市华宝集团公司	石狮市祥芝镇大堡工业区	8900495	机织布,氨茎葡萄糖
达狮雄(福建)集团有限公司	石狮市八七路前廊工业区达狮雄大厦	8587828	休闲衣服,喇叭
福建省石狮市富贵鸟集团公司	石狮市长福工业区福林大厦	8702892	皮鞋
福建省石狮市通达集团有限公司	石狮市蚶江镇石湖路	8686188	电器配件,卫星接收机,微型风机

4-16 续表 7　　　　　　　　　　　　（2003 年）

企业集团名称（母公司或核心企业）	母公司详细地址	电话号码	主要产品（活动）
福建省石狮市大帝集团公司（石狮市大帝鞋服有限公司）	石狮市宝盖镇高科技大帝工业园	8700188	服装,旅游鞋,植绒布
福建恒达集团有限公司	晋江市缺塘东区恒达工业园	8192999	笔记本,公文包,挂历
福建福马食品集团公司	晋江市缺塘东区福马工业大厦	8186888	蛋黄派,休闲小食品
福建省燕山集团公司（晋江市燕山建陶有限公司）	晋江市磁灶燕山工业区	5888888	外墙砖
福建万利集团公司	晋江市磁灶大埔工业区	5881988	瓷砖,批发建材,纸制品
福建省泉州远泰石业集团公司	晋江市南门外福厦公路 204 段	5951258	石板材,异形加工石,石雕工艺品
福建中汇集团有限公司	晋江市磁灶镇大埔工业区	5882518	外墙釉面砖
福建釉盛集团有限公司	晋江市磁灶下官路	5892458	瓷砖,陶瓷批发
福建凤山石材集团公司(福建省晋凤山石材集团有限公司)	晋江市磁灶大埔工业区	5881382	石板材
福建七匹狼集团公司	晋江市金井镇南工业区	5382777	茄克,休闲服
福建省晋江五星集团公司	晋江市青阳镇融星花园城内	5689485	餐饮,汽车配件
福建三友集团公司	晋江市磁灶镇下官路	5952999	瓷砖,涂料,彩钢门窗
福建长江集团有限公司	晋江市磁灶大埔工业区	5886666	瓷砖
福建省华泰集团有限公司	晋江市磁灶洋尾工业区	5880988	墙地砖
晋江市商业集团有限公司	晋江市青阳新街南路 20 号	5682527	中西成药,日常百货
华达集团(福建)有限公司	晋江市安海镇第二工业区	5799680	随身听,CD 随身唱盘机,便携式 VCD
信诚集团(福建)有限公司	晋江市龙湖镇信诚工业区	5287888	化纤布,针织布,服装
福建恒安集团有限公司	晋江市安海镇恒安工业城	5708713	卫生巾及纸尿裤,心相印纸巾,美媛春护肤品
福建浔兴拉链科技股份有限公司	晋江市深沪镇浔兴工业园	8285588	SBS 系列拉链,SBS 系列扣兴,电镀、漂染
福建柒牌集团有限公司	晋江市英林镇柒牌工业园	5485777	西服套装,织唛,茄克
菲莉集团(福建)有限公司	晋江市池店工业区	5925827	钢材家具
晋江市百宏弹性织造有限公司	晋江市龙湖镇枫林工业区	5228888	涤纶丝,织带,织布
福建华昊集团有限公司	晋江市龙湖烧灰工业区	5299999	服装
福建金冠集团公司（晋江金冠食品有限公司）	晋江市罗山镇湖格工业区	8120222	糖果、巧克力等食品,服装,包装印刷

4-16 续表 8　　　　　　　　　　　　（2003 年）

企业集团名称（母公司或核心企业）	母公司详细地址	电话号码	主要产品（活动）
福建闽南集团有限公司	晋江市磁灶镇下灶龟山工业区	5892606	外墙砖
福建凤竹集团有限公司	晋江市青阳镇凤竹工业区	5656841	针织成品布,发电
福建万兴隆集团有限公司	晋江市龙湖镇烧灰工业区	5255605	化纤布,绦纶布,复合布
泉州市海峡集团公司	南安市石井镇海滨新城 3 幢	6087418	通讯及广播电视设备批发,海上运输,其他
福建省宏发集团公司	南安市帽山工业区	6368019	石板材
福建省松立集团公司	南安市梅山新兰工业区	6588888	热带钢,钢管,开关
福建省中宇集团公司	南安市仑仓镇大宇工业区	6141289	水龙头
福建省溪石集团有限公司	南安市帽山工业区	6359006	石板材
福建恒利集团有限公司	南安市省新工业区	6255883	卫生巾
福建省石王集团公司	南安市柳城榕桥工业区	6302888	花岗岩石板材
宏发集团(中国)有限公司	南安市大盈工业区	6932888	方便面
福建省泉州申鹭达集团有限公司	南安市英都镇芸林工业区	6166892	水暖洁具
福建泉州联兴纸业集团有限公司	南安市诗山凤坡	6488668	纸制品
福建向荣建设集团有限公司	漳州市胜利路向荣大厦	2936989	房屋工程建筑,房地产
福建漳州市长运集团有限公司	漳州市芗城新华北路 27 号	2072223	客、货运输
福建金峰纺织集团公司	漳州市金峰开发区	2591011	胚线,毛毯,毛条
福建吉马集团有限公司	漳州市芗城区东岳新村吉马大厦	2948973	酒业批发,超市商场,彩印包装
福建闽南(漳州)经济发展股份有限公司	漳州市胜利东路漳州发展广场 21 层	2671753	自来水,垃圾处理
新城房地产集团(福建)有限公司	漳州市芗城区元光南路皇宫酒楼一楼	2876929	房地产
福建省漳州裕和集团有限公司	漳州市蓝田工业开发区	2105666	冷藏运输
福建省东山县海魁水产集团有限公司	东山县经济技术开发区	5887610	海魁系列水产品
福建闽星集团有限公司	漳州市南靖民营经济区	7514387	发电量,石墨电极,金属硅
福建省漳州南靖县港兴食品饼业公司	漳州市南靖县奎洋工业区	7514122	饼干
漳州市中达集团有限公司	南靖县奎洋镇永溪	7514310	水泥

4-16 续表 9　　　　（2003 年）

企业集团名称（母公司或核心企业）	母公司详细地址	电话号码	主要产品（活动）
福建漳州双赢集团有限公司	南靖县山城东大路	7841085	磷肥,复合肥,硫酸
福建龙溪集团公司	漳州市平和县小溪镇	5262032	农用运输车
福建锦溪集团有限公司	平和县小溪镇东大街果蔬市场 A 幢	5230888	官溪蜜柚,香蕉,芦甘
福建省海新集团有限公司	龙海市海新工业区	6736396	畜禽饲料,水产饲料,饼干
福建省九龙建设集团有限公司	龙海市角美镇北门北路	6778952	建筑业
福建紫山集团有限公司	龙海市紫山工业区	6655099	芦笋罐头,酱菜系列,天然矿泉水
漳州鸿伟木业集团有限公司	龙海市海澄内楼村	6756672	刨花板,细木工板,甲醛
福建长富乳业集团股份有限公司	南平市长富路 168 号	8614897	液体奶,初乳粉
福建兆祥集团有限公司	武夷山市国家旅游度假区	5253378	旅馆业
福建龙马农用车制造有限公司	龙岩市新罗区工业西路 6 号	2185560	农用运输车,汽车,改装车
福建省龙岩市龙物集团有限公司	龙岩市新罗区和平路 15 号	2320218	其他机械设备批发
福建省龙岩龙化集团公司	龙岩市新罗区曹溪镇石粉路 118 号	2751041	烧碱,发泡剂 ADL,纯碱
福建龙岩春驰水泥有限公司	龙岩市新罗区曹溪镇东山村下坑	2770318	水泥,熟料
龙岩市新罗区农垦东宝山水泥厂	龙岩市新罗区南环东路 48 号	2300286	水泥,水泥熟料
福建龙岩嘉源粮食集团有限公司	龙岩市新罗区九一北路 62 号	2292655	旅游服务业
福建龙岩工程机械(集团)有限公司	龙岩市新罗区石桥红岭路 11 号	2522188	轮式装载机
福建省大永固工贸有限公司	龙岩市上杭县古田镇上郭车村	3690988	水泥,发电量,锰、硅合金
福建省连城红心地瓜干(集团)有限公司	龙岩市连城县城关北大东路 55 号	8928555	地瓜干
福建省闽东大黄鱼集团公司	宁德市蕉城北路 21 号	2829139	“官井洋”牌大黄鱼
福建省宁德市物资集团公司	宁德市蕉城北路 9 号	2822175	化工材料批发,金属材料批发
福建大创水电集团有限公司	屏南县古峰镇环城路一巷 7 号	3328888	水力发电量,石材荒料,食用菌
福建闽东冶金集团公司（福建省赛岐铁合金厂）	福安市赛岐经济开发区	6965322	碳素铬铁
福建省东鼎燃具集团公司	福鼎市桐山园觉寺 84 号	7818395	气体调压器
福建省福鼎物资集团公司	福鼎市南大路 239 号	7852872	有色金属，炸药

五　重点企业

2004

FUJIAN ENTERPRISE YEARBOOK

2003年福建省重点企业发展概述

2003年福建省269家重点企业面对“非典”疫情、持续罕见的高温干旱以及限电等不利因素，按照省委、省政府对经济工作的各项部署，精心组织，科学调度，克服困难，生产经营保持快速增长，同时紧紧围绕建立产权清晰、权责明确、政企分开、管理科学的现代企业制度，积极推进和完善企业法人治理结构，强化企业内部管理和激励机制，使企业的资产和产品结构在快速发展中得到优化。

一、企业运营质量明显提高

第一，实现资产保值增值。2003年福建省269家重点企业共拥有资产4828.47亿元，比上年增长27.4%，资本保值增值率为108.2%。从控股情况看，国有及国有控股的重点企业资产增值强劲，全年拥有资产4014.86亿元，占269家重点企业资产总额的83.2%，较上年增长30%；从行业情况看，金融业和批发零售业资产增势居各行业之首，分别比上年增长41.5%和25.9%；从登记注册类型看，股份有限公司资产实现同比增长33.9%，资本保值增值率达114.4%，超过全省平均水平6.2个百分点。

第二，核心资产经营能力增强，经济效益大幅提高。2003年福建省269家重点企业完成营业收入1899.1亿元，比上年增长20%，其中主营业务收入达1876.46亿元，占营业收入的98.8%，比上年增长19.8%。主业突出，核心资产经营能力的大幅提升，使企业盈利能力增强，2003年福建省269家重点企业实现利润总额133.51亿元，比上年增长25.3%，工业、金融业实现利润较上年增长达26.9%和174%，但受“非典”疫情影响，租赁和商务服务业、住宅和餐饮业、批发和零售业及房地业等行业利润大幅下滑。

第三，社会贡献提高，影响力增强。2003年福建省269家重点企业共上缴税金106.11亿元，比上年增长15.6%，占当年全省税收总额的18.2%。在岗职工24.72万人，比上年增长4.2%，在解决就业和稳定社会秩序等方面发挥应有作用。

二、企业改制成效显著

1. 企业改制面进一步扩大。

2003年福建省企调队对全省269家各类重点企业进行了跟踪监测调查，这269家重点企业，从重点企业类型看，它包括国家520户重点企业11家，原512户国家重点企业1家，省级重点企业91家，现企原国家百户试点企业2家，现企原省级试点企业16家，其他经济类型的148家。从企业改制形式看，改制为公司制企业的257家，总改制面为95.5%，其中改制为股份有限公司的有197家，占73.2%，改制为有限责任公司的42家，占15.6%，改制为国有独资公司的4家，占1.5%，另有中外合资、港澳台合资企业14家，占5.2%。与上年相比，股份有限公司改制面所占比重增加9.9个百分点，改制面进一步扩大。从企业控股情况看，国有及国有控股企业108家，占40.1%，集体控股企业13家，占4.8%，其它多种经济成份控股企业148家，占55%，多种经济成份并存的格局已形成。

2. 企业制度创新实现新突破。

一是投资主体日趋多元化。产权清晰是建立现代企业制度的必然要求，269家重点企业在清产核资、界定产权的基础上，按《公司法》有关规定，95.2%企业有了明确的出资人，企业与政府部门由原来的行政隶属关系已经转变为出资人与企业间的经济关系。同时为推进产权主体多元化，重点企业积极探索公有制的多种实现形式，积极推行股份制，发展混合所有制经济，从而优化了国有企业的资本结构，扭转了国家资本“一股独大”的传统格局。调查显示，2003年269家重点企业注册资本构成中，法人资本占29.3%，比上年提高4.3个百分点，个人资本占15.7%，比上年提高4个百分点。

二是企业组织机构日趋规范。在建立现代企业制度的实践中，绝大多数企业按照《公司法》的要求，积极构建公司内部法人治理结构。在调查的269家重点企业中，有234家企业成立了股东会，占被调查企业的87%；有258家企业成立董事会，占被调查企业的95.9%；有225家企业成立监事会，占被调查企业的83.6%；有117家企业设立独立董事，占被调查企业的45.3%。9成以上的股东会、董事会、监事会和总经理都能够行使《公司法》所赋予的各项主要权力。通过"新三会"的建立，企业的权力机构、决策机构、执行机构和监督机构相互独立、相互制衡、相互协调的机制已基本形成。

三是企业自主权进一步扩大。随着政治经济体制改革的不断深入，政府直接管理、经营企业的职能得到根本转变，对企业用人、生产经营等方面干预愈来愈少。据调查269家重点企业中，总经理由董事会直接聘任的有208家，占被调查企业的77.3%，而由主管部门任命、上级组织部门任命、职代会选举上级任命的仅分别占5.6%、3%、1.9%。对中层管理人员的聘用多数企业已由政府主体选拔转变为企业总经理自主决定或由总经理提名董事会聘任的方式，在被调查的269家企业中，这一比例已达61%，而由主管部门提名并决定的仅占1.1%，由政府提名董事会聘任的也仅有18家企业，占被调查企业的6.7%。

3.企业机制创新实现新突破。

我省269家重点企业以企业内部“三项制度”改革为重点，积极建立合理、科学的人事制度、用工制度和分配制度，构建有效的激励和约束机制，从而实现在企业机制创新上的新突破。

第一，在企业劳动人事制度改革上，已全面实行劳动合同制的企业有262家，占97.4%。实行全员竞争上岗制度的企业有232家，占86.2%。有78.8%的企业已经打破了传统的“干部”和“工人”身份的界限，变身份管理为岗位管理。内部管理人员已实行公开竞聘的企业有232家，占86.2%。企业能足额缴纳社会保险费的有263家，占97.8%。

第二，在企业分配制度改革上，已实行企业经营者年薪制的占43.1%，实行科技人员收入分配激励机制的占56.9%，实行职工持股分配制的占23.4%，多种多样的分配形式充分调动了企业各阶层的劳动积极性。

第三，在相关制度建设上，建立一套行之有效的奖惩制度。在调查的269家重点企业中，有232家企业建立了以降低成本、提高效益为目的的奖惩制度并能严格执行；为提高产品质量，在企业质量管理方面，有155家企业通过有“国际绿卡”之誉的ISO9000国际质量体系认证，有45家企业通过了ISO14000环境管理系列标准认证。

三、技术创新能力增强

面对世纪经济全球化、信息化和高新技术的迅猛发展，技术创新已日益成为企业赖以生存的支柱和持久发展的推动力，我省269家重点企业已充分意识到技术创新的重要性，在成立机构、经费投入及手段创新等方面均有所突破。

第一，技术中心运作良好，获取新产品新技术途径增多。我省269家重点企业中已建立技术中心的有120家，占被调查企业的44.6%，技术中心设施、经费和人员基本能满足需要的占88.3%。企业获得新产品新技术的途径，认同自主开发的占55.4%；认同引进技术消化吸收和创新的占39%；认同与院校科研机构联合开发的占35.3%；认同接受技术成果转让的占20.4%。且近三年企业知识产权保护意识增强，获国内专利申请授权955项，已利用专利865项，占专利申请授权数的90.6%；获美国专利申请授权9项，已应用专利8项，占专利申请授权数的88.9%。

第二，研发费用投入增加，新产品销售收入大幅增长。2003年全省269家重点企业投入研究开发费用20.51亿元，比上年同期增长41.9%，占全部营业收入的1.1%，比上年提高0.2个百分点。金融业、信息传输计算机服务和软件业、制造业等行业的研发费用投入均呈两位数增长；实现新产品销售收入301.2亿元，比上年增长79.7%，新产品销售收入占营业收入的比重由上年的10.6个百分点提高为2003年的15.9个百分点。

第三，技术创新手段实现新突破。随着信息技术的飞跃发展，信息化必将伴随于国民经济现代化的全过程。不懂得信息化就不懂得现代化。企业要力争在竞争中生存发展，就必须加快推进信息化，通过积极有效地应用计算机网络技术，提高企业核心竞争力。我省269家重点企业中有147家企业已经建立自己的商业网站，占被调查企业的54.6%，企业信息化进程加快。

四、企业改制与发展过程中的突出问题

随着国企改革不断向纵深发展，改革进程中面临的难题也不断暴露出来，亟待在今后的改革实践中不断加以解决和突破。经济运行中的不利因素也

影响了企业的正常运行。

1. 高进低出、资金及能源紧缺严重影响企业生产的正常运行。

第一、高进低出，抬高企业成本，吞噬企业利润。2003年福建省工业品出厂价格上涨0.7%，能源原材料购进价格上涨6.3%，“高进低出”格局将企业推至成本提高、售价走低、利润流失的境地，严重影响企业的市场竞争能力、出口能力和经济效益提升。福建省上市公司南纸股份有限公司2003年完成工业总产值12.5亿元，实现工业销售产值12.47亿元，分别比上年增长10.7%和7%，生产新闻纸26.65万吨，增长10.2%，销售新闻纸26.63万吨，增长6.4%，产销率达99.9%，但全年实现利润仅408万元，比上年同期下降95%，究其主要原因高进低出吞噬了企业利润。首先原材料价格上涨，生产成本大幅增加。据企业测算，废纸采购价格上涨增加成本支出4989.15万元，原煤涨价增加成本支出474.76万元，木片价格提高增加成本支出149.59万元，仅这三项企业增加成本支出5613.5万元，占当年销售收入的4.5%；其次，市场疲软销售价格持续下跌。2003年新闻纸平均售价为4225.24元/吨，比上年平均售价下降187.68元/吨，仅此一项南纸公司减利4978万元。

第二、电力能源紧缺，交通运输设施不配套，已成为制约企业发展的主要瓶颈。2003年福建省受高温干旱水电减少及新建工业项目投产用电增加的影响，全省电力供求矛盾异常突出，工业用电量由上半年的占全社会用电总量的71.8%下降为全年的69.6%，由于限电及电价提升，造成企业生产成本上升。福建三钢集团是一家大型的钢铁生产企业，也是电力能源消耗大户，企业反映由于没有车皮运输，炼钢用生铁块进不来，原材料短缺及电量不足（预计今年七月份后矛盾更突出，日外购用电量将增加到239万kwh）已严重影响企业生产的正常运行；福建南纸股份有限公司因缺煤缺电，目前仅维持单机生产，日产量减少15%，2003年仅电涨价就增加成本支出685.66万元。

第三，资金问题增加。一方面存货增加，压占资金。2003年企业市场销售形势仍较严竣，全年存货260.04亿元，比上年增长27%，存货占流动资金的24.8%；另一方面，货款回笼不理想，应收帐款达195.86亿元，比上年增加9.3%。福建南纸股份有限公司应收帐款由年初的2.68亿元增加到年末的3.74亿元，增加了1个亿。缺乏资金，企业生产步履维艰。企业为实现生产的正常运转，贷款余额持续增加，2003年全省269家重点企业年末负债达3849.63亿元，比上年增长33.4%，资产负债率高达79.7%，比上年提高3.6个百分点，企业利息支出23.6亿元，比上年多支出1.1亿元，增长4.9%，企业负担加重。

2. 企业法人治理结构运作不规范。一是国有股比重依然过大，股权结构单一，股东会行使权力不规范。二是董事会成员构成不科学，董事长和总经理″一肩挑″的情况仍然占一定比例，影响董事会职能的正常发挥。在调查的258家设立董事会的企业中，仍有66家企业属于董事长兼任总经理的情况。三是高层经理人员的产生方式还不能完全适应现代企业制度要求。比如企业总经理由上级组织部门或上级主管部门任命的现象仍然存在。

3. 社会保障制度不完善。当前推进企业改革的主要障碍，有127家企业认为是社会保障制度不完善，认同率达47.2%，由于社会保障制度不完善，企业分离富余职工58.1%企业都由自己内部消化，27.1%的企业富余职工处于失业状态或没有固定的分流去向。

2004年我省各级各部门认真贯彻中央和省经济工作会议布置，继续以项目促经济发展，全省经济开局较好，企业预期发展前景向好，7成以上企业对改制后的总体评价较好，8成以上企业对未来发展充满信心。但对改制和发展过程中出现的问题，应积极应对，防患未然，应加快产权制度改革，规范企业法人治理结构，深化企业“三项制度”改革，进一步健全和完善社会保障体系，以保证重点企业的健康快速发展。

5-1 重点企业建立现代企业制度企业主要经济指标

（2003年）　　单位：万元

项　　目	单位数（个）	注册资本合计	年末资产总计	固定资产原价	累计折旧
总　计	269	4711494	48602400	10530073	3188597
一、按控股情况分					
国有及国有控股	108	2902090	40455048	8091670	2448023
国有绝对控股	77	2073265	11912214	6581607	2089346
国有相对控股	31	828825	28542834	1510063	358677
集体控股	13	56222	152142	66234	27943
集体绝对控股	8	28152	51116	14054	4121
集体相对控股	5	28070	101026	52180	23822
其他	148	1753182	7995210	2372169	712631
二、按登记注册类型分					
国有企业	11	194405	1193484	299261	119308
公司制企业	257	4516002	47388200	10223061	3067026
国有独资企业	4	547093	3537277	2843135	714356
其他有限责任公司	42	937240	4397480	1987772	859799
股份有限公司	198	2786280	38232854	5022713	1383910
中外合资企业	5	38981	150287	46931	14412
港澳台合资企业	8	206408	1070302	322510	94549
其他	1	1087	20716	7751	2263
三、按企业规模分					
大型	36	1967363	11725740	6566851	2116447
中型	92	1035086	5049366	2308144	702261
小型	69	403445	1249793	513733	168547
其他	72	1305600	30577501	1141345	201342
四、按主营行业分					
农、林、牧、渔业	1	1426	2161	180	68
工业	154	3023335	15460951	8294155	2512926
采矿业	1	9500	243026	74283	25370
制造业	142	2472749	11421328	5353066	1809725
电力、燃气及水的生产和供应业	11	541086	3796597	2866806	677831
建筑业	5	44206	306251	36238	19538
交通运输、仓储和邮政业	17	234313	1226019	1129319	440244
信息传输、计算机服务和软件业	15	72291	210786	32265	5933
批发和零售业	30	237724	1665209	179123	44545
住宿和餐饮业	1	1512	1718	1083	115
金融业	6	651587	27840254	471359	120739
房地产业	21	210119	1150422	86299	14469
租赁和商务服务业	15	190281	419493	30410	8869
水利、环境和公共设施管理业	4	44700	319136	269642	21151
总计比上年增长(%)			27.7	9.3	10.7

注：本表统计范围包括国务院和省政府确定的现代企业制度原试点企业和股份有限公司，以及省管及省重点联系企业。

5-1 续表1 （2003年） 单位：万元

项目	#本年折旧	累计对外投资	#本年对外投资	存货	流动资产年平均余额
总计	**534442**	**2689601**	**569120**	**2688740**	**10760295**
一、按控股情况分					
国有及国有控股	371058	2127731	413487	1703787	5811252
国有绝对控股	302815	1885690	337970	1206625	4425617
国有相对控股	68243	242041	75517	497162	1385635
集体控股	4357	5572		13585	88378
集体绝对控股	754	3712		3385	24091
集体相对控股	3603	1860		10200	64287
其他	159027	556298	155633	971368	4860665
二、按登记注册类型分					
国有企业	21169	488450	30683	177763	447512
公司制企业	512980	2198527	538274	2508531	10302531
国有独资企业	95251	454857	5959	19352	715774
其他有限责任公司	143890	88619	14961	503676	2592577
股份有限公司	252055	1631647	514311	1710516	6245376
中外合资企业	2339	8914	499	31369	94606
港澳台合资企业	19445	14490	2544	243618	654198
其他	293	2624	163	2446	10252
三、按企业规模分					
大型	337369	945059	228901	1264775	5129025
中型	122491	425612	147897	900715	2534448
小型	28616	139511	21062	96385	519163
其他	45966	1179419	171260	426865	2577659
四、按主营行业分					
农、林、牧、渔业	4	700			1312
工业	408780	1070831	228401	1938358	6940411
采矿业	8126	2302	122	12313	82630
制造业	304140	642286	209953	1905654	6052018
电力、燃气及水的生产和供应业	96514	426243	18326	20391	805763
建筑业	1383	139990	-2572	9098	118742
交通运输、仓储和邮政业	80101	229656	47289	56090	259412
信息传输、计算机服务和软件业	1827	70818	14356	19455	144648
批发和零售业	5691	405626	166066	261705	933156
住宿和餐饮业	27				125
金融业	27856	430327	72827	84	1425999
房地产业	2735	139298	23477	403353	783913
租赁和商务服务业	1488	186113	19252	381	129281
水利、环境和公共设施管理业	4550	16242	24	216	23296
总计比上年增长(%)	**4.0**	**12.6**	**112.7**	**26.5**	**10.3**

5-1 续表 2 （2003 年） 单位：万元

项目	应收帐款	年末负债合计	#流动负债	年末股东（所有者）权益合计	#股本（实收资本）
总计	**2091741**	**38720907**	**24907796**	**9881494**	**4884181**
一、按控股情况分					
国有及国有控股	733923	33553639	20479024	6901409	3137495
国有绝对控股	475874	7032867	4465842	4879347	2291684
国有相对控股	258049	26520772	16013182	2022062	845811
集体控股	22073	36555	34587	115587	48006
集体绝对控股	6905	18722	17798	32394	19936
集体相对控股	15168	17833	16789	83193	28070
其他	1335745	5130713	4394185	2864498	1698680
二、按登记注册类型分					
国有企业	40858	544656	308301	648828	368545
公司制企业	2049403	38166197	24591249	9222004	4514549
国有独资企业	40486	2223754	722398	1313523	580803
其他有限责任公司	770312	2975922	2618640	1421558	917467
股份有限公司	1096239	32179637	20483238	6053217	2768830
中外合资企业	27097	84581	75748	65706	38981
港澳台合资企业	115269	702303	691225	368000	208468
其他	1480	10054	8246	10662	1087
三、按企业规模分					
大型	1211404	7359587	5108514	4366153	2018218
中型	520567	2771996	2196296	2277371	1056053
小型	99753	558750	462900	691043	387027
其他	260017	28030574	17140086	2546927	1422883
四、按主营行业分					
农、林、牧、渔业		1224	1224	937	1426
工业	1609941	9131041	6392431	6329911	3064601
采矿业	402	64682	39427	178344	12666
制造业	1560743	6736923	5548954	4684406	2497320
电力、燃气及水的生产和供应业	48796	2329436	804050	1467161	554615
建筑业	33623	107533	90960	198718	187886
交通运输、仓储和邮政业	25769	577824	383408	648195	238732
信息传输、计算机服务和软件业	121842	84362	78803	126424	72291
批发和零售业	169836	1017648	992111	647561	239074
住宿和餐饮业		182	182	1536	1512
金融业	61876	26712366	16122484	1127888	651587
房地产业	66999	736292	635636	414130	213091
租赁和商务服务业	779	165294	150849	254199	169281
水利、环境和公共设施管理业	1076	187141	59708	131995	44700
总计比上年增长(%)	**15.3**	**33.7**	**25.4**	**8.7**	**5.4**

5-1 续表 3 （2003 年） 单位：万元

项 目	主营业务收入	#主营业务成本	#主营业务税金及附加	其他业务收入	新产品销售收入	出口销售总额
总 计	19393113	16120189	361445	228161	3219322	4619557
一、按控股情况分						
国有及国有控股	12366015	10175610	337242	179733	2295270	1044765
国有绝对控股	8355394	7018176	239841	143600	1690341	819305
国有相对控股	4010621	3157434	97401	36133	604929	225460
集体控股	81945	61234	538	1828	20355	9494
集体绝对控股	42629	38125	233	1609	4227	
集体相对控股	39316	23109	305	219	16128	9494
其他	6945153	5883345	23665	46600	903697	3565298
二、按登记注册类型分						
国有企业	603261	326497	159865	4010	12914	90282
公司制企业	18778367	15784335	201543	223366	3201808	4528598
国有独资企业	1837097	1778500	5874	19374		5120
其他有限责任公司	6002658	5144039	70126	34643	754486	2870347
股份有限公司	8953656	7204934	101163	161941	1398730	1521490
中外合资企业	131514	96013	236	74	4425	13451
港澳台合资企业	1853442	1560849	24144	7334	1044167	118190
其他	11485	9357	37	785	4600	677
三、按企业规模分						
大型	13187217	11458506	89515	149903	2459252	4022144
中型	3691242	2769002	202545	63185	593372	562537
小型	601374	474519	9186	6365	158545	32931
其他	1913280	1418162	60199	8708	8153	1945
四、按主营行业分						
农、林、牧、渔业				2		
工业	14746752	12222769	283486	198851	3206997	4071468
采矿业	105959	47401	703	6367		
制造业	12867486	10467520	276792	180355	3206997	4071468
电力、燃气及水的生产和供应业	1773307	1707848	5991	12129		
建筑业	232548	214535	6359	5610		
交通运输、仓储和邮政业	525104	392552	10433	7526		6
信息传输、计算机服务和软件业	50654	44566	433	431	7480	1724
批发和零售业	2043583	1912276	3135	9466	4845	546359
住宿和餐饮业	98	74	18			
金融业	1390672	1026818	44681	1020		
房地产业	340723	273782	10859	3984		
租赁和商务服务业	27052	20801	448	693		
水利、环境和公共设施管理业	35927	12016	1593	578		
总计比上年增长(%)	20.4	20.4	14.2	30.0	68.0	6.4

项目	存货跌价损失和营业、管理、财务等费用合计	#税金	#劳动待业保险费	#利息支出	投资收益
总计	**1958560**	**26489**	**66787**	**241060**	**221393**
一、按控股情况分					
国有及国有控股	1366389	18258	49607	179399	190174
国有绝对控股	863422	11763	39882	148447	78184
国有相对控股	502967	6495	9725	30952	111990
集体控股	12520	139	603	335	-1540
集体绝对控股	4822	30	63	427	-1548
集体相对控股	7698	109	540	-92	8
其他	579651	8092	16577	61326	32759
二、按登记注册类型分					
国有企业	75693	1049	5776	9183	5551
公司制企业	1881272	25427	60723	231557	215841
国有独资企业	134844	1983	11976	62667	28823
其他有限责任公司	413894	4600	16511	29070	3180
股份有限公司	1133472	17633	29951	128612	178801
中外合资企业	23792	368	735	1614	2493
港澳台合资企业	175270	843	1550	9594	2544
其他	1595	13	288	320	1
三、按企业规模分					
大型	999519	10285	37062	139970	56491
中型	498123	8214	22704	61211	23754
小型	85949	3053	2004	11700	15564
其他	374969	4937	5017	28179	125584
四、按主营行业分					
农、林、牧、渔业	40		1		
工业	1396730	17846	51163	181987	69127
采矿业	15174	83	371	1530	8
制造业	1238982	15129	40079	116776	35537
电力、燃气及水的生产和供应业	142574	2634	10713	63681	33582
建筑业	11100	84	1057	1072	136
交通运输、仓储和邮政业	83126	2581	6789	13522	16733
信息传输、计算机服务和软件业	16477	52	375	835	1407
批发和零售业	100814	1162	2944	19549	21695
住宿和餐饮业	6				
金融业	272440	3022	3931	-3613	94518
房地产业	54152	373	293	19889	6072
租赁和商务服务业	15116	198	213	4650	10389
水利、环境和公共设施管理业	8559	1171	21	3169	1316
总计比上年增长(%)	**20.9**	**15.2**	**-0.2**	**6.0**	**-11.1**

5-1 续表 5　　(2003 年)　　单位：万元

项　目	营业外收入	利润总额	应交所得税	应交增值税	研究开发费　用
总　计	**38417**	**1314015**	**290947**	**413040**	**198020**
一、按控股情况分					
国有及国有控股	27480	767379	220721	299831	141557
国有绝对控股	20702	412084	112422	223700	93153
国有相对控股	6778	355295	108299	76131	48404
集体控股	335	7325	1387	3579	3289
集体绝对控股	244	-1011	184	536	48
集体相对控股	91	8336	1203	3043	3241
其他	10602	539311	68839	109630	53174
二、按登记注册类型分					
国有企业	1827	48661	19174	48469	714
公司制企业	36540	1264744	271608	364216	196963
国有独资企业	12808	22101	79	57684	8707
其他有限责任公司	7711	387743	56115	72865	30502
股份有限公司	14828	739383	203626	192814	105594
中外合资企业	320	14114	2032	4076	6841
港澳台合资企业	873	101403	9756	36777	45319
其他	50	610	165	355	343
三、按企业规模分					
大型	23619	790268	111245	262343	133093
中型	8365	256731	73720	130731	53738
小型	2309	44230	10523	17856	6546
其他	4124	222786	95459	2110	4643
四、按主营行业分					
农、林、牧、渔业		-40			
工业	29052	1019988	180919	398741	192839
采矿业	73	42327	9488	285	935
制造业	16095	952852	168860	342531	183534
电力、燃气及水的生产和供应业	12884	24809	2571	55925	8370
建筑业	222	2341	512	199	
交通运输、仓储和邮政业	3506	67569	16481	480	
信息传输、计算机服务和软件业	87	2160	428	2534	3293
批发和零售业	1722	42347	6848	11804	1240
住宿和餐饮业					
金融业	3367	159165	66250		625
房地产业	383	2463	16539	-718	23
租赁和商务服务业	26	2528	26		
水利、环境和公共设施管理业	52	15494	2944		
总计比上年增长(%)	**56.8**	**22.5**	**28.7**	**11.8**	**35.9**

5-2 重点企业建立现代企业制度企业从业人员和劳动报酬

（2003年）

项　　目	年　末 从业人员 （人）	#在　岗 职　工	#研究开 发人员	从业人员 劳动报酬 （万元）	#在　岗 职　工	#研究开 发人员
总　计	254509	251220	13313	538641	526452	51712
一、按控股情况分						
国有及国有控股	144526	142684	7390	341151	335285	28400
国有绝对控股	111306	110093	4761	251937	248055	18421
国有相对控股	33220	32591	2629	89214	87230	9979
集体控股	3065	3059	106	4833	4811	259
集体绝对控股	899	899	6	1431	1431	73
集体相对控股	2166	2160	100	3402	3380	186
其他	106918	105477	5817	192657	186356	23053
二、按登记注册类型分						
国有企业	8292	8240	82	20260	20195	273
公司制企业	245816	242597	13175	517085	505009	51247
国有独资企业	24978	24885	346	67996	67905	2295
其他有限责任公司	66833	66655	1912	131641	127476	10098
股份有限公司	138978	136141	9060	280030	272657	30202
中外合资企业	2936	2912	448	7721	7619	2888
港澳台合资企业	12091	12004	1409	29697	29352	5764
其他	401	383	56	1296	1248	192
三、按企业规模分						
大型	132386	131811	6443	275508	270419	24524
中型	89208	86876	4697	164732	161452	17443
小型	14432	14260	650	28428	28046	1986
其他	18483	18273	1523	69973	66535	7759
四、按主营行业分						
农、林、牧、渔业	10	6		8	4	
工业	205127	203259	11564	415854	408330	43527
采矿业	1084	846	130	4731	3692	727
制造业	183092	181571	11153	347576	341198	40630
电力、燃气及水的生产和供应业	20951	20842	281	63547	63440	2170
建筑业	9170	8229		11383	10445	
交通运输、仓储和邮政业	13529	13503		27516	27477	
信息传输、计算机服务和软件业	1926	1913	1185	9792	9741	6276
批发和零售业	9434	9190	296	16967	16717	613
住宿和餐饮业	283	283		91	91	
金融业	9536	9427	264	38562	38281	1271
房地产业	2932	2894	4	4546	4463	25
租赁和商务服务业	1400	1388		12379	9404	
水利、环境和公共设施管理业	1162	1128		1543	1499	
总计比上年增长(%)	3.9	4.7	12.6	10.4	10.8	40.2

5-3 重点企业建立现代企业制度企业主要经济效益指标

（2003年）　　　　　　　　　　　　　　　　　　　　　　　　　　　　单位：%

项　　目	资　产 负债率	营业收入 利润率	成本费用 利润率	资　产 利税率	净资产 收益率	总资产 报酬率
总　计	79.7	6.7	7.3	4.3	10.4	3.2
一、按控股情况分						
国有及国有控股	82.9	6.1	6.7	3.5	7.9	2.3
国有绝对控股	59.0	4.9	5.2	7.4	6.1	4.7
国有相对控股	92.9	8.8	9.7	1.9	12.2	1.4
集体控股	24.0	8.7	9.9	7.5	5.1	5.0
集体绝对控股	36.6	-2.3	-2.4	-0.5	-3.7	-1.1
集体相对控股	17.7	21.1	27.1	11.6	8.6	8.2
其他	64.2	7.7	8.3	8.4	16.4	7.5
二、按登记注册类型分						
国有企业	45.6	8.0	12.1	21.5	4.5	4.9
公司制企业	80.5	6.7	7.2	3.9	10.8	3.2
国有独资企业	62.9	1.2	1.2	2.4	1.7	2.4
其他有限责任公司	67.7	6.4	7.0	12.1	23.3	9.5
股份有限公司	84.2	8.1	8.9	2.7	8.9	2.3
中外合资企业	56.3	10.7	11.8	12.3	18.4	10.5
港澳台合资企业	65.6	5.5	5.8	15.2	24.9	10.4
其他	48.5	5.0	5.6	4.8	4.2	4.5
三、按企业规模分						
大型	62.8	5.9	6.3	9.7	15.6	7.9
中型	54.9	6.8	7.9	11.7	8.0	6.3
小型	44.7	7.3	7.9	5.7	4.9	4.5
其他	91.7	11.6	12.4	0.9	5.0	0.8
四、按主营行业分						
农、林、牧、渔业	56.6			-1.9	-4.3	-1.9
工业	59.1	6.8	7.5	11.0	13.3	7.8
采矿业	26.6	37.7	67.6	17.8	18.4	18.1
制造业	59.0	7.3	8.1	13.8	16.7	9.4
电力、燃气及水的生产和供应业	61.4	1.4	1.3	2.3	1.5	2.3
建筑业	35.1	1.0	1.0	2.9	0.9	1.1
交通运输、仓储和邮政业	47.1	12.7	14.2	6.4	7.9	6.6
信息传输、计算机服务和软件业	40.0	4.2	3.5	2.4	1.4	1.4
批发和零售业	61.1	2.1	2.1	3.4	5.5	3.7
住宿和餐饮业	10.6	0.0	0.0	1.1	0.0	0.0
金融业	96.0	11.4	12.2	0.7	8.2	0.6
房地产业	64.0	0.7	0.8	1.1	-3.4	1.9
租赁和商务服务业	39.4	9.1	7.0	0.7	1.0	1.7
水利、环境和公共设施管理业	58.6	42.4	75.3	5.4	9.5	5.9
总计比上年增长(%)	3.6	0.1	0.1	-0.3	1.0	-0.2

5-4 十二户国家重点联系企业主要经济指标

（2003年）　　　　单位：万元

项　　目	单位数（个）	注册资本合计	年末资产总计	固定资产原价	累计折旧
总　计	12	818048	5012108	3478935	920107
一、按控股情况分					
国有及国有控股	11	784873	4926898	3408992	897110
国有绝对控股	10	749718	4712811	3383173	886935
国有相对控股	1	35155	214087	25819	10175
集体控股					
集体绝对控股					
集体相对控股					
其他	1	33175	85210	69943	22997
二、按登记注册类型分					
国有企业	1	6905	70460	6173	382
公司制企业	11	811143	4941648	3472762	919725
国有独资企业	3	511889	3398763	2706732	643651
其他有限责任公司	2	101106	218636	131780	52630
股份有限公司	4	138973	820334	477519	168605
中外合资企业					
港澳台合资企业	2	59175	503915	156731	54839
其他					
三、按企业规模分					
大型	7	639095	4466874	3293693	860715
中型	3	93834	334265	178906	58981
小型					
其他	2	85119	210969	6336	411
四、按主营行业分					
农、林、牧、渔业					
工业	10	732929	4801139	3472599	919696
采矿业					
制造业	9	320929	1630497	883865	330692
电力、燃气及水的生产和供应业	1	412000	3170642	2588734	589004
建筑业					
交通运输、仓储和邮政业					
信息传输、计算机服务和软件业					
批发和零售业					
住宿和餐饮业					
金融业					
房地产业					
租赁和商务服务业	2	85119	210969	6336	411
水利、环境和公共设施管理业					
总计比上年增长(%)			3.0	6.4	-5.0

注：国家重点联系企业包括经国务院批准确定的520户国家重点联系企业福建11户和重组为集团公司的原512户国家重点联系企业福建1户。

5-4 续表1

（2003年）

单位：万元

项目	累计 #本年折旧	累计对外投资	#本年对外投资	存货	流动资产年平均余额
总计	**124511**	**596340**	**28478**	**264421**	**1471162**
一、按控股情况分					
国有及国有控股	119137	596340	28478	254038	1431465
国有绝对控股	117633	569677	26478	223194	1263015
国有相对控股	1504	26663	2000	30844	168450
集体控股					
集体绝对控股					
集体相对控股					
其他	5374			10383	39697
二、按登记注册类型分					
国有企业	300	45253	18229		18332
公司制企业	124211	551087	10249	264421	1452830
国有独资企业	89848	441900	0	9460	672302
其他有限责任公司	7584	31869	290	21522	71427
股份有限公司	17349	77318	9959	134398	387916
中外合资企业					
港澳台合资企业	9430			99041	321185
其他					
三、按企业规模分					
大型	113340	434698	9286	165962	1253974
中型	10853	17686	963	98459	162719
小型					
其他	318	143956	18229		54469
四、按主营行业分					
农、林、牧、渔业					
工业	124193	452384	10249	264421	1416693
采矿业					
制造业	40051	111552	10249	262088	800772
电力、燃气及水的生产和供应业	84142	340832		2333	615921
建筑业					
交通运输、仓储和邮政业					
信息传输、计算机服务和软件业					
批发和零售业					
住宿和餐饮业					
金融业					
房地产业					
租赁和商务服务业	318	143956	18229		54469
水利、环境和公共设施管理业					
总计比上年增长(%)	-15.0	1.5	-27.3	17.4	5.4

5-4 续表 2　　（2003 年）　　单位：万元

项　　目	应收帐款	年末负债合计	#流动负债	年末股东（所有者）权益合计	#股本（实收资本）
总　计	**182805**	**3137220**	**1532451**	**1874889**	**822236**
一、按控股情况分					
国有及国有控股	173386	3128663	1523894	1798235	789061
国有绝对控股	145678	2977998	1397229	1734813	753906
国有相对控股	27708	150665	126665	63422	35155
集体控股					
集体绝对控股					
集体相对控股					
其他	9419	8557	8557	76654	33175
二、按登记注册类型分					
国有企业	36	1672	1672	68788	6905
公司制企业	182769	3135548	1530779	1806101	815331
国有独资企业	36109	2154835	674766	1243928	515477
其他有限责任公司	5669	99811	80739	118825	101706
股份有限公司	75247	499394	403368	320940	138973
中外合资企业					
港澳台合资企业	65744	381508	371906	122408	59175
其他					
三、按企业规模分					
大型	164981	2931262	1342558	1535612	643283
中型	17788	137398	121333	196868	93834
小型					
其他	36	68560	68560	142409	85119
四、按主营行业分					
农、林、牧、渔业					
工业	182769	3068660	1463891	1732480	737117
采矿业					
制造业	148174	1033329	893328	597169	325117
电力、燃气及水的生产和供应业	34595	2035331	570563	1135311	412000
建筑业					
交通运输、仓储和邮政业					
信息传输、计算机服务和软件业					
批发和零售业					
住宿和餐饮业					
金融业					
房地产业					
租赁和商务服务业	36	68560	68560	142409	85119
水利、环境和公共设施管理业					
总计比上年增长(%)	**5.6**	**12.8**	**22.2**	**-10.1**	

5-4 续表 3 （2003 年） 单位：万元

项目	主营业务收入	#主营业务成本	#主营业务税金及附加	其他业务收入	新产品销售收入	出口销售总额
总计	**3312205**	**3028710**	**7992**	**38098**	**786210**	**119664**
一、按控股情况分						
国有及国有控股	3243990	2990068	7955	38098	786210	100850
国有绝对控股	3014903	2789852	7916	36610	718739	100850
国有相对控股	229087	200216	39	1488	67471	
集体控股						
集体绝对控股						
集体相对控股						
其他	68215	38642	37			18814
二、按登记注册类型分						
国有企业				311		
公司制企业	3312205	3028710	7992	37787	786210	119664
国有独资企业	1759719	1708644	5489	13068		3612
其他有限责任公司	112057	97482	471	1328	18110	2816
股份有限公司	693252	578033	1956	23391	210119	374
中外合资企业						
港澳台合资企业	747177	644551	76		557981	112862
其他						
三、按企业规模分						
大型	2955250	2741853	7499	16767	671195	100292
中型	356955	286857	493	21020	115015	19372
小型						
其他				311		
四、按主营行业分						
农、林、牧、渔业						
工业	3312205	3028710	7992	37787	786210	119664
采矿业						
制造业	1613665	1375142	2883	27016	786210	119664
电力、燃气及水的生产和供应业	1698540	1653568	5109	10771		
建筑业						
交通运输、仓储和邮政业						
信息传输、计算机服务和软件业						
批发和零售业						
住宿和餐饮业						
金融业						
房地产业						
租赁和商务服务业				311		
水利、环境和公共设施管理业						
总计比上年增长(%)	**14.8**	**19.3**	**11.5**	**13.2**	**2.0**	**18.0**

5-4 续表 4 （2003 年） 单位：万元

项目	存货跌价损失和营业、管理、财务等费用合计	＃税金	＃劳动待业保险费	＃利息支出	投资收益
总计	**333297**	**4182**	**14629**	**87656**	**43547**
一、按控股情况分					
国有及国有控股	314573	4086	14579	87599	43547
国有绝对控股	276515	3981	13753	81434	34039
国有相对控股	38058	105	826	6165	9508
集体控股					
集体绝对控股					
集体相对控股					
其他	18724	96	50	57	
二、按登记注册类型分					
国有企业	632	49	39	-18	3361
公司制企业	332665	4133	14590	87674	40186
国有独资企业	126750	1686	10310	61043	28671
其他有限责任公司	12334	319	1210	1348	834
股份有限公司	107358	2032	3020	17784	10681
中外合资企业					
港澳台合资企业	86223	96	50	7499	
其他					
三、按企业规模分					
大型	281362	3407	13435	83936	37044
中型	48935	726	1155	1896	1062
小型					
其他	3000	49	39	1824	5441
四、按主营行业分					
农、林、牧、渔业					
工业	330297	4133	14590	85832	38106
采矿业					
制造业	212200	2561	5195	27981	11868
电力、燃气及水的生产和供应业	118097	1572	9395	57851	26238
建筑业					
交通运输、仓储和邮政业					
信息传输、计算机服务和软件业					
批发和零售业					
住宿和餐饮业					
金融业					
房地产业					
租赁和商务服务业	3000	49	39	1824	5441
水利、环境和公共设施管理业					
总计比上年增长(%)	**3.3**	**-1.3**	**-20.8**	**-4.0**	**-26.7**

5-4 续表 5 (2003 年) 单位：万元

项目	营业外收入	利润总额	应交所得税	应交增值税	研究开发费用
总计	**12987**	**63717**	**7494**	**82333**	**40533**
一、按控股情况分					
国有及国有控股	12975	52959	5040	78620	40298
国有绝对控股	12969	51489	3718	74452	34769
国有相对控股	6	1470	1322	4168	5529
集体控股					
集体绝对控股					
集体相对控股					
其他	12	10758	2454	3713	235
二、按登记注册类型分					
国有企业	3	3013			
公司制企业	12984	60704	7494	82333	40533
国有独资企业	12568	21782	79	54198	8611
其他有限责任公司	35	4637	241	4275	2562
股份有限公司	175	16622	4693	20147	15075
中外合资企业					
港澳台合资企业	206	17663	2481	3713	14285
其他					
三、按企业规模分					
大型	12858	36630	2851	75854	32671
中型	126	24219	4643	6479	7862
小型					
其他	3	2868			
四、按主营行业分					
农、林、牧、渔业					
工业	12984	60849	7494	82333	40533
采矿业					
制造业	497	39246	7494	31134	32163
电力、燃气及水的生产和供应业	12487	21603		51199	8370
建筑业					
交通运输、仓储和邮政业					
信息传输、计算机服务和软件业					
批发和零售业					
住宿和餐饮业					
金融业					
房地产业					
租赁和商务服务业	3	2868			
水利、环境和公共设施管理业					
总计比上年增长(%)	**2.1 倍**	**-17.7**	**-52.7**	**-17.6**	**3.3**

5-5 十二户国家重点联系企业从业人员和劳动报酬

（2003 年）

项　　目	年末从业人员（人）	#在岗职工	#研究开发人员	从业人员劳动报酬（万元）	#在岗职工	#研究开发人员
总　计	39126	38897	2357	103451	103155	10532
一、按控股情况分						
国有及国有控股	37922	37693	2309	100465	100169	10237
国有绝对控股	35689	35460	1789	93751	93455	8417
国有相对控股	2233	2233	520	6714	6714	1820
集体控股						
集体绝对控股						
集体相对控股						
其他	1204	1204	48	2986	2986	295
二、按登记注册类型分						
国有企业	27	24		173	172	
公司制企业	39099	38873	2357	103278	102983	10532
国有独资企业	19769	19676	306	60121	60030	2212
其他有限责任公司	3174	3173	152	5307	5305	342
股份有限公司	10034	9902	850	24844	24642	4092
中外合资企业						
港澳台合资企业	6122	6122	1049	13006	13006	3886
其他						
三、按企业规模分						
大型	35103	35004	2024	90285	90191	8010
中型	3930	3804	333	12871	12672	2522
小型						
其他	93	89		295	292	
四、按主营行业分						
农、林、牧、渔业						
工业	39033	38808	2357	103156	102863	10532
采矿业						
制造业	22478	22345	2076	48460	48256	8362
电力、燃气及水的生产和供应业	16555	16463	281	54696	54607	2170
建筑业						
交通运输、仓储和邮政业						
信息传输、计算机服务和软件业						
批发和零售业						
住宿和餐饮业						
金融业						
房地产业						
租赁和商务服务业	93	89		295	292	
水利、环境和公共设施管理业						
总计比上年增长(%)	-3.3	-3.5	3.2	7.1	7.1	38.1

5-6 十二户国家重点联系企业主要经济效益指标

（2003 年）

单位：%

项目	资产负债率	营业收入利润率	成本费用利润率	资产利税率	净资产收益率	总资产报酬率
总计	62.6	1.9	1.9	3.1	3.0	3.0
一、按控股情况分						
国有及国有控股	63.5	1.6	1.6	2.8	2.7	2.9
国有绝对控股	63.2	1.7	1.7	2.8	2.8	2.8
国有相对控股	70.4	0.6	0.6	2.7	0.2	3.6
集体控股						
集体绝对控股						
集体相对控股						
其他	10.0	15.8	18.8	17.0	10.8	12.7
二、按登记注册类型分						
国有企业	2.4	968.8	476.7	4.3	4.4	4.3
公司制企业	63.5	1.8	1.8	3.1	3.0	3.0
国有独资企业	63.4	1.2	1.2	2.4	1.7	2.4
其他有限责任公司	45.7	4.1	4.2	4.3	3.7	2.7
股份有限公司	60.9	2.3	2.4	4.7	3.7	4.2
中外合资企业						
港澳台合资企业	75.7	2.4	2.4	4.3	12.4	5.0
其他						
三、按企业规模分						
大型	65.6	1.2	1.2	2.7	2.2	2.7
中型	41.1	6.4	7.2	9.3	9.9	7.8
小型						
其他	32.5	922.2	95.6	1.4	2.0	2.2
四、按主营行业分						
农、林、牧、渔业						
工业	63.9	1.8	1.8	3.2	3.1	3.1
采矿业						
制造业	63.4	2.4	2.5	4.5	5.3	4.1
电力、燃气及水的生产和供应业	64.2	1.3	1.2	2.5	1.9	2.5
建筑业						
交通运输、仓储和邮政业						
信息传输、计算机服务和软件业						
批发和零售业						
住宿和餐饮业						
金融业						
房地产业						
租赁和商务服务业	32.5	922.2	95.6	1.4	2.0	2.2
水利、环境和公共设施管理业						
总计比上年增长(%)	1.6	-2.4	-2.7	-1.8	-0.3	-1.5

5-7 重点企业建立现代企业制度企业改革状况

（2003 年）

项　　目	总计 单位数（个）	总计 比重（%）	国家重点联系企业 单位数（个）	国家重点联系企业 比重（%）
调查单位数	269	100.0	12	100.0
一、企业组织机构组建情况				
成立了股东会	234	87.0	7	58.3
成立了董事会	258	95.9	12	100.0
#董事会中设有独立董事	117	45.3	4	33.3
#董事长与总经理由一人兼任	66	24.5	3	25.0
兼任原因				
《公司法》允许	17	25.8		
机构部门同意	11	16.7	2	66.7
董事会决定	38	57.6		
正向分设过度	11	16.7		
暂无分设必要	23	34.8	1	33.3
其他	9	13.6	1	33.3
成立了监事会	225	83.6	7	58.3
二、股东会职权行使情况				
能决定经营方针和投资计划	227	97.0	7	100.0
能选举和更换董事	226	96.6	6	85.7
能选举和更换监事	223	95.3	6	85.7
能审议批准董事会报告	231	98.7	6	85.7
能审议批准监事会报告	226	96.6	6	85.7
能审议批准财务方案	233	99.6	7	100.0
能审议批准利润分配方案	232	99.1	7	100.0
能决定增减注册资本	231	98.7	7	100.0
能决定发行债券	211	90.2	6	85.7
能决定转让出资	213	91.0	6	85.7
能决定公司合分等事项	226	96.6	6	85.7
能修改公司章程	231	98.7	7	100.0
三、董事会职权行使情况				
能召集股东会	236	91.5	7	58.3
能执行股东会决议	236	91.5	7	58.3
能决定经营计划和投资方案	255	98.8	12	100.0
能制订财务方案	253	98.1	12	100.0
能制订利润分配方案	250	96.9	11	91.7
能制订注册资本增减方案	249	96.5	11	91.7
能拟定公司合分等事项方案	247	95.7	10	83.3
能决定内部管理机构设置	245	95.0	10	83.3
能聘任或解聘公司经理	249	96.5	10	83.3
能经理提名，聘或解聘高管人员	248	96.1	11	91.7
能制定公司基本管理制度	250	96.9	12	100.0

5-7 续表1 （2003年）

项　　目	总计 单位数（个）	总计 比重（%）	国家重点联系企业 单位数（个）	国家重点联系企业 比重（%）
四、监事会职权行使情况				
检查公司财务	225	100.0	7	100.0
对董事和经理进行监督	220	97.8	7	100.0
纠正损害公司利益行为	219	97.3	7	100.0
提议召开临时股东会	210	93.3	6	85.7
其它职权	221	98.2	7	100.0
五、企业出资人情况				
有明确出资人	256	95.2	12	100.0
出资人法定人数为1人	21	8.2	5	41.7
出资人法定人数为2—5人	73	28.5	2	16.7
出资人法定人数为5人以上	162	63.3	5	41.7
六、上市公司情况				
企业为上市公司	44	16.4	4	33.3
A 股	41	93.2	4	100.0
B 股	1	2.3		
H 股	2	4.5		
七、总经理产生方式				
主管部门任命	15	5.6	1	8.3
董事会聘任	208	77.3	8	66.7
政府提名董事会聘任	18	6.7	2	16.7
职代会选举上级任命	5	1.9		
社会公开招聘	3	1.1		
上级组织部门任命	8	3	1	8.3
其他	12	4.5		
八、中层管理人员产生方式				
总经理自主决定	65	24.2	3	25
总经理提名主管部门批	26	9.7	1	8.3
总经理提名董事会聘任	99	36.8	2	16.7
主管部门提名并决定	3	1.1		
职代会选举主管部门任命	6	2.2		
公开招聘	37	13.8	4	33.3
其他	33	12.3	2	16.7
九、总经理职权行使情况				
主持生产经营管理	263	97.8	12	100.0
组织实施经营、投资方案	266	98.9	12	100.0
拟订管理制度及机构方案	264	98.1	12	100.0
聘或解聘高层管理人员	251	93.3	12	100.0
聘或解聘负责管理人员	248	92.2	12	100.0
十、企业是否有奖惩制度				
有，并且能严格执行	232	86.2	12	100.0
有，但很难严格执行	32	11.9		
无	5	1.9		

5-7　续表 2　（2003 年）

项　　目	总计 单位数（个）	总计 比重（%）	国家重点联系企业 单位数（个）	国家重点联系企业 比重（%）
十一、企业劳动人事分配制度改革情况				
已全面实行劳动合同制度	262	97.4	12	100.0
已实行全员竞争上岗制度	232	86.2	12	100.0
仍存在干部和工人身份界限	57	21.2	4	33.3
内部管理人员已实行公开竞聘	232	86.2	12	100.0
企业能足额缴纳社会保险费	263	97.8	12	100.0
十二、企业是否实行以下分配方法				
企业经营者年薪制	116	43.1	7	58.3
企业经营者持有股权期权	68	25.3	1	8.3
岗位工资为主的工资制	255	94.8	12	100.0
科技人员收入分配激励机制	153	56.9	8	66.7
职工持股分配制	63	23.4	3	25.0
工资集体协商制度	63	23.4	5	41.7
十三、企业技术创新情况				
企业已建立技术中心	120	44.6	10	83.3
国家级认定	4	3.3	3	30.0
省级认定	49	40.8	5	50.0
其他级别认定	67	55.8	2	20.0
十四、技术中心设施、经费和人员是否满足需要				
完全满足	16	13.3	2	20.0
基本满足	90	75.0	7	70.0
不满足	14	11.7	1	10.0
十五、企业获新产品新技术途径				
自主开发	149	55.4	10	83.3
委托开发	45	16.7	2	16.7
与院校科研机构联合开发	95	35.3	8	66.7
接受技术成果转让	55	20.4	1	8.3
引进技术消化吸收和创新	105	39.0	6	50.0
其他	71	26.4		
十六、企业质量管理情况				
企业已通过ISO9000认证	155	57.6	9	75.0
企业已通过ISO14000认证	45	16.7	6	50.0
十七、企业签订"债转股"协议情况				
已签订"债转股"协议	5	1.9	1	8.3
1999年签订协议				
2000年签订协议	4	80.0	1	100.0
2001年签订协议	1	20.0		
2002年签订协议				
2003年签订协议				
协议"债转股"总额（万元）	113148	100.0	42064	100.0
1999年债转股总额（万元）				
2000年债转股总额（万元）	103923	91.8	42064	100.0
2001 年债转股总额（万元）	9225	8.2		
2002 年债转股总额（万元）				
2003 年债转股总额（万元）				

5-8　股份有限公司主要经济指标

（2003 年）

单位：万元

项　　目	单位数（个）	注册资本合计	年末资产总计	固定资产原价	累计折旧
总　计	198	2786280	38232854	5022713	1383910
一、按控股情况分					
国有及国有控股	75	1508383	33349592	3352101	881173
国有绝对控股	49	832343	5416513	2046788	582527
国有相对控股	26	676040	27933079	1305313	298646
集体控股	12	55362	145541	61545	26278
集体绝对控股	8	28152	51116	14054	4121
集体相对控股	4	27210	94425	47491	22157
其他	111	1222535	4737721	1609067	476459
二、按登记注册类型分					
国有企业					
公司制企业	198	2786280	38232854	5022713	1383910
国有独资企业					
其他有限责任公司					
股份有限公司	198	2786280	38232854	5022713	1383910
中外合资企业					
港澳台合资企业					
其他					
三、按企业规模分					
大型	20	800857	4546051	2007800	662716
中型	57	665736	3457789	1512415	405670
小型	58	361982	1140171	467826	154305
其他	63	957705	29088843	1034672	161219
四、按主营行业分					
农、林、牧、渔业	1	1426	2161	180	68
工业	101	1547604	7366016	3571452	1100219
采矿业	1	9500	243026	74283	25370
制造业	90	1409018	6497035	3219097	986022
电力、燃气及水的生产和供应业	10	129086	625955	278072	88827
建筑业	2	13158	54949	19140	10746
交通运输、仓储和邮政业	14	167050	683897	478545	99843
信息传输、计算机服务和软件业	15	72291	210786	32265	5933
批发和零售业	25	214119	1490170	167816	41745
住宿和餐饮业	1	1512	1718	1083	115
金融业	3	416587	26769802	373204	81571
房地产业	20	202921	1126554	85371	14078
租赁和商务服务业	12	104912	207665	24015	8441
水利、环境和公共设施管理业	4	44700	319136	269642	21151
总计比上年增长(%)			34.3	15.9	18.4

注：截止 2003 年末，全省共批准组建 315 家股份有限公司，其中因资产重组变更登记、拍卖、迁往外省、停产、失踪 46 家，实际营运 269 家，本表统计范围为其中的 198 家。

5-8 续表1 （2003年） 单位：万元

项目	#本年折旧	累计对外投资	#本年对外投资	存货	流动资产年平均余额
总计	**252055**	**1631647**	**514311**	**1710516**	**6245376**
一、按控股情况分					
国有及国有控股	142206	1101555	373967	1074553	3561085
国有绝对控股	86816	883049	302570	711924	2498620
国有相对控股	55390	218506	71397	362629	1062465
集体控股	4003	5572		12752	85116
集体绝对控股	754	3712		3385	24091
集体相对控股	3249	1860		9367	61025
其他	105846	524520	140344	623211	2599175
二、按登记注册类型分					
国有企业					
公司制企业	252055	1631647	514311	1710516	6245376
国有独资企业					
其他有限责任公司					
股份有限公司	252055	1631647	514311	1710516	6245376
中外合资企业					
港澳台合资企业					
其他					
三、按企业规模分					
大型	124504	494500	218946	696005	2265241
中型	64546	375282	142577	510167	1717486
小型	25497	130385	21062	83564	467940
其他	37508	631480	131726	420780	1794709
四、按主营行业分					
农、林、牧、渔业	4	700			1312
工业	194701	620194	213152	1041410	3549736
采矿业	8126	2302	122	12313	82630
制造业	174203	532481	194704	1011039	3277264
电力、燃气及水的生产和供应业	12372	85411	18326	18058	189842
建筑业	476	765	285	4702	38192
交通运输、仓储和邮政业	21562	201115	45397	530	96152
信息传输、计算机服务和软件业	1827	70818	14356	19455	144648
批发和零售业	5227	375867	165075	245033	801003
住宿和餐饮业	27				125
金融业	19798	168733	55764		756047
房地产业	2726	135056	19235	398789	760053
租赁和商务服务业	1157	42157	1023	381	74812
水利、环境和公共设施管理业	4550	16242	24	216	23296
总计比上年增长(%)	**13.5**	**21.1**	**160.0**	**34.1**	**13.9**

5-8 续表 2 （2003 年） 单位：万元

项目	应收帐款	年末负债合计	#流动负债	年末股东（所有者）权益合计	#股本（实收资本）
总计	**1096239**	**32179637**	**20483238**	**6053217**	**2768830**
一、按控股情况分					
国有及国有控股	459801	29364797	18231945	3984795	1530420
国有绝对控股	268129	3195523	2552383	2220990	837394
国有相对控股	191672	26169274	15679562	1763805	693026
集体控股	20389	31906	29968	113635	47146
集体绝对控股	6905	18722	17798	32394	19936
集体相对控股	13484	13184	12170	81241	27210
其他	616049	2782934	2221325	1954787	1191264
二、按登记注册类型分					
国有企业					
公司制企业	1096239	32179637	20483238	6053217	2768830
国有独资企业					
其他有限责任公司					
股份有限公司	1096239	32179637	20483238	6053217	2768830
中外合资企业					
港澳台合资企业					
其他					
三、按企业规模分					
大型	475460	2652726	2174820	1893325	811636
中型	285554	1860030	1390562	1597759	675402
小型	85642	488176	412885	651995	353456
其他	249583	27178705	16504971	1910138	928336
四、按主营行业分					
农、林、牧、渔业		1224	1224	937	1426
工业	690207	4022292	3044951	3343724	1553503
采矿业	402	64682	39427	178344	12666
制造业	675604	3663505	2772037	2833530	1398222
电力、燃气及水的生产和供应业	14201	294105	233487	331850	142615
建筑业	16611	39293	37080	15656	13158
交通运输、仓储和邮政业	15355	188889	118625	495008	167050
信息传输、计算机服务和软件业	121842	84362	78803	126424	72291
批发和零售业	131784	879681	864340	610489	211770
住宿和餐饮业		182	182	1536	1512
金融业	52153	25953856	15568809	815946	416587
房地产业	66468	726652	627896	399902	202921
租赁和商务服务业	743	96065	81620	111600	83912
水利、环境和公共设施管理业	1076	187141	59708	131995	44700
总计比上年增长(%)	**18.4**	**38.7**	**27.1**	**15.0**	**3.4**

5-8 续表 3 （2003 年） 单位：万元

项目	主营业务收入	#主营业务成本	#主营业务税金及附加	其他业务收入	新产品销售收入	出口销售总额
总计	8953656	7204934	101163	161941	1398730	1521490
一、按控股情况分						
国有及国有控股	6407161	5122625	83784	118231	1142559	705022
国有绝对控股	3427011	2760519	21634	92851	889158	485491
国有相对控股	2980150	2362106	62150	25380	253401	219531
集体控股	76065	56621	530	1828	20355	6996
集体绝对控股	42629	38125	233	1609	4227	
集体相对控股	33436	18496	297	219	16128	6996
其他	2470430	2025688	16849	41882	235816	809472
二、按登记注册类型分						
国有企业						
公司制企业	8953656	7204934	101163	161941	1398730	1521490
国有独资企业						
其他有限责任公司						
股份有限公司	8953656	7204934	101163	161941	1398730	1521490
中外合资企业						
港澳台合资企业						
其他						
三、按企业规模分						
大型	4812013	4016530	13652	105608	873360	1235087
中型	1756457	1377661	20190	42452	363124	267484
小型	545403	428962	9049	5794	154093	17189
其他	1839783	1381781	58272	8087	8153	1730
四、按主营行业分						
农、林、牧、渔业						
工业	5173809	4029272	35638	143439	1387876	1070434
采矿业	105959	47401	703	6367		
制造业	4993083	3927591	34053	135714	1387876	1070434
电力、燃气及水的生产和供应业	74767	54280	882	1358		
建筑业	50969	46839	1567	810		
交通运输、仓储和邮政业	109713	60946	4792	2728		6
信息传输、计算机服务和软件业	50654	44566	433	431	7480	1724
批发和零售业	1845740	1724861	3048	8872	3374	449326
住宿和餐饮业	98	74	18			
金融业	1333790	1004073	42911	715		
房地产业	330936	266298	10727	3984		
租赁和商务服务业	22020	15989	436	382		
水利、环境和公共设施管理业	35927	12016	1593	578		
总计比上年增长(%)	21.6	20.2	22.2	48.7	15.7	-4.0

5-8 续表 4 （2003 年） 单位：万元

项　　目	存货跌价损失和营业、管理、财务等费用合计	#税　金	#劳动待业保险费	#利息支出	投资收益
总　计	1133472	17633	29951	128612	178801
一、按控股情况分					
国有及国有控股	835680	12048	21705	80161	151409
国有绝对控股	444594	6373	13497	53308	44435
国有相对控股	391086	5675	8208	26853	106974
集体控股	11762	116	515	156	-1540
集体绝对控股	4822	30	63	427	-1548
集体相对控股	6940	86	452	-271	8
其他	286030	5469	7731	48295	28932
二、按登记注册类型分					
国有企业					
公司制企业	1133472	17633	29951	128612	178801
国有独资企业					
其他有限责任公司					
股份有限公司	1133472	17633	29951	128612	178801
中外合资企业					
港澳台合资企业					
其他					
三、按企业规模分					
大型	473752	4785	12985	48890	27842
中型	253055	5370	11583	44261	16983
小型	76728	2955	1746	9305	15012
其他	329937	4523	3637	26156	118964
四、按主营行业分					
农、林、牧、渔业	40		1		
工业	703123	10760	22817	86581	36873
采矿业	15174	83	371	1530	8
制造业	663472	9615	21128	79221	29521
电力、燃气及水的生产和供应业	24477	1062	1318	5830	7344
建筑业	2059	7	27	230	-20
交通运输、仓储和邮政业	16797	1470	1031	4047	13595
信息传输、计算机服务和软件业	16477	52	375	835	1407
批发和零售业	89421	994	2618	14838	21120
住宿和餐饮业	6				
金融业	231791	2658	2626	-3613	94200
房地产业	53377	372	285	19699	5362
租赁和商务服务业	11822	149	150	2826	4948
水利、环境和公共设施管理业	8559	1171	21	3169	1316
总计比上年增长(%)	23.7	20.7	-7.2	19.9	-5.0

5-8 续表 5 （2003 年） 单位：万元

项 目	营业外收入	利润总额	应交所得税	应交增值税	研究开发费 用
总 计	**14828**	**739383**	**203626**	**192814**	**105594**
一、按控股情况分					
国有及国有控股	9033	523981	168434	129472	77651
国有绝对控股	2957	268961	76136	95112	61112
国有相对控股	6076	255020	92298	34360	16539
集体控股	335	7156	1137	3123	2429
集体绝对控股	244	-1011	184	536	48
集体相对控股	91	8167	953	2587	2381
其他	5460	208246	34055	60219	25514
二、按登记注册类型分					
国有企业					
公司制企业	14828	739383	203626	192814	105594
国有独资企业					
其他有限责任公司					
股份有限公司	14828	739383	203626	192814	105594
中外合资企业					
港澳台合资企业					
其他					
三、按企业规模分					
大型	3049	338674	63593	132812	67306
中型	5753	132416	35901	41467	28141
小型	2193	42212	10055	16367	5554
其他	3833	226081	94077	2168	4593
四、按主营行业分					
农、林、牧、渔业		-40			
工业	9547	457227	99557	179353	100413
采矿业	73	42327	9488	285	935
制造业	9077	411694	87498	174342	99478
电力、燃气及水的生产和供应业	397	3206	2571	4726	
建筑业	5	1424	254	10	
交通运输、仓储和邮政业	823	53409	12384	350	
信息传输、计算机服务和软件业	87	2160	428	2534	3293
批发和零售业	828	41972	6612	11285	1240
住宿和餐饮业					
金融业	3105	167659	64882		625
房地产业	358	332	16539	-718	23
租赁和商务服务业	23	-254	26		
水利、环境和公共设施管理业	52	15494	2944		
总计比上年增长(%)	**55.7**	**25.8**	**39.8**	**-19.6**	**27.5**

5-9 股份有限公司从业人员和劳动报酬

（2003 年）

项　　目	年末从业人员（人）	#在岗职工	#研究开发人员	从业人员劳动报酬（万元）	#在岗职工	#研究开发人员
总　计	**138978**	**136141**	**9060**	**280030**	**272657**	**30202**
一、按控股情况分						
国有及国有控股	78641	77053	4771	176088	170758	17168
国有绝对控股	51106	50085	2808	100598	96957	9565
国有相对控股	27535	26968	1963	75490	73801	7603
集体控股	2777	2774	78	4603	4595	237
集体绝对控股	899	899	6	1431	1431	73
集体相对控股	1878	1875	72	3172	3164	164
其他	57560	56314	4211	99339	97304	12797
二、按登记注册类型分						
国有企业						
公司制企业	138978	136141	9060	280030	272657	30202
国有独资企业						
其他有限责任公司						
股份有限公司	138978	136141	9060	280030	272657	30202
中外合资企业						
港澳台合资企业						
其他						
三、按企业规模分						
大型	60580	60289	4224	109780	108884	11538
中型	49222	47014	2841	83415	80706	9147
小型	12993	12861	508	26234	25901	1786
其他	16183	15977	1487	60601	57166	7731
四、按主营行业分						
农、林、牧、渔业	10	6		8	4	
工业	107323	105846	7311	196365	193583	22017
采矿业	1084	846	130	4731	3692	727
制造业	101843	100621	7181	182783	181058	21290
电力、燃气及水的生产和供应业	4396	4379		8851	8833	
建筑业	2055	1122		2505	1574	
交通运输、仓储和邮政业	5556	5549		7741	7730	
信息传输、计算机服务和软件业	1926	1913	1185	9792	9741	6276
批发和零售业	8791	8577	296	15543	15329	613
住宿和餐饮业	283	283		91	91	
金融业	7809	7700	264	30084	29803	1271
房地产业	2812	2774	4	4346	4263	25
租赁和商务服务业	1251	1243		12012	9040	
水利、环境和公共设施管理业	1162	1128		1543	1499	
总计比上年增长(%)	**-1.0**	**0.1**	**14.6**	**6.7**	**7.7**	**35.5**

5-10 股份有限公司主要经济效益指标

（2003 年）

单位：%

项目	资产负债率	营业收入利润率	成本费用利润率	资产利税率	净资产收益率	总资产报酬率
总计	84.2	8.1	8.9	2.7	8.9	2.3
一、按控股情况分						
国有及国有控股	88.1	8.0	8.8	2.2	8.9	1.8
国有绝对控股	59.0	7.6	8.4	7.1	8.7	6.0
国有相对控股	93.7	8.5	9.3	1.3	9.2	1.0
集体控股	21.9	9.2	10.5	7.4	5.3	5.0
集体绝对控股	36.6	-2.3	-2.4	-0.5	-3.7	-1.1
集体相对控股	14.0	24.3	32.1	11.7	8.9	8.4
其他	58.7	8.3	9.0	6.0	8.9	5.4
二、按登记注册类型分						
国有企业						
公司制企业	84.2	8.1	8.9	2.7	8.9	2.3
国有独资企业						
其他有限责任公司						
股份有限公司	84.2	8.1	8.9	2.7	8.9	2.3
中外合资企业						
港澳台合资企业						
其他						
三、按企业规模分						
大型	58.4	6.9	7.5	10.7	14.5	8.5
中型	53.8	7.4	8.1	5.6	6.0	5.1
小型	42.8	7.7	8.4	5.9	4.9	4.5
其他	93.4	12.2	13.2	1.0	6.9	0.9
四、按主营行业分						
农、林、牧、渔业	56.6			-1.9	-4.3	-1.9
工业	54.6	8.6	9.7	9.1	10.7	7.4
采矿业	26.6	37.7	67.6	17.8	18.4	18.1
制造业	56.4	8.0	9.0	9.5	11.4	7.6
电力、燃气及水的生产和供应业	47.0	4.2	4.1	1.4	0.2	1.4
建筑业	71.5	2.8	2.9	5.5	7.5	3.0
交通运输、仓储和邮政业	27.6	47.5	68.7	8.6	8.3	8.4
信息传输、计算机服务和软件业	40.0	4.2	3.5	2.4	1.4	1.4
批发和零售业	59.0	2.3	2.3	3.8	5.8	3.8
住宿和餐饮业	10.6			1.1		
金融业	97.0	12.6	13.6	0.8	12.6	0.6
房地产业	64.5	0.1	0.1	0.9	-4.1	1.8
租赁和商务服务业	46.3	-1.1	-0.9	0.1	-0.3	1.2
水利、环境和公共设施管理业	58.6	42.4	75.3	5.4	9.5	5.9
总计比上年增长(%)	2.7	0.2	0.4	-0.2	0.4	-0.2

5-11 上市公司主要经济指标

（2003 年）

单位：万元

项目	单位数（个）	注册资本合计	年末资产总计	固定资产原价	累计折旧
总计	**44**	**1119390**	**7496933**	**2852228**	**749504**
一、按控股情况分					
国有及国有控股	29	809174	5699064	2313787	579483
国有绝对控股	14	482060	3585789	1415147	351800
国有相对控股	15	327114	2113275	898640	227683
集体控股	1	15000	75572	41903	20158
集体绝对控股					
集体相对控股	1	15000	75572	41903	20158
其他	14	295216	1722297	496538	149863
二、按登记注册类型分					
国有企业					
公司制企业	44	1119390	7496933	2852228	749504
国有独资企业					
其他有限责任公司					
股份有限公司	44	1119390	7496933	2852228	749504
中外合资企业					
港澳台合资企业					
其他					
三、按企业规模分					
大型	13	486021	3347352	1238621	424901
中型	17	305266	2085921	895498	210069
小型	5	81734	462659	190750	65468
其他	9	246369	1601001	527359	49066
四、按主营行业分					
农、林、牧、渔业					
工业	28	726067	4565527	2074682	628270
采矿业	1	9500	243026	74283	25370
制造业	25	664020	3930973	1846796	557626
电力、燃气及水的生产和供应业	2	52547	391528	153603	45274
建筑业					
交通运输、仓储和邮政业	2	109200	519022	335756	59696
信息传输、计算机服务和软件业	1	11000	62878	13387	2023
批发和零售业	6	119954	1204222	130144	31705
住宿和餐饮业					
金融业					
房地产业	5	106889	830143	48263	10329
租赁和商务服务业	1	16780	53800	933	559
水利、环境和公共设施管理业	1	29500	261341	249063	16922
总计比上年增长(%)			**19.1**	**21.1**	**16.9**

5-11 续表1 （2003年） 单位：万元

项目	#本年折旧	累计对外投资	#本年对外投资	存货	流动资产年平均余额
总计	**118766**	**1162106**	**393667**	**1178470**	**3673243**
一、按控股情况分					
国有及国有控股	84183	846351	288406	879637	2680053
国有绝对控股	46730	637099	219890	536627	1678383
国有相对控股	37453	209252	68516	343010	1001670
集体控股	2896			5269	51269
集体绝对控股					
集体相对控股	2896			5269	51269
其他	31687	315755	105261	293564	941921
二、按登记注册类型分					
国有企业					
公司制企业	118766	1162106	393667	1178470	3673243
国有独资企业					
其他有限责任公司					
股份有限公司	118766	1162106	393667	1178470	3673243
中外合资企业					
港澳台合资企业					
其他					
三、按企业规模分					
大型	64758	457306	195732	573219	1711482
中型	34260	318010	132904	280591	1078468
小型	9354	27994	2100	44825	166739
其他	10394	358796	62931	279835	716554
四、按主营行业分					
农、林、牧、渔业					
工业	98576	476532	176381	686390	2266740
采矿业	8126	2302	122	12313	82630
制造业	85623	440799	168786	656699	2056149
电力、燃气及水的生产和供应业	4827	33431	7473	17378	127961
建筑业					
交通运输、仓储和邮政业	10081	184071	38800	276	65588
信息传输、计算机服务和软件业	792	9976	6291	7426	50790
批发和零售业	3706	326778	154355	211993	647605
住宿和餐饮业					
金融业					
房地产业	1525	119358	17823	272169	611607
租赁和商务服务业	71	29156			13822
水利、环境和公共设施管理业	4015	16235	17	216	17091
总计比上年增长(%)	**17.7**	**29.6**	**234.5**	**38.2**	**19.9**

5-11　续表 2　（2003 年）　单位：万元

项　目	应收帐款	年末负债合计	#流动负债	年末股东（所有者）权益合计	#股本（实收资本）
总　计	**623921**	**3963648**	**3355345**	**3533285**	**1147635**
一、按控股情况分					
国有及国有控股	334982	3047261	2575225	2651803	830919
国有绝对控股	209478	1918343	1621959	1667446	487111
国有相对控股	125504	1128918	953266	984357	343808
集体控股	10170	7748	7153	67824	15000
集体绝对控股					
集体相对控股	10170	7748	7153	67824	15000
其他	278769	908639	772967	813658	301716
二、按登记注册类型分					
国有企业					
公司制企业	623921	3963648	3355345	3533285	1147635
国有独资企业					
其他有限责任公司					
股份有限公司	623921	3963648	3355345	3533285	1147635
中外合资企业					
港澳台合资企业					
其他					
三、按企业规模分					
大型	274984	1967104	1703654	1380248	491072
中型	163595	978363	828583	1107558	314932
小型	22050	152274	151391	310385	95262
其他	163292	865907	671717	735094	246369
四、按主营行业分					
农、林、牧、渔业					
工业	372091	2359579	1953293	2205948	754312
采矿业	402	64682	39427	178344	12666
制造业	362036	2136356	1775958	1794617	675571
电力、燃气及水的生产和供应业	9653	158541	137908	232987	66075
建筑业					
交通运输、仓储和邮政业	6857	108300	69545	410722	109200
信息传输、计算机服务和软件业	109202	23384	23384	39494	11000
批发和零售业	85473	734721	726894	469501	119954
住宿和餐饮业					
金融业					
房地产业	50298	553155	511693	276988	106889
租赁和商务服务业		26413	26413	27387	16780
水利、环境和公共设施管理业		158096	44123	103245	29500
总计比上年增长(%)	**26.4**	**20.2**	**24.7**	**17.9**	**5.5**

5-11 续表3 （2003年） 单位：万元

项目	主营业务收入	#主营业务成本	#主营业务税金及附加	其他业务收入	新产品销售收入	出口销售总额
总计	**5018888**	**4090906**	**38343**	**97427**	**1140761**	**901748**
一、按控股情况分						
国有及国有控股	4104071	3366556	33311	65030	1023257	635620
国有绝对控股	2507845	2044298	12730	40003	770773	419920
国有相对控股	1596226	1322258	20581	25027	252484	215700
集体控股	29731	17761	234	218	12546	6842
集体绝对控股						
集体相对控股	29731	17761	234	218	12546	6842
其他	885086	706589	4798	32179	104958	259286
二、按登记注册类型分						
国有企业						
公司制企业	5018888	4090906	38343	97427	1140761	901748
国有独资企业						
其他有限责任公司						
股份有限公司	5018888	4090906	38343	97427	1140761	901748
中外合资企业						
港澳台合资企业						
其他						
三、按企业规模分						
大型	3399861	2843501	8330	52991	750915	777106
中型	960202	735430	15838	37430	249945	123677
小型	302022	238024	3695	3504	139901	965
其他	356803	273951	10480	3502		
四、按主营行业分						
农、林、牧、渔业						
工业	3083476	2338658	24584	86838	1140761	462715
采矿业	105959	47401	703	6367		
制造业	2950121	2273634	23416	79382	1140761	462715
电力、燃气及水的生产和供应业	27396	17623	465	1089		
建筑业						
交通运输、仓储和邮政业	53776	23044	2733	348		
信息传输、计算机服务和软件业	19843	24049	68	27		
批发和零售业	1559496	1466700	2465	6739		439033
住宿和餐饮业						
金融业						
房地产业	279052	230782	7203	2999		
租赁和商务服务业						
水利、环境和公共设施管理业	23245	7673	1290	476		
总计比上年增长(%)	**17.1**	**19.5**	**12.9**	**32.9**	**4.8**	**-14.5**

5-11　续表 4　（2003 年）　单位：万元

项　　目	存货跌价损失和营业、管理、财务等费用合计	#税　金	#劳动待业保险费	#利息支出	投资收益
总　计	**640820**	**9125**	**14425**	**84873**	**60618**
一、按控股情况分					
国有及国有控股	523483	6979	12003	60928	52856
国有绝对控股	341798	4984	5311	36950	34988
国有相对控股	181685	1995	6692	23978	17868
集体控股	4262	65	405	-510	
集体绝对控股					
集体相对控股	4262	65	405	-510	
其他	113075	2081	2017	24455	7762
二、按登记注册类型分					
国有企业					
公司制企业	640820	9125	14425	84873	60618
国有独资企业					
其他有限责任公司					
股份有限公司	640820	9125	14425	84873	60618
中外合资企业					
港澳台合资企业					
其他					
三、按企业规模分					
大型	398407	3343	6980	36232	26891
中型	143988	3163	6318	20286	10217
小型	38785	2461	912	1165	4958
其他	59640	158	215	27190	18552
四、按主营行业分					
农、林、牧、渔业					
工业	509987	7119	12652	46821	29032
采矿业	15174	83	371	1530	8
制造业	478150	6067	11314	42058	25551
电力、燃气及水的生产和供应业	16663	969	967	3233	3473
建筑业					
交通运输、仓储和邮政业	6578	1138	142	2246	12717
信息传输、计算机服务和软件业	5624	17	72	280	-60
批发和零售业	68972	710	1421	11439	13022
住宿和餐饮业					
金融业					
房地产业	42692	87	127	19206	3000
租赁和商务服务业	1772	21		1523	1591
水利、环境和公共设施管理业	5195	33	11	3358	1316
总计比上年增长(%)	**30.3**	**14.1**	**0.9**	**13.6**	**22.2**

5-11 续表 5 （2003 年） 单位：万元

项　　目	营业外收入	利润总额	应交所得税	应交增值税	研究开发费用
总　计	6451	319931	79800	98542	81096
一、按控股情况分					
国有及国有控股	4798	247347	62425	77194	71374
国有绝对控股	1429	160450	36420	44749	56328
国有相对控股	3369	86897	26005	32445	15046
集体控股	64	7918	881	2132	1818
集体绝对控股					
集体相对控股	64	7918	881	2132	1818
其他	1589	64666	16494	19216	7904
二、按登记注册类型分					
国有企业					
公司制企业	6451	319931	79800	98542	81096
国有独资企业					
其他有限责任公司					
股份有限公司	6451	319931	79800	98542	81096
中外合资企业					
港澳台合资企业					
其他					
三、按企业规模分					
大型	2360	178299	26568	68017	63456
中型	2216	77475	23415	20964	15168
小型	1474	30300	4337	8528	1477
其他	401	33857	25480	1033	995
四、按主营行业分					
农、林、牧、渔业					
工业	5577	253470	48582	89512	79698
采矿业	73	42327	9488	285	935
制造业	5379	214702	38428	87607	78763
电力、燃气及水的生产和供应业	125	-3559	666	1620	
建筑业					
交通运输、仓储和邮政业	135	44569	9924	34	
信息传输、计算机服务和软件业		-9224		1751	995
批发和零售业	460	27750	4872	7963	403
住宿和餐饮业					
金融业					
房地产业	241	-7179	14676	-718	
租赁和商务服务业		-180			
水利、环境和公共设施管理业	38	10725	1746		
总计比上年增长(%)	66.1	-3.9	21.9	21.1	24.4

5-12 上市公司从业人员和劳动报酬

（2003 年）

项　　目	年末从业人员（人）	#在岗职工	#研究开发人员	从业人员劳动报酬（万元）	#在岗职工	#研究开发人员
总　计	62234	61508	6165	128005	125522	22494
一、按控股情况分						
国有及国有控股	42049	41422	3688	87124	85448	13954
国有绝对控股	24839	24642	2080	43745	43445	8008
国有相对控股	17210	16780	1608	43379	42003	5946
集体控股	1641	1641	32	2723	2723	80
集体绝对控股						
集体相对控股	1641	1641	32	2723	2723	80
其他	18544	18445	2445	38158	37351	8460
二、按登记注册类型分						
国有企业						
公司制企业	62234	61508	6165	128005	125522	22494
国有独资企业						
其他有限责任公司						
股份有限公司	62234	61508	6165	128005	125522	22494
中外合资企业						
港澳台合资企业						
其他						
三、按企业规模分						
大型	36891	36698	3765	64125	63327	10412
中型	19229	18778	1475	42037	40662	6218
小型	2837	2770	118	12771	12503	950
其他	3277	3262	807	9072	9030	4914
四、按主营行业分						
农、林、牧、渔业						
工业	53542	52948	5120	110299	107977	17177
采矿业	1084	846	130	4731	3692	727
制造业	49820	49464	4990	100596	99313	16450
电力、燃气及水的生产和供应业	2638	2638		4972	4972	
建筑业						
交通运输、仓储和邮政业	716	715		1790	1787	
信息传输、计算机服务和软件业	932	932	807	5460	5460	4914
批发和零售业	5092	4976	238	7929	7813	403
住宿和餐饮业						
金融业						
房地产业	1697	1682		2239	2197	
租赁和商务服务业	129	129		136	136	
水利、环境和公共设施管理业	126	126		152	152	
总计比上年增长(%)	1.0	0.9	19.4	18.6	18.0	43.0

5-13 上市公司主要经济效益指标

（2003 年）　　　　单位：%

项目	资产负债率	营业收入利润率	成本费用利润率	资产利税率	净资产收益率	总资产报酬率
总计	52.9	6.3	6.8	6.1	6.8	5.4
一、按控股情况分						
国有及国有控股	53.5	5.9	6.4	6.3	7.0	5.4
国有绝对控股	53.5	6.3	6.7	6.1	7.4	5.5
国有相对控股	53.4	5.4	5.8	6.6	6.2	5.3
集体控股	10.3	26.4	36.0	13.6	10.4	9.8
集体绝对控股						
集体相对控股	10.3	26.4	36.0	13.6	10.4	9.8
其他	52.8	7.1	7.9	5.2	5.9	5.27
二、按登记注册类型分						
国有企业						
公司制企业	52.9	6.3	6.8	6.1	6.8	5.4
国有独资企业						
其他有限责任公司						
股份有限公司	52.9	6.3	6.8	6.1	6.8	5.4
中外合资企业						
港澳台合资企业						
其他						
三、按企业规模分						
大型	58.8	5.2	5.5	7.6	11.0	6.4
中型	46.9	7.8	8.8	5.5	4.9	4.7
小型	32.9	9.9	11.0	9.2	8.4	6.8
其他	54.1	9.4	10.2	2.8	1.1	3.8
四、按主营行业分						
农、林、牧、渔业						
工业	51.7	8	8.9	8.1	9.3	6.6
采矿业	26.6	37.7	67.6	17.8	18.4	18.1
制造业	54.4	7.1	7.8	8.3	9.8	6.5
电力、燃气及水的生产和供应业	40.5	-12.5	-10.4	-0.4	-1.8	-0.1
建筑业						
交通运输、仓储和邮政业	20.9	82.4	150.5	9.1	8.4	9.0
信息传输、计算机服务和软件业	37.2	-46.4	-31.1	-11.8	-23.4	-14.2
批发和零售业	61.0	1.8	1.8	3.2	4.9	3.3
住宿和餐饮业						
金融业						
房地产业	66.6	-2.6	-2.6	-0.1	-7.9	1.5
租赁和商务服务业	49.1		-10.2	-0.3	-0.7	2.5
水利、环境和公共设施管理业	60.5	45.2	83.4	4.6	8.7	5.4
总计比上年增长(%)	0.5	-1.4	-1.7	-1.0	-2.1	-1.1

5-14　股份有限公司及上市公司改革状况

（2003 年）

项　　目	股份有限公司		上市公司	
	单位数（个）	比　重（%）	单位数（个）	比　重（%）
调查单位数	**198**	**100.0**	**44**	**100.0**
一、企业组织机构组建情况				
成立了股东会	198	100.0	44	100.0
成立了董事会	198	100.0	44	100.0
#董事会中设有独立董事	105	53.0	42	95.5
#董事长与总经理由一人兼任	49	24.7	3	6.8
兼任原因				
《公司法》允许	14	28.6		
机构部门同意	7	14.3	1	33.3
董事会决定	31	63.3	2	66.7
正向分设过度	9	18.4	1	33.3
暂无分设必要	15	30.6		
其他	7	14.3		
成立了监事会	192	97.0	44	100.0
二、股东会职权行使情况				
能决定经营方针和投资计划	191	96.5	43	97.7
能选举和更换董事	191	96.5	44	100.0
能选举和更换监事	190	96.0	44	100.0
能审议批准董事会报告	196	99.0	44	100.0
能审议批准监事会报告	193	97.5	44	100.0
能审议批准财务方案	197	99.5	44	100.0
能审议批准利润分配方案	196	99.0	44	100.0
能决定增减注册资本	195	98.5	44	100.0
能决定发行债券	176	88.9	42	95.5
能决定转让出资	178	89.9	37	84.1
能决定公司合分等事项	191	96.5	43	97.7
能修改公司章程	195	98.5	44	100.0
三、董事会职权行使情况				
能召集股东会	196	99.0	44	100.0
能执行股东会决议	196	99.0	44	100.0
能决定经营计划和投资方案	195	98.5	44	100.0
能制订财务方案	195	98.5	44	100.0
能制订利润分配方案	194	98.0	44	100.0
能制订注册资本增减方案	192	97.0	44	100.0
能拟定公司合分等事项方案	192	97.0	43	97.7
能决定内部管理机构设置	191	96.5	43	97.7
能聘任或解聘公司经理	195	98.5	44	100.0
能经理提名，聘或解聘高管人员	193	97.5	44	100.0
能制定公司基本管理制度	192	97.0	42	95.5

5-14 续表 1 （2003 年）

项 目	股份有限公司		上市公司	
	单位数（个）	比 重（%）	单位数（个）	比 重（%）
四、监事会职权行使情况				
检查公司财务	192	100.0	44	100.0
对董事和经理进行监督	189	98.4	43	97.7
纠正损害公司利益行为	188	97.9	43	97.7
提议召开临时股东会	183	95.3	43	97.7
其它职权	190	99.0	44	100.0
五、企业出资人情况				
有明确出资人	193	97.5	43	97.7
出资人法定人数为1人	3	1.6	1	2.3
出资人法定人数为2—5人	40	20.7	4	9.3
出资人法定人数为5人以上	150	77.7	38	88.4
六、上市公司情况				
企业为上市公司	44	22.2	44	100.0
A 股	41	93.2	41	93.2
B 股	1	2.3	1	2.3
H 股	2	4.5	2	4.5
七、总经理产生方式				
主管部门任命	3	1.5		
董事会聘任	163	82.3	39	88.6
政府提名董事会聘任	13	6.6	3	6.8
职代会选举上级任命	5	2.5	1	2.3
社会公开招聘	3	1.5		
上级组织部门任命	3	1.5	1	2.3
其他	8	4		
八、中层管理人员产生方式				
总经理自主决定	47	23.7	12	27.3
总经理提名主管部门批	21	10.6	5	11.4
总经理提名董事会聘任	76	38.4	12	27.3
主管部门提名并决定	1	0.5	1	2.3
职代会选举主管部门任命	6	3.0		
公开招聘	25	12.6	9	20.5
其他	22	11.1	5	11.4
九、总经理职权行使情况				
主持生产经营管理	196	99.0	43	97.7
组织实施经营、投资方案	196	99.0	43	97.7
拟订管理制度及机构方案	195	98.5	43	97.7
聘或解聘高层管理人员	191	96.5	43	97.7
聘或解聘负责管理人员	188	94.9	42	95.5
十、企业是否有奖惩制度				
有，并且能严格执行	171	86.4	39	88.6
有，但很难严格执行	24	12.1	4	9.1
无	3	1.5	1	2.3

5-14 续表2 （2003年）

项目	股份有限公司		上市公司	
	单位数（个）	比重（%）	单位数（个）	比重（%）
十一、企业劳动人事分配制度改革情况				
已全面实行劳动合同制度	193	97.5	44	100.0
已实行全员竞争上岗制度	172	86.9	39	88.6
仍存在干部和工人身份界限	38	19.2	7	15.9
内部管理人员已实行公开竞聘	168	84.8	40	90.9
企业能足额缴纳社会保险费	192	97.0	44	100.0
十二、企业是否实行以下分配方法				
企业经营者年薪制	90	45.5	23	52.3
企业经营者持有股权期权	51	25.8	4	9.1
岗位工资为主的工资制	188	94.9	44	100.0
科技人员收入分配激励机制	114	57.6	26	59.1
职工持股分配制	54	27.3	4	9.1
工资集体协商制度	47	23.7	9	20.5
十三、企业技术创新情况				
企业已建立技术中心	84	42.4	26	59.1
国家级认定	3	3.6	3	11.5
省级认定	32	38.1	15	57.7
其他级别认定	49	58.3	8	30.8
十四、技术中心设施、经费和人员是否满足需要				
完全满足	12	14.3	4	15.4
基本满足	63	75.0	20	76.9
不满足	9	10.7	2	7.7
十五、企业获新产品新技术途径				
自主开发	106	53.5	27	61.4
委托开发	36	18.2	7	15.9
与院校科研机构联合开发	70	35.4	21	47.7
接受技术成果转让	43	21.7	14	31.8
引进技术消化吸收和创新	69	34.8	18	40.9
其他	58	29.3	11	25.0
十六、企业质量管理情况				
企业已通过ISO9000认证	105	53.0	31	70.5
企业已通过ISO14000认证	30	15.2	12	27.3
十七、企业签订“债转股“协议情况				
已签订“债转股“协议	3	1.5		
1999年签订协议				
2000年签订协议	2	66.7		
2001年签订协议	1	33.3		
2002年签订协议				
2003年签订协议				
协议“债转股”总额（万元）	44798	100.0		
1999年债转股总额（万元）				
2000年债转股总额（万元）	35573	79.4		
2001年债转股总额（万元）	9225	20.6		
2002年债转股总额（万元）				
2003年债转股总额（万元）				

5-15 福建省上市公司地区分布

（2000-2003 年末）

项目	2000年末		2001年末		2002年末		2003年末	
	上市公司单位数（个）	比重（%）	上市公司单位数（个）	比重（%）	上市公司单位数（个）	比重（%）	上市公司单位数（个）	比重（%）
全省	**41**	**100.0**	**41**	**100.0**	**41**	**100.0**	**44**	**100.0**
福州市	**16**	**39.1**	**17**	**41.5**	**17**	**41.5**	**17**	**38.6**
福州市辖区	14	34.1	15	36.6	16	39.0	16	36.4
福清市	2	5.0	2	4.9	1	2.4	1	2.3
厦门市	**16**	**39.1**	**16**	**39.1**	**16**	**39.1**	**16**	**36.4**
莆田市								
三明市	**3**	**7.4**	**3**	**7.4**	**3**	**7.4**	**3**	**6.8**
三明市辖区	1	2.4	1	2.4	1	2.4	1	2.3
永安市	1	2.4	1	2.4	1	2.4	1	2.3
沙县	1	2.4	1	2.4	1	2.4	1	2.3
泉州市	**2**	**4.8**	**1**	**2.4**			**1**	**2.3**
泉州市辖区	1	2.4						
石狮市	1	2.4	1	2.4				
惠安县							1	2.3
漳州市	**1**	**2.4**	**1**	**2.4**	**2**	**4.8**	**3**	**6.8**
漳州市辖区	1	2.4	1	2.4	2	4.8	3	6.8
南平市	**1**	**2.4**	**1**	**2.4**	**1**	**2.4**	**1**	**2.3**
南平市辖区	1	2.4	1	2.4	1	2.4	1	2.3
龙岩市	**1**	**2.4**	**1**	**2.4**	**1**	**2.4**	**2**	**4.5**
龙岩市辖区	1	2.4	1	2.4	1	2.4	1	2.3
上杭县							1	2.3
宁德市	**1**	**2.4**	**1**	**2.4**	**1**	**2.4**	**1**	**2.3**
宁德市辖区	1	2.4	1	2.4	1	2.4	1	2.3

5-16 上市公司主要经济指标概览

（2003 年）

企业名称	总股本（万股）	每股净资产（元）	每股收益（元）	净资产收益率（%）
福建水泥股份有限公司	28282	2.03	0.12	5.79
福建发展高速公路股份有限公司	82200	3.5	0.37	10.65
中国武夷实业股份有限公司	38945	3.29	0.02	0.46
福建闽越花雕股份有限公司	17342	1.06	-0.45	-42.06
福建阳光实业发展股份有限公司	9517	1.81	0.05	2.64
宏智科技股份有限公司	11000	3.59	-0.84	-23.36
福建东百集团股份有限公司	13201	2.78	0.19	7.02
闽东电机（集团）股份有限公司	12193	-0.22	-0.24	105.80
神州学人集团股份有限公司	12242	3.58	0.06	1.71
福建三木集团股份有限公司	21062	3.43	0.15	4.23
福建新大陆电脑股份有限公司	11600	5.51	0.36	6.50
福建实达电脑集团股份有限公司	35155	1.72	0.06	3.75
福建福日电子股份有限公司	25640	1.85	-0.38	-20.34
福州天宇电气股份有限公司	13960	1.73	0.2	11.78
福建省昌源投资股份有限公司	29440	0.05	-0.75	-1429.21
冠城大通股份有限公司	16801	2.23	0.41	18.33
福耀玻璃工业集团股份有限公司	50075	3.11	0.64	20.64
厦门雄震集团股份有限公司	6036	1.85	0.32	17.47
厦门路桥股份有限公司	29500	3.5	0.3	8.7
厦门法拉电子股份有限公司	15000	4.52	0.47	10.38
厦门汽车股份有限公司	88179	1.95	0.17	8.56
厦门国贸集团股份有限公司	19812	3.98	0.36	9.15
厦门新宇软件股份有限公司	10999	1.86	-0.02	-1.2
厦门创兴科技股份有限公司	16780	1.63	-0.01	-0.66
厦门好时光实业股份有限公司	7925	2.08	0.01	0.31
厦门工程机械股份有限公司	44941	1.96	0.18	9.04
厦门建发股份有限公司	38600	6.46	0.51	7.82
夏新电子股份有限公司	42984	3.40	1.43	42.00
厦门钨业股份有限公司	12000	5.08	0.45	8.92
厦门信达股份有限公司	20000	2.43	0.07	2.92
厦门灿坤实业股份有限公司	87933	1.58	0.14	8.92
厦门机场发展股份有限公司	27000	4.55	0.15	3.25
厦门华侨电子股份有限公司	37082	2.10	0.11	5.26
福建三农集团股份有限公司	19847	2.53	0.03	1.08
福建省青山纸业股份有限公司	70630	2.22	0.01	0.51
福建省永安林业(集团)股份有限公司	16723	2.00	0.10	5.08
福建惠泉啤酒集团股份有限公司	25000	3.62	0.05	1.27
漳州片仔癀药业股份有限公司	14000	3.88	0.43	11.14
福建闽南（漳州）经济发展股份有限公司	36075	2.57	0.15	6.01
福建龙溪轴承股份有限公司	15000	3.52	0.27	7.62
福建省南纸股份有限公司	30595	3.66	0.01	0.36
福建龙净环保股份有限公司	16700	4.05	0.24	5.96
福建紫金矿业股份有限公司	12666	14.08	2.59	18.41
福建闽东电力股份有限公司	30000	4.53	-0.32	-7.04

5-17 福建省上市公司名录

（2003 年）

公 司 名 称	详细地址	电话号码	主要产品（活动）
福建水泥股份有限公司	福州市鼓楼区杨桥路 118 号	7517808-1773	水泥制造，商品熟料
福建发展高速公路股份有限公司	福州市鼓楼区东水路 18 号	7077260	公路管理
中国武夷实业股份有限公司	福州市鼓楼区五四路 89 号	3170022	房地产开发与经营
福建省神龙发展股份有限公司	福州市鼓楼区洪山工业路 512 号	3703470	纺织业批发，饭店承包
福建省石狮新发股份有限公司	福州市经济开发区星发街 8 号	3365333-626	房地产开发经营
宏智科技股份有限公司	福州鼓楼区软件大道 89 号	7411111	计算机技术服务，通信技术服务
福建东百集团股份有限公司	福州鼓楼区八一七北路 84 号	3177263	百货批发
闽东电机（集团）股份有限公司	福州市台江区五一中路 88 号	3355466	交流电动机，交流发电机，分马力电机
神州学人集团股份有限公司	福州市台江区五一南路 67 号	3270288	发电机组，机电设备
福建三木集团股份有限公司	福州市台江区群众东路 93 号	3341508	房地产开发经营
福建新大陆电脑股份有限公司	福州市马尾区儒江大道 1 号	3979687	NL 终端系列，NL POS 系列，行业应用系列及服务
福建实达电脑集团股份有限公司	福州市鼓楼区洪山园路 68 号	3703333	电子计算机制造
福建福日电子股份有限公司	福州市马尾开发区科技园区快安大道创新楼	3322668	笔记本电脑，电子元件，电子器件
福州天宇电气股份有限公司	福州市晋安区新店 130 号	7916470	高压开关柜，变压器，低压开关柜
福建省昌源投资股份有限公司	福州市鼓楼区东街 123 号航空大厦 15 层	7621003	房地产开发经营
冠城大通股份有限公司	福州市晋安区福马路 81 号	3660233	电线电缆制造
福耀玻璃工业集团股份有限公司	福清市宏路镇福耀工业村 1 号	5383777	夹层玻璃，钢化玻璃
厦门雄震集团股份有限公司	厦门市思明区厦禾路 189 号	2394688	智能售卖机，软件技术服务及配套，功率模块板
厦门路桥股份有限公司	厦门市思明区莲坂侨星大厦 8 楼	5081724	厦门大桥经营、维护，海沧大桥投资、经营
厦门法拉电子股份有限公司	厦门市思明区金桥路 101 号	5114116	薄膜电容器，金属镀膜
厦门汽车股份有限公司	厦门市思明区厦禾路 820 号	2962988	改装汽车
厦门国贸集团股份有限公司	厦门市思明区湖滨南路 388 号	5898537	服装，黑色金属，水产品

5-17 续表 1 （2003 年）

公 司 名 称	详细地址	电话号码	主要产品（活动）
厦门新宇软件股份有限公司	厦门市思明区湖滨西路 9 号	7397732	制造销售计算机软件,承接计算机系统网络,进出口贸易
厦门创兴科技股份有限公司	厦门市思明区建业路 18 号	5311832	投资与资产管理
厦门好时光实业股份有限公司	厦门市湖里区长乐路 1 号	5651889	房地产开发与经营
厦门工程机械股份有限公司	厦门市思明区厦禾路 668 号	2024313	装载机
厦门建发股份有限公司	厦门市思明区鹭江道 52 号	2263333	进出口贸易,房地产开发,实业投资
夏新电子股份有限公司	厦门市思明区体育路 45 号	5058123	手机,小灵通,激光视盘机
厦门钨业股份有限公司	厦门市海沧区海沧镇	6081228	仲钨酸铵,氧化钨
厦门信达股份有限公司	厦门市湖里区兴隆路信宏大厦 2 楼	6021666	五金、化工批发,电子信息产业,商业零售
厦门灿坤实业股份有限公司	厦门市湖里区兴隆路 88 号	6021708	咖啡壶,煎烤器,电熨斗
厦门机场发展股份有限公司	厦门市湖里区高崎	6022936-6009	航空地面服务费收入,场地租赁,自营商业
厦门华侨电子股份有限公司	厦门市湖里区湖里大道 22 号	5687327	彩色电视机,显示器
福建三农集团股份有限公司	三明市梅列区列东北段 1869 号	8238008	乐果,草甘膦,烧碱
福建省青山纸业股份有限公司	三明市沙县青州镇	5656888	纸袋纸,牛皮卡纸
福建省永安林业(集团)股份有限公司	三明市永安市燕江东路 12 号	3633405	胶合板,中密度纤维板,木材
福建惠泉啤酒集团股份有限公司	泉州市惠安县螺城镇建设大街 157 号	7389072	啤酒
漳州片仔癀药业股份有限公司	漳州市芗城区上街 1 号	2301908	片仔癀,中药胶囊,片仔癀系列产品
福建闽南（漳州）经济发展股份有限公司	漳州市芗城区胜利路	2671753	自来水,垃圾处理,道路收费
福建龙溪轴承股份有限公司	漳州市芗城区延安北路	2023879	轴承
福建省南纸股份有限公司	南平市滨江北路 177 号	8808301	新闻纸制造
福建龙净环保股份有限公司	龙岩市新罗区中城陵园路 81 号	2237569	BE 型电除尘器,高压静电控制设备,低压控制系统
福建紫金矿业股份有限公司	龙岩市上杭县紫金路	3833150	黄金生产与销售
福建闽东电力股份有限公司	宁德市蕉城区环城路 143 号闽东大广场华隆大厦 A 栋 8 层	2968839	水力发电

六 专题调研

2004

FUJIAN ENTERPRISE YEARBOOK

完善技术创新体系　提升企业竞争能力

面对世纪经济全球化、信息化和高新技术的迅猛发展，技术创新已日益成为企业赖以生存的支柱和持久发展的推动力，如何通过技术创新实现企业的可持续发展，是所有企业关注的焦点。为了解当前我省工业企业技术创新的情况和问题，为决策部门提供参考依据，现根据专题调查资料对我省工业企业技术创新情况进行分析。

一、我省企业技术创新的基本情况

1. 企业技术创新意识增强。

据对我省 337 家工业企业问卷调查，67.4%的企业认为加入 WTO 后，对企业的最大影响是技术竞争更加激烈，谁先占领先进的技术，谁的产品就有竞争力，谁的企业就有生命力。从企业提出技术创新的人员构成情况看，企业高层管理人员对技术创新工作比较重视，在调查的企业中，77.7%的企业技术创新由高层管理人员提出，43%的企业技术创新由产品开发研制部门员工提出，另有 20.8%和 18.7%的企业技术创新由外部客户和销售部门员工提出。可见，企业由内到外、由上到下均已对技术创新形成共识，技术创新是企业提升竞争能力的关键，技术创新是企业生命的长青树，75.7%的企业为未来 3-5 年的市场竞争做好新产品项目储备。

2. 企业对创新成果保护意识增强。

随着《专利法》、《商标法》、《技术合同法》、《著作权法》、《成果转化法》等各项法律法规的逐步完善和有效实施，以及市场秩序的整顿，企业法律意识提高，加大了对知识产权的保护。2003 年全省专利申请受理 7236 件，比上年增加 714 件，增长 11.0%，居全国专利申请受理状况第 9 位，其中，工矿企业专利申请达 1677 件。

3. 企业技术创新成效显著。

企业通过技术创新，不但增加了新产品，提高了产品质量，同时也开拓了新市场、降低了成本。据 337 家企业的问卷调查，62.6%的企业通过技术创新增加新产品，60.2%的企业提高了产品质量，60.5%的企业开拓了新市场，51.9%的企业降低了成本，46.6%的企业通过技术创新提高生产效率，有 30.9%的企业降低了环境污染。

4. 81 家省级技术中心企业是我省技术创新的领头羊。

截至 2003 年底，全省共有省级企业技术中心 81 个，它们是我省技术创新的先进代表。2003 年 81 家技术中心企业共开发新产品项目数 2548 个，比上年增长 36.5%；新产品实现工业产值 256.08 亿元，占 81 家技术中心企业工业总产值的 43.7%；新产品实现销售收入 250.35 亿元，占 81 家技术中心企业产品销售收入的 45%，平均每项新产品创造产值 1005.02 万元，平均每项新产品创造利润 56.12 万元。2003 年 81 家技术中心企业共投入技术开发经费 10.8 亿元，比上年增长 4.3%，拥有技术开发活动人员 10333 人，比上年增长 12.6%，其中高中级技术职称人员 3558 人，比上年增长 16.4%。

二、我省企业技术创新的特点

1. 市场需求是企业技术创新的主要动力。据对 337 家企业的问卷调查，77.5%的企业认为市场需求是企业技术创新的主要动力，63.5%的企业认为动力来自于同业竞争，60.2%的企业认为动力来自于企业的持续发展要求。

2. 产品创新是企业技术创新的主要形式。据 337 家企业调查，73.0%的企业技术创新时选择产品创新（开发新产品），61.1%的企业选择采用新设备，54.6%的企业选择采用新的加工工艺技术，41.3%的企业选择采用新材料。

3. 再创新战略是企业技术创新的首选战略。调查显示，企业在采用技术创新战略时，首选再创新战略，占被调查企业的 55.5%，其次为领先战略，占被调查企业的 47.5%，第三为模仿战略，占被调查企业的 20.8%，第四为追随战略，占被调查企业的 18.4%。可见企业已充分意识到，追随、模仿不是企业生存的长久之计，只有创新，抢占商机，领先市场，做到“人无我有，人有我优”，企业才能立于不败之地。

4. 自主开发是企业技术创新的主要途径。调查显示，企业获得新技术的首要途径是内部研究，占被调查企业的 57.9%。内部研究中，主要靠自主开发的企业占 49.0%，消化创新的企业占 28.5%，仿制的企业仅占 13.4%；企业获得新技术的第二条途径是外部引进，占被调查企业的 28.5%，外部引进中，主要靠引进国内现成技术的企业占 14.2%，引进国外现成技术的企业占 14.2%，与科研机构和大专院校合作开发的企业占 10.1%，与有业务关系的大企业合作开发的企业占 3.3%。

5. 培训技术人员是企业技术创新经费的主要用途。调查显示，企业的技术创新经费主要用于技术人员培训的占被调查企业的 55.8%，用于购买科研设备的占 50.2%，用于独立研究项目的占 32.3%，用于聘请专家的占 27.0%，用于购买技术的占 25.8%，用于委托大专院校或科研机构研究项目的占 17.5%。

三、影响我省企业技术创新的制约因素

1. 企业技术创新内在动力不足。

部分企业对技术创新的认识依然不足，依旧没有意识到企业不创新就将被市场淘汰，就无法生存的道理。在我们调查的 337 家企业中，有 7.7%的企业没有采取任何的技术创新战略，有 6.2%的企业没有创新经费投入，有 4.8%的企业没有引进新技术，有 15.7%的企业没有为未来 3-5 年的市场竞争做好新产品项目储备，这些企业在投资上缺乏战略思考，重视短期效益，在资金使用上重扩大产量和规模，轻技术创新和内部挖潜改造，忧患意识不强。

2. 资金、人才缺乏成为影响企业技术创新的主要因素。

据调查的企业反映，在影响企业技术创新的主要因素中，资金缺乏列首位，有 54.6%企业认为资金缺乏是影响企业技术创新的主要因素，其次为缺乏技术开发人员，占被调查企业的 39.8%，由于缺乏一支能战的技术队伍，企业将其技术创新经费大多用于技术人员培训，从而又加剧了企业购买技术、专利、设备等资金的紧缺。第三为技术开发成本高，占被调查企业的 37.7%，第四为信息不足，占被调查企业的 30.3%。

3. 政府扶持的力度和广度不够。

企业发展离不开政府的扶持，近年来我省深入贯彻“科教兴省”战略，加大技术创新工作力度，在调查的企业中，有 23.4%的企业得到政府拨款支持，有 17.8%的企业得到专项贷款支持，有 22.0%和 20.8%的企业得到政府减免税政策和其他方面的直接支持，但仍有 34.4%的企业未得到政府直接的支持，38.9%的企业认为政府拨款太少。企业普遍认为政府对技术创新扶持的力度和广度应加大，为促进企业技术创新，73.9%的企业希望政府加大资金的支持力度，71.2%的企业希望政府在政策税收方面给予优惠，58.8%的企业希望政府加大技术创新宣传，能够为企业提供技术信息和市场信息。

4. 技术创新体系不健全，相关配套政策缺位。

技术创新是企业通过获取先进技术和信息并结合企业内部知识进行吸收，并对知识、技术进行再加工，它涉及企业决策、研究开发、工程化、生产制造、市场开拓、组织协调和资源配置等方面的能力，它需要政府、银行、税务等方面的支持，在调查的企业中，32.9%的企业反映筹资渠道单一，需要银行部门为其广开渠道，以解决资金紧张问题；26.1%的企业反映企业在技术创新过程中，筹资的成本过高，需要工商、税务等部门给予相应的优惠政策，由于技术创新体系不健全和相关配套政策的缺位，影响了企业的技术创新开展。

四、增强企业技术创新能力的对策建议

1. 建立一套较为完善的技术创新体系。

第一建立有利于技术创新的现代企业制度。明确的市场信号，正确的政府行为，能有效提升技术创新的数量、质量和速度，从而发挥技术创新的作用，提高企业的效益和在市场中的竞争能力。在技术创新过程中，要建立一种科学的管理制度，建立一种减少交叉重复、一体化的管理体制。

第二完善研发机构，提高研究开发能力。要鼓励有条件的大中型企业和集团建立高水平的技术开发中心，对企业的研究开发条件进行改善；对引进技术要在消化吸收的基础上进行二次开发，以提高自主开发和创新能力；同时，要按照市场经济的要求，大力

开发自主知识产权的生产技术和有较高附加价值的名牌产品、新产品，成为进入市场的有力武器。

第三培养技术创新人才，提高人的创新能力。技术创新人才是技术创新能力的核心。企业要开展技术创新，首先要有一批掌握先进科学技术而又德才兼备的人才，企业要通过各种方式培养和造就具有敏锐的创新意识、懂技术、会管理、敬业精神强的企业家，要造就一支有较强的市场开发能力的营销人才队伍。

第四建立、健全技术创新成果转化机制，提高科技成果转化能力。企业进行技术创新的最终目的，是把创新成果产业化，为企业创造经济效益。因此，应以市场为导向，变过去技术创新成果重视书面成果为重视市场份额，促进技术开发成果商品化、市场化，形成以市场需求推动技术创新的市场导向机制。对技术创新的评价，不能局限于对科技论文的评定方式，而是要着重看其是否能转化为生产力，是否能实现产业化、商品化；形成规模化生产，是否能获得较大的市场占有率，并能给企业带来丰厚的利润和市场效益。加快建立企业与科研机构大专院校以及科技中介组织相互依托、联手开发、协同共进的技术创新机制，变封闭性研究开发为开放性研究开发，进行跨部门、跨地区甚至跨国界的合作研究。

2. 创造有利于企业技术创新的外部环境。

第一政府要依据社会经济的发展需要，结合我省科技的现实水平，对技术创新提出整体战略和实施的方针原则及重大措施，引导技术创新的方向；通过制定有关的法律、法规和政策，为企业提供技术创新的公平环境，保护技术创新的合法利益。

第二完善各项激励政策。要通过税收等优惠政策鼓励发展高新技术产业，创办高新技术企业，开发高新技术产品。鼓励企业建立“产学研”长期稳定的合作机制，开发具有自主知识产权的核心技术；允许科技人员入股和参与分配，并对重大创新成果和突出贡献的科技人员实行重奖。

第三加大科技投入力度，为技术创新提供资金支持。从战略的高度出发，加大科技投入，多方筹措资金，以保证企业技术创新资金需求；扩大技术创新资金来源渠道，企业除按照销售额 1%的比例提取技术创新资金外，还要通过贷款、争取政府财政补助等多种渠道和办法，充实企业科技创新资金；由政府倡导建立技术创新基金和技术创新风险投资基金，促进和推动企业技术创新的快速发展。

第四推动以技术创新中介机构为重点的服务体系建设。要充分发挥中介组织的作用，强化其面向企业，服务企业的意识，提高工作质量。

（执笔：福建省企业调查队　罗　萍）

我省小企业员工社会保障问题的调查与思考

改革开放二十几年来，我省的劳动和社会保障事业全面推进，取得了可喜的成果，企业员工的社会保障体系也得到了逐步的建立。为进一步了解和促进我省中小企业员工的社会保障体系的建立和完善，2004年5月，省企调队对我省150家规模以下工业企业员工参加社会保险的状况进行问卷和走访调查。调查情况表明，我省（规模以下）小企业员工社会保障有了一定发展。但在兼顾企业发展的同时，不断改善小企业员工的社会保障需要予以应有的重视。

一、小企业员工参加社会保险的现状

近年来，我省的社会保险事业取得了可喜的成果。全省企业职工社会保险覆盖率进一步提高。截止2003年12月底，全省城镇企业参加基本养老保险职工230.78万人，企业基本养老保险覆盖率达80.6%；全省基本医疗保险实现了新旧医疗保障体制转换，参保人数247.77万人，基本医疗保险覆盖率达75.5%；参加失业保险人数266.36万人，失业保险覆盖率达75.3%；企业职工参加工伤、生育保险人数分别为144.01万人和111.24万人。

但是，中小企业职工，尤其是小企业职工参加社会保险仍存在覆盖面窄，参保率低等现象：

1.参加社会保险的企业不够多，参保职工比例较低。据对150家规模以下工业企业进行的抽样调查显示，在被调查企业中，从业人员4422人。为职工参加基本养老保险缴费的企业99家，参保人数1431人，分别占66%和32.4%，参保企业中25.3%的企业全部职工参加了基本养老保险，74.7%的企业部分职工参加了基本养老保险；为职工参加基本医疗保险缴费的企业30家，参保人数548人，分别占20%和12.4%，参保企业中30%的企业全部职工参加了基本医疗保险，70%的企业部分职工参加了基本医疗保险；为职工参加失业保险缴费的企业67家，参保人数1116人，分别占44.7%和25.2%，参保企业中22.4%的企业全部职工参加了失业保险，77.6%的企业部分职工参加了失业保险；为职工参加工伤保险缴费的企业68家，参保人数1689人，分别占45.3%和38.2%，参保企业中30.9%的企业全部职工参加了工伤保险，69.1%的企业部分职工参加了工伤保险；为职工参加生育保险缴费的企业31家，参保人数583人，分别占20.7%和12.2%。

2.企业为职工参保缴费中管理人员比重高于一般职工。150家被调查企业的4422名职工中，一般职工3640名，管理人员782名，分别占82.3%和17.7%。一般职工参加基本养老保险的人员占26%，管理人员则占61.9%；医疗社会保险中，一般职工参保人员占10.5%，管理人员则占21.4%；失业社会保险，一般职工参保人员占20.5%，管理人员则占47.1%；工伤保险，一般职工参保人员占37.3%，管理人员则占42.2%；生育保险，一般职工参保人员占11.8%，管理人员则占19.6%。五个险种中，企业为管理人员缴费明显高于一般职工。

3.从分险种看，养老保险覆盖面高于其他险种。被调查企业中，有近三分之二的企业为职工参加养老社会保险缴费，但为职工参加医疗、失业、工伤、生育保险缴费的，分别仅占被调查企业的20%、44.7%、45.3%和20.7%。

4.港澳台及外资企业在大部分险种中参保比例高于私营企业。在调查的港澳台及外资企业中，全部或部分职工参加了基本养老、医疗、失业、工伤和生育保险的企业分别占75.7%、14.3%、73.7%、61.4%和47.1%，而被调查的私营企业则分别占61.2%、23.9%、29.9%、43.3%和13.4%。五个险种中，除医疗保险外，其他险种港澳台及外资企业参保比例明显高于私营企业。

二、问题的成因

总的看来，我省小企业员工参加社会保险存在覆盖面窄、参保率低等主要问题。究其原因，主要与以下因素有关：

原因之一，认识不到位。据走访调查了解，在一些小企业雇主与雇员中存在着模糊认识，有60%的被调查企业认为参加社会保险会增加企业负担；有的认为“老板为员工付工资天经地义，再为员工缴社保费没道理”；有的企业只为中高层管理人员、企业关键人员、老板本人、老板亲戚等办理养老、医疗等社会保险。有的员工只顾年轻时多挣钱，对养老保险缺乏切身体会，认为“退休早着呢，参加养老保险不必着急”；个别地方政府及相关部门存在片面的思想认识。认为将非公和民营企业纳入社会保险范围内，会影响当地投资环境，对企业参保持消极观望态度。

原因之二，企业追求利润的最大化不愿参保。小企业多数是非公有制企业，它们从产生之日起，就是自主经营、自负盈亏、自我约束、自我发展的法人单位。利润最大化是雇主们的根本追求，而保障职工权益、稳定社会则不在其经营目的之内。利润最大化决定了他们尽可能降低人工成本，参加社会保险意味着让雇主们拿自己的钱为别人办好事，无疑会增加其人工成本，降低其当前收益。以非公有制、尤其是民营企业为主的小企业，正处于原始资本积累阶段，利润意味着私有财产。因此，雇主普遍存在只顾眼前利益的短期行为，认识不到为员工参保可以解除员工后顾之忧，稳定人心，增加企业效益。

原因之三，从业人员队伍的特点及用工不规范。以非公有企业为多数的小企业往往人员构成复杂，分布面广，流动性大，队伍不稳定；同时，约束雇主的劳动法律制度也不健全。如集体合同和劳动合同不按规定操作，用工极不规范。这给参保工作带来困难，同时也成为一些企业法人拖办、拒办社会保险的挡箭牌。

小企业员工中有相当一部分来自农村，他们缺乏劳动风险意识和劳动风险损失补偿意识。相当多农民工往往不签订合同或只签短期合同，且条件苛刻。这些身份为临时工或季节工者，一遇经济波动，首先被解雇，企业福利待遇也无权享受，更不能参加社会保险。一些外企、私企聘用的下岗职工仍与原单位保留劳动关系，这就加大了参保登记工作的难度。结果许多人招之即来、挥之即去，劳动关系不明确、不稳定、不规范，使这些劳动者游离于社会保险之外。

原因之四，劳动力市场供大于求。由于我国劳动力严重地供大于求，因此，在劳动力市场中，劳动者从求职到就业一直处于弱者地位。他们以推销自己的劳动力，找个受雇的地方，获得劳动报酬为主要目标，而对劳保福利等则不敢奢望。据走访调查了解，有的企业员工说：“每月能按时拿到工资已经心满意足了，不敢奢求其他待遇”。特别是下岗再就业者，格外珍惜来之不易的工作机会，“老板不给办理社会保险，也不敢做声，担心被炒鱿鱼”。

原因之五，资金短缺是未参加保险企业的能力障碍。经营风险较大，资金紧张是困扰小企业发展的主要问题。据调查，大部分企业回答由于职工工资高，企业缴纳金额较多，没有能力负担社会保险金。在未按时、足额缴纳社会保险的企业中，相当一部分也是由于资金紧张，导致企业拖欠保费。

三、改善小企业员工社会保障的思考

1. 加强社会保险的宣传。进一步加强宣传和培训，使经营者清楚意识到，参加社会保险是企业对职工乃至社会的重要责任和义务。同时，让广大职工都了解社会保险相关政策、规定，使大家都能拿起法律的武器维护好自己的合法权益。

2. 健全相关法律、法规，强制推行。社会保险的基本特征及其与商业保险的本质区别之一，就在于社会保险的强制性，这一强制性必须通过国家立法，健全相关法律、法规才能得到有效的保证。目前小企业社会保险覆盖面窄、参保率低的问题，究其原因，关键在于社会保险的立法相对滞后或执法力度不够，主要依靠社会保险主管部门和经办机构同过行政手段和宣传动员的作法，只能得到事倍功半的效果，因此，一方面应加快立法，特别是加快地方立法；另一方面，应充分依靠现有法律、法规，严格执法，依法推进社会保险的改革。

3. 实行浮动费率，推动中小企业参保。为了鼓励中小企业的发展，世界上有些国家如芬兰、法国等，考虑到工资税、社会保险金之类与企业雇员规模直接相关的税费若征收比例太高，必然会导致企业严格控制雇员数量，因此采取了减免企业部分税费的做法。借鉴这些国家的经验，应考虑对新建的中小企业和吸纳下岗职工及社会失业人员达到一定比例的中小企业在一定期限内实行社会保险的浮动费率。这样，既可以推动中小企业参加社会保险，又可以激励中小企业的发展并多提供就业岗位。

4. 规范小企业用工制度。这是参加社会保险的重要前提。一些企业由于不与职工签订规范的劳动合同，造成社会保险的法规难以落实，使职工权益受到损害。应该进一步规范用工制度，尤其要对小企业员工的社会保险问题予以高度的重视，让社会保险成为每一个劳动者可以享受的“安全网”。

（执笔：福建省企业调查队　黄秀坤）

提高通关服务水平　改善投资软环境

随着对外贸易的迅猛发展，企业生产、经营、运销方式不断创新，现代物流逐步扩大，对口岸工作效率和工作质量提出了新的更高的要求。福建省把“提高口岸工作效率工程”（简称“大通关”）作为适应加入WTO新形势，拓宽对外开放通道的一项重要工作来抓。经过努力，福建省的通关环境有了很大改善，通关速度有了明显提高。为进一步了解企业对我省“大通关”工作的反映，日前我们对福州、厦门、莆田、泉州等四个设区市的近40家出口企业进行了快速电话调查，调查表明，企业对近年来我省“大通关”工作的成效予以充分肯定，同时也提出了“大通关”工作存在的主要问题和改进建议。

一、主要成效

为实现全省“大通关”，各口岸单位相继制定了“服务承诺制”、“限时办结制”、“预约申报制”、“延时服务制”等，实行“一幢楼办公，一条龙服务”。省检验检疫系统制定了岗位责任监督制度，自觉接受客户监督。厦门、福州海事局设立港监、船检、船东船舶安全联席会议制度，坚持在辖区内实行24小时受理船舶申报办理进出港手续。省边防检查部门在办证审批环节“一张表格、一次说清”，检查、办证、收费都在同一地点集中办结。在实施限时办事承诺制中，福州海关还成立“通关事务应急小组”；厦门海关设立了通关110热线，随时解决现场出现的突发问题。

不少口岸单位从实际出发，积极改革服务模式，创新服务制度。在厦门落户的美国戴尔公司，采用“零库存”先进经营管理方式，对进口料件和出口半成品的时效要求很高。厦门海关进行服务制度创新，让企业“提前报关”，进港货物每票通关时间平均提早1天，企业对此非常满意。福州海关对保税区内企业实行“特事特办”的直通式服务，在指定专门承运单位和提供担保的情况下，对保税区内企业从境外进区的货物允许由马尾青洲港直接运进保税区内的仓库或堆场，给企业带来通关便利。福建省检疫系统大力推行货物分类管理方法，根据各类货物的风险程度，采取不同的监管模式，方便受检企业。

为提高通关速度，福建省许多口岸单位还加快电子信息化建设，推出“电子口岸”，推广“三电工程”（即电子报检、电子签证、电子转单），实施“无纸报关”，试行“绿色通道”，取得明显成效。厦门、福州海关推行EDI电子报关后，实现关区内、跨关区转关货物运输的“一次申报、一次查验、一次放行”，进口货物转关环节由原来的11个减少到3个，出口货物转关由原来的9个减少到6个。省检验检疫局，投资1100万元建设出入境检验检疫综合业务计算机管理系统，推广“三电工程”，缩短了检验检疫周期。

企业普遍反映，这些口岸部门的工作效率和工作态度较以往有了很大的改进和提高。

据了解，我省企业目前大部分的进出口业务主要通过厦门、福州和深圳出口，经由省内其他口岸直接出口的业务量很少。有进出口业务经由厦门、福州出口的外地企业普遍采取委托厦门、福州的报检行、报关行进行报检报关的方式。在与报检行、报关行等中介机构的频繁接触和业务往来中，企业对报检行、报关行、船代和货代等口岸中介代理、见证机构的服务态度、服务质量和工作效率普遍较为满意。这些中介机构也是市场的主体，竞争同样十分激烈。如果在具体业务的办理过程中觉得他们态度不好、效率不高或服务质量差，企业完全可以另外换一家。在这种压力下，大部分的中介机构都能够较自觉主动地提高自身服务质量。

在各方面的共同努力下，福建省的通关环境有了很大改善，通关速度有了明显提高，促进了对外贸易的发展。2003年全省进出口总额353.35亿美元，比上年增长24.4%，其中，出口总额211.40亿美元，增长21.7%；进口总额141.95亿美元，增长28.7%。全省沿海港口完成外贸货物吞吐量4896万吨，增长23.0%；沿海港口国际标准集装箱吞吐量342.27万标箱，增长34.0%。

二、存在问题

1. 口岸中介、代理机构收费有待进一步规范。

有企业反映，一些中介和代理机构的收费标准不一、名目繁多使企业普遍感到不满。如在一般情况下，提单的价格在 115 元左右，但这些机构的收费却从100元至300元不等，特别是对于散货的收费价格更是五花八门，没有一个统一规范的标准。对此，有关中介、代理机构的解释是，价格上的差异常常是由于美元汇率的变动而产生的。但大多数的出口企业认为这一解释并不能让他们信服，有关部门应对此进行规范和管理，进一步提高中介代理机构收费上的透明度。

2. 电脑系统时有故障，延误企业通关、退税。

企业反映在报关和货物出口后，海关的电脑网络常常出现系统故障、数据传输问题，不能及时体现出口信息，如电子产品品种繁多，企业与海关对产品归类、税率认定时常出现歧异，延误企业的报关和通关，致使部分企业在办理出口退税时遇到麻烦。企业为此向海关反映情况并要求其重新输单，但海关会要求企业先提交申请报告书，而对于报告所提申请的落实办理却相对滞后。企业认为在遇到这种情况时，海关完全有义务主动配合并为企业重输单证，而不应刁难企业。此外，企业还反映电子口岸报关卡的销售网点偏少，购买不方便。

3. "委托报关书"的发放方式需要改进。

调查中企业提得最多的是报关委托书的问题，如有的海关规范的报关委托书在市场上没有卖，只分发给报关行。如果外地企业需要，只能由报关行邮寄，既增加了邮寄成本，又延误了时间。企业认为以往用复印的空白报关委托书更为方便。

4. 通关速度有待进一步提高。

企业认为目前省内口岸通关速度与深圳相比仍有较大差距。如企业同时办理的手册，省内有些口岸至少需要 3 天才能将手册退还企业。而在深圳，企业上午报关，下午手册就可以退还。而且，深圳海关在货物还没有抵达时就可以开始办理报关的有关手续，这在省内多数口岸尚未做到。

5. 部门协调、配合有待加强。

企业反映各口岸查验部门之间的协调、配合还不是十分默契，还存在各自为政，相互扯皮，影响通关速度和形象的现象；有的口岸涉及通关的各个部门在地域上不能集中办公，企业难以享受到整个通关环节的整体协调服务。有的工作人员态度、作风时好时坏，工作效率有待进一步提高。

三、改进建议

1. 领导重视。

各级政府、各有关部门要统一思想，提高认识，高度重视"大通关"建设。要正确处理好眼前和长远、局部和全局、把关和服务的关系，研究解决影响口岸工作效率的突出问题，提高口岸的整体工作水平和通关效率。

2. 借鉴先进口岸经验，提高通关速度。

判断口岸通关环境好坏的标准，关键在于让境内企业和境外企业感到通关环节的便利。我省企业目前大部分的进出口业务主要通过厦门、福州和深圳出口，其中一个很大的原因就在于省内其他港口的发展仍较为滞后，无法适应进出口业务快速发展的需要。为此可以借鉴上海、广州、深圳、青岛、天津等口岸城市的经验。据了解，广州已于今年 3 月 29 日在全国率先开通海关、检验检疫、海事、边防、港口作业一站式服务的电子口岸，实行"一次申报、一次查验、一次放行"的通关流程。这将减少企业到相关政府部门之间的往返奔波，使信息的交流更加快速、准确和及时，从而压缩贸易、物流运作所花费的时间和成本，进而扩大进出口贸易量。浙江省提出到 2004 年底以前，海运进出口货物凡手续完备、符合快速通关条件的，口岸通关提发货在 24 小时内完成，空运在 10 小时内完成，特殊区域特殊行业在 8 小时内完成。

3. 创新监管模式，提高通关服务水平。

要积极进行监管模式的改革，加强查验单位内部工作程序和职能的有效整合。实施进出口货物提前报检报关、实货放行和推行异地报关（多点报关）、口岸分流放行的通关一体化办法。努力推行 24 小时、无假日通关预约值班工作制度，确保货物通关在节假日顺利进行。积极创造条件，为 IT 等高新技术企业提供更为便捷的通关。在物流中心实现报检、报关、订舱、提箱、验货、仓储等一条龙服务，使港口功能得到延伸。在有条件的情况下，应积极推进海关、检验检疫、海事、边检等口岸查验单位和银行、海港、船公司及船代企业、专业外贸公司、国际货代、报关行等单位实行集中办公，为进出口企业提供报检、报关、港口业务咨询、报关预录入、金融等“一站式”服务。加强计算机信息系统建设，适当增加电子口岸报关卡的销售网点，有效整合口岸信息资源，并将中介服务机构融入“大通关”的流程，实现“大通关”的优化。

4. 扩大享受“便捷通关”企业范围。

对经审批获准的高科技、高创汇、高效益企业实施提前报关、联网报关、加急通关、上门验放、担保验放等通关便捷措施。同时，增加海关快速通道企业数和检验检疫分类管理企业，适时向国家申请，扩大享受“便捷通关”企业范围。

5. 加大透明度，强化社会监督。

加大法律法规及相关政策的宣传力度，提高依法行政的透明度。公开、公示各种收费，对没有公开、公示的收费，企业有权说“不”。在各通关环节均应建立限时办结制，在自己权限范围内的事必须限时办结，不能办理的必须告知原因，不得无限时拖延，以杜绝“吃、拿、卡、要”等现象，净化通关软环境。进一步提高人员素质，使口岸工作人员做到始终保持一个良好的工作效率和工作态度。从小处入手，提高通关流程各个环节的服务水平，从而提高社会对口岸软环境满意程度。

（执笔：福建省企业调查队　林　勇）

非关税贸易壁垒日趋扩大　积极应对促经济稳定发展

——入世（WTO）对福建工业经济影响分析

2001 年 12 月 11 日，我国正式成为世界贸易组织（WTO）成员。入世前后，福建省委、省政府采取多项有效措施（如：制定了《福建省应对加入世贸组织行动计划纲要》，修订或制定了有关法规，成立了“福建省人民政府应对加入世贸组织行动计划领导小组”等），促进了我省经济健康、快速发展。入世两年多来，WTO 对我省工业经济正负效应已逐渐呈现。总体上看，关税影响不突出，非关税贸易壁垒负面影响日趋扩大。今年是我国入世的第三年，根据我国入世承诺，关税税率将进一步下调，一些产品将取消许可证、招标要求或调减乃至取消配额，入世正效应将有所减弱，负效应增强，对我省企业压力也将增强。为进一步掌握入世对我省工业经济影响，为政府及有关部门决策提供参考，本文根据省企业调查队和省经贸委 2002～2003 年“福建省入世重点敏感产品跟踪监测调查”（下简称入世重点产品调查）资料及省企业调查队2003年12月份重点企业深访调查等资料，就关税及非关税贸易壁垒对我省工业经济主要影响进行综合分析。

一、关税贸易壁垒负面影响不大

关税贸易壁垒主要是通过提高进口国或地区的关税税率来提高进口商品成本，削弱其在本国市场竞争力。关税标准，是一把双刃剑。较低的关税，对出口产品，可增强其在进口国市场上价格竞争力，而对本国市场，也容易造成境外产品涌入，影响境内企业生产销售。较高的关税，虽然有利于保护本国市场，但不利本国企业产品出口。与非关税贸易壁垒相比，关税贸易壁垒的作用是有限的。一是由于制定关税税率需要一定的法律程序，一旦制定后调整较为繁琐；二是由于一国关税税率要以法律法规形成公布，公布后透明度高，进口国对任何国家相同产品必须一视同仁；三是出口国政府采用 WTO 规则允许的出口补贴或出口风险担保等措施，就能削弱乃至消除关税贸易壁垒的作用。入世重点产品调查资料显示，入世两年多来，关税贸易壁垒对我省六个产业链的重点产品正向效应大于负向效应，与市场需求、产品质量价格竞争力、企业生产经营内在因素（如原辅材料供应）等影响企业发展的因素相比，关税贸易壁垒对我省企业总体上负面影响不大。

——**石化链**。原油、车用汽油、柴油，加入 WTO 之日即执行最终约束税率，降低关税税率或零税率（原油）。聚丙烯、聚氯乙烯，2002 年始降低关税税率，2008 年执行最终约束税率（将比 2002 年分别降 35.0% 和 49.0%）。上述产品我省仅有少量或基本没有出口，尽管 2002 年始进口关税税率降低，全国进口量有增长，但无大量涌入，对我省企业总体上负面影响不大。尽管也存在短期和局部影响，但影响的主要因素也不在于关税，而在于产品进口量的操作、产品国际市场价格、产品国内市场需求等。如：根据我国入世承诺，成品油入世之日始即执行最终约束税率。2002 年，全国成品油进口量激增，影响了我省石化企业，造成当年我省石油加工及炼焦业产值比上年下降了 5.4%。而 2003 年尽管成品油进口量也增长，但国内市场需求强劲，推动了我省石化企业生产发展，当年，我省精炼石油产品的制造行业实现产值 89.20 亿元，同比增长 15.0%。入世后，塑料包装物关税税率降低国内外经济增长刺激需求，我省塑料制品业出口大幅增长，内销见旺，2003 年该行业实现产值 190.73 亿元（规模以上工业，下同），出口交货值 92.34 亿元（规模以上工业，下同），同比分别增长 24.2%和 23.4%。

——**轻纺链**。入世后聚酯切片、长丝、短纤关税税率降低，2004 年起执行最终约束税率［与加入之日关税相比，化纤长丝纱线降 6.6%，合成纤维短纤降 59.0%和 63.0%（不同税号产品）］。某些合成纤维产品进口量增长较大（如：2002 年 1～11 月，聚酯长丝丝束全国进口量同比增长 93.2%），冲击了市场，我省一些企业受到冲击。纺织品，多数在2004年前，少数在2005年执行最终约束税率（不同产品降幅不一，一般降幅在 30.0%以上）。关税总体水平下降，提高了我省纺织品价格国际竞争力，纺织品出口增长较快，2003年纺织业出口交货值同比增长18.7%。

——**林纸链**。近几年，出于生态环境保护需要，我国限伐木材，国内木材生产萎缩，无法满足制浆及造纸业发展需要。入世之日，木材及纸浆即执行最终约束税率，税率降低（原木1.0%，木片1.0%，纸浆0.0%），进口量大幅增长，缓解了木材短缺压力，促进了造纸业发展。2004 年前，纸袋纸及新闻纸处于入世保护期，关税降幅较小（分别为18.0%和8.0%），2004 年纸袋纸执行最终约束税率，关税降幅较大，达55.0%。2006年新闻纸执行最终约束税率（关税降幅58.0%）。至2003年底，我省上述两类产品处在入世保护期，影响不大。2003年造纸业实现产值61.66亿元，同比增长17.9%。但保护期过后，以及国外纸业巨头在我国投资完成后，将会对我省造纸业造成较大冲击（全球造纸排名第二位的斯道拉思索公司和排名第十位的APP公司已计划在广西投资16亿美元，建设占地800万亩，年产120万吨浆，200万吨纸的大型造纸企业）。

——**电子一家电类**。计算机、显示器、电视机、显像管、打印机、调制解调器，入世后关税大幅下调，并在2003年前全部执行最终约束税率（除彩色显像管12.0%外，其余为0.0%）。家用型摄录一体机2005年执行最终约束税率（0.0%）。彩色卫星电视接收机自2002年始执行较高的最终约束税率（30.0%）。上述电子—家电产品入世后正向效应显著，关税下降增强了我省这些产品价格国际竞争力，促进了产品出口增长。2003 年通信设备、计算机及其他电子设备制造业实现产值897.97亿元，出口交货值472.52亿元，同比分别增长34.0%和43.3%。而进口虽有增长，但总量不大，未对国内市场造成影响。

——**机电类**。小轿车入世后关税降幅较小，2006年 7 月 1 日执行最终约束税率（较入世之初降60.0%）。汽车玻璃、轮胎、装载机2004年执行最终约束税率（层压玻璃2002年），与入世之初相比，钢化玻璃降42.0%，轮胎降20.0%，装载机降57.0%。2003 年底止，就我省机电类主要产品而言，入世正效应远大于负面影响，进口产品未对国内市场造成明显冲击，企业产销两旺。2003 年专用设备制造业实现产值887665.20万元，出口交货值88790.50万元，同比分别增长39.1%和38.0%，交通运输设备制造业实现产值1073534.00万元，出口交货值309317.50万元，同比分别增长44.8%和28.7%。

——**尿素、复合肥**。这两种产品入世之日即执行最终约束税率，关税水平有所下降。至2003年底，总体上看，入世对化肥行业的影响是存在的。2002年1～11月，全国进口尿素79万吨，复合肥254万吨（其中我省进口尿素4.68万吨，复合肥15.51万吨），进出口量对抵，同期全国尿素净进口42万吨，复合肥净进口244万吨，2002年全国化肥生产量3791万吨[规模以上工业农用氮、磷、钾化学肥料合计（折纯）]，2002年全国需求量（专家估算）3800万吨，2003 年全国需求量 3990 万吨（专家预计数）。以上数据可以看出，尽管全国化肥净进口量增加，但与全国生产量及需求量相比，入世对化肥影响的主要因素不在于“量”上，而在于“质量和价格”。我省化肥产品的质量及价格性能比与国外同类产品相比存在较大差距，产品竞争力较差。

二、非关税贸易壁垒负面影响显著且日趋扩大

WTO 规则允许成员国在某些条件下采取直接限制进口的非关税措施，WTO也制定规则来防范不公平和变相的贸易壁垒，成员国也必须进行非关税贸易壁垒承诺。非关税贸易壁垒是各国（尤其是发达国家）常用的贸易保护措施，目前在大范围内被空前广泛采用。非关税贸易壁垒是指除了关税以外所有贸易保护措施总称。主要内容有：海关任意估价，进口出口数量限制（如配额），进出口许可证制度，外汇管制，倾销和反倾销措施，补贴与反补贴措施，歧视性政府采购政策，技术贸易壁垒，装运前检验，原产地原则、卫生及动植物检疫措施等。

与关税贸易壁垒相比，非关税贸易壁垒具有一些特点：(1)较为灵活、针对性强。非关税贸易壁垒通

常运用行政手段；当需要对某一国产品设置障碍时，能灵活地制定针对该国的措施。欧盟、美国针对我国彩电、节能灯、DVD等产品出口量增长，采取了反倾销手段，限制进口，我省一些企业也深受其害。(2)效力强。关税贸易壁垒通过抬高进口产品成本，削弱竞争优势，达到少进口目的，而非关税贸易壁垒通过许可证、配额、招标要求、技术标准等措施直接将进口产品挡在本国市场外。2003年末始，美国欲调减我国输美纺织品配额，若得逞，将影响我省纺织品出口。(3)种类繁多。据统计，目前非关税贸易壁垒种类有2500多种，欧盟产品质量标准有10万多个，日本工业标准有9000余种、农产品400种。(4)隐蔽性强。一些国家对某些商品质量、规格、性能、安全及包装等制定了非常严格、复杂的标准，且需要时就变化，使出口商难以适应。尤其发达国家，依仗其先进的技术和装备，制定了极高标准，发展中国家的水平跟不上。其次利用知识产权、专利技术设置贸易障碍。本调查中，厦华等企业反映，我省一些电子、机电产品核心部件系国外引进，没有知识产权，当出口量小时，进口国无反映，当出口量达到一定规模时，进口国就会提出要专利使用费(如:我国出口的DVD产品)或以侵犯知识产权为由，申请索赔，企业损失惨重。(5)歧视性。如：美国等一些国家和地区，将我国列入非市场经济国家。对我国产品价格的评定(用于判定是否倾销)采用"替代国"做法。即：采用他们认为属于市场经济国家的第三国相同产品的价格来计算、评定中国产品的价值。日本不仅从2002年始对我国出口活鳗及烤鳗扩大检验项目和范围，又在2003年对我国出口的鳗鱼增加禁用思诺沙星抗生素项目检查，而其国内的养鳗业，思诺沙星未被列入禁止使用的抗生素名单中。美国等一些国家推行的"社会责任SA8000"，要求我国企业在下列领域满足一致条件：童工、强制雇佣、健康安全、集体谈判、差别待遇、惩罚措施、工作时间和报酬。我们在深访过程中，三明纺织有限公司就正在接受进口商(受美国公司委托)进行的SA8000检验，企业负担很重，成本也较高。

据入世重点产品调查及深访调查资料显示，列入调查的六个产业链重点产品中，化纤长丝纱线、合成纤维短纤入世之日即取消了许可证和配额，彩色显像管、家用型摄录一体机、轮胎在2002年11月1日取消许可证和配额，车用汽油、柴油、棉花今年1月1日取消许可证和配额，装载机等产品已取消招标要求。调查结果表明，许可证、配额、招标要求这些非关税贸易壁垒对我省企业影响不明显。但非关税贸易壁垒的技术贸易壁垒、反倾销等措施对我省企业的影响范围广，危害也较严重，造成企业出口产品成本上升，产品出口价格下降，产品出口量下降乃至产品无法出口、企业被挤出境外一些市场。如：(1)厦门杏村鳗业有限公司，年出口额约3000万美元，产品烤鳗主要销往日本及韩国，进口国或地区的检测标准不断变化、提高，并对产品附带一些条件(如：日本要求辅料必须日产)。(2)厦门欣椿食品有限公司，主要产品冻蔬菜、冻水果销往日本，近年来日方农药检测项目由60种增加到70多种。(3)福建三农股份有限公司，年出口额1500万美元，出口南美的固体草甘膦，2002年遭巴西反倾销调查，败诉后产品被征高额惩罚性关税。(4)厦门东林电子有限公司，萤火虫牌节能灯年出口额1000万美元。2000年5月飞利浦和欧司朗公司挑头提出对中国出口的节能灯进行反倾销调查，2001年欧盟委员会终裁，对原产于中国的节能灯自2001年7月16日始征收为期5年的税率为66.1%的反倾销税。出口美国的产品必须接受"能源之星"(美国制定的标准)检验，标准很高，而美国规定的检验项目是根据进口量确定，企业很难把握。美国还实行召回制，已销美国产品，只要其境内任一机构(相当于我国各级消委会)检验后不符要求，就要求出口企业将其已销出产品全部召回。菲律宾还利用海关制度设限，制约我国产品进口。主要措施，一是海关检验时间长，拖延商品上市，二是实行标签制度，海关检验后，必须在每支灯管上贴上其标签，往往几十万支节能灯必须一支支的贴，给企业造成很大麻烦。(5)我省服装出口受发达国家技术贸易壁垒限制，主要是"绿色壁垒"。2002年男西装及便服，女西装及便服，男内衣出口同比分别下降11.6%、29.2%和15.6%。(6)2002年美国、加拿大、欧盟对包括我省福耀在内的三大汽车玻璃厂家进行反倾销诉讼，对加拿大等国家的应诉，我国胜诉，但美国

2003 年仍对福耀征收高额关税。(7) 福建凤竹科技有限公司，进口国对其产品的色度、牢度、有害物质检测标准提高，企业难以承受。

据有关资料综合观察、分析显示，非关税贸易壁垒呈现日益扩大势头。据统计：80 年代外国（或地区）对我国产品反倾销案件达 6.3 起/年，90 年代达 30.3 起/年。2001 年，全球反倾销立案 134 起，涉及我国 22 起，占 16.4%。2002 年上半年，17 个 WTO 成员国发起 104 起反倾销调查，针对我国 16 起，占 15.4%。1979 年 8 月～2003 年 4 月，已有 32 个国家和地区对我国出口产品发起反倾销调查和保障措施调查 494 起，估计影响出口额 150 亿美元。入世后，仅 2002 年 7 月 1 日至 12 月 31 日间，全球 149 项反倾销案件中，我国出口贸易受到的调查达 27 项，名列全球第一。有关专家估计，目前世界贸易壁垒的 80%是技术性贸易壁垒，我国近年有 60%出口企业遭遇过。一方面，我国科学技术总体水平落后于发达国家，产品技术标准及检测总体水平也低于国际先进标准（现有国家标准仅 50%采用国际标准或国外先进标准），企业科技水平整体不高。国内一些企业国际贸易法律意识淡薄，为出口而漠视“游戏规则”大打价格战。出口产品集中度低，企业规模小，缺乏品牌经营意识。我国现有法规及相关中介服务滞后等。另一方面，一些国家或地区对我国经济体制存在着认识误区或偏见。我国经济发展势头强劲，出口额快速增长，在给一些国家提供发展机会的同时，对一些国家产生了贸易顺差等，给他们造成一定的心理压力和恐惧感，木秀于林风必推之。在上述内外两方面因素共同影响下，一些国家和地区对我国及我省出口产品的非关税贸易壁垒将日趋增多，尤其是技术壁垒及反倾销。据 2003 年福建产品市场占有情况统计调查资料显示，2003 年我省全部采掘业、制造业（不包括水、电、汽及修理加工业）销售收入 6605.52 亿元，其中销往境外达 2194.35 亿元，占 33.22%。作为外向型为主导的省份，出口贸易对我省经济发展有着举足轻重的作用。对我省非关税贸易壁垒日趋扩大的趋势，应引起有关部门及企业的高度重视，未雨绸缪，积极应对。

三、若干问题与对策建议

1. 积极准备，抓住机遇，适应 CEPA。

2003 年 6 月 29 日和 10 月 17 日中国中央政府与香港特区政府、澳门特区政府签署了《内地与香港关于建立更紧密经贸关系的安排》和《内地与澳门关于建立更紧密经贸关的安排》（简称 CEPA）。CEPA 的目的是加强签约双方的贸易与投资合作，促进共同发展。主要内容根据 WTO 规则制定，如：港澳对内地所有货物继续实行零关税，内地对原产港澳（货物清单中）的进口货物实行零关税，双方均不采取反倾销措施，以及补贴、原产地规则、服务贸易等详细规定。CEPA 无疑将加强、扩大双方的经贸合作。我省与港澳素来有紧密的经贸联系，如：2001 年～2003 年我省向中国香港出口额逐年递增，占全省商品出口额比重均在 2 位数以上。其中，2003 年对香港出口额 21.81 亿美元，占当年全省出口额 10.3%。调查资料显示，我省 50%以上企业对 CEPA 缺乏了解，对实行 CEPA 后将造成的影响，CEPA 所产生的机遇未进行认真评估与预测，对 CEPA 作用未予以足够重视。笔者认为，对福建而言，CEPA 既是机遇也是挑战，建议政府有关部门进一步扩大宣传力度，企业应积极准备并提高竞争力，迎接 CEPA 可能带来的市场冲击，政府有关职能部门应定期跟踪监测，及时、定期发布港澳经济动态、市场及产品信息，辅导、帮助企业抓住机遇，扩大出口，适应 CEPA 新形势发展需要，进一步促进我省外向型工业经济发展。

2. 加强指导，切实解决出口退税改革中出现的问题。

出口退税是国际通行作法，是我国自 1985 年始实行的外贸出口基本制度。2003 年 10 月 13 日国务院发布了《关于改革现行出口退税机制的决定》（下简称《决定》），该《决定》的目的是解决现行出口退税机制中存在的矛盾与问题，彻底解决出口退税欠税顽症，深化我国外贸体制改革，进一步优化出口产品结构，提高出口产品国际竞争力，促进经济持续、稳定、快速发展。

调查资料显示，我省企业对《决定》的正向效应是充分肯定的：认为《决定》进一步树立了政府信用形象，有效保证退税资金来源，将促进企业改革，扶持竞争力强的企业，淘汰竞争力差的企业，特别对《决定》中“新帐不欠，老帐要还”给予积极评价，该规定消除了企业顾虑，让企业吃了“定心丸”。但是，调查中我省不少企业对改革现行出口退税机制持否定态度，认为负面影响大于正向效应。从全国及兄弟省情况看，国家统计局此项调查中持这种看法的企业占 13.0%，广东省的调查占 38.5%，云南省的调查占 29.0%，甘肃省的调查占 76.9%。企业认为改革现行出口退税机制产生负面影响主要有如下几个方面：（1）增加企业成本。2004 年不同产品出口退税率均有不等的降幅，所调查企业产品的降幅一般在 4～8%。福建三明纺织有限公司认为新规定将使企业成本上升 10%（全年约增支 250 万元）。福建三农股份有限公司认为新规定将使企业成本上升 2%（全年约增支 360 万元）。（2）企业出口积极受挫。由于企业成本上升，利润下降，有些企业拟减少出口。（3）产品国际竞争力下降，丢失市场。由于企业出口成本上升，产品价格竞争力下降，不少企业担心失去一些国际市场。（4）国内市场竞争力增大。从全国及部分省调查资料观察，“减少出口，转为内销”是企业采取的普遍措施（全国调查采取此项措施的企业比重占 24.8%）。此举势必改变国内市场供求关系，企业在国内市场面临的竞争压力将增大，调查中我省不少企业有此担心。（5）地方政府信誉及地方保护主义问题。《决定》规定的异地退税，指企业在甲地生产产品，从乙地出口，从乙地政府领取出口退税资金。企业怀疑乙地地方政府信誉，担心拿不到退税款，或怎么拿、拿多少等具体问题。而出口退税由乙地政府负担，势必占乙地政府出口退税指标，引发地方保护主义抬头。

根据以上企业反映的问题，建议政府有关部门加强指导，采取切实可行的措施，鼓励引导企业，加大开发力度，进一步优化出口产品结构，提高产品科技含量、附加值，提高产品竞争力。政府应制定一些政策来解决退税改革中出现的具体问题。引导企业进一步降低成本，以削弱或消除出口退税率降低带来的负面影响。宏观上，国家应进一步扩大内需，缓解退税改革可能带来的国内市场竞争压力。

3. 积极应对、运用规则、善于抗争、政府扶持，做好反倾销应诉工作。

倾销与反倾销，是形形色色非关税贸易壁垒中运用最多的手段，也是迄今为止我省较多企业遭遇过的。WTO 规则对倾销的定义是：一国产品以低于“正常价值”的价格出口到另一国，并对该国相关产业造成了实质损害或损害威胁。做好反倾销工作，首先出口企业必须高度重视，遵守 WTO 规则，国内企业之间不打价格战。第二，受到反倾销调查时，企业应积极应对，充分运用 WTO 规则，勇于抗争，善于抗争。第三，对进口产品有倾销嫌疑时，企业必须积极向有关部门反映，保障权益。有关企业、部门积极配合，争取我国商务部对其开展反倾销调查与诉讼。2003 年 5 月，中国商务部应国内企业要求，对美国、韩国、日本、俄罗斯及中国台湾地区输入我国的聚氯乙稀反倾销案做出初裁，裁定上述国家或地区存在倾销行为，是我国业界根据 WTO 规则保护民族工业、维护权益的重要举措。据有关资料显示，入世后我国企业应对反倾销积极性空前高涨，整体应诉率提高，2002 年达 70%，放弃率达 30%，胜诉率也有所提高。从我省调查情况看，由于应对反倾销工作费用较高，成效难以预料，我省企业积极性不是很高，相当一部分企业消极应对，要么认罚，要么退出市场。第三，政府应给予积极扶持。除外经贸等职能部门的组织、协调外，应组织一些部门、企业、科研机构，面向我省重点行业及企业，编辑一些资料，提供相关信息。政府在企业诉讼费用方面给予补贴，我省厦门市政府的做法值得借鉴、推广。

4. 整合资源、成立机构、加强研究，跟踪主要贸易国家或地区动向。

非关税贸易壁垒中较广泛运用的是技术贸易壁垒。由于其专业性、隐蔽性强，技术复杂，种类繁多，扩散效应大，影响面广，对企业影响较严重。2002 年我国外贸企业因技术壁垒损失 170 亿美元。对我省农产品、纺织品、机电产品危害也较大。在此建议：（1）有关部门应整合资源，构建完善的应对体系，成立重点企业为主体，科研机构为辅，政府职能部门参与的专门机构，密切跟踪我省主要贸易国家或地区的经济动向、产品技术标准体系，并研究、制定对策。（2）完善信息服务体系，为我省企业提供信息服务。

统计资料显示，我省商品的主要贸易国家或地区是美国、日本、欧洲、中国香港。据海关统计，2003 年我省出口总额211.40亿美元，其中出口美国占24.2%，出口日本占20.3%，出口欧洲国家占16.1%，出口中国香港占 10.3%。因此，建议政府确定并扶持专门机构，及时搜集、整理上述国家及地区的经济发展动态、产品需求、技术标准及发展动向等信息数据，建立数据库，并提供给政府有关部门及企业。(3)为增强自我保护意识，我省有关部门应制订或修订产品标准，并与国际标准及上述我省主要贸易国或地区接轨。(4)企业应加强管理，积极争取通过产品质量和环境管理等认证，如：目前国际上广泛使用的生态纺织品标准和ISO1400企业环境管理认证，使得本企业产品在出口过程中获得相应项目免检待遇。

5. 抓住重点，分类指导与扶持。

由于非关税贸易壁垒种类多，情况复杂，从目前条件看，全面指导与扶持条件不具备。因此，建议抓住如下几个重点，进行分类指导，充分运用WTO规则允许的补贴等措施，加大扶持力度。(1)抓住外向型集中度较高的行业及企业。据2003年福建产品市场占有情况调查资料显示，我省工业主要出口行业是纺织业，纺织服装、鞋、帽制造业，通信设备、计算机及其他电子设备制造业，皮革、毛皮、羽毛(绒)及其制品业，农副食品加工业，食品制造业等。(2)抓住易受到技术壁垒、反倾销影响的出口产品，加强指导。根据我省近几年遭受非关税贸易壁垒情况，列举几种：A）纺织品。国外技术壁垒(主要是绿色壁垒)对纤维生产，棉花种植和处理，产品加工及制造、包装等，都加大了环保要求，并广泛使用生态纺织品标准和“ISO1400企业环境管理体系认证”。专家估计，近年来我国不符合要求的产品覆盖面在 15%左右，影响到出口额近80亿美元。B）彩电、DVD等电子产品，主要是反倾销和知识产权问题。C）家具，主要是反倾销以及美国、日本、新西兰等国禁止使用干草、稻草、秸秆、谷糠等作为包装物或填充材料。D）玩具，主要是技术壁垒。1999年12月欧盟出台了3岁以下儿童使用聚氯乙稀(PVC)软塑料玩具新标准，影响我国每年近4亿美元出口额。E）食品，主要是技术壁垒。日本、欧盟等国家或地区，对我国出口食品加大了农药、抗生素等检验力度，影响了我省活鳗及烤鳗、冻蔬菜、冻鸡等产品出口。F）电子及机电产品，主要是技术壁垒及反倾销。英国以电线颜色识别不符合其标准为由，拒绝了我国一些电子产品进口。美国对我国彩电反倾销，涉及我省厦华产品。此外，知识产权问题也是机电及高新技术产品的潜在威胁。(3)抓住产品出口多元化问题。长期以来，我省产品出口国家或地区较为集中，主要在美国、日本、欧洲、我国香港（统计资料显示，2003 年出口这些国家及地区的出口额占全省出口额211.40亿美元中的70.9%），实现出口多元化有利拓宽出口产品品种，有利于规避风险。(4)抓住出口产品结构调整优化，提高产品附加值，提升出口产品总体竞争力。调整优化产品，提高附加值，从而提高产品价格，可避免遭受反倾销，并拓宽出口产品品种，扩大出口量。如：A）我国是摩洛哥茶叶主要供应国(出口量占其需求量 98.0%)，我国特级绿茶在其市场零售价每公斤零售价在3-8美元之间，而英国某公司茉莉花茶市场零售价每公斤为36-37美元。B）我省厦工、龙工均生产小型装载机，国内竞争力较强，但大型轮式装载机(如ZL80 型以上)国内市场需求旺盛(特别是西部开发后)，而市场被国外产品占领。自2002年始，加拿大等国大型装载机需求量攀升，我省厦工、龙工在上规模的同时若能积极研发大型装载机，既能抢夺国内市场，又能打开装载机出口通道，拓宽加拿大等境外市场。(5)抓住法规及技术标准的制订与修订。随着入世过渡期的逐步结束，我国法律法规将逐步完善，我省有关部门应进一步加快法规的制订与修订步伐，并加快我省主要出口产品技术标准、检验标准的制订与修订工作。我省制订的产品技术标准、安全标准、环保标准等应与国际标准或主要贸易国家及地区的标准接轨，并积极推进企业国际标准认证工作。

说明：为了及时跟踪入世后国际市场变化和进口对我省重点产业链企业及产品的冲击情况，及时掌握市场价格、市场供需等对我省各种重点产业链的影响程度，并及时进行预警；也为政府有关部门制定和采取应对措施提供重要的决策参考，省企业调查队与省经贸委联合开展了福建省入世重点敏感产品跟踪监测调查（2002-2003年度）。调查选择了石化链、轻纺链、林纸链、电子一家电类、机电类、化肥类等六个产业链，涉及石油加工、炼焦及核燃料加工业，化学原料及化学制品制造业，塑料制品业，纺织业，纺织服装、鞋、帽制造业，造纸及纸制品业，印刷业和记录媒介的复制，非金属矿物制品业，通信设备、计算机及其他电子设备制造业，专用设备制造业，交通运输设备制造业等11个行业大类，85户企业进行跟踪调查。这些产业链11个行业大类2003年实现产值（现价）2033.48亿元（规模以上），占全省规模以上工业总产值（现价）的41.1%。

（执笔：福建省企业调查队　唐梅光）

新经济环境下我省小企业现状分析与发展思考

——兼析小企业集群化发展

我省企业以小企业为主。2002 年我省全部工业企业的98%是小型企业，其中年产品销售收入500万元以下的非国有工业企业占88%。小企业点多面广，在扩大社会就业、增加农民收入、繁荣区域经济等方面发挥了重要作用。近几年随着体制改革不断深化，经济结构调整力度加大，小企业的发展呈现出新的特点。本文在分析我省小企业发展现状、存在不足的基础上，借鉴国内外小企业成功发展经验、结合我省实际，提出促使小企业集群化以提升我省小企业发展水平的政策建议。

一、现阶段小企业发展的新特点

1. 体制创新成效显著。 1995 年全省小型工业企业中，国有企业占3.4%，集体企业占76.1%，私营企业占11.6%，"三资"企业占8.3%，其他类型企业占0.6%；公有制企业占79.5%。近几年经济结构调整不断深化，国有小企业逐步从市场退出，企业体制转型趋势明显，从公有制占绝对优势演变成非公有制企业成为小企业的主体。2002 年全部小型工业企业中，国有企业比重降至1.2%，集体企业比重降至30.6%，私营企业比重跃升至 43.3%，"三资"企业比重为13.0%，股份合作企业占5.3%，有限责任公司占3.6%，其他类型企业占3.0%；非公有制企业占68.2%。

2. 规模层次提高明显。 据第二次全国基本单位普查资料，营业收入在500-1000万元之间私营企业数比1996年增加9.2倍，100-500万元之间的企业数增加5.7倍，50-100万元之间的企业数增加2.6倍，50万元以下的企业数增加1.6倍。高值组企业数增加速度明显比低值组快，表明小企业的实力大大增强。生存能力强的小企业发展规模层次和水平不断提高。如晋江市磁灶镇 95 年建材企业 577 家，产值22.25亿，户均产值386万元，经济结构调整，企业优胜劣汰，目前磁灶镇建材企业292家，年产值32亿元，户均产值达1096万元。据工商登记获悉，近几年我省企业数整体呈逐年减少趋势，但纳入规模以上工业统计的企业数已从1999年的5549家，增加到2002年的7462家，2003年1-11月份达9298家。

3. 工业园区聚集效应显现。 我省85%的村（居）委会拥有小工业企业，星罗棋布是我省小企业地域分布的突出特点。工业园区具有较强的产业聚集效应，园区内企业之间可以实现信息共享、创新互动、成本降低。近几年我省园区经济发展较快，特别是专业工业园区不断崛起，目前全省已形成惠安崇武石雕、德化紫云陶瓷、晋江陈埭鞋业、石狮服装、厦门银鹭食品、长乐纺织等27个专业工业园区。发展潜力好的小企业随着自身产品质量水平提高，逐步走出村落，进驻园区，积极参与更细化的产业分工和社会协作，"小、散、乱"的布局有所改善。

4. 资本运作效率增强。 上世纪末以来，数控、计算机、新材料等技术被广泛应用，削弱了企业规模对成本的影响，加之小企业内部机制灵活，运用先进设备的小企业，不仅承担风险小，其生产成本往往比采用大型高技术设备的大企业低。2002 年，规模以上小型工业企业的资产总额相当于大中型企业的57.7%，却实现相当于大中型企业70.4%的销售收入、63.8%的就业人数，企业亏损面比大中型企业低 2.8个百分点。

5. 技术创新步伐加快。 省委省政府十分重视用信息技术改造传统产业，企业技术创新步伐明显加快。特别是在福州、厦门两个国家火炬软件产业基地的辐射和带动下，我省目前已涌现一批以小型企业为主的软件业企业。据统计，2002 年我省专门从事软件开发和数据库服务的企业有209家，企业平均从业人员为 35 人，营业收入在千万元以下的小企业占 86%。有些科技型小企业在全国已形成较大影响，如全国微波功能模块三成来自泉州，泉州市的微波通讯产业基地已具备申报国家级高新技术特色产业带的条件，泉州目前正筹划以几家龙头企业为核心，把分散的微波通讯小企业聚集在一起，在人才、资金、土地等方面给予重点扶持，并与相关的高校和科研单位联合开发微波通讯换代产品，全力打造微波通讯研究开发和高新技术产品规模化生产基地。

二、小企业发展存在的主要不足和问题

小企业发展虽呈现出可喜变化，但整体水平仍较低，促进小企业向更高层次发展的推动力较弱。

1. 整体活力不足。全省规模以上工业 2003 年 1-11 月工业总产值比去年同期增长 28.3%，其中 648 家上亿元企业工业总产值占全省规模以上工业 64.3%，对全省规模以上工业增长的贡献率达 72.5%，拉动全省规模以上工业 20.5 个百分点。电子、机械、石化三大主导产业实现工业总产值占全部规模以上工业的 48.1%，拉动规模以上工业增长 17.8 个百分点。与此形成鲜明对照的是，规模以上工业中产值不足千万元的企业单位数占到全部规模以上工业一半，1-9 月完成产值比去年同期增长 3.8%，1-11 月份仅增长 3.1%，1-11 月份规模以下工业也仅增长 5.0%。

2. 竞争优势不强。小企业大多集中在劳动密集型行业，然而我省传统产业的产品设计基础性研究薄弱，生物、新材料等相关综合性技术在纺织服装、制鞋等领域中的应用几乎空白。小企业人才缺乏，研发投入远远不足，科技创新的物质推动力必然较弱。如作为全国旅游鞋主要生产基地，我省拥有“安踏”、“富贵鸟”、“X 特步”、“爱乐”、“寰球”等一批中国驰名商标和名牌产品，2003 年全国旅游鞋类免检 23 项品牌中我省占 22 项，但这些高档鞋的核心技术鞋跟却大多从上海、国外引进。即便是技术含量高的软件业，企业产品也大多应用于省内政府、银行、医院等部门，且大部分属于定制型的应用软件，对软件自主核心技术的研发却显得力不从心，2002 年拥有发明专利的只有 13 家企业，仅占该行业企业数的 6.2%。

3. 与可持续发展不协调。许多小企业是依靠当地的资源优势形成和发展的，但由于工艺水平差，环保意识弱，不仅极大浪费有限资源，而且破坏生态环境，威胁生命财产安全。如石材加工企业污水随意排放，石粉四处飞扬，水泥厂粉尘污染严重，小煤矿安全隐患重重，还有些企业废弃料四处倾倒等等。这些小企业不仅影响了环境的可持续发展，自身的良性发展也受到威胁。据统计，至 2001 年底，由于资源、污染、安全等问题有 1970 个小煤矿、200 家小钢厂、167 家小水泥厂被强行关闭。

4. 产业组织的依托和载体薄弱。一是产业链短，群聚效应不足。我省不少小企业群落，以生产最终产品为主，企业只是在区域上的简单聚合，企业间没有严格意义上的协作和分工，不仅没有形成规模效应，反而造成产品结构重复交叉，竞争恶性化。如福安电机，大多数同种产品企业提供的是最终产品，企业间竞争过于激烈，产品相互压价，企业利润空间减小，一些企业已出现亏损，进一步限制了企业产品创新的步伐，目前电机产品八成是属于低端落后的，企业的发展陷入恶性循环。二是工业园区发挥的作用不足。我省大大小小的乡镇工业区 1600 多片，但大部分处于“村村点火，处处冒烟”状态，建设标准和专业化程度低，有些工业区基本处于“空心”状态，形不成规模优势和聚集效应。三是专业市场的建设滞后。小企业营销手段落后，市场信息不灵等弱点，专业市场的促进和带动作用不可忽视。与浙江相比，我省专业市场规模小，数量少，辐射力不强，有些专业市场卖外省的产品比本省的多，小企业与专业市场的优势互补和联动发展格局没有形成。

三、新时期小企业发展取向

1. 提高产品科技含量，走科技创新之路。小企业由于规模小，灵活性大，能够更迅速地将自己的创新商业化。有关资料表明，我国来自小企业的技术与产品创新不足 10%，而在法国 60%左右的技术产品创新由小企业贡献，德国的科研成果中有 70%的发明创造和最高工艺来自小企业，在美国，工商体制中创新的源泉也主要来自小企业，意味着创新选择是小企业发展国际趋势和长远选择。我省小企业集中在传统劳动密集型行业，但这些行业并不意味着没前景，相反，如服装、制鞋、家具的等往往被称作“日不落”产品，关键是要用现代技术改造传统产业，提高产品质量和档次，以满足消费者不断变化的需求。

2. 突出专业化与分工协作，走集群化之路。随着经济发展和消费水平提高，市场细分成不同的部分。市场越是细分，由一个大企业来控制市场的可能性就

越小，小企业参与竞争的机会就越多，特别由于新技术的应用，小企业能够承担以前只有大企业才能完成的工作。为了从小企业生产所固有的灵活性中获益，一些大企业将其业务化整为零，较从前更多地依赖分包商生产自己企业所生产的最终产品的零部件。小企业则应把有限资源和能力集中在某个细分市场上，不断提高自身专业化水平，融入大企业的分工协作网，为大企业生产配套产品，这样一方面避免与大企业直接竞争，另一方面克服了自身规模不经济、市场竞争力弱等不足。美国小企业成长的经历也表明，那些最成功的小企业，往往是通过为细分市场提供专业化产品而获得成功。因此现代产业组织理论指出，在制造业，合理的产业体系就是大企业与众多小企业建立起长期、稳定的专业化分工协作关系，大企业在经营中更多地侧重于市场，发挥自身的管理优势，而小企业则专注于基础性生产活动。

3. 强调特色化，化比较优势为错位竞争优势。小企业经营范围狭窄，但比较容易接近消费者，往往可以在大企业不愿顾及或无法介入的领域以自身的特色构筑错位竞争优势。如新疆德隆西红柿酱在意大利和其他海外市场十分畅销，其中一个重要原因是，在西红柿酱加工中，把质量不好的西红柿挑拣出来，这一工序难以通过资本替代劳动的机械化和自动化方法处理，从而使劳动密集的简单“挑拣”活动在西红柿酱整个价值链增值流程中的重要性上升。我省各种要素禀赋资源丰富，小企业可以各地的要素资源优势为依托，不断开发新产品，通过提供独特而优质的使用价值，努力创建自身品牌。

4. 注重可持续协调发展。党的十六大和十六届三中全会强调了人与自然的和谐发展，而企业也只有同环境的可持续发展相结合，才能保证自身的良性发展。第一，密切关注政府管理部门的产业指导政策，在项目选择前进行充分论证，争取进入发展前景好的产业领域。第二，努力提高环保意识，严格按照环保的有关要求进行生产经营活动。第三，资源型小企业，要不断提高工艺水平，化开采型为深加工型，提高产品附加值，减少对资源的浪费。第四，资源枯竭型小企业，应迅速考虑产业转移。

四、促进集群化，提升小企业发展水平的政策建议

二战后，在世界范围出现了巨型企业全球化与小企业集群化两种并行不悖的趋势。小企业集群化可以降低成本，获得知识（包括技术知识、需求信息、供给信息、经营经验等）、增强集群内经济实体的信任与合作，提升竞争力，从而克服小企业由于规模小、资本势力弱所造成的规模不经济、技术进步缓慢、诚信度低、市场竞争力弱等不足。江浙、广东一带小企业集群演进过程也给了我们许多有益启示。从国际国内看，促进小企业集群化，是提升小企业发展水平非常有效的途径。从我省的现实看，促进小企业集群化的条件基本成熟。第一，我省各类要素禀赋资源丰富，已形成一批特色产业和比较优势产业。第二，专业村镇的发展一直是我省小企业发展的重要依托，小企业在市场的作用下，在空间上已产生一定聚合，而集群化是对空间聚合的一种提升，政府的引导和促进会加速提升进程。第三，我省产业集群已初具规模并具有一定影响力，为实施集群化积累了经验。促进小企业集群化，重点在于拓展市场空间，培育产业链，增强产业集聚效应，促进大、中、小企业合理分工和协作，使小企业不需要成为大企业就能够获得规模经济效益，从而提升小企业发展水平。

1. 加快通道建设，扩大经济腹地和市场空间。加速扩大对内开放，重组区域空间结构特别是建立国内主流经济空间，如长三角、珠三角的空间拓展策略和产业对接策略，变长三角和珠三角的“南北夹击”为“左右逢源”，拓展我省企业发展空间，同时整合省内资源，合理调整生产力布局，提高参与经济能力。

2. 综合考虑各方面因素，规范小企业集群定位。小企业集群的定位一旦确立，将持续对集群竞争优势的发挥产生影响，因此在小企业集群生成之初，政府就应制定政策加以规范。小企业集聚定位，需要综合考虑区位、产业、技术、对生态环境的影响等因素。分散的市场主体在集群区位的选择中具有盲目性和自发性，因此，政府在引导集群区位选择时，应充分考虑区位的综合比较优势，避免过多的交叉重复。从我省目前小企业行业分布及我省的行业优势，可以发展劳动密集型优势传统产业集群为主，并不断用现代技术改造传统产业集群，兼顾发展有潜力的科技型产业集群。针对小企业发展对环境破坏的问题，应严格

控制与环境可持续发展不协调的项目，减少资源浪费、环境污染以及对地方经济造成的伤害。

3. 延伸产业链，发展配套经济，增强产业集聚效应。企业群聚，并不是仅仅在空间上简单聚合，而是由一群彼此独立但相互之间又有专业分工和行为互动的小企业组成。针对我省目前产业链短，聚集效应不强的现状，在引导企业群聚的过程中，注意构筑大中小企业的分工协作体系，引导大中企业的技术改造项目和规模扩张围绕自身的核心资源来展开，利用税收等一些刺激政策将非核心资源如零部件及半成品，通过小企业集群专业化协作网扩散到小企业中去。我省是吸收外资较多的省份之一，在引资过程中，注重发展一些有利于集群的产业，尽可能将同产业的外资直接引到可以产生集群效应的地区。事实上，外商投资往往也对具有上、中、下游完整产业链的集群有偏好。

4. 整合并推进工业园区建设，为小企业群聚提供载体。工业园区以其相对完善的基础设施和服务体系，可降低企业运营成本，提高企业运作效率和专业化协作程度，因此容易产生聚集效应。针对目前工业园区星罗棋布、规模偏小，缺乏配套，功能得不到应有发挥的实际，打破行政地域界线，加快整合步伐，完善设施服务，建立起以主导产业为纽带，以龙头企业为中心，以企业高度分工协作为基础，有较强聚集功能，并能体现科技进步和体制创新的新型工业园区。

5. 培育专业市场，促进小企业与大市场优势互补。小企业营销手段落后，市场信息不灵，构建专业化市场可以实现制造业小企业与商贸小企业的专业化分工，从而降低交易的不确定风险。市场的发展促进产业壮大，产业壮大又繁荣了市场，小企业与大市场保持优势互补、良性循环，逐步形成以专业市场为纽带，特色产业不断集聚、互为依托、联动发展、共同壮大的格局。可以借鉴广东、浙江的一些做法，做好规划，有重点地培育一批与我省优势产业集群相配套的专业市场，增强辐射力。

（执笔：福建省企业调查队　王淑珍）

我省工业企业信息化建设状况与对策建议

企业信息化是国家信息化的重要内容，是国民经济信息化的基础。所谓企业信息化，一般是指这样一个过程：即企业运用现代信息技术，从深度和广度两方面对信息资源进行开发与利用，从而提高决策与管理、生产与经营的效率和水平，使企业获得更好的效益，不断提高竞争力。在一个企业中，具体体现为生产过程的自动化，管理方式的网络化，决策支持的智能化和商务运营的电子化等。为了解我省工业企业信息化建设与应用状况，更好地推进全省企业信息化工作，省企业调查队于近期开展了一次工业企业信息化建设与应用水平情况专项调查。调查结果表明，计算机在我省企业生产、管理和决策中得到较为广泛应用，企业信息化建设与应用给企业生产、经营、管理带来积极的效果。但是，系统集成和资源共享水平低、企业信息技术专业人才匮乏、信息化建设资金投入不足，国内 IT 产业产品结构不合理、基础薄弱、技术水平低，不能满足企业信息化建设的需要，成为制约我省企业信息化发展的主要瓶颈。

一、调查企业的基本情况

本次调查全省共抽取 639 家工业企业，最终收回 611 份有效问卷，回收率 95.6%。被调查的 611 家企业基本情况，按企业登记类型分：国有企业 103 家，占 16.9%；集体企业 34 家，占 5.6%；股份合作企业 7 家，占 1.1%；联营企业 6 家，占 1%；有限责任公司 103 家，占 16.9%；股份有限公司 55 家，占 9.0%；私营企业 26 家，占 4.3%；外商及港澳台投资企业 275 家，占 45.1%；其他类型的企业 2 家。按 2002 年度工业企业规模标准分，特大型企业 6 家，大型企业 250 家，中型企业 149 家，小型企业 206 家。被调查企业中，国家重点企业 12 家，省名牌产品企业 115 家，上市公司 26 家，乡镇企业 42 家。调查企业涉及采矿、制造、电力、燃气及水的生产和供应 35 个行业，具有广泛的代表性。

二、企业信息化状况

1. 计算机在生产、管理和决策中得到较为广泛应用。调查结果显示：我省工业企业在信息化硬件设施建设方面已有一定的基础，越来越多的企业运用了信息技术，不同程度地实现了生产过程的自动化，产品设计和制造的计算机化，同时在加强企业管理方面发挥了较大作用。在 611 家工业企业中，97.7%的企业拥有微机，其中拥有 1-10 台的占 34.4%，拥有 11 台以上的占 63.3%；应用计算机辅助设计(CAD)的占 44.0%，应用计算机辅助制造(CAM)的占 17.8%，应用计算机辅助测试(CAT)的占 15.9%，计算机集制造系统(CIMS)占 11.8%；实施办公自动化(OA)的占 47.0%，财务电算化的占 73.0%，应用企业资源计划管理(ERP)的占 20.6%，应用客户关系管理 (CRM)的占 19.5%，应用制造资源计划 (MRP)的占 13.6%，应用供应链管理 (SCM)的占 10.2%。例如福建源光亚明电器有限公司企业信息化系统已广泛应用于产品试验、生产和检测，公司的模具加工中心采用计算机软件控制操作，不仅大幅度提高了工作效率，而且能够产出结构复杂、精密度高的各式模具，如灯壳曲面，采用普通机床加工对模具的技术要求高、劳动强度大，现在模具加工中心已由软件控制，普通操作工即可轻松地完成这项工作；新上的 HID 灯电子镇流器生产线已使用 SMT 自动电子贴片机、回流焊以及自动在线检测系统等，均采用计算机编程操作和设定参数检测，信息化电子设备的使用确保了电子镇流器得到批量生产和应用。该公司在 2000 年开始进行企业物流的计算管理改造，架构了一个 NT 网运行用友的 MRP 软件用于供应、销售、材料成品库存及财务部门，目前公司基本实现办公系统自动化和信息共享。又如永安智胜化工有限公司，企业信息化建设起步较早，在 1983 年就将计算机用于生产管理，为加快企业信息化建设步伐，公司今年投资 423 万元建成了生产岗位 DCS 集散自动控制系统和企业管理内部局域网，目前拥有各种类型的计算机 150 台、服务器 4 台、网络交换机 40 台，实现了企业产、供、销、人、财、物的信息资源共享，大大提高了企业的技术创新能力和自主开发能力。日前，该公司被省科技厅授予我省制造业信息化示范企业。

2. 企业信息化已给企业带来积极的效果。企业信息化进程及网络的运用能力已成为企业竞争力高低的主要标志，只有实现了信息化才能从根本上改变传统、落后、低效的生产模式和组织管理模式，从而降低成本，提高效率，拓展业务范围，增加企业盈利空间，使企业在经济日益全球化竞争中立于不败之地。调查表明，我省企业信息化建设与应用已给企业带来了积极变化和明显效果，有79.1%的企业对企业信息化效果表示满意和基本满意。有关企业通过实施管理信息化，提高了劳动生产率和管理质量与水平。70.3%的企业降低企业成本，56.7%的企业缩短生产周期和作业时间，33.7%的企业扩大产品销售收入，30.5%的企业提高流动资金周转速度，30.7%的企业提高按期交货能力。如“七匹狼”、“柒牌”等一批拥有著名品牌和自主知识产权、核心能力较强、有市场竞争力、有发展潜力的龙头企业，成为泉州市经济发展的一个重要增长点。又如福建源光亚明电器有限公司近两年来在企业信息化应用方面收到明显成效，使用计算机辅助设计(CAD)，设计资料共享提高了产品开发速度，重大新产品平均开发周期均小于100天，同时还保证了产品的标准化水平，使产品配件具有最大限度的通用性。如采用CAD/CAM制造，加工成套灯具模具生产制造周期在1－2个月即可完成，比过去的4－6个月的周期大大缩短。

3. 企业数字化、网络化建设处于起步阶段。调查表明，有86.1%的企业与Internet连接，其中接通宽带网的占67.3%，并且61.4%的企业拥有自己的网站。虽然还有13.9%的企业没有接通使用Internet网，但其中的24.7%的企业正在计划接通使用。企业已能通过网上开展各项业务，在网上发布信息的占54.5%，查询信息的占82.4%，联系客户的占54.8%，洽淡业务的占31.3%。但在电子商务方面仍较薄弱。目前已开展电子商务的调查企业只占16.5%，正在筹建增设电子商务的占7.9%，计划开展电子商务的占22.9%。目前有52.7%的企业没有考虑开展电子商务。这既有认识不到位，又有法律法规不健全因素。有39.9%的调查企业认为对开展电子商务的认识不够；29.6%的调查企业认为开展电子商务的相关配套法律法规不够健全，未开展电子商务是为避免商家收款后不发货或发货不及时或货品质量不好等信用缺失而上当受骗。已尝试过或考虑今后开展电子商务的企业中，有58.5%调查企业认为B to B(企业间的业务)方式比较适合，有15.2%的调查企业认为B to C(对消费者的业务)方式比较适合，有14.5%的调查企业认为比较适合其他方式，有11.8%的调查企业表示不知道。电子商务活跃企业，内贸、外贸颇有成效。如中宇集团公司每年有5000多万元出口销售额是通过电子商务取得，占年销售收入的16%。从总体上看，目前我省工业企业数字化、网络化总体水平还比较低，抑制了企业资源共享和信息交流，导致相当部分的企业应用系统处于“信息孤岛”状态，难以发挥计算机资源潜能，影响企业实现效率和效益的最优化。

4. 企业信息化建设与应用水平发展不平衡。从调查结果来看，大型企业信息化进程明显好于中型企业，中型企业好于小型企业。从企业是否建立统一管理信息化领导机构与人员情况看，建立与未建立之比为62：38。被调查的特大型企业已全部建立，76.8%的大型企业已建立。而目前还未建立统一管理企业信息化的领导机构与人员的企业中，中型企业占36.9%，小型企业占57.8%。从企业信息化应用水平看，大型及重点企业信息化建设进展较快，应用层次较高，已广泛开展了计算机辅助设计（CAD）、计算机辅助制造（CAM）和应用企业资源计划管理（ERP），但大部分中小企业的信息化意识较为薄弱，信息化应用层次不高，大都还停留在财务、工资等统计数据电算化上。从“不同规模的企业信息化主要应用情况调查表”中，不难看出，我省企业的信息化应用水平与企业规模成正比例相关，大型企业的信息化应用程度不仅明显高于平均水平，而且远高于中小型企业。这与大型企业的资金状况、人才资源等优势密不可分。

不同规模的企业信息化主要应用情况调查表

单位：%

	已接通互联网	拥有企业站	CAD	CAM	OA	财务	MRP	ERP	开展电子商务
总计	86.1	61.4	44.0	17.8	47.0	73.0	13.6	20.6	16.5
特大型	100.0	100.0	66.7	50.0	83.3	100.0	33.3	50.0	33.3
大型	96.0	70.0	52.8	24.0	52.0	83.6	24.0	30.8	23.6
中型	90.0	56.3	49.7	18.8	54.3	75.2	8.7	18.1	12.8
小型	70.4	50.3	28.6	8.7	34.5	57.8	3.9	9.2	10.2

三、制约发展的主要瓶颈

总体上看，目前我省企业信息化运用层次还不高，企业信息化的建设与发展还是处于起步阶段，存在的困难仍不少。

1.企业信息化专业人才匮乏。企业信息化建设需要大量现代信息技术专业人才，尤其是既懂信息化技术又熟悉本行业业务的复合型人才。从调查结果来看，43.7%的企业认为企业缺乏信息技术专业人才是制约省内工业企业信息化建设的主要瓶颈，认同率居位各类制约因素的首位。调查企业普遍反映，企业信息化专业人才普遍短缺且流失严重，特别是山区的企业工资水平不高，引进、吸收人才较难，企业即使有人才也难以留住，这在很大程度上制约我省工业企业信息化建设的质量和速度。有这样一种情况，一旦信息系统开发完成，企业参加开发和实施的人员大部分都跳槽到IT公司，造成留下的人员状况也不稳定，影响信息系统正常运行。而对省内企业信息化工作开展较好的某企业调查情况看，该公司以IT工作为主的技术人员仅9人，占全体技术人员总数的3.3%，不能满足企业信息化的需求。

2.信息化建设资金短缺。在被调查企业中，即便是一些很著名的、效益好的企业，也反映他们能够用于系统开发建设、IT产品采购的费用常常捉襟见肘，并不宽裕。611家调查企业信息化建设资金2003年比2002年持平和减少的占51.2%；40.3%的调查企业认为企业信息化建设资金不足是制约我省企业信息化建设的主要原因，认同率居第二位。企业信息化建设资金投入不足的一个重要原因，由于单独的信息化项目难以测算经济效益，无法落实银行贷款，资金一般都由企业自筹解决。如某电器公司近两年来在企业信息化建设上的资金投入力度逐渐加大，2002年信息化建设资金投入56.7万元，比上年增长55.8%，占年度利润的1.8%，占企业净资产总额的仅0.23%，与国外大企业一般8%--10%的比重相差甚远。有很多企业的反映，加快企业信息化建设需要政府给予建设资金支持。

3.系统集成和资源共享水平较低。企业信息化建设如果没有形成符合科学标准的成熟的软件产品，则推广范围有限，同时加大企业信息化社会总体成本，严重影响企业信息化的应用效果。调查显示，国内系统集成和资源共享水平低，也是制约我省企业信息化建设的重要因素之一，认同率占21.3%。调查企业普遍反映，由于国家信息化标准和法规建设滞后于实践需要，缺乏总体规划、总体设计和过程控制，不同的系统或模块由不同厂商分别提供、孤立建设和实施，导致大多数企业应用系统处于“信息孤岛”状态，单体应用、部门级应用居多，企业级集成应用少，大多数ERP厂商还不能提供适合各个行业应用的软件版本。据某公司反映，目前国家推行的财务税控软件经常变化，影响各子系统与财务系统之间接口的开发；上级各部门要求不统一且经常变化，需重复开发每个子系统与上级软件的接口；编码难以统一，给系统集成造成困难等等。

此外，国内IT产业产品结构不合理、基础薄弱、技术水平低，不能满足企业信息化建设的需求，也是制约我省企业信息化建设的又一重要因素，占12.4%。如除PC机、财务应用软件之外，高端技术和产品仍然受控于国外企业。

四、推进企业信息化建设的对策建议

推进我省企业信息化建设与应用，要认真贯彻落实党的十六大关于走新型工业化道路的精神，以信息化带动工业化、以工业化促进信息化，按照“数字福建”的决策部署，坚持以企业为主体，以企业市场竞争需求为动力，以提高企业综合竞争能力和经济效益为目标，以工艺流程的再造和企业管理创新为核心，积极发挥政府引导和市场纽带作用，促进企业在生产、管理和经营的各个领域广泛应用电子信息技术，在讲求实效的前提下加快发展。

（一）加强信息化立法，提供法律保障。企业信息化的特性决定了信息化建设将涉及社会和经济的各个领域，具有很强的关联性、系统性和政策性。一是国家应尽快加强信息化立法。如电子商务中的法律、法规的盲区等。既要促进信息共享，又要维护国家主权和商业秘密，促进国际国内信息交流。二是加速信息化标准规范。目前应抓紧起草制订信息化建设技术标准规范，特别是信息化标准、软件标准以及网络技术标准等。建议有关部门组织 IT 业界、用户企业、专家学者等多方面的力量，集思广益，系统总结、梳理现行政策问题、障碍，抓紧制定、出台有关企业信息化政策框架体系，并在统筹规划的前提下，帮助企业对信息化建设与应用进行总体规划、系统设计，协助企业进行招标选型、实施监理、验收评估以及系统扩展提升与持续优化。努力提高企业信息系统应用的集成度、扩展性和信息化项目的成功率，减少以至消除“信息孤岛”现象，实现信息资源共享，不断提高企业信息化建设与应用水平，切实降低企业信息化社会总成本。

（二）企业信息化必须突出以人为本，下大力气抓好“信息化人才培训工程”。企业信息化是一场深刻的革命、循序渐进的过程和艰巨复杂的系统工程，没有一大批、一代甚至几代高素质、复合型的信息化人才是不可能完成的。真正让“信息化人才培训工程”在企业内部开花结果，有效地支持和保障信息化建设的顺利进行和健康发展。 同时，应当鼓励和动员各有关方面的力量，开展企业信息化学历教育、职业资格认证培训以及分行业、分应用的针对性短期培训，为企业培养信息化人才特别是复合型人才提供专业化培训服务和更有力的支持。

（三）多渠道筹集资金，加大对企业信息化的投入。企业信息化建设资金要以企业为主体，多渠道筹措：一是企业信息化可以结合技术改造项目进行，将信息化建设的资金纳入技改项目总投资。企业新建项目要有信息化建设内容。二是从企业提的折旧费、新产品和技术开发费中，拿出一部分资金用于信息化建设。三是增加政府资金投入，加大政策支持与引导。政府应重点支持大型公益数据库和电子信息服务网络的建设，建立社会化信息资源服务平台，为广大企业服务。制定相应政策，积极引导社会资金投入商用数据库和电子信息服务网络建设，以提高流通基础信息的规范化程度和集约化水平。鼓励广大企业申报国家科技型中小企业技术创新基金，对列入计划的项目，各级政府的技术、创业资金要给予匹配资金支持。四是要引导各类风险投资基金积极参与企业信息化建设，金融部门要努力为企业信息化建设提供融资支持。

（执笔：福建省企业调查队　余正光）

对福建工业化水平的分析判断及道路选择

工业化是一个国家或地区经济实力强盛的象征，是现代化的基础和主体。党的“十六大”报告指出：“坚持以信息化带动工业化，以工业化促进信息化，走出一条科技含量高、经济效益好、资源消耗低、环境污染少、人力资源优势得到充分发挥的新型工业化路子”。最近，福建提出要建设对外开放、协调发展、全面繁荣的海峡西岸经济区的战略目标，大力实施项目带动战略转移、发展产业集群、走新型工业化道路是构建海峡西岸经济区的重要举措。本文应用国际著名经济学家钱纳里、西蒙.库兹涅茨、W·霍夫曼等人的研究理论和研究成果分析判断了福建工业化水平，指出福建走新型工业化道路中存在的突出问题，提出推进福建工业化进程的对策建议。

一、我省工业化程度初步判断

根据国内外有关经济理论和历史经验，一般运用人均总量指标和结构指标来判断一个国家或地区的工业化水平，本文从人均国内生产总值、产业结构、就业结构、城乡结构和工业内部结构几方面来综合判断福建的工业化阶段。

（一）人均国内生产总值

著名经济学家钱纳里等人，把经济增长理解为经济结构的全面转变，并借助多国模型提出了标准模式，即根据人均国内生产总值水平，将不发达经济到成熟的工业经济整个变化过程分为三个阶段六个时期，第一阶段是农业经济阶段（或称初级产品生产阶段）；第二阶段是工业化阶段，其中 2、3、4 分别为工业化阶段的初期、中期和后期；第三阶段为发达经济阶段（见表 1）。

表 1　钱纳里的工业化发展阶段

时期	人均国内生产总值变动范围（按 1982 年美元计算）	发展阶段
1	364-728	初级产品生产阶段
2	728-1456	工业化阶段
3	1456-2912	
4	2912-5460	
5	5460-8736	发达经济阶段
6	8736-13104	

借助钱纳里标准模式来分析福建工业化水平及所处阶段，主要考察人均国内生产总值水平。为了进行比较，本文对当年价格人均国内生产总值进行折算，汇率为 1:8.27，折算后 2002 年福建人均国内生产总值约为 1630.39 美元，处于工业化中期阶段。

（二）产业结构

根据美国经济学家西蒙.库兹涅茨等人的研究成果，工业化往往是产业结构变动最迅速的时期，其演进阶段也通过产业结构的变动过程表现出来。在工业化初期和中期阶段，产业结构变化的核心是农业和工业之间“二元结构”的转化。在工业化起点，一产比重较高，二产比重较低。随着工业化的推进，一产比重持续下降，二产和三产比重都相应有所提高，且二产比重上升幅度大于三产，一产在产业结构中的优势地位被二产所取代。当一产比重降低到 20%以下时，二产比重上升到高于三产，这时候工业化进入了中期阶段；当一产比重再降低到 10%左右时，二产比重上升到最高水平，工业化进入后期阶段，此后二产的比重转为相对稳定或有所下降。工业在国民经济中的比重将经历一个由上升到下降的“∩”型变化。

表 2　　全省分年度三次产业结构　　单位：%

年份	第一产业	第二产业	第三产业
1978	36	42.5	21.5
1980	36.7	41	22.3
1985	34	36.2	29.8
1990	28.1	33.4	38.5
1995	21.7	42.4	35.9
2000	16.3	43.7	40.4
2001	15.3	44.8	39.9
2002	14.2	46.1	39.7

从产业结构变动的趋势看，我省已实现了由“一、二、三”到“二、三、一”的大跨越，2002年国民经济三次产业结构为 14.2：46.1：39.7，一产的比重已低于20%，二产的比重逐年提高，可以初步判断我省工业化进入中期阶段。

（三）就业结构

综合钱纳里、赛乐奎因、艾尔金顿和西姆斯等人的实证研究，就多数国家的一般变动模式来说，当人均GNP为280美元时，工业化进入初期阶段，这时三次产业的就业比重分别为58.7%、16.6%和24.7%；当人均GNP为560美元时，工业化进入中期第一阶段，三次产业的就业比重分别为43.6%、23.4%和33%；当人均GNP达到1400美元时，工业化进入中期第二阶段，三次产业的就业比重分别为28.6%、30.7%和40.7%；当人均GNP上升到2800美元时，工业化处于基本实现阶段，三次产业的就业比重分别为 23.7%、33.2%和 43.1%；当人均 GNP 上升到 4200 美元时，工业化处于全面实现阶段，第一产业的就业比重下降到8.3%，第二、三产业的就业比重上升到 40.1%和51.6%。改革开放以来，福建三次产业的就业结构从1978 年 75.1:13.4:11.5 转变为 2002 年44.7:26.1:29.2，当前就业结构所反映的工业化阶段基本上处于工业化中期第一阶段。

表 3　　全省分年度三次产业从业人员就业结构　　单位：%

年份	第一产业	第二产业	第三产业
1978	75.1	13.4	11.5
1980	72.9	13.6	13.5
1985	61.6	19.4	19.0
1990	58.4	20.6	21
1995	50.3	23.7	26
2000	46.8	24.5	28.7
2001	45.7	25.1	29.2
2002	44.7	26.1	29.2

（四）城乡结构

钱纳里等经济学家在研究各个国家经济结构转变的趋势时，曾概括了工业化与城市化关系的一般变动模式：随着人均收入水平的上升，工业化的演进导致产业结构的转变，带动了城市化程度的提高。由此可见，城市化与工业化是相伴而生、共同发展的，工业化必然带来城市化，而城市化所提供的聚集效应又反过来促进工业化发展。

一般认为，在工业化前的准备期，城市化率在30%以下；在工业化的实现和经济增长期，城市化率在 30%－60%之间；在工业化后的稳定增长期，城市化率在 80%以上。1996 年世界银行发展报告中测算的中低收入国家城市人口比重为 53%。改革开放以来，我省的城镇化水平有了很大提高，2002 年城镇化率为 44.6%，但与国际相比，城镇化还处于较低水平，也从一个侧面反映我省工业化水平还有待进一步提高。

（五）工业内部结构

20 世纪 30 年代初，德国经济学家 W·霍夫曼通过设定所谓霍夫曼比例或霍夫曼系数(消费资料工业净产值 / 资本品工业净产值)，提出随着一国工业化的进展，霍夫曼比例呈现出不断下降的趋势，这就是著名的“霍夫曼定理”。霍夫曼比例越小，重工业化程度越高，工业化水平也越高，霍夫曼依据对 20 多个国家工业内部结构时序划分和计算分析，把工业发展划分为 4 个阶段。

表 4　　霍夫曼比例及工业化阶段划分

阶段	第一阶段	第二阶段	第三阶段	第四阶段
霍夫曼比例	5（±1）	2.5(±1)	1(±0.5)	1 以下

注：表中括号的数字，表示以前面数字为基准允许浮动的幅度。

霍夫曼定理中工业分类标准使用消费资料工业和资本品工业的划分近似于我国轻重工业的划分，因此，本文运用轻重工业产值之比来计算霍夫曼系数。由于缺乏完全符合公式要求的统计数据，只好用相近指标替代，即用总产值替换净产值，并且因没有全口径分轻重工业的总产值，使用的是全部国有及年销售收入 500 万元及以上非国有工业（简称规模以上工业）的总产值。调整后的计算方法为：霍夫曼系数=轻工业总产值/重工业总产值。福建的霍夫曼系数约为 1.02，处于霍夫曼工业阶段的第三阶段。

综合判断，目前福建经济总体上正处于工业化中期阶段。

二、工业化过程存在的突出问题

1. 结构性矛盾突出

改革开放以来，我省不断加快工业经济结构调整步伐，取得了明显成效。但总体上看仍不尽如人意，结构性矛盾依然突出。一是企业规模小，规模效益低，带动力弱。福建的企业曾被人形象地比喻为“只见星星，不见月亮”。虽然福建一直在努力改变这一面貌，但与几个沿海发达省份比，我省企业规模总体偏小。2002 年营业收入与资产均在 5 亿元以上的企业集团，福建有 47 家，山东有 168 家，江苏有 154 家，浙江有 153 家，广东有 128 家。福建营业收入与资产均在 5 亿元以上的企业集团户均资产为 22.7 亿元，比上海、广东、江苏、山东分别少 72.9、63.6、8.7 和 6.4 亿元。福建规模以上工业企业有 7462 家，比广东、浙江、江苏、山东、上海分别少 15157、14434、14014、6006、2595 家，规模以上工业企业数占全部工业企业数的比重为 3%，规模以上工业户均实现工业总产值 4927 万元，居全国第 22 位，仅相当于全国平均水平 61%。二是高新技术产业比重偏低，传统产业改造举步维艰。2000-2002 年我省高新技术工业增加值占规模以上工业增加值的比重分别为 14.3%、13.6%和 14.9%。高新技术产业主要以电子信息产业为主，2000-2002 年电子信息产业产品产值占高新技术产业产品产值的比重分别为 57.6%、56.9%、58.6%，我们现在把电子信息产业所有产品均列为高新技术产品加以统计，但实际上我省大部分电子信息产品附加值不高，许多产品是组装货，核心技术都在国外，在高新技术产业活动单位中，拥有核心技术和具备自行研制开发能力的企业较少。三是产业集中度不够，形成规模的产业集群少。据调查，我省形成规模的、知名度较高的产业集群仅青口汽车、湄州湾的石化、福安电机、晋江鞋业、石狮服装、德化陶瓷等。许多产业的链条不够完整，许多原材料需到省外购买，如莆田市一年鞋材需求量约为 30 亿元，其中只有少数低值材料在本地购买，大多数材料从江浙、广东等地购进；福安电机的原材料如夕钢片、漆包线、轴承、电容器等需要靠外省供应。集群内大规模企业不多，福安市 400 多家电机电器企业中上亿元的才 4 家，比重不到 1%，泉州约有 80%的鞋业企业仍属于规模较小的家庭式企业。而在浙江全省 88 个县市区中，有 85 个县市区形成了块状经济，年工业总产值超亿元的区块519个。四是各地市产业布局累同。由于投资上缺乏必要的引导，导致各地市产业布局累同，如化学原料及化学制品业成为5个地市的经济支柱，电子及通信设备制造、食品加工业、非金属矿物制品成为4个地市的经济增长点，交通运输设备制造、电气机械及器材制造成为3个地市主导产业。

表5　各地市主要行业产值居前五位的行业名称

分地区	行业总产值前五位
福州	电子及通信设备制造、交通运输设备制造、食品加工、塑料制品、皮革、毛皮、羽绒及其制品业
厦门	电子及通信设备制造、交通运输设备制造、电气机械及器材制造、化学原料及化学制品业、塑料制品
莆田	皮革、毛皮、羽绒及其制品业、电子及通信设备制造、服装、食品加工、橡胶制品业
三明	黑色金属冶炼及压延加工、化学原料及化学制品业、纺织、非金属矿物制品、造纸及纸制品
泉州	服装、纺织、皮革、毛皮、羽绒及其制品业、化学原料及化学制品、非金属矿制品、石油加工
漳州	食品加工、金属制品、食品制造、普通机械制造、电子及通信设备制造
南平	电气机械及器材制造、化学原料及化学制品业、造纸及纸制品、有色金属冶炼及压延加工、林材加工及竹藤棕草制品
龙岩	烟草加工、非金属矿物制品、专用设备制造、金属制品、化学原料及化学制品
宁德	电气机械及器材制造、交通运输设备制造、非金属矿制品、医药制造业、食品加工

2. 科技进步相对缓慢，技术开发投入不足，制约工业发展后劲。

在经济发展日益全球化和知识化的今天，技术进步和技术创新对增强企业发展活力和产业竞争能力的影响越来越大，作用越来越明显。从成功完成工业化的国家来看，它们在工业化过程中，技术进步贡献份额大大上升。二战之后至70年代能源危机之前这段时间，发达国家的经济增长因素中，全要素生产率贡献份额平均为49%，而准工业化国家仅为31%。当前我省正处于工业化中期阶段，这个时期尤其要求重视和加强技术进步。但从现实情况看，科技进步在我省经济增长中尚未占据主导作用。究其原因，一是科技投入强度偏低。世界500强企业的研究开发费占销售收入比重通常为5%--10%。而我省大中型工业企业2002年科技活动经费支出占销售收入的比重为1.1%，比全国平均水平低0.6个百分点，居全国第25位。二是科技力量较弱。截止2002年底，全省大中型工业企业办科技机构195个，有科技机构的企业占全部大中型工业企业的比重为18.6%，比全国低6.7个百分点，居全国第26位。大中型工业企业科技活动人员有25623人，占从业人员比重为4%，比全国低1个百分点，居全国第20位。据对259家有开展技术创新的工业企业调查，38.6%的企业认为阻碍技术创新的主要因素为缺乏技术开发人员。省企业调查队对全省233家企业进行的就业潜力调查结果显示：44.4%的企业反映中高级技术人员较少，34.8%的企业反映中高级技工较少。三是企业开展科技活动积极性不高。据调查的9848个单位，有科技活动的仅1830家，占18.6%，小型企业有开展科技活动的仅占10.2%。四是科技成果转化率不高。2002年全省共登记技术开发、技术转让、技术服务和技术咨询各类技术合同4668份，合同成交金额12.9亿元，比上年下降5.8%，平均每份技术合同成交金额达27.6万元，比2001年减少了2.2万元。大中型工业新产品产值占工业总产值的比重为15.6%，比全国平均水平低1.6个百分点。

3. 企业信息化进程缓慢

据对611家工业企业的调查显示，应用计算机辅助设计(CAD)的占44.0%，应用计算机辅助制造(CAM)的占17.8%，应用计算机辅助测试(CAT)的占15.9%，计算机集成制造系统（CIMS）占 11.8%；实施办公自动化(OA)的占 47.0%，应用企业资源计划管理（ERP)的占 20.6%，应用客户关系管理（CRM)的占 19.5%，应用制造资源计划（MRP)的占 13.6%，应用供应链管理（SCM)的占 10.2%；应用计算机网络开展电子商务的占 16.5%。小型企业的信息化程度更低。

表 6　不同规模的企业信息化主要应用情况调查表　单位：%

	CAD	CAM	OA	MRP	ERP	开展电子商务
总计	44.0	17.8	47.0	13.6	20.6	16.5
特大型	66.7	50.0	83.3	33.3	50.0	33.3
大型	52.8	24.0	52.0	24.0	30.8	23.6
中型	49.7	18.8	54.3	8.7	18.1	12.8
小型	28.6	8.7	34.5	3.9	9.2	10.2

企业信息化进程缓慢的原因：一是企业信息化专业人才匮乏。43.7%的企业认为企业缺乏信息技术专业人才是制约省内工业企业信息化建设的主要瓶颈，据对省内企业信息化工作开展较好的某企业调查情况看，该公司以 IT 工作为主的技术人员仅 9 人，占全体技术人员总数的 3.3%，不能满足企业信息化的需求。二是信息化建设资金短缺。据对 611 家企业调查显示，2003 年信息化建设资金 比 2002 年持平和减少的占 51.2%，40.3%的调查企业认为企业信息化建设资金不足是制约我省企业信息化建设的主要原因。三是系统集成和资源共享水平较低。调查企业普遍反映，由于国家信息化标准和法规建设滞后于实践需要，缺乏总体规划、总体设计和过程控制，不同的系统或模块由不同厂商分别提供、孤立建设和实施，导致大多数企业应用系统处于“信息孤岛”状态，大多数 ERP 厂商还不能提供适合各个行业应用的软件版本。

4. 环境污染问题有待解决

新型工业化的基本要求是走资源消耗低，环境污染少，经济社会协调发展的路子。即既要经济发展，又要保护生态环境。但当前我省正处于传统工业向现代工业转型时期，部分行业、地区的污染问题依然不容乐观。从废水排放达标情况看，达标率较低的行业有非金属矿采选(57%)、印刷业、记录煤介的复制业(79.1%)、木材及竹材采选业（79.4%），达标率均不足 80%，分别比各行业平均水平低 39.3、17.2 和 16.9 个百分点；从二氧化硫排放达标情况看，达标率较低的行业有煤气生产和供应业(17.5%)、非金属矿采选业(29.7%)、普通机械制造业(45.2%)、家具制造业(49.4%)、医药制造业(61.4%)、皮革、毛皮、羽绒及其制品业(63.4%)，达标率均不足 70%，比平均水平低 78.1、65.9、50.4、46.2、34.2 和 32.2 个百分点；从烟尘排放情况看，达标率较低的行业有非金属矿采选业(47.6%)、黑色金属冶炼及压延业(51.3%)、普通机械制造业(52%)、专用设备制造业(56.6%)、皮革、毛皮、羽绒及其制品业(70.4%)、煤炭采选业(70.6%)，分别比平均水平低 44.2、40.5、39.8、35.2、21.4 和 21.2 个百分点；从工业粉尘排放达标情况看，达标率较低的行业有橡胶制品业（0.1%）、非金属矿采选业（12.2%）、普通机械制造业（20.7%）、其他制造业（28.8%），分别比平均水平低 70.1、58、49.5 和 41.4 个百分点。从工业固体废物综合利用率看，利用率较低的有电子及通信设备制造业（11.6%）、非金属矿采选业（16.5%）、石油加工及炼焦业（19.5%）、有色金属矿采选业（27.4%），均低于全省平均水平。

从各地市“三废”排放情况看，莆田、三明、宁德的工业废水排放达标程度不尽理想，比全省平均水平低 5.9、5.8 和 3.3 个百分点；宁德、泉州、漳州的二氧化硫排放达标状况较差，比平均水平低 62.3、29.2 和 12 个百分点。

三、推进福建走新型工业化道路的对策思路

实现工业化是中国人的梦想，也是福建人的梦想。福建省委、省政府提出，福建省发展要走新型工业化的道路。走新型工业化道路的本质是推进工业化进程；核心是以先进的信息技术发展新兴产业和改造、提升传统产业，以信息化带动工业化；关键是发

挥后发优势，采取跨越式发展思路；目的是实现可持续发展。

1. 产业结构调整步伐，促进产业集聚，提升产业发展水平。

产业是整个经济发展的支撑所在、后劲所在、形象所在。要加快产业结构调整步伐，培育产业集群。按照产业成长演进规律，逐步形成一大批有竞争优势的主导产业，并以规模企业、龙头企业带动生产要素集聚，进而滚动发展形成有特色的产业链，拉动相关行业逐步配套，最终形成产业集群。一是围绕电子、机械、石化三大主导产业，发展一批产业集群。以产业链和产业基地为切入点，以工业园区为承载点，使集群效应随产业链的延伸而增强，随专业市场的辐射而增大。电子产业要保持通讯设备、计算机及其电子设备制造业的增长态势，推动一批重点企业增资扩产，凸现福厦沿海电子信息产品产业集群。机械产业重点发展汽车、船舶、工程机械制造业。研究并实施汽车和零配件产业集群规划，突出东南汽车和金龙客车品牌优势。石化产业要围绕加快“炼化一体化”项目的建设，推进湄洲聚氯乙烯、海沧对二甲苯等项目，抓好湄洲湾、泉港、东吴和海沧石化工业基地建设，加强中下游项目的招商引资工作。二要挖掘传统产业优势，培育一批产业集群。重点围绕工程机械、纺织服装、鞋革、电机、陶瓷、金属加工、建筑、建材等传统产业进行培育。三要加快高新技术产业发展，形成一批产业集群。围绕闽东南高新技术产业带的发展，依托福州、厦门两个国家级高新技术产业开发区和5个省级高新区的建设，加快信息技术、生物技术、新材料技术和先进环保技术的开发和产业化，促进产业集聚。

各地市要从本地的区位和资源条件出发，制定适合自身特点的经济发展战略，确定重点发展的主导产业和支柱产业，加速推动产业结构的优化调整，大力促进特色经济发展。一是对产业上已经形成规模和特色的区域，要继续巩固发展成果，努力在提高发展水平上下功夫，尽快使产业规模和档次上一个新台阶。二是对产业凌乱、规模较小的区域进行梳理，围绕产业做文章，每个村镇争取将1-2条产业链条或专业做专、做精、做深、做透。三是各地要做好市场引导，积极提供服务，因势利导扶持产业集群的龙头企业、核心企业，抓龙头企业配套项目招商，从产业链的延伸中开发各类项目，提高产业聚集效应。四是加强政策扶持。将产业集群作为中小企业服务体系、科技创新体系的重要载体，对集群企业提供整个价值链全方位的服务，支持中小企业产品开发、技术改造、信息化建设、人力资源培训国内外市场拓展、第三方物流等。

2. 大力推进科技进步，促进科技成果转化，提高工业整体素质。

走新型工业化道路，必须高度重视和紧紧依靠技术进步，充分发挥科技作为第一生产力的作用，把工业具有的比较优势逐步过渡到竞争优势。一要突出重点，择优扶强，做好国债支持企业技术进步工作，国债贴息资金要重点用于主导产业、支柱产业、高新技术产业、基础产业。二要组织力量推进高新技术和关键技术创新集成。集中多方面力量，充分利用国际国内两种资源，运用产学研联合、企业技术创新国际合作等多种形式，对重大关键技术进行联合攻关，在关键领域和若干科技发展前沿掌握核心技术和拥有一批自主知识产权。三要努力办好科技园或创业园区，建立科研成果孵化器，加强科研成果向生产力转化。四要鼓励企业加大科研开发投入，建立适应市场需求和制造业发展需要的、有实力的技术开发中心，着重研究开发一批重点产品和关键技术。五要加强“产学研”合作，努力吸引更多的大学、科研院所和实验室落户我省或者在省内建立分支机构，通过一定的方式使更多的企业同大学、科研机构、相关的实验室建立定向联系。六要引进和培养专门人才。鼓励企业采取更加机动灵活的方式，如提高薪金、技术入股、输送到省外、国外培养等方式，吸纳和培养一批制造业技术开发拔尖人才。七要推进企业技术创新服务建设。高新技术企业在发展过程中需要各种机构，如在高科技发展前期需要市场分析、技术支持和资金投入，中期需要制定、测试和市场检验，后期需要推广、销售、技术服务、物流配送等等，因此要加快构建技术孵化、信息咨询及金融、法律等方面的服务体系。

3. 加速城市化进程，以城市化促进工业化。

工业化推动城市化。城市以其聚集效应为工业的发展提供良好的外部条件。按照世界各国的普遍规律，城市化水平高于工业化水平，但我们目前的情况是城市化落后于工业化。要加速城市化进程，做大中心城市，扶持中小城市，发展卫星城镇。第一，合理规划，完善城镇体系。加强城市的规划，合理配置城市资源、空间和环境，逐步形成以福州、厦门、泉州三大城市为增长极，以其周边的中小城市为族群圈层，以小城镇为延长点的城市化发展体系。第二，加快投融资体制改革，加快基础设施建设。城市基础设施包括城市道路、桥梁、污水处理、供水、供气、供热、环卫、公交、出租客运、园林绿化等。一方面政府要加大基础设施投入，另一方面要按照“谁投资、谁受益”的原则，鼓励社会、个人和企业以独资、合资、BOT等形式参与基础设施的建设。第三，引导非农产业向小城镇集中。通过完善基础设施建设、加强社会化服务等方式吸引各类工业企业逐步进入小城镇的工业小区，做到相对集中、连片发展。新办的工业企业原则上要尽可能办在小城镇规划建设的工业小区，原有的工业企业有条件的要尽可能向工业小区迁移。鼓励城市大中型工商企业到小城镇建立零部件加工网点和连锁经营网点，以降低成本，增强市场竞争能力。在有自然人文景观和民族特色的小城镇，应当积极发展旅游业和相关产业。通过各类企业向小城镇集中布局，带动从业人员向小城镇集中居住和购房建房，促进小城镇市场容量的不断扩大，增强经济持续发展的内在动力。第四，改革户籍制度，促进农村人口向城市有序流动。城市和城镇的规模要扩大，不能只靠现有居民的人口自然增长，而是靠人口的迁移，这里包括农村向小城镇、小城镇再向中小城市、进而向大城市的迁移，但归根结底，城市、城镇人口的增加都来自农民。要吸引农民进城务工，必须彻底改革户籍制度，逐步打破城乡分割的二元户口结构，建立城乡统一的户口登记制度，放宽户口迁移限制，为城乡人口特别是人才的跨区流动创造更加宽松的环境，抓紧制定户籍法，逐步剥离在计划经济体制下赋予户口的诸多不合理功能。

4. 大力发展信息技术，以信息化带动工业化。

工业化与信息化相互作用，共同发展。工业化是信息化的基础，为信息化的发展提供物资、能源、资金、人才以及市场。信息化的发展在一定程度上直接导致工业化向纵深发展，信息技术在国民经济各个领域的普遍应用，极大地提高了劳动生产率，降低了资源消耗和生产成本，减少了环境污染，信息化主导着新时期工业化的方向，使工业朝着高附加值化发展。大力推进信息化，以信息化带动工业化，是完成工业化任务，发挥后发优势，实现生产力跨越式发展的重要手段。第一，发展信息产业，促进产业结构升级。根据产业结构理论，一国工业化发展过程就是产业结构的高级化过程，是新兴产业和高技术产业在一国经济结构中比重不断上升的过程。信息产业是当今新兴产业的代表产业，信息产业的发展和在经济结构中比重的提高就是产业结构升级。当前要大力发展信息产品制造业，要在以集成电路和软件技术为重点的核心技术方面取得较大进展，力求在大规模集成电路、高性能计算机、大型系统软件、超高速网络系统、新一代移动通信和数字电视等领域取得突破。第二，利用信息技术改造和提升传统产业。要应用计算机辅助设计和网络技术等现代信息技术，提高设计水平和效率，要在生产过程中广泛采用比较先进和稳定的现代信息技术应用系统，如计算机模拟技术、计算机辅助制造技术、柔性制造系统、群件系统、智能制造系统、计算机集成制造系统等。第三，利用信息化手段推动企业管理创新。在生产、财务、库存、销售等诸领域使用如办公自动化、管理信息系统、客户关系管理、供应链管理、物料管理、企业资源计划等现代管理系统，实现企业管理体制创新、管理流程再造、管理手段革新。第四，通过信息化提高市场交易效率。运用现代信息技术改进市场交易方式，创造新的商务模式，开展电子商务，以网络为中心来实现市场交易中的信息流、资金流和物流整合，提高市场次序，降低交易成本。

5. 以可持续发展为目标，促进工业生产从粗放向集约的转变。

传统工业化是通过高投入、高能耗、高材耗来实现高增长。传统工业高速增长造成的环境污染，也是工业化最严重的负面效应之一。为实现福建省工业可持续发展，必须处理好工业发展和环境生态建设的关系。第一，加强资源节约和综合利用。加强工业用水定额管理，完善节水标准体系，大力开发海水等水资源的利用技术，提高工业用水重复利用率。依法制定用能强制性能效标准，扩大出口节能（节水）产品认证范围，培育和发展节能技术服务体系，加强节能监测和执法监督。完善资源综合利用鼓励政策，推进废旧物资回收利用体系建设和示范试点工作，加强再生资源回收管理。第二，建立工业生态园，推动循环经济发展。建立工业生态园是发展生态型工业的一种重要方式，在世界上有许多成功的典型。这种方式模仿自然生态系统，使资源和能源在这个工业系统中循环使用，上家的废料成为下家的原料和动力，尽可能把各种资源都充分利用起来，做到资源共享，互为利用，各得其利，共同发展。我省当前的工业园区只仅仅做到集中供水、供电、供气、供热、污水处理和垃圾处置等，园区中绿地占有很大比例，并实行合理布局等等。但是，对于资源的循环利用则很少顾及。今后工业园区建设与发展应进一步加强规划和引导，改传统工业发展单向流动的线性特征（资源→产品→废物）为循环流动的新模式（资源→产品→再生资源），使工业生产过程中实现能量和物质充分利用，实现无废物与少废物。第三，推广清洁生产，推行“绿色制造”。要大力推广清洁生产，包括使用清洁能源、生产清洁（无毒性）产品、减少生产过程中“三废”对环境的污染，积极推行 ISO14000 环境认证和“绿色通行”制度。第四，更新、改造和淘汰落后的生产工艺。加大对一批高能耗、污染严重的行业和企业的技术改造，坚决依法关闭浪费资源、产品质量低劣、污染环境、不具备安全生产条件的厂矿，进一步淘汰落后的技术、工艺和设备。

（执笔：福建省企业调查队　吴文芳）

私营企业：新世纪我省经济发展的活力源

——我省私营企业发展状况分析

改革开放特别是二十世纪90年代初以来，我省经济的微观基础发生了深刻而持久的变化，其重要特征是所有制结构多元化日趋明显，国有、集体企业比重持续下降，私营企业奋力崛起，成为占非公有制比重最大、发展速度最迅猛、对我省经济贡献日益突出的经济群体。据第二次基本单位普查，2001年私营企业法人4.02万家，是1996年的3.7倍，占全部企业法人的比重由1996年的12.2%跃升至2001年的40.4%。而国有、集体企业数比1996年下降36.0%，“三资”企业数仅比1996年增长8.6%。本文利用第二次基本单位普查资料以及相关资料，分析我省私营企业发展状况、特征，剖析私营企业发展存在的不足和面临的问题，并提出对策建议。

一、私营企业对我省国民经济的贡献

二十世纪80年代后期，在个体经济恢复发展的基础上，私营企业首先以个体“大户”的形式自发萌生出来。虽然私营经济从产生一开始便遭遇严峻的外部形势，但它顺应我国经济改革发展总体方向，因而蕴藏着旺盛的生命力。1992年邓小平同志南巡讲话后，私营经济迅速摆脱了徘徊、收缩状态，进入快速发展阶段。我省是改革开放最早的省份之一，也是全国私营企业发展最早的地区之一。经过改革开放二十多年的快速发展，我省私营企业呈现出良好的发展态势，总量规模不断扩大，经营领域不断拓展，发展层次不断提高，对全省经济发展发挥着日益重要的作用。

1. 私营企业成为我省经济发展新的增长点。2002年规模以上私营工业总产值增速46.9%，比全部规模以上工业高23.1个百分点，比国有、集体企业分别高66.4、39.6个百分点，比港澳台商、外商投资企业分别高26.0、8.2个百分点。在流通领域，2001年私营经济实现社会消费品零售总额比上年增长32.2%，比全社会消费品零售总额的增速快23.0个百分点，比国有集体经济增速快32.5个百分点。

2. 私营企业扩大社会就业功能日益突出。2001年底，私营企业从业人员达102.23万人，占全部法人企业的21.7%。其中在私营工业企业就业的有73.43万人，占全部工业企业法人的23.5%，在私营批发零售贸易餐饮业就业的有16.22万人，占全部批发零售贸易餐饮业企业法人的35.2%。1999年至2001年间，我省职工人数下降6.1%，而同时期私营企业从业人员却增长55.4%。

3. 私营企业对国家、地方财政的贡献逐年增加。从国税情况看，2002年私营企业交纳的税收为9.61亿元(不含厦门)，是1998年的2.4倍，年均增长24.5%，比全省国税增速快3.7个百分点。从地税情况看，2002私营企业交纳的税收为10.32亿元，是1996年的7.5倍，年均增长39.2%，比全省地税增速快18.3个百分点。

4. 私营企业发展加快实现小康的步伐。私营企业特别是私营工业大多分布在农村乡镇，其发展不仅使大多数农民经济收入增加，生活水平提高，而且推进城镇化进程，加快实现小康的步伐。据统计，2001年我省农民人均纯收入3380.72元，其中工资性收入占34.4%。

5. 私营企业发展推进经济市场化进程。社会主义市场经济的建立与私营经济的发展密不可分。私营经济发展改变了经济资源分配结构，提高了市场分配经济资源的比重，有力推进市场机制形成。当前我省市场化进程居全国前列，这与私营企业的迅猛发展息息相关。

二、1996年以来我省私营企业发展特征

1996年以来，特别是党的十五大以后，私营经济进入快速发展新阶段，呈现出规模层次不断提高、

产业结构日趋优化、组织结构日益规范等特征。

1. 私营企业数量迅速扩大。至2001年底，我省私营企业法人4.02万家，是1996年的3.7倍，占所有企业法人的比重由1996年的12.2%上升至2001年的40.4%。私营企业从业人数达102.23万人，是1996年的4.8倍，占全部法人企业从业人员数的比重由1996年的4.9%上升至2001年的21.7%。私营企业实收资本557.28亿元，占全部法人企业实收资本的14.3%，比1996年提高9.6个百分点。

2. 私营企业经济实力不断增强。2001年，私营企业户均实收资本138.51万元，比1996年增加61.24万元。实收资本在500万元以上的有2459家，比1996年增加2208家。全年营业收入在5000万元以上的私营企业有200家，比1996年增加194家。近几年，私营企业在上规模上档次的同时，更加注重品牌战略实施，涌现出一批骨干企业和名牌产品，如福建长富集团有限公司的乳制品、福建紫山集团的蔬菜罐头、福建金得利集团的首饰、晋江市浔兴科技发展有限公司的SBS拉链、福建佳丽斯家纺有限公司的床上用品等，其中SBS、金得利、佳丽斯被评为“中国驰名商标”。从以下私营企业实收资本和营业收入分组变化表可以看出，高值组增长的速度显然快于低值组，说明我省私营企业在总量扩大的同时，经济实力不断增强。

私营企业实收资本变化比较

实收入资本分组(万元)	企业个数		2001年是1996年倍数
	1996	2001	
50万元以下	5983	14932	2.5
50-100	2963	13156	4.4
100-500	1648	9687	5.9
500-1000	182	1545	8.5
1000-5000	64	841	13.1
5000万元以上	5	73	14.6

资料来源：第二次基本单位普查。

私营企业营业收入变化比较

营业收入分组(万元)	企业个数		2001年是1996年倍数
	1996	2001	
50万元以下	7278	19062	2.6
50-100	1459	5209	3.6
100-500	1808	12161	6.7
500-1000	195	1986	10.2
1000-5000	99	1616	16.3
5000万元以上	6	200	33.3

资料来源：第二次基本单位普查。

3. 私营企业进一步集聚福、厦、泉经济发达地区。至2001年底，福州、厦门、泉州三个设区市私营企业数占全省68.5%，比1996年高3.8个百分点。从户均指标来看，厦门市私营企业产业层次最高、实力最强，厦门市私营企业户均实收资本163.5万元，居全省首位。私营企业数占全省21.6%，居全省第二位，其户均从业人员为17.5人，居全省最末，说明厦门私营企业逐步由传统的劳动密集型行业向科技型行业或新兴行业转移。泉州市私营企业数居全省首位，其户均从业人员31.7人，居全省第二位，说明该市私营企业具有明显的劳动密集型特征。

我省私营企业在九个设区市分布情况

	单位数（个）	单位数比重(%)	从业人员（万人）	户均从业人员(人)	实收资本（亿元）	户均实收资本(万元)
全　省	40234	100.0	102.23	25	557.28	138.51
福　州	8148	20.3	21.66	27	125.43	153.95
厦　门	8682	21.6	15.22	18	141.91	163.45
莆　田	1163	2.9	3.32	29	15.91	136.80
三　明	2443	6.1	4.85	20	18.37	75.18
泉　州	10721	26.6	34.03	32	171.57	160.03
漳　州	2243	5.6	5.09	23	27.99	124.79
南　平	2328	5.8	5.65	24	16.44	70.61
龙　岩	2305	5.7	4.67	20	24.88	107.94
宁　德	2201	5.5	7.73	35	14.78	67.16

资料来源：第二次基本单位普查。

4. 私营企业从第二产业逐步向第三产业转移。改革开放初期，私营经济首先涉足的是第二产业中一些低技术要求、低成本的行业。随着改革日益深入，我国产业结构调整力度不断加大，第三产业政策比较宽松，市场准入要求较低，适合私营企业发展特点，私营企业行业分布发生了变化，从以第二产业占绝对优势，逐步向第三产业转移。据基本单位普查，私营企业法人单位数一、二、三产业比重分别由 1996 年的 4.3%、63.3%、32.4%，变成 2001 年的 3.3%、56.0%、40.7%。从主要行业大类的变动也可看出这一变化趋势。1996 年私营企业数所占比重最大的是第二产业的非金属矿物制品业，占 14.9%，第三产业的零售业的比重居第三，占 7.0%。2001 年非金属矿物制品业的比重降为 9.0%，退居第二，而零售业的比重上升到 12.5%，跃居第一。

5. 新兴行业的私营企业发展迅速。随着我省经济结构调整步伐日益加快，一些新兴行业迅速发展壮大。私营企业开始涉足铁路运输、航空运输、邮电通讯、保险业、社会福利保障业等行业。私营企业还成为某些新兴行业的主导，比如在计算机应用服务业中，私营企业达 379 家，比 1996 年增加 360 家，占该行业全部企业数的 61.1%；信息、咨询服务业的私营企业数达 1008 家，比 1996 年增加 906 家，占该行业全部企业数的 59.0%；装饰装修业私营企业数有 547 家，比 1996 年增加 441 家，占该行业全部企业数的 49.4%。

6. 私营企业的组织形式日趋规范化。二十世纪 90 年代初期，独资企业和合伙企业是私营企业的主要组织形式。这种单一主体的产权结构，导致私营企业发展存在缺乏社会化监督机制、业主承担了全部经营风险、企业发展受制于自有资金积累等弊端。1995 年《公司法》颁布后，公司制因产权关系明晰、利益分配明确、权利和义务有法律保障，深受私营企业欢迎。2001 年我省私营有限责任公司 1.88 万户，占私营企业总数的 46.8%，成为私营企业最主要的组织形式。部分有实力的私营企业组建成股份有限公司，2001 年底，我省有 0.17 万家私营股份有限公司，占全部私营企业数的 4.3%。公司制企业的迅速发展，是我省私营企业上规模、上档次、上水平的重要体现。

三、我省私营企业发展存在的不足和问题

近几年，我省私营企业虽发展迅猛，但也存在一些不足和问题，与发达省份相比存在较大差距。

1. 总量不大，影响力弱。2001 年底，我省私营企业法人数为 4.02 万户，而江苏 15.51 万户，浙江 13.78 万户，广东 13.26 万户，上海 12.08 有万户，北京 11.22 万户，山东 10.59 万户。我省私营企业占全部法人企业比重，比浙江、江苏、上海分别低 12.4、

12.0、2.0 个百分点。与“三资”企业相比，我省私营企业显得特别“纤弱”。2001 年我省私营企业全年营业收入占全部企业法人营业收入的比重为 14.4%，比“三资”企业比重低 15.2 个百分点。2001 年我省规模以上私营工业总产值占全部规模以上工业的比重仅为 6.9%，比“三资”工业比重低 55.0 个百分点。由于总量偏小，对全省经济的拉动作用不够明显。2001 年规模以上私营工业企业增长速度达 58.2%，虽然高出全省规模以上工业企业 41.3 个百分点，但仅拉动全省规模以上工业增长 2.3 个百分点。

2. 发展层次低，产业同构。近几年我省私营独资、合伙企业占私营企业总数的比重虽然逐年下降，但至 2001 年底，这两种组织形式的私营企业比重仍高达 51.6%。组织管理水平低限制了私营企业发展的步伐。2001 年底，私营企业全年营业收入在 100 万元以下的企业数占全部私营企业数的 60.4%，全年营业收入在 5000 万元以上的私营企业仅占 0.5%。我省私营企业户均营业收入 253.62 万元，比浙江低 104.81 万元，比广东低 66.72 万元，比江苏低 49.56 万元。我省私营企业不仅规模小，而且集中在科技含量较低的行业。在工业领域，私营企业主要集中在非金属矿物制品业等十二个劳动密集型行业(见下表)，这十二个行业的企业数占全部私营工业的 71.3%。在第三产业，私营企业主要集中在零售业、能源材料和机械电子设备批发业、食品饮料烟草和家庭用品批发业、信息咨询服务业、餐饮业，这五大行业的企业数占第三产业比重达 75.3%。可见大部分私营企业集中在科技含量较低的行业，企业产品结构低水平雷同，导致恶性竞争。

私营工业企业数在前 12 位的行业情况

行业类别	企业数（个）	占所有私营企业比重（%）
非金属矿物制品业	3606	9.0
木材加工及竹、藤、棕、草制品业	1478	3.7
服装及其他纤维制品制造业	1407	3.5
其他制造业	1202	3.0
食品加工业	1178	2.9
塑料制品业	1169	2.9
金属制品业	1041	2.6
饮料制造业	909	2.3
纺织业	875	2.2
皮革、毛皮、羽绒及其制品业	874	2.2
造纸及纸制品业	799	2.0
食品制造业	774	1.9

资料来源：第二次基本单位普查。

第三产业私营企业数在前五位的行业情况

行业类别	企业数（个）	占所有私营企业比重（%）
零售业	5043	12.5
能源、材料和机械电子设备批发业	2983	7.4
食品、饮料、烟草和家庭用品批发业	2525	6.3
信息、咨询服务业	1008	2.5
餐饮业	705	1.8

资料来源：第二次基本单位普查。

3. 体制环境欠完善，竞争机会不均等。一是法律环境不公正。国有、集体财产神圣不可侵犯早已载入《宪法》，但对于私有财产保护问题《宪法》暂时还没规定，导致私营企业财产被侵犯的事件时有发生。二是政策落实不到位。“十五”纲要明确提出，对企业的发展实行“国民待遇”，但在实践中，私营企业的“国民待遇”没有得到很好落实。比如在各项公用设施的招投标中，私营企业往往被排除在外。在审批制度方面，许多企业反映手续仍显得过于繁琐。在外贸出口方面，私营企业获得经营权的标准仍高于国企。两项重要外贸权——对外劳务合作和工程承包权以及对外投资权，至今仍未对私营企业开放。

4. 融资渠道狭窄，上规模上档次难。从间接融资看，私营企业一般资产少，信用度差，缺乏担保，银行审查、监管困难，财务状况无法满足银行的贷款条件，贷款风险高，银行为私营企业提供贷款的交易成本相对较高，因此私营企业特别是众多中小私营企业很难从银行贷到款。从直接融资看，目前股票市场几乎成为国有企业公司化改革服务的工具，对于私营企业而言，进入股票市场的门槛过高。根据《公司法》规定，发行股票须经证监会核准；发行公司债券亦须审批，其资本金要求对于大部分私营企业来说高不可攀，财务会计报表的要求也难以做到。2002 年全省上市公司总共才 41 家，私营企业进入股票市场的机会更是极其有限。

5. 社会化服务体系不健全，发展缺乏中介支持。发达国家和地区的经验表明，市场中介组织在教育培训、管理咨询、市场营销、技术开发和法律援助等方面起着政府职能部门难以替代的作用。私营企业比其他类型企业更需要中介组织。中国改革基金会国民经济研究所 2002 年的一份研究报告显示，我省市场中介组织的发育程度居全国第 17 位，与我省经济市场化水平很不相称(该研究报告显示，我省市场化水平居全国第 3 位)，从而制约了私营企业向更高层次发展。

四、促进我省私营企业健康快速发展的对策建议

私营企业发展已越来越成为活跃一方经济、促进经济市场化进程的重要力量。在当前全面买方市场的新形势下，私营企业必须实现各方面的转换，在产权制度上，要从单一主体的产权结构进一步向多元化产权制度过渡，在融资方式上，要从仅仅依靠自我积累为主转到依靠产业资本和金融资本、实行多元化融资上来，从经济增长方式上，要从拾遗补缺、粗放型经营向集约型发展转变。在这种情况下，政府一方面要针对私营企业在发展过程中存在的种种问题，加强监督、管理和引导，另一方面应规范政府管理行为，规范市场秩序，在各项政策法规上努力为私营企业创造均等的发展环境和条件。

1. 处理好政府与市场的关系，进一步营造更宽松的体制环境。据有关研究资料显示，我省政府与市场的关系在全国处于中等偏上水平，暴露出我省政府部门职能定位方面的不足，这一方面分散了政府精力，另一方面制约市场机制形成。因此政府应努力把一部分职能剥离给市场，把精力更多地放在营造适宜企业发展的环境上。一是根据“十五”计划纲要提出的要求，进一步取消一切不合理的规定，真正做到在市场准入、土地使用、信贷、税收、上市融资、进出口等方面，对不同所有制企业实行同等待遇。二是运用市场机制促进和鼓励民间投资，帮助民间投资者调整消极心态，增强投资信心。三是强化政府部门对私营经济发展的产业政策指导和信息咨询服务功能。特别是当前经济增长刚进入新一轮周期，更应避免民间投资盲目性和低水平重复建设。

2. 加大外部引导力度，提高私营企业发展的层次和水平。一是拓展新领域。根据私营企业特点和自身发展需要，积极引导私营企业向以下几个领域进一步拓展：向技术、资金密集型的化工、电子、信息等行业拓展；围绕发展农业，致富农民，着重向种植业、养殖业和都市型农业发展；向服务业特别是现代服务业拓展，如旅游业，咨询、技术、法律、会计、社区服务业等行业最适合私营企业驻足；向基础设施和社会事业拓展。二是走创新之路。首先，实现制度创新。我省私营企业近几年在制度创新方面取得可喜进步，但私营独资、合伙企业的比重仍比较高。应鼓励、支持和引导私营业主冲破“小富即安”、“富而不露”的思想束缚，通过建立现代企业制度，引进先进的管理方式和手段，加快向集约化、规模化方向发展，形成

一批实力较强的私营企业集团。第二，坚持技术创新。鼓励私营企业承担国家各类技术创新项目和基础建设任务，引导私营科技企业与科研院所、高等院校开展多种形式的产学研联合，加速科研成果转化，不断推进私营企业产业升级。三是积极参与国际合作和竞争。鼓励有条件的企业进入跨国公司的分工体系和协作网，从事外经贸业务，扩大出口。鼓励私营企业积极有效地利用外资，兴办中外合资合作企业，支持符合条件的私营企业投资项目使用国际金融组织贷款。加大“走出去”力度，开展加工贸易、服务贸易、劳务合作和国际科技经贸活动。

3. 完善间接投资、健全直接投资、鼓励风险投资，为私营企业拓宽多种融资渠道。对于传统行业的私营企业，应主要依靠间接融资，在发挥四大国有商业银行整体优势的同时，大力发挥城市合作银行、农村信用社及民营性质银行等金融机构的服务潜力。对于有发展潜力的私营企业，可拓展直接融资，如降低私营企业股票发行和上市的门槛，或另开二板市场或场外交易市场。对于私营科技企业，应鼓励风险投资，可建立以政府资金为引导、企业为主体的风险投资基金，同时规范和完善风险投资行为，使高投入、高风险、高回报的私营科技企业在创业期或成长期获得种子资金等关键性资金的支持。

4. 建立健全社会化服务体系，为私营企业发展提供中介支持。受各方面的限制，私营企业比其他类型企业更需要以资金融通、信用担保、技术支持、管理咨询、信息服务、市场开拓和人才培训等为主要内容的社会化服务体系。在这方面浙江的做法值得借鉴。浙江在 2002 年底出台了多项促进私营企业发展的社会化服务措施。如建立个体私营企业 WTO 事务中心，鼓励支持个体私营企业实施“走出去”战略；建立个体私营企业维权中心；组建民营企业人才培训基地和发展研究中心，提高个体私营企业经营者的素质；组建企业家俱乐部，为个体私营企业提供全面服务等等。

（执笔：福建省企业调查队　王淑珍）

以培育民营经济产业群为抓手 促进县域经济持续快速发展

产业集群是指一群既独立自主又彼此依赖，既有专业分工，又有资源互补的企业在一定地域范围内的集聚。这是一种新的资源配置方式，它对推动工业化和城镇化进程，促进县域经济发展，提高全省经济综合实力，增强经济发展后劲具有特殊意义。本文对我省民营经济产业集群发挥的作用、发展中存在的问题进行深入分析，提出进一步促进民营经济产业集群发展的对策建议。

一、民营经济产业集群对县域经济发展的作用

改革开放以来，我省民营经济异军突起，部分区域的民营经济呈现出“一村一品、一乡一品”的块状经济发展特点，如晋江英林、龙湖镇的服装生产基地，南安官桥、水头镇的纺织面料织造基地，晋江凤竹、石狮大堡工业区的漂染、染整基地，德化龙浔、浔中镇的陶瓷生产基地，以及福安电机城、古田食用菌等。这种集聚式或群落式的发展格局是民营经济发展的一大特点和优势。首先，它可以保持民营企业灵活多变反应快捷的特点，又能集少成多，聚微成著形成产品规模优势；其次，可以促进民营企业之间的专业分工与协作，从而有助于民营企业整体生产技术水平的提高和生产交易成本的降低。集群经济的发展对县域经济发展和增强经济综合实力发挥了积极作用。

1. 成为县域经济发展的重要力量，是地方财政收入的主要来源。

县域经济的发展，关键是要发挥比较优势，克服比较劣势。近几年来，福安、德化、晋江等地充分发挥本区域资金、劳动力、生产技术等资源禀赋优势，培育了特色鲜明的主导产业，为推动全县经济发展起了积极意义。2002 年福安市电机电器业完成工业总产值 37 亿元，占福安市工业总产值的 52.5%，比上年同期增长 15.6%，拉动全市工业总产值增长 8.2 个百分点。德化县 2002 年陶瓷业实现工业总产值 45 亿元，占全县工业总产值的 67.6%，其中龙浔镇 2002 年陶瓷工业总产值为 26.34 亿元，占全镇的 88.18%，浔中镇为 10.08 亿元，占全镇工业总产值的 84.01%。晋江英林镇 2002 年服装业工业总产值达 31.92 亿元，占全镇工业总产值的 80%，龙湖镇服装业工业总产值 12.09 亿，占全镇工业总产值的 30%。2002 年福安市完成工商税收 10487 万元，比上年同期增长 6.0%，其中电机电器业工商税收 6500 万元 ，占 62.0%，比上年同期增长 41.3%，拉动工商税收增长 19.2 个百分点。

2. 扩大了就业，维护了社会稳定。

民营产业集群的发展，开阔了劳动就业门路，为有效缓解就业矛盾，增加群众收入，维护社会稳定，起了重要作用。在福安城关 10 多万人口中，从事电机电器业的达 3 万多人。泉州纺织服装业从业人员近 40 万人，占全市工业从业人员总数的四分之一。

3. 推动了工业化和城镇化进程，促进了城乡生产要素的流动和重组。

以民营经济为主导的“一村一品”、“一乡一品”块状经济，“生产在一家一户，规模在千家万户”的模式，打破了传统计划经济体制下形成的城乡分割的“二元结构”，促进了城乡之间人口和资金、技术、信息等生产要素的流动和重组，加快了农村集镇化、集镇城市化、城乡一体化的步伐。集群经济的发展为农村的工业化和城镇化进程提供了强大动力和物质基础。晋江、南安、石狮等集群经济较发达的市县，其工业化水平与城镇化水平都比较高，2002 年晋江、德化、石狮、南安第二产业增加值占国内生产总值的比重分别为 55.4%、54.3%、53.4%和 52.5%，比全省平均水平分别高 9.3、8.2、7.3 和 6.4 个百分点。

4. 提升了产业层次，加快经济结构调整步伐

一是许多企业积极引进先进适用技术改造传统工艺，提升产业层次。如泉州制鞋企业先后引进国内外先进流水线高达 1000 多条，PU 生产线 70 多条，移膜革生产线 20 多条，单、双、三色 TPR 注塑机超千

移膜革生产线 20 多条，单、双、三色 TPR 注塑机超千台，先进的 EVA 射出成型机 300 余台；泉州纺织服装业引进具有国际先进水平的无梭织机 8000 多台，年产无梭织物 6 亿米；针织大圆机 6000 多台，年产针织布料 20 多万吨。技术改造力度的加大，使企业的装备水平不断提高，提升了产业的层次。二是企业规模逐步壮大，涌现出一批上规模、上水平、上档次的大企业，如福安电机业有大地、德丰、安波、万达等年销售额超过亿元企业，泉州服装有福建劲霸时装有限公司、福建柒牌集团有限公司等知名企业，泉州纺织业有晋江市百宏弹性织造有限公司、锦兴（福建）化纤纺造实业有限公司、晋江天辉织造有限公司、协丰（石狮）染织实业有限公司、石狮织造漂染有限公司、石狮华宝集团公司、泉州海天轻纺有限公司等产值超 3 亿元大规模企业。三是区域布局调整步伐加快，不少企业向工业园区集中，如鲤城、丰泽、晋江市和清蒙工业区集中了大量化纤原料生产企业，晋江凤竹工业园、泉州东海工业区、石狮大堡、五堡工业区、晋江晋南工业区集中了许多漂染及染整企业，改变了“小、散、乱”的布局特点，更好地发挥了块状经济高度社会化分工、专业化协作和生产成本低廉、市场反映灵敏、规模经营的群体优势。

5. 扩大了工业品出口份额，提高了经济外向度。

集群经济的发展有力地促进了经济的外向化水平。如 2002 年莆田规模以上鞋业出口交货值占工业销售产值的 88.7%，产品远销东南亚、欧美等 30 多个国家和地区，泉州规模以上纺织服装业出口交货值占泉州市规模以上工业出口交货值的 25.71%。德化的工艺品行业也是外向度较高的产业，主要产品树脂工艺品、陶瓷工艺品、石雕、铁藤制品等出口比重均达 90% 以上。福安电机产品打入东南亚、中东、非洲、澳洲、欧美等 40 多个国家和地区，有 20 家企业产品通过欧共体 CE 论证，有 13 家企业产品通过 CCEE 认证，具备自营产品进出口权的企业有 31 家。

二、民营经济产业集群发展中存在的问题

1. 全省形成规模的产业集群少，产业链不够完整，集群内的企业规模小，层次低。

据调查，我省形成规模的产业集群少，知名度较高的仅福安电机、晋江鞋业、石狮服装、德化陶瓷等。许多产业的链条不够完整，许多原材料需到省外购买，如莆田市一年鞋材需求量约为 30 亿元，其中只有少数低值材料在本地购买，大多数材料从江浙、广东等地购进；福安电机的原材料如夕钢片、漆包线、轴承、电容器等需要靠外省供应。集群内大规模企业不多，福安市 400 多家电机电器企业中上亿元的才 4 家，比重不到 1%，大多数企业规模小、效益低，自有资金薄弱，整个行业低水平重复的结构性矛盾比较突出，防御市场风险的能力有限。泉州约有 80%的鞋业企业仍属于规模较小的家庭式企业，经营管理粗放，产品档次低，形不成规模优势。可以说我省许多区域的民营产业集群还不够成熟，与毗邻的浙江省相比，差距较大，浙江有柯桥的“中国轻纺城”、大唐的“袜业集散地”，嵊州的“世界领带加工厂”、柳市的“低压电器之都”，据了解，在浙江全省 88 个县市区中，有 85 个县市区形成了块状经济，年工业总产值超亿元的区块 519 个，在 519 个区块中，工业总产值 10－50 亿元的区块有 118 个，50－100 亿元的区块 26 个，100 亿元以上的区块 3 个。块状经济的快速发展，提高了浙江产品的市场占有率和竞争力，全省有 52 个区块的产品国内市场占有率达 30%以上。

2. 专业市场不够发达，产品销路受到限制。

浙江企业取得巨大成功的一大奥秘是没有一个纯粹的生产性企业群落或商贸服务性企业群落，而是由生产性企业群落和商贸性服务性企业子群落共同构成的。生产和销售是现代经济活动的两个密不可分的环节，如果只有生产，没有销售，则是盲人瞎马，无的放矢，如果只有销售，没有生产，则是无源之水，无本之木。浙江全省有 4000 多个专业市场，覆盖和连接全省 85%的个体工商户和私营企业。浙江的义乌依靠发达的小商品市场，带动服装、饰品、拉链、毛纺、针织、袜业、彩印包装等工业企业的发展，从而提升城市的综合竞争力，义乌小商品市场总面积 70 多万平方米，经营摊位 3.5 万个，经营人员 7 万多人，汇集 28 个大类 8 万余种商品，形成各类专业市场、专业街以及运输、产权、技术、劳动力等要素市场在内的完善的市场体系。在浙江台州“建一处市场，兴一批产业，富一方百姓”的专业市场效应更是明显，台州现有各类专业市场 85 个，其中成交额上亿元的

台州现有各类专业市场 85 个，其中成交额上亿元的 37 个，由于专业市场的辐射，带动全市形成了上百个一地一品的专业性工业生产基地，如路桥日用品、玉环汽配、杜桥眼镜、横峰鞋类、洪家塑料制品、平桥工业滤布生产基地等。在浙江温州，往往一个村或邻近几个村是某一类或某一种产业的产销基地，乐清市柳市镇是全国最大的低压电器产销基地，低压电器产销量约占全国 1/3，永嘉县桥头镇，号称东方第一钮扣市场，有近千家钮扣生产企业，近万个钮扣品种，钮扣产销量近 30 亿元，是全国钮扣的集散地。相比之下，我省市场集散规模相对较小，数量少，辐射能力不强，规模较大的晋江鞋业市场，其主要集散地的摊位也仅 800 多个，难以适应产品生产规模化、专业化的格局。南安虽有大中小市场 150 多个，但形成规模不过 10 个，年交易额能达到 10 亿元以上更是寥寥无几。专业市场偏少的主要原因，一是市场建设资金缺口较大，建设步伐缓慢；二是市场主体行为尚不规范；三是产业对市场的支撑不足，一些名优特新产品尚未形成规模，缺乏对市场的坚强支撑。

3. 缺乏行业自律，竞争无序

泉州、莆田等市企业反映由于缺乏行业引导和行业自律，行业间恶性竞争的现象时有发生。如莆田制鞋企业反映随着竞争日益激烈，存在企业间互相压价、甚至低于成本价接单等恶性竞争；订单呈现批数多、订量少、质量要求高的趋势，企业生产成本增加，整体盈利空间不大。泉州企业反映，为了在激烈竞争中求生存，有的企业采取挖人才，挖墙角；有些企业仿冒、假冒他人产品；有些企业偷工减料，以次充好；有些企业替不法客商加工或自行生产冒牌货等方法，进行不正当竞争。

4. 管理技术人才紧缺，企业研发力量薄弱，熟练工人不足，生产稳定性差。

一方面企业高级管理和研发设计人才紧缺，研发力量不足，导致产品附加值难以提高，据泉州反映，近 90%的企业没有开发新技术和专利产品。传统产业的产品设计基础性研究非常薄弱，生物学、新材料等相关综合性技术在纺织服装、制鞋类领域的中应用研究几乎是空白；缺乏支撑企业发展的技术中介服务机构和产品质量检测中心，没有能够带动和促进行业技术进步的行业性技术研发中心，无法形成合力去攻克行业的公共或关键技术，许多企业停留在模仿上。

另一方面，企业熟练工人不足，泉州反映象纺织服装、制鞋、陶瓷工艺等传统劳动密集型产业，每一工序，均需要大批操作熟练、技术过硬的工人。但是，近年来由于工人流动性增强，企业招工难度加大，熟练技术工人紧缺，生产旺季工人缺口更大，今年正月泉州市用工缺口达 18 万人，服装、树脂陶瓷、制鞋等行业生产工人短缺问题较突出，分别缺工 3 万、2 万、1 万人左右，由于用工不足，为了完成任务，企业经常延长工人工作时间，致使工人超负荷工作，对企业稳定生产造成不利影响。

5. 外部环境亟待改善

一是基础设施薄弱。如福安秦溪洋工业园区反映企业用水难，上网难，手机信号弱。二是税负重。福安电机企业反映与浙江温岭、台州等地企业相比，税赋相对高于竞争对手。三是出口退税慢，给企业资金转周转带来困难。四是融资难，据福清某塑胶有限公司反映，有的商业银行、招商银行在县级地区尚未建立分行或办事处，信贷比较困难，公司要贷款时都要到福州行去办理，审批时间长，程序复杂。据福州市企调队对 110 家企业的抽样调查显示，45.2%的企业表示从银行难以筹措贷款，38.5%的企业认为自有资金不足。五是政策落实难。据福清某塑胶公司反映福州市各级政府出台了许多支持和鼓励非国有经济发展的政策措施，但在基层却难以落实到位，公司与上海同济大学合作成立了产品开发部，每年都能获得六七项产品专利权，每年至少有一二项新产品开发成果得到福建省或福州市有关部门的认可，按有关政策，应该得到奖励，但有关部门从未兑现过。六是有些政府部门的服务意识不强。福清某鞋业有限公司反映企业的发展环境不如浙江、广东，有些部门强行指定企业安装某种品牌的环保设备。

三、培育民营经济产业群、促进县域经济持续快速发展的对策建议

县域，是解决“三农”的切入点，是中心城市发展的辐射点、支撑点，也是壮大经济总量的增长点。发展县域经济是全面建设小康社会的重要任务。发展县域经济主力军是民营经济，着力点应落在各县（区）具有资源禀赋优势、独具特色的民营经济产业群。只

有发挥比较优势，促进特色产业群的发展，才能使县域经济扬后发优势，实现超常规、跨跃式发展。为更好的促进县域经济发展，针对当前各地民营经济产业群发展中存在的问题，今后工作重点是：

1. 调整结构，促进升级。

民营集群经济虽初具规模，但产业层次偏低，多数产品档次不高，企业规模偏小。在新一轮竞争中，要加快结构的优化与升级，引导企业用高新技术改造传统工艺，鼓励和支持企业开发高技术、高档次、高附加值的产品，加快新产品的研制开发步伐，全面提高产品质量。加大扶持培育龙头企业和大型企业集团，鼓励有条件的企业争创或嫁接世界名牌，扩大产业区的影响力，提升产业区品位，鼓励中小企业根据自身优势和特点，联合协作，互相配套，引导中小企业与国内外大企业建立起稳定的协作配套关系，进入大企业的产业链及国际国内销售网。鼓励民营企业练好内功，提高素质，优化商品结构，走向国际市场，支持有比较优势的民营企业，到有条件的国家和地区建立营销网络、商品市场、技术开发中心、生产加工基地和资源开发基地。

2. 成立行业协会，充分发挥行业协会联结企业的纽带作用。

国际经验表明，行业协会能在企业发展过程中起到联系、沟通、交流的纽带作用，如在美国硅谷的发展中，圣克拉拉地区制造集团(SCCMG)、美国电信协会(AEA)、半导体设备和材料协会(SEMI)等协会功不可没。我省晋江、南安等地成立的玩具、建材、服装等协会，对企业健康发展起了重要作用，如晋江玩具公会，在加强本行业企业间联系，发布供求信息，介绍最新技术等方面开展得有声有色，竹藤公会在组织展销、稳定价格上作用突出。但目前我省大部分集群企业没有成立协会组织，有成立的也形同虚设，没有发挥应有作用。政府部门应积极帮助企业成立这一组织，行业协会主要负责提出行业改革与发展规划，拟定行规行约，制订行业标准，加强行业引导，避免不正当竞争，不定期为企业举办各类研讨会、协调会、博览会及培训活动，帮助企业寻找客户与合作伙伴，协调企业与政府、社会的关系，帮助解决企业遇到的诸如土地使用、交通、环保等共性问题，有条件的协会还可以牵头成立行业研发中心、检验科研中心，对行业关键性技术难题组织联合攻关。

3. 构建专业市场，促进优势产业发展壮大

依托产业和生产基地，大力开发建设各类专业市场，通过市场的发展促进产业的壮大，通过产业的壮大反过来促进市场繁荣。第一，完善市场发展规划，着力发展构建一批规模大、标准高、辐射力强的专业批发市场，把这些市场建成集展示、交易、信息和服务功能为一体的中枢机构。第二，推进市场体制创新。按照投资多元化的方向，多方筹资，加大投入。借鉴广东和浙江省的成功经验，推广“企业办市场、市场企业化”的组织新模式，全方位推进市场组织形式的创新。第三，坚持“有所为、有所不为”，有效发挥政府在市场建设和管理中的作用，可以采取“先放开后完善，先发展后规范，先扶持后收益”的办法，让经营者进得来，留得住。政府在税费征收方面实行优惠政策，使商家有利可图。同时政府有关部门要维护市场秩序，强化市场管理，促进市场健康有序发展。

4. 以工业园区为载体，引导产业集聚，延伸产业链。

工业园区有相对完善的基础设施，配套的软件服务，可以提高企业运作效率，坚持以工业园区为载体，大规模地集聚和提升区域块状特色经济。第一，提高园区的规划建设水平，充分整合各类园区资源，对具有特色优势和发展潜力的园区加大扶持力度，提升产业层次；对功能不全，发展受限，布局分散，档次低的工业园区，要结合技改逐步进行调整。要把园区建成对外开放的新窗口，产业升级的新高地，城镇发展的新组团，以园集聚，以聚兴业。第二，不断完善工业园区的基础服务设施，扩大园区规模，集聚生产要素，制订合理的用地价格，鼓励民营经济进入园区进行第二次创业，引导与区内企业有上下游合作关系的企业入园发展。第三，借鉴福州等地实行“飞地工业”的做法，整合资源，优化配置。近来福州市政府出台《关于促进市级工业区发展“飞地工业”的若干规定》，由各县(市)区划定成片规模在 100 亩以上的区域作为“飞地工业区”，凡是进入“飞地工业区”的新办工业项目的税收，按照 7:3 分成比例在投资县(市区与各工业园区之间分配。这样一方面可以调动原先投资环境较差，不具备招商条件的市(县)区(乡)招商引资的积极性，另一方面可以从利益机制上，抑制产

制产业布局不合理问题，整合招商引资资源。对地理位置相邻，行业特色相近，行政区划不同的各工业基地、园区可参照“飞地”的做法，实现特色产业群的大集聚，促进规模扩大。

5. 不断培养和引进专门人才，努力稳定产业工人队伍

首先，大力培养、造就和引进专业人才。发挥政府在人才引进方面的作用，引进一批掌握传统行业如鞋业、纺织服装业、陶瓷工艺等研发技术的高精尖人才；一批精通经济、管理、国际贸易的高级经营管理人才。积极与高等院校协作，依托其师资力量，培养一批高级管理、研发人才。

其次，加强劳动力管理，规范企业用工。尽快建立“劳动力信息中心”，定期举行大型熟练工人招聘会，并设立常设机构，定期开展劳动力供求信息发布、咨询、供求预测、薪酬价格调查及发布等活动，促进企业与熟练工人的沟通与交流，为解决用工不足架设桥梁。通过网络实行就业登记制度，以行业通报、罚款等形式惩罚恶性拖欠工人工资的企业，从源头上防止工人无序流动，使企业用工保持相对稳定。大力开展职业技术教育，通过企业与学校联办的形式，设立培训中心，定期为企业培训员工，提高员工素质。

再次，加强各类人才的软环境建设。在医疗、保险、子女教育和就业、户口、娱乐等方面为企业专业人才和产业工人创造一个宽松的外部环境；要鼓励企业重视企业文化建设，关心职工福利，以人为本，创造良好的内部环境；还要针对各类人才的不同需求，为他们营造宽松和谐的人际环境、优美舒适的生活环境，使企业引得进、留得住专业人才和熟练工人。

6. 优化发展环境，切实保护民营企业的合法权益。

(1)转变政府职能，为企业营造良好的竞争环境。政府要加大经济体制改革力度、消除制约经济发展的体制性障碍，合理制定各产业的短、中、长期发展规划，完善基础设施建设，加大金融信贷的扶持力度，加快退税进度，扶持出口导向型企业快速发展，及时兑现各项优惠政策，从政策环境、税收、出口通关、社会化服务、信息化建设等方面扶持企业发展。

(2)创新信贷方式，解决企业融资难问题。转变观念，大胆借鉴浙江、广东等民营经济发达省份的有关做法，切实解决企业资金瓶颈问题。浙江银行针对中小企业贷款中可担保、抵押资产不多的问题，大胆进行金融创新，创造了十多个贷款新品种，如生产型企业的库存、动产质押、标准仓单质押、应收账款抵押、出口退税账户托管等。

(3)切实保护民营企业的合法权益。首先，政府管理部门应制定有效措施，通过内部与外部双重约束，杜绝“吃、拿、卡、要”等不正之风。其次政府应当按规定明确收费项目、收费标准和收费范围，对一些不合理的收费项目要坚决查处和取缔。再次对侵犯私营企业合法权益的行为和肇事者，公安司法部门应予以严厉打击和惩处。第四，政府有关管理部门应帮助和协调解决企业在经营中出现的各种矛盾与纠纷，使私营企业合法权益得到保护。

(执笔：福建省企业调查队　吴文芳)

拓展就业新空间：我省灵活就业领域与问题剖析

党的十六大报告指出：就业是民生之本。扩大就业是我国当前和今后长时期重大而艰巨的任务。当前我省也面临城镇新增劳动力就业、农村富余劳动力转移、下岗失业人员再就业交织的情况，劳动力供大于求的矛盾较为尖锐，就业结构性矛盾问题突出。如何进一步拓宽就业领域，开辟更多更具潜力的新的就业增长空间，使具有劳动能力且希望工作的人都能够就业，是今后长时期内需要解决的难题之一。针对这种情况，我们近期对全省九个设区市随机选择 233 家各种经济类型的企业和 27 个街道办事处，开展了就业潜力专项调查，以了解掌握当前我省企业和社区的就业现状，探讨我省经济增长特别是产业发展出现的新兴就业领域和空间，分析就业潜力，并提出促进灵活就业、缓解我省就业压力的对策措施。

一、灵活就业的主要领域与现状

中共中央《关于制定国民经济和社会发展第十个五年计划的建议》提出：“建立阶段性就业制度，发展弹性就业形式，实行灵活多样就业方式。”党的十六大进一步指出：“引导全社会转变就业观念，推行灵活多样的就业方式，鼓励自谋职业和自主创业。”为解决我国的就业问题提出了新的思路、新的理念。各种灵活多样就业方式就是灵活就业。调查表明，我省第三产业是拓展就业潜力的主要空间，也是实施灵活就业的最主要领域。

(一)城镇社区服务业。城镇社区就业具有广阔的空间和巨大的增长潜力。社区服务业涵盖范围广，需求种类多，从业形式灵活，对不同年龄、性别、文化技能、水平的就业者有着较好的适应性。社区服务业将成为本世纪初期吸纳劳动力较多的新兴部门，在当前经济结构与就业结构进行重大调整的情况下，应当把它作为开发就业岗位的主要领域和促进下岗职工再就业的主攻方向。据有关资料表明，发达国家的社区就业份额为 20%-30%，发展中国家为 12%-15%，而我国只有 3.9%。国外一些国家政府除从政策上鼓励失业人员兴办多种形式的合作经济、合伙经济、股份制经济或从事个体劳动外，还资助失业者积极参加政府组织的社区服务、以工代赈、清扫环境、维护交通、植树种草、接送儿童等灵活就业工作。并在这些工作中实行季节工、临时工、小时工、轮岗制等灵活的工作制度和形式。同时具有安置成本低、就业门槛低、就业方式灵活多样等优势。社区服务具有容量大、需求广、用工灵活、就业便捷、吸纳力强的特点。我省社区服务业受传统计划经济体制以及人们的观念意识、收入水平的制约，目前仍处于起步阶段，与上海等大城市的社区发展相比有较大差距，如社区便民利民服务的托幼、托老、家庭病房、代购物品、修理维护，以及小餐饮、小商店、报亭、电话亭等，虽有一定的发展，但与家务劳动社会化的要求还有很大差距，有很大的挖掘潜力。调查表明，27 个街道办事处中，2002 年已有各类街道(社区)服务机构 5807 个，比上年增长 19.1%，从业人员 1.71 万人，比上年增长 15.1%。其发展前景看好，预计 2003 年和 2004 年从业人员分别比 2002 年增长 8.1%和 21.1%。其中文化活动站分别增长 4.6%和 12.7%，老年活动站分别增长 2.3%和 6%图书室分别增长 2.1% 和 21.4%，健身房分别增长 4.8%和 41.1%，蔬菜代销点分别增长 25.5%和 30.4%，服务中介机构分别增长 7.1%和 27.1%，洗染、扩印等服务分别增长 14.4%和 28.5%。此外，社区家政服务、钟点工等也有较大的潜力。27 个街道从事业保姆、托老、托幼、家教等家庭服务从业人员为 1235 人，比上年增长 49.5%，预计 2003 年和 2004 年分别比 2002 年增长 25.3%和 54.8%。

(二)小型加工配套及服务领域。目前，我省的加工制造业企业，从总体上讲专业化生产、社会化分工协作水平仍然有待提高，“大而全”、“小而全”的现象仍然不同程度的存在。随着加入 WTO，越来越多的企业更加注重调整企业发展战略，着力培育和提升企业的核心竞争力，必然会根据生产专业化和社会分工协作的要求，逐步把影响核心竞争提升的生产和加工项目分离出来。其中有相当部分非常适合小型微型企业、家庭企业、劳动组织甚至个人承包生产。通过建立有效的信息服务、咨询服务、投融资服务体系，沟通灵活就业与正规部门的联系，推动下岗职工以各种形式从事大中型企业的零部件加工、包装等生产和服务项目。被调查的27个街道办事处的维修、维护站服务机构有436个，从业人员826人，分别比上年增长52.9%和50.2%，预计2003年和2004年从业人员分别比2002年增长25.5%和44.1%。

(三)企事业单位后勤服务项目。随着改革的深入，国有大中型企业和事业单位的后勤服务将逐步剥离出来，这是一个很大的就业市场,也是一个新的就业增长点。应采取灵活多样的形式，积极组织城镇下岗失业人员承接这些后勤服务项目。除社区外，驻在各社区内的各类单位所需要的服务项目也是丰富多彩的。随着改革的深入，大中型企业的社会职能和机关事业单位的后勤服务正在剥离，特别是大中专等学校和医院的后勤社会化改革，后勤保障类的服务需求将会大幅度提高，形成一个很大的市场。此外，随着企事业单位后勤服务社会化，物业管理等工作大量增加，将为社区就业提供大量岗位。被调查的27个街道中有148个物业管理机构，从业人员956人,分别比上年增长16.5%和20.9%，预计2003年和2004年从业人员分别比2002年增长20.7%和36.6%。

(四)商业饮食服务业。这是传统的灵活就业领域，也是我省城镇较为集中的一个领域，如小商店、小饭店、非固定摊贩等。此外，独立服务型就业也大多集中在这一领域，如街头、车站、码头、旅游景点的各类临时摊贩、人力车夫以及从事各种临时性和零星就业的人员。这一领域在沿海发达地区发展得比较充分，而在不发达地区，特别是山区还是有很大的发展潜力。调查表明，27个街道共有商业代销网点2288个，比上年增加7%，从业人员5234人，比上年增长2.3%，预计2003年和2004年从业人员分别比2002年增长1%和12.3%；餐饮服务网点881个，从业人员4471人，分别比上年增长20.7%和17.6%，预计2003年和2004年从业人员分别比2002年增长9.9%和18.6%。沙县充分挖掘饮食文化潜力,着力培育小吃持色产业，成为三明市灵活就业的新途径。目前，沙县小吃除遍及我省福州、厦门、泉州等大中城市外，还遍及浙江、江西、广东、云南等省及北京、上海、深圳、汕头、武汉、南京、杭州、义乌等大中城市。据调查，三明市目前已有700多名下岗失业人员经培训从事沙县小吃业,占实现再就业人员的24%。

二、发展灵活就业亟待解决的问题

调查表明，我省在采取有效措施大力推广灵活就业和弹性就业方面的手段明显不足。

(一)现行社区就业管理和组织体系与促进灵活就业发展的要求不太适应。我省社区就业和社会保障工作还较薄弱，“无机构、无编制、无职能、无经费”的问题相当突出。社区居委会工作人员编制未落实，工资没有列入财政预算，目前还是由街道微薄的预算外资金支付工资，长期下去工作很难开展。2002年27个街道(社区)管理机构为312个，预计2003年、2004年分别比2002年减少8.0%和2.9%。同时社区职业介绍服务体系等中介机构还不完善，不能很好地满足社会发展需求，调查的27个街道其中有7个街道至今还没有职业介绍机构，占25.9%。社区居委会的就业管理和组织能力还比较弱，无法适应大范围、大规模的组织和管理工作。

(二)开办小型企业和从事个体经营面临着不利的政策环境。长期以来，各级政府强调和考虑正规就业的因素较多，积极采取措施发展灵活就业和弹性就业的手段不力，从而加剧了就业矛盾的突出。包括缺乏针对小型企业与个人的信贷和担保制度；很多地区虽制定了针对下岗职工灵活就业的优惠政策，但贯彻落实过程中仍存在不少问题；开办小型企业、从事小规模经营手续繁杂，收费多且高；缺乏市场信息服务体系、咨询服务体系和创业培训体系等，小型企业和小规模经营者难以得到公共培训服务。

(三)促进灵活就业的资金投入有待进一步落实。目前我省对城镇失业人员的部分资金投入，重点是投入到低保和失业保障方面，对促进就业资金的投入却明显不足。前者投入是缓解暂时的困难，后者投入才是解决长远问题，因为具有劳动能力的城镇居民真正想要的是就业岗位而不是保障资金。我省近期出台的“十大扶持政策促进再就业”，其中小额贷款政策的出台，势必极大的促进下岗失业人员自谋职业的积极性。但是，我们认为再好的政策，再好的法规，如果不落实，只停留于纸上、挂在墙上，那就发挥不了政策法规的威力和效应，还会使人们无所适从，损害政府的威信。因此，对于已出台的各种促进就业的资金政策，重在落实。

(四)对灵活就业者的权益保障不力。目前我省的各项社会保险在计费年限、缴费办法和待遇享受等方面，都是依据正规就业的情况设计的，不适于灵活就业的情况和特点。这种情况不仅使下岗职工难以同原企业解除劳动关系并放心大胆地进入灵活就业，而且留下了严重的社会问题。如工资报酬达不到法定最低工资标准；拖欠、克扣工资情况时有发生；工时超过法定工作时间，而且领不到加班费；很多享受不到社会保险；劳动和安全卫生条件恶劣；随意被雇主解雇；一些就业者的人格尊严得不到维护。尽管2002年11月出台了《福建省基本养老保险费代收代缴窗口业务管理暂行办法》，灵活就业人员因此可参保，但试行几个月来看，不参保人员认为保费仍偏高，等待政府是否出台新政策。至于灵活就业人员的医保政策至今尚未出台。

(五)缺乏针对和适应灵活就业的法律规范。目前的劳动法律法规有一些明显不适应灵活就业：按月规定的最低工资标准不适应灵活就业的特点；关于工时的规定对灵活就业来说一是太死，二是标准太高，每周工作时间不超过40小时和连续两个休息日的规定在小型企业里往往难以执行；用人单位雇佣人员时“必须签订书面合同”的规定，在很大程度上不适应用人高度灵活的小型企业的实际情况。

另外，灵活就业的发展导致劳动关系的复杂化和多元化，从而提出了许多需要研究的新问题。如家庭作坊的雇工能否纳入劳动关系的调节范围，从事家庭服务的保姆、钟点工与雇佣者的关系算不算劳动关系，多重劳动关系以及由此引起的一系列相关问题特别是社会保险问题如何处理等等。这些问题需要各地区、各部门抓紧研究解决。

三、灵活就业是解决就业压力的重要方式

调查分析表明，灵活就业具有明显的优势：就业门槛低，对技术、技能和资金的要求一般不高；行业和门类庞杂，包容性大，对不具备就业竞争优势的下岗失业人员来说，选择的余地和空间较大；机制灵活，进退方便，有利于吸引各种择业取向的人们加入，是当前我省解决就业压力的重要方式。

(一)是降低失业率的客观需要。我省人口密度大，人均资源量低，就业岗位不足现象将会长期存在。因劳动力市场供给增长过快，而需求相对不足，我省就业形势严峻，2002年全省城镇登记失业率达4.2%，为1982年以来最高点，比上年提高0.4个百分点，比同期全国高0.2个百分点。同时，外省每年涌入我省的劳动力有230万人，本省农村劳动力向城镇转移达150多万人。对我省就业形势构成很大压力。显然，要降低我省的失业率，实现就业及再就业的目标，仅靠传统的固定就业方式显然不行，必须努力拓展灵活就业新领域，拓宽就业渠道。随着国有企业技术密集程度的提高，不断排斥大量富余人员。在调查的75家国有企业中，2002年从业人数为32234人，比上年减少0.6%，有34家的从业人员比上年减少，占调查企业的45.3%；35家集体企业从业人员为7700人，比上年减少5.3%，有15家从业人员减少，占42.9%。而调查的46家私营从业人员为12020人，比上年增加1258人，增长11.7%；14家联营企业从业人员3120人，比上年增长11.0%。企业新增职工需求主要来自私营和联营企业，表明非公有制经济是我省就业潜力的重要渠道。非公有制经济是我省灵活就业的重点领域。

(二)是缓解经济增长与就业不同步增加的必要途径。解决就业问题的根本出路在于发展经济。但是，经济增长并不意味着必然导致劳动力需求的增加。在当前产业结构调整和技术升级的大背景下，依靠投资和经济增长的办法来提供新的就业机会可能性不大，并且经济增长对就业的拉动能力正在下降。据国家统计局研究表明，在20世纪80年代，GDP每增长一个百分点可增加240万个就业岗位，到90年代，GDP每增长一个百分点只能增加70万个就业岗位。显然，不同时期和阶段，经济增长对就业的拉动作用是不一样的。有关分析资料显示，由于近年来我省经济结构的有效调整，就业弹性系数(GDP增长对就业的贡献率)呈下降趋势，经济增长对就业的拉动能力减弱。调查企业中，有40家的企业对2003年、2004年职工的需求表示减少，占17.2%。企业对职工需求的减少原因，除了主要是企业经济效益不好、减少支出，占

占 34.6%外，其次是技术进步与设备更新和提高劳动生产率，占 14.5%，再次是企业改制与重组，占 12.7%。

(三) 是市场经济发展的内在要求。市场经济的发展需要更多的能够及时反映市场需求变化的灵活用工形式。在市场经济发达的国家，仅非全日制工、临时就业等就占就业总量的 30%。灵活就业越来越成为市场化就业的常态。来自有关部门的统计表明，我国已有 70%以上的下岗失业人员进入灵活就业领域。在北京，2002 年有超过 10 万的下岗失业人员在社区找到了自己的新工作，仅家政服务员就比上年增长 67%。上海市目前每月新增近 400 户“灵活劳动组织”，能解决 4000 人以上的就业，相当于每月新开一家大型企业。近 5 年，上海市通过这种就业方式，累计解决了 17 万人的就业问题。目前广州约有 140 多万人从事非全日制工等 10 多种灵活就业形式，灵活就业人员约占全市城镇从业人员总量的 35%以上，是全国就业和再就业发展最快和最充分的地区之一。采取灵活方式就业已经成为众多地区扩大就业和解决再就业问题的重要方式。我省正处于工业化和城市化加速发展时期，大量文化素质不高的农村富余劳动力和城市下岗失业人员的存在，使得灵活就业在我省还有相当大的发展空间。调查企业中，有 126 家对 2003 年、2004 年表示对职工的需求增加，占 53.9%，两年计划增加 6770 人，其中拟增下岗职工占 15.3%。适宜灵活就业的一般岗位达 4063 人，占 60.9%，年龄在 30 岁以下的占 86.7%；企业对增加职工的文化程度要求不很严格，文化程度在高中及高中(含中专)以下为 5014 人，占 74.1%；对技术职称的要求也不高，62.5%的企业无职称要求，12.6%的企业要求初级职称，要求有中、高级职称的仅分别为 9.4%和 3.5%；增加职工的时间灵活多样，认为可随时增加的企业为 27.9%，半年之内和一年之内分别占 11.5%和 23.8%，一年半之内和两年之内分别占 10.7%和 26.2%；适合灵活就业的短期合同工临时工和以季节工为主的企业分别占 22.3%和 6.4%；对户口的要求不严格，有 67.5%的企业认为本、外地户口均可。究其增加职工的原因是企业生产经营规模扩大和经济效益转好，分别占 32.1%和 18.6%。因此，能够增加就业岗位即灵活就业的经济增长，对于我省来说显得尤为重要。

四、促进灵活就业的对策措施

灵活就业是适应市场经济发展要求的新的就业形式，是解决我省就业矛盾，缓解就业压力的重要手段，灵活就业涉及方方面面，是一项探索性很强的系统工程，需要各级领导的高度重视，各相关部门的密切配合。我们要从实践“三个代表”重要思想的高度，充分认识灵活就业的重要地位和作用，辩证看待灵活就业存在的问题，加快制定促进就业的宏观经济政策和有利于促进灵活就业发展的就业政策，把控制失业率、增加就业岗位、落实促进就业的各项优惠政策和增加促进就业的财政投入作为各级政府工作目标责任制的主要内容。同时，要扩大对灵活就业的宣传，营造良好的社会舆论氛围。

(一) 建立健全社区就业服务体系。要使社区服务的就业潜力转化为现实，关键是建立一套有效的社区就业服务体系。重点是建立有效的就业管理和组织体系，建立以社区为依托的促进灵活就业的新机制，建立包括街道和居委会在内的基层就业服务网络等。要尽快落实社区居委会的人员编制问题。把社区就业和社会保障工作体系建设，作为促进再就业的重要基础工作来抓，设立或确定负责劳动保障事务的机构，街道劳动保障工作机构要在社区聘用专门的服务人员，切实保证所需经费，使社区工作人员思想稳定，更好地为辖区内的企业下岗失业人员提供服务，为政府解忧。

(二) 创造宽松的灵活就业社会环境。推进灵活就业，需要一整套相应的制度保障和提供一个公平和公正的社会环境。一要从改革审批制度入手，提高办事效率，取消不合理收费项目，认真落实再就业优惠政策，建立再就业绿色通道，实行“一站式”和限时服务，把灵活就业和政府促进就业很好地结合起来。在推进市场就业过程中，要认真贯彻实施我省《关于努力扩大就业渠道积极推行灵活就业的意见》。二要不断扩大社会保障的覆盖面，加快建设独立于企事业单位之外，资金来源多元化、保障制度规范化、管理服务社会化的比较完善的社会保障体系，初步形成以养老、失业、医疗保障制度为重点的社会保障体系。三要制定临时就业、阶段性就业、弹性就业等灵活就业政策措施，积极创造条件，在一定程度上突破劳动力流动中的部门壁垒和地区壁垒，允许区域劳动力突破所有制和行业界限，以灵活方式实现有序流动。四要给予灵活就业必要的税收优惠或减免政策，加大街道社区就业，政府应在办证、税收方面给予优惠或减免，就业人员开办个体、私企或工商户，前期办工商、税务证时，给予减免或优惠，就业前二年给予减免或优惠有关税费。在这方面上海市的做法，值得借鉴。上海市规定，“灵活劳动组织”可以不进行工商登记，三年免税；还可以申请 50 万元以下、为期 2 年以内的开业贷款；对于符合条件的“灵活劳动组织”，劳动部门鼓励和扶持其及时转制为小企业。同时，上海还将“灵活劳动组织”从业人员纳入基本社会保险范围，并规定他们的缴费比率比正规部门低 14.5%。

(三)加强对再就业培训力度。目前我省对失业者再就业能力的培训还存在培训机构不规范、培训课程不对路、培训费用过高、培训单位与用人单位脱节等诸多问题，致使一些失业者经培训后仍然失业。为避免培训的盲目性，建议政府要不断跟踪劳动力市场的变化而经常调整和改革培训教育体制和培训课程的内容。在政府统一规划和指导下，根据市场需求开展多层次、多领域、多种形式的职业技能培训、转岗转业培训以及劳动预备制度教育；要鼓励下岗失业人员更加积极地为求职而接受培训，可以考虑规定失业人员只有在愿意接受职业培训和能证明其在积极寻找工作的情况下才能领取失业救济金，对失业者在学习和培训期间的学费和生活费用，实施一定的免费措施。

(四)健全劳动力市场预测和预警系统。推进灵活就业，有赖于劳动力市场的培育与建设。由于缺乏全省统一的劳动力市场和网络，严重制约了经济欠发达地区与经济发达地区之间、城乡之间和行业之间的劳动力转移和流动。为此要加速培育劳动力市场，创造市场灵活就业条件。建议政府设立全省统一的劳动力市场网络和用人信息库，可随时为灵活就业者提供劳动力市场各种就业信息咨询服务，建成多渠道、多功能的就业服务网络。求职者通过全省劳动信息网不仅可了解到劳动力市场动态的就业和培训信息，也可解决劳动就业与市场需求信息不对称等问题。同时应尽快研究并设计出一整套劳动力供求结构变化的预警系统，对下岗职工进行就业培训是一种事后补救的措施，长远的办法应具有前瞻性，进行劳动力需求总量和结构的市场预警预测，结合实际调整教育结构和培训的专业结构入手，使之适应未来产业对劳动力素质的要求。

(五)发挥思想政治工作优势。针对部分下岗失业人员在择业观念和劳动价值观上存在的偏差，以及对就业的高依赖性和低风险承受能力。倡导各级领导干部与特困职工结对帮扶，为下岗失业人员和困难群众排忧解难，办实事、办好事，形成社会各界形成关心、关怀、关注下岗失业人员再就业的良好氛围。要通过各种媒体，大力宣传下岗失业人员自强不息、积极创业的先进典型；通过组织灵活就业典型人物深入改制企业和社区谈经验、谈体会，激发下岗失业人员自主创业、灵活就业的热情；通过举办再就业产品展示会、技能竞赛、供需见面会等活动，引导下岗失业人员增强走市场灵活就业之路的信心。要通过深入细致的思想政治工作，转变下岗失业人员的就业观念，摒弃“非国企不去，非固定工不干”的传统就业观念和“等、靠、要”的依赖思想，树立起临时就业、阶段性就业、弹性就业等灵活就业的新观念。

(执笔：福建省企业调查队　余正光)

七 企业风采

2004

FUJIAN ENTERPRISE YEARBOOK

7-1 福建省100大企业

（2003年）

序号	企业名称	序号	企业名称
1	戴尔（中国）有限公司	24	福建省轻纺(控股)有限责任公司
2	福建省电力有限公司	25	厦门航空有限公司
3	厦门建发集团	26	中国工商银行福建省分行
4	兴业银行股份有限公司	27	福建建工集团
5	福建省汽车工业集团	28	福建省煤炭工业集团
6	福建捷联电子有限公司	29	翔鹭涤纶纺纤（厦门）有限公司
7	福建省烟草公司	30	福建龙工集团
8	福建省电信有限公司	31	厦门象屿集团
9	福建炼油化工有限公司	32	中国银行福建省分行
10	福建省冶金(控股)有限责任公司	33	福建厦门经贸集团
11	夏新电子有限公司	34	厦门TDK有限公司
12	福建移动通信有限责任公司	35	华能国际电力股份有限公司福州分公司
13	中国建设银行福建省分行	36	福建省农资集团
14	冠捷电子（福建）有限公司	37	厦门金龙联合汽车工业有限公司
15	中国石油化工股份有限公司福建石油分公司	38	福建实达电脑集团
16	华映光电股份有限公司	39	福建省邮政局
17	厦门国贸集团	40	福建天成集团
18	中国农业银行福建省分行	41	恒安集团
19	华阳电业有限公司	42	福建泉州三安集团
20	翔鹭石化企业（厦门）有限公司	43	福建大丰投资集团
21	柯达（中国）股份有限公司厦门分公司	44	中国人寿保险股份有限公司福建省分公司
22	上海铁路局福州铁路分局	45	中国人民财产保险股份有限公司福建省分公司
23	厦门厦工集团	46	厦门正新橡胶工业有限公司

注：1.评价参照"全球500强"的评判标准。2. 名单中集团化企业的营业收入包括母公司和全资、控股（绝对、相对）子公司按照财务制度规定合并后的营业收入，不包括参股、协作企业单位的营业收入。

（2003年）

序号	企业名称	序号	企业名称
47	福建石油化工集团	74	福建雪津啤酒有限公司
48	福建三木集团	75	厦门华夏国际电力发展有限公司
49	中国联通有限公司福建分公司	76	厦门建松电器有限公司
50	厦门信达股份有限公司	77	福建金石制油有限公司
51	厦门灿坤实业股份有限公司	78	福建二建建设集团
52	中国(福建)对外贸易中心集团	79	福建紫金矿业股份有限公司
53	福州建工集团	80	福建省物资集团
54	晋江市电力公司	81	厦门港务集团
55	福耀玻璃工业集团	82	福建同春药业股份有限公司
56	漳州灿坤实业有限公司	83	明达塑胶（厦门）有限公司
57	福建省华闽进出口公司	84	南益集团
58	厦门商业集团	85	冠城大通股份有限公司
59	福建太平洋电力有限公司	86	福建省机电(控股)有限责任公司
60	福建省交通运输(控股)有限责任公司	87	福建省电子信息集团
61	福建省亿力电力集团	88	南安市电力总公司
62	万利达集团	89	福建经纬集团
63	联想厦华(厦门)移动通信科技有限公司	90	福建康宏股份有限公司
64	福建省工业设备安装有限公司	91	福建省船舶工业集团
65	柯达（厦门）有限公司	92	福建惠泉啤酒集团
66	厦门ＡＢＢ开关有限公司	93	福建发展高速公路股份有限公司
67	NEC东金电子(厦门)有限公司	94	福建省建材(控股)有限责任公司
68	福建佳通轮胎有限公司	95	福建省商业集团
69	福建六建建工集团	96	厦门富士电气化学有限公司
70	福建顺大运动品有限公司	97	国家开发银行福建省分行
71	厦门进雄企业有限公司	98	福建柒牌集团
72	福建省粮油食品进出口集团	99	福建省第五建筑工程公司
73	厦门松下电子信息有限公司	100	泉州轻工工艺进出口集团

7-2 福建省产品销售收入前300家工业企业

（2003年）

序号	企业名称	序号	企业名称
1	戴尔计算机（中国）有限公司	31	福建佳通轮胎有限公司
2	福建捷联电子有限公司	32	福建三安钢铁有限公司
3	东南（福建）汽车工业有限公司	33	福建顺大运动品有限公司
4	福建炼油化工有限公司	34	厦门进雄企业有限公司
5	夏新电子有限公司	35	福建南纸股份有限公司
6	厦门华侨电子企业有限公司	36	福建省莆田电业局
7	冠捷电子（福建）有限公司	37	厦门松下电子信息有限公司
8	华映光电股份有限公司	38	厦门华夏国际电力发展有限公司
9	福建省三钢（集团）有限责任公司	39	福建雪津啤酒有限公司
10	华阳电业有限公司	40	厦门建松电器有限公司
11	翔鹭石化企业（厦门）有限公司	41	福建金石制油有限公司
12	柯达（中国）股份有限公司厦门分公司	42	福建水口发电有限公司
13	龙岩卷烟厂	43	福耀玻璃工业集团股份有限公司
14	厦门卷烟厂	44	明达塑胶（厦门）有限公司
15	翔鹭涤纶纺纤（厦门）有限公司	45	福建紫金矿业股份有限公司
16	厦门 TDK 有限公司	46	南安市电力总公司
17	厦门工程机械股份有限公司	47	福建康宏股份有限公司
18	厦门金龙旅行车有限公司	48	福建省青山纸业股份有限公司
19	华能国际电力股份有限公司福州分公司	49	厦门富士电气化学有限公司
20	厦门金龙联合汽车工业有限公司	50	福建惠泉啤酒股份集团公司
21	福建实达电脑集团股份有限公司	51	福建柒牌集团有限公司
22	厦门正新橡胶工业有限公司	52	福建省泉州电业局
23	晋江市电力公司	53	厦门众达钢铁有限公司
24	漳州灿坤实业有限公司	54	诺尔起重设备（中国）有限公司
25	福建太平洋电力有限公司	55	福建省南平铝业有限公司
26	厦门灿坤实业股份有限公司	56	林德-厦门叉车有限公司
27	联想厦华(厦门)移动通信科技有限公司	57	南靖县万利达视听有限公司
28	柯达（厦门）有限公司	58	厦门多威电子有限公司
29	厦门ＡＢＢ开关有限公司	59	福建石化集团三明化工有限责任公司
30	NEC 东金电子(厦门)有限公司	60	福建统一马口铁有限公司

7-2 续表 1 （2003 年）

序号	企业名称	序号	企业名称
61	厦门厦顺铝箔有限公司	91	福建省福清供电有限公司
62	福建瑞闽铝板带有限公司	92	福建爱普生实达电子有限公司
63	日立（福建）数字媒体有限公司	93	晋江市百宏弹性织造有限公司
64	福建三丰鞋业有限公司	94	福建省福州电业局
65	福建荔丰鞋业开发有限公司	95	福建清禄鞋业有限公司
66	福建省东南电化股份有限公司	96	晋江市三益钢铁有限公司
67	南平南孚电池有限公司	97	华夏山二实业有限公司
68	福建劲霸时装有限公司	98	福清市明达塑胶(福建)有限公司
69	福建龙岩工程机械（集团）有限公司	99	福建省三明钢铁厂劳动服务公司
70	长乐市供电公司	100	厦门太平货柜制造有限公司
71	厦门太古飞机工程有限公司	101	福建正盛日用品有限公司
72	石狮市电力联营公司	102	福建凯景钢铁开发有限公司
73	福建网讯科技有限公司	103	福建省福抗药业股份有限公司
74	三协精机(福州)有限公司	104	信华(厦门)科技有限公司
75	福建船舶重工股份有限公司	105	福建振云塑业股份有限公司
76	泉州泉港海洋聚苯树脂有限公司	106	太平洋塑胶(福建)有限公司
77	福建实达网络科技有限公司	107	福建南平太阳电缆股份有限公司
78	厦门中桥通讯设备有限公司	108	福安市船舶工业公司
79	厦门台和电子有限公司	109	明达玻璃（厦门）有限公司
80	石狮市富贵鸟集团公司	110	瑞声达听力技术（中国）有限公司
81	福建中日达金属有限公司	111	福州天宇电气股份有限公司
82	福建纺织化纤集团有限公司	112	冠城大通股份有限公司
83	福建亚通塑胶有限公司	113	厦门太古可口可乐饮料有限公司
84	福建协丰鞋业有限公司	114	厦门中禾实业有限公司
85	福建省三明钢铁厂小蕉轧钢厂	115	福建省闽光新型材料有限公司
86	中国国际钢铁制品有限公司	116	莆田德信电子有限公司
87	厦门ＡＢＢ低压电器设备有限公司	117	泉州海天轻纺有限公司
88	厦门银鹭食品有限公司	118	利胜电光源（厦门）有限公司
89	福建省三明金叶复烤有限公司	119	福建吴航不锈钢制品有限公司
90	石狮市大帝集团有限公司	120	福建省万达汽车玻璃工业有限公司

7-2　续表 2　　（2003 年）

序号	企业名称	序号	企业名称
121	福州海马饲料有限公司	151	晋江市恒顺洋伞有限公司
122	福建省长乐市金鑫纺织有限公司	152	福建水泥股份有限公司建福水泥厂
123	厦门钨业股份有限公司	153	厦工集团三明重型机器有限公司
124	福建南平武夷烟叶发展有限公司	154	福建省永安林业集团股份有限公司
125	镒得塑胶(福建)有限公司	155	福建富的乐运动品有限公司
126	闽侯闽兴编织品有限公司	156	福建恒达集团公司
127	福建省建乐鞋业有限公司	157	福清市谊华水产食品有限公司
128	福建华电邵武发电有限公司	158	厦门华诚实业有限公司
129	厦门三圈日化有限公司	159	福建新大陆电脑股份有限公司
130	福建高龙实业有限公司	160	贵人鸟(福建)鞋塑有限公司
131	飞毛腿(福建)电子有限公司	161	福建省龙岩电业局
132	协丰（石狮市）染织实业有限公司	162	漳州万利达数码科技有限公司
133	福建棉花滩水电开发有限公司	163	福建漳平发电有限公司
134	厦门新技术集成有限公司	164	福建省圣农实业有限公司
135	福建华星石化有限公司	165	福建煤电股份有限公司
136	福建省永安供电局	166	福州统一企业有限公司
137	锦兴（福建）化纤纺造实业有限公司	167	福建 JVC 电子有限公司
138	福建省长乐市华威化纤有限公司	168	厦门市食品公司肉联厂
139	福建龙净环保股份有限公司	169	厦门歌乐电子企业有限公司
140	福建省厦门电业局	170	福建省长乐市金沙港针纺实业有限公司
141	别克(福建)鞋业有限公司	171	永安智胜化工联合公司
142	福建省新益电子有限公司	172	宏远纺织（泉州）有限公司
143	福建南纺股份有限公司	173	厦门通士达照明有限公司
144	福建嘉达纺织股份有限公司	174	漳州招商局集装箱有限公司
145	华懋(厦门)织造染整有限公司	175	厦门宏发电声有限公司
146	福建省东伦织造企业有限公司	176	福建省长乐市金林生织造有限公司
147	厦门市同安电力公司	177	福建水泥股份有限公司炼石水泥厂
148	和顺(中国)实业集团有限公司	178	现代时装（厦门）有限公司
149	福大自动化系统有限公司	179	石狮市通达集团有限公司
150	福建长富集团有限公司	180	福建中宇集团有限公司

7-2　续表 3　　（2003 年）

序号	企业名称	序号	企业名称
181	石狮市祥鸿织造漂染有限公司	211	厦门福太伞业有限公司
182	福建省青州造纸有限责任公司	212	福建印福油脂工业有限公司
183	福建顶益食品有限公司	213	福建省龙海市电力公司
184	福建省石狮市华宝集团公司	214	福建玄武石材集团公司
185	福建省邵武化肥厂	215	邵武中竹纸业有限责任公司
186	福建省新威电子工业有限公司	216	晋江市龙兴隆染织实业有限公司
187	福建福人木业有限公司	217	长乐市聚泉食品有限公司
188	福建省德化佳美瓷厂	218	福建源光组合电线有限公司
189	福建百宏纺织化纤实业有限公司	219	厦门金鹭特种合金有限公司
190	福建省晋江市工程机械厂	220	厦门金日制药有限公司
191	福建鑫华股份有限公司	221	福建省三明纺织有限公司
192	福州福泰钢铁有限公司	222	南方铝业(中国)有限公司
193	泉州市三兴体育用品有限公司	223	福建凤竹纺织科技股份有限公司
194	福建省经纬集团有限公司	224	东北理光(福州)印刷设备有限公司
195	顺明电子(福州)有限公司	225	福建华电漳平电厂
196	菲莉集团（福建）有限公司	226	福建顺达涤纶有限公司
197	惠安县电力公司	227	福建永安火电厂
198	福州福华纺织印染有限公司	228	福建省糖业股份有限公司
199	南安市宏发食品有限公司	229	福建福日电子股份有限公司
200	福建省晋江优兰发纸业有限公司	230	福建宏发集团公司
201	华美卷烟有限公司	231	厦门罐头厂
202	厦门法拉电子股份有限公司	232	福建省南平电业局
203	龙岩卓鹰锰铁有限公司	233	福建泉州大华蓄电池有限公司
204	福清龙威水产食品有限公司	234	和成路达(厦门)有限公司
205	爱奇（福建）鞋塑有限公司	235	丞信电子科技（厦门）有限公司
206	亚美（厦门）皮件有限公司	236	晋江市富隆洋伞有限公司
207	厦门惠尔康食品有限公司	237	福建南方路面机械有限公司
208	福建省龙岩造纸有限责任公司	238	中日电热(厦门)有限公司
209	BP(福建)石油有限公司	239	恒安（福建）妇幼用品有限公司
210	福建省安溪县电力公司	240	福建三农集团股份有限公司

7-2 续表 4 （2003 年）

序号	企业名称	序号	企业名称
241	福建台亚汽车工业有限公司	271	厦门新凯复材科技有限公司
242	晋江市维盛织造漂染有限公司	272	莆田新果鞋业有限公司
243	福州绿榕玻璃有限公司	273	福建省顺昌富宝实业有限公司
244	厦门厦杏摩托有限公司	274	龙海鞋业有限公司
245	福建省晋江市安海兴业皮制品厂	275	厦门厦工新宇机械有限公司
246	福建省安溪闽华电池有限公司	276	福州泰全电机有限公司
247	福建省晋江市豪源陶瓷有限公司	277	恒安（晋江）生活用品有限公司
248	福建省福马食品饮料工业有限公司	278	厦门浦头饲料有限公司
249	厦门市育明工程机械配件厂	279	福建喜得龙体育用品有限公司
250	福建省晋江市华泰集团公司	280	泉州神州电子有限公司
251	福州市耀隆化工集团公司	281	晋江市求质体育用品有限公司
252	福建联众集团有限公司	282	晋江市大自然彩色印刷有限公司
253	福建龙岩三德水泥建材工业有限公司	283	尧富家具（漳州）有限公司
254	永德信(福建)磁带有限公司	284	福建省长乐市金鹤毛绒有限公司
255	惠安县双喜制衣有限公司	285	厦门金龙汽车冲压零件有限公司
256	福建省闽侯供电局	286	丰笙实业(漳州)有限公司
257	福建侨成化纤有限公司	287	莆田涵江鞋业有限公司
258	福建达利食品有限公司	288	厦门群鑫机械工业有限公司
259	东南（福建）金属工业有限公司	289	福建才子集团有限公司
260	波特（厦门）鞋业有限公司	290	莆田市涵江大福鞋业有限公司
261	福建省华银铝业有限公司	291	福州联泓交通器材有限公司
262	福建省晋江福源食品有限公司(研究所)	292	福建众和股份有限公司
263	福建宏玮鞋塑有限公司	293	厦门洪氏企业有限公司
264	浦城县正大生化有限公司	294	泉州中侨(集团)股份有限公司
265	晋江恒安心相印纸制品有限公司	295	福清市齐翔食品有限公司
266	漳州金龙客车有限公司	296	福建华吴集团有限公司
267	厦门东纶织造有限公司	297	厦门集立工业有限公司
268	安踏(福建)鞋业有限公司	298	石狮市益兴针织服装有限公司
269	长乐市三磊实业有限公司	299	晋江市金冠食品有限公司
270	福建溪石集团公司	300	福建力佳股份有限公司

7-3 福建省商品销售收入超3亿的贸易企业

（2003年）

序号	企业名称	序号	企业名称
1	厦门建发股份有限公司	27	厦门华纶纺织贸易有限公司
2	厦门国贸集团股份有限公司	28	泉州五矿集团公司
3	福建省农资集团公司	29	沃尔玛利嘉超市
4	中国石油化工股份有限公司厦门石油分公司	30	深圳沃尔玛珠江百货有限公司福州山姆会员店
5	中国（福建）对外贸易中心集团	31	福州轻工进出口有限公司
6	福建省华闽进出口公司	32	福建省新华书店
7	福建省石油总公司福州公司	33	福建省莆田华闽进出口有限公司
8	福建省金属材料有限公司	34	福建省厦门市食品公司
9	厦门信达股份有限公司	35	福建财茂纺织进出口有限公司
10	厦门象屿集团有限公司	36	南安市中油油品经销有限公司
11	中国石油化工股份有限公司漳州石油分公司	37	石狮市五洲大酒店
12	福建同春药业股份有限公司	38	福建省鞋帽进出口集团公司
13	福建省烟草公司泉州分公司	39	福建省烟草公司南平分公司
14	福建省烟草公司三明分公司	40	厦门市宝龙信息产业发展有限公司
15	福建省烟草公司福州市分公司	41	福建福泰钢铁有限公司
16	福建省粮油食品进口集团公司	42	福建省泉州市对外贸易公司
17	福建亿力电力物资有限公司	43	福建厦门经贸集团粮油食品进出口有限公司
18	福建天成集团针绵毛织品进出口有限公司	44	厦门成大进出口贸易有限公司
19	轻工工艺进出口集团公司	45	美光(厦门)半导体有限公司
20	福建省汽车销售公司	46	福建省医药集团有限责任公司
21	福建省烟草公司厦门分公司	47	泉州化建物流有限公司
22	厦门建发集团工贸有限公司	48	厦门兴大进出口贸易有限公司
23	福建省烟草公司龙岩分公司	49	石狮市长江实业有限公司
24	福建省烟草公司莆田分公司	50	福州干鲜果总公司
25	中国石化泉州石油分公司	51	厦门市华东海石油仓储有限公司
26	厦门市东方龙集团有限公司	52	中国石油化工股份有限公司莆田石油分公司

7-3　续表 1　　（2003 年）

序号	企业名称	序号	企业名称
53	厦门市中信隆进出口有限公司	78	福州中机中泰汽车销售有限公司
54	福建省厦门医药采购供应站	79	福建吉马集团有限公司
55	建州物资公司	80	厦门塞尔福汽车有限公司
56	厦门古龙进出口有限公司	81	福建省纺织品进出口公司
57	厦门森宝集团有限公司	82	厦门商发进出口有限公司
58	福建南平武夷烟叶发展有限公司	83	厦门集力发展股份有限公司
59	中国烟草福建进出口有限责任公司	84	福建厦门土产畜产进出口有限公司
60	中国石油化工股份有限公司龙岩分公司	85	福建东百集团股份有限公司
61	莆田市宏发钢材交易市场有限公司	86	厦门市路桥工程物资公司
62	厦门市海澳石油有限公司	87	泉州市华福对外经济贸易公司
63	漳州市外贸公司	88	泉州市粮油食品进出口公司
64	省旅游贸易公司	89	福建省格力空调有限责任公司
65	福建天成集团服装进出口有限公司	90	厦门市嘉晟对外贸易有限公司
66	福建省三明医药股份有限公司	91	泉州闽中燃港丰石化有限公司
67	福建新吉福企业有限公司	92	中国石油化工股份有限公司三明石油分公司
68	福建三木进出口贸易有限公司	93	福州恒源液化石油汽有限公司
69	晋江市烟草公司	94	中国厦门国际经济技术合作公司
70	福建省烟草公司南安市公司	95	福建省烟草公司福清市公司
71	中国石油化工股份有限公司福建南平石油分公司	96	福建省烟草公司漳州分公司
72	厦门市鹭甬石油化工有限公司	97	南安市电信局
73	厦门好聚合进出口有限公司	98	中国卷烟销售公司厦门卷烟调拨站
74	厦门嘉华进出口贸易有限公司	99	厦门市国光工贸发展有限公司
75	中国航空技术进出口厦门公司	100	厦门市闽光实业发展有限公司
76	福州海尔工贸有限公司	101	厦门骏泰通用机械有限公司
77	厦门青岛啤酒销售有限公司	102	福建省龙岩市对外贸易总公司

7-4 福建省自行完成施工产值超5000万元的建筑企业

（2003年）

序号	企业名称
1	福建六建建工集团公司
2	福建省工业设备安装有限公司
3	福建二建建设集团公司
4	福建省第五建筑工程公司
5	福建省闽南建筑工程公司
6	福建省隧道工程有限公司
7	中国建筑第七工程局第三建筑公司
8	中国水利水电闽江工程局
9	福建省建工集团总公司
10	福州建工集团总公司
11	福建铁路建设集团有限公司
12	惠安县惠东建筑工程公司
13	福建路桥建设有限公司
14	福建省第七建筑工程公司
15	路桥集团第一公路工程局厦门工程处
16	福建省第二公路工程公司
17	福建省第一建筑工程公司
18	福建省第一公路工程公司
19	福建省第二电力建设公司
20	中铁第十七工程局远通工程集团公司
21	福建省四建建筑工程有限公司
22	惠安县第五建筑工程公司
23	福建省第三建筑工程公司
24	大成工程股份有限公司
25	福建省鑫源建设发展有限公司
26	福建省九建建筑工程有限公司
27	福建省九龙建设集团公司
28	福建省永泰县建筑工程公司
29	福建鑫泰建筑有限公司
30	福建惠安县房屋建造实业公司
31	厦门邮电纵横集团建设开发有限公司
32	福建省恒基市政工程有限公司
33	福建省八方建筑工程有限公司
34	福建恒亿建设集团有限公司
35	惠安县建筑工程发展公司
36	厦门市集美建安集团有限公司
37	福建地矿建设集团公司
38	厦门市开元第三建筑有限公司
39	福建联美工程建设有限公司
40	福建省水利水电工程公司
41	惠安第三建筑工程公司
42	福州市东岱建筑工程公司
43	福建上杭成龙建筑工程有限公司
44	福建省马鼻建设工程有限公司
45	闽清县第一建筑工程公司
46	福清市交通建筑工程公司
47	福建省上杭县三和建筑工程有限公司
48	闽清市政建筑工程总公司
49	福建省闽东安福建设工程有限公司
50	福建省林业工程公司
51	泉州亿力电力工程建设有限公司
52	福建向荣建设集团有限公司
53	莆田市建筑工程公司
54	厦门市思明区建筑工程总公司
55	福清市卓越建筑工程有限公司
56	泉州市建筑工程公司
57	福建省建筑机械化施工公司
58	福建省榕圣市政工程股份有限公司
59	中铁十七局集团第六工程有限公司
60	福建省第一电力建设公司

7-4　续表 1　　（2003 年）

序号	企业名称	序号	企业名称
61	福建省海天建设工程有限公司	93	厦门市吉兴建筑工程有限公司
62	厦门中宸建设有限公司	94	三明市昌盛公路工程有限公司
63	福州亿力电力工程有限公司	95	福州铁建建筑有限公司
64	厦门中联建设工程有限公司	96	福建省安泰建筑工程有限公司
65	福建省邮电工程有限公司	97	福建省上杭县万祥建设工程有限公司
66	厦门中铁建设公司	98	福建省龙芝建筑工程有限公司
67	晋江市电力劳动服务有限公司	99	厦门市政工程公司
68	厦门市第一民用房屋建筑工程公司	100	南平市一建有限公司
69	福州闽发建筑工程有限公司	101	福建省上杭县南阳建筑工程有限公司
70	福建省长乐市新纪建筑工程有限责任公司	102	福清市金通建筑工程有限公司
71	厦门华远建设集团有限公司	103	福清市水利水电建设工程公司
72	福州市第一建筑工程公司	104	福建省永富建筑工程有限公司
73	龙海市第三建设工程有限公司	105	厦门海沧工程建设公司
74	南安市第一建设有限公司	106	志品(福州)技术工程有限公司
75	福州市第三建筑工程公司	107	福建省南平市水利电力工程处
76	厦门大学建筑工程公司	108	惠安县中大工程建设有限公司
77	福清市第二建筑工程公司	109	厦门安能建设有限公司
78	福建正荣路桥工程有限公司	110	福建省浦口建筑工程公司
79	福建省煤炭工业基本建设公司	111	福州市晋安区水利水电建筑工程公司
80	门禾兴建设集团有限公司	112	福建省晓澳建设工程有限公司
81	福建省华航建设工程有限公司	113	福州市第七建筑工程有限公司
82	厦门市思明第三建筑工程有限公司	114	厦门市立安建筑工程有限公司
83	惠安县第四建筑工程公司	115	厦门环宇警英路桥工程有限公司
84	福清市东水建筑工程公司	116	厦门吉昌建筑公司
85	福州市政工程有限公司	117	福州市第五建筑工程公司
86	厦门东科工程建设有限公司	118	福建省泉州市罗溪建筑工程有限公司
87	福州华品住宅发展有限公司	119	福清市来宝建筑工程公司
88	福州东升建筑工程有限公司	120	永春县恒星水利水电工程有限公司
89	福州市鼓楼建筑工程集团公司	121	龙岩市龙津建筑工程有限公司
90	厦门市莲湖建筑工程有限公司	122	福州金山建筑工程有限公司
91	厦门电力工程集团有限公司	123	莆田市江口建筑工程公司
92	福建省榕源建设工程有限公司	124	福建省林业工程承包公司

7-4　续表 2　（2003 年）

序号	企业名称	序号	企业名称
125	莆田市电力工程总公司	157	闽清县第六建筑工程公司
126	福州鑫九洲建筑安装有限公司	158	福建省莆田市荔城区东凤建筑工程公司
127	厦门市广科建设有限公司	159	惠安县第六建筑工程公司
128	福建省永泰县第八建筑工程公司	160	福建省亨立建筑工程有限公司
129	福建省渔港建设工程公司	161	福建泰坤建设发展有限公司
130	福建省南平市公路工程公司	162	福清市第三建筑工程公司
131	石狮市第一建筑工程公司	163	福建长荣建业有限公司
132	福州市晋安区温泉建筑工程公司	164	福建省方正建筑工程有限公司
133	闽清县第三建筑工程公司	165	惠安县第一建筑工程公司
134	福建省永泰县实联建筑工程有限公司	166	福建省上杭县恒大建筑工程公司
135	厦门市广厦工程建设有限公司	167	福建省三明市第二建筑工程有限公司
136	三明市建筑工程公司	168	龙海市第一建设有限公司
137	福建省长龙建筑工程有限公司	169	福州开发区天福建筑工程有限公司
138	福建省福圣建设发展公司	170	福州景翔建设工程公司
139	厦门市捷安建筑工程公司	171	闽上杭县富兴钢结构建筑工程有限公司
140	福建天虹建设工程有限公司	172	福建省上杭县才溪建筑工程有限公司
141	厦门市第二建筑工程公司	173	南安市第六建筑工程公司
142	福建省海峡建设发展有限公司	174	闽清县第二建筑工程公司
143	厦门辉煌装修工程有限公司	175	福州昌鑫建筑工程有限公司
144	闽侯县第四建筑工程公司	176	漳州市先行交通建设总公司
145	闽西建筑安装工程公司	177	惠安中择建设有限公司
146	惠安县土木建筑工程公司	178	福清市高山建筑工程公司
147	福建省上杭县光大建筑工程有限公司	179	晋江市晋兴建设有限公司
148	福建省利恒建设筑工程有限公司	180	福建省连江县坑园建筑工程公司
149	宁德市建设工程总公司	181	福安市环宇建筑工程有限公司
150	惠安县建筑工程公司	182	福建省长乐市建筑工程总公司
151	福建省闽侯建筑工程公司	183	福建省莆田灵川建筑工程公司
152	莆田市涵城建筑工程有限公司	184	南安市第七建筑工程有限公司
153	永泰县第三建筑工程公司	185	厦门市第二民用房屋建筑工程公司
154	莆田市城厢区建筑工程有限公司	186	南安市码头建筑工程公司
155	永泰县城峰镇建筑工程公司	187	福州市晋安区江盛建筑工程公司
156	厦门市明宏建筑工程公司	188	福州市晋安区第一建筑公司

7-4 续表3

（2003年）

序号	企业名称	序号	企业名称
189	福建省龙洲建筑工程有限公司	221	台江区第一建筑工程公司
190	福建省火电工程承包公司	222	福建省平潭县第二建筑工程有限公司
191	永定县城关建筑工程有限公司	223	福建省上杭县金辉建设工程有限公司
192	福建省地质工程公司	224	厦门同安立兴建筑工程有限公司
193	南安市第三建筑工程公司	225	莆田市市政建设工程公司
194	福州市第二建筑工程公司	226	厦门市第二市政工程公司
195	福清市第一建筑工程公司	227	惠安县市政建筑公司
196	厦门市特水集团有限公司	228	宁德市建设发展工程公司
197	福建航兴建设发展有限公司	229	漳州八达电信工程有限公司
198	福州市建筑安装工程公司	230	福建省敖江建筑工程公司
199	福建省二安机电工程有限公司	231	福建省长乐市安装公司
200	福建省透堡建筑工程有限公司	232	福建省成龙集团有限公司
201	福州居屋建筑工程有限公司	233	漳州市新源电力工程有限公司
202	福州市水利电力工程局	234	福建省上杭县广达交通工程有限公司
203	福建省福清华侨建筑工程公司	235	三明市第一建筑工程公司
204	泉州市第一建筑工程公司	236	南平市源辉水利电力工程有限公司
205	泉州市路桥机械工程公司	237	福州市龙峰建筑工程有限公司
206	永春县建筑工程公司	238	永安市交通工程公司
207	厦门市银城建筑工程公司	239	泉州市政工程有限公司
208	厦门市宏伟建设集团有限公司	240	泉州市东海建筑有限公司
209	福建省高速公路养护工程有限公司	241	福建省鸿宇通信建设发展有限公司
210	武夷山市建设工程公司	242	福建汇海建工集团公司
211	福建省霞浦恒晟建设工程有限公司	243	福建省连江县第三建筑工程公司
212	福建省长乐市江田建筑工程公司	244	福清市永盛钢构工程安装有限公司
213	福建耀华建设开发公司	245	建阳市新星建设集团有限公司
214	福州市三桥建筑工程公司	246	福建省第三地质工程公司
215	福清市阳下建筑工程公司	247	厦门市第一建筑工程公司
216	福建省南平市宏旺建筑工程有限公司	248	福建省南方建设实业有限公司
217	厦门怡鹭工程有限公司	249	厦门市集三建筑工程有限公司
218	福建省福鼎市建筑工程公司	250	古田县第一建筑工程公司
219	莆田市建筑安装工程公司	251	闽侯县第二建筑工程有限公司
220	福建省上杭县华源市政工程有限公司	252	福州农工商建筑工程有限公司

7-5 福建省房地产开发计划总投资 5000 万元以上企业

（2003 年）

序号	企业名称	序号	企业名称
1	常山经济技术开发区	32	福建中鹭置业有限公司
2	永安市城市建设开发有限公司	33	福州市鼓楼城建综合开发公司
3	石狮市征达房地产开发有限公司	34	福州市鼓楼区房地产开发经营公司
4	泉州市丰泽区丰泽房地产开发有限公司	35	福州市台江区房地产开发公司
5	福州市市政建设开发公司	36	福州市台江区房地产开发经营公司
6	福州市房地产经营总公司	37	福州市仓山区城市建设综合开发公司
7	福州市恒坤建设发展有限公司	38	福州市仓山南台岛建设发展总公司
8	福州鼓楼建工房地产开发有限公司	39	福州市仓山房地产经营公司
9	福建二建集团公司房地产开发公司	40	福建三木集团股份有限公司
10	福州康居企业集团有限公司	41	福州市马尾建设房地产开发公司
11	福州市直房地产开发有限公司	42	福州市鼓山福兴建设发展总公司
12	福州市城乡建设发展总公司	43	福州市洪山房地产开发公司
13	福州华电房地产公司	44	福州市盖山房地产开发公司
14	福建康泰住宅建设股份有限公司	45	福州市晋安区岳峰镇房地产开发公司
15	福州市三建房地产开发公司	46	福州市仓山金山房地产开发公司
16	福州市农工商联合企业房地产开发公司	47	福州市仓山烟山房地产开发公司
17	福州市二建房地产开发公司	48	福州市晋安区房地产开发经营公司
18	福州市直管公房经营开发总公司	49	福州市新店房地产开发公司
19	福州榕航房地产开发公司	50	闽候县房地产开发公司
20	福州特艺城房地产有限公司	51	福建耀华建设开发公司
21	福州江滨建设开发公司	52	福州龙事达房地产开发有限公司
22	福州明居房地产开发有限公司	53	连江县宏源房地产开发有限公司
23	福州凯福房地产开发有限公司	54	罗源县松山建筑工程公司
24	福州市房地产开发总公司	55	长乐市房地产开发公司
25	福州博邦地产有限公司	56	长乐市迪鑫房地产开发有限公司
26	福建国邦房地产有限公司	57	平潭县西航实业发展有限公司
27	福州金冠房地产开发有限公司	58	厦门振华实业公司
28	福州永升房地产开发有限公司	59	厦门经济特区房地产开发公司
29	福州市洪山科技园房地产开发公司	60	厦门中信房地产有限公司
30	福州市土地房屋开发总公司	61	厦门经济特区工程建设公司
31	福建三源房地产开发有限公司	62	福建建工集团厦门公司

7-5　续表 1　　　　（2003 年）

序号	企业名称	序号	企业名称
63	厦门国贸地产有限公司	94	厦门市湖里房地产综合开发公司
64	厦门市土地开发总公司	95	厦门市金饰房地产开发有限公司
65	厦门建发集团有限公司	96	厦门集美房产有限公司
66	厦门国际建设股份有限公司	97	厦门市集美东海湾建设发展有限公司
67	厦门市筼筜新市区开发建设公司	98	厦门同安建设发展公司
68	厦门市中山房地产开发公司	99	厦门市同安房地产开发公司
69	厦门市物资房地产开发公司	100	厦门同安祥顺房地产开发有限公司
70	厦门中旅房地产开发公司	101	厦门同安穗丰经济发展有限公司
71	厦门金鹿经济建设发展公司	102	厦门市唐鸣房地产开发有限公司
72	厦门中铁建设公司	103	厦门市东洲房地产开发有限公司
73	厦门兴利房地产综合开发有限公司	104	莆田市房地产开发总公司
74	福建省基建物资房地产开发厦门公司	105	莆田市城厢区房地产开发公司
75	厦门市路桥建设投资总公司	106	莆田市城厢区建设发展公司
76	厦门天地开发建设公司	107	仙游县房地产公司
77	厦门市富山房地产公司	108	仙游县地产开发公司
78	厦门市房地产股份有限公司	109	三明蓝图房地产开发有限公司
79	厦门市住宅建设总公司	110	三明市华宇建筑工程有限公司
80	厦门市东区开发公司	111	福建泉州联益房地产开发公司
81	厦门象屿建设有限公司	112	福建金帝集团有限公司
82	厦门古龙集团房地产有限公司	113	福建冠亚集团有限公司
83	厦门四川房地产开发有限公司	114	泉州煌星房地产发展有限公司
84	厦门海沧征地拆迁公司	115	泉州市住宅建设开发有限公司
85	厦门海沧新阳开发公司	116	泉州市正恒房地产开发有限公司
86	厦门海沧房地产开发公司	117	福建五洲集团有限公司
87	厦门海沧金门实业发展有限公司	118	福建省泉州市城市综合开发公司
88	厦门惠龙集团有限公司	119	泉州市东湖房地产综合开发公司
89	厦门厦信发房地产有限公司	120	泉州泉港房地产公司
90	厦门旭程房地产开发有限公司	121	南安市房地产开发公司
91	厦门海投房地产有限公司	122	南安市水头房地产开发公司
92	厦门市开元区房地产开发公司	123	永春县桃源工业区开发投资有限公司
93	厦门市杏林建设开发公司	124	德化县银河房地产开发公司

7-5　续表 2　　　　　　　　（2003 年）

序号	企业名称	序号	企业名称
125	漳州市改造建设公司	156	福建中城房地产有限公司
126	漳州市华辉房地产开发公司	157	石狮市嘉禄房地产开发有限公司
127	漳州市金峰工业区开发总公司	158	螺城建设发展有限公司
128	漳州市芗城区城市建设开发总公司	159	惠安县联友房产开发有限公司
129	南平市经济实用房建设公司	160	惠安县锦绣房地产有限公司
130	建阳市潭厦房地产开发有限公司	161	泉州泉港中心工业区开发建设有限公司
131	武夷山市房地产开发总公司	162	厦门群伟房地产开发有限公司
132	福建省福鼎市金龙房地产开发有限公司	163	厦门毅达房地产开发有限公司
133	福安市安居住宅建设开发中心	164	厦门华通国际招商有限公司
134	古田县房地产综合开发公司	165	永升旭日集团房地产开发有限公司
135	龙岩市房地产开发总公司	166	厦门中南房地产开发有限公司
136	龙岩市莲花市场开发有限公司	167	厦门福康经济发展有限公司
137	长汀县第二建筑工程公司	168	厦门华都房地产开发有限公司
138	福建长汀华兴房地产综合开发公司	169	厦门市新年安房地产发展有限公司
139	福建省直房地产开发公司	170	厦门弘龙置业有限公司
140	中国武夷实业股份有限公司	171	厦门新江南发展有限公司
141	福建建工房地产综合开发公司	172	厦门领事馆区建设发展有限公司
142	福建实达房地产开发有限公司	173	厦门新假日房地产开发有限公司
143	福建省闽江房地产开发公司	174	厦门英才房地产开发有限公司
144	福建省实华房地产开发公司	175	厦门西龙地产有限公司
145	福建铁路房地产综合开发公司	176	厦门建发集团房地产有限公司
146	福建北方房地产开发公司	177	厦门银聚集团有限公司
147	福建省建设发展总公司	178	厦门永升实业发展有限公司
148	福建银华房地产开发股份有限公司	179	厦门神鹤房地产有限公司
149	福建省闽运房地产开发公司	180	厦门磐基地产投资有限公司
150	福建华能房地产公司	181	厦门莲前集团有限公司
151	福建省黎明置业股份有限公司	182	厦门新金海房地产开发公司
152	福建金帝房地产开发公司	183	厦门元利源房地产开发有限公司
153	福建永同昌建筑工程有限公司	184	厦门新中厦房地产开发有限公司
154	福建兴元房地产开发有限公司	185	厦门盈正创业有限公司
155	福建富义房地产开发有限公司	186	厦门市双民房地产开发有限公司

7-5　续表 3　　（2003 年）

序号	企业名称	序号	企业名称
187	厦门建盛房地产开发有限公司	218	沿海绿色家园发展(福建)有限公司
188	厦门荣辉房地产开发有限公司	219	福建顺华房地产开发有限公司
189	厦门诚毅地产投资管理有限公司	220	福建华港房地产开发有限公司
190	厦门潇湘房地产开发有限公司	221	福建隆发房地产有限公司
191	厦门市汇盛房地产开发有限公司	222	福建山川俱乐部有限公司
192	厦门市海岸房地产开发建设有限公司	223	祥业（中国）房地产集团有限公司
193	厦门特祥房地产开发有限公司	224	福建金龙地产有限公司
194	厦门福满集团有限公司	225	福建英泰房地产发展有限公司
195	厦门鼎乾房地产开发有限公司	226	国信（福建）房地产有限公司
196	厦门滕王阁房地产开发有限公司	227	福建亚协房产有限公司
197	厦门新达利房地产开发有限公司	228	福建翠鸿房地产有限公司
198	厦门辉宏达发展有限公司	229	福建元洪房地产有限公司
199	厦门裕盛园房地产开发有限公司	230	福建永鸿房地产开发有限公司
200	厦门湖滨房地产开发有限公司	231	福建汇福房地产开发有限公司
201	厦门金城湾房地产开发有限公司	232	鸿滔(福建)房地产开发有限公司
202	厦门禹洲房地产开发有限公司	233	永恩(福建)房地产开发有限公司
203	福州施和建筑工程有限公司房地产开发部	234	利嘉实业（福建）集团有限公司
204	福州永嘉房地产开发有限公司	235	福建中盛房地产建设有限公司
205	福州和平房地产开发有限公司	236	福建国际青年广场开发有限公司
206	福州冠华房地产有限公司	237	福建正亮房地产开发有限公司
207	福州辉鑫达房地产开发有限公司	238	远太集团（福建）有限公司
208	福州市航兴房地产开发有限公司	239	福建亚江房地产发展有限公司
209	福建古天源房地产有限公司	240	金必顺（福建）房地产有限公司
210	福州国成房地产有限公司	241	福州光安实业发展有限公司
211	福州三利房地产开发有限公司	242	福建凯旋房地产开发有限公司
212	福建大世界华夏房地产有限公司	243	福州凯华房地产开发有限公司
213	福州市仓山区房地产开发公司	244	福州中洲岛实业发展有限公司
214	泉州市洛江城市建设开发有限公司	245	福州成积房地产有限公司
215	晋江市城镇建设综合开发公司	246	泉州市汇源房地产开发有限公司
216	亚桥（厦门）房地产开发有限公司	247	福建天元房地产开发有限公司
217	厦门唐美房地产有限公司	248	福建万顺房地产开发有限公司

7-5　续表 4　（2003 年）

序号	企业名称	序号	企业名称
249	融侨(福建)房地产有限公司	280	太平洋(福建)房地产开发有限公司
250	泉州福泉有限公司	281	福清洪宽工业村开发有限公司
251	福建三华房地产开发公司	282	福州东福实业发展有限公司
252	漳州高力房地产发展有限公司	283	福建永兴房地产有限公司
253	福建恒生房地产有限公司	284	运盛(福建)地产有限公司
254	福建时代房地产有限公司	285	福州耀华房地产有限公司
255	南平武夷房地产开发有限公司	286	福州宏达房地产有限公司
256	南平金山房地产开发有限公司	287	福州怡和房地产有限公司
257	联昌(邵武)房地产开发有限公司	288	福州长福房地产有限公司
258	福建省顺昌融华房地产开发有限公司	289	福州金福房地产有限公司
259	浦城滨江房地产公司	290	福州全球渡假体育游乐有限公司
260	建阳市胜德房地产开发有限公司	291	福州福胜房地产开发有限公司
261	祥夷房地产公司	292	福州亨黎房地产有限公司
262	冠宏星（福建）房地产开发有限公司	293	福州实力房地产开发有限公司
263	宁德华港房地产开发有限公司	294	福州市欧伦房地产有限公司
264	龙岩御佳园房地产有限公司	295	福建长滔建设开发有限公司
265	龙岩通华房地产发展有限公司	296	福州汇达房地产有限公司
266	福建闽西东方银河房地产开发有限公司	297	福建南方房地产有限公司
267	福建省莆田亿汉土地开有限公司	298	福清润年房地产
268	莆田市世全房地产开发有限公司	299	国兴发展(福州)有限公司
269	莆田宝胜建设有限公司	300	福州金桥房地产有限公司
270	福建大地湄洲工业区开发有限公司	301	福州新榕房地产开发有限公司
271	莆田市太平洋建设开发有限公司	302	正福国际（福建）综合开发有限公司
272	港峰（福建）恒隆房地产开发有限公司	303	福州闽发房地产有限公司
273	福建华阳湄洲开发有限公司	304	福建启富房地产有限公司
274	莆田市香冠建设开发有限公司	305	达嘉福州房地产有限公司
275	福建益民林房地产有限	306	福州融林房地产有限公司
276	华福大酒店有限公司	307	福州金星房地产开发有限公司
277	福州华升投资开发有限公司	308	福建华利房地产有限公司
278	福州鸿业房地产有限公司	309	福清瑞云房地产
279	福州东兴房地产开发有限公司	310	福州保兴房地产公司

7-5　续表 5　　（2003 年）

序号	企业名称	序号	企业名称
311	福州恒裕房地产有限公司	342	福州和声房地产开发有限公司
312	高士达(福建)房地产有限公司	343	福州闽水缘发展有限公司
313	平潭县康德房地产有限公司	344	福州金辉房地产开发有限公司
314	福州新澳福房地产开发有限公司	345	福建新南房地产开发有限公司
315	福州三江房地产有限公司	346	福建中港房地产开发有限公司
316	福州福成房地产开发有限公司	347	福州侨发房地产有限公司
317	福清富年房地产	348	福州市德天房地产有限公司
318	福清清荣房地产	349	福州高佳房地产开发公司
319	福州东泰房地产有限公司	350	福建源达房地产有限公司
320	福州集友房地产开发有限公司	351	福州阳光房地产开发有限公司
321	福州宜发房地产开发有限公司	352	漳州市兰田工业区开发有限公司
322	福清福祥房地产	353	漳州市东久房地产开发有限公司
323	福清胜田房地产	354	漳州市武夷房地产开发有限公司
324	福州台亚岚房地产有限公司	355	福建省东山裕盛建设开发有限公司
325	福建福泰置业发展有限公司	356	福建省长泰县兴泰工业区开发有限公司
326	福建鑫裕房地产有限公司	357	新城房地产集团（福建）有限公司
327	福州国际民航广场有限公司	358	漳州市中旅商厦建设有限公司
328	福州龙艺房地产开发有限公司	359	漳州陆达房地产开发有限公司
329	利嘉(平潭)房地产有限公司	360	安平开发建设有限公司
330	福建置福房地产有限公司	361	泉州市运通兴业有限公司
331	福州凯馨房地产开发公司	362	晋江福埔开发建设有限公司
332	福州毛里斯房地产开发有限公司	363	石狮市菲华金丘开发建设有限公司
333	福建金辉房地产有限公司	364	泉州东海开发有限公司
334	福州金瑞房地产开发有限公司	365	石狮市义德房地产开发有限公司
335	福州远乐房地产有限公司	366	泉州市武夷房地产开发有限公司
336	福建保乐房地产开发有限公司	367	泉州福华商厦有限公司
337	福州金水湖房地产开发有限公司	368	泉州南海建设开发有限公司
338	盛亚房地产开发有限公司	369	恒富（泉州）房地产发展有限公司
339	福建元一房地产发展有限公司	370	石狮市大西洋房地产开发有限公司
340	福州恒基房地产有限公司	371	石狮市信义工业区综合开发有限公司
341	福清加州房地产	372	诚信置业（泉州）有限公司

7-5 续表 6 （2003 年）

序号	企业名称	序号	企业名称
373	福建荣泉房地产发展有限公司	404	厦门安宝房地产开发有限公司
374	南安成功大厦有限公司	405	厦门泰峰房地产开发有限公司
375	泉州市华尔顿房地产开发有限公司	406	建联（厦门）海滨渡假新城有限公司
376	泉州联泰房地产开发有限公司	407	厦门中祥房地产开发有限公司
377	泉州宏滨房地产开发有限公司	408	厦门裕泰房地产开发有限公司
378	南安辉侨温泉花园发展有限公司	409	吉祥（厦门）房地产开发有限公司
379	福州中设房地产有限公司	410	厦门大洋房地产开发有限公司
380	福州跨洋房地产开发公司	411	厦门龙腾房地产开发有限公司
381	福建新华房地产开发公司	412	厦门大唐房地产有限公司
382	福建省泉州市毅达房地产发展有限公司	413	厦门鸿翔房地产开发有限公司
383	福建省金爵房地产开发有限公司	414	厦门冠宇房地产开发有限公司
384	泉州市群盛房地产开发有限公司	415	厦门世嘉房地产发展有限公司
385	福建省泉州丰盛集团有限公司	416	益华（厦门）房地产开发有限公司
386	泉州市盛荣房地产发展有限公司	417	厦门永信房地产开发有限公司
387	泉州市宝成房地产开发有限公司	418	沿海绿色家园发展（厦门）有限公司
388	龙岩五洲房地产开发有限公司	419	厦门德盛房地产开发有限公司
389	厦门联合发展（集团）有限公司	420	厦门能群房地产开发有限公司
390	厦门佳宝房产有限公司	421	厦门嘉祥房地产开发有限公司
391	厦门利华房产有限公司	422	厦门中亚置业发展有限公司
392	厦门同兴开发有限公司	423	厦门源通房地产发展有限公司
393	厦门汇成建设发展有限公司	424	厦门嘉英房地产开发有限公司
394	厦门联发（集团）房地产有限公司	425	厦门金利房地产发展有限公司
395	厦门信隆房地产联合开发有限公司	426	厦门南湖房地产开发有限公司
396	厦门汉诚房地产开发有限公司	427	厦门胜达房地产有限公司
397	厦门侨华有限公司	428	厦门华祥房地产发展有限公司
398	厦门祐成房地产开发有限公司	429	厦门贵丰房地产开发有限公司
399	厦门惠豪发展有限公司	430	厦门万联房地产有限公司
400	厦门建德开发有限公司	431	厦门新亚房地产开发有限公司
401	厦门南福房地产开发有限公司	432	天龙（厦门）房地产开发有限公司
402	诚信置业(厦门)有限公司	433	惠元（厦门）房地产发展有限公司
403	厦门富强房地产开发有限公司	434	厦门皇家房地产开发有限公司

序号	企业名称	序号	企业名称
435	厦门发林房地产开发有限公司	466	厦门市振嵘房地产开发有限公司
436	汇峰（厦门）房地产开发有限公司	467	厦门大富华房地产开发有限公司
437	厦门鹰辉房地产开发有限公司	468	厦门大洲房地产集团有限公司
438	厦门新怡和房产开发有限公司	469	厦门南成房地产开发有限公司
439	厦门永发行房地产开发有限公司	470	厦门立赛亚房地产开发有限公司
440	厦门新城房地产有限公司	471	厦门明发集团有限公司
441	铭爵山庄（厦门）房地产开发有限公司	472	厦门市金秋园房地产开发有限公司
442	厦门华汇房地产开发有限公司	473	厦门国源房地产开发有限公司
443	厦门润捷花园大厦有限公司	474	厦门市华林建设发展有限公司
444	厦门冠宏房地产开发有限公司	475	厦门市恒达昌房地产开发有限公司
445	厦门源成房地产开发有限公司	476	厦门东瑞仕房地产开发有限公司
446	厦门明鹭建设发展有限公司	477	厦门东方三悦房地产投资有限公司
447	厦门源昌房地产开发有限公司	478	厦门市三井实业有限公司
448	厦门祥泰房地产开发有限公司	479	厦门市海渤建设发展有限公司
449	厦门热海温泉建设有限公司	480	厦门九天房地产开发有限公司
450	厦门雄辉房地产开发有限公司	481	福建嘉园房地产开发有限公司
451	厦门明都房地产开发有限公司	482	潘氏(福州)房地产有限公司
452	厦门南隆房地产开发有限公司	483	漳州天下房地产开发有限公司
453	繁华（厦门）置业有限公司	484	福州景协房地产有限公司
454	厦门中骏房地产开发有限公司	485	福建正得房地产有限公司
455	厦门富闽房地产开发有限公司	486	福建正祥置业发展有限公司
456	厦门金秋豪园房地产有限公司	487	泉州市鑫亿房地产发展有限公司
457	厦门中厦房地产有限公司	488	安溪茶叶批发市场开发有限公司
458	厦门华侨城房地产开发有限公司	489	漳州市芗城群勇房地产开发限公司
459	厦门嘉盛建设有限公司	490	漳州市亚太天隆房地产有限公司诏安分公司
460	厦门武夷嘉园房地产开发有限公司	491	连江县融凤房地产开发有限公司
461	厦门富成房地产开发有限公司	492	平潭县华厦房地产有限公司
462	厦门滨江房地产开发有限公司	493	湄洲湾北岸房地产总公司
463	厦门建邦房地产开发有限公司	494	莆田建筑工程公司房地产开发部
464	厦门市华远房地产开发有限公司	495	三明市广景房地产开发有限公司
465	厦门龙潭房地产开发有限公司	496	沙县民发房地产开发有限公司

7-5 续表 8 （2003 年）

序号	企业名称	序号	企业名称
497	泉州市金盾房地产开发有限公司	528	厦门禾山建设发展有限公司
498	龙岩市松柏房地产开发有限公司	529	厦门巩源天宝房地产开发有限公司
499	福鼎市裕金房地产开发有限公司	530	厦门华清房地产有限公司
500	龙岩德兴房地产开发有限公司	531	厦门金恒昌房地产发展有限公司
501	龙岩市安居住宅建设有限公司	532	厦门禾山田地建设有限公司
502	南平市恒达房地产开发公司	533	厦门市万里星房地产开发有限公司
503	泉州泉港逸涛房地产开发有限公司	534	厦门市鑫新景地房地产有限公司
504	漳州市芗城瑞京房地产开发有限公司	535	厦门启龙房地产开发有限公司
505	漳州市向荣房地产开发有限公司	536	厦门万山禾房地产开发有限公司
506	福建悦华房地产有限公司	537	厦门海沧土地开发有限公司
507	莆田市城厢区宏俐房地产开发有限公司	538	厦门丰洲置业有限公司
508	莆田市涵东紫潢房地产开发有限公司	539	厦门三安房地产开发有限公司
509	南平市颐和房地产开发有限公司	540	厦门市万亨房地产开发有限公司
510	泉州力标房地产发展有限公司	541	厦门特运房地产开发有限公司
511	泉州市远建房地产开发有限公司	542	厦门海港建设发展有限公司
512	泉州盛达房地产开发有限公司	543	厦门出口加工区投资管理有限公司
513	龙岩市天成房地产开发有限公司	544	厦门金特房地产开发有限公司
514	连江永得利房地产开发有限公司	545	福建省亿力房地产股份有限公司
515	福清三鑫房地产	546	福建省亿力房地产股份有限公司
516	漳州市龙文荣昌房地产开发有限公司	547	厦门万森房地产有限公司
517	龙海市住宅建设发展中心	548	厦门市云景房地产开发有限公司
518	南安市洪濑镇建设有限公司	549	厦门联信祥房地产有限公司
519	福州深深房地产开发有限公司	550	厦门嘉益建设发展有限公司
520	莆田市三信房地产开发有限公司	551	厦门富春东方房地产开发有限公司
521	长乐市城关房地产开发有限公司	552	福州时代金典房地产开发有限公司
522	福州华尔信房地产开发有限公司	553	福清福源房地产
523	厦门三福裕房地产开发有限公司	554	霞浦县金山房地产综合开发有限公司
524	厦门景祥房地产开发有限公司	555	福州冠茂房地产开发有限公司
525	厦门市皓晖房地产开发有限公司	556	莆田市交通房地产开发有限公司
526	厦门唐门房地产有限公司	557	福建省天安房地产有限公司
527	厦门信地实业有限公司	558	宁德市三泰房地产有限公司

7-5 续表 9　　　　　　　　　　（2003 年）

序号	企业名称	序号	企业名称
559	福建省莆田市华东房地产开发有限公司	590	泉州市莲花房地产开发有限公司
560	泉州市力丰房地产开发有限公司	591	长乐市城区解放路和平街改造建设指挥
561	福清高豪房地产	592	福州中选房地产开发有限公司
562	泉州市时代房地产发展有限公司惠安分公司	593	福州凯山房地产有限公司
563	福建德港房地产开发有限公司	594	泉州市同裕房地产发展有限公司
564	福州源盛房地产开发有限公司	595	福建恒昌房地产开发有限公司
565	连江县宏宇房地产开发有限公司	596	龙岩市红坊建筑工程公司房地产开发部
566	石狮市建德房地产有限公司	597	罗源县闽星房地产开发有限公司
567	漳州大洲房地产开发有限公司	598	福州嘉多福房地产有限公司
568	南平市建工房地产开发公司	599	福清和成房地产
569	连江县华庆房地产开发有限公司	600	福州中榕信房地产开发公司
570	惠安第六建筑工程公司中新分公司	601	晋江市福隆置业有限公司
571	福建省九龙房地产有限公司	602	龙岩市中恒兴房地产开发有限公司
572	沙县翠绿房地产开发有限公司	603	泉州诺林房地产开发有限公司
573	福安市华联房地产开发有限公司	604	福建省侨融房地产开发有限公司
574	南安市溪美房地产开发有限公司	605	泉州宝兴房地产开发有限公司
575	福安市闽东华泰房地产开发有限公司	606	泉州（洛江）五金机电商城
576	龙岩市晟龙房地产开发有限公司	607	福建袄野房地产有限公司
577	荣王（三明）房地产开发有限公司	608	晋江市运通世纪房地产开发有限公司
578	平潭县东兴龙居房地产有限公司	609	三明市玉源房地产开发有限公司
579	福建东嘉房地产有限公司	610	福州金增房地产开发有限公司
580	宁德市闽东凯建房地产开发公司	611	福建省福新房地产开发有限公司
581	泉州兴隆房地产开发有限公司	612	福州华辰房地产有限公司
582	东煌(福建)房地产开发有限公司	613	宁德市澳泰房地产有限公司
583	福州瓜果城房地产开发有限公司	614	泉州市信昌房地产开发有限公司
584	福建大洋房地产开发有限公司	615	龙海御泰房地产开发有限公司
585	易达（三明）房地产综合开发有限公司	616	莆田市大唐房地产开发有限公司 、
586	福建兰庭房地产实业有限公司	617	漳平市汇盛房地产有限公司
587	汉唐房地产开发有限公司	618	福鼎市裕阳房地产开发公司
588	福建留学人员创业园建设发展有限公司	619	泉州市万祥房地产开发有限公司
589	福州中利房地产开发有限公司	620	福建固华宸建设工程发展公司永春分公司

7-5 续表 10 （2003 年）

序号	企业名称	序号	企业名称
621	长泰县泛华生态产业投资有限公司	653	福州武夷绿洲房地产有限公司
622	龙岩万泉房地产开发公司	654	福州金家仕博房地产有限公司
623	霞浦恒隆信房地产开发有限公司	655	连城恒 N 建设发展有限公司
624	福建省南平市金宇房地产开发有限公司	656	大田县城通房地产开发有限公司
625	福建福煤房地产开发有限公司	657	漳州能群房地产开发有限公司
626	浦城紫云房地产公司	658	漳州金威龙房地产开发有限公司
627	福建百源房地产开发有限公司	659	福建泛华房地产开发有限公司
628	霞浦大地房地产开发有限公司	660	福州开发区嘉盛房地产有限公司
629	福州凯城房地产有限公司	661	福建冠亚房地产开发有限公司
630	漳州市经济发展有限公司	662	福建仁文建设有限公司
631	福州旺华房地产有限公司	663	福州世茂投资发展有限公司福州分公司
632	福建立恒房地产开发有限公司	664	福建金运房地产开发有限公司
633	三明市鸿图房地产开发有限公司沙县分公司	665	福建华事达房地产有限公司
634	福建龙净置业有限公司	666	福州海润房地产开发有限公司
635	龙文区桂溪房地产	667	福州泰禾房地产开发有限公司
636	霞浦县鑫润地产开发有限公司	668	福建联盛房地产开发有限公司
637	泉州聚融房地产开发有限公司	669	福建融信房地产开发有限公司
638	三明钢铁房地产开发公司	670	福清成龙房地产
639	福州开成房地产开发有限公司	671	福州宝龙房地产发展有限公司
640	霞浦新星房地产开发有限公司	672	福州市住宅发展有限公司
641	南安市美林综合房地产开发有限公司	673	福建康超房地产开发有限公司
642	福建好美家房地产有限公司	674	南安市金淘小城镇建设有限公司
643	浦城东虹房地产开发有限公司	675	福建太一房地产开发有限公司
644	厦门建发集团房地产有限公司福州分公司	676	建省四建建筑工程有限公司房地产开发分公司
645	福建省建瓯市括苍房地产开发有限公司	677	厦门海发房地产开发有限公司
646	福建省建瓯市汇丰房地产开发有限公司	678	福州市晋安区五四北路拆迁指挥部
647	德化县广益房地产开发公司	679	福州洪山晨光堤段建设指挥部
648	莆田市中鸿房地产开发有限公司	680	福建省莆田港涵房地产开发有限公司
649	龙岩市丰源房地产开发有限责任公司	681	华宇建筑工程有限公司宁化东方花园项目部
650	福建中茵房地产开发有限公司	682	福建渠城房地产开发有限公司
651	福建南平嘉源房地产有限公司福州分公司	683	武夷山安福房地产公司
652	福鼎市金狮房地产开发有限公司	684	泉州市新新房地产开发有限公司南安分公司

7-6 福建省国家税收收入前300强企业

（2003年）

序号	企业名称	序号	企业名称
1	龙岩卷烟厂	31	福建省厦门电业局
2	厦门卷烟厂	32	福建实达电脑设备有限公司
3	福建移动通信有限责任公司	33	福建佳通轮胎有限公司
4	戴尔计算机(中国)有限公司	34	福建省烟草公司福州分公司
5	福建炼油化工有限公司	35	华映光电股份有限公司
6	华阳电业有限公司	36	翔鹭石化企业（厦门）有限公司
7	东南(福建)汽车工业有限公司	37	厦门ABB低压电器设备有限公司
8	夏新电子股份有限公司	38	福州市国税局台江管理局建海分局(完税证汇总户)
9	福建水口发电有限公司	39	南安市电力总公司
10	三明闽光股份有限公司	40	福建省烟草公司三明分公司
11	华能国际电力股份有限公司福州分公司	41	福建省东南电化股份有限公司
12	福建省电力有限公司	42	现代时装（厦门）有限公司
13	福建太平洋电力有限公司	43	中国石油化工股份有限公司福建石油分公司
14	福建雪津啤酒有限公司	44	明达玻璃（厦门）有限公司
15	厦门正新橡胶工业有限公司	45	龙岩恒发电业有限公司
16	华美卷烟有限公司	46	福建省青山纸业股份有限公司
17	厦门ABB开关有限公司	47	福州市国家税务局鼓楼管理局
18	福建省惠泉啤酒集团股份有限公司	48	福建省万达汽车玻璃工业有限公司
19	厦门华夏国际电力发展有限公司	49	福建石化集团三明化工有限责任公司
20	柯达(中国)股份有限公司厦门分公司	50	福建闽能邵武发电有限公司
21	福建省烟草公司	51	福建纺织化纤集团有限公司
22	福建棉花滩水电开发有限公司	52	福建漳平发电有限公司
23	福建省泉州电业局	53	龙岩市新罗区煤炭开发服务公司
24	福建省晋江市电力公司	54	中国石油化工股份有限公司福建厦门石油分公司
25	福建发展高速公路股份有限公司	55	福建省龙岩闽特烟叶复烤有限责任公司
26	福建省福州电业局	56	中国石油化工股份有限公司福建福州石油分公司
27	兴业银行股份有限公司	57	福建省三明金叶复烤有限公司
28	福建省南纸股份有限公司	58	福建省南平铝业有限公司
29	厦门金龙旅行车有限公司	59	福建三钢（集团）有限责任公司
30	翔鹭涤纶纺纤（厦门）有限公司	60	福建省烟草公司厦门分公司

注：资料来源：福建省国家税务局。

7-6 续表 1 （2003 年）

序号	企业名称	序号	企业名称
61	厦门吉源企业有限公司	91	泉州大泉赖氨酸有限公司
62	福建省石狮市电力联营公司	92	厦门金日制药有限公司
63	中国石油化工股份有限公司福建泉州石油分公司	93	福建水泥股份有限公司炼石水泥厂
64	福建捷联电子有限公司	94	厦门太古飞机工程有限公司
65	厦门厦顺铝箔有限公司	95	福建省福海烟草有限责任公司
66	恒安(福建)妇幼用品有限公司	96	福建省金湖电力有限责任公司
67	福州天宇电气股份有限公司	97	华懋(厦门)织造染整有限公司
68	福建省烟草公司泉州分公司	98	厦门夏新移动通讯有限公司
69	三明钢铁厂劳动服务公司	99	福州福享汽车工业有限公司
70	福建省莆田电业局	100	福州明达电力开发有限公司
71	中国建设银行厦门市分行	101	厦门太古可口可乐饮料有限公司
72	福建省烟草公司莆田分公司	102	福建水泥股份有限公司
73	福建省烟草公司南平分公司	103	福建省烟草公司晋江市公司
74	福建省安溪县电力公司	104	永恩投资（集团）有限公司
75	亚洲酿酒(厦门)有限公司	105	厦门金龙汽车车身有限公司
76	三明钢铁厂小蕉扎钢厂	106	福建省福抗药业股份有限公司
77	福建省漳州电业局	107	福建省永安煤业有限责任公司
78	福建南纺股份有限公司	108	中国石油化工股份有限公司福建漳州石油分公司
79	青岛啤酒（福州）有限公司	109	福清市国家税务局征收分局(完税证汇总户)
80	福建省烟草公司福清市公司	110	福建省安溪县三安钢铁有限公司
81	青岛啤酒（厦门）有限公司	111	日立（福建）数字媒体有限公司
82	福州绿榕玻璃有限公司	112	福建省尤溪流域水电开发有限责任公司
83	厦门航空有限公司	113	福建龙溪轴承股份有限公司
84	石狮市国税局狮城分局	114	兴业银行总行营业部
85	厦门松下电子信息有限公司	115	东南(福建)金属工业有限公司
86	厦门灿坤实业股份有限公司	116	福建亿力电力物资有限公司
87	福建省烟草公司南安市公司	117	厦门工程机械股份有限公司
88	福建雪津啤酒（三明）有限公司	118	厦门法拉电子股份有限公司
89	福建省福清供电有限公司	119	厦门金龙联合汽车工业有限公司
90	中国工商银行厦门市分行	120	福州联泓交通器材有限公司

7-6 续表 2 （2003 年）

序号	企业名称	序号	企业名称
121	福建水泥股份有限公司建福水泥厂	151	福建省龙岩电业局
122	龙岩卓鹰锰铁有限公司	152	福建闽兴水电有限公司
123	冠捷电子(福建)有限公司	153	福建顶益食品有限公司
124	中国国际钢铁制品有限公司	154	福建省德化佳美瓷厂
125	福建龙岩三德水泥建材工业有限公司	155	厦门鱼肝油厂
126	兴业银行厦门分行	156	福建中日达金属有限公司
127	福建爱普生实达电子有限公司	157	三明竹洲水电站
128	恒安(晋江)妇女用品有限公司	158	厦门厦杏摩托有限公司
129	深圳沃尔玛珠江百货有限公司福州山姆会员商店	159	厦门华侨电子股份有限公司
130	厦门夏新工程塑胶有限公司	160	中石化有限公司南平分公司
131	惠安县电力公司	161	泉州市安平开发建设有限公司
132	深圳沃尔玛珠江百货有限公司厦门世贸分店	162	福建亚通新材料科技股份有限公司
133	厦门五福印务有限公司	163	晋江市国税局磁灶分局
134	南平武夷烟叶发展公司	164	福州泰全电机有限公司
135	福建省烟草公司漳州分公司	165	福建省电力有限公司
136	福建省青州造纸有限公司	166	联想移动通信科技有限公司
137	福建省长乐市供电公司	167	福州新裕电装有限公司
138	福建台亚汽车工业有限公司	168	福州统一企业有限公司
139	福建省三明电业局	169	林德- 厦门叉车有限公司
140	晋江恒安心相印纸制品有限公司	170	厦门金龙客车有限公司
141	涵江区国家税务局征收局	171	宏远纺织（泉州）有限公司
142	飞毛腿（福建）电子有限公司	172	厦门雄辉房地产开发有限公司
143	福州百事可乐饮料有限公司	173	福建玄武石材有限公司
144	福建七匹狼实业股份有限公司	174	邵武中竹纸业有限公司
145	中国石油化工股份有限公司福建宁德石油分公司	175	福建泉州清源啤酒朝日有限公司
146	福州市国税局台江管理局南公分局(完税证汇总户)	176	福建省龙岩造纸有限责任公司
147	福建省南平电业局	177	闽发证券有限责任公司
148	福建省烟草公司长汀贸易中心	178	福建省烟草公司宁化县公司
149	福建实达网络科技有限公司	179	永安智胜化工有限公司
150	厦门市同安电力公司	180	尤溪县金叶发展有限公司

7-6 续表 3 （2003 年）

序号	企业名称	序号	企业名称
181	福建省烟草公司闽东贸易中心	211	厦门中桥通讯设备有限公司
182	福建凤竹纺织科技股份有限公司	212	厦门市育明工程机械有限公司
183	厦门众达钢铁有限公司	213	福州市自来水总公司
184	中国银行福清支行	214	沙县电力公司
185	晋江兴业皮革有限公司	215	福建省顺昌富宝实业有限公司
186	福建省莆田协丰模具有限公司	216	石狮市国家税务局祥芝分局
187	福建省烟草公司惠安县公司	217	福建东百集团股份有限公司
188	厦门中药厂有限公司	218	福建浔兴拉链科技股份有限公司
189	福建省尤溪县电力公司	219	顺明电子(福州)有限公司
190	福建永安化工厂	220	福建（屏南）榕屏化工有限公司
191	福建协丰鞋业有限公司	221	福建省三明纺织有限公司
192	福建省闽清县电力公司	222	南安市南星工业机械有限公司
193	厦工集团三明重型机器有限公司	223	厦门艾思欧标准砂有限公司
194	福建煤电股份有限公司永定矿区办事处	224	厦门升汇华纶纺织工业有限公司
195	福建省烟草公司莆田分公司仙游营销部	225	福建省鸿宇集团有限公司
196	福建省永安贡川水电站有限公司	226	菲莉集团(福建)有限公司
197	福建省仙游县电力总公司	227	福建南平南孚电池有限公司
198	福建南平太阳电缆股份有限公司	228	福建省连江县供电有限公司
199	大田上京矿务局	229	厦门富华兴印刷有限公司
200	厦门依玛士-金陵喷码机有限公司	230	福建糖业股份有限公司
201	福建省烟草公司宁德分公司	231	卡斯卡特(厦门)叉车属具有限公司
202	福建省邮电规划设计院有限公司	232	福建省烟草公司长乐市公司
203	鲤城区国家税务局海滨分局	233	福建省烟草公司漳浦县公司
204	中国石油化工股份有限公司福建肖厝石油分公司	234	中国石油化工股份有限公司福建莆田石油分公司
205	厦门金龙汽车冲压零件有限公司	235	福州市国税局台江管理局三保分局（完税证汇总户）
206	厦门华信混凝土工程开发有限公司	236	泰宁县烟草公司
207	招商银行股份有限公司福州分行	237	福建省新华书店
208	沙县城关水电有限公司	238	中石化福建三明石油分公司
209	福建省烟草公司龙海市公司	239	宏智科技股份有限公司
210	厦门三圈日化有限公司	240	厦门经济特区湖里供电公司

7-6 续表 4 (2003 年)

序号	企业名称	序号	企业名称
241	福建煤电股份有限公司	271	福州市台江区国家税务局
242	厦门路桥股份有限公司	272	福建省天湖山能源实业有限公司
243	福州耀隆化工集团公司	273	罗克韦尔自动化(厦门)有限公司
244	厦门青岛啤酒销售有限公司	274	兴业银行福州杨桥支行
245	福建顶津食品有限公司	275	福建宏玮鞋塑有限公司
246	福建元洪房地产有限公司	276	中国农业银行厦门市分行
247	福建省永春县电力公司	277	NEC 东金电子（厦门）有限公司
248	厦门奋发(FUN)企业有限公司	278	冠城大通股份有限公司
249	厦门银华机械厂	279	中国工商银行福州市鼓楼支行
250	福建省永春县煤炭工业公司	280	中国农业银行南安市支行
251	中国厦门外轮代理有限公司	281	莆田市国家税务局征收局(城厢)
252	福建省龙海市电力公司	282	德化县电力公司
253	漳州片仔癀药业股份有限公司	283	诚丰家具(中国)有限公司
254	福建三明华茂化工有限公司	284	永定金德啤酒有限公司
255	协展(福建)机械工业有限公司	285	福建南方路面机械有限公司
256	永定县电力公司	286	福建省烟草公司上杭县公司
257	厦门帝尔特企业有限公司	287	金业(永定)火电有限公司
258	福建省烟草公司永安市公司	288	福建诺基亚移动通信技术有限公司
259	林德气体（厦门）有限公司	289	福建亿力电力燃料有限公司
260	厦门银鹭食品有限公司	290	福建永安火电厂
261	福建省罗源县电力公司	291	福建泉州大华蓄电池有限公司
262	福建湄洲湾氯碱工业有限公司	292	三明中银斑竹水电有限公司
263	南安国税局	293	福建省烟草公司龙岩分公司
264	福建省烟草公司石狮市公司	294	福建三明齿轮箱有限责任公司
265	亿力电力(集团)股份有限公司永安分公司	295	福建三华彩印有限公司
266	福建省南平市榕昌化工有限公司	296	中国建设银行福州市城北支行
267	厦门厦工新宇机械有限公司	297	大田县电力公司
268	福建省永安供电局	298	福建省晋江安海兴业皮制品厂
269	亨特建筑构件（厦门）有限公司	299	泉州海天轻纺有限公司
270	全兴汽车配件（福州）有限公司	300	融侨（福建）房地产有限公司

7-7 福建省地方税收收入前300强企业

（2003年）

序号	企业名称	序号	企业名称
1	福建三钢闽光股份有限公司	31	漳州市漳诏高速公路有限公司
2	龙岩卷烟厂	32	惠安县电力公司
3	福建省福泉高速公路有限公司	33	福建永同昌建设集团有限公司
4	福建省体育彩票管理中心	34	福建省第二电力建设公司
5	福建紫金矿业股份有限公司	35	福建省长乐市供电公司
6	福建省电信公司福州市分公司	36	漳州市漳龙高速公路有限责任公司
7	福建省电力有限公司	37	福州东福实业发展有限公司
8	泉州市冠荣通信技术有限公司	38	中国联通有限公司福州分公司
9	福州市房地产经营总公司	39	福州市城乡建设发展总公司
10	福州京福高速公路有限责任公司	40	融侨(福建)房地产有限公司
11	福建炼油化工有限公司	41	福州市房地产经营总公司
12	福建移动通信有限责任公司福州分公司	42	福建省亿力电力(集团)股份有限公司
13	福建省三钢（集团）有限责任公司	43	华能国际电力股份有限公司福州分公司
14	宁德地区福宁高速公路有限公司	44	福州市邮政局
15	永春县煤炭协调办公室	45	南安市电力总公司
16	福建雪津啤酒有限公司	46	海峡都市报社
17	福建省出版总社	47	福州亿力电力工程有限公司
18	漳州片仔癀药业股份有限公司	48	福建教育出版社
19	福州市仓山金山房地产开发公司	49	福建水口发电有限公司
20	福建省电信公司泉州市分公司	50	中国工商银行福州市鼓楼支行
21	福建省惠泉啤酒集团股份有限公司	51	中国农业银行福州市华林支行
22	福建省晋江市电力公司	52	中国建设银行福州市城北支行
23	中国银行福建省分行	53	中国建设银行福建省分行
24	福建发展高速公路股份有限公司	54	福建三木集团股份有限公司
25	福建省电信公司晋江市电信局	55	福建省新华书店
26	福建玄武石材有限公司	56	福州市金山工业区开发建设有限公司
27	兴业银行南门支行	57	利嘉实业(福建)集团有限公司
28	福建六建建工集团公司	58	福建省晋江市电力劳动服务有限公司
29	福建电视台	59	闽发证券有限责任公司
30	福州市房地产交易所代征	60	中国农业发展银行福建省分行

注：资料来源：福建省地方税务局。

7-7 续表 1　　　　　　　　　　　　（2003 年）

序号	企业名称	序号	企业名称
61	福建省电信公司莆田市分公司	91	福建省农资集团公司
62	福建闽东电力股份有限公司	92	中国平安人寿保险股份有限公司福州分公司
63	福建省东南电化股份有限公司	93	福州市市政建设开发公司
64	莆田市兴安通信建设有限公司	94	中国银行福州市市中支行
65	龙岩市新罗区煤炭开发服务公司	95	莆田市三信房地产开发有限公司
66	三明市广景房地产开发有限公司	96	福建新大陆电脑股份有限公司
67	中国联通有限公司泉州分公司	97	武夷山铁路有限责任公司
68	福州建工(集团)总公司	98	宁德市世纪通信有限公司
69	华映光电股份有限公司	99	福建移动通信有限责任公司泉州分公司
70	福建省南纸股份有限公司	100	中国工商银行南平延平支行
71	福建省福州电业局	101	福州市城乡建设发展总公司
72	中国电信集团福建省电信公司	102	中国建设银行福州市城南支行
73	福建省电信公司福清市电信局	103	兴业银行福州分行
74	中国建设银行福州市城东支行	104	中国平安人寿保险股份有限公司泉州中心支公司
75	福建省泉州丰盛集团有限公司(B4)	105	中国工商银行福州市闽都支行
76	福建省电信公司南安市电信局	106	福建省电力勘测设计院
77	福建七匹狼实业股份有限公司	107	厦门航空有限公司福州分公司
78	福建元洪房地产有限公司	108	中国建设银行福州市广达支行
79	中国建筑第七工程局第三建筑公司	109	中国工商银行福州市五一支行
80	福建红旗股份有限公司	110	福建省轮船总公司马尾管理处
81	冠城大通股份有限公司	111	闽江流域砂石资源管理组
82	漳州八达电信工程有限公司	112	福建向荣建设集团芗城分公司
83	福建南平太阳电缆股份有限公司	113	福州长乐国际机场集团公司
84	福州市商业银行	114	福建省石狮市金汇房地产建设有限公司
85	福建闽南（漳州）经济发展股份有限公司	115	中国人寿保险股份有限公司泉州分公司
86	兴业银行股份有限公司	116	省交通规划设计院
87	福建阳光房地产开发有限公司	117	福建省电信公司南平市分公司
88	新城房地产集团（福建）有限公司	118	福建移动通信有限责任公司龙岩分公司
89	漳州华辉房地产开发有限公司	119	长乐市龙芝房地产开发有限公司
90	福建省电信公司漳州市分公司	120	福建省建筑设计研究院

7-7 续表 2 （2003 年）

序号	企业名称	序号	企业名称
121	福州隆达房地产开发有限公司	151	龙岩市电信局
122	福州金冠房地产开发有限公司	152	漳州八达电信实业有限公司
123	福建省泉州电业局	153	福建省琯头海运总公司
124	中国建设银行泉州市分行	154	福建省德化佳美瓷厂
125	福建省烟草公司	155	福州金辉房地产开发有限公司
126	泉州市丰泽区丰泽房地产开发有限公司	156	交通银行福州分行
127	福州罗长高速公路有限公司	157	福建三农集团股份有限公司
128	泉州海锋房地产开发有限公司	158	福建龙净环保股份有限公司
129	福建水泥股份有限公司建福水泥厂	159	龙岩中天建设发展有限公司
130	福建省鸿宇集团有限公司	160	惠安县电信局
131	泉州市冠荣终端服务有限公司	161	福建移动通信有限责任公司南安分公司
132	泉州晚报社	162	福建省电信公司三明市分公司
133	冠捷电子（福建）有限公司	163	泉州亿龙房地产开发有限公司
134	石狮市建德房地产有限公司	164	福建移动通信有限责任公司漳州分公司
135	福建青山漳州香料有限公司	165	福建兴业银行福州市湖前支行
136	泉州市住宅建设开发有限公司	166	福建快运股份有限公司
137	福州金源国际大饭店有限公司	167	福州江滨建设开发公司
138	华阳电业有限公司	168	中国人民保险公司福建省分公司营业部
139	南平电信实业有限公司	169	永春县煤炭工业公司下洋煤炭管理站
140	泉州市冠达通信设备有限公司	170	福建省移动通信有限公司石狮分公司
141	福建省电信公司长乐市电信局	171	福建纺织化纤集团有限公司
142	福州市市政建设开发公司	172	福州市土地发展中心
143	泉州南海建设开发有限公司	173	福建二建建设集团公司
144	福建日报社(稽)	174	东南（福建）汽车工业有限公司
145	福建南纺股份有限公司	175	福建省电信公司石狮市电信局
146	泉州轻工工艺进出口（集团）公司	176	福建省泉州市毅达房地产发展有限公司
147	中国建设银行福建省晋江市支行	177	福建移动通信有限责任公司莆田分公司
148	中国工商银行晋江市支行	178	福州市政工程管理处
149	中国建设银行漳州市分行营业部	179	漳州招商局码头有限公司
150	漳州高力房地产发展有限公司	180	福建移动通信有限公司福清分公司

7-7 续表 3 （2003 年）

序号	企业名称	序号	企业名称
181	福建省青山纸业股份有限公司	211	福州市电视台
182	福建天成集团服装进出口有限公司	212	福州市台江区房地产开发经营公司
183	福州市土地房屋开发总公司	213	中国建设银行泉州市鲤城支行
184	福建省鸿宇通信建设发展有限公司	214	石狮市征达房地产开发有限公司
185	福建省天湖山能源实业有限公司	215	中国银行福清支行
186	福州闽发建筑工程有限公司	216	福州中榕信房地产开发有限公司
187	福建三安钢铁有限公司	217	福建紫金矿业股份有限公司黄金冶炼厂
188	福建省科学技术咨询服务中心	218	福建省邮政局
189	福州市财政投资评审中心	219	福建省泉州市汽车运输总公司
190	福建省龙海市电力公司	220	福建金杹汽车转向器有限公司
191	兴业银行福州杨桥支行	221	兴业银行总行营业部
192	中国工商银行福建省分行营业部	222	福州市台江区房地产开发公司
193	泉州市名流房地产开发有限公司	223	福州宜发房地产开发有限公司
194	福州毛里斯房地产开发有限公司	224	福建省水利水电勘测设计院
195	福建移动通信有限责任公司	225	福建省惠安第六建筑工程公司中新分公司
196	福建省盐业公司	226	福建九州高岭土公司
197	福建省电信公司宁德市分公司	227	福州明居房地产开发有限公司
198	中国联通有限公司漳州分公司	228	龙岩铁路有限责任公司
199	福建人民出版社	229	中信实业银行福州分行
200	宏智科技股份有限公司	230	福州市第三建筑工程公司
201	福州市第二建筑工程公司	231	中国建设银行莆田市分行
202	漳州市城市改造建设公司	232	中国银行泉州分行
203	漳州市芗城区交通局	233	福建省龙岩市城市建设投资发展有限公司
204	福建悦华集团有限公司	234	福建省汽车运输总公司
205	福建省直房地产开发公司	235	仙游县电信局
206	福建省邮电规划设计院有限公司	236	福州汇诚房地产有限公司
207	福州鼓山福兴建设发展总公司	237	联通新时空移动通信有限公司福建分公司
208	福建省闽东老区水电开发总公司福鼎分公司	238	福建石化集团三明化工有限责任公司
209	中国工商银行福建省分行	239	中国民生银行福州分行
210	泉州铁路有限责任公司	240	宁德市东澳通信工程有限公司

7-7 续表 4 （2003 年）

序号	企业名称	序号	企业名称
241	福州实力房地产开发有限公司	271	福建省龙芝建筑工程有限公司
242	永安智胜化工有限公司	272	兴业证券股份股份公司
243	福州鑫远城市桥梁有限公司	273	福建南平南孚电池有限公司
244	福建东百集团股份有限公司	274	龙海市电信局
245	福州市房地产开发总公司	275	福建省福新房地产开发有限公司
246	泉州市商业银行	276	福建漳州市长运集团有限公司
247	泉州市供电服务总公司	277	三明优信电力工程公司
248	福建佳通轮胎有限公司	278	海钻(福建)房地产开发有限公司
249	福建移动通信有限责任公司安溪分公司	279	泉州市邮政局
250	福建省砂石出口有限公司	280	漳州新源电力工程有限公司电力安装分公司
251	泉州公交发展有限公司	281	福建省黎明置业股份有限公司
252	福州佳洲房地产有限公司	282	福建二建建设集团公司第二分公司
253	兴业银行漳州分行	283	福建省成龙集团有限公司
254	福建省潘洛铁矿	284	中国工商银行泉州市分行营业部
255	中国农业银行福建省分行营业部	285	福建兴元房地产开发有限公司
256	福建兴业银行福州市湖前支行	286	福建省泉州市远建房地产开发有限公司
257	福建 JVC 电子有限公司	287	招商银行股份有限公司福州分行
258	福建龙岩工程机械（集团）有限公司	288	福建移动通信有限责任公司南平分公司
259	石狮市亿力实业有限责任公司	289	建阳市电力公司
260	福耀玻璃工业集团股份有限公司	290	福建华橡自控技术股份有限公司
261	福建国脉科技股份有限公司	291	福建长富乳业集团股份有限公司
262	福建冠亚集团有限公司	292	福建二建建设集团公司第一分公司
263	福建省电信有限公司安溪县分公司	293	福建冠福现代家用股份有限公司
264	福州市自来水总公司	294	福建水泥股份有限公司炼石水泥厂
265	福建省罗源县电力公司	295	中国农业银行福州市鼓楼支行
266	福建闽能邵武发电有限公司	296	罗源县城关建筑工程公司
267	中国工商银行漳州市分行营业部	297	中国联通有限公司龙岩分公司
268	福州闽水缘发展有限公司	298	福建省南平电业局
269	福建棉花滩水电开发有限公司	299	福建恒源光电技术有限公司
270	福建省南平延润纸业有限责任公司	300	中国银行漳州分行

7-8 福建名牌产品名单

（2003 年）

序号	商标及产品名称	企业名称
1	夏新 Amoi 牌激光视盘机、夏新 Amoi 牌手机	夏新电子股份有限公司
2	缔邦牌 IC 卡电话亭、智能售卡机	福建缔邦实业有限公司
3	武夷牌漆包线	冠城大通股份有限公司
4	广福牌铜母线	福州市广福有色金属制品有限公司
5	名师路牌职业女装	福州谢氏时装有限公司
6	富强牌精密孔化双面和多层印制线路板	福建福强精密印制线路板有限公司
7	HARPBIRD（及图形）牌塑料拖鞋	福州叶下塑革有限公司
8	天牌竹木（漆）筷、中国工艺筷	福州市仓山天天筷厂
9	万年青牌健身器材	福建省万年青运动器材制造有限公司
10	轩龙牌建筑给排水用硬聚氯乙烯管材管件	福建祥龙塑胶有限公司
11	海马牌对虾、鳗鱼、鳖配合饲料	福州海马饲料有限公司
12	福工牌轮式装载机	福清市隆兴工程机械制造有限公司
13	豪业牌干压陶瓷砖（细炻砖）	福建省闽清豪业陶瓷有限公司
14	HARMONY 哈曼尼牌立式钢琴	福州和声钢琴有限公司
15	南少林牌胞磷胆碱钠注射液	福建省福清药业有限公司
16	（图形商标）铝箔铝幕墙板	南方铝业(中国)有限公司
17	友日久牌封箱胶带	福清市友谊胶粘带制品有限公司
18	南鹰牌干压细炻砖	福建省晋江市内坑裕兴陶瓷厂
19	（图形商标）高低压开关成套设备和控制设备	福建省晋江市开关厂
20	金欧牌晴雨伞	晋江富隆洋伞有限公司
21	梅花牌晴雨伞	晋江恒顺洋伞有限公司
22	三元岩牌普通硅酸盐水泥 32.5R 42.5R	福建省安溪三元岩水泥有限公司
23	安记牌调味品（调味粉、调味汁、调味酱、筋调味汤）	福建省泉州市安记食品有限公司
24	国光牌钢筋混凝土用热轧带肋钢筋 HRB335	福建安溪县三安钢铁有限公司
25	远红牌高压二氧化碳自动灭火系统	福建省白沙消防工贸有限公司
26	361° 牌旅游鞋	三六一度（福建）体育用品有限公司
27	凤竹牌针织成品布	福建凤竹纺织科技股份有限公司
28	冠达星（GDX） 牌携带式组合衣柜	福建冠达星五金制品有限公司
29	喜得龙牌运动鞋	福建喜得龙体育用品有限公司
30	贵人鸟 GUIRENNIAO（及图形）牌旅游鞋	贵人鸟(福建)鞋塑有限公司
31	峰安牌牛头层皮、牛二层皮	福建晋江峰安皮业有限公司
32	恒达牌干压陶瓷砖	晋江恒达陶瓷有限公司
33	晋工牌轮式装载机	福建省晋江工程机械厂

7-8 续表 1 （2003 年）

序号	商标及产品名称	企业名称
34	兴业、XINGYE 牌牛头层皮、牛二层皮	晋江兴业皮革有限公司
35	安儿乐牌纸尿裤（含纸尿片）	福建恒安集团有限公司
36	利郎牌茄克休闲服	利郎（福建）时装有限公司
37	柒牌 SEVEN 西服、西裤、休闲裤、衬衫、羊毛衫	福建柒牌集团有限公司
38	CoolDry 牌针织面料	泉州海天轻纺有限公司
39	协进 XIEJIN 牌墙地砖	南安协进建材有限公司
40	宏利牌晴雨伞	泉州宏利伞业有限公司
41	万姿曼牌、赛丹牌毛衫	福建南安市万家美针织有限公司
42	东升牌天然大理石建筑板材	福建省东升石业股份有限公司
43	FEIDA 飞达牌外墙砖	福建省南安飞达陶瓷有限公司
44	凹凸牌圆型纬编机	福建泉州凹凸精密机械有限公司
45	万富斯 Wanfusi 牌休闲茄克	石狮市万富斯制衣发展有限公司
46	富贵鸟牌服装（衬衫、休闲服）	石狮市富贵鸟集团公司
47	吉祥鸟牌男女胶粘皮鞋	石狮市吉祥鸟鞋业有限公司
48	威敌狼牌胶粘皮鞋	石狮市威敌狼鞋业有限公司
49	鸿星尔克牌旅游鞋	福建鸿星尔克体育用品有限公司
50	集源牌内、外墙砖、地板砖	福建省晋江豪源陶瓷有限公司
51	百宏（英文 BL）牌涤纶细旦低弹丝	福建百宏纺织化纤实业有限公司
52	敏捷牌及图超长圆弧板切石机球磨机	福建省南安市敏捷机械有限公司
53	乔丹牌旅游鞋	福建省乔丹体育用品有限公司
54	名乐牌旅游鞋	福建省名乐体育用品有限公司
55	求质牌旅游鞋	福建省求质体育用品有限公司
56	天守 tian shou 牌休闲装、童装	晋江市天守服装织造有限公司
57	斯舒郎牌运动休闲服	石狮市斯舒郎体育用品有限公司
58	彬伊奴牌休闲服	石狮彬伊奴休闲服饰有限公司
59	MOMOCO 牌儿童服装	福建宝德服饰有限公司
60	万江牌男西服、西裤、休闲装	福建省晋江市青阳万山服装厂
61	gong mao 牌休闲布鞋	福建南安市劲达鞋服有限公司
62	三立漆牌合成树脂内、外墙乳胶漆	泉州市三立漆有限公司
63	龙珠牌白酒	福建泉州市龙珠酿酒有限公司
64	聚星牌三聚氰胺	福建石化集团三明化工有限责任公司
65	中化牌复合肥	福建中化智胜化肥有限公司
66	奔鹿牌牛仔布	福建省三明纺织有限公司
67	陶金峰牌煅烧、超微、改性高岭土	福建省泰宁陶金峰高岭土有限公司
68	福莲牌洗洁用品	福建省邵武福莲有限公司

7-8 续表 2 （2003 年）

序号	商标及产品名称	企业名称
69	惠尔康、找茶族牌果汁饮料、茶饮料，惠尔康、多奇牌乳制品	厦门惠尔康集团有限公司
70	金日牌金日心源素胶囊	厦门金日制药有限公司
71	金鹭牌首饰	厦门市金鹭首饰有限公司
72	FUTAI 牌伞	厦门福太洋伞有限公司
73	东纶牌化纤织物	厦门东纶织造有限公司
74	聚富牌拉伸膜	厦门聚富塑胶制品有限公司
75	xindecon 牌铝电解电容器	厦门信达电子有限公司
76	伟士及 WISH 牌网球拍羽毛球拍	伟士（厦门）体育用品有限公司
77	金龙牌海狮白车身	厦门金龙汽车车身有限公司
78	盛洲牌食用油	厦门中盛粮油企业有限公司
79	力菲牌西洋参含片	福建省力菲克药业有限公司
80	东宫 LKC 牌高岭土	龙岩高岭土有限公司
81	标致牌矿泉水　果汁饮料　碳酸饮料	福建标致食品饮料有限公司
82	尧庄牌 ST、STC 系列发电机	闽东尧庄电机厂
83	YOUTH 牌 YL950 汽油发电机组	福安市新永隆电机有限公司
84	三棵树牌乳胶漆　木器漆	莆田市三江化学工业有限公司
85	GAVAO（佳威）牌 KENKO（佳宜）牌电子计算器	福建省新威电子工业有限公司
86	冠源牌鳗鱼、甲鱼饲料	莆田正源饲料有限公司
87	闽泰宝牌禽畜膨化饲料	莆田市华兴饲料有限公司
88	大世界牌橄榄、梅、李	福州大世界橄榄有限公司
89	梅塔牌闽清槽菜	福建省闽清县老山精食品有限公司
90	金三明牌烟叶	福建省烟草公司三明分公司
91	孟宗牌笋干制品	福建建宁孟宗笋业有限公司
92	实得牌优质两系杂交水稻品种“两优 2186”	福建省沙县种子公司
93	洋江牌蚝油、蚝汁	厦门洋江蚝油进出口有限公司
94	吉乐牌古田水蜜桃	古田县国有综合农场
95	惠泽龙牌龙潭庶民酒	屏南龙潭庶民酒业有限公司
96	太姥山牌大毫银针	福鼎市太姥山名茶有限公司
97	萩芦牌枇杷	莆田市涵江区秋泗名优果树基地开发有限公司
98	仙溪牌乌龙茶	福建省仙游县龙华金溪茶厂
99	东南香 dnantion 牌大米	莆田市东南香米业发展有限公司
100	甘文牌溪乾红蟳	龙海市紫泥镇甘文农场
101	程溪牌台种菠萝	龙海市程宏开发公司
102	海塔牌云霄泥蚶	福建省云霄县云海水产品加工冷冻有限公司

7-9 第一批福建省新产品名单

（2004 年）

序号	企业名称	新产品名称	技术水平
1	福建南平太阳电缆股份有限公司	额定电压 0.6/1kv 及以下交联聚乙烯绝缘聚烯烃护套阻燃环保型电力电缆	国际水平
2	福建捷联电子有限公司	A20E231 型 51cm（20"）彩色液晶广播电视接收机	国际水平
3	福建捷联电子有限公司	LM900A 型 48cm 彩色液晶显示器	国际水平
4	福建捷联电子有限公司	LM720 型 43.2cm 彩色液晶显示器	国际水平
5	冠捷电子（福建）有限公司	P993 型 48cm(19")彩色显示器	国际水平
6	冠捷电子（福建）有限公司	B783 型 43cm（17"）彩色显示器	国际水平
7	福州素天下食品有限公司	微胶囊赋味技术及魔芋素食仿生系列食品	国内首创
8	福建省轻工机械设备有限公司	50t/d 盘式热分散系统与设备	国内首创
9	福州中能电力设备有限公司	DFM22-600/200 地埋式电缆分支箱	国内领先
10	龙岩西湖环保科技有限公司	CMCX 型矩阵清灰式长袋脉冲除尘器	国内领先
11	泉州泉港海洋聚苯树脂有限公司	H-69Q：高光泽高抗冲电器专用聚苯乙烯树脂	国内领先
12	福建省电机行业技术开发基地	QKWC 单相异步电动机无触点起动开关	国内领先
13	福州中能电力设备有限公司	WLS15-1-240/3、NLS15-1-240/3、ZJTLS15-240/3 硅橡胶冷缩预制式电缆附件	国内先进
14	福州中能电力设备有限公司	ZT-15/200 、 TT-15/600 、 BQT-10/630 、 KQT-10/630、ZTT-15-600 可分离式电缆终端接	国内先进
15	福建南平市居佳新型建材有限公司	工业灰渣混凝土空心隔墙条板	国内先进
16	龙岩西湖环保科技有限公司	FGX 型气箱脉冲袋式除尘器	国内先进
17	漳州市后石新型建材有限公司	建筑砂浆用 FA 胶结材	国内先进
18	福州水表厂	LXSY-15A~25A 旋翼式液封冷水水表	国内先进
19	福州水表厂	LXSY-15E/Z~25E/Z 旋翼式湿式防倒装冷水表	国内先进
20	福建南平太阳电缆股份有限公司	额定电压 1KV 及以下集束架空绝缘电缆	国内先进
21	福建筑恒管业科技有限公司	筑恒牌衬塑铝合金复合（AP）管材、管路连接件	国内先进

八 政策法规

2004

中共福建省委 福建省人民政府
关于加快县域经济发展的若干意见

闽委发[2003]11号

为了贯彻落实党的十六大、十六届三中全会精神和省第七次党代会以来的一系列战略部署，现就加快县域经济发展提出如下意见：

一、明确目标，实现县域经济发展新跨越

1.深刻认识加快县域经济发展的重要性。改革开放以来，我省县域经济取得了长足发展，在国民经济中占有举足轻重地位。加快县域经济发展是实践“三个代表”重要思想的具体体现，是全面建设小康社会的基础工程，是促进区域经济协调发展的重要内容，也是解决农业、农村、农民问题，加快工业化、城镇化和现代化步伐的迫切要求。各地各部门要从全局和战略的高度，提高认识，增强紧迫感、责任感，抓住机遇，努力实现县域经济发展新跨越。

2.总体要求和主要目标。今后一个时期是加快我省经济发展的重要战略机遇期。县域经济发展的总体要求是：以“三个代表”重要思想为指导，认真贯彻党的十六大和十六届三中全会精神，根据省委关于全面建设小康社会，构建三条战略通道，按三个层面，分三个阶段推进，实施项目带动的战略部署，进一步解放思想，实事求是，与时俱进，开拓创新，以发展非公有制经济为重点，以改革开放和科技创新为动力，加快工业化、农业产业化和城镇化步伐，不断壮大县域经济总量，增强财政实力，扩大就业，提高城乡协调发展、地区协调发展、人与自然协调发展，实现经济社会的全面进步。

县域经济发展的主要目标是：在优化结构和提高效益的基础上，全省县域经济以较快速度增长，到2008年，国内生产总值比2000年翻一番，财政收入占国内生产总值的比重进一步提高，农民人均收入有较大幅度增长。经济较发达县（市）力争提前实现翻番，欠发达县经济实力明显增强。工业化、农业产业化和城镇化取得重大进展，人民过上比较殷实的小康生活，教育、科技、文化、医疗卫生等事业全面进步，依法治县进一步落实，可持续发展能力不断增强，为到2017年实现全面建设小康社会的奋斗目标奠定坚实的基础。

3.指导原则。（1）把增强县域经济综合竞争力，不断提高人民群众生活水平作为加快县域经济发展的出发点和落脚点，努力实现富民强县。（2）坚持区域经济协调发展，以市场为导向，在更高层次、更大范围内优化资源配置，走各具特色的发展道路。（3）实施项目带动战略，以项目带动集聚生产要素，促进投资增长，转变政府职能。（4）立足改革创新，着力解决县域经济发展的体制性障碍，简政放权，激活县域经济内在活力。（5）分类指导，整体推进。支持经济发达县率先发展，引导中等发展水平县加快发展，加大对经济欠发达县的扶持力度，增强自我发展能力。（6）全面推进社会主义物质文明、政治文明和精神文明建设，加强基层组织建设，依法治县，以德治县。

二、以项目带动为抓手，拓宽县域经济发展思路

4.加快工业化、农业产业化和城镇化进程。工业化是县域经济发展的历史性任务。要以新型工业化为目标，立足各地优势发展各具特色的工业产业。主动接受中心城市产业转移，主动参与大公司、大企业的分工协作，努力引进高新技术产业，注重用高新技术改造和提升传统产业，积极发展一批资源加工型、劳动密集型、科技应用型和产业配套型的工业企业，不断延伸产业链，壮大产业规模，提升产业层次，以信息化带动工业化，以工业化促进信息化。依托工业化，发展现代服务业。各县（市）要按照规划，集中安排工业项目，发挥聚集效应。鼓励市、县、乡工业联合集中发展。全省县域工业增加值的增速要力争高于县域国内生产总值增速5个百分点以上，逐步确立优势产业、特色产业，形成沿海与山区分梯次推进、具有较强竞争力的区域产业新格局。

以工业化带动农业产业化，以农业产业化促进工业化。把解决“三农”问题摆在县域经济发展的突出位置，统筹城乡经济社会发展。加快农业结构调整，

推进山海资源综合开发，培育各具特色的效益农业和优化产业。加快发展海洋经济、林业经济和旅游经济。大力发展农产品加工业，培育壮大农业产业化龙头企业，搞好农产品市场建设，完善社会化服务体系。按照“依法、自愿、有尝、规范”的原则，促进土地承包经营权流转。调整农业投资结构，加强农业基础设施建设。切实减轻农民负担。建立和完善城乡一体化的劳动就业制度，深化户籍管理制度改革，加强农村劳动力的技能培训和就业服务，加快农村劳动力转移。全省农村劳动力每年转移30万人以上，通过多种途径增加农民收入。

以工业化推进城镇化，以城镇化加速工业化。以完善功能、吸纳人口、扩大规模为发展方向，提高城镇建设水平。突出县城的中心地位，抓好县城建设，增强县城的集聚和辐射功能；小城镇建设要科学规划，合理布局，体现特色，注重实效，与企业的合理集聚、农村市场体系的完善、农业产业化经营和社会化服务相结合，重点发展中心镇，积极调整撤并部分规模较小、发展潜力不足的小镇；逐步形成以县城为龙头，中心镇为重点，村镇为基础的城镇体系。县级市要以工业化为基础加快城镇化进程。

5.促进区域经济协调发展。做强做大中心城市，充分发挥中心城市在区域经济中的带动作用。设区的市政府要集中精力谋划中心城市发展，加强城市规划、建设和管理，强化城市功能；加快产业结构调整与升级，增强对区域经济的辐射力；加强对县（市）规划和实施的指导，促进区域分工合作。支持中心城市与周边的县（市）不受行政区划限制采取城市联盟建设的方式，做到统一规划、整体布局、资源共享、设施共建、优势互补、共同发展，逐步实现中心城市与县（市）之间经济、交通和环保等一体化。条件具备的设区的市可根据全省城市化发展的总体规划和设区的市城市化发展要求，适时调整中心城市行政区划，拓展中心城市发展空间。

各县（市）的经济发展要与全省经济布局、中心城市发展相衔接，接受中心城市辐射，加强与周边地区的经济合作。研究制定经济发展规划，尤其是产业发展规划和基础设施规划，并认真组织实施。推进山海协作，发挥产业政策的导向作用，促进县域经济健康发展。

6.深化改革扩大开放。大力发展非公有制经济，使之成为县域经济发展的重要力量。同国拍卖、转让、股份制等途径，推进县属中小企业国有资本从一般竞争性领域退出。加快政府职能转变。推进事业单位社会化、市场化改革，实行事业单位人员聘用制，改革工资分配制度，减少财政供养人口。推进县乡医疗卫生体制改革，探索建立农村社会保障制度，逐步推行以大病统筹为主的合作医疗改革试点。全面推进农村税费改革试点，深化粮食购销体制改革，加快农村集体土地、集体林权、小型水利等产权制度改革，鼓励科技人员以技术、资金入股等方式与农业龙头企业和农户建立经济共同体。积极发展民间性、自律性的农业行业协会和专业合作组织，提高农产品流通的组织化、社会化程度。创新农村工作机制。

立足我省区位优势，主动参与长江三角洲和珠江三角洲的分工与协作，接受发达地区的经济辐射和产业转移，大力引进省外资金，拓展闽货市场，积极参与西部大开发。坚持引进来与走出去想结合的方针，充分发挥对台优势，把握内地与香港更紧密经贸关系安排的机遇，加强闽台港澳经贸合作。继续加强同海外华侨华人及社团的联络和沟通。强化招商引资，进一步放开外商投资领域、投资股份比例和经营范围。对国有外贸企业实行全面改制，鼓励支持企业自营出口。加快农产品等综合标准化体系、质量检测检验体系和认证认可制度建设，建立和完善商品检测网络，积极应对非关税贸易壁垒，努力扩大出口。

7.走可持续发展道路。坚持科教兴县和可持续发展战略，加强产学研、农科教相结合，加大科技投入，重点支持用高新技术和先进适用技术改造提升传统产业的科技项目，积极培育各种类型的科技中介服务机构，完善农村科技信息服务网络，构建区域性、专业性的农业科技推广体系，鼓励科研机构、科技人员创办经济实体，开展实用技术服务。合理配置教育资源，巩固提高“两基”，推进“双高普九”，确保义务教育经费，努力提升义务教育水平，大力发展普通高中教育、中等职业教育、实用性技术培训等多种形式教育，鼓励社会力量办学，加强对县域经济社会发展适用人才的培养。加大公益性文化阵地建设力度，努力发展文化产业，促进基层文化繁荣。改善乡村卫生服务设施，加强疾病预防与控制体系建设，完善农村医疗服务体系，提高公共卫生服务水平，大力开展爱国卫生运动，改善农村环境卫生。坚持选派科技副县长、专家服务团的制度，完善高校、科研院所与县（市）之间的合作机制，完善人才的“柔性”引进机制，以项目带动人才引进和培养，以人才推动项目引进，促进项目与人才的良性互动。

正确处理县域经济发展与人口、资源、环境的关系。继续严格控制人口数量，努力提高人口素质，优化人口结构。高度重视环境保护和生态建设，合理开发利用自然资源，加强水土保持与减灾防灾工作，使资源保护开发利用与经济建设同步，促进经济、社会、生态效益相统一。

三、创新体制，优化县域经济发展环境

8.实行简政放权。赋予各县（市）相当于设区的市的经济社会管理审批权限。对需报国家有关部委审批的事项，继续按现行程序报批。对涉及中长期经济社会发展规划、城市总体规划、重大公共基础设施建设、生态环境保护、公共安全、跨县（市）项目的建设管理和森林、海域等有限自然资源开发利用，以及国家法律、法规明确规定的事项，由设区的市审批或由设区的市审核后报省审批。其余的省、市级政府审批权均授予各县（市）政府行使，由县（市）自行审批。

合理划分市、区两级政府事权，按照市区一体、责权利相统一的原则，适当扩大区级政府经济社会管理权限，具体办法由各设区的市政府制定。

省直部门要按照上述放权的原则要求，采取委托、授权和争取国家有关部门支持等办法，抓紧出台具体放权事项，切实落实到位。要进一步转变职能，立足创新，强化服务，加紧监管。要围绕县域经济发展，不断拓展政策空间，提高办事效率和质量。对与基层发展关系密切的省属企事业单位，要积极探索下放设区的市或县（市）管理。

扩大县（市）经济社会管理权后，设区的市党委、政府要继续加强对县（市）各项工作的领导和监督，检查推进省委、省政府各项决策的落实，帮助分析研究发展中的问题，谋划发展思路，制订完善发展规划，同时，切实承担起对区域重大公共基础设施和产业布局规划、城镇体系规划以及跨县（市）建设项目的协调等责任，促进区域经济社会的全面发展。设区的市各部门要加快职能转变，创新管理方式，营造县域经济发展的良好环境。各县（市、区）要把扩权作为加快发展的机遇，服务发展的动力，强化宗旨意识，加强对基层群众的服务。深化行政审批制度改革，凡是通过市场市场机制能够解决的，积极引入市场机制运作。要按照“谁审批、谁负责”的原则，切实承担起相应责任，依法实施有效监督。进一步规范审批行为，简化审批程序，减少审批环节，缩短审批时间，建立便于公民、法人、媒体和其他组织监督的制度和行政审批责任追究制度。

9.建立县级财政稳定增长机制。进一步完善现行财政体制，加强对县级财政的监督管理。省直各部门对县（市）的各类专项补助直接下达到县（市），抄送各设区的市主管部门备案。省对县（市）一般转移支付补助一定五年不变，县（市）支出和收入增减均不调整省对县（市）转移支付补助。除省政府明确规定外，企业各项收入原则上按属地原则划归当地。今后，省、设区的市、县（市）相互之间联合新办的工业园区和联合投资的企业，其产生的财政收入按双方协议进行分配。

各县（市）在执行国家统一税政、集中税权规定中，对确需财政扶持的高新技术产业、主导产业和重大项目，可通过财政支出渠道安排资金扶持。对收入全部属于县级财政但审批权限属省级的政策性税费减免，在不违反中央规定的前提下，由县级税务机关报请县（市）政府同意后审批。

创新财政支持机制。凡是用于扶持支柱产业、重点产业、高新技术产业等方面的财政性资金，按照公平、公开、公正的原则，对符合条件的企业，不分所有制一视同仁，并建立完善的监管机制。积极探索财政资金回收和滚动使用机制。

加快县级政府债务清偿工作，建立偿债机制。本着“谁借谁还”的原则，按政府与企业等主体行为分别核实债务归属，对历年积欠的县乡政府债务，要制定切实可行的还债计划逐年解决。今后乡镇政府不得举借政府债务，县级政府举借的新债，应有切实的还债资金来源。县（市）应还未还省级的各类财政性周转金，按有关规定程序进行清理，经省财政核实后收回一定的比例，并将大部分债权下放各县（市），由各县（市）统一管理。

10.改善金融服务。改进信贷管理。商请各商业银行总行或省级分行，对其设在部分具备条件的县（市）的支行赋予设区的市分行的信贷审批权限。适度提高县级银行信贷存货比，下放流动资金贷款审批权限，按信贷规模和经营管理水平完善信贷授信管理。建立适合县域中小企业特点的信用等级评定标准体系。大力推行小额贷款“三包一挂钩”的信贷营销机制。创新适合中小企业的金融产品。

按照中央要求，继续深化农村信用社改革。选择若干县（市）符合条件的农村信用社争取改制为农村商业银行；进行县联社一级法人试点，增强抗风险能力。大力推广小额信用社存贷款利率改革，增强融资能力。大力推广小额信用贷款和农户联保贷款，充分发挥农村信用社支持“三农”的作用。

优化金融环境。加强社会信用体系建设，打击逃废金融债务等失信行为，依法维护金融债权。建立企业和个人征信体系，全面推广信用村、信用乡（镇）建设，健全省市县三级信用查询体系。建立政府引导、财政资助、多元资本投入、市场化运作的股份制担保机构，完善中小企业“融资难”问题。

11.创造公平竞争环境。放宽非公有制经济投资领域，除国家有特殊规定外，所有投资领域均对民营经济开放，凡我国政府承诺对外商逐步开放的领域，引导鼓励民营经济加快进入。对于国家法律法规没有明令禁止的行业和产品，允许民营企业自主选择经营范围和经营方式。举办中外合资、合作企业不受设立时间限制。

放宽注册资本限制，凡以商标、技术、专利等无形资产参与投资的，可根据实际情况放宽无形资产占注册资本的比例，注册资本全部以货币出资的，可分期到位。降低高新技术企业注册资本最低限额，放宽高新技术成果作价出资的比例。清理涉及企业的收费项目，降低企业成本。改革企业前置审批，推行“先照后证”，并在省级开发区试行“承诺登记制”。对符合条件的民营企业试行企业免检制度。对下岗失业人员从事个体经营的，按有关规定享受各种优惠政策。

12.加强基础设施建设。按照“谁投资、谁受益”的原则，鼓励、引导民间资金参与县域基础设施建设。强化县（市）政府对所在区域基础设施的建设责任，省、设区的市政府主要负责对跨市、县（市）基础设施建设和重点流域综合开发治理的规划、协调等工作。集中财力办大事。对符合公路、水运发展规划并按规划要求的技术等级建设、地方配套资金落实、前期工作完成的建设项目，省市政府予以一定补助；鼓励社会资金以股份制等形式投资建设交通基础设施。到2005年基本实现乡镇通上等级硬化公路，并争取实现村村通公路。继续实施造福工程。优先支持城镇防洪排涝、防旱抗旱、河道清淤、绿水工程、水库除险加固、蓄水供水、节水灌溉、山地水利、田园基本建设、水土保持、土地整理、滩涂围垦等水利骨干工程可江河洪水预警及防汛指挥网络体系等建设项目。

加快县域电力体制改革和电网建设。按照“一县一公司”的要求，改革农村电网管理体制，推进供电企业股份制改革，规范供电秩序，提高生产经营管理水平。加强电网规划，加快电网建设与改造，提高供电能力和供电质量，鼓励社会资金投资符合流域规划、具有调节功能的中小水电项目开发和建设。

13.加大对经济欠发达县的支持力度。经济欠发达县要努力培育新经济增长点，积极推进集体林权制度改革，落实新调整的商品林采伐管理政策，调动广大群众育林造林营林的积极性，增加农民收益。省级每年安排一定的专项资金用于欠发达县的土地开发整理，安排一定比例的省级支农资金用于扶持农业产业化龙头企业和农业综合开发，适当提高对欠发达县污水、垃圾处理的省级专项补助额度，支持欠发达县边贸市场建设。对欠发达县重大基础设施建设项目给予优先立项、优先安排项目前期经费、优先争取国债资金和国外贷款；提高对欠发达县省道建设的补助标准，继续对规划内的乡村公路建设给予补助。加强水利建设、生态保护和治理。扶持发展教育、科技、卫生等社会事业。积极做好老区、民族乡村、库区的扶贫开发工作，继续支持老区、民族乡村、库区的通讯、道路等基础设施建设。强化经济发达县对欠发达县的对口帮扶，落实帮扶的具体项目，加快欠发达县的发展步伐。

四、加强领导，开创县域经济发展新局面

14.加强党的领导。设区的市党委、政府要切实加强对县域经济的领导，抓住机遇，掌握加快发展的主动权；以经济建设为中心，正确处理改革发展稳定关系，及时研究新情况、新问题，结合实际创造性地开展工作，不断提高统揽全局的能力。各县（市）要集中精力抓好经济建设，明确发展目标，确定符合本地实际的发展思路，突出重点问题重点突破，强化目标责任制。县（市）委要充分发挥领导核心作用，总揽全局，协调各方，保护好、引导好、发挥好干部群众的积极性、创造性，推进县域经济发展。各级党委、政府的各个部门都要围绕发展形成合力，不断为基层群众解决困难，拓展县域经济发展空间。

建立和完善省以下垂直管理部门地方党委协管机制。省以下垂管部门在县级延伸机构领导干部的任免，上级主管机关在任命前必须充分征求所在地党委、政府意见，对有不同意见的，应报任免机关同级党委组织部门协调后任命。对省以下垂直管理部门在县级延伸机构的考评考核、权力监督，要更多听取地方党委、政府的意见。垂直管理部门要强化对县域经济发展的支持，加强与所在地的协调、配合。地方党委、政府要支持垂直管理部门依法行政。

15.建设高素质的干部队伍。各级领导干部要认真学习实践“三个代表”重要思想，努力提高马克思主义理论水平，不断增强科学判断形势的能力，驾驭市场经济的能力，应对复杂局面的能力，依法执政的能力和统揽全局的能力，以适应县域经济社会发展的需要。认真贯彻《党政领导干部选拔任用工作条例》，建立健全选人用人导向。改进干部考核办法，把抓发展的成效和服务对象的评价，作为考核班子、部门、干部政绩的重要依据。把坚持和推进改革开放、政绩突出、群众拥护的干部选拔到领导的管理体制，选好配强县（市、区）党政主要领导，优化班子结构。在保持县级领导干部队伍相对稳定的基础上，加大县（市、区）领导干部在全省范围内的交流力度。认真开展党风廉政建设，落实反腐倡廉的“六个机制”。各级干部要努力树立能够推动工作的形象，带动干部群众推动工作的形象，能够让群众信任，愿意一起推动工作的形象。

16.转变领导方式和工作作风。各级领导干部要始终坚持立党为公，执政为民，强化责任意识、发展意识、创新意识和服务意识，把发展作为执政兴国的第一要务，把创新作为治党治国之道，把不断改善人民生活作为处理改革发展稳定关系的重要结合点。时刻牢记“两个务必”，增强群众观点，走群众路线，不断提高在新形势下妥善处理人民内部矛盾的能力。强化抓落实的工作机制，坚持“一具体就突破、一具体就深入、一具体就落实”，从基层抓起，从基础抓起，以项目带动为抓手，创新项目开发、推介、管理和投融资机制，充分发挥各类项目的重要来源。加强机关效能建设。坚决克服各种形式主义，停止建设脱离实际的“形象工程”、“政绩工程”。杜绝各种弄虚作假行为。

17.为加快县域经济发展提供强有力的政治保障和精神动力。推动社会主义物质文明、政治文明和精神文明协调发展。坚持党领导下的人民代表大会制度、多党合作和政治协商制度，保证县人大、政协履行职能。努力提高依法治县水平，推行行政执法责任制，强化执法监督、开展政府诚信建设。全面落实《福建省乡镇工作纲要（试行）》、《福建省城市社区建设纲要（试行）》和《福建省社会治安综合治理工作纲要（试行）》，加强县乡基层组织和政权建设，健全村党组织领导的充满活力的村民自治机制以及农村基层组织建设常抓不懈的工作机制。加强社会治安综合治理，维护社会安定稳定。把精神文明建设融入到县域经济社会发展各项具体工作中，在发展先进文化、增强精神力量、提高人的素质、优化环境上下工夫。着力营造鼓励人们干事业，支持人们干成事业的良好社会氛围，最广泛最充分地调动一切积极因素，推进县域经济实现新发展，开创新局面。

二OO三年十月二十二日

福建省人民政府

印发关于实施项目带动战略若干意见的通知

闽政[2003]9号

为贯彻落实党的十六大和十六届三中全会精神及省第七次党代会以来的一系列决策部署，省委、省政府作出了实施项目带动战略的重大举措。现就进一步实施项目带动战略提出以下意见：

一、充分认识实施项目带动战略的重要意义

实施项目带动战略，涉及经济、政治、文化和党的建设各个领域，对于加快全面建设小康社会步伐，具有十分重要的意义。

（一）实施项目带动战略是贯彻“三个代表”重要思想的重要举措。实施项目带动战略，着力推进改革开放，保持经济持续快速健康发展；推进党的建设和精神文明建设，加快依法治省、以德治省进程；推进群众实际问题的解决，实现社会全面进步，必将对我省先进生产力发展起到更大的支撑作用，对先进文化的发展起到更大的推动作用，更好地实现好、维护好最广大人民的根本利益。

（二）实施项目带动战略是促进物质文明、政治文明和精神文明协调发展的重要载体。实施项目带动战略，一方面促进经济发展，为政治文明、精神文明建设提供物质基础，另一方面形成全社会想发展、谋发展、促发展的浓厚氛围，促进党的建设、社会主义民主法制建设和精神文明建设。

（三）实施项目带动战略是落实省委决策部署的重要抓手。实施项目带动战略，是省委基本工作思路的延伸和完善，是目标任务和工作要求的具体化。通过实施项目带动战略，加快构建三条战略通道、按三个层面、分三个阶段推动发展，加快发展县域经济，加快实施科教兴省战略、人才强省战略和可持续发展战略，落实反腐倡廉“六个机制”和选人用人公正机制，贯彻《福建省乡镇工作纲要（试行）》、《福建省城市社区建设纲要（试行）》、《福建省社会治安综合治理工作纲要（试行）》，把省委各项重大决策部署落到实处。

（四）实施项目带动战略是转变职能、改进服务的重要途径。实施项目带动战略，不仅要抓好项目直接带动各项事业的发展，而且要创新项目工作的理念、机制和方法，形成促进发展的良好氛围和环境。促进政府职能转变，深化行政审批制度改革，推进电子政务和机关效能建设，提高行政效率和服务水平；研究出台促进发展的相关政策措施，不断拓展发展空间；改进领导方式和工作方法，转变思想作风和工作作风，更好地为发展服务。

（五）实施项目带动战略是检验工作落实和工作成效的重要鉴证。实施项目带动战略，反映出来的是工作效率和服务水平，体现出来的是发展合力和发展环境，检验出来的是工作能力和工作成效。只要抓住符合产业导向、带动作用强、群众得到实惠的项目，就能促进发展的加快、工作的落实，人民群众就满意。

二、实施项目带动战略的总体要求和指导原则

实施项目带动战略的总体要求是：以“三个代表”重要思想为指导，认真贯彻党的十六大和十六届三中全会精神，按照全面建设小康社会的奋斗目标，把实施项目带动战略作为构建三条战略通道、按三个层面、分三个阶段推进全省经济社会协调发展的重要抓手，解放思想，实事求是，与时俱进，坚持社会主义市场经济的改革方向，坚持尊重群众的首创精神，坚持正确处理改革发展稳定的关系，坚持统筹兼顾，坚持以人为本，不断完善项目带动的实施体系和方法步骤，建立富有生机和活力的项目带动长效工作机制。以项目带动集聚生产要素，促进投资增长，增强经济的综合实力和发展后劲；以项目带动促进省委“四个专题”的深化，集聚方方面面的力量；以项目带动转变政府职能，提高运作效率，改进管理服务，营造好的发展环境；以项目带动检验工作的落实和工作的成效，形成想干事、能干事、干成事的导向和氛围，促进经济社会和人的全面发展，实现物质文明、政治文明、精神文明的协调发展。

实施项目带动战略必须坚持的原则是：

1.坚持发展第一要务。要始终把发展作为富民强省的第一要务，坚持用发展来解决问题、凝聚人心、树立形象。要紧紧抓住经济建设这个中心，突出结构调整这个主线，以信息化带动工业化，以工业化促进信息化，走新型工业化道路。把发展的目标任务和省委、省政府的各项决策部署具体细化成各类建设项目、工作项目，真正发挥项目对发展的带动效应。

2.坚持以民为本。要牢固树立一切为人民的观念，顺民意、谋民利，讲科学、重实效，把立党为公、执政为民具体地、深入地落实到项目带动工作中。不搞长官意志，不做表面文章，反对搞脱离实际的形式主义、劳民伤财的“形象工程”，防止低水平重复建设。

3.坚持开拓创新。要把开拓创新贯穿于项目带动战略实施过程中的各个环节、各个方面，以不怕事、想干事、干成事的劲头，以顺应发展趋势、尊重客观规律和人民群众首创精神的科学态度，充分发挥市场在资源配置中的基础性作用，坚决冲破一切妨碍发展的思想观念，坚决改变一切束缚发展的做法和规定，坚决革除一切影响发展的体制弊端。

4.坚持全面带动。要突出带动这个关键，抓住经济建设项目这个基础，注重经济社会协调发展、城乡协调发展、地区协调发展、人与自然协调发展。要把改革的力度、发展的速度和社会可承受的程度统一起来。以项目带动促进经济工作、社会事业、党的建设和精神文明建设等各项事业发展，为经济发展提供强有力的支撑和保障。

5.坚持增强发展合力。要把最大限度地调动和凝聚全省上下、方方面面、海内海外的智慧和力量，作为实施项目带动战略的根本保证，进一步强化各级各部门的全局观念，坚持局部利益服从整体利益，围绕发展，转变职能，提高效能，增强服务，放活基层，放利于民，自觉地在推进发展中体现价值、发挥作用。

6.坚持树立推动工作的形象。要把提高干部队伍素质，培育领导干部新形象，作为实施项目带动战略的一个基本要求，通过抓项目带动树立各级各部门和领导干部推动工作的形象、以主要精力推动工作的形象、能够带领干部群众推动工作的形象、干部群众愿意跟着你一起推动工作的形象。

三、实施项目带动战略的基本任务

实施项目带动战略，要着力开发建设各类项目，促进我省的经济增长和经济竞争力的提升、可持续发展能力显著增强、人民生活质量的不断改善，带动各级党政部门工作作风的转变和效能建设，激活各类投资主体，加快推进全面建设小康社会进程。

（一）促进经济综合实力和发展后劲的增强

推动投资稳步增长。通过实施项目带动，使社会投资更加活跃，民间投资和外资持续快速增长。全社会固定资产投资保持两位数增长，争取2005年后全社会固定资产投资率保持在年均30%以上，非国有经济投资增速快于国有投资。各设区的市都要加大固定资产投资力度，第一层面设区的市要继续促进固定资产投资较快增长，对全省固定资产投资增长的贡献率达到70%以上；第二层面设区的市要着力扩大固定资产投资规模，对全省固定资产投资增长的贡献率有明显提高；第三层面设区的市要保持固定资产投资增长的良好势头，促进全省投资增长目标的实现。

推动一批牵动全局的重大项目建设。围绕基础设施“硬通道”建设、建立稳定可靠能源保障体系、推进新型工业化、加快我省服务业和社会事业发展、提高资源和环境保障能力等方面，加强项目开发建设。形成“投产一批、在建一批、开工一批、转化一批、储备一批”滚动发展势头，项目建设支撑经济增长的作用明显增强。

推动生产要素集聚。充分发挥项目的载体作用，采取项目融资、项目人才柔性引进、项目技术成果交易等多种方式，大量吸引各类专门人才、先进适用技术、内外资金、管理、信息等生产要素；根据项目生成、落地规律，积极引导项目向开发区、工业园区、城镇集聚，壮大产业群、产业带；形成一支规模较大、素质优良、结构合理的人才队伍，实现建设人才高地目标。

推动县域经济发展。拓宽县域经济发展思路，扩大县域经济管理权限，加快县域工业化、农业产业化和城镇化步伐。按照分类指导的原则，壮大一批经济较发达县，提升一批中等水平县，帮扶一批经济欠发达县。在优化结构和提高效益的基础上，全省县域经济以较快速度增长，到2008年国内生产总值比2000年翻一番，财政收入占国内生产总值的比重进一步提高，农民人均纯收入有较大幅度增长。经济较发达县（市）力争提前实现翻番，欠发达县经济实力明显增强。

推动产业结构调整和优化。重点实施一批符合国家“双高一优”、符合我省经济布局以及企业规模、经济效益和管理水平位居我省前列的工业结构优化升级重点企业及建设项目；一批技术含量高、治理成效大的环保装备产业重点企业及项目；一批属于国内领先或首创的、产业化前景好、有显著经济和社会效益的高技术产业化重点项目；一批农业产业化重点企业及建设项目；一批服务业重点项目。加快“数字福建”建设，在经济和社会领域广泛运用信息技术。初步建成具有全国影响力的一批特色产业基地，以湄洲湾为中心的闽东南全国大型石化基地，以福厦汽车、修造船、工程机械为主体并辐射内地山区的我国东南沿海重要的机械装备产业制造基地，以信息产品制造业为主的闽东南一线高新技术产业基地，以重点港湾和城市为依托、连接沿海一线的我国海洋开发和珍稀水产养殖基地，以龙头企业为依托的特色农产品深加工和绿色产品基地，以国际花园城市、国家重点风景名胜区、国家旅游度假区为重点的全国知名的山海生态旅游基地等。

（二）促进协调发展

促进经济与社会协调发展。实施科教兴省战略，加大社会事业的投入，进一步完善现代国民教育体系、科技和文化创新体系、全民健康和医疗体系。推进文化体制改革，努力发展文化产业，进一步繁荣和规范文化市场。高度重视公共安全建设，建立适应城乡不同特点、覆盖面广的公共卫生体系，提高应对突发公共卫生事件的应急能力。遵循政企分开、政事分开、事业与企业分开、公益性机构和经营性机构分开的原则，进一步推进社会事业体制改革和非基本公共服务产业化进程。

促进地区协调发展。做强做大中心城市，充分发挥中心城市在区域经济中的带动作用，集中力量建设好福州、厦门、泉州三大中心城市，形成闽江口、厦门湾、泉州湾三大城市经济圈和闽东南沿海城镇密集带，加快漳州、莆田、三明、南平、龙岩、宁德市的中心城市建设。扶持中心城市与周边的县（市）发展城市联盟，做到统一规划、整体布局、资源共享、设施共建、优势互补、协调发展。调整、优化山区经济结构，加强山区基础设施建设，改善山区生态环境，加快欠发达地区发展，缩小山区与沿海的发展差距。

促进城乡协调发展。大力改善农村、农业基础设施条件，重点加强堤防工程、蓄水防旱工程、洪水预警预报、水利工程除险保安、沿海防护林工程、重要江河生态林保护、中尺度灾害性天气预警、渔港（避风港）防御、农林水产病虫害和疫情防治、防震减灾等“十大防灾减灾”体系建设，继续推进千万亩节水灌溉工程和排涝工程，大力开展河道清淤整治、打井抗旱、山地水利、水土流失治理等工程建设和标准化农田建设。大力发展农村教育、卫生事业，全面实现农村九年义务教育目标，进一步提高农村医疗保障水平，改善农村卫生设施。

促进人与自然协调发展。按照构建协调发展的生态效益型经济体系、持续利用的资源保障体系、自然和谐的城镇人居环境体系、良性循环的农村生态环境体系、稳定可靠的生态安全保障体系、先进高效的科教支持与管理决策等六大体系的要求，推进生态建设和环境保护，加强重点流域、区域环境整治。加快污水垃圾处理产业化进程，积极推行 ISO14000 环境管理体系认证，大力发展生态经济，建设一批生态农业示范区、生态工业园区以及生态城市、生态社区、生态村镇。

（三）促进人民生活水平提高

增加就业机会、提高收入。大力发展有市场需求的劳动密集型产业和交通运输、旅游、商贸、餐饮等服务项目，不断开拓新的就业领域，积极创造更多的就业岗位。认真落实再就业的扶持政策，继续改善创业环境，发挥非国有经济在吸纳劳动力就业方面的积极作用。做好社区建设规划，调动各方面力量参与社区基础设施建设，加快发展社区服务项目，提高城镇居民收入。大力发展效益型农业，推进农业产业化经营，促进农村劳动力转移，全面落实减轻农民负担的各项政策，切实增加农民收入。

提高社会保障水平。加强社会保障信息网络建设，全面启动和实施金保工程，建立健全独立于企事业单位、资金来源多元化、保障制度规范化、管理服务社会化的比较完善的社会保障体系，做好企业离退休人员养老保险、失业保险、城市居民最低生活保障“三条保障线”的衔接，并把灵活就业人员按自愿、灵活、低标准的原则纳入社会保险。争取到 2005 年，全省城镇职工基本养老保险、失业保险、基本医疗保险参保率分别达 95%、90%和 75%。

提高国民教育程度。严格按照《义务教育法》，确保九年义务教育目标全面实现，在有条件的地方率先普及高中阶段教育。大力发展高等教育事业，推进福州地区大学城、厦门大学漳州校区等项目建设，建成若干所在全国有重大影响的名牌大学。积极促进民办教育发展，大力发展职业技术教育，努力扩大高中阶段教育和高等教育规模。

提高社会文化生活质量。加快城乡文化、广播、电视等设施的建设步伐，抓好思想文化阵地建设。继续实施精神文明建设“五个一工程”，大力推动文化精品创作，为人民群众提供更多的优秀精神产品。采取群众喜闻乐见的形式，开展丰富多彩的文化活动，不断满足人民群众日益增长的文化需求。

提高全民的身体素质。加强全民健身基础设施建设，建成一批城市全民健身活动中心、示范点、活动点和农村健身娱乐场所，推动全民健身活动的深入开展，提高全民健康水平。

（四）促进各方面力量的凝聚

围绕发展抓党建，抓好党建促发展。通过项目带动，增强党建工作服从、服务发展大局的意识。创新党建工作思路和工作方式，使党建工作在围绕和服务发展中呈现生机活力，发挥更大作用，实现党建工作和经济工作同步加强、同步推进。

围绕发展促进政府职能转变。把政府职能转移到经济调节、市场监管、社会管理和公共服务上来。加强政府法制建设，运用法律手段管理经济社会事务，全面推行行政执法责任制，强化行政执法监督，提高依法行政水平；深化行政审批制度改革，最大限度减少审批事项，改进审批方式，提高审批效率；建立社情民意反映制度，大力推行办事公开制度和社会听证制度，加强政府效能建设，提高行政效率，逐步建立行为规范、运转协调、公正透明、廉洁高效的行政管理体制。

围绕发展提供严格规范的纪律保证。纪检监察部门要抓好廉洁自律各项规定的落实，进一步规范领导干部从政行为；继续加大查办案件力度，严厉惩处腐败分子；深化纠正部门和行业不正之风工作；抓好“六个机制”的贯彻落实，及时纠正和查处影响和干扰加快发展的行为；进一步规范工程招投标，国有经营性土地使用权、矿业权出让招标拍卖、挂牌交易，政府采购，国有产权交易进入市场等工作，从源头上预防和治理腐败。

围绕发展提供坚强有力的组织保证。各级党委要切实加强和推进党的基层组织建设，重点抓好农村、国有企业、社区和高校党建工作，保持党员队伍先进性，增强基层党组织的创造力、凝聚力和战斗力。组织部门要构建一套围绕第一要务来评判干部的工作机制，注重工作实绩，但不简单以数字取人；尊重群众公论，但不简单以票数取人；注重“四化”方针，但不简单以文凭、年龄取人；注重竞争激励，但不简单以考试取人，使那些想干事、能干事、干成事的干部能够脱颖而出。

围绕发展增进精神文明建设实效。要紧贴社会实际、基层需要、时代要求和经济建设，构建有利于发挥全省人民聪明才智的创业机制和创业环境，把精神文明融入到各项具体工作中，充分调动和鼓励社会各阶层和各类经济主体的创业精神，引导他们投身于项目建设。通过项目建设活动，开阔群众视野，增长才干，引导群众形成健康向上的生活方式，弘扬社会新风尚，为经济建设和实施项目带动战略提供精神动力和群众基础。

围绕发展提高法制保障能力。深入开展法制宣传教育，建立和完善适应社会主义市场经济体制的地方性法规和规章，规范市场经济条件下的财产关系、信用关系和契约关系；重点打击制假售假、偷税骗税、逃废债务、违反合同、地方保护、行业垄断等违法行为，为各类经济主体的公平竞争提供法律制度保障；推进司法改革，强化司法监督，提高审判质量和效率；扩大公民有序的政治参与，保证人民依法实行民主选举、民主决策、民主管理和民主监督，维护人民的政治、经济和文化权益。

四、实施项目带动战略的主要措施

（一）充分调动各方面的积极性和创造性

进一步营造干事业和干成事业的良好氛围。要充分认识实施项目带动战略的重要性和紧迫性，把发展落实到抓项目上，抓好项目促进发展。鼓励各级干部敢于作为、敢抓敢管、敢于创新、敢于负责。让能干事的有机会，想干事的有舞台，干成事的有奖励，培养和使用一大批实施项目带动战略的实干家。

进一步激发社会各界的广泛参与。要发挥各类项目主体在开发项目、经营项目、创新项目中的主体作用，引导、鼓励和支持各种所有制企业、高校、科研机构、中介服务机构在做项目、引项目、帮项目、促项目中发挥作用、发展壮大、实现效益。为各方面专家学者、科技人员和社会各阶层参与项目工作搭建平台，优化项目工作条件，强化项目利益保障。

进一步扩大开放。把握世界产业结构调整和国际资本流动的新趋势，抓住入世、内地与香港建立更密切经贸关系的机遇，充分发挥地缘及港澳侨台优势、科技优势、对外开放优势，利用好国际、国内两个市场、两种资源，广泛开辟各类项目投资和技术引进渠道。拓展对内联接，充分发挥北承南接的区位优势，加强与长三角、珠三角的联系，吸引更多的项目、资金、人才。

（二）精心组织实施项目建设

科学谋划项目。要围绕福建提前三年实现全面建设小康社会的战略目标，前瞻性地研究福建经济社会发展的趋势、市场需求的变化、产业结构调整优化的方向，正确制定项目开发政策与投资导向，策划一批市场前景好、科技含量高、经济效益优、辐射能力强的重大项目。关系全省长远发展的基础性、社会公益性重大项目由政府部门进行统筹规划和具体指导，竞争性项目要通过产业政策引导和支持企业和社会投资者进行策划与运作，同时，鼓励科研机构、高等院校、政策研究机构、中介服务机构参与项目的研究开发。

扎实抓好前期工作。各级各有关部门要组织得力人员，加强项目前期工作，明确项目工作目标、任务、措施和责任，确保前期工作有序推进。项目决策过程要充分征求各方面专家的意见，项目可行性研究、方案论证、专题研究要选择有资质、高水平的单位承担，提高项目前期工作质量。要按国家规定程序做好建设项目报批和跟踪落实工作。各级各部门要为前期工作提供必要的前期经费和工作条件，建立前期工作目标责任考核制度，对前期工作完成较好的建设单位要给予表彰和奖励，并优先安排前期经费；对因主观原因工作进展较差的建设单位要督促改进。

加强建设管理。要进一步筹措和落实建设资金，项目业主与金融机构密切配合做好项目贷款工作，同时通过市场运作多渠道筹集建设资金。各级各部门投入重点项目的财政性资金要统筹安排、落实到位。各类投资项目要进一步落实完善项目法人责任制、招标投标制、工程监理制、合同管理制、竣工验收制、质量终身负责制、安全责任制和决算审计制。各级政府有关部门要全力配合做好重点项目的征地拆迁、地材供应、生活服务、施工环境整治等方面的工作，创建平安有序的建设环境。各级政府职能部门和重点办要认真抓好重点项目和重大项目的跟踪、分析、协调、服务。

（三）创新实施项目带动战略的工作机制

建立健全科学决策机制。各级党委、政府面对不断发展的新形势，要努力改进领导方式和领导方法，以推动经济和社会发展为目标，广泛听取各方面的意见，提高决策的科学化、民主化水平，严肃查处失职、渎职、违纪违法行为。

推行项目目标责任制。各职能部门要在实施项目带动战略中找准位置，明确目标，细化任务，对生成、开发、推介、交易、落地、建设实行全过程管理、全过程服务。加大对关系全省发展的各类项目的组织协调力度，定期督促检查并公开通报工作进展情况，不失时机创造条件推动项目进展。

深化科技创新机制。以区域技术创新体系建设为主线，加快构筑技术创新平台，加速科技成果转化，加快高新技术产业发展。各类项目主体要以市场为导向，加强产学研结合，重视研究开发具有自主知识产权的技术和产品，重点引进、吸收一批成熟的适用先进技术。推进企业技术研发机构、科技企业孵化器等科技中介机构的建设，进一步确立企业作为技术创新主体的地位，发挥高新技术产业开发区的聚集作用，促进高校、科研院所科技项目成果的有效转化。

强化项目生成和推介机制。要把项目工作延伸到各行业务领域，全面开发持续不断的项目源。建立项目开发与项目推介相衔接，项目推介与跟踪服务相结合的项目推介机制，充分利用中国投资贸易洽谈会等招商活动，精心办好项目成果交易会，充分发挥技术产权交易中介机构的作用，为省内投资者与国内外高校、科研院校搭建信息交流、项目成果转化、招商引资的平台，推动项目与技术、资本、人才的有机结合。

健全监督制约机制。各级各部门要在项目工作中加强法律监督、行政监督、审计监督、社会监督、舆论监督和项目稽察，及时督促整改和查处存在问题。

建立公正选人用人机制。积极探索适应项目工作需要的用人制度，通过科学的考察和选拔，把有魄力、有能力、有经验的管理干部和有专长、有水平、有建树的专家、工程技术人员充实到项目工作第一线。要坚持以项目工作实绩作为评价干部的客观标准，把考核结果与干部的提拔任用、职级待遇、奖金补贴挂钩。要以公正为核心，以《党政领导干部任用工作条例》为依据，建立一套符合福建实际，比较具体、易于操作的选人用人制度体系。

建设良好的信用机制。加强社会公德和职业道德建设，强化政府信用，提升企业信用，构建个人信用，加快培育信用咨询、信用评估、信用保险等信用服务市场，健全社会信用体系。

（四）强化实施项目带动战略的智力支持

千方百计稳定人才。通过创造机会、提供舞台、改善待遇、加强培训、绩效奖励等方法，为各类人才在项目工作中施展才华创造富有吸引力的工作条件。鼓励技术、管理入股创办合作或独资的科技企业，疏通科研机构和科技人员参与各类项目开发建设的渠道，促进产学研相结合。

广开门路引进人才。通过放宽人才引进政策，实行“留”、“流”自主自愿，优先解决引进人才及其家属的户口、住房、就业、社保等问题，建立人才柔性流动机制，鼓励各类人才带项目、带技术等来我省创业，更大范围地广揽海内外人才。

想方设法培养人才。采取政府拨款、企业资助、社会捐赠和设立人才交流专项基金等多种形式，有计划、有重点、分层次培养各类项目急需的人才。

（五）拓展实施项目带动战略的政策空间

要在产业结构调整中拓展政策空间。进一步调整农业生产区域布局，推动农业产业化经营，大力发展优势明显的农业产业化项目，提高农产品商品率。培育壮大区域主导产业，大力发展优势产业和特色产业，改造提升传统产业，加快发展高新技术产业，积极抓好电子信息、汽车、石化、电力等高增长产业群的发展。改造提高传统服务业，加快现代流通业和物流业的发展，鼓励发展信息、咨询、金融、会计、法律服务等现代和新兴服务业，建立完善社区服务和农村社会化服务业，繁荣旅游业，促进房地产业的健康发展。

要在促进社会投资中拓展政策空间。进一步拓展利用外资的方式、渠道和领域，鼓励外资投向工业、农业、服务业和基础设施，在巩固东南亚和台港澳地区来闽投资的基础上，进一步拓展欧美日，吸引更多的台资，吸引跨国公司特别是世界500强企业到我省投资。畅通社会资本进入基础设施建设的渠道，降低民营企业投资基础设施建设的门槛，试行特定区域的免收费政策。积极有效地做好项目推介工作，推出一批港口、铁路、公路、电厂、城市燃气工程、污水处理、垃圾处理等基础设施项目，采取新的投融资方式吸引社会投资。有针对性地向我省的上市公司推介有投资前景的项目。采取股份制改造、股权出让、发行建设债券、信托投资等方式进一步扩大利用社会投资。继续落实和创新保障工业用地和鼓励项目用地的优惠政策。

要在深化国企改革中拓展政策空间。积极探索国有资产管理体制改革，加快建立省、市两级管资产与管人、管事相结合的国有资产管理机构，推进经营性国有资产的授权经营。进一步深化国有企业改革，建立规范的法人治理结构，积极采取股份制、融资性租赁、嫁接改造、兼并联合等方式，以存量吸引增量，以增量激活存量。加快国有企业战略性调整，促进竞争性领域国有集体资产民营化和股份化，优化国有资产的布局和结构。

要在加快社会事业发展中拓展政策空间。要加大国有资本对公益性行业的投入力度，并从经营性行业逐步退出。通过出台促进社会事业社会化、市场化、产业化的扶持政策，采取建立产业发展基金等有效措施，广泛吸纳社会力量建设和经营社会事业项目，新建或利用现有资源创办民办学校、民办医院、民办文化体育服务机构，促进竞争，提高服务质量。

要在完善财政体制中拓展政策空间。进一步完善财政体制，调整优化财政支出结构，集中财力保证重点项目的实施，改变财政资金分散使用的情况，提高财政资金的使用效率。

要在扩大消费中拓展政策空间。进一步出台和落实鼓励和引导消费的各项政策措施，改善消费环境。发挥行业协会开拓市场的作用，扩大闽货在国内市场的影响和占有率。大力发展地区性特色会展活动，培育和提升一批特色专业市场。积极拓展农村消费市场，进一步改善为农民生产生活服务的质量。积极培育旅游、汽车、电信、住房、教育、健身等消费亮点。

（六）改善实施项目带动战略的服务环境

努力建设责任型、服务型、效能型政府。进一步推进机构改革，转变政府职能，加快政企政事政社分开，规范发展各类中介机构。继续减少政府审批事项，依法规范审批制度，推进行政审批的信息化、网络化、快捷化、便民化。严格控制行政性收费项目，改革事业性收费的管理办法。继续完善投资服务中心、行政受理中心、社会救助中心、政府咨询网页等服务窗口，加强综合服务，切实帮助为投资者和社会公众解决实际困难和问题。

进一步做好党委各部门服务发展的工作。纪检监察工作要努力建立反腐倡廉长效机制，规范权力，监督权力，制衡权力，保证实施项目带动战略的有序推进；组织工作要着力建立选人用人的公正机制，做到公正考核、公正评价、公正使用，做到重发展实绩、重群众公论、重“四化”方针、重干部标准、重竞争激励；宣传思想工作要采取切实有效、丰富多彩的形式更好地为实施项目带动战略营造良好的舆论氛围；

统战工作要充分发挥密切联系各界人士的优势，为项目带动战略的全面实施增添力量。

五、切实加强实施项目带动战略的组织保障

（一）领导到位，加强协调。省委、省政府已决定成立实施项目带动战略领导小组，负责组织、推进、协调实施项目带动战略的各项工作。各级党委、政府要加强组织领导，主要领导亲自抓项目工作，选配责任心强、专业经验丰富、工作得力的干部负责组织和协调，并成立相应的工作机构，落实领导责任、服务责任、保障责任。要认真制定工作目标，明确任务、分类指导、逐项协调，把项目带动落实到各级各部门的日常工作中。

（二）分级管理，明确责任。建立省、市、县分级管理的责任制，一级抓一级，层层抓落实。省一级主要抓关系全省发展的重大项目，创造政策环境，指导协调，检查督促；各设区的市要根据区位优势、产业基础等实际情况，抓好各中心城市和跨县域的重大项目，指导、帮助各市县的项目实施；各市县要立足本地优势，围绕加快县域经济发展，抓好具有本地特色的优势项目。各级各部门要加大人力、物力、财力投入，把责任分解落实到部门、到单位、到人，确保项目带动取得实效。

（三）目标考核，有效激励。要进一步明确和细化项目带动的目标任务，建立健全实施项目带动战略的动态考核制度和奖惩机制。对项目工作完成较好的单位和个人，要给予表彰，并可采取对项目以奖代补或对个人予以一定物质奖励等多种形式给予奖励；对推进项目工作成效显著，做出突出贡献的干部要提拔重用；对影响、干扰实施项目带动战略的要给予批评和处理；对失职、渎职行为要严肃查处。

（四）检查监督，推进落实。对各级各部门在实施项目带动战略中的领导到位、措施落实、工作质量、工作成效等进行经常性检查，加强对人、财、物管理和使用的监督，及时发现问题，纠正偏差，强化项目带动战略实施过程的薄弱环节。纪检、监察及效能建设部门要加强对各级各部门转变职能、改进服务工作的经常性检查监督。

（五）总结经验，增强实效。各级各部门要认真总结实施项目带动战略的先进做法和先进经验，及时推广项目生成、项目开发、项目推介、项目落地、项目带动促进各方面工作的新方法、新举措，广泛宣传项目带动促进经济增长、改变城乡面貌、提高人民生活水平、促进社会事业、党的建设和精神文明建设的新成就，不断提高项目工作的水平，增强实施项目带动战略的实效。

二OO三年十月二十三日

福建省人民政府

关于加快建筑业改革和发展的若干意见

闽政[2003]18号

各县、市(区)人民政府，省政府各部门、各直属机构，各大企业，高等院校：

为加快我省建筑业改革和发展，全面提高我省建筑业的整体素质和综合竞争力，实现我省建筑业的跨越式发展，提出如下意见：

一、总体要求和目标任务

（一）总体要求：以“三个代表”重要思想为指导，根据省委构建三条战略通道、实施项目带动、加快发展县域经济的战略部署，坚持以市场为导向，以企业为主体，以改革为动力，大胆探索，全面推进产权制度改革，放手发展民营建筑业企业，优化企业结构，提高我省建筑业的整体竞争力，实现我省建筑业跨越式快速发展。

（二）目标任务：用三年时间完成我省建筑企业产权制度改革，初步建立现代企业制度，分年度实施企业改革，2003年全面启动改制工作，2004年完成改制面的70%，2005年基本完成改制工作。争取通过5年的努力，建筑业产值突破1千亿元，产值年增长率达到20%以上，进入全国先进行列。建筑企业结构更加优化，企业竞争力不断加强，企业对外开拓市场取得重大进展，在省外、境外产值占建筑业总产值的比例达到1/3以上。

二、改革的指导原则

（一）坚持制度创新与结构调整相结合。以产权制度改革为核心，加快企业体制改革和机制创新，建立健全企业法人治理结构，优化企业资产结构、组织结构和人员结构，促进企业发展壮大。

（二）坚持“公开、公平、公正”的原则。在企业的资产评估、产权界定、产权出让、职工安置及经济补偿等改革重要环节，要公开方案和标准，规范操作，维护国家、企业及职工的合法权益。

（三）正确处理改革、发展和稳定的关系。要因地制宜，一企一策，不搞“一刀切”，充分考虑企业、职工和社会的承受能力，整体规划，分步实施，确保稳定。

三、改革的工作要求和程序

建筑业的改革和发展要因地制宜、分类指导、扎实推进。一级企业特别是国有大中型企业，要坚持高起点改革，积极吸引民营企业、外资企业投资参股，改制为股份有限公司或有限责任公司；二、三级企业可改制为有限责任公司、股份有限公司，吸引非公经济成分参与公司的改制，有条件的可以通过整体（或部分）出售、拍卖改制为民营控股企业；对严重资不抵债、经营困难、扭亏无望的企业，实施兼并、关闭或破产。放手发展民营建筑企业，创造公平竞争的环境，鼓励引导民营建筑企业加快发展。

建筑业改革的工作程序是：

（一）国有建筑企业改革工作程序依照《省政府关于印发福建省国有企业改革工作程序的通知》（闽政〔1999〕10号）和国有企业改革的相关规定执行。

（二）集体建筑企业改革工作程序：

1.组建企业改制工作机构。

2.拟订企业改制总体方案。改制方案交由职工（代表）大会讨论，广泛听取意见。改制方案应包括企业改制的形式、内部清产核资和人员安置补偿的方案、拟吸引投资的规模、股权结构以及改制工作的相关事项等内容。

3.进行清产核资、资产评估、产权界定等前期准备工作。盘实企业自有资产,清理债权债务和历史遗留问题，处理呆坏账和待处理资产，认定净资产数额，做好人员情况的摸底核实。

4.改制方案审批。由企业主管部门的同级政府成立的建筑业企业改革工作领导小组或政府指定的相关机构审批。

5.组织实施改制方案。特别要做好资产、债权债务处置和人员分流安置等工作。

6. 按照有关规定，办理工商（变更）登记、劳动关系变动等有关手续。

四、妥善处理改革的相关问题

（一）国有建筑企业改革中涉及的资产评估、债权债务处理、企业资产及土地使用权处置等问题，按照国家和省有关国有工业企业改革的相关规定执行。

（二）集体建筑企业的资产界定要坚持“谁投资，谁所有”的原则，在确保国有和集体资产不流失、保障职工合法权益和维护社会稳定的前提下，依法解决资产归属问题。对于投资主体明确的，企业的原始投资及其历年积累形成的增值资产应界定给投资者；对于投资主体不明确的企业，其资产应界定给企业所有。

（三）按照“剥离、核销、搁置、提留”的原则，处置企业资产。剥离和盘活企业非经营性资产；对企业未弥补亏损、报废、呆坏帐、应提未提、应摊未摊等费用以及其他潜亏损失，作一次性核销处理，其呆坏帐实行“帐销案存”，国有建筑企业核销资产须经财政或国资部门批准；对有争议的、暂时无法界定的资产和划拨土地使用权实行搁置，并优先提供企业继续使用，或采取出让、作价入股等方式予以处置；对离休干部纳入“两费”社会统筹的费用和富余职工安置基金，在净资产中一次性提留。对经资产核销、提留、剥离后出现负资产的建筑企业，可按零资产改制。

集体建筑企业在改制中涉及国有土地资产处置的，按照《福建省人民政府关于批转福建省国有企业改革土地资产处置意见的通知》（闽政〔2002〕33号）的规定办理。

（四）集体建筑企业资产经处置后，对属于国有或城（乡）镇集体所有的资产可转为企业债权或股权，并在一定时间内逐步退出企业，由改制后的企业股东或职工逐步购回，或由企业经营者租赁使用。国有或城（乡）镇集体资产退出集体建筑企业前，可由工会作为管理人或设立职工持股会进行管理，其收益可用于企业吸收人才、奖励职工和离休人员的开支等。

（五）建筑企业改制在股权设置上，鼓励通过配售等方式引入职工股，鼓励经营层控股、主要经营者持大股，对于股权较为分散的企业，可通过股东代表进行股权管理和监督。

（六）妥善处理职工劳动关系，维护职工合法权益。

1.国有建筑企业改制时，职工安置和劳动关系处理按照省和当地有关国有企业改制职工劳动关系处理的相关规定执行。

2.集体建筑企业改制时，职工劳动关系及经济补偿依照省和当地有关规定，并根据企业的发展历史、资产状况、资产形成的主要因素等实际情况，综合考虑职工本人的工龄、职务、职称、贡献等因素处理；退休人员已办理社保并在社保机构领取退休金者不再发给安置补偿金；挂名挂靠人员一律不予补偿，并通知本人办理有关手续，解除与企业的劳动关系。

3.集体建筑企业改制时，原企业应与全体员工解除劳动关系。原企业与职工解除劳动关系的经济补偿金，可在自愿的基础上转为改制后企业的等价股权（股份）。对继续在改制后企业工作的职工，应按照平等自愿、协商一致的原则，由改制后企业与职工重新签订劳动合同，依法确定劳动关系，并按国家有关新招收职工的规定执行。

4.建筑企业改革改制时，应从净资产变现中划出一部分资金专门用于解决职工参加基本医疗保险制度和支付病残职工工伤待遇所需的费用。

五、相关扶持政策和措施

（一）培育壮大龙头企业，优化企业结构。走“调高、调大、调专、调外”相结合的路子，不断增强企业综合竞争力，鼓励发展符合投资需求的总承包和专业承包企业，大力扶持培育具有我省特色并在省外有一定影响的钢结构、给排水、古建筑、隧道、防腐保温、矿山等专业企业。构建总承包、专业承包、劳务分包比例合理，总包强、专业精、主业突出的建筑企业结构体系。着力培育劳务市场，发展劳务分包企业，鼓励“建筑之乡”建立劳务基地。

（二）实施“走出去”发展战略，大力开拓省外、国外市场。把北京、上海、中西部地区和国家重点工程作为开拓市场的重点地区，鼓励省内建筑企业联合开拓省外市场。各级政府有关部门要积极扶持、服务省内企业开拓市场。建设行政主管部门可以在我省建筑企业市场占有率高的省、市设立办事机构，为企业服务。继续扩大对外工程承包业务与劳务输出，加强与国际大型建筑承包商的联营合作，充分利用对外经营签约权，参与国际建筑市场的竞争。对符合对外承包经营权资格条件的企业，省建设厅要与省外经贸厅加强配合，积极争取赋予其对外工程承包经营权。

（三）建筑企业改革改制过程中的有关收费，按照国家计委等六部门《关于对企业实施改革改组改造过程中的有关收费实行减免的通知》（计价费〔1998〕1077号）和国务院减轻企业负担部际联席会议《关于抓紧落实企业改制收费减免政策的通知》（国减负〔2001〕10号）规定执行。认真落实财政部、国家发展改革委、建设部《关于专项治理涉及建筑企业收费的通知》（财综〔2003〕46号）的规定，对涉及建筑企业的收费进行专项治理，对国家和省政府公布取消的涉及建筑企业的行政事业性收费项目，各地、各有关部门必须坚决贯彻执行，一律予以取消。

（四）各地政府及企业主管部门要采取措施，积极支持建筑企业拓宽改革改制资金的筹措渠道，帮助企业解决改制资金不足的问题。对确有困难的改制企业，各级政府和相关主管部门要协调使用当地的企业改制与破产准备金给予适当补助。国有建筑企业所欠银行贷款，按有关规定经审定确无偿还能力的，有关部门争取纳入国家核销呆坏账计划。

（五）鼓励企业按照自愿的原则，进行跨地区、跨行业、优势互补或强弱结合的合并、兼并、重组，鼓励民间资本、外资、港澳台资本入股参与建筑企业改革，特别是鼓励建筑能人出资，通过收购、兼并、入股等方式参与企业改制，并在相关政策上给予优惠扶持。

（六）要大力扶持发展民营建筑企业。现有国有、集体建筑企业改制要争取一步到位改制成民营企业。改制后新组建的企业可以直接套用原企业资质，建设主管部门对改制建筑企业在资质就位和晋级方面要给予积极支持，鼓励企业通过改制壮大实力，晋升资质等级。对建筑能人出资兴办或收购兼并的建筑企业要承认其过去的业绩，并根据实际业绩情况核定资质等级，业绩认定的时限和办法由省建设厅另行制定。

（七）进一步拓宽建筑企业的融资渠道，为建筑业发展提供宽松的资金环境。各地可建立建筑企业信用担保资金，为建筑企业申请银行贷款进行担保。银行和其他金融机构要加大对建筑企业的支持力度，积极帮助企业解决信贷授信额度和承接工程提供保函等问题。

（八）各级税务部门要研究实施有利于建筑企业开拓市场的税收征管措施。各级税务机关要进一步规范征收行为，切实解决目前一些地方存在的重复纳税问题。对非跨省承包工程，由总承包企业负责扣缴分包企业的建安营业税税款，并向分包工程的劳务发生地的税务机关解缴，不再对分包企业重复征收建安营业税。要促进企业健全会计核算制度，对财务帐证健全的，实行查帐征收企业所得税；对帐证不全的，依法核定企业所得税。各级税务机关要积极协调，努力争取承接省外工程的建筑企业回注册地交纳企业所得税，其应税所得率按低限执行。

（九）认真清理拖欠建筑企业工程款和拖欠工人工资问题，采取措施防止新的拖欠。财政投资的工程有拖欠工程款的，各级政府要带头开展清欠，促进形成良好的建筑市场秩序。进一步健全业主信用约束机制，对已竣工工程项目业主有违反合同约定拖欠工程款的，不予批准新建工程项目。房地产开发企业有违反合同约定、严重拖欠工程款等不良经营行为的，计划、建设、国土等部门应限制其开发新项目。

（十）省政府对建筑市场开拓成绩显著的县（市）继续授予“建筑之乡”称号，对市场开拓能力强，就业带动明显、改革发展成绩显著的建筑企业，尤其是民营企业予以表彰。

六、加强领导，整体推进

建筑业的改革和发展工作涉及面广、政策性强。各级政府要切实加强对建筑业改革和发展的组织领导，正确处理好改革、发展和稳定的关系，有条不紊地推进建筑业的改革和发展。各级建设行政主管部门要主动承担起建筑业改革发展的指导与协调工作，组织制定建筑业三年改革发展总体规划和年度计划。要积极培育发展建筑业行业协会，维护企业合法权益，维护行业公平竞争，促进建筑行业健康发展。省直有关部门和各级政府要进一步研究制定建筑业改革和发展的扶持政策，建立协调机制，及时研究解决建筑业改革发展的困难和问题，优化服务，营造良好环境，促进建筑业的健康发展。

二〇〇三年十月八日

国务院国有资产管理委员会 财政部 劳动和社会保障部 国家税务总局《关于进一步明确国有大中型企业主辅分离辅业改制有关问题》的通知

国资分配[2003]21号

各省、自治区、直辖市、计划单列市及新疆生产建设兵团经贸委（经委）、财政厅（局）、劳动保障厅（局）、国家税务局、地方税务局，各中央企业：

为进一步做好国有大中型企业主辅分离辅业改制分流安置富余人员工作，现就原国家经贸委等8部门《印发〈关于国有大中型企业主辅分离辅业改制分流安置富余人员的实施办法〉的通知》（国经贸企改〔2002〕859号，以下简称859号文件）中的有关问题通知如下：

一、关于国有控股企业的界定标准。 859号文件规定国有大中型企业（以下简称企业）主辅分离、辅业改制的范围是国有及国有控股的大中型企业，其中国有控股是指国有绝对控股。根据国家统计局《关于印发〈关于统计上划分经济成分的规定〉的通知》（国统字〔1998〕204号），国有绝对控股是指在企业的全部资本中，国家资本(股本)所占比例大于50%的企业。

859号文件提出的改制后为国有法人控股的企业指国有法人绝对控股。国有法人控股企业应尽量减少控股比重，一般不得超过75%。改制为国有法人控股的企业再改制为非国有法人控股时，符合859号文件适用范围的，按照该文件的有关规定执行。

二、关于国有大中型企业划分标准。按照原国家经贸委、原国家计委、财政部、国家统计局联合下发的《关于印发中小企业标准暂行规定的通知》（国经贸中小企〔2003〕143号，以下简称143号文件）规定的企业划分标准执行。143号文件中的中小企业标准上限即为大企业标准的下限。

三、关于解除劳动关系的经济补偿标准。按照劳动保障部《违反和解除劳动合同的经济补偿办法》（劳部发〔1994〕481号）有关规定执行。根据劳动者在本单位工作年限，每满一年发给相当于一个月工资的经济补偿金。工作时间不满一年的按一年的标准发给经济补偿金。经济补偿金的工资计算标准是指企业正常生产情况下劳动者解除劳动合同前12个月的月平均工资。其中，职工月平均工资低于企业月平均工资的，按企业月平均工资计发；职工月平均工资高于企业月平均工资3倍或3倍以上的，可按不高于企业月平均工资3倍的标准计发。企业经营者也应按照上述办法执行。

四、关于企业辅业资产的界定范围。企业要按照859号文件要求，以精干壮大主业、放开搞活辅业、提高企业核心竞争力为目标，合理确定企业辅业资产。实施改制分流的辅业资产主要是与主体企业主营业务关联不密切，有一定生存发展潜力的业务单位及相应资产，主要包括为主业服务的零部件加工、修理修配、运输、设计、咨询、科研院所等单位。

五、关于中央企业实施主辅分离改制分流的范围。由于部分中央企业经营业务较宽，主业和辅业的界线不易界定，辅业企业资产规模较大、人员较多，在实施主辅分离时，这部分中央企业辅业改制的范围原则上应确定为辅业中的中小企业。中小企业划分标准按照本通知第二条规定执行。

六、关于中央企业改制分流总体方案联合批复程序。中央企业所属企业改制分流总体方案分别报国资委、财政部、劳动保障部，总体方案的批复采取国资委、财政部、劳动保障部分别审核、联合批复的形式，由国资委代章出具联合批复意见。

国务院国有资产监督管理委员会关于规范国有企业改制工作的意见

国办发[2003]96号

党的十五大以来，各地认真贯彻国有经济有进有退、有所为有所不为的方针，积极推进国有经济布局和结构调整，探索公有制的多种有效实现形式和国有企业改制的多种途径，取得了显著成效，积累了宝贵经验。但前一阶段国有企业改制工作中出现了一些不够规范的现象，造成国有资产的流失。国有企业改制是一项政策性很强的工作，涉及出资人、债权人、企业和职工等多方面的利益，既要积极探索，又要规范有序。为全面贯彻落实党中央关于国有经济布局结构调整和国有企业改革的精神，保证国有企业改制工作健康、有序、规范地进行，现提出以下意见：

一、健全制度，规范运作

（一）批准制度。国有企业改制应采取重组、联合、兼并、租赁、承包经营、合资、转让国有产权和股份制、股份合作制等多种形式进行。国有企业改制，包括转让国有控股、参股企业国有股权或者通过增资扩股来提高非国有股的比例等，必须制订改制方案。方案可由改制企业国有产权持有单位制订，也可由其委托中介机构或者改制企业（向本企业经营管理者转让国有产权的企业和国有参股企业除外）制订。国有企业改制方案需按照《企业国有资产监督管理暂行条例》（国务院令第378号，以下简称《条例》）和国务院国有资产监督管理委员会（以下简称国资委）的有关规定履行决定或批准程序，未经决定或批准不得实施。国有企业改制涉及财政、劳动保障等事项的，需预先报经同级人民政府有关部门审核，批准后报国有资产监督管理机构协调审批；涉及政府社会公共管理审批事项的，依照国家有关法律法规，报经政府有关部门审批；国有资产监督管理机构所出资企业改制为国有股不控股或不参股的企业（以下简称非国有的企业），改制方案需报同级人民政府批准；转让上市公司国有股权审批暂按现行规定办理，并由国资委会同证监会抓紧研究提出完善意见。

（二）清产核资。国有企业改制，必须对企业各类资产、负债进行全面认真的清查，做到账、卡、物、现金等齐全、准确、一致。要按照“谁投资、谁所有、谁受益”的原则，核实和界定国有资本金及其权益，其中国有企业借贷资金形成的净资产必须界定为国有产权。企业改制中涉及资产损失认定与处理的，必须按有关规定履行批准程序。改制企业法定代表人和财务负责人对清产核资结果的真实性、准确性负责。

（三）财务审计。国有企业改制，必须由直接持有该国有产权的单位决定聘请具备资格的会计师事务所进行财务审计。凡改制为非国有的企业，必须按照国家有关规定对企业法定代表人进行离任审计。改制企业必须按照有关规定向会计师事务所或政府审计部门提供有关财务会计资料和文件，不得妨碍其办理业务。任何人不得授意、指使、强令改制企业会计机构、会计人员提供虚假资料文件或违法办理会计事项。

（四）资产评估。国有企业改制，必须依照《国有资产评估管理办法》（国务院令第91号）聘请具备资格的资产评估事务所进行资产和土地使用权评估。国有控股企业进行资产评估，要严格履行有关法律法规规定的程序。向非国有投资者转让国有产权的，由直接持有该国有产权的单位决定聘请资产评估事务所。企业的专利权、非专利技术、商标权、商誉等无形资产必须纳入评估范围。评估结果由依照有关规定批准国有企业改制和转让国有产权的单位核准。

（五）交易管理。非上市企业国有产权转让要进入产权交易市场，不受地区、行业、出资和隶属关系的限制，并按照《企业国有产权转让管理暂行办法》的规定，公开信息，竞价转让。具体转让方式可以采取拍卖、招投标、协议转让以及国家法律法规规定的其他方式。

（六）定价管理。向非国有投资者转让国有产权的底价，或者以存量国有资产吸收非国有投资者投资时国有产权的折股价格，由依照有关规定批准国有企业改制和转让国有产权的单位决定。底价的确定主要依据资产评估的结果，同时要考虑产权交易市场的供求状况、同类资产的市场价格、职工安置、引进先进技术等因素。上市公司国有股转让价格在不低于每股净资产的基础上，参考上市公司盈利能力和市场表现合理定价。

（七）转让价款管理。转让国有产权的价款原则上应当一次结清。一次结清确有困难的，经转让和受让双方协商，并经依照有关规定批准国有企业改制和转让国有产权的单位批准，可采取分期付款的方式。分期付款时，首期付款不得低于总价款的30%，其余价款应当由受让方提供合法担保，并在首期付款之日起一年内支付完毕。转让国有产权的价款优先用于支付解除劳动合同职工的经济补偿金和移交社会保障机构管理职工的社会保险费，以及偿还拖欠职工的债务和企业欠缴的社会保险费，剩余价款按照有关规定处理。

（八）依法保护债权人利益。国有企业改制要征得债权金融机构同意，保全金融债权，依法落实金融债务，维护其他债权人的利益。要严格防止利用改制逃废金融债务，金融债务未落实的企业不得进行改制。

（九）维护职工合法权益。国有企业改制方案和国有控股企业改制为非国有的企业的方案，必须提交企业职工代表大会或职工大会审议，充分听取职工意见。其中，职工安置方案需经企业职工代表大会或职工大会审议通过后方可实施改制。改制为非国有的企业，要按照有关政策处理好改制企业与职工的劳动关系。改制企业拖欠职工的工资、医疗费和挪用的职工住房公积金以及企业欠缴的社会保险费等要按有关规定予以解决。改制后的企业要按照有关规定按时足额交纳社会保险费，及时为职工接续养老、失业、医疗、工伤、生育等各项社会保险关系。

（十）管理层收购。向本企业经营管理者转让国有产权必须严格执行国家的有关规定，以及本指导意见的各项要求，并需按照有关规定履行审批程序。向本企业经营管理者转让国有产权方案的制订，由直接持有该企业国有产权的单位负责或其委托中介机构进行，经营管理者不得参与转让国有产权的决策、财务审计、离任审计、清产核资、资产评估、底价确定等重大事项，严禁自卖自买国有产权。经营管理者筹集收购国有产权的资金，要执行《贷款通则》的有关规定，不得向包括本企业在内的国有及国有控股企业借款，不得以这些企业的国有产权或实物资产作标的物为融资提供保证、抵押、质押、贴现等。经营管理者对企业经营业绩下降负有责任的，不得参与收购本企业国有产权。

二、严格监督，追究责任

各级监察机关、国有资产监督管理机构和其他有关部门，要加强联系、密切配合，加大对国有企业改制工作的监督检查力度。通过建立重要事项通报制度和重大案件报告制度，以及设立并公布举报电话和信箱等办法，及时发现和严肃查处国有企业改制中的违纪违法案件。对国有资产监督管理机构工作人员、企业领导人员利用改制之机转移、侵占、侵吞国有资产的，隐匿资产、提供虚假会计资料造成国有资产流失的，营私舞弊、与买方串通低价转让国有产权的，严重失职、违规操作、损害国家和群众利益的，要进行认真调查处理。其中涉嫌犯罪的，依法移交司法机关处理；造成国有资产损失的，按照《条例》的规定，追究有关责任人的赔偿责任。对中介机构弄虚作假、提供虚假审计报告、故意压低评估价格等违规违法行为，要加大惩处力度；国有资产监督管理机构和国有及国有控股企业不得再聘请该中介机构及其责任人从事涉及国有及国有控股企业的中介活动。

为加快建设和完善产权交易市场体系，确保产权交易公开、公平、公正，由法制办会同国资委、财政部等有关部门研究有关产权交易市场的法规和监管制度，各地依照法律法规及有关规定，根据实际情况制订具体实施细则。

三、精心组织，加强领导

（一）全面准确理解国有经济布局和结构调整战略方针，坚持党的十六大提出的必须毫不动摇地巩固和发展公有制经济，必须毫不动摇地鼓励、支持和引导非公有制经济发展的方针。国有企业改制要坚持国有经济控制重要行业和关键领域，提高国有经济的控制力、影响力和带动力。在其他行业和领域，国有企业通过重组改制、结构调整、深化改革、转换机制，在市场竞争中实现优胜劣汰。

（二）在国有企业改制工作中，各地区要防止和纠正不顾产权市场供求状况及其对价格形成的影响作用、不计转让价格和收益，下指标、限时间、赶进度，集中成批向非国有投资者转让国有产权的做法。防止和避免人为造成买方市场、低价处置和贱卖国有资产的现象。

（三）国有企业改制要从企业实际出发，着眼于企业的发展。要建立竞争机制，充分考虑投资者搞好企业的能力，选择合格的投资者参与国有企业改制，引入资金、技术、管理、市场、人才等资源增量，推动企业制度创新、机制转换、盘活资产、扭亏脱困和增加就业，促进企业加快发展。

（四）地方各级人民政府及其国有资产监督管理机构、国有及国有控股企业，要高度重视国有企业改制工作，全面理解和正确贯彻党中央、国务院有关精神，切实负起责任，加强组织领导。要从实际出发，把握好改制工作的力度和节奏。在国有企业改制的每一个环节都要做到依法运作，规范透明，落实责任。上级国有资产监督管理机构要加强对下级国有资产监督管理机构的指导和监督，及时总结经验，发现和纠正国有企业改制工作中存在的问题，促进国有资产合理流动和重组，实现国有资产保值增值，更好地发挥国有经济的主导作用。

二〇〇三年十一月二十五日

国务院

关于推进资本市场改革开放和稳定发展的若干意见

国发[2004]3号

各省、自治区、直辖市人民政府，国务院各部委、各直属机构：

《国务院关于进一步加强证券市场宏观管理的通知》（国发[1992]68 号）下发以来，我国资本市场发展迅速，取得了举世瞩目的成就。资本市场初具规模，市场基础设施不断改善，法律法规体系逐步健全，市场规范化程度进一步提高，已经成为社会主义市场经济体系的重要组成部分，为国有企业、金融市场改革和发展，优化资源配置，促进经济结构调整和经济发展，作出了重要贡献。为贯彻落实党的十六大和十六届三中全会精神，围绕全面建设小康社会的战略目标，积极推进资本市场改革开放和稳定发展，现提出如下意见。

一、充分认识大力发展资本市场的重要意义

大力发展资本市场是一项重要的战略任务，对我国实现本世纪头２０年国民经济翻两番的战略目标具有重要意义。一是有利于完善社会主义市场经济体制，更大程度地发挥资本市场优化资源配置的功能，将社会资金有效转化为长期投资。二是有利于国有经济的结构调整和战略性改组，加快非国有经济发展。三是有利于提高直接融资比例，完善金融市场结构，提高金融市场效率，维护金融安全。

我国资本市场是伴随着经济体制改革的进程逐步发展起来的。由于建立初期改革不配套和制度设计上的局限，资本市场还存在一些深层次问题和结构性矛盾，制约了市场功能的有效发挥。这些问题是资本市场发展中遇到的问题，也只有在发展中逐步加以解决。党的十六大提出了全面建设小康社会的战略目标，十六届三中全会通过了《中共中央关于完善社会主义市场经济体制若干问题的决定》，对资本市场发展作出了部署，为我国资本市场改革开放和稳定发展指明了方向。要认清形势，抓住机遇，转变观念，大力发展资本市场，提高直接融资比例，创造和培育良好的投资环境，充分发挥资本市场在促进资本形成、优化资源配置、推动经济结构调整、完善公司治理结构等方面的作用，为国民经济持续快速协调健康发展和全面建设小康社会作出新的贡献。

二、推进资本市场改革开放和稳定发展的指导思想和任务

推进资本市场改革开放和稳定发展的指导思想是：以邓小平理论和“三个代表”重要思想为指导，全面落实党的十六大和十六届三中全会精神，遵循“公开、公平、公正”原则和“法制、监管、自律、规范”的方针，坚持服务于国民经济全局，实现与国民经济协调发展；坚持依法治市，保护投资者特别是社会公众投资者的合法权益；坚持资本市场改革的市场化取向，充分发挥市场机制的作用；坚持改革的力度、发展的速度与市场可承受程度的统一，处理好改革、发展、稳定的关系；坚持用发展的办法解决前进中的问题，处理好加快资本市场发展与防范市场风险的关系；坚持循序渐进，不断提高对外开放水平。

推进资本市场改革开放和稳定发展的任务是：以扩大直接融资、完善现代市场体系、更大程度地发挥市场在资源配置中的基础性作用为目标，建设透明高效、结构合理、机制健全、功能完善、运行安全的资本市场。要围绕这一目标，建立有利于各类企业筹集资金、满足多种投资需求和富有效率的资本市场体系；完善以市场为主导的产品创新机制，形成价格发现和风险管理并举、股票融资与债券融资相协调的资本市场产品结构；培育诚实守信、运作规范、治理机制健全的上市公司和市场中介群体，强化市场主体约束和优胜劣汰机制；健全职责定位明确、风险控制有效、协调配合到位的市场监管体制，切实保护投资者合法权益。

三、进一步完善相关政策，促进资本市场稳定发展

资本市场的稳定发展需要相应的政策引导和支持。各部门要进一步完善相关政策，为资本市场稳定发展营造良好环境。

完善证券发行上市核准制度。健全有利于各类优质企业平等利用资本市场的机制，提高资源配置效率。

重视资本市场的投资回报。要采取切实措施，改变部分上市公司重上市、轻转制、重筹资、轻回报的状况，提高上市公司的整体质量，为投资者提供分享经济增长成果、增加财富的机会。

鼓励合规资金入市。继续大力发展证券投资基金。支持保险资金以多种方式直接投资资本市场，逐步提高社会保障基金、企业补充养老基金、商业保险资金等投入资本市场的资金比例。要培养一批诚信、守法、专业的机构投资者，使基金管理公司和保险公司为主的机构投资者成为资本市场的主导力量。

拓宽证券公司融资渠道。继续支持符合条件的证券公司公开发行股票或发行债券筹集长期资金。完善证券公司质押贷款及进入银行间同业市场管理办法，制定证券公司收购兼并和证券承销业务贷款的审核标准，在健全风险控制机制的前提下，为证券公司使用贷款融通资金创造有利条件。稳步开展基金管理公司融资试点。

积极稳妥解决股权分置问题。规范上市公司非流通股份的转让行为，防止国有资产流失。稳步解决目前上市公司股份中尚不能上市流通股份的流通问题。在解决这一问题时要尊重市场规律，有利于市场的稳定和发展，切实保护投资者特别是公众投资者的合法权益。

完善资本市场税收政策。研究制定鼓励社会公众投资的税收政策，完善证券、期货公司的流转税和所得税征收管理办法，对具备条件的证券、期货公司实行所得税集中征管。

四、健全资本市场体系，丰富证券投资品种

建立多层次股票市场体系。在统筹考虑资本市场合理布局和功能定位的基础上，逐步建立满足不同类型企业融资需求的多层次资本市场体系，研究提出相应的证券发行上市条件并建立配套的公司选择机制。继续规范和发展主板市场，逐步改善主板市场上市公司结构。分步推进创业板市场建设，完善风险投资机制，拓展中小企业融资渠道。积极探索和完善统一监管下的股份转让制度。

积极稳妥发展债券市场。在严格控制风险的基础上，鼓励符合条件的企业通过发行公司债券筹集资金，改变债券融资发展相对滞后的状况，丰富债券市场品种，促进资本市场协调发展。制定和完善公司债券发行、交易、信息披露、信用评级等规章制度，建立健全资产抵押、信用担保等偿债保障机制。逐步建立集中监管、统一互联的债券市场。

稳步发展期货市场。在严格控制风险的前提下，逐步推出为大宗商品生产者和消费者提供发现价格和套期保值功能的商品期货品种。

建立以市场为主导的品种创新机制。研究开发与股票和债券相关的新品种及其衍生产品。加大风险较低的固定收益类证券产品的开发力度，为投资者提供储蓄替代型证券投资品种。积极探索并开发资产证券化品种。

五、进一步提高上市公司质量，推进上市公司规范运作

提高上市公司质量。上市公司的质量是证券市场投资价值的源泉。上市公司董事和高级管理人员要把股东利益最大化和不断提高盈利水平作为工作的出发点和落脚点。要进一步完善股票发行管理体制，推行证券发行上市保荐制度，支持竞争力强、运作规范、效益良好的公司发行上市，从源头上提高上市公司质量。鼓励已上市公司进行以市场为主导的、有利于公司持续发展的并购重组。进一步完善再融资政策，支持优质上市公司利用资本市场加快发展，做优做强。

规范上市公司运作。完善上市公司法人治理结构，按照现代企业制度要求，真正形成权力机构、决策机构、监督机构和经营管理者之间的制衡机制。强化董事和高管人员的诚信责任，进一步完善独立董事制度。规范控股股东行为，对损害上市公司和中小股东利益的控股股东进行责任追究。强化上市公司及其他信息披露义务人的责任，切实保证信息披露的真实性、准确性、完整性和及时性。建立健全上市公司高管人员的激励约束机制。

完善市场退出机制。要采取有效措施，结合多层次市场体系建设，进一步完善市场退出机制。在实现上市公司优胜劣汰的同时，建立对退市公司高管人员失职的责任追究机制，切实保护投资者的合法权益。

六、促进资本市场中介服务机构规范发展，提高执业水平

把证券、期货公司建设成为具有竞争力的现代金融企业。根据审慎监管原则，健全证券、期货公司的市场准入制度。督促证券、期货公司完善治理结构，规范其股东行为，强化董事会和经理人员的诚信责任。改革证券、期货客户交易结算资金管理制度，研究健全客户交易结算资金存管机制。严禁挪用客户资产，切实维护投资者合法权益。证券、期货公司要完善内控机制，加强对分支机构的集中统一管理。完善以净资本为核心的风险监控指标体系，督促证券、期货公司实施稳健的财务政策。鼓励证券、期货公司通过兼并重组、优化整合做优做强。建立健全证券、期货公司市场退出机制。

加强对其他中介服务机构的管理。规范发展证券期货投资咨询机构、证券资信评级机构，加强对会计师事务所、律师事务所和资产评估机构的管理，提高中介机构的专业化服务水平。

七、加强法制和诚信建设，提高资本市场监管水平

健全资本市场法规体系，加强诚信建设。按照大力发展资本市场的总体部署，健全有利于资本市场稳定发展和投资者权益保护的法规体系。要清理阻碍市场发展的行政法规、地方性法规、部门规章以及政策性文件，为大力发展资本市场创建良好的法制环境。要按照健全现代市场经济社会信用体系的要求，制定资本市场诚信准则，维护诚信秩序，对严重违法违规、严重失信的机构和个人坚决实施市场禁入措施。

推进依法行政，加强资本市场监管。按照深化行政审批制度改革和贯彻实施《行政许可法》的要求，提高执法人员的自身素质和执法水平。树立与时俱进的监管理念，建立健全与资本市场发展阶段相适应的监管方式，完善监管手段，提高监管效率。进一步充实监管力量，整合监管资源，培养一支政治素质和专业素质过硬的监管队伍。通过实施有效的市场监管，努力提高市场的公正性、透明度和效率，降低市场系统风险，保障市场参与者的合法权益。

发挥行业自律和舆论监督作用。要发挥证券期货交易所、登记结算公司、证券期货业协会、律师、会计师、资产评估等行业协会的自律管理作用。要引导和加强新闻媒体对证券期货市场的宣传和监督。

八、加强协调配合，防范和化解市场风险

营造良好的资本市场发展环境。资本市场的风险防范关系到国家的金融安全和国民经济的健康发展。各地区、各部门都要关心和支持资本市场的规范发展，在出台涉及资本市场的政策措施时，要充分考虑资本市场的敏感性、复杂性和特殊性，并建立信息共享、沟通便捷、职责明确的协调配合机制，为市场稳定发展创造良好的环境和条件。

共同防范和化解市场风险。各地区、各部门要切实履行《公司法》等有关法律法规规定的职责，采取有效措施防止和及时纠正发起人虚假出资、大股东或实际控制人侵占上市公司资产的行为；各地区和有关主管部门要依法加强对退市公司的管理，确保退市工作平稳顺利。对有重大经营风险必须退出资本市场或采取其他行政处置措施的证券、期货公司，地方人民政府、金融监管部门以及公安、司法等部门，要加强协调配合，按照法律法规和有关政策规定，采取积极有效措施做好风险处置工作。各地区、各部门必须建立应对资本市场突发事件的快速反应机制和防范化解风险的长效机制。

严厉打击证券期货市场违法活动。各地区要贯彻落实国务院关于整顿和规范市场经济秩序的有关精神，严格禁止本地区非法发行证券、非法设立证券期货经营机构、非法代理证券期货买卖、非法或变相设立证券期货交易场所及其他证券期货违法活动。财政、公安、审计、工商等政府部门和国有资产监督管理机构要加强协调配合，加大打击力度，维护资本市场秩序。

九、认真总结经验，积极稳妥地推进对外开放

严格履行我国加入世贸组织关于证券服务业对外开放的承诺。鼓励具备条件的境外证券机构参股证券公司和基金管理公司，继续试行合格的境外机构投资者制度。

积极利用境外资本市场。遵循市场规律和国际惯例，支持符合条件的内地企业到境外发行证券并上市。支持符合条件的内地机构和人员到境外从事与资本市场投资相关的服务业务和期货套期保值业务。认真研究合格的境内机构投资者制度。

加强交流与合作。落实与香港、澳门更紧密经贸合作安排。进一步加强与相关国际组织及境外证券监管机构的联系与合作。

大力发展资本市场是党中央、国务院从全局和战略出发作出的重要决策，各地区、各部门务必高度重视，树立全局观念，充分认识发展资本市场的重要性，坚定信心、抓住机遇、开拓创新，共同为资本市场发展创造条件，积极推动我国资本市场的改革开放和稳定发展，为实现全面建设小康社会的宏伟目标作出贡献。

二○○四年一月三十一日

福建省人民政府

关于深化产权制度改革　大力发展混合所有制经济的若干意见(试行)

闽政[2004]9号

各市、县（区）人民政府，省政府各组成部门、各直属机构,各大企业，各高等院校：

为贯彻落实党的十六届三中全会精神，进一步推进企业产权制度改革，大力发展混合所有制经济，现结合我省实际，提出如下意见：

一、明确改革目标，实现产权制度改革新突破

（一）总体要求。以党的十六届三中全会精神和“三个代表”重要思想为指导，按照建立“归属清晰、权责明确、保护严格、流转顺畅”的现代产权制度的要求，以企业产权制度改革为核心，进一步调整优化国有资产布局和结构，理顺国有、集体企业产权关系和资产管理体制，改善非公有制企业产权结构，拓宽民间资本投资领域，大力发展国有资本、集体资本和非公有资本等参股的混合所有制经济。加快产权市场建设，健全产权交易规则和监管制度，依法保障所有市场主体的平等法律地位和发展权利，努力实现产权制度改革新突破。

（二）目标任务。用2至3年时间，完成六个方面的任务：1.建立健全国有资产管理监督体制，各领域经营性国有资产基本纳入监管体系，进一步完善出资人制度和授权经营方式,加强国有资本经营预算管理、业绩考核、激励和约束机制等制度建设；2.完成省属各行业国有企业股份制改制和产权制度改革，国有资本有进有退、合理流动的机制基本形成，与产权制度改革密切相关的新型劳动关系和社会保障制度全面建立；3.城镇集体企业的产权归属基本明晰，省、市、县集体资产管理体制基本理顺；4.省级党政机关与所办（属）企业或经济实体全部脱钩，公用事业领域经营性资产市场化改革取得实质性进展；5.省内区域性产权市场培育形成，并与全国性产权市场联网运行，产权交易从以实物资产为主逐步向股权、债权和知识产权等各类财产权拓展；6.清理、修订、完善政策法规，消除体制性障碍，充分保障所有市场主体的合法权益。

二、建立健全国有资本出资人制度,完善监督管理体制

（三）建立健全国有资本出资人制度。按照中央统一部署组建省、市两级国有资产监督管理机构，代表国家对本级国有资产履行出资人职责。明确界定出资人与企业法人在资产占有权、使用权、处分权和收益分配权等方面的关系，尽快制定和完善国有资产监督管理的各项规章制度。

（四）建立国有资本经营预算制度。妥善处理财政公共预算与国有资本经营预算的关系。按照新的国有资产管理体制和《预算法》规定，建立国有资本经营预算制度。2004年在部分省属企业中试行国有资本经营预算管理，2005年在省市两级试编国有资本经营预算，逐步构建国有资本经营预算框架，科学界定国有资本预算收支范围。将国有资产收益、融资收入、上年预算收支结余、其他收入和财政公共预算拨入的专项资金等纳入国有资本经营预算收入范围，主要用于国有资产营运支出、投资支出、融资还本付息支出、补充“国有企业改制和破产准备金”等其他支出，以及按国家规定用于社会保障支出等。积极探索和改革财政预算资金支持产业发展的方式和方法。

（五）完善企业经营业绩考核体系。建立健全对包括出资人在内的国有资产管理、监督、营运各责任主体的工作报告、业绩评价以及与之相联系的奖惩制度、国有资产流失责任追究制度等企业经营业绩考核体系。继续完善授权经营公司的保值增值考核、经营者年薪制等办法。积极探索有利于职业经理人队伍形成、管理层及员工持股等激励机制。

（六）完善国有资产授权经营办法。根据“业务相关、适度规模”的原则，整合现有授权经营公司。改变按行业或成建制转制单位逐一授权的做法，使授权经营公司真正成为以资本运作和股权管理为主，具有资本规模和竞争优势的企业。通过重组整合，使国有资产逐步集中于关键领域、重要行业和优势产业，基本纳入授权监管范围。

（七）完善公司法人治理结构。按照现代企业制度要求，规范公司股东会、董事会、监事会和经营管理者的权责。大型公司董事会可根据实际需要设立战略、提名、薪酬和考核等专门委员会；国有控股的上市公司要按照有关规定建立健全独立董事制度；国有独资和国有控股的非上市公司要减少董事会成员在经理层的兼职，逐步建立有效的外部董事制度。建立外派监事会制度，努力形成权责统一、运转协调、有效制衡的法人治理结构。按照党管干部和市场化选聘企业经营者相结合的原则，推进董事会、监事会、经营班子的选聘工作。

（八）加强对国有资产的监管。根据《企业国有资产管理监督暂行条例》的规定，建立新型国有资产监管体系。各级国有资产管理监督机构代表本级政府向其所出资企业派出监事会或监事会成员，依法对所出资企业的经营和财务进行监督，对资产经营主体提供的有关统计数据和分析报告的真实性、完整性和准确性进行审查和评价。国有及国有控股公司应当加强内部监督和风险控制，严格实行企业重大决策失误责任追究制度，依照国家有关规定，建立健全财务、审计和职工民主监督制度，并定期向国有资产管理监督机构报告财务状况、生产经营状况和国有资产保值增值状况。

三、深化国有企业改革，推进企业制度创新

（九）加快大中型企业股份制改制步伐。全省国有大中型企业要在 2 年内完成规范的公司制改革。当前要重点推进省属企业改制改组工作，通过吸收投资、转让股（产）权、债权转股权、经营者和职工持股等方式，实现投资主体多元化；进一步推动国有资本从一般竞争性领域和劣势企业中退出，逐步投向关键领域、重要行业和优势产业；除国家规定的专营企业和国有资产授权经营公司实行国有独资，自然垄断企业、资源性重点企业及少数骨干企业实行国有控股外，其他企业中的国有资本逐步退为参股或全部退出，在市场公平竞争中优胜劣汰。

（十）统筹企业改革成本。省、市国有资产监督管理机构和授权经营公司可以根据实际需要，在本级国有资产和授权经营资产中统筹企业改革成本，主要用于职工经济补偿、离退休职工预留费用及解决历史遗留问题等的支出。企业改制时，要通过各种有效形式盘活存量资产，积极追讨债权，多渠道筹措改革资金。对改制企业无力支付按规定应预留的离退休人员各项费用的，允许三年内由同级国有资产监督管理机构和授权经营公司从本级国有资本经营收入中分期缴纳。今后部门需出台增加企业改革成本的政策措施的，应报省政府批准。

（十一）妥善处理企业资产和债务。企业改制应按规定程序做好资产和债权债务的评估和处置工作。改制前企业资产已评估的，有效期可延长一年，经审计调整后可作为改制资产；企业改制过程中资产损失的核销应严格按有关规定执行。资产已损失但企业难以取得核销所要求的有关证明的，可凭能证明损失确已发生的相关材料报批处理。其中属于应收款项的，实行帐销案存，继续保留追索权。企业改制后收回已核销的应收款项，应上缴原国有资本持有单位。

（十二）建立适应现代产权制度的新型劳动关系。企业改制应依法规范劳动关系，按照《福建省劳动合同管理规定》和有关政策，规范用工制度，推行全员劳动合同制。执行(或参照执行)机关事业单位工资制度的改制企业，其距法定退休年龄不足 5 年（含 5 年）且工作年限满 20 年，或工作年限满 30 年的职工，经本人申请、单位批准，可实行“内部退养”。“内部退养”人员应以在职同类同档人员工资总额为基数缴纳养老保险费。其“内部退养”期间的退养费由本单位负责发放，达到法定退休年龄并办理退休手续后，养老金由机关事业社保经办机构支付。

（十三）完善养老保险和医疗保险制度。省属企业改制前已参加机关事业单位养老保险的人员，改制后可继续执行机关事业养老保险制度。单位和个人应以工资总额为基数缴纳养老保险费，工资总额低于本人档案工资的，以档案工资为基数缴纳养老保险费。解除劳动合同后自谋职业的人员，可在机关事业社保机构委托的养老保险代办窗口接续养老保险，其中改制前已参加机关事业单位养老保险统筹的人员，凡按机关事业单位工资标准缴纳养老保险费的，经机关事业社保经办机构认定，可继续执行机关事业单位养老保险制度。自愿改为执行企业基本养老保险制度的，其基本养老保险仍由原社保经办机构办理，对其改革前在机关事业社保机构的缴费年限(含视同缴费年限)，由社保经办机构实行一次性补贴。

改制前已参加基本医疗保险的企业，继续在原医保经办机构参保。未参加医疗保险的企业，按当地政府有关规定参加基本医疗保险。改制后自谋职业的职

工，可到原医保经办机构个人缴费窗口按有关规定标准缴费续保。

（十四）全面实行企业退休人员社会化管理。国有企业改制后，原企业内部退养人员可移交当地社保经办机构代管，退休职工全部移交属地社区管理。离休干部、退休干部、企业厅级退休干部仍由原单位管理；若原单位不存在或改制为非国有控股的，由原单位的主管部门管理；主管部门撤销、合并的，则按企业隶属关系由同级政府指定相应部门管理。各级政府要加大对退休人员社会化管理服务工作的支持和投入。

（十五）推进公用行业市场化改革。对公用事业领域可引入竞争机制的行业和企业，要加快改革步伐，促进公用行业非经营性资产转化为经营性资产，实行市场化运作。公用行业企业可通过股份制改制、出让经营权、委托经营等多种形式引入社会资本，放开搞活；鼓励采用BOT、TOT等形式引进资金，但不得承诺固定回报；按照集约化、规模化发展的方向，充分发挥大中型公用行业企业的规模优势，开展跨地区、跨行业、跨所有制经营。除国家明确规定外，今后各级政府原则上不在公用行业中新设事业机构。改制为企业的原公用事业单位，不再承担行政职能。

（十六）全面启动党政机关与所办（属）企业脱钩工作。省政府成立专门机构负责省级党政机关、事业单位所办的企业以及挂靠的经济实体的清理脱钩工作，用2年左右的时间对省级党政机关事业单位经营性资产进行清产核资，逐步纳入授权监管范围，真正实现政企分开。

四、明晰集体企业产权关系，理顺集体资产管理体制

（十七）进一步明晰城镇集体企业产权归属。城镇集体企业在按国家规定完成清产核资、产权界定的基础上，按照“谁投资、谁所有”的原则，进一步划清现有资产的归属，规范不同产权主体的财产关系。各级城镇集体工业联合社（以下简称联社）和直属企业可以发起成立不同形式的联社集体资产管理机构，作为联社资产的法人代表，行使出资人权利，逐步建立和完善集体资产出资人制度。

（十八）多形式推进集体企业产权制度改革。按照建立现代企业制度的目标，推进集体企业产权制度改革。企业可根据自身实际，自主选择采取企业职工持股、股份合作制、公司制、出售、关闭、破产或合资合作等方式改制。鼓励社会法人及自然人购买集体企业资产，鼓励职工用解除原劳动关系的补偿金和个人资本投资入股组建新的股份制企业，鼓励支持经营者、技术人员和业务骨干多持股、持大股。

（十九）理顺集体企业职工劳动关系。鼓励集体企业建立新型劳动合同关系。集体企业在依法解除职工劳动关系时，可用其存量资产作为职工的经济补偿金。本着“以集体企业资产解决集体企业问题”的原则，对集体企业在改革中涉及的劳动关系调整、资产评估、债权债务处理、企业资产及土地使用权处置等，可参照建筑集体企业改革的相关政策执行。

（二十）加强集体资产监督管理。集体企业的改革工作由各级联社负责，省联社要加强指导和监督。各级联社要继续履行对城镇集体企业“指导、维护、协调、服务、监督”职责，加强资产监管，促进集体资产保值增值，防止侵吞集体资产的行为，保护集体企业和职工的合法权益不受侵犯。

五、大力发展非公有制经济，增强企业创业创新动力

（二十一）放宽投资领域。除国家明确限制的投资领域外，所有竞争性领域和对外开放的领域，都要以对国有资本同等的条件对非公有制投资主体开放。降低民间资本进入金融、保险、教育、医疗、中介、邮电通信、公共信息网络等领域的门槛；取消对民间资本投资交通、能源、水务、环保、市政建设和公益性项目的不合理政策限制；建立和完善投资促进机制，通过政府补贴、特许经营、优先分红等措施，降低民间资本投资基础性、公益性领域的风险。

（二十二）允许注册资本分期到位。新成立的企业注册资本（金）可以分3年到位。冠省名的，首期到资额不低于100万元，其他的不低于10万元。以高新技术成果出资入股，作价总金额可占注册资本的40%。

（二十三）简化审批手续。除国家法律、法规和国务院决定规定的事项继续执行前置审批外，其余事项试行“后置管理”的登记注册办法。加快电子政务建设步伐，尽快实现企业网上申报、审批、年检和备案。对工商部门评定的信用等级为绿牌的企业，实行两年一次年检。

（二十四）推进制度创新和管理创新。鼓励非公有制企业建立现代企业制度。符合条件的个体工商户要及时规范登记为私营企业，具备一定规模和素质的企业要积极改组为股份公司，其他企业要着重改进内部组织结构和管理结构，逐步实现所有权和经营权分离。

鼓励非公有制企业通过相互参股、职工持股、参与国有、集体企业资产重组和产权改革等多种形式，建立多元和开放的产权结构，促进混合所有制经济发展。帮助非公有制企业加强基础管理和提高质量管理能力，在企业中广泛推行 ISO9000 质量体系认证，有条件的企业推行 ISO14000 环境管理体系认证。

（二十五）建立中小企业信用担保体系。按照《中小企业促进法》的要求和国家有关部署，积极探索建立适合市场需要和我省特点的中小企业信用担保体系，稳妥地推进省、市、县三级担保体系建设。支持国有资本以股份制形式参与建立担保机构，鼓励具备条件的非公有制企业成立担保机构和开展担保业务，鼓励发展企业互助担保和商业担保业务。政府资助或参与建设的信用担保机构必须政企分开，实行市场化运作，不能从事财政信用业务。对不以营利为目的的中小企业信用担保和再担保机构从事担保业务的收入，按照国办发〔2000〕59 号文件有关规定，三年内免征营业税。

（二十六）拓展融资渠道。支持民间资本入股各类金融机构。各类金融机构要改善对非公有制企业的金融服务，开发适合非公有制企业特点的融资项目。积极试行非全额担保贷款，扩大票据融资业务和对优强企业的授信服务；制定、完善中小企业土地、厂房权属及权属转让的管理政策和制度，允许以承包林地经营权作为贷款抵押，切实解决影响企业抵押能力的历史遗留问题和政策不配套问题；支持符合条件的企业上市融资和发行债券，鼓励非公有制企业独资或参股组建投资公司或风险投资公司；推广仓储保全业务、应收账款质押业务、出口退税帐户托管贷款、保理业务、信用贷款与抵押贷款组合等各种适合非公有制企业的贷款方式。

（二十七）支持企业做强做优。省里每两年开展一次非公有制企业百强评选活动并进行宣传表彰，营造有利于非公有制企业发展的良好社会氛围。对于主业突出、竞争力强、带动作用大的非公有制企业，在资金、用地、进出口等方面给予更大的支持。企业通过非营利性社会团体、国家机关用于教育、民政、扶贫、救济、救灾、“希望工程”、“光彩事业”等社会公益性事业的捐款，经有权机关认定，准予税前扣除。

六、加强产权市场建设，促进产权有序流转

（二十八）建立统一、开放、规范、高效的产权交易市场。加快对全省现有企业产权、技术产权等产权交易机构的有效整合，将有形资产、无形资产等各类资产的交易纳入产权市场。以实现信息发布、交易程序、交易规则、过程监管“四统一”为目标，构筑全省产权共同市场，并与全国重要产权交易市场联网运行。产权交易机构和产权经纪机构要各司其责，促进产权交易市场协调运转。加快产权经纪人队伍和产权经纪机构的培育和发展。省产权交易机构主管部门要积极开展经纪人培训工作，提高从业人员的业务素质和执业水平。产权经纪机构要严格执行市场准入制度，完善等级评定和优胜劣汰机制。

（二十九）严格执行产权交易进入市场制度。重申国有、集体资产除经同级政府或国有资产监管机构批准的定向交易外，都必须进入产权交易市场采用公开招标、拍卖等竞价方式进行交易。鼓励民营、外资等非公有制经济的产权进场交易，促进产权竞争，激活产权市场，使产权市场成为各类市场主体有序竞争、资本流动、资产重组、扩张发展的平台。

（三十）提升产权市场服务功能。实行非上市股份制公司股权集中登记托管和挂牌交易。产权交易机构要积极为股东提供股权查询、冻结、质押登记、过户登记、代理分红派息、融资扩股等服务；积极开展股权质押试点，为企业开辟实现权益性融资的渠道；发挥产权市场在招商引资、风险投资中的导向作用，使之成为招商引资的窗口；积极探索特许经营权、预期收益权、知识产权、债权等权益通过产权市场进行交易的实现途径；引导各类基金和投资机构进入产权市场，催生混合所有制经济实体，促进社会上分散、沉淀的货币向资本转化。

（三十一）加强产权市场的监管。建立产权交易的自查和抽查复查制度，各级政府或国有资产监管部门每年都要对国有、集体产权进场交易的情况进行专项检查。建立产权交易违规违纪举报制度，制定对违反市场规则的单位及责任人进行责任追究的办法，严肃查处交易活动中的违规违纪行为，使产权市场成为廉政建设的窗口。完善《福建省产权交易管理办法》，制定和出台《福建省产权交易管理办法》实施细则、《福建省产权经纪人管理办法》等规章制度。建立产权市场自我监督、自我约束的机制，强化行业自律性。

七、完善政策法规，切实保障市场主体的合法权益

（三十二）抓紧清理有关政策法规。各级各部门要抓紧清理现行有关产权的规定，凡不利于保护各类市

场主体的合法权益，不利于各类市场主体平等竞争，不利于调动产权主体积极性的规定，要及时修改或者废止。各地区、各部门法制工作机构具体负责清理工作，清理工作要在2004年底前全部完成，并向社会公布清理结果。今后凡出台涉及私有财产及其运用的政策规章应邀请法律专家参与制定或进行咨询。各级政府和有关部门作出的可能对当地各类市场主体的产权

组织和个人以知识产权作价出资入股，以知识产权作为要素参与收益分配的制度。

（三十四）加强对各类市场主体的保护。任何组织和个人在我省境内投资的资产、收益等财产权利以及其他合法权益均受法律保护，任何组织或个人不得非法占有或实施其他侵害行为。未经法定程序，任何单位不得查封、扣留、冻结、没收或侵占、哄抢、破坏企业的财产。行政机关及其工作人员应当严格依法行政，其行政行为应当符合法定职权和法定程序，切实维护各类产权主体的合法权益。

（三十五）严格依法行政。各级政府要加快职能

产生重大影响的决策事项，决策机关应当举行听证。

（三十六）注重保护知识产权。加快培育具有自主知识产权的名牌产品，鼓励企业、高校、科研机构及其相关人员进行专利申请、商标注册、软件著作权登记，取得自主知识产权。完善我省著名商标的认定和保护制度，引导企业加快国际认证步伐。建立健全

转变，变政府的产权代理为产权界定和产权保护，充分尊重各类产权主体自主决策、自由交易的权利。有关部门应设立企业维权投诉中心，负责受理各类企业特别是非公有制企业合法权益受害事件投诉，组织各类企业参加政府部门行风评议。对侵害各类产权主体合法权益的行为要坚决予以纠正。各级经济综合部门要加强与司法机关的沟通与联系，及时了解经济管理和司法实践中涉及产权的信息以及案件，便于进一步做好产权保护工作。

二〇〇四年四月八日

福建省人民政府
关于加强社会信用体系建设的实施意见（试行）

闽政[2004]10号

各市、县（区）人民政府，省政府各部门、各直属机构，各大企业，各高等院校：

为贯彻落实党的十六届三中全会精神，建立健全社会信用体系，创造良好的社会信用环境，促进我省经济发展和社会进步，加快实现全面建设小康社会的奋斗目标，特提出如下实施意见。

一、社会信用体系建设的目标任务和基本原则

（一）目标任务。围绕建立以道德为支撑、产权为基础、法律为保障的社会信用制度的目标要求，用五年左右时间建立全省社会信用体系的基本框架和运行机制。主要任务是：以建立社会信用制度为核心，以公共信用为示范，以企业信用和个人信用体系建设为重点，以征信体系建设为关键，综合抓好诚信教育、信用制度、信用市场、信用服务、信用监管、技术支撑等环节，建设社会信用体系，发展信用文化，创造良好的社会信用环境，促进我省经济社会发展。

（二）基本原则

坚持政府推动、市场化运作的模式。实行政府统一领导，部门分工负责，协调各方资源，实现信息共享，规范信用服务，加强信用监管。按照完善法规、特许经营、商业运作、专业服务的方向，推动市场化运作，规范有序地建立社会信用服务体系。

坚持总体设计、统筹协调、分步推进的方针。结合我省实际，周密制定总体规划，统筹安排各项工作，以点带面，分阶段推进社会信用体系建设。

坚持宣传教育与法治建设相结合的方法。一手抓诚信宣传教育，一手抓法规制度建设，依法强化信用监管，惩治失信行为。

坚持统一标准，采用先进适用的技术路线。采用现代化信息技术手段，实现信用信息的互通和共享。

二、社会信用体系建设的主要内容

（一）加强公共信用管理制度建设。着重从服务、决策、执行、监督等方面，加强公共信用建设，提高政府机关的公信度。转变管理职能和管理方式，精简机构和人员，理顺职能分工，深化行政审批制度改革，加强公共服务，提高办事效率，加快形成依法行政、行为规范、运转协调、公正透明、廉洁高效的管理体制。完善科学决策制度，建立科学、民主、规范的决策机制。建立公共决策咨询听证制度，完善公共权力和公共责任的履行制度，做事到位，承诺有度，承诺兑现。建立权责明确、行为规范、监督有效、保障有力的执法体制，防止和纠正地方保护主义和部门本位主义。健全执法责任制和执法过错追究制，改善行政复议、信访等制度，加强对行使权力和履行职责的监督，及时纠正公共信用失信问题，特别是承诺不兑现、违法行政等问题。完善政务公开制度，增加政务活动透明度，扩大人民群众参政议政，加强社会监督。发展电子政务，加快全省政务公众信息网建设，推动政府采购、行政审批、行政管理、公共服务、政策宣传等实现信息化，为社会各界提供方便、快捷、公平、低成本的服务。

（二）加强企业信用体系建设。本意见所指企业包括企业法人、其他经营性组织和个体工商户。企业信用体系建设的主要内容：

1.建立全省统一的企业征信体系和征信机构

（1）整合企业信用信息数据，实现联合征信。依法组建省企业征信机构。依照有关法律法规和标准，利用福建政务信息网，由省企业征信机构统一采集全省范围内企业信用信息，建立全省企业信用信息数据库。省级各单位要建立全省本系统、本行业、本部门管理对象信用信息数据库，并在保证国家信息安全的前提下，依照有关法律法规及管理办法，向省企业征信机构提供法律法规许可提供的企业信用信息数据，支持该机构低成本、高效率地采集企业信用信息资源。省企业征信机构建立与省政务信息平台相连接的企业信用信息数据交换平台，并在此基础上实现全省企业信用信息数据资源共享和联合征信。

（2）省、市、县（区）实行联合征信。对于省级数据库内容已涵盖各市、县（区）的省级部门和单位，由省企业征信机构直接联通相应的省级部门和单位进行数据的采集；对于省级数据库与各市、县（区）数据库分别设置的部门和单位，由省级部门和单位负责采集各市、县（区）对口部门和单位数据，再提供给省企业征信机构。

（3）各企业信用信息数据源单位必须支持省企业征信机构的企业信用信息采集工作，以便征信机构定期、实时、方便、动态地采集数据。省企业征信机构要建立企业信用信息的自主申报系统，拓宽信用信息渠道。数据存入全省企业信用信息数据库时，应用加密技术确保数据的安全。

2.依法披露企业信用信息。省企业征信机构采集的企业信用信息数据依照有关法律法规披露。对内为国家机关司法和行政提供依据，为在企业资质申请、政策审批等程序实施过程提供决策参考；对外向社会提供企业信用信息查询，依法公示企业的信用信息，促进企业信用监督约束激励机制的有效形成。对于需要获取企业信用信息的企事业单位、中介机构和个人，必须依照法律法规，通过相应形式进行无偿（指企业基本信息）或有偿（除企业基本信息以外的信息）查询。涉及国家信息安全、商业秘密和个人隐私的信用信息，依照法律法规的规定处理。各部门、各单位对其掌握的企业信用信息，需要披露时也应依法办理。

3.开展企业信用评估（评级）。企业信用评估（评级）机构与企业征信机构分离，实行总量控制、适度竞争、依法特许经营和市场化运作，开展专业、科学合理的企业信用评估（评级）。

4.建立企业信用担保体系。按“产权明晰、权责明确、政企分开、科学管理”的原则，发展各类信用担保公司，鼓励企业投保保证保险，以提升企业的社会信用度。

5.建立企业信用数据标准体系。根据国家有关规定，使用统一的企业组织机构代码，制定统一的企业信用数据标准体系，实现企业信用信息数据源提供单位之间企业信用信息的互联互通，运用数字安全认证技术对企业信用信息进行开放和共享的等级划分，实现授权查询和深度查询的权限设置。

6.加强企业信用自律。以增强企业防范能力，强化约束监督，促进诚信守法为目标，建立企业客户和员工的信用档案管理、分析评估和风险警示制度，有效化解企业经营风险。规范企业自身行为，在生产经营、合同履行、商品质量、经济鉴证、中介服务、税金缴纳、金融信贷、往来帐款、财务核算、数据统计等环节加强自律，不断改善自身的社会信用形象。

7.发挥行业协会在信用建设中的作用。行业协会要在企业信用体系建设的统一框架下，制定行业信用管理和服务制度，建立行业内机构和人员的信用档案。加强行业自律和组织协调，指导业内企业建立内部信用管理系统和树立诚信意识，改善业内信用状况。

（三）加强个人信用体系建设。成立个人信用征信机构，以现有的金融系统信贷网络为技术载体，以居民个人在银行开立的个人基本账户为主线，归集基本养老保险、医疗保险等基础信息，逐步整合工商、税务、国土、房管等部门拥有个人信用信息的数据，实现联合征信，形成个人信用征信系统，按照国家法律法规和方案，结合我省情况，全面组织实施。

三、社会信用管理体系建设的主要措施

（一）建立和完善信用管理法规。依据国家有关法律法规，结合我省实际，研究制定企业和个人信用的征信管理、信用信息披露管理、信用评级管理、信用保险与担保管理、信用服务机构管理、信用服务从业人员管理、信用信息网络管理、经济鉴证类中介机构管理、失信制裁和监管等方面的法规。

（二）推行政府监管部门对企业信用的分类管理制度。政府各行政执法部门和监管部门应在各自监管领域，根据管理的需要和特点，充分利用企业信用信息，对企业实行信用等级分类管理。制定相关的企业信用分类和信用信息匹配办法，建立科学的企业信用指标。

（三）建立失信惩戒和守信激励机制。建立由政府监管部门、各类授信机构、用人单位和公共事业单位等共同参加的市场联防机制，对失信企业和个人依法进行信用公示、警告提示、限制消费、限制市场准入、降低信用等级、行政处罚等惩戒。对信用记录良好的企业和个人，政府有关部门在工商年检、纳税服务、政府采购等方面给予政策性鼓励，金融、商业和社会服务机构给予优惠或便利，促使企业和个人信用行为逐步走向规范。

（四）加强对信用服务机构的监管。对于开展企业和个人信用的征信、评估（评级）、担保、调查咨询等中介服务机构，应依法建立严格的监管制度，建立市场准入和退出机制，强化日常监管，对其执业行为进行有效的监督，防止企业和个人信用信息失误或被滥用，保护企业和个人的合法权益。

（五）加大诚信宣传教育力度。在全省范围内组织开展诚信建设舆论宣传、职业道德教育、普法教育和信用管理基础知识普及活动，树立“信用福建”形象。发动社会各界参与，利用各种新闻媒体和教育单位，运用各种形式开展信用宣传教育，增强公务员、企业员工和广大群众信用意识和法治观念，树立诚信为本、诚信兴业的职业道德规范，形成遵纪守法、诚实守信的社会风尚。

（六）培育信用市场需求。各级政府和主管部门要充分利用信用产品和相关服务开展管理工作，在登记注册、资质认定、年审年检、专项检查、日常监管、审批事项，以及财政支持项目等方面积极使用信用调查和评估资料，参考企业和个人的信用记录。对上市公司发行股票、企业发行债券和上市公司的信用状况等，要实行信用强制评估。金融机构要进一步完善信贷登记咨询系统，依法使用信贷信息数据。引导各行业扩大征信需求、发展信用交易，扩大信用经济规模，在签订合同、合资合作、消费信贷、投放信用工具等商业活动中，更多地利用征信服务，降低交易风险。

（七）政府对企业信用体系建设给予引导性资金支持。国家相关各部门所需的企业信用信息数据源提供单位的数据库转换软件和硬件配套以及省企业征信机构建设企业信用信息数据交换平台等必需资金，各级财政部门要给予支持，其余采取市场化方式进行筹集。

1.加强对社会信用体系建设的领导。成立省社会信用体系建设工作领导小组，成员由省直有关部门、省级各主要金融机构和各设区市人民政府分管领导组成。领导小组负责组织制定我省社会信用体系建设的总体规划和方案，研究部署工作，协调有关事项，督促各部门、各地区落实社会信用体系建设任务，并相应成立公共、企业、中介机构、个人四个信用管理体系建设工作协调小组。各设区市和省直各有关部门也要成立信用体系建设的领导机构，抓好本地区、本部门的信用体系建设。省社会信用体系建设工作领导小组下设办公室，挂靠省经贸委，与省整规领导小组综合办公室合署办公。

2.加强部门配合。省直有关部门在社会信用体系建设工作中要积极履行职责，互相支持，密切配合，确保各项工作有计划、有步骤地推开。有关分工如下：

由省委宣传部牵头，组织有关部门和媒体开展诚信宣传教育工作；

由省社会信用体系建设工作领导小组办公室牵头，省政府法制办等有关部门参加，拟制我省公共信用体系建设工作方案；

由省社会信用体系建设工作领导小组办公室牵头，会同省经贸委、工商局、财政厅等有关部门，拟制我省企业信用体系建设工作方案并组织实施，其中由省财政厅牵头，省民政厅等有关部门参加，拟制我省中介机构信用体系建设工作方案并组织实施；

由中国人民银行福州中心支行牵头，有关部门参加，做好我省个人信用体系建设的前期准备工作；

由省政府法制办牵头，有关部门参加，负责起草我省社会信用管理地方法规规章草案；

由省质监局牵头，有关部门参加，负责建立我省社会信用管理地方标准体系；

由省工商局牵头，有关部门参加，负责建立我省失信制裁联防机制。

3.做好基础工作

(1)开展诚信宣传教育。各地、各部门要结合贯彻实施《公民道德建设纲要》和普法教育，制定具体工作方案，认真组织实施，增强全社会的信用意识。

(2)做好信用分类管理和登记上报工作。各地行政监管部门和执法部门要在省社会信用体系建设的统一框架下，结合各自工作需要，对管理对象实行不同形式的内部分类管理，建立信用档案，完善信用信息记录、收集渠道和内部评估机制，并做好信用信息的上报工作。

(3)加强信用监管。各地行政机关要采取法律、行政和经济等多种手段相结合的管理措施，对企业和个人的失信行为给予必要的惩戒。

(4)引导企业和个人加强信用自律。各地要充分发挥中介机构、行业协会（商会）和工青妇等各种群众组织的作用，制订和推行信用守则，规范企业和个人行为，形成维护信用的良好社会风气。

4.落实社会信用体系建设工作责任。各地、各部门要高度重视社会信用体系建设工作，把这项工作纳入政府工作的目标责任制，列为整顿和规范市场经济秩序工作内容，做到管理机构、工作方案和组织实施落实到位，按照全省的统一部署，按时保质完成任务。按照整规工作行政督查和责任追究制的要求，对社会信用体系建设工作各项任务进行督查和责任追究，发现问题，及时纠正。省社会信用体系建设工作领导小组办公室要加强对本实施意见各项工作的督查，确保我省社会信用体系建设工作的顺利开展。

二〇〇四年四月十九日

福建省工商行政管理局

关于促进和服务我省企业发展若干意见

为认真贯彻落实党的十六届三中全会精神，按照全面建设小康社会的奋斗目标，落实省委、省政府构建三条战略通道、实施项目带动战略、加快发展县域经济、发展中心城市，建设对外开放、协调发展、全面繁荣的海峡西岸经济区的战略部署，运用工商行政管理职能，更好地促进和服务我省企业发展，特提出如下意见：

第一条 放宽市场准入条件。允许个体工商户和私营企业进入法律法规未禁入的基础设施、公用事业及其他行业和领域。

第二条 精简前置审批项目。自 2004 年 7 月 1 日起，除国家法律、行政法规和国务院决定规定的事项继续执行前置审批外，其余事项不再作为企业登记注册的前置条件。

第三条 试行“先照后证承诺登记制”。实行市场主体资格和经营资格分离。对于未取得法定的前置审批文件，但符合主体登记其他条件的，可先予办理登记注册，发给有效期为一年的营业执照，有效期内企业可以进行各项筹备工作。一年内持前置审批的批准文件等相关材料到工商行政管理部门换发营业执照方可营业。

第四条 放宽经营范围核定。经营范围除涉及前置审批按有关部门审批和法律法规明令禁止外，自主选择经营项目，开展经营活动。

第五条 放宽企业集团登记条件。集团母公司注册资本 2000 万元，控股子公司 3 个，集团母子公司注册资本总额达到 4000 万元。

第六条 注册资本可分期到位。注册资本可分 3 年内到位。对冠省名的，首期到资额不低于 100 万元，其它的不低于 10 万元，法律法规对最低注册资本限额另有规定的除外。

外商投资企业在 3 个月内第一期 15%注册资本已到位的，其余资金无法按期到位的，允许其到资期限延长一年，按实缴注册资本缴纳登记费。

企业注册资本分期到位的，在营业执照上注明认缴注册资本和实缴注册资本数额，企业按认缴数额承担法律责任。

第七条 放宽中外合资、合作企业中方股东主体资格限制。允许中国公民、个人独资企业、合伙企业与外国公司、企业、其它经济组织或个人共同申办中外合资企业或中外合作企业。

第八条 支持外商投资新兴行业。对外商投资适应经济发展和人民生活需要而出现的新兴行业，凡法律法规没有禁止、符合入世承诺，且有利于经济发展，有利于方便群众生活，增加就业的，予以办理登记注册。

第九条 改革内资企业注册资本验证办法。以货币形式出资的内资企业（股份有限公司除外），应到设有“注册资本入资专户”的银行开立“企业注册资本专用帐户”交存货币注册资本。工商行政管理机关根据入资银行出具的《交存入资资金凭证》确认投资人缴付的货币出资数额。

国有独资公司设立或增加注册资本的，也可凭入资银行出具的《交存入资资金凭证》确认其注册资本的数额。

第十条 凭身份证明申办企业。除法律法规明令禁止作为投资者以外，中国公民凭身份证直接申办个私企业。

除国家另有规定外，获得国外长期（永久）居留权的中国留学人员可凭护照直接申办个私企业。

除国家另有规定外，香港、澳门永久性居民中的中国公民试行凭护照直接申办个体工商户。

第十一条 简化场所证明手续。当地政府及其派出机构或主管部门出具的同意其使用该场所从事经营的证明或场所租赁协议，可作为经营场所的有效证明。

第十二条 简化察看企业住所。除涉及人身健康、公共安全、安全生产的企业外，其余的可在登记后结合日常巡查时察看。

第十三条 允许保留主体资格。企业因经营不善丧失经营能力而停止经营，要求取消经营资格保留主体资格的，予以核准，允许保留主体资格，原经营项目删除，改为“仅供清理本企业债权债务使用。”

企业设立后半年内未开展经营活动或停止经营活动半年的，其主体资格可延续保留到一年。

第十四条 延长非货币出资财产转移的时限。注册资本在设立时全额缴清的，在一年内办理好非货币出资转移手续。注册资本实行分期缴付的，在最终一期缴付之后30天内办理完毕非货币出资转移手续。

第十五条 鼓励以无形资产投资，放宽高新技术成果作价出资的比例。以智力成果、工业产权等无形资产作为投资的，允许无形资产按不超过注册资本40%的比例予以核准登记。以高新技术成果作价出资的，可按不超过注册资本 50%的比例予以核准登记。上市公司按国家证券委有关规定执行。

第十六条 支持企业对外投资。企业应遵循法律法规对外开展投资活动，工商行政管理机关不审查企业在我省辖区内对外投资的累计数额。

第十七条 降低企业冠省名的注册资本。注册资本在500万元以上的企业，在300万元以上的农业企业，在100万元以上的科技型企业、从事咨询服务业、商业经纪与代理业的企业，在外省登记注册资本 500万元以上的企业在我省设立分支机构的，允许其冠以或使用省名。

第十八条 放宽企业冠名要求。允许企业名称的行政区划放在中间。企业可以在字号、行业特点、组织形式之间使用行政区划，使用时加括号。

经所有权人出具授权文件，允许企业名称中含有驰名、著名商标、高等院校或科研院所通称或简称。

企业投资高新技术、环境保护等新兴行业，允许其企业名称中使用“科技”“环保”等字样。

组织形式为有限责任公司的企业，允许在企业名称的组织形式前使用本行业特点的传统称谓，如“…所”“…院”等。

第十九条 放宽外商投资企业字号使用限制。允许外商投资企业使用其外国（地区）企业商号的英文字母作为字号。

第二十条 支持企业改制。鼓励内部职工投资入股，参与企业改制，内部职工股可以企业工会形式持有。

第二十一条 原批准的经营许可证继续有效。对企业改变组织形式、变更出资人或收购、兼并、改制的，除国家法律法规明令禁止的行业外，原批准的许可经营项目允许其继续经营。

第二十二条 免交审计报告。在公司注册资本总额不变的情况下，公司股东或出资比例发生变化，除涉及我省辖区内的国有、集体资产外，免交审计报告。

第二十三条 简化内资企业登记材料。公司变更住所、经营范围、分公司负责人，设立分公司、注销分公司，不再提交股东会或董事会决议。

第二十四条 企业住所与生产场所分离的可不要办理分支机构。对生产型企业，允许其在登记的辖区内选择他处作为生产场所，在其营业执照“住所”栏目中同时注明生产经营场所的具体地址，可不要办理分支机构。

第二十五条 实行就业优惠政策。除涉及前置审批的行业外，对有困难的下岗失业人员从事各种社区服务的，允许其持相关证明到经营所在地工商机关登记备案后，试营业半年再正式办理注册登记。

对合法经营的农村流动性小商小贩，除国家另有规定外，免予办理注册登记。

对持有劳动保障部门核发的《再就业优惠证》的下岗失业人员从事个体经营的，除建筑业、娱乐业、广告业、桑拿、按摩、网吧、氧吧等国家限制的行业外，自工商部门批准其经营之日起三年内免收个体工商户登记费（包括注册登记、变更登记、补照费）、个体工商户管理费、集贸市场管理费、经济合同示范文本工本费和各种证书费。

第二十六条 改革年检办法。企业年检时间从原每年1月1日至4月30日延长至5月31日。

信用企业，实行两年一次年检，第一年只要报送年检报告书，申请贴年检标识，可免于年检审查。

对被评为“守合同、重信用”的企业、被同级政府以上授予荣誉称号的企业，当年可免于年检审查。

除外资企业外，在省、设区市工商局登记的信用企业，委托企业所在地的县（市、区）工商局年检。

在县（市、区）工商局登记的企业，委托企业所在地的工商所年检。

企业可通过上网下载年检报告书等材料，并可通过网络报送年检材料，工商部门进行网上初审。

第二十七条 推进信用体系建设。完善企业信用等级分类监管制度，树立“距离监管”理念，实施零距离、近距离、远距离监管，实行守信企业、基本守信企业、失信企业、严重失信企业分类管理。建立企业信用激励约束机制，实施守信企业激励、失信企业采取披露惩戒等措施。发挥企业信用等级分类监管作用，推动“红盾行动”向纵深发展，加大商标培育、保护力度，推进“守合同、重信用”活动，营造公平竞争的市场信用环境。

第二十八条　委托基层工商所办理非法人个私企业的注册登记工作。个体工商户、个人独资、合伙企业的注册登记和年检验照工作可以委托辖区工商所办理。

第二十九条　就低核准企业名称。省、市、县行政区划连用的企业名称，就低由所在地企业登记机关核准。

第三十条　方便企业冠名申请。企业申请冠省名的，可通过网络直接向省工商局提交申请材料，经核准后，企业持冠省名核准通知书到所在市、县工商局办理登记注册。申请人可通过互联网进行名称查重、名称登记咨询。

第三十一条　进一步缩短办事时限。进一步改革企业登记注册管理工作程序，推行“注册官”、“一审一核”制。在登记材料齐备的情况下：名称预先核准登记即时办结；申办个体工商户、个人独资企业及合伙企业 5 个工作日内办结、有限责任公司 10 个工作日内办结；变更、注销登记在 5 个工作日内办结。企业动产抵押登记手续，登记、变更申请 3 个工作日内办结，注销申请 2 个工作日内办结。

第三十二条　实行企业登记无偿代理服务。对省、市、县（区）重点项目实施企业登记无偿代理服务，并与其建立直接挂钩联系和跟踪服务制度。

第三十三条　定期举办新闻发布会。公布企业发展情况、有关法律法规、政策及重大案件处理情况、群众关心的热点难点问题。

第三十四条　建立责任、督查、考核制度。全省各级工商局要细化落实措施、步骤和具体要求，建立工作责任制，予以公布，欢迎群众监督；定期跟踪督查，督促落实；建立考核制度，把促进和服务我省企业发展作为业务考核的一项重要内容，确保各项工作落实到位。

第三十五条　此前有关规定与本意见不一致的，以本意见为准。本意见由福建省工商行政管理局负责解释。

在执行中遇到的新情况，可直接向福建省工商行政管理局企业处联系，联系电话 0591-7725950。

二ＯＯ四年三月二十六日

福建省工商行政管理局
关于促进我省个体私营经济发展的意见（试行）

闽工商个[2003]136号

为深入贯彻党的十六大精神，落实省委、省政府“构建三条战略通道，按三个层面、分三个阶段同时推进全省社会经济协调发展”的战略部署，更好地服务和促进我省个私经济的发展，特提出以下实施意见：

第一条　不受所有制限制。除国家有特殊政策规定外，所有投资领域均对个私经济开放。

第二条　举办中外合资、合作企业不受设立时间限制。私营有限责任公司、股份有限公司、独资企业、合伙企业与外国公司、企业、其它经济组织或个人共同举办中外合资企业或中外合作企业，不受设立时间的限制。

第三条　注册资本可分期到位。对在机械、石化、电子等我省主导产业以及农业、环境保护、城乡基础设施和公用事业领域申请设立公司制企业，其注册资本全部以货币出资的，可分期到位。

（一）注册资本在200万元以上500万元以下的，首期出资额不低于注册资本的30%，1年内到位60%以上，3年内全部到位。

（二）注册资本在500万元以上的，首期出资额不低于注册资本的15%，1年内到位50%以上，3年内全部到位。

上述企业的章程要明确每期的出资额及出资期限。所核发的营业执照同时注明注册资本和实缴资本，并以其实缴额承担法律责任。

第四条　放宽经营范围。凡法律、法规没有明令禁止的行业和商品，允许个私企业自主选择经营范围和经营方式。其经营范围可按国民经济行业分类中的大类进行核定。

第五条　原批准的经营许可证继续有效。对私营企业改变组织形式、变更出资人或收购、兼并国有、集体企业改制为私营企业，除国家法律法规明令禁止私营企业从事的行业外，原批准的许可经营项目允许其继续经营。

第六条　凭身份证明申办企业。除法律法规明令禁止作为投资者以外，国内的自然人凭身份证明直接申办个私企业。获得国外长期（永久）居留权的留学人员可凭护照作为创办个私企业的身份证明。

第七条　免交审计报告。在公司注册资本总额不变的情况下，公司股东或出资比例发生变化，除涉及国有、集体资产外，免交审计报告。

第八条　放宽企业名称的核定条件。

（一）注册资金500万元以上的私营企业及注册资金300万元以上的科技型私营企业，允许其冠省名。

（二）注册资金1000万元以上的外省私营企业在我省设立分支机构，可冠省名。

（三）省、市、县行政区划连用的县（市）级企业名称中，可省略设区市一级。

（四）支持帮助规模较大的私营企业向国家工商行政管理总局申请注册无行政区划企业名称。

第九条　试行“先照后证”。对于未取得法定的前置审批文件，但符合主体登记条件的，工商行政管理部门可先予办理登记注册，发给营业执照，同时在营业执照上注明“未取得前置审批的批准文件，不得从事该项目的生产经营。”企业持营业执照办理相关手续，半年内持前置审批的批准文件到工商行政管理部门换发营业执照，在规定的时限内无法取得批准文件的，应到登记机关办理变更或注销登记。

第十条　试行“承诺登记制”。对在科技园区、高新技术园区、经济技术开发区等经济特区申请设立个私企业的，特事特办。除了涉及人身健康、公共安全、安全生产、环境保护、自然资源开发与利用等必须前置审批的项目外，试行“承诺登记制”。工商行政管理部门以书面形式，把企业设立登记中需提交的材料一次性告知申请人，由申请人承诺履行相关告知事项，并提交登记申请书、验资报告等主要登记材料，可先予颁发营业执照，申请人应在3个月内按规定补齐相关材料。

第十一条　推进信用管理体系建设。认真落实

《福建省个体工商户和私营企业信用管理体系建设方案》，建立并完善企业基本信息数据库，实现资源共享；依法实行信用信息征集、评价、披露制度；实施企业诚信守法提醒制、警示制、公示制，加强信用教育，营造良好信用环境。

第十二条　免予年检审查。对无不良行为记录、信用较好的下列企业，当年可免予年检审查。

（一）连续三年以上盈利的企业；

（二）被评为“守合同，重信用”的企业。

（三）获国家驰名商标、福建省著名商标称号的企业。

（四）当地“纳税大户”、“出口创汇大户”、有行业示范作用及被同级政府授予荣誉称号的企业。

（五）当年7月1日以后新设立的企业。

第十三条　鼓励以无形资产投资。以人力资本、智力成果、工业产权、非专利技术等无形资产作为投资的，允许无形资产按不超过注册资本40%的比重予以核准登记。

第十四条　继续扶持高新技术私营企业发展。

（一）申办高新技术领域的有限责任公司，其注册资本最低限额为10万元。

（二）高新技术领域企业申请的名称可以“高新技术”“新技术”“高科技”作为行业予以核准。

（三）放宽高新技术成果作价出资的比例。对以高新技术成果作价出资的，可按不超过注册资本50%的比例予以核准登记。

第十五条　推进再就业工程。鼓励、支持、引导下岗人员从事个私经济，免交个体工商户注册登记费（包括开业登记、变更登记、补换发营业执照及营业执照副本）、个体工商户管理费、集贸市场管理费、经济合同登记费、经济合同示范文本工本费。

第十六条　加强产权保护。在企业变更、改制、转制、对外投资中加强企业产权纠纷的审查，积极配合有关部门依法查处侵害个私产权的案件，切实保护个私企业权益。

第十七条　支持创立品牌。积极引导私营企业争创著名商标、驰名商标，加大对商标侵权行为的打击力度。

第十八条　进一步提高工作效率。

（一）在登记材料齐备的情况下，进一步缩短登记注册时限：名称预先核准登记2个工作日内办结；申办个体工商户5个工作日内办结、个人独资企业及合伙企业7个工作日内办结、有限责任公司10个工作日内办结；变更、注销登记均在5个工作日内办结。

（二）设立办照“绿色通道”，对下岗职工再就业、重点招商引资项目以及确有必要特事特办的，在办理开业或变更登记时，可预约办理或上门办理。

（三）简化私营企业动产抵押登记手续，登记申请3个工作日办结；变更申请2个工作日办结；注销申请1个工作日办结。

第十九条　完善挂钩服务制度。省工商局在全省选择300户有一定代表性的企业直接挂钩、重点服务。各级工商局也要选择一批挂钩服务的企业。

第二十条　发挥个私协会作用。组织个私劳动者参与法律、管理、技术等业务培训，持续开展“户户讲道德，店店无假货”活动和争创“光彩之星”、“青年文明号”等群众性精神文明活动，不断提高个私劳动者的劳动技能和职业道德。努力提高个私业主的政治、社会地位，引导鼓励和支持个私企业的优秀分子入党、参政议政，帮助排忧解难，维护其合法权益。

二〇〇三年五月八日

工伤保险条例

中华人民共和国国务院令
第375号

《工伤保险条例》已经2003年4月16日国务院第5次常务会议讨论通过，现予公布，自2004年1月1日起施行。

总理　温家宝

二OO三年四月二十七日

第一章　总　则

第一条　为了保障因工作遭受事故伤害或者患职业病的职工获得医疗救治和经济补偿，促进工伤预防和职业康复，分散用人单位的工伤风险，制定本条例。

第二条　中华人民共和国境内的各类企业、有雇工的个体工商户（以下称用人单位）应当依照本条例规定参加工伤保险，为本单位全部职工或者雇工（以下称职工）缴纳工伤保险费。

中华人民共和国境内的各类企业的职工和个体工商户的雇工，均有依照本条例的规定享受工伤保险待遇的权利。

有雇工的个体工商户参加工伤保险的具体步骤和实施办法，由省、自治区、直辖市人民政府规定。

第三条　工伤保险费的征缴按照《社会保险费征缴暂行条例》关于基本养老保险费、基本医疗保险费、失业保险费的征缴规定执行。

第四条　用人单位应当将参加工伤保险的有关情况在本单位内公示。

用人单位和职工应当遵守有关安全生产和职业病防治的法律法规，执行安全卫生规程和标准，预防工伤事故发生，避免和减少职业病危害。

职工发生工伤时，用人单位应当采取措施使工伤职工得到及时救治。

第五条　国务院劳动保障行政部门负责全国的工伤保险工作。

县级以上地方各级人民政府劳动保障行政部门负责本行政区域内的工伤保险工作。

劳动保障行政部门按照国务院有关规定设立的社会保险经办机构（以下称经办机构）具体承办工伤保险事务。

第六条　劳动保障行政部门等部门制定工伤保险的政策、标准，应当征求工会组织、用人单位代表的意见。

第二章　工伤保险基金

第七条　工伤保险基金由用人单位缴纳的工伤保险费、工伤保险基金的利息和依法纳入工伤保险基金的其他资金构成。

第八条　工伤保险费根据以支定收、收支平衡的原则，确定费率。

国家根据不同行业的工伤风险程度确定行业的差别费率，并根据工伤保险费使用、工伤发生率等情况在每个行业内确定若干费率档次。行业差别费率及行业内费率档次由国务院劳动保障行政部门会同国务院财政部门、卫生行政部门、安全生产监督管理部门制定，报国务院批准后公布施行。

统筹地区经办机构根据用人单位工伤保险费使用、工伤发生率等情况，适用所属行业内相应的费率档次确定单位缴费费率。

第九条　国务院劳动保障行政部门应当定期了解全国各统筹地区工伤保险基金收支情况，及时会同国务院财政部门、卫生行政部门、安全生产监督管理部门提出调整行业差别费率及行业内费率档次的方案，报国务院批准后公布施行。

第十条　用人单位应当按时缴纳工伤保险费。职工个人不缴纳工伤保险费。

用人单位缴纳工伤保险费的数额为本单位职工工资总额乘以单位缴费费率之积。

第十一条　工伤保险基金在直辖市和设区的市实行全市统筹，其他地区的统筹层次由省、自治区人民政府确定。

跨地区、生产流动性较大的行业，可以采取相对集中的方式异地参加统筹地区的工伤保险。具体办法由国务院劳动保障行政部门会同有关行业的主管部门制定。

第十二条 工伤保险基金存入社会保障基金财政专户，用于本条例规定的工伤保险待遇、劳动能力鉴定以及法律、法规规定的用于工伤保险的其他费用的支付。任何单位或者个人不得将工伤保险基金用于投资运营、兴建或者改建办公场所、发放奖金，或者挪作其他用途。

第十三条 工伤保险基金应当留有一定比例的储备金，用于统筹地区重大事故的工伤保险待遇支付；储备金不足支付的，由统筹地区的人民政府垫付。储备金占基金总额的具体比例和储备金的使用办法，由省、自治区、直辖市人民政府规定。

第三章 工伤认定

第十四条 职工有下列情形之一的，应当认定为工伤：

（一）在工作时间和工作场所内，因工作原因受到事故伤害的；

（二）工作时间前后在工作场所内，从事与工作有关的预备性或者收尾性工作受到事故伤害的；

（三）在工作时间和工作场所内，因履行工作职责受到暴力等意外伤害的；

（四）患职业病的；

（五）因工外出期间，由于工作原因受到伤害或者发生事故下落不明的；

（六）在上下班途中，受到机动车事故伤害的；

（七）法律、行政法规规定应当认定为工伤的其他情形。

第十五条 职工有下列情形之一的，视同工伤：

（一）在工作时间和工作岗位，突发疾病死亡或者在4 8小时之内经抢救无效死亡的；

（二）在抢险救灾等维护国家利益、公共利益活动中受到伤害的；

（三）职工原在军队服役，因战、因公负伤致残，已取得革命伤残军人证，到用人单位后旧伤复发的。

职工有前款第（一）项、第（二）项情形的，按照本条例的有关规定享受工伤保险待遇；职工有前款第（三）项情形的，按照本条例的有关规定享受除一次性伤残补助金以外的工伤保险待遇。

第十六条 职工有下列情形之一的，不得认定为工伤或者视同工伤：

（一）因犯罪或者违反治安管理伤亡的；

（二）醉酒导致伤亡的；

（三）自残或者自杀的。

第十七条 职工发生事故伤害或者按照职业病防治法规定被诊断、鉴定为职业病，所在单位应当自事故伤害发生之日或者被诊断、鉴定为职业病之日起30日内，向统筹地区劳动保障行政部门提出工伤认定申请。遇有特殊情况，经报劳动保障行政部门同意，申请时限可以适当延长。

用人单位未按前款规定提出工伤认定申请的，工伤职工或者其直系亲属、工会组织在事故伤害发生之日或者被诊断、鉴定为职业病之日起1年内，可以直接向用人单位所在地统筹地区劳动保障行政部门提出工伤认定申请。

按照本条第一款规定应当由省级劳动保障行政部门进行工伤认定的事项，根据属地原则由用人单位所在地的设区的市级劳动保障行政部门办理。

用人单位未在本条第一款规定的时限内提交工伤认定申请，在此期间发生符合本条例规定的工伤待遇等有关费用由该用人单位负担。

第十八条 提出工伤认定申请应当提交下列材料：

（一）工伤认定申请表；

（二）与用人单位存在劳动关系（包括事实劳动关系）的证明材料；

（三）医疗诊断证明或者职业病诊断证明书（或者职业病诊断鉴定书）。

工伤认定申请表应当包括事故发生的时间、地点、原因以及职工伤害程度等基本情况。

工伤认定申请人提供材料不完整的，劳动保障行政部门应当一次性书面告知工伤认定申请人需要补正的全部材料。申请人按照书面告知要求补正材料后，劳动保障行政部门应当受理。

第十九条 劳动保障行政部门受理工伤认定申请后，根据审核需要可以对事故伤害进行调查核实，用人单位、职工、工会组织、医疗机构以及有关部门应当予以协助。职业病诊断和诊断争议的鉴定，依照职业病防治法的有关规定执行。对依法取得职业病诊断证明书或者职业病诊断鉴定书的，劳动保障行政部门不再进行调查核实。

职工或者其直系亲属认为是工伤，用人单位不认为是工伤的，由用人单位承担举证责任。

第二十条 劳动保障行政部门应当自受理工伤认

定申请之日起６０日内作出工伤认定的决定，并书面通知申请工伤认定的职工或者其直系亲属和该职工所在单位。

劳动保障行政部门工作人员与工伤认定申请人有利害关系的，应当回避。

第四章　劳动能力鉴定

第二十一条　职工发生工伤，经治疗伤情相对稳定后存在残疾、影响劳动能力的，应当进行劳动能力鉴定。

第二十二条　劳动能力鉴定是指劳动功能障碍程度和生活自理障碍程度的等级鉴定。

劳动功能障碍分为十个伤残等级，最重的为一级，最轻的为十级。

生活自理障碍分为三个等级：生活完全不能自理、生活大部分不能自理和生活部分不能自理。

劳动能力鉴定标准由国务院劳动保障行政部门会同国务院卫生行政部门等部门制定。

第二十三条　劳动能力鉴定由用人单位、工伤职工或者其直系亲属向设区的市级劳动能力鉴定委员会提出申请，并提供工伤认定决定和职工工伤医疗的有关资料。

第二十四条　省、自治区、直辖市劳动能力鉴定委员会和设区的市级劳动能力鉴定委员会分别由省、自治区、直辖市和设区的市级劳动保障行政部门、人事行政部门、卫生行政部门、工会组织、经办机构代表以及用人单位代表组成。

劳动能力鉴定委员会建立医疗卫生专家库。列入专家库的医疗卫生专业技术人员应当具备下列条件：

（一）具有医疗卫生高级专业技术职务任职资格；

（二）掌握劳动能力鉴定的相关知识；

（三）具有良好的职业品德。

第二十五条　设区的市级劳动能力鉴定委员会收到劳动能力鉴定申请后，应当从其建立的医疗卫生专家库中随机抽取３名或者５名相关专家组成专家组，由专家组提出鉴定意见。设区的市级劳动能力鉴定委员会根据专家组的鉴定意见作出工伤职工劳动能力鉴定结论；必要时，可以委托具备资格的医疗机构协助进行有关的诊断。

设区的市级劳动能力鉴定委员会应当自收到劳动能力鉴定申请之日起６０日内作出劳动能力鉴定结论，必要时，作出劳动能力鉴定结论的期限可以延长３０日。劳动能力鉴定结论应当及时送达申请鉴定的单位和个人。

第二十六条　申请鉴定的单位或者个人对设区的市级劳动能力鉴定委员会作出的鉴定结论不服的，可以在收到该鉴定结论之日起１５日内向省、自治区、直辖市劳动能力鉴定委员会提出再次鉴定申请。省、自治区、直辖市劳动能力鉴定委员会作出的劳动能力鉴定结论为最终结论。

第二十七条　劳动能力鉴定工作应当客观、公正。劳动能力鉴定委员会组成人员或者参加鉴定的专家与当事人有利害关系的，应当回避。

第二十八条　自劳动能力鉴定结论作出之日起１年后，工伤职工或者其直系亲属、所在单位或者经办机构认为伤残情况发生变化的，可以申请劳动能力复查鉴定。

第五章　工伤保险待遇

第二十九条　职工因工作遭受事故伤害或者患职业病进行治疗，享受工伤医疗待遇。

职工治疗工伤应当在签订服务协议的医疗机构就医，情况紧急时可以先到就近的医疗机构急救。

治疗工伤所需费用符合工伤保险诊疗项目目录、工伤保险药品目录、工伤保险住院服务标准的，从工伤保险基金支付。工伤保险诊疗项目目录、工伤保险药品目录、工伤保险住院服务标准，由国务院劳动保障行政部门会同国务院卫生行政部门、药品监督管理部门等部门规定。

职工住院治疗工伤的，由所在单位按照本单位因公出差伙食补助标准的70%发给住院伙食补助费；经医疗机构出具证明，报经办机构同意，工伤职工到统筹地区以外就医的，所需交通、食宿费用由所在单位按照本单位职工因公出差标准报销。

工伤职工治疗非工伤引发的疾病，不享受工伤医疗待遇，按照基本医疗保险办法处理。

工伤职工到签订服务协议的医疗机构进行康复性治疗的费用，符合本条第三款规定的，从工伤保险基金支付。

第三十条　工伤职工因日常生活或者就业需要，经劳动能力鉴定委员会确认，可以安装假肢、矫形器、假眼、假牙和配置轮椅等辅助器具，所需费用按照国家规定的标准从工伤保险基金支付。

第三十一条　职工因工作遭受事故伤害或者患职

业病需要暂停工作接受工伤医疗的，在停工留薪期内，原工资福利待遇不变，由所在单位按月支付。

停工留薪期一般不超过１２个月。伤情严重或者情况特殊，经设区的市级劳动能力鉴定委员会确认，可以适当延长，但延长不得超过１２个月。工伤职工评定伤残等级后，停发原待遇，按照本章的有关规定享受伤残待遇。工伤职工在停工留薪期满后仍需治疗的，继续享受工伤医疗待遇。

生活不能自理的工伤职工在停工留薪期需要护理的，由所在单位负责。

第三十二条 工伤职工已经评定伤残等级并经劳动能力鉴定委员会确认需要生活护理的，从工伤保险基金按月支付生活护理费。

生活护理费按照生活完全不能自理、生活大部分不能自理或者生活部分不能自理 3 个不同等级支付，其标准分别为统筹地区上年度职工月平均工资的50%、40%或者 30%。

第三十三条 职工因工致残被鉴定为一级至四级伤残的，保留劳动关系，退出工作岗位，享受以下待遇：

（一）从工伤保险基金按伤残等级支付一次性伤残补助金，标准为：一级伤残为２４个月的本人工资，二级伤残为２２个月的本人工资，三级伤残为２０个月的本人工资，四级伤残为１８个月的本人工资；

（二）从工伤保险基金按月支付伤残津贴，标准为：一级伤残为本人工资的９０％，二级伤残为本人工资的８５％，三级伤残为本人工资的８０％，四级伤残为本人工资的７５％。伤残津贴实际金额低于当地最低工资标准的，由工伤保险基金补足差额；

（三）工伤职工达到退休年龄并办理退休手续后，停发伤残津贴，享受基本养老保险待遇。基本养老保险待遇低于伤残津贴的，由工伤保险基金补足差额。

职工因工致残被鉴定为一级至四级伤残的，由用人单位和职工个人以伤残津贴为基数，缴纳基本医疗保险费。

第三十四条 职工因工致残被鉴定为五级、六级伤残的，享受以下待遇：

（一）从工伤保险基金按伤残等级支付一次性伤残补助金，标准为：五级伤残为１６个月的本人工资，六级伤残为１４个月的本人工资；

（二）保留与用人单位的劳动关系，由用人单位安排适当工作。难以安排工作的，由用人单位按月发给伤残津贴，标准为：五级伤残为本人工资的７０％，六级伤残为本人工资的６０％，并由用人单位按照规定为其缴纳应缴纳的各项社会保险费。伤残津贴实际金额低于当地最低工资标准的，由用人单位补足差额。

经工伤职工本人提出，该职工可以与用人单位解除或者终止劳动关系，由用人单位支付一次性工伤医疗补助金和伤残就业补助金。具体标准由省、自治区、直辖市人民政府规定。

第三十五条 职工因工致残被鉴定为七级至十级伤残的，享受以下待遇：

（一）从工伤保险基金按伤残等级支付一次性伤残补助金，标准为：七级伤残为12个月的本人工资，八级伤残为10个月的本人工资，九级伤残为8个月的本人工资，十级伤残为6个月的本人工资；

（二）劳动合同期满终止，或者职工本人提出解除劳动合同的，由用人单位支付一次性工伤医疗补助金和伤残就业补助金。具体标准由省、自治区、直辖市人民政府规定。

第三十六条 工伤职工工伤复发，确认需要治疗的，享受本条例第二十九条、第三十条和第三十一条规定的工伤待遇。

第三十七条 职工因工死亡，其直系亲属按照下列规定从工伤保险基金领取丧葬补助金、供养亲属抚恤金和一次性工亡补助金：

（一）丧葬补助金为6个月的统筹地区上年度职工月平均工资；

（二）供养亲属抚恤金按照职工本人工资的一定比例发给由因工死亡职工生前提供主要生活来源、无劳动能力的亲属。标准为：配偶每月４０％，其他亲属每人每月３０％，孤寡老人或者孤儿每人每月在上述标准的基础上增加１０％。核定的各供养亲属的抚恤金之和不应高于因工死亡职工生前的工资。供养亲属的具体范围由国务院劳动保障行政部门规定；

（三）一次性工亡补助金标准为４８个月至６０个月的统筹地区上年度职工月平均工资。具体标准由统筹地区的人民政府根据当地经济、社会发展状况规定，报省、自治区、直辖市人民政府备案。

伤残职工在停工留薪期内因工伤导致死亡的，其直系亲属享受本条第一款规定的待遇。

一级至四级伤残职工在停工留薪期满后死亡的，其直系亲属可以享受本条第一款第（一）项、第（二）项规定的待遇。

第三十八条 伤残津贴、供养亲属抚恤金、生活护理费由统筹地区劳动保障行政部门根据职工平均工资和生活费用变化等情况适时调整。调整办法由省、自治区、直辖市人民政府规定。

第三十九条 职工因工外出期间发生事故或者在抢险救灾中下落不明的，从事故发生当月起3个月内照发工资，从第4个月起停发工资，由工伤保险基金向其供养亲属按月支付供养亲属抚恤金。生活有困难的，可以预支一次性工亡补助金的50％。职工被人民法院宣告死亡的，按照本条例第三十七条职工因工死亡的规定处理。

第四十条 工伤职工有下列情形之一的，停止享受工伤保险待遇：

（一）丧失享受待遇条件的；

（二）拒不接受劳动能力鉴定的；

（三）拒绝治疗的；

（四）被判刑正在收监执行的。

第四十一条 用人单位分立、合并、转让的，承继单位应当承担原用人单位的工伤保险责任；原用人单位已经参加工伤保险的，承继单位应当到当地经办机构办理工伤保险变更登记。

用人单位实行承包经营的，工伤保险责任由职工劳动关系所在单位承担。

职工被借调期间受到工伤事故伤害的，由原用人单位承担工伤保险责任，但原用人单位与借调单位可以约定补偿办法。

企业破产的，在破产清算时优先拨付依法应由单位支付的工伤保险待遇费用。

第四十二条 职工被派遣出境工作，依据前往国家或者地区的法律应当参加当地工伤保险的，参加当地工伤保险，其国内工伤保险关系中止；不能参加当地工伤保险的，其国内工伤保险关系不中止。

第四十三条 职工再次发生工伤，根据规定应当享受伤残津贴的，按照新认定的伤残等级享受伤残津贴待遇。

第六章 监督管理

第四十四条 经办机构具体承办工伤保险事务，履行下列职责：

（一）根据省、自治区、直辖市人民政府规定，征收工伤保险费；

（二）核查用人单位的工资总额和职工人数，办理工伤保险登记，并负责保存用人单位缴费和职工享受工伤保险待遇情况的记录；

（三）进行工伤保险的调查、统计；

（四）按照规定管理工伤保险基金的支出；

（五）按照规定核定工伤保险待遇；

（六）为工伤职工或者其直系亲属免费提供咨询服务。

第四十五条 经办机构与医疗机构、辅助器具配置机构在平等协商的基础上签订服务协议，并公布签订服务协议的医疗机构、辅助器具配置机构的名单。具体办法由国务院劳动保障行政部门分别会同国务院卫生行政部门、民政部门等部门制定。

第四十六条 经办机构按照协议和国家有关目录、标准对工伤职工医疗费用、康复费用、辅助器具费用的使用情况进行核查，并按时足额结算费用。

第四十七条 经办机构应当定期公布工伤保险基金的收支情况，及时向劳动保障行政部门提出调整费率的建议。

第四十八条 劳动保障行政部门、经办机构应当定期听取工伤职工、医疗机构、辅助器具配置机构以及社会各界对改进工伤保险工作的意见。

第四十九条 劳动保障行政部门依法对工伤保险费的征缴和工伤保险基金的支付情况进行监督检查。

财政部门和审计机关依法对工伤保险基金的收支、管理情况进行监督。

第五十条 任何组织和个人对有关工伤保险的违法行为，有权举报。劳动保障行政部门对举报应当及时调查，按照规定处理，并为举报人保密。

第五十一条 工会组织依法维护工伤职工的合法权益，对用人单位的工伤保险工作实行监督。

第五十二条 职工与用人单位发生工伤待遇方面的争议，按照处理劳动争议的有关规定处理。

第五十三条 有下列情形之一的，有关单位和个人可以依法申请行政复议；对复议决定不服的，可以依法提起行政诉讼：

（一）申请工伤认定的职工或者其直系亲属、该职工所在单位对工伤认定结论不服的；

（二）用人单位对经办机构确定的单位缴费费率不服的；

（三）签订服务协议的医疗机构、辅助器具配置机构认为经办机构未履行有关协议或者规定的；

（四）工伤职工或者其直系亲属对经办机构核定

的工伤保险待遇有异议的。

第七章　法律责任

第五十四条　单位或者个人违反本条例第十二条规定挪用工伤保险基金，构成犯罪的，依法追究刑事责任；尚不构成犯罪的，依法给予行政处分或者纪律处分。被挪用的基金由劳动保障行政部门追回，并入工伤保险基金；没收的违法所得依法上缴国库。

第五十五条　劳动保障行政部门工作人员有下列情形之一的，依法给予行政处分；情节严重，构成犯罪的，依法追究刑事责任：

（一）无正当理由不受理工伤认定申请，或者弄虚作假将不符合工伤条件的人员认定为工伤职工的；

（二）未妥善保管申请工伤认定的证据材料，致使有关证据灭失的；

（三）收受当事人财物的。

第五十六条　经办机构有下列行为之一的，由劳动保障行政部门责令改正，对直接负责的主管人员和其他责任人员依法给予纪律处分；情节严重，构成犯罪的，依法追究刑事责任；造成当事人经济损失的，由经办机构依法承担赔偿责任：

（一）未按规定保存用人单位缴费和职工享受工伤保险待遇情况记录的；

（二）不按规定核定工伤保险待遇的；

（三）收受当事人财物的。

第五十七条　医疗机构、辅助器具配置机构不按服务协议提供服务的，经办机构可以解除服务协议。

经办机构不按时足额结算费用的，由劳动保障行政部门责令改正；医疗机构、辅助器具配置机构可以解除服务协议。

第五十八条　用人单位瞒报工资总额或者职工人数的，由劳动保障行政部门责令改正，并处瞒报工资数额1倍以上3倍以下的罚款。

用人单位、工伤职工或者其直系亲属骗取工伤保险待遇，医疗机构、辅助器具配置机构骗取工伤保险基金支出的，由劳动保障行政部门责令退还，并处骗取金额1倍以上3倍以下的罚款；情节严重，构成犯罪的，依法追究刑事责任。

第五十九条　从事劳动能力鉴定的组织或者个人有下列情形之一的，由劳动保障行政部门责令改正，并处2000元以上1万元以下的罚款；情节严重，构成犯罪的，依法追究刑事责任：

（一）提供虚假鉴定意见的；

（二）提供虚假诊断证明的；

（三）收受当事人财物的。

第六十条　用人单位依照本条例规定应当参加工伤保险而未参加的，由劳动保障行政部门责令改正；未参加工伤保险期间用人单位职工发生工伤的，由该用人单位按照本条例规定的工伤保险待遇项目和标准支付费用。

第八章　附　则

第六十一条　本条例所称职工，是指与用人单位存在劳动关系（包括事实劳动关系）的各种用工形式、各种用工期限的劳动者。

本条例所称工资总额，是指用人单位直接支付给本单位全部职工的劳动报酬总额。

本条例所称本人工资，是指工伤职工因工作遭受事故伤害或者患职业病前12个月平均月缴费工资。本人工资高于统筹地区职工平均工资300%的，按照统筹地区职工平均工资的300%计算；本人工资低于统筹地区职工平均工资60%的，按照统筹地区职工平均工资的60%计算。

第六十二条　国家机关和依照或者参照国家公务员制度进行人事管理的事业单位、社会团体的工作人员因工作遭受事故伤害或者患职业病的，由所在单位支付费用。具体办法由国务院劳动保障行政部门会同国务院人事行政部门、财政部门规定。

其他事业单位、社会团体以及各类民办非企业单位的工伤保险等办法，由国务院劳动保障行政部门会同国务院人事行政部门、民政部门、财政部门等部门参照本条例另行规定，报国务院批准后施行。

第六十三条　无营业执照或者未经依法登记、备案的单位以及被依法吊销营业执照或者撤销登记、备案的单位的职工受到事故伤害或者患职业病的，由该单位向伤残职工或者死亡职工的直系亲属给予一次性赔偿，赔偿标准不得低于本条例规定的工伤保险待遇；用人单位不得使用童工，用人单位使用童工造成童工伤残、死亡的，由该单位向童工或者童工的直系亲属给予一次性赔偿，赔偿标准不得低于本条例规定的工伤保险待遇。具体办法由国务院劳动保障行政部门规定。

前款规定的伤残职工或者死亡职工的直系亲属就赔偿数额与单位发生争议的，以及前款规定的童工或者童工的直系亲属就赔偿数额与单位发生争议的，按照处理劳动争议的有关规定处理。

第六十四条 本条例自2004年1月1日起施行。本条例施行前已受到事故伤害或者患职业病的职工尚未完成工伤认定的，按照本条例的规定执行。

企业国有资产监督管理暂行条例

中华人民共和国国务院令

第378号

《企业国有资产监督管理暂行条例》已经2003年5月13日国务院第8次常务会议讨论通过，现予公布，自公布之日起施行。

总理　温家宝

二OO三年四月二十七日

第一章　总　则

第一条　为建立适应社会主义市场经济需要的国有资产监督管理体制，进一步搞好国有企业，推动国有经济布局和结构的战略性调整，发展和壮大国有经济，实现国有资产保值增值，制定本条例。

第二条　国有及国有控股企业、国有参股企业中的国有资产的监督管理，适用本条例。

金融机构中的国有资产的监督管理，不适用本条例。

第三条　本条例所称企业国有资产，是指国家对企业各种形式的投资和投资所形成的权益，以及依法认定为国家所有的其他权益。

第四条　企业国有资产属于国家所有。国家实行由国务院和地方人民政府分别代表国家履行出资人职责，享有所有者权益，权利、义务和责任相统一，管资产和管人、管事相结合的国有资产管理体制。

第五条　国务院代表国家对关系国民经济命脉和国家安全的大型国有及国有控股、国有参股企业，重要基础设施和重要自然资源等领域的国有及国有控股、国有参股企业，履行出资人职责。国务院履行出资人职责的企业，由国务院确定、公布。

省、自治区、直辖市人民政府和设区的市、自治州级人民政府分别代表国家对由国务院履行出资人职责以外的国有及国有控股、国有参股企业，履行出资人职责。其中，省、自治区、直辖市人民政府履行出资人职责的国有及国有控股、国有参股企业，由省、自治区、直辖市人民政府确定、公布，并报国务院国有资产监督管理机构备案；其他由设区的市、自治州级人民政府履行出资人职责的国有及国有控股、国有参股企业，由设区的市、自治州级人民政府确定、公布，并报省、自治区、直辖市人民政府国有资产监督管理机构备案。国务院，省、自治区、直辖市人民政府，设区的市、自治州级人民政府履行出资人职责的企业，以下统称所出资企业。

第六条　国务院，省、自治区、直辖市人民政府，设区的市、自治州级人民政府，分别设立国有资产监督管理机构。国有资产监督管理机构根据授权，依法履行出资人职责，依法对企业国有资产进行监督管理。

企业国有资产较少的设区的市、自治州，经省、自治区、直辖市人民政府批准，可以不单独设立国有资产监督管理机构。

第七条　各级人民政府应当严格执行国有资产管理法律、法规，坚持政府的社会公共管理职能与国有资产出资人职能分开，坚持政企分开，实行所有权与经营权分离。

国有资产监督管理机构不行使政府的社会公共管理职能，政府其他机构、部门不履行企业国有资产出资人职责。

第八条　国有资产监督管理机构应当依照本条例和其他有关法律、行政法规的规定，建立健全内部监督制度，严格执行法律、行政法规。

第九条　发生战争、严重自然灾害或者其他重大、紧急情况时，国家可以依法统一调用、处置企业国有资产。

第十条　所出资企业及其投资设立的企业，享有有关法律、行政法规规定的企业经营自主权。

国有资产监督管理机构应当支持企业依法自主经营，除履行出资人职责以外，不得干预企业的生产经营活动。

第十一条　所出资企业应当努力提高经济效益，对其经营管理的企业国有资产承担保值增值责任。

所出资企业应当接受国有资产监督管理机构依法实施的监督管理，不得损害企业国有资产所有者和其他出资人的合法权益。

第二章　国有资产监督管理机构

第十二条　国务院国有资产监督管理机构是代表国务院履行出资人职责、负责监督管理企业国有资产的直属特设机构。

省、自治区、直辖市人民政府国有资产监督管理机构，设区的市、自治州级人民政府国有资产监督管理机构是代表本级政府履行出资人职责、负责监督管理企业国有资产的直属特设机构。

上级政府国有资产监督管理机构依法对下级政府的国有资产监督管理工作进行指导和监督。

第十三条　国有资产监督管理机构的主要职责是：

（一）依照《中华人民共和国公司法》等法律、法规，对所出资企业履行出资人职责，维护所有者权益；

（二）指导推进国有及国有控股企业的改革和重组；

（三）依照规定向所出资企业派出监事会；

（四）依照法定程序对所出资企业的企业负责人进行任免、考核，并根据考核结果对其进行奖惩；

（五）通过统计、稽核等方式对企业国有资产的保值增值情况进行监管；

（六）履行出资人的其他职责和承办本级政府交办的其他事项。

国务院国有资产监督管理机构除前款规定职责外，可以制定企业国有资产监督管理的规章、制度。

第十四条　国有资产监督管理机构的主要义务是：

（一）推进国有资产合理流动和优化配置，推动国有经济布局和结构的调整；

（二）保持和提高关系国民经济命脉和国家安全领域国有经济的控制力和竞争力，提高国有经济的整体素质；

（三）探索有效的企业国有资产经营体制和方式，加强企业国有资产监督管理工作，促进企业国有资产保值增值，防止企业国有资产流失；

（四）指导和促进国有及国有控股企业建立现代企业制度，完善法人治理结构，推进管理现代化；

（五）尊重、维护国有及国有控股企业经营自主权，依法维护企业合法权益，促进企业依法经营管理，增强企业竞争力；

（六）指导和协调解决国有及国有控股企业改革与发展中的困难和问题。

第十五条　国有资产监督管理机构应当向本级政府报告企业国有资产监督管理工作、国有资产保值增值状况和其他重大事项。

第三章　企业负责人管理

第十六条　国有资产监督管理机构应当建立健全适应现代企业制度要求的企业负责人的选用机制和激励约束机制。

第十七条　国有资产监督管理机构依照有关规定，任免或者建议任免所出资企业的企业负责人：

（一）任免国有独资企业的总经理、副总经理、总会计师及其他企业负责人；

（二）任免国有独资公司的董事长、副董事长、董事，并向其提出总经理、副总经理、总会计师等的任免建议；

（三）依照公司章程，提出向国有控股的公司派出的董事、监事人选，推荐国有控股的公司的董事长、副董事长和监事会主席人选，并向其提出总经理、副总经理、总会计师人选的建议；

（四）依照公司章程，提出向国有参股的公司派出的董事、监事人选。

国务院，省、自治区、直辖市人民政府，设区的市、自治州级人民政府，对所出资企业的企业负责人的任免另有规定的，按照有关规定执行。

第十八条　国有资产监督管理机构应当建立企业负责人经营业绩考核制度，与其任命的企业负责人签订业绩合同，根据业绩合同对企业负责人进行年度考核和任期考核。

第十九条　国有资产监督管理机构应当依照有关规定，确定所出资企业中的国有独资企业、国有独资公司的企业负责人的薪酬；依据考核结果，决定其向所出资企业派出的企业负责人的奖惩。

第四章　企业重大事项管理

第二十条　国有资产监督管理机构负责指导国有及国有控股企业建立现代企业制度，审核批准其所出资企业中的国有独资企业、国有独资公司的重组、股份制改造方案和所出资企业中的国有独资公司的章程。

第二十一条　国有资产监督管理机构依照法定程序决定其所出资企业中的国有独资企业、国有独资公司的分立、合并、破产、解散、增减资本、发行公司债券等重大事项。其中，重要的国有独资企业、国有独资公司分立、合并、破产、解散的，应当由国有资产监督管理机构审核后，报本级人民政府批准。

国有资产监督管理机构依照法定程序审核、决定国防科技工业领域其所出资企业中的国有独资企业、国有独资公司的有关重大事项时，按照国家有关法律、规定执行。

第二十二条 国有资产监督管理机构依照公司法的规定，派出股东代表、董事，参加国有控股的公司、国有参股的公司的股东会、董事会。

国有控股的公司、国有参股的公司的股东会、董事会决定公司的分立、合并、破产、解散、增减资本、发行公司债券、任免企业负责人等重大事项时，国有资产监督管理机构派出的股东代表、董事，应当按照国有资产监督管理机构的指示发表意见、行使表决权。

国有资产监督管理机构派出的股东代表、董事，应当将其履行职责的有关情况及时向国有资产监督管理机构报告。

第二十三条 国有资产监督管理机构决定其所出资企业的国有股权转让。其中，转让全部国有股权或者转让部分国有股权致使国家不再拥有控股地位的，报本级人民政府批准。

第二十四条 所出资企业投资设立的重要子企业的重大事项，需由所出资企业报国有资产监督管理机构批准的，管理办法由国务院国有资产监督管理机构另行制定，报国务院批准。

第二十五条 国有资产监督管理机构依照国家有关规定组织协调所出资企业中的国有独资企业、国有独资公司的兼并破产工作，并配合有关部门做好企业下岗职工安置等工作。

第二十六条 国有资产监督管理机构依照国家有关规定拟订所出资企业收入分配制度改革的指导意见，调控所出资企业工资分配的总体水平。

第二十七条 所出资企业中的国有独资企业、国有独资公司经国务院批准，可以作为国务院规定的投资公司、控股公司，享有公司法第十二条规定的权利；可以作为国家授权投资的机构，享有公司法第二十条规定的权利。

第二十八条 国有资产监督管理机构可以对所出资企业中具备条件的国有独资企业、国有独资公司进行国有资产授权经营。

被授权的国有独资企业、国有独资公司对其全资、控股、参股企业中国家投资形成的国有资产依法进行经营、管理和监督。

第二十九条 被授权的国有独资企业、国有独资公司应当建立和完善规范的现代企业制度，并承担企业国有资产的保值增值责任。

第五章　企业国有资产管理

第三十条 国有资产监督管理机构依照国家有关规定，负责企业国有资产的产权界定、产权登记、资产评估监管、清产核资、资产统计、综合评价等基础管理工作。

国有资产监督管理机构协调其所出资企业之间的企业国有资产产权纠纷。

第三十一条 国有资产监督管理机构应当建立企业国有资产产权交易监督管理制度，加强企业国有资产产权交易的监督管理，促进企业国有资产的合理流动，防止企业国有资产流失。

第三十二条 国有资产监督管理机构对其所出资企业的企业国有资产收益依法履行出资人职责；对其所出资企业的重大投融资规划、发展战略和规划，依照国家发展规划和产业政策履行出资人职责。

第三十三条 所出资企业中的国有独资企业、国有独资公司的重大资产处置，需由国有资产监督管理机构批准的，依照有关规定执行。

第六章　企业国有资产监督

第三十四条 国务院国有资产监督管理机构代表国务院向其所出资企业中的国有独资企业、国有独资公司派出监事会。监事会的组成、职权、行为规范等，依照《国有企业监事会暂行条例》的规定执行。

地方人民政府国有资产监督管理机构代表本级人民政府向其所出资企业中的国有独资企业、国有独资公司派出监事会，参照《国有企业监事会暂行条例》的规定执行。

第三十五条 国有资产监督管理机构依法对所出资企业财务进行监督，建立和完善国有资产保值增值指标体系，维护国有资产出资人的权益。

第三十六条 国有及国有控股企业应当加强内部监督和风险控制，依照国家有关规定建立健全财务、审计、企业法律顾问和职工民主监督等制度。

第三十七条 所出资企业中的国有独资企业、国有独资公司应当按照规定定期向国有资产监督管理机构报告财务状况、生产经营状况和国有资产保值增值状况。

第七章　法律责任

第三十八条　国有资产监督管理机构不按规定任免或者建议任免所出资企业的企业负责人，或者违法干预所出资企业的生产经营活动，侵犯其合法权益，造成企业国有资产损失或者其他严重后果的，对直接负责的主管人员和其他直接责任人员依法给予行政处分；构成犯罪的，依法追究刑事责任。

第三十九条　所出资企业中的国有独资企业、国有独资公司未按照规定向国有资产监督管理机构报告财务状况、生产经营状况和国有资产保值增值状况的，予以警告；情节严重的，对直接负责的主管人员和其他直接责任人员依法给予纪律处分。

第四十条　国有及国有控股企业的企业负责人滥用职权、玩忽职守，造成企业国有资产损失的，应负赔偿责任，并对其依法给予纪律处分；构成犯罪的，依法追究刑事责任。

第四十一条　对企业国有资产损失负有责任受到撤职以上纪律处分的国有及国有控股企业的企业负责人，5年内不得担任任何国有及国有控股企业的企业负责人；造成企业国有资产重大损失或者被判处刑罚的，终身不得担任任何国有及国有控股企业的企业负责人。

第八章　附则

第四十二条　国有及国有控股企业、国有参股企业的组织形式、组织机构、权利和义务等，依照《中华人民共和国公司法》等法律、行政法规和本条例的规定执行。

第四十三条　国有及国有控股企业、国有参股企业中中国共产党基层组织建设、社会主义精神文明建设和党风廉政建设，依照《中国共产党章程》和有关规定执行。

国有及国有控股企业、国有参股企业中工会组织依照《中华人民共和国工会法》和《中国工会章程》的有关规定执行。

第四十四条　国务院国有资产监督管理机构，省、自治区、直辖市人民政府可以依据本条例制定实施办法。

第四十五条　本条例施行前制定的有关企业国有资产监督管理的行政法规与本条例不一致的，依照本条例的规定执行。

第四十六条　政企尚未分开的单位，应当按照国务院的规定，加快改革，实现政企分开。政企分开后的企业，由国有资产监督管理机构依法履行出资人职责，依法对企业国有资产进行监督管理。

第四十七条　本条例自公布之日起施行。

福建省私营企业工会若干规定

> 1997年8月28日福建省第八届人民代表大会常务委员会第三十四次会议通过，2003年8月1日福建省第十届人民代表大会常务委员会第四次会议修订。

第一条 为维护私营企业劳动者合法权益，建立协调稳定的劳动关系，促进企业发展，根据有关法律、法规，结合本省实际，制定本规定。

第二条 本省行政区域内的私营企业适用本规定。

第三条 私营企业工会代表本企业职工的利益，依法维护本企业职工的合法权益。

私营企业职工依法参加和组织工会的权利受国家法律保护。企业应当为工会开展活动提供必要的物质条件和时间保证。

第四条 私营企业职工十人以上的建立基层工会组织，不足十人的建立工会小组。若干个私营企业工会小组可以组成联合基层工会。

工会小组、基层工会、联合基层工会的建立应当依法报请上一级工会批准。

第五条 私营企业工会可以在地方总工会指导下组成区域性或者行业性的私营企业工会联合会。

第六条 私营企业工会应当依法积极开展活动，参与协调本企业劳动关系，维护职工的合法权益，支持企业搞好生产经营。

第七条 私营企业工会帮助、指导职工与企业签订劳动合同；代表职工与企业就劳动条件、劳动报酬和劳动时间等标准通过平等协商订立集体合同。

私营企业工会联合会或者联合基层工会可以与相对应的企业签订区域性或者行业性的集体合同。

第八条 私营企业基层工会、联合基层工会、工会联合会的主席、副主席、委员及工会小组长，依照工会章程民主选举产生。

经民主选举产生的工会主席、副主席、委员及工会小组长，缺额时应当及时补选，空缺时间不得超过三个月。

第九条 私营企业职工总数二百人以上的，可以设专职工会主席。工会专职工作人员的人数，职工总数一千人以下的，按照不低于职工总数千分之三的比例配备；职工总数一千人以上的，每增加一千人增配一名工会专职工作人员。具体人数由工会与企业协商确定。

第十条 私营企业专职工会主席的工资和福利待遇，可以比照企业副总经理或者副厂长的标准执行；非专职的工会主席、副主席，可以由企业按月发给工会职务补贴。

第十一条 私营企业工会主席、副主席、委员以及职工不足十人的私营企业工会小组长与企业订立的劳动合同，应当明确载明保护其履行职责所必须的条款；若担任上述职务前已订立劳动合同，则应当补充载入类似条款。在其任职期间，不得因其依法行使职权而受到打击报复；除本人有严重过错或者违法行为外，企业不得解除其劳动合同。

私营企业工会主席、副主席及职工不足十人的私营企业工会小组长，不得在本企业劳动争议仲裁中担任企业一方代理人。

第十二条 私营企业应当在开业投产一年之内组建工会，并依法每月按企业全部职工实际工资总额的百分之二拨缴工会经费。未按照规定拨缴或者逾期拨缴工会经费的，按《福建省实施〈中华人民共和国工会法〉办法》执行。

第十三条 有下列情形之一的，上级地方总工会应当与企业协商解决；协商无效的，工会或者有关当事人有权向政府主管部门举报、控告，请求解决，或者依法申请仲裁，提起诉讼：

（一）企业严重侵犯职工合法权益，经本企业工会提出仍不纠正的；

（二）阻挠或者变相阻挠职工依法参加和组织工会的；

（三）非因本人有严重过错或者违法行为，变更、解除工会主席、副主席、委员及工会小组长劳动合同的；

（四）阻挠、干扰工会工作人员依法履行职责或者对工会工作人员依法行使职权进行打击报复的；

（五）侵害工会及其工作人员其他合法权益的。

第十四条 本规定由各级地方总工会和产业工会监督实施。

第十五条 本规定自公布之日起施行。

福建省外商投资企业工会条例

> 1990年10月26日福建省第七届人民代表大会常务委员会第十九次会议通过，1992年10月27日福建省第七届人民代表大会常务委员会第三十次会议修订，2003年8月1日福建省第十届人民代表大会常务委员会第四次会议修订。

第一条 为了明确本省外商投资企业工会的法律地位，保障外商投资企业工会独立自主地行使权利和履行义务，维护职工和企业的合法权益，根据有关法律、法规，结合本省实际，制定本条例。

第二条 本条例所称的外商投资企业，是指中外合资、中外合作经营企业和外资企业。

外商投资企业工会（以下简称工会）代表本企业职工利益，依法维护本企业职工的合法权益。

第三条 外商投资企业职工有权依照我国工会法和工会章程的规定，建立工会组织。企业在开业投产一年之内应当建立工会。

女职工十人以上的外商投资企业工会，应当建立女职工委员会；不足十人的，建立女职工小组或者设女职工委员。

第四条 凡未建立工会组织的外商投资企业，上级工会有权派员到该单位宣传《中华人民共和国工会法》等法律、法规，指导组建工会。

未建立工会组织的外商投资企业职工，在上级工会指导下，有权依照法律规定成立企业工会筹备组，发展会员，召开会员或者会员代表大会，民主选举产生工会委员会，报上一级工会批准并在其领导下开展工作。

第五条 外商投资企业工会组织具备《中华人民共和国民法通则》规定的法人条件的，报设区的市总工会或者省总工会依法办理法人资格登记后，取得社会团体法人资格，其法定代表人是工会主席。

第六条 外商投资企业职工，凡承认《中国工会章程》，自愿申请加入工会，经工会批准，均可成为工会会员。

第七条 工会有权代表职工与企业签订集体合同，指导帮助职工与企业签订劳动合同，并监督合同的执行。

第八条 中外合资、中外合作经营企业董事会讨论企业的发展规划、生产经营活动、职工培训计划等经营管理和发展的重大事项时，应当通知工会代表列席会议，听取工会意见。

外商投资企业研究决定有关工资、福利、职工奖惩、劳动安全卫生、社会保险等涉及职工利益的问题时，必须有工会代表参加。

第九条 工会依法监督企业对国家和本省关于劳动管理、劳动安全卫生、社会保险、女职工和未成年工特殊权益保护等法律、法规的执行；监督企业福利基金的使用，督促并协助企业办好集体事业。

第十条 工会监督企业执行国家现行的工时制度和休假制度。

企业确因生产需要延长劳动时间的，应当与工会协商。职工因健康原因或者其他正当理由不能延长劳动时间的，工会应当予以支持。

工会应当监督企业按照国家规定的标准支付延长劳动时间的工资报酬。

第十一条 外商投资企业处分职工，应当听取被处分职工本人申辩，提前征求工会意见；工会认为对职工处分不适当的，应当提出意见，与企业协商解决；协商不能解决的，职工可以向劳动争议仲裁委员会申请仲裁；不服仲裁裁决的，可以向人民法院提起诉讼。

外商投资企业单方面解除职工劳动合同时，应当提前七日将理由通知工会。

第十二条 工会的基本职责：

（一）依法维护职工的劳动权益、民主权利和经济利益；

（二）教育职工树立爱国主义思想，培养良好的职业道德，增强改革开放意识，遵守国家法律、法规和企业规章制度，履行劳动合同，尊重投资者的合法权益；

（三）协调职工与投资经营者的关系，支持企业搞好生产、经营和管理，促进企业发展；

（四）协助企业组织职工学习科学文化知识和进行业务技术培训，提高职工队伍素质；

（五）开展有益于职工身心健康的文娱、体育活动，丰富企业的文化生活。

第十三条 外商投资企业职工总数二百人以上的，可以设专职工会主席。工会专职工作人员的人数，职工总数一千人以下的，按照不低于职工总数千分之三的比例配备；职工总数一千人以上的，每增加一千人增配一名工会专职工作人员。具体人数由工会与企业协商确定。

第十四条 中外合资、中外合作经营企业专职工会主席的工资和福利待遇，比照企业中方副总经理或者副厂长的标准执行；非专职的工会主席、副主席，由企业按月发给工会职务补贴。

外资企业可以参照前款规定执行。

第十五条 工会开展活动，需占用生产时间的，应当事先征得企业同意。非专职的工会主席、副主席、委员因工会工作需要占用生产时间的，每人每月不超过三个工作日，其工资由企业照发，劳动（工作）量计算、职称评聘等其他待遇不受影响。

第十六条 外商投资企业工会主席、副主席任期未满时，企业不得随意调动其工作。因工作需要调动时，应当征得本企业工会委员会和上一级工会的同意。

工会专职人员不再担任脱离生产的工会职务时，企业应当根据实际情况及时安排适当工作。

第十七条 外商投资企业应当支持工会依法开展工作，为工会提供必要的办公设施和活动场所。

第十八条 外商投资企业应当依法每月按企业全部职工实际工资总额的百分之二拨缴工会经费。未按照规定拨缴或者逾期拨缴工会经费的，按《福建省实施〈中华人民共和国工会法〉办法》执行。

第十九条 本条例由各级地方总工会、产业工会监督实施。

第二十条 香港特别行政区、澳门特别行政区和台湾地区的企业、其他经济组织或者个人以及华侨在本省的投资企业，适用本条例。

第二十一条 本条例自公布之日起施行。

福建省贯彻《中华人民共和国契税暂行条例》实施办法

（2003年11月7日修改印发）

第一条 根据《中华人民共和国契税暂行条例》等有关规定，制定本办法。

第二条 凡转移土地、房屋权属，承受的单位和个人为契税的纳税人，应当依照本办法的规定缴纳契税。

第三条 土地、房屋权属转移是指下列行为：

（一）国有土地使用权出让；

（二）土地使用权转让，包括出售、赠与和交换，不包括农村集体土地承包经营权的转移；

（三）房屋买卖；

（四）房屋赠与；

（五）房屋交换。

第四条 契税税率为3%。

第五条 契税的计税依据：

（一）国有土地使用权出让、土地使用权出售、房屋买卖，为成交价格；

（二）土地使用权、房屋所有权赠与，由契税征收机关参照土地使用权出售或者房屋买卖的市场价格或评估价格核定；

（三）土地使用权交换、房屋所有权交换、土地使用权与房屋所有权之间交换，为所交换土地使用权、房屋所有权价格的差额。由多支付货币、实物、无形资产或者其他经济利益的一方缴纳税款。

前款成交价格和交换价格低于市场价格或评估价格的，由契税征收机关参照市场价格或评估价格核定计征。

成交价格：是指土地、房屋权属转移合同确定的价格，包括承受者支付的货币、实物、无形资产及其他经济利益。

第六条 契税应纳税额， 按照本办法第四条和第五条规定的税率和计税依据计算征收。应纳税额计算公式：

应纳税额 = 计税依据× 税率

应纳税额以人民币计算。土地、房屋权属转移以外汇结算的，按照纳税义务发生之日中国人民银行公布的人民币市场汇率中间价折合成人民币计算。

第七条 以下列方式转移土地、房屋权属的，视同土地使用权转让或者房屋买卖，应征收契税：

（一）以土地、房屋投资的；

（二）以土地、房屋偿还债务的；

（三）以无形资产取得土地、房屋权属的；

（四）以预购方式或者预付“集资建房款方式承受土地、房屋权属的；

（五）以获奖方式承受土地、房屋权属的；

（六）财政部规定的其他方式。

第八条 本办法施行前土地使用者通过划拨方式取得的土地使用权，经批准转让房地产时，应由房地产转让方补缴契税。其计税依据为补交的土地使用权出让金，包括实物、无形资产和其他经济利益的收益。

第九条 有下列情形之一的，减征或者免征契税：

（一）国家机关、事业单位、社会团体、军事单位承受土地、房屋用于办公、教学、医疗、科研和军事设施项目的，免征契税；

（二）城镇职工按规定第一次购买公有制住房的免征。

根据国家房改政策规定，有正式城镇户口的职工，经县以上人民政府批准，按福建省人民政府规定的住房面积第一次购买本单位公有住房的给予免征契税。

（三）因不可抗力灭失住房而重新购买住房的，酌情准予减征或免征契税。

（四）土地、房屋被县以上人民政府征用、占用后，重新承受土地、房屋权属，其重新承受土地、房屋面积的没有超出被征（占）用原有土地、房屋面积的免征，超出被征（占）用原有土地、房屋面积的，应缴纳契税。

（五）土地、房屋权属继承，共同占有的土地、房屋权属分析、免征契税。

（六）承受荒山、荒水、荒地、荒滩土地使用权，用于农、林、牧、渔业生产的，免征契税。

（七）依照我国有关法律规定以及我国缔结或参加的双边和多边条约或协定的规定应当予以免税的外国驻华使馆、领事馆、联合国驻华机构及其外交代表、领事官员和其他外交人员，承受土地、房屋权属的，经外交部确认，可以免征契税。

（八）经财政部确定的其他减税、免税项目。

第十条 契税减税免税批准权限：

符合本办法第九条规定的减征或免征手续，由纳税人提出书面申请，属于省级直征的，由省级契税征收机关审核批准；属于地、市、县（区）征收的，由地、市、县（区）契税征收机关审核批准。

第十一条 纳税人已缴纳契税，但出售方（或出让、 转让方）违约，在合同规定的期限内，无法提供土地、房屋权属交付给承受方的，纳税人申请退税，经县级以上契税征收机关审核批准，可准予退税。纳税人违约，不履行所签订的土地、房屋权属转移合同的，不予退税。

第十二条 契税的纳税义务发生时间， 为纳税人签订土地房屋权属转移合同的当于，或纳税取得其他具有土地、房屋权属转移合同性质凭证的当天。

其他具有合同性质凭证，是指具有合同效力的契约、协议、合约、单据、确认书、投资协议书及省财政厅确定的其他凭证。

第十三条 经批准减税、免税的纳税人改变有关土地、房屋的用途。不再属于本办法第九条规定的减税、免税范围的，应当补缴原减免的税款。其纳税义狎发生时间为改变用途的当天。

第十四条 纳税人应当在纳税义务发生之日起10 日内，向土地、房屋所在地的契税征收机关办理纳税申报，并在契税征收机关核定的期限内缴纳税款。纳税人办理契税缴纳事宜后，契税征收机关应当向纳税人开具契税完税凭证。

第十五条 纳税人享受减税、免税的，应当在签订土地、房屋权属转移合同后 10 日内，向土地、房屋所在地的契税征收机关审核批准后开给减税、免税凭证。

第十六条 纳税人应当持契税完税凭证或契税减免税凭证及其他规定的文件材料，依法向土地管理部门、房产管理部门办理有关土地、房屋的权属转移变更登记手续，并将契税完税凭证或减免税凭证贴在土地使用权证、房屋所有权证内。

纳税人未出具契税完税凭证或契税减免税凭证的，土地管理部门、房产管理部门不予办理有关土地、房屋权属的转移变更登记手续。

第十七条 房地产开发经营单位为契税代扣代缴义务人，有义务向契税征收机关提供房地产开发经营的有关资料，包括地理位置、土地面积、图纸、建设商品房面积、出售商品房数量、面积、票据等。

第十八条 土地管理部门、房产管理部门， 为代征代缴义务人，应当向契税征收机关提供有关资料，包括办理土地、房屋权属变更登记手续的有关土地、房屋权属、土地使用权、土地出让金数额、成交价格及权属变更等，并协助契税征收机关依法征收契税。

第十九条 国有土地使用权出让和省属国家机关、事业单位、社会团体、各类企业单位、军以上军事单位、中央驻闽单位等承受房屋权属的契税，由省级契税征收机关负责直接征收。

土地使用权转让和地、市、县（区）所属国家机关、事业单位、社会团体、各类企业单位、师以下军事单位及个人承受房屋权属的契税，由当地的契税征收机关负责征收。

第二十条 契税征收机关可按契税实征税额 10%提取征收业务经费。

第二十一条 契税的征收管理， 依照本办法和《中华人民共和国契税暂行条例》、《中华人民共和国税收征收管理法》、《中华人民共和国刑法》和有关法律、行政法规的规定执行。

第二十二条 契税征收机关为各级财政机关。

第二十三条 本办法由福建省财政厅负责解释。

第二十四条 本办法自 1997 年 10 月 1 日起施行。我省以前有关契税的各项规定同时废止。

福建拍卖行

福建省拍卖行成立于 1993 年 3 月，是全省唯一经省政府批准成立的综合性拍卖中介实体，也是全省第一家通过全国首批拍卖市场资格认定的拍卖企业。2001 年 11 月被评为“中国拍卖 AAA 级企业”，这是目前国内最高级别的拍卖企业。

多年来，在政府及社会各界的大力支持下，福建省拍卖行经营规模、经营效益逐年提高，业务覆盖的领域和地域也日益扩展。丰富的拍卖实践逐渐锻炼出一支业务精通、作风优良的专业队伍，并具备完善的业务规则、规范的操作程序、娴熟的拍卖技巧和丰富的组织策划经验。至 2003 年底已完成拍卖总成交额近 30 亿元，历年成交额均列全省首位，成为全省最有影响力并在全国有较大知名度的拍卖企业。

负责人：林培勋

地　址：福州杨桥东路建兴家居 C 座八层

电　话：0591-87504014　　网　址：www.fispm.net

华兴拍卖行

福建华兴拍卖行（以下称我行）是 1996 年依法批准设立的省内唯一一家注册资金达到人民币 1100 万元的拍卖机构，是中国拍卖行业协会评定的“AAA”级拍卖企业和福建省拍卖收藏协会评定的福建省一级拍卖企业，被中诚信用等级评为企业信用 AAA 级。在政府有关部门的支持下，我行已经在泉州市、厦门市、龙岩市、三明市、莆田市、南平市和福清市登记设立了分机构。

目前，我行已培养和造就了一批优秀的高中级人才。其中中国注册拍卖师 7 人，中国注册资产评估师 5 人，中国注册房地产估价师 2 人，同时，还外聘了具有各方面专长的高级专家，建立了 100 名各方面人才的专家库，形成了具备一定规模的从事资产评估、产权交易、招投标、拍卖等较高业务素质的专家组，逐步建立了一支政治思想素质过硬，业务技能精湛，工作作风优良的人才队伍。成立几年来，业务迅猛发展，拍卖成交总额近 20 亿元。

负责人：郑泉官

地　址：福州市湖东路 152 号中山大厦 B 座 10 楼

电　话：0591-87855174

福州开发区华能实业有限公司

福州开发区华能实业有限公司以粉煤灰综合利用为主，生产、营销各等级粉煤灰。

负责人：詹应华

地　址：福建省长乐市筹东华能电厂内

电　话：0591-85937205

莆田市木材公司

负责人：张燕高

地　址：莆田市荔城区 821 街 289 号

电　话：0594-2393156

福建省福清市顺杰新型保温建材有限公司

福建省福清市顺杰新型保温建材有限公司是福建省最大的集科研开发、生产和营销为一体的新型保温建材综合科工贸实业公司，是国家认证的绝热保温建材认证定点生产企业。

公司拥有年产 10000 吨岩棉生产线，年产 1000 吨硅酸铝生产线，自动化程度高，产品质量稳定。良好的化验室设备齐全，与多家科研院所建立良好互动合作关系，是新产品开发的摇篮。

公司专业生产、营销融丝牌岩棉制品、玻璃棉制品、硅酸铝棉制品、硅酸盐制品、泡沫石棉系列、PEF（聚乙烯）等保温材料及各种保温、保冷、隔音、隔热、防火等辅助材料。同时承接各种保温、保冷、防腐安装工程并提供安装的辅助材料。

负责人：林文

地　址：福清市镜洋镇上店工业区

电　话：0591-85319672　网　址：www.fj.shanjie.com

莆田兴业报废汽车回收有限公司

莆田市兴业报废汽车回收有限公司 2002 年 2 月 5 日经莆田市人民政府莆政[2002]综 12 号文批准成立 2002 年 5 月 27 日经福建省经贸委闽经贸贸管[2002]402 号文认定经营资格，是莆田市唯一一家有资质经营莆田市辖区内的所有报废汽车（含农用车、摩托车）回收拆解业务的专业公司，其他任何单位和个人均不得经营报废汽车回收拆解业务。

负责人：刘源海

地　址：莆田市城厢区华亭下花民营工业小区

电　话：0594-2022431

龙岩市绿源人造板有限公司

福建龙岩市绿源人造板有限公司是浙江绿源木业集团于2001年兴建的一家股份制公司，位于龙岩市新罗民营科技园区，总投资7000万元，采用目前国内最先进设备工艺（制浆热磨机由国外进口）生产各种规格中密度纤维板以枝桠材次小薪材为主要原烊，设计年产中密纤维板10万米，年产值1亿元以上，公司现有工人300余人（其中正式员工150人）公司“绿源牌中密度纤维板已获国家环保产品质量监督检验中心《优秀环保产品》称号。福建省林业产业化龙头企业和新罗区成长型重点企业公司本着“青山长在，绿水长流”的宗旨，大力推行资源可持续发展战略，已投资500万元造林12000亩，拟再投入200万元与当地政府联营进行短周期工业原料林 5 万亩基地造林并进行 E 级轻质结构板研发工作。我们将一如既往为闽西的经济发展作出贡献。

负责人：肖仁根

地　址：龙岩市新罗民营科技园区

电　话：0597-2101708

连江县水产综合场

连江县水产综合场是福建省研究和生产海养种苗及水产品加工的主要基地之一，1959年创建以来，先后获得10多项省部级以上科技奖项:“海带人工养殖的研究——南方育夏苗”获全国科学大会奖；“九龙礁”牌绿色海带系列产品获“99 中国国际农业博览会名牌产品称号”等。主要产品有：海带渡夏雷、盐渍海带制品、大菱鲆苗及商品鱼、紫菜苗等。目前，企业正开展海带“克隆”培苗技术研究，大菱鲆浅海网箱养殖试验，坛紫菜新品系的开发研究等，为福建水产事业的发展再创新的业绩。

负责人：邱宏安

地　址：连江县筱程镇　　电　话：0591-26471328

仙游县协盛木材有限公司

本单位完全利用木材剩余物加工成半成品，为造纸业及人造板提供丰富原料。

负责人：林盛桂

地　址：仙游县榜头镇赤荷村

电　话：0597-7795409

福州市自来水总公司

自一九五六年第一个水厂投产来，经过近五十年的发展，福州市自来水总公司现已是拥有七座制水厂、日供水能力达134.5万吨，并有给排水管道设计安装、自来水物资供应、供水营业服务、以及进行水厂工艺、管网等设计的国家大型二类供水企业。2003年，公司固定资产达十六亿元，销售收入1.9亿元，供水管网长度达1222千米。公司秉着“岗位学雷锋、行业树新风，服务进万家，满意在榕水”宗旨，竭诚为社会各界服务。

负责人：邹一平

地　址：福州市东街104号

电　话：0591-87533793转0909

福建省邱家山国有林场

我场建于1973年，是省属国有林场，场部座落于连城县姑田镇西洋，面积4664.4m，林场下设6个科室、5个工区及森林派出所，经营面积11.4157万亩，立木蓄积66.3616万米，产值600万元。林场还种植一定规模的中药材、茶叶和果树。我场具有优越的经营环境，场部地处省205国道旁，并拥有三个中间楞场，距永安火车站74千米，距连城朋口火车站50千米，距龙岩冠豸山机场32千米。我场现有在岗职工251人，技术力量雄厚，其中高级工程师1人，工程师7人，助工和技术员20人，还拥有一批高素质的护林队伍。在年富力强、团结协作的领导班子的带领下，我场各项事业蒸蒸日上、蓬勃发展。

负责人：吴新隆

地　址：连城县西洋　　电　话：0597-8268427

龙岩市经济管理干校

龙岩市经济管理干部学校始创于1979年，原省委书记项南同志曾为经济干校题校名，并在信中意重深长地指出：“龙岩要翻身，正如战争年代出将军一样，现在要塑造千万个企业家，才能适应市场经济的要求。”经济干校，在市委、市府，省经贸委的关怀下，在市经委的直接领导下，自创建以来，共为我市企业培训中层以上干部三万余人次，为龙岩市的经济建设与发展在培养经济管理人才方面作出了贡献。进入新世纪，经济干校根据本市改革与发展的实际情况，在全省干校系统中率先提出“订单教育”的办学思路。如今，在企校合作办学的路上迈步向前。

负责人：曹仁海

地　址：龙岩市登高东路30号

电　话：0597-2321339

福建省农副产品保鲜技术开发基地

福建省农副产品保鲜技术开发基地是在省产学研办的资助和支持下，由省经贸委、省财政厅和省教育厅下文批准建立的具有独立法人资格的技术研究开发实体，主要是研究与开发农副产品保鲜与加工的共性技术，为实现全省农业产业化经营搭建一个技术创新和技术服务平台。

目前可提供的技术服务项目主要有水果类：枇杷、龙眼、板栗、橄榄、水蜜桃、黄花梨等；蔬菜类：胡萝卜、青刀豆、花椰菜、葱、香菜、状元豆、淮山、芋头、黄瓜等；食用菌类：金针菇、香菇、蘑菇等；水产品类：虾和海水钱及贝类产品；畜禽产品类：冷却肉的冷却加工、保鲜及冷链销售技术、禽肉产品的冷却保鲜及速冻保鲜技术；茶叶和花卉类：绿茶、花茶、水仙花、康乃馨、郁金香等农副产品的贮藏保鲜技术。

负责人：王则金

地　址：福建农林大学内

电　话：0591-83710725

福州榕昌柴油机发电有限公司

福州市榕昌柴油机发电有限公司，是福州市政府1994年为民办实事的重点工程之一。由福州市政府、省电力公司、香港华振投资公司三方合作兴建。工程总投资3900万美元。经营范围：建设和经营柴油机发电厂，生产和销售电力。

机组采用法国苏尔寿柴油发电机组，总装机容量71500千瓦，设备系统自动化程度高，调控灵活，是福州地区电网应急调峰的骨干力量。计划年发电量3.5亿千瓦时，投产发电以来，已累计发电量15亿千瓦时，为福州地区电网应急调峰做出重大贡献。

负责人：林君金

地　址：福州仓山区城门镇上董58号

电　话：0591-83500207

龙岩市拍卖行

龙岩市拍卖行前身为龙岩地区拍卖行，成立于1993年，是我市最早成立的拍卖机构，主管部门为龙岩市财政局，是龙岩市政府指定的公物拍卖机构，主要业务范围是对国有资产、罚没、走私、强制执行资产、抵押资产、企业不良资产和财产权利进行公开拍卖。

我行共有正式员工9人，5人取得拍卖行业从业资格证书，4名中国注册拍卖师（我区共有拍卖师6人），形成了一个高素质的员工群体。

负责人：林文宏

地　址：龙岩市登高东路156号高岭土大厦3楼

电　话：0597-2301699

福建省模具技术开发基地

福建省模具技术开发基地是经省经贸委、财政厅、科技厅、教育厅批准成立的，由福建省工程学院牵头，联合省内外高校、科研单位和模具协会组建，为全省模具生产企业提供技术创新服务的产学研联合体。

目前可为企业提供的技术服务项目：新产品的模具技术开发、模具国产化和技术服务；模具数控加工技术、模具CAD/CAM应用技术、模具选材和热处理、模具表面处理等方面技术服务和培训；开展基于快速成形的硅胶模具技术、气体辅助注射（GAIN）工艺与模具研制、薄壁复杂箱体件的压铸模浇注与排溢系统的研制、长寿命薄板拉伸模具研发等关键技术研究和应用推广工作。

负责人：陈文哲

地　址：福州市鳝溪南门山（福建工程学院）科研处

电　话：0591-83960012　　网　址：www.fjut.eau.cn

福建汇德丰拍卖行有限公司

福建汇德丰拍卖行有限公司于2001年8月经福建省经济贸易委员会批准成立，注册资金300万元。

本公司经营范围从生活用品延伸到生产资料、土地使用权、无形资产、艺术品等一切法律、法规允许拍卖的物品和财产，形成一套多元化的服务格局。公司积极配合司法部门的执法，涉入省内外大案要案的资产拍卖。如2002年11月公司受福建省高级人民法院委托，涉入厦门远华“4.20”特大走私案固定资产的拍卖，其中东卉花园拍卖额目前已近7000万元。

公司诚信为本，实行“一条龙”服务的理念，从接受委托、组织拍卖到售后服务，都做到“公平、公开、公正”，尤其在售后服务方面，公司协助客户办理标的过户，对魇标的还协助办理银行贷款或按揭等，以高度的责任感与事业心来实现自已架设拍卖服务新平台的忠实愿望。

负责人：蔡翔

地　址：福州五一北路171号新都会花园广场21层

电　话：0591-83326632　网　址：www.hdfpm.com

漳平丽菁人造板有限公司

丽菁人造板有限责任公司是漳平市委市府于2001年6月份从浙江省丽永市引进的、专业生产中纤板的企业，由浙江丽人集团全额投资2200万元，设计年生产能力为3万立方米，实际年生产能力达5万立方米。建厂至今，利用“三剩物”和当地枝桠材已累计生产中纤板12万立方米，创产值1.02亿元，实现销售收入9400万元，创税利1300多万元，月时累计为地方上缴各类税金达600余万元，扩大了地方经济总务，成为当地新的经济增长点。企业还注重社会效益，优先聘用本地下岗职工，吸纳农村剩余劳动力，为增加地方就业，促进社会稳定起了积极作用。

今后公司将继续抓好生产经营的同时，认真抓好短用期的工业林基地建设，在激烈的市场竞争中取得发展优势，推动企业快速，健康地发展。

负责人：彭岳年

地　址：漳平芦芝东坑口村　电　话：0597-7574832

福建省瀚海船业有限公司

福建省瀚海船业建于1990年，位于黄屿半岛中部文湾港区，现厂区占地面积12万平方米，拥有3万吨级船坞和1万吨级船坞及8000吨级船台，目前公司投资1.37亿元的较大工程项目6万吨级船坞正在扩建中，厂有技术人员、职工300多人，设备齐全，技术力量雄厚，年修国内外船艇150多艘，创年产值3000万元。

负责人：王进建

电　话：0591-26491228　网　址：www.cn-hanhai.com

福建省数字安全证书管理有限公司

福建省数字安全证书管理有限公司（简称福建CA中心），由福建省经济贸易委员会承建，是经国家密码管理委员会办公室批准的福建省地区性从事数字证书制作、颁发和管理的权威机构。

福建CA中心采用其以数字证书为核心的身份认证、数字签名、数据加密等安全技术，确保交易双方身份的真实性、信息传送的完整性、保密性、交易的不可否认性。其应用范围涉及办公自动化、网上年检、网上报税、网上招投标、网上合同签订等。目前在各个应用系统中已发放证书十万多份。福建CA中心已被福建省数字办列为省重点安全基础设施，2002年1月首家通过国密办的技术鉴定，2003年获省部级密码科学进步奖一等奖。

福建CA中心证书类型：机构证书，个人证书，设备证书，主要应用案例：福建省工商行政管理信息系统，福建省药品集中招标、集中议价采购电子商务系统，福建省企业信用信息系统，福建省经贸委网上办公系统，福建省华友B2B电子商务系统，福建省粮油储备管理系统，福建省国税增值税电子申报和增值税发票抵扣联网上认证系统。

负责人：许维健

地　址：福州市温泉公园路188号

电　话：0591-87873460　网　址：www.fjca.com.cn

福建省闽清第一建筑工程公司

福建省闽清第一建筑工程公司创建于1958年7月，国家工民建一级施工企业，注册资金5248.1万元，企业拥有高层、基础、检测等大型设备。分支机构分布在福州、厦门、泉州、武夷山以及江西、武汉、郑州、西安、西宁、乌乌鲁木齐等地。企业被列入全国土木建筑业100家最大经营规模第42位、最佳经济效益第52位，成为省、市和全省首批建筑之乡的骨干企业。

公司奉行“质量第一，用户至上”的宗旨。建立健全质量体系，实行全方位质量管理，并通过ISO9002质量体系认证。近年来共创优质工程115项，企业连续15年被省建委授予“质量先进单位”、“创优先进单位”。获全国集体建筑业质量管理一金屋奖。2002年获国家安全生产监督管理局、全国总工会颁发的“安康杯”竞赛优胜企业。1996—2000 年被省建委授予“十佳建筑企业”与“先进建筑单位”、1998—2001 年省、市、县授予“重合同守信用企业”、“模范纳税户”、福建 AAA 级信用企业，2001 年被省质量管理协会评为“用户满意企业”等称号。

负责人：杨敏周

地　址：闽清县梅城镇南北大街 122 号

电　话：0591-22332167

福建省物供报废汽车回收拆解有限公司

福建省物供报废汽车回收拆解有限公司是由福建省物资（集团）有限责任公司和福建省供销社新组建的国有股份制有限责任公司，是我省唯一有资格从事报废汽车（摩托车）拆解的省一级专业公司。

我司拆车基地位于：福州市福飞路——原新店公司收费站西侧，占地面积 50 亩，现有拆车技术专业人员近 60 名，拥有专用设备 20 余套。公司常年承担福州地区（含八县市）、驻闽部队的退役车辆装备及执法部门罚没的“三无”机动车的回收、拆解工作。年回收、拆解报废汽车、摩托车 3000 余辆。

为方便企事业单位、个人办理报废汽车手续，我司在福州市六一中路 378 号设立了报废汽车回收服务中心；在八县（市）设有报废机动车拆解场或收购站，我司免费为客户办理汽车报废各项手续。

公司电话：87849043；服务中心电话：83202071；拆车基地电话：87953548。

负责人：陈国强

地　址：福州市五四路 239 号 8 层

电　话：0591-87849043

福建省龙岩高雁水泥集团有限公司

高雁水泥集团有限公司，于 1988 年 5 月建成投产，现有各类专业技术人才 38 人，拥有二条水泥生产线，年生产散装、袋装“高雁”牌水泥 20 万吨。

公司历来致力于企业改革，狠抓内部管理，坚持以科技为先导，走以技术质量之路，在企业改革和发展道路上进行了不懈的努力。建立了一整套以 ISO9000 系列的企业质量管理体系，并在生产经营活动中严格实施。各主要工序均采用微机配料控制等现代化管理手段，并于 2004 年 4 月份通过了产品质量和质量体系双认证。采用国际标准生产的“高雁”牌 32.5R、42.5R 普通硅酸盐水泥，质量稳定可靠，本厂水泥合格率、28 天抗压强度富裕率 14 年来均达 100%。产品被评为“省优质产品”、“百项名牌产品”和被省、市消费委会评为“消费者信得过产品”、“百项名牌产品”及“推荐产品”，其产品在福建东南沿海、广东梅、汕地区享有信誉，广泛用于工业、民用高层建筑、桥梁、重点工程，并被漳沼高速公路、棉花滩水电站指定为专用水泥，市场广阔，深受用户好评。

负责人：王龙招

地　址：永定县高陵镇　　电　话：0597-5637858

晋江市陈埭镇

陈埭镇位于泉州湾畔晋东平原，北与泉州市区接壤，西与晋江市区毗临，南与石狮市相连，处于繁华的黄金三角地带。

改革开放以来，以股份制为主要形式的乡镇企业的陈埭得到迅猛发展，给陈埭带来了无限的生机和活力。陈埭人以"敢为天下先"的创业精神，探索出一条"市场-技术-原料"的新途径，通过 20 多年来的发展，基本形成了以制鞋业为支柱产业，服装、五金、化工、电子等多行业并存的产业格局，全镇现有各类企业 2600 多家（其中制鞋业和鞋类辅助企业占 90%以上），年生产运动鞋 5 亿多双，从业的外来务工人员 20 多万成为闽南乃至福建省的明星乡镇，被誉为福建“乡镇企业一枝花”。

天友拍卖有限公司

负责人：林世辉

地　址：泉州市津淮街五洲苑Ａ幢４０２室

电　话：0595-22507621、22507623

网　址：www.fj-tianyou.com.cn

福建省一鼎拍卖有限公司

福建省一鼎拍卖有限公司经福建省经济贸易委员会和厦门贸易发展局批准成立，厦门市工商行政管理局依法登记注册，注册资本 1000 万元人民币，是厦门市中级人民法院入册的一级拍卖企业。

公司拥有一批高中级职称的专业人才，具有丰富经验的国家注册拍卖师三名，组成高素质、多技能的员工队伍，显示出专业力量雄厚、协调能力强、招商力度大、变现质量高的整体优势，守法经营、开拓进取、一言九鼎、诚信兴业，公司取得较好的社会效益和经济效益。

负责人：柯国斌

地　址：厦门嘉禾路392号国泰大厦4楼J大单元

电　话：0592-5558745　5558746

网　址：www.ydpm.com

嘉信拍卖有限责任公司

福建省嘉信拍卖有限责任公司2002年经省经贸委批准，现为福建省一级拍卖企业。几年来我公司联系了大量拍卖业务，历年成交额逾亿元，业务覆盖全省各地区，拍卖的标的包括车辆、船舶、厂房及机器设备、各类房产、土地使用权、各种产成品、原辅材料、股权、吉祥号（牌）等；积累了丰富的不同类型规模拍卖会的组织策划经验。

目前本公司已具备专业的拍卖策划能力、完善的拍卖程序，规范的操作规程、娴熟的拍卖技巧及广泛的客户网和信息网络。本公司将严格执行国家法律法规，接受有关部门的依法监督管理，为各种拍卖活动提供全面周到的服务。

负责人：王育德

地　址：泉州市田安路金帝大厦十一楼

电　话：0595-22586886　22560155

网　址：www.fj-jiaxin.com

晋江科技工业园

晋江科技工业园区成立于1998年8月，2000年正式动工兴建，2003年初被福建省政府批准列入省级科技工业园区。园区总规划面积达40平方公里，包括五里科技工业园区、安东工业园区、晋南工业园区三个市级工业片区，形成了“一区三园”的总体发展格局。全区规划范围涉及7个镇、36个村。园区主要以发展高科技产业和晋江市传统支柱产业为主，逐渐形成了生物制药、新型材料、纺织服装、鞋业、食品业、纸业、物流业、伞业等几大产业集群。

地　址：晋江市科技工业园区勤政楼

邮　编：362263

电　话：0595—85738005

福建省安溪闽华电池有限公司

公司创立于1992年夏，是安溪县政府当年内引外联的重点企业，总资产2亿元。2003年工业总产值达5亿元。现有员工2800人，工厂占地400多余亩，总建筑面积88000多平方米，已通过ISO9001：2000质量管理体系认证。本公司主要产品为铅酸蓄电池及蓄电池用极板，广泛应用于电子仪器、电动工具、车辆船舶、通讯设施、报警器等，亦可替代同类进口产品。近年来，公司获“福建省1999年全国外商投资双优企业”，“全国蓄电池首选过硬放心品牌企业”等荣誉，具有较好的经济效益和社会影响。

总经理：张文鸿

地　址：安溪县后垵工业区南区　邮　编：362400

电　话：0595—23235550　　传　真：23235321

宏福园

新建的宏福园位于市中心西北部山清水秀的清源山麓，丰泽北峰招丰社区佛迹山主峰，总体规划500亩，已开发338亩，交通便利，距市区2公里，园林化的环境十分优雅，园内设施齐全，给水、供水、排污、环保设施完整。有新开发的气势宏伟，俯瞰市区、面向西湖、远眺晋江水的宏福陵园；有全省规模最大、建筑面积达6984平方米的圆形礼仪主体楼；有全省最先进的火化车间；有和治丧活动相配套、功能齐全的服务大厅、丧葬用品超市、宾馆和酒楼；还有一条长1.5公里的专用绿化大道直通307省道。

地　址：福州市晋安区鳝溪南门山

邮　编：350014

电　话：0591—83960012　传　真：0591—83961556

石狮市第二建筑公司

公司成立于1962年，是工业与民用建筑三级施工企业。注册资金628万元，主要经营房屋建筑、水电安装、道路施工和土石方施工等。公司现有职工317人，有专业技术职称人员67人，其中中级工程技术职称人员13人。企业技术装备净值345.55万元，技术装备率2.38KW/人，在本地区具有较好综合施工技术能力。公司的经营宗旨：坚持以服务第一、质量第一、安全第一和信誉第一。1988年建市以来，已完成建筑施工面积43万平方米，创优良工程25个，近5年来工程优良率30%，合格率100%。

近几年来，公司被省企业评价中心评为“排名前企业”、石狮市经济局评为“石狮市重点企业”、石狮市建行评为“AAA 级信用企业”；先后被泉州市建委和石狮市国土局评为“先进企业单位”、“安全优胜单位”和“质量管理先进单位”。

厦门鸿安拍卖有限公司

公司成立于2002年8月，注册资金人民币360万元，是省A级拍卖企业。现有820平方米办公场所及一个容纳100多人的拍卖厅，配备全套先进监控、音响、投影、显示系统和现代化的办公设备，实行会计电算化和计算机档案管理，建立一个专业网站在互联网上发布拍卖信息和相关法规。公司现有员工15人，有资深的法律顾问、地产评估师和拍卖师，并配有一个专用仓库及五部汽车供客户服务使用。成立以来，认真贯彻《拍卖法》，以“公开、公平、公正、诚实信用”为原则，拍卖成交价大部分都在评估价之上，最大限度地保护委托人的利益。

负责人：王根

地　址：厦门市莲前西路809号莲前大厦9楼

电　话：0592—8260080　传　真：0597—8260086

龙岩市新罗区小池水泥厂

龙岩市新罗区小池水泥厂，始建于90年代初，迄今已发展成为年产30万吨普通硅酸盐32.5R、42.5R优质水泥的老厂，主产品为“龙驰塔”牌旋窑袋、散装水泥。我厂坚持“质量效益型”的经营方针，早在96年即已按ISO9002质量保证模式国际标准，建立了质量保证体系。十余年来，产品质量稳定，出厂水泥完全合格率，袋重合格率，28天抗压强度富余合格率均为100%，被质技监局连年评定为“质量稳定产品”。水泥性能优良，深受用户特别是混凝土生产企业的推荐与信赖。

企业的管理水平、生产规模与时俱进，先后获得了许多荣誉：“创业之星”、“省级先进企业”、“采用国际标准产品”、“计量二级合格企业”、消委会“推荐商品”等等。生产规模现场秩序井然，环境整洁，为“省级环保先进单位”、“资源综合利用企业”。

地址：龙岩市新罗小池镇南山村

电话：0597-2556613、2556665　　邮编：364018

南安市电力总公司

南安市电力总公司系国有中型供电企业，各类人员1311人，其中专业技术人员189人，公司下辖24个供电所、23座变电站、4座开关站以及电力服务公司、水泥制品厂、水电培训中心、成功水利电力勘察设计有限公司、南安市华信房地产有限公司等八个独立核算单位。2003年以来，南安市电力总公司坚持以邓小平理论和“三个代表”重要思想为指导，大力加强电力建设和企业管理，有力地推动公司三个文明建设协调发展。2003年公司完成供电量21.5287亿千瓦时，比上年增长19.89%，全年完成售电量20.0637亿千瓦，比上年增长22.11%；电费回收率99.98%。实现主营业务收入94335万元。2003年，公司先后被泉州市委、市政府评为“泉州市第九届文明单位”、“泉州市依法治市先进单位”，被南安市委、市政府评为“三个文明建设先进单位”、“安全生产管理先进单位”。被省企业评价中心评为AAA守信用企业。

南安市鸿兴五金制品有限公司

南安市鸿兴五金制品有限公司成立于1986年，是港商独资企业。公司引进国外先进的技术设备，拥有一批技术高超、经验丰富的专业管理人才，现有职工近千名。

公司位于南安市水头镇五里桥工业区，占地面积15000平方米，建筑面积13000多平方米，由模具开发、锌合金压铸、机加工、电镀、组装所形成一条龙生产线。公司产品多样化：锌合金石英表壳、套装、电子表壳、组装电子表石英表，皮带扣、水暖配件等五金制品。品质优良、工艺精湛、供货及时，有良好的信誉，产品远销世界各地，在香港、广东、福建、浙江等地设有销售服务网络，欢迎来人来函垂询。

前进中的南安市鸿兴五金制品有限公司，将继续发扬“质量第一、顾客至上”的立业之本和“优质、高效、求实、开拓”的鸿兴精神，竭诚与海内外工商实业界朋友携手合作，共创美好明天。

地　址：福建省南安市水头镇五里桥工业区

网　址：http://www.hx-timepieces.com

E-mail：hxwatch@yahoo.com.hk

单位名称：东山县恒达典当有限责任公司
地　　址：东山县铜陵镇苏峰一路 586 号
法人代表：崔友秋
经营范围：办理质押典当业务，房地产抵押业务；限额内绝当物品的变志，鉴定评估及咨询业务；以及国家经贸委批准的其他业务。
电话号码：0596-5620109

单位名称：漳州市闽南日报社印报厂
地　　址：漳州市胜利西路新闻大楼
法人代表：洪殿地
电话号码：0596-2597951

单位名称：南靖县东兴建筑工程有限公司
地　　址：南靖县城镇湖林
法人代表：高俊强
电话号码：0596-7662589

单位名称：万博房地产开发有限公司
地　　址：漳州市龙文区浦东副食品综合批发市场 3 幢南 313-314 号
法人代表：庄庆彬
经营范围：漳州市浦东副食品综合批发市场商住楼的开发与经营，本公司属于市工程建筑三级企业。
电话号码：0596-2911466

单位名称：福建国安船业有限公司
地　　址：龙海市紫泥镇
法人代表：吴国安
电话号码：0596-6515838
网　　址：www.guoanship.com.cn

单位名称：龙海市电力公司
地　　址：龙海市人民东路 149 号
法人代表：方鹏飞
经营范围：供电、输变电工程设计施工和电力配件生产。
电话号码：0596-6569309
网　　址：www.ihsdlgsbgs@163.Com

单位名称：云霄县电力公司
地　　址：云霄县元光路 29 号
法人代表：方建设
经营范围：电力供应、水利电力设备安装、检修、测试、设计及设备的零售。
电话号码：0596-8532029
网　　址：yxdlgs@21cn.com

单位名称：漳州市协发蜜饯食品厂
地　　址：漳州市闽南商业城西区 5 幢 38-40 号
法人代表：颜耀辉
经营范围：制造、销售“协发”牌蜜饯、糖果等食品。
电话号码：0596-2872776
网　　址：www.xiefa.com

单位名称：东山县一方酒店有限公司
地　　址：东山县铜陵镇水产路 4 号
法人代表：方茂春
经营范围：餐饮
电话号码：0596-5620415

单位名称：福建省沙县宏光化工有限公司
地　　址：沙县洋坊科技工业园
法人代表：罗增寿
电话号码：0598-5847619
网　　址：www.hg-chemical.com.cn

单位名称：永煤机械有限公司
地　　址：永安市安砂镇热水村
法人代表：张芳房
经营范围：矿山设备，水泥设备及其他机械设备制造，设备安装维修，钢材及其他机电设购售。
电话号码：0598-3568778

单位名称：沙县百沙制衣水洗包装有限公司
地　　址：沙县洋坊工业区百沙工业大厦
法人代表：陈玲
电话号码：0598-5833793

单位名称：福建模具厂
地　　址：三明市陈大镇
法人代表：林启
经营范围：工具、量具、模具、硬质合金及机械配件；金属表面处理及热处理，塑料加工件。
电话号码：0598-8365510

单位名称：泉州鸿豪服装有限公司
地　　址：泉州市鲤城区南环路临江工业小区
法人代表：翁文伟
经营范围：生产服装、织造、织带、印花、鞋帽、包袋（出口不含配额许可证管理品种）
电话号码：0595-22476555
网　　址：www.qgreat.com

单位名称：泉州马考华誉温差电子有限公司
地　　址：泉州市新华北路土产大厦三楼
法人代表：阮系清

经营范围：专业生产半导体温差致冷器
电话号码：0595-22371957
网　　址：www.qzhytec.com

单位名称：福建省华亨体育用品有限公司
地　　址：泉州市清蒙经济技术开发区玉狮路
法人代表：李炳源
经营范围：开发、生产儿童休闲运动鞋
电话号码：0595-22615555　22617777
网　　址：www.world-human.com

单位名称：南安市农业产业化投资经营有限责任公司
地　　址：南安市新华路165号三楼
法人代表：李火胜
经营范围：从事受托国有资产的投资参股、控股、合资、合作等资本经营活动。
电话号码：0595-86375878
网　　址：www.longyan.nanan.com

单位名称：晋江兴业皮革有限公司
地　　址：晋江市安海第二工业区
法人代表：吴华春
经营范围：牛头层、二层皮革、汽车座垫革、沙发家俱革、Permain皮革等
电话号码：0595-85799969　85799965
网　　址：www.xingyeleather.com

单位名称：福建省晋江塔江进出口贸易有限公司
地　　址：晋江市东石塔头村（办事处青阳崇德路101号4楼）
法人代表：庄金融
经营范围：销售建筑材料、鞋帽服装、纺织品；自营和代理各类商品和技术的进出口，但国家限定公司经营或禁止进出口的商品和技术除外。
电话号码：0595-85670338

单位名称：福建省晋江泉兴洗织有限公司
地　　址：晋江市新塘街道杏田村
法人代表：王明顶
经营范围：各种成衣、匹布、酵洗、杯旧、后整工艺
电话号码：0595-88122132
网　　址：水洗站（实名）

单位名称：南新漂染有限公司
地　　址：泉州市泉秀路成洲工业城
法人代表：林树哲
经营范围：各类毛绒、毛衣染整加工
电话号码：0595-22590993　　传　　真：0595-22583361
网　　址：nanxin@public.qz.fj.cn

单位名称：福建省双阳建筑工程有限公司
地　　址：泉州市洛江区双阳阳山
法人代表：苏觉明
经营范围：房屋建筑、市政公用、土石方工、建筑装修装饰、纲结构、园林古建筑、地基与基础。
电话号码：0595-22063668

单位名称：泉州市鲤城曙光艺品有限公司
地　　址：泉州市北峰工业区丰顺路22号
法人代表：李家贤
电话号码：0595-22880287

单位名称：泉州市鲤城恒艺工艺有限公司
地　　址：泉州市浮桥镇岐山工业区D座
法人代表：吴清艺
电话号码：0595-22421939

单位名称：福建浔兴拉链科技股份有限公司
地　　址：晋江深沪浔兴工业园
法人代表：施能坑
电话号码：0595-88282502　88285588
网　　址：www.sbszipper.com.cn

单位名称：晋江市闽南水产开发有限公司
地　　址：晋江龙湖镇晋南开发区
法人代表：施至谦
经营范围：水产品加工
电话号码：0595-85298577　　传　　真：0595-85283577
网　　址：www.mnsu-cn.com

单位名称：晋江龙湖镇人民政府
地　　址：晋江市龙湖中山街
法人代表：黄志荣
电话号码：0595-85281160
网　　址：Lhjx2003@163.com

单位名称：福建省泉州喜多多食品有限公司
地　　址：泉州市东石镇井林开发区
法人代表：许永生
电话号码：0595-85796834　　传　　真：0595-85783243
网　　址：www.xiduoduo.com.cn

单位名称：福建省晋江福源食品有限公司
地　　址：晋江市安海镇前蔡工业区
法人代表：蔡金垵
经营范围：生产各类膨化食品、果冻、饮料、酱菜、糕点、瓜子、紫菜。
电话号码：0595-85793998　　传　　真：0595-85781421

网　　址：www.panpanfood.com

单位名称：福建省第一公路工程公司
地　　址：泉州市刺桐路226号
法人代表：汪奕明
经营范围：公路、铁路、桥墩梁、隧道、市政工程、水工土木工程、承包境外公路工程。
电话号码：0595-22581546
网　　址：www.fj-firstlzjghwayco.com

单位名称：名作金税房地产营销顾问有限公司
地　　址：泉州市丰泽区丰泽商城A210-A211
法人代表：田峰
电话号码：0595-22186572

单位名称：泉州华斯达轻工制品有限公司
地　　址：泉州市鲤城区江南火炬工业区
法人代表：张庆洋
经营范围：生产包袋、织带、手套、日用塑料制品、胶合布、人造革。
电话号码：0595-22390040
网址：www.farstarbag.com

单位名称：福建省电信有限公司泉州市分公司
地　　址：泉州市刺桐南路电信大厦
法人代表：张金钩
经营范围：国内、国际各磁固定电信与设施；电信网络的话音、数据、图像及多媒体宽带通信与信息服务；与通信及信息业务相关的系统集成、技术开发、技术服务、信息咨询等业务。
电话号码：0595-22559678
网　　址：www.qz.fj.cn

单位名称：泉州恒益艺品有限公司
地　　址：泉州市丰泽区北峰工业区305道边
法人代表：赖靖宇
经营范围：生产树脂、竹、陶瓷、木、藤、金属、纸、毛绒布、塑料工艺品
电话号码：0595-22886826　　传　　真：0595-22889126

单位名称：福建省烟草公司南安市公司
地　　址：南安市成功街烟草大楼
法人代表：林俊鸿
电话号码：0595-86351291　　传　　真：0595-86352539

单位名称：泉州市海天轻纺有限公司
地　　址：泉州市东海滨城工业园
法人代表：王启明
经营范围：针织面料
电话号码：0595-22915999
网　　址：www.htt.cn

单位名称：远太集团（福建）有限公司
地　　址：泉州温陵路远太大厦22层
法人代表：林文侨
经营范围：房地产综合开发、商品房销售和出租及相应的物业管理、代购代销成员企业的原辅材料和产品并协调管理成员企业的经营活动
电话号码：0595-22199036
网　　址：www.yuantai.com

单位名称：泉州丰泽区法石瓦楞包装公司
地　　址：泉州市丰泽区法石长美工业区
法人代表：杨春洲
经营范围：专门从事瓦楞纸板、纸箱，彩色包装盒的生产；纸品上油、磨光、复膜、复盒等加工业务；经营纸盒、广告、办公用纸的纸品贸易和纸塑包装制品。
电话号码：0595-22907547　　传　　真：0595-22903678
网　　址：瓦楞包装.cn

单位名称：南方机械（泉州）发展有限公司
地　　址：泉州市洛江万安工业区安达北路
法人代表：许维群
电话号码：0595-22638819　　传　　真：0595-22638829
网　　址：www.chinanfmq.com

单位名称：福建天湖山能源实业有限公司
地　　址：福建省永春县下洋镇
法人代表：谢永生
电话号码：0595-23989604　　传　　真：0595-23989616
网　　址：www.thsny.com

单位名称：泉州市中信卫星通信有限公司
地　　址：泉州刺桐西路东南网络大厦4楼
法人代表：杨嵩岩
经营范围：GPS卫星定位
电话号码：0595-22102798　　传　　真：0595-22103798

单位名称：泉州顶立广告有限公司
地　　址：泉州市百源村5号楼202室
法人代表：王少雄
经营范围：设计制作、代理国内广告、代理电视、电台、报刊杂志、礼品广告、装璜材料销售。
电话号码：0595-22196519　　传　　真：0595-22176517
网　　址：Dingli@public.qz.fj.cn

单位名称：泉州市丰泽商城建设有限公司
地　　址：泉州市丰泽商城立体停车场七楼
法人代表：李东民
电　　话：0595-22285880

单位名称：泉州市豪太装饰工程有限公司
地　　址：泉州市田安路金帝大厦10层
法人代表：车照煌
经营范围：室内装饰装修、计算机场地、网络工程施工。
电话号码：0595-22571989　传　真：0595-22571988

单位名称：晋江锐克鞋服有限公司
地　　址：晋江陈埭双沟工业区
法人代表：王志典
经营范围：鞋材、服装
电话号码：0595-85689538

单位名称：福建省泉州市江南冷却器厂
地　　址：泉州市泉秀路宝洲路口
法人代表：蒋介民
经营范围：板式、管式换热器系列、空冷式换热器、螺旋板式换热器以及Ⅰ、Ⅱ类压力容器制造。
电话号码：0595-22587542
网　　址：www.minlong.com.cn

单位名称：泉州晖星礼品有限公司
地　　址：泉州市鲤城区江南工业区开元小区
法人代表：吴向阳
经营范围：生产树脂工艺品、铁工艺品、手工艺品
电话号码：0595-22469506
网　　址：www.cnxinsilu.com

单位名称：新丝路广告制品有限公司
地　　址：晋江泉厦高速晋江出口处300米处
法人代表：赖木森
经营范围：展览展示用品、产品货架、展示架、亚克力制品、吸塑灯箱、标牌、标识
电话号码：0595-85858989　传　真：0595-85858299
网　　址：www.cnxinslu.com

单位名称：泉州市鲤城商业总公司
地　　址：泉州市温陵路南段商业大厦
法人代表：刘良清
经营范围：商贸、服务、旅游、建筑
电话号码：0595-22283993

单位名称：泉州市烟草专卖局（分公司）
地　　址：泉州市温陵路南段
法人代表：孔祥统
经营范围：卷烟批发
电话号码：0595-22288930

单位名称：晋江毓英织造有限公司
地　　址：晋江英林镇英林工业区
法人代表：施议钦
经营范围：生产服装、下兰针织布、毛绒布、喷胶棉
电话号码：0595-85485278　传　真:0595-85485298
网　　址：www.long-ying.com

单位名称：泉州市丰泽意昂商贸有限公司
地　　址：泉州市丰泽街中银大厦28层
法人代表：庄佟伟
经营范围：中央空调销售、安装、维护
电话号码：0595-22155994-802　传真:0595-22155884
网　　址：www.aeon-2001.com

单位名称：泉州卜硕机械有限公司
地　　址：泉州鲤中江南工业区
法人代表：刘育存
经营范围：针织机械及机件“卜硕”牌针织大圆机
电话号码：0595-22463512　传　真:0595-22463513
网　　址：www.bu-shuo.com.cn

单位名称：泉州港务集团有限公司
地　　址：泉州市江滨北路港务大楼
法人代表：邱聪明
经营范围：港内货物（集装箱、散杂货）装卸、仓储、港口拖轮经营、码头和其它港口设施的经营
电话号码：0595-22509909
网　　址：www.qzgw.com

单位名称：福建省晋江市高富泰箱包配件有限公司
地　　址：晋江灵源街道办事处小浯塘工业区128号
法人代表：吴健康
经营范围：箱包配件制造
电话号码：0595-88188228　传　真:0595-88181177
网　　址：www.gaofutai.com

单位名称：泉州鲤城蓝蓝艺品有限公司
地　　址：泉州市南环路鲤城工业区蓝蓝工业园
法人代表：黄乐南
经营范围：树脂工艺品
电话号码：0595-22478877　传　真:0595-22479977

单位名称：福建省晋江工程机械厂
地　　址：晋江市安海鸿江西路465号

法人代表：柯金鼎
经营范围：机械、装载车、叉车制造、通用机械及农机制造
电话号码：0595-85786339　传　真:0595-85798258
网　　址：www.china-jingong.com

单位名称：晋江市深沪镇人民政府
地　　址：晋江深沪镇港阜居路北1号
法人代表：许雄飞
电话号码：0595-88280512
网　　址：www.shidzb@163.com

单位名称：福建省石狮市祥鸿织造漂染有限公司
地　　址：石狮芝镇大堡工业区
法人代表：王金展
经营范围：纯棉、沌涤、麻棉、化纤等百余种机织服装布料。
电话号码：0595-88907529
网　　址：www.xh-group.com

单位名称：晋江市嘉豪针织制衣公司
地　　址：晋江罗山镇悟安村郭厝
法人代表：郭垂栋
经营范围：生产提花、挂毛、手织手绣、珠绣等毛衫
电话号码：0595-88184437
网　　址：www.jiahao-dress.cnqz.com

单位名称：福建省江华闽进出口有限公司
地　　址：晋江青阳街道通中国银行大厦11层
法人代表：刘平山
经营范围：自营和代理各类商品及技术的进出口业务，经营进料加工和“三来一补”业务，开展对销贸易和转口贸易；百货，工艺美术品，五金、交电、化工，针、纺织品，日用杂货，工具，电子计算机及配件，仪器仪表，工业生产资料，饲料，建筑材料，花、鸟、鱼、虫，粮油；咨询服务；加工针、纺织品服装（以上经营范围凡涉及国家有专项专营规定的从其规定）
电话号码：0595-85619696

单位名称：泉州建文艺品有限公司
地　　址：泉州市洛江区万安工业区
法人代表：王端霄
经营范围：树脂、陶瓷、五金三大系列工艺品
电话号码：0595-22632370　传　真:0595-22631822
网　　址：www.jianwen.com

单位名称：泉州鲤城鑫艺思艺品厂
地　　址：泉州鲤城区浮桥王宫工业区章桂大楼

法人代表：黄鹤
经营范围：树脂工艺品、发泡工艺品
电话号码：0595-22488482　传　真:0595-22462653
网　　址：Crane@public.qz.fj.cn

单位名称：泉州市富嘉轻工纺织有限公司
地　　址：泉州浮桥仙景工业区2/3/4/7/8/幢
法人代表：吴家付
经营范围：涤纶缝纫线、尼龙缝纫线、杜邦&邦迪-缝纫线、涤纶高强缝纫线、尼龙渔网线、绳索&织带、纯棉纱芯、宠物用品绳、体育用品线、绳。
电话号码：0595-22463453　传　真:0595-22478896
网　　址：www.fujialine.com

单位名称：晋江市青阳工贸总公司
地　　址：晋江市青阳南苑商厦6楼
法人代表：廖金堆
经营范围：日用百货、服装、鞋帽、塑料制品、针纺织品、家具、纸塑包装品、汽车配件、五金制品、民用建材批发。
电话号码：13905089399

单位名称：泉州鲤城刚胜鞋塑有限公司
地　　址：泉州江南镇锦美工业区
法人代表：陈安娜
经营范围：生产加工皮鞋、塑料鞋
电话号码：0595-22460051
网　　址：chenzhi@pub2.fj.qz.cn

单位名称：泉州鲤城兆虹电讯技术中心
地　　址：泉州新保口16号二楼
法人代表：赵长虹
电话号码：0595-22275238

单位名称：泉州临江工业办
地　　址：泉州金山水闸边
法人代表：苏子卿　康景彪
电话号码：0595-22393482

单位名称：福建省南安市新奇美针织公司
地　　址：南安市梅亭工业区
法人代表：黄泰愿
经营范围：针织毛线、休闲男装、女装系列产品
电话号码：0595-86283338
网　　址：www.xilang.com

单位名称：晋江市农村信用社
地　　址：晋江市青阳八八商业城E座二楼

法人代表：林文祖
经营范围：办理存款、贷款、票据兑现、国内结算业务；办理个人储蓄业务；代理其他银行的金融业务；代理收付款及受托代办保险业务；买卖政府债券；代理发行、代理兑付、承销政府债券；提供保险箱业务；由县联社统一办理资金融通调剂业务；办理经中国人民银行批准的其他业务。
电话号码：0595-85661772
网　　址：www.jjrcc.cn

单位名称：金威集团（福建）有限公司
地　　址：泉州市洛江航空旅游城
法人代表：蔡金榜
经营范围：生产服装、日用五金制品及配套辅料；生产拉链、电气插头接件；酒店旅游业；房地产开发、销售商品房及相关物业管理。
电话号码：0595-22658806　22658292
网　　址：www.jinweigroup.cn

单位名称：泉州泉港工艺有限公司
地　　址：泉州市洛江区万安科技工业园
法人代表：蔡灿生
经营范围：树脂、陶瓷、竹木、金属、纺织等工艺品的研发、生产、销售。
电话号码：0595-22659901　22659902
网　　址：www.quangang.cnqz.com

单位名称：泉州丰源机械有限公司
地　　址：泉州洛江区万安工业区 A11-2M
法人代表：董智德
经营范围：各类进口、国产汽车轮胎螺栓、球接头、万向节、起动齿轮等高强度螺栓及新型号的摩托车起动轴、起动杆、变速轴、主副轴、非标轴承等系列产品
电话号码：0595-22632226
网　　址：Donde@public.qz.fj.cn

单位名称：福建泉州清源啤酒朝日有限公司
地　　址：泉州市城东镇
法人代表：王宛生
经营范围：啤酒饮料
电话号码：0595-22681383　传　真:0595-22685737
网　　址：www.qingyuan-beer.com

单位名称：福建德亿集团
地　　址：泉州市经济技术开发区
法人代表：蔡永从
经营范围：氨纶色覆纱线、针织纱线、休闲面料
电话号码：0595-22199777　传　真:0595-22982177
网　　址：deyi2002@sina.com

单位名称：中国农业银行晋江支行
地　　址：晋江市青阳镇金融小区农行大厦
法人代表：张顺明
经营范围：办理人民币存款、结算；代理收付款项及代理保险业务；办理其分行在中国人民银行批准的业务范围内授权的人民币贷款、票据贴现及其他业务；办理外汇存款、外汇贷款、外汇汇款、外币兑换、国际结算、结汇、售汇业务；经中国人民银行批准的其他金融业务。
电话号码：0595-85682269

单位名称：晋江汽车交易市场
地　　址：晋江市罗山镇汽车交易市场
法人代表：曾清明
经营范围：汽车销售
电话号码：0595-88189188

单位名称：泉州市江南高新技术电子园区
地　　址：泉州市南环路鲤城科技创业服务中心大楼六层
法人代表：苏子群
经营范围：为科技商业园区房产开发、配套设施提供投资服务。
电话号码：0595-22483550
网　　址：www.lcyq.com

单位名称：泉州清蒙物流有限公司
地　　址：泉州清蒙经济技术开发区吉泰路 1-2 地块
法人代表：柯东
经营范围：集装箱堆存、场装、转关；仓储、配送；国际货代等。
电话号码：0595-22496680　传　真:0595-22498089
网　　址：cjinsong@pub2.qz.fj.cn

单位名称：泉州培新机械制造实业有限公司
地　　址：泉州市浮桥后坑工业区
法人代表：谢秋林
经营范围：生产卫生用品机械、纸制品机械、仿瓷餐具机械、包装机械及建筑机械等轻工机械设备。
电话号码：0595-22456782
网　　址：www.peixin.com

单位名称：中国建设银行福建省晋江市支行
地　　址：晋江青阳迎宾路建行大厦
法人代表：孙少华
电话号码：0595-85688217　传　真:0595-85684216
经营范围：办理人民币存款、结算；代理收汇款项及代理保险业务；办理其分行在人行批准的业务范围内授权

的人民币贷款、票据贴现及其他业务；办理外汇存款，外汇贷款、外汇汇款、外汇兑换、国际结算、结汇、售汇业务；经中国人民银行批准的其他业务。
网　　址：www.jjjh@public.qz.fj.cn

单位名称：中国农业发展银行晋江市支行
地　　址：晋江市建行大厦主楼2楼
法人代表：李贤瑜
经营范围：办理国务院、中国人行安排资金并由财政予以贴息的农业产品的国家专项储备贷款，办理收购贷款及粮油购销、批发贷款，办理承担国家粮油等产品的政策性加工任务企业的贷款和棉麻系统初加工的贷款。
电话号码：0595-85622677

单位名称：福建大发集团有限公司
地　　址：晋江金井草湖埔工业区
法人代表：张道辉
经营范围：生产服装、织带、喷胶棉、服装塑料配件、领件、丝巾、高档织物面料的织造及后整理加工（不含漂染，出口不含配额许可证管理品种）与协调管理成员企业的经营活动。（涉及审批许可项目的，只允许在审批许可的范围和有效期限内从事生产经营）
电话号码：0595-85338888　　传　　真:0595-85335555
网　　址：www.fjdaga.com

单位名称：石狮黄金海岸旅游经济开发区
地　　址：石狮永宁镇
法人代表：卢文端
经营范围：旅游渡假
电话号码：0595-88605892
网　　址：www.goldcoast.com.cn

单位名称：晋江市磁灶儒南养鸡场
地　　址：晋江市磁灶镇张林村
法人代表：张鸿志
经营范围：蛋鸡饲养、有机肥料
电话号码：0595-85880600

单位名称：南安坂头水电站
地　　址：南安市英都镇良山
法人代表：洪清
电话号码：0595-86166541

单位名称：南安市燕江水泥有限责任有限公司
地　　址：南安市码头镇诗南村鼓铜寨工业区
法人代表：潘禁水
经营范围：水泥及水泥制品
电话号码：0595-86581555

单位名称：福建烟草机械有限公司
地　　址：泉州北峰工业区
法人代表：吴端雅
经营范围:最先进CNC电脑铣削加工中心,采用CAD/CAN计算机辅助设计、专业生产各种进口烟草机械配件，BE包装机组、CDX、CDX包装机组、FOCKE包装机组、PRO、TOS卷接机组。
电话号码：0595-22888818

单位名称：南安电力总公司
法人代表：杨烨
电话号码：0595-86372522

单位名称：福建省晋江市汽车修理厂
地　　址：晋江市青阳亿盛路汽修大厦
法人代表：陈志鹏
经营范围：汽车大修、总成修理及各级维护，汽车配件加工。
电话号码：0595-85682490

单位名称：福建省晋江市开关厂
地　　址：晋江双沟工业区
法人代表：陈诗霖
经营范围：高低压开关成套服务
电话号码：0595-85684081　　传　　真:0595-85656828
网　　址：www.jjkg.com.cn

单位名称：南安市水头新恒安再生纸厂
地　　址：南安市水头镇上林村
法人代表：林荣泰
经营范围：瓦楞纸
电话号码：0595-86931606

单位名称：福建省南安市水头立丰石材工艺厂
地　　址：南安市水头大盈工业区
法人代表：黄建立
经营范围：各种进口花岗岩石板材
电话号码：0595-86939999

单位名称：福建省晋江内坑裕兴陶瓷厂
地　　址：晋江市内坑湖内大坪工业区
法人代表：黄锻炼
经营范围：陶瓷制造
电话号码：0595-88385492
网　　址：www.nanyingtiles.com

单位名称：福建宝通电子有限公司
地　　址：泉州市丰泽区东海云谷工业区

法人代表：付水法
经营范围：生产视频编解码设备
电话号码：0595-22158601　传　真:0595-22103449
网　　址：www.baotongchina.com

单位名称：泉州泉港贸易有限公司
地　　址：泉州市刺桐西路北段泉州邮电通信中心二楼
法人代表：吴良良
经营范围：建材及工艺品出口，德国葡萄进口
电话号码：0595-22110822　传　真:0595-22110823

单位名称：晋江市新菲华畜牧业有限公司
地　　址：晋江市磁灶镇宅内村
法人代表：吴国宣
经营范围：喂养母猪、商品猪、饲料加工
电话号码：0595-85851131

单位名称：福建省晋江荣兴农业综合开发有限公司
地　　址：晋江市永宁镇玉溪村
法人代表：王荣权
经营范围：名优、特水果种植、果类加工、畜牧养殖
电话号码：13805982345

单位名称：福建省晋江深沪福成良种畜牧场
地　　址：晋江市深沪镇华山村
法人代表：洪荣东
经营范围：畜牧饲养
电话号码：0595-85286805

单位名称：福建省东升石业股份有限公司
地　　址：南安市水头奎峰工业区
法人代表：王尚云
经营范围：石板材、荒料的加工、销售；石雕工艺品；经营本企业自产产品及技术的出口业务；经营本企业生产所需的原辅材料、机械设备、零配件及技术的进口业务（国家限定公司经营和国家禁止进出口的商品及技术除外）；经营进料加工和三来一补业务。（以上经营范围凡涉及国家专项规定的从其规定）
电话号码：0595-86992002　传　真:0595-86992003
网　　址：www.dongshengstone.com

单位名称：福建省晋江市中联集团福建晋江市中联总公司
地　　址：晋江市青阳中联大厦
法人代表：邱家耀
经营范围：蔬菜果品、酒、食用菌类、粮油副食、百货、文具、服装、鞋帽、针帽、针纺织品、家用电器、五金制品、电工材料、饲料、化肥、机械农具、日用杂品、钢材、建筑材料、摩托车、汽车配件、农药。（以上经营范围涉及国家专项专营规定的从其规定）
电话号码：0595-85668696
网　　址：Jjaop@public.qz.fj.cn

单位名称：泉州鲤城延陵线带编织厂
地　　址：泉州市浮桥延陵工业区
法人代表：吴荣鑫
经营范围：线带、针编织品加工
电话号码：0595-22421313
网　　址：www.qzyl.com

单位名称：石狮市人民政府
地　　址：石狮市锦尚镇厝上
电话号码：0595-88953776
网　　址：jinshangshishi.gov.cn

单位名称：晋江市罗山梧桐兴达纸箱厂
地　　址：晋江罗山梧桐工业南区 88 号
法人代表：陈建华
电话号码：0595-88171717

单位名称：福建达利食品有限公司
地　　址：惠安紫山林口
法人代表：许世辉
经营范围：饼干、膨化食品、蛋黄派
电话号码：0595-87333507
网　　址：www.dali-group.com

单位名称：惠安县城南供水公司
地　　址：惠安县螺阳镇溪西村(国道 324 线旁)
法人代表：骆经理
经营范围：自来水生产、供应、管道安装、维修等
电话号码：0595-87301789

单位名称：福建凤竹纺织科技股份有限公司
地　　址：晋江市青阳凤竹工业区
法人代表：陈澄清
经营范围：生产、加工针织、机织色布、漂染、染纱、服装、销售自产产品；从事环保设施运营。
电话号码：0595-85683693　传　真:0595-85688093
网　　址：www.fengzhu.cn

单位名称：晋江永明涂层织物有限公司
地　　址：晋江市陈埭苏厝工业区
法人代表：陈汉民
经营范围：专业生产 PV 合成革
电话号码：0595-85685016
网　　址：leather@pubz.qz.fj.cn

单位名称：泉州鸿运衣袋有限公司
地　　址：泉州市新华路 7 号
法人代表：侯金土
经营范围：生产各种包袋、服装
电话号码：0595-22387703
网　　址：Rickhau.cn.alibaba.com

单位名称：晋江华意鞋业有限公司
地　　址：晋江市池店镇梧潭工业区
法人代表：林惠生
电话号码：0595-85983474

单位名称：福建金冠集团有限公司
地　　址：晋江新塘街道办事处
法人代表：吴文团
经营范围：生产和销售糖果、巧克力、果冻、小食品以及罐头、酱油、醋、服装加工等
电话号码：0595-88126666　传　真:0595-88182666
网　　址：www.jinguan.com.cn

单位名称：华珠（泉州）鞋业有限公司
地　　址：泉州市经济技术开发区崇荣路
法人代表：曾仁乐
经营范围：生产各式鞋、鞋材
电话号码：0595-22460697
网　　址：www.tonglongshoes.com

单位名称：福建宝德服饰有限公司
地　　址：泉州宝洲路泉秀工业区
法人代表：郑淑德
经营范围：0595-22598888
电话号码：生产各种服装、电脑机绣
网　　址：www.bndchina.com

单位名称：福建南安振华副食品有限公司
地　　址：南安市水头镇南侨工业区
法人代表：吕天助
经营范围：面及米粉制品
电话号码：0595-86931859
网　　址：fj-zhenhua.com

单位名称：泉州闽侨实业典当有限公司
地　　址：泉州丰泽田安路北段闽侨大厦一楼
法人代表：蒋文良
经营范围：黄金首饰、钻、珠宝；汽车、摩托车等交通工具；股票、债券等有价证券；原材料、产成品及各种营销商品等；房地产抵押贷款业务；鉴定评估及咨询服务。
电话号码：0595-22189881

单位名称：泉州市清蒙天盾电子厂
地　　址：泉州经济技术开发区高新技术企业孵化基地
法人代表：黄春福
经营范围：生产电子防盗器
电话号码：0595-22491700

单位名称：泉州鸿盛汽车贸易有限公司
地　　址：泉州经济技术开发区 2-（1-4）
法人代表：潘新生
经营范围：销售汽车（含小轿车）及配件，重型机械设备；汽车美容，并提供汽车售后服务；自营和代理各类商品和技术进出口，但国家限定公司经营或禁止出口的商品和技术除外。
电话号码：0595-22495959　传　真:0595-22495958
网　　址：gzhs.com.cn

单位名称：泉州宝通电子有限公司
地　　址：泉州丰泽区云谷工业区
法人代表：付水法
经营范围：生产音、视频编解码设备
电话号码：0595-22158601

单位名称：晋江华港投资公司
地　　址：晋江洪山综合开发区 58 号
法人代表：庄树磊
经营范围：开发汽车专业市场、开发房地产、贸易
电话号码：0595-85611288

单位名称：泉州鑫泰鞋业有限公司
地　　址：晋江市青阳青莲工业区
法人代表：庄铭约
经营范围：主要生产各类橡胶底、TPU 底 EVA 粘合等鞋用材料。
电话号码：0595-85685995　传　真:0595-85667606
网　　址：www.china-xingtai.com

单位名称：福建省南安市佳盛面粉有限公司
地　　址：南安水头镇大盈工业区
法人代表：林时跑
经营范围：面粉、次粉、麦皮、小麦
电话号码：0595-86931207

单位名称：福建省南安市水头志诚面粉厂
地　　址：南安市水头镇大盈开发区
法人代表：黄印利
经营范围：面粉、次粉、麦皮、小麦

电话号码：0595-86931684

单位名称：中国铁通集团有限责任公司泉州分公司
地　　址：泉州市丰泽街毅都大厦五楼
法人代表：吴文汉
经营范围：经国家电信主管部门批准的基础电信业务和增值电信业务。
电话号码：0595-85316366
网　　址：www.qzcrc.com

单位名称：泉州市恒发粮油发展有限公司
地　　址：南安市官桥镇金桥工业区
法人代表：蔡天佑
经营范围：大米生产、加工、销售
电话号码：0595-86893167　传　真:0595-86895108
网　　址：www.hengfa.com

单位名称：石狮永宁镇人民政府
地　　址：石狮市永宁镇永梅路龙泉大厦
法人代表：李密卿
电话号码：0595-88480638

单位名称：福建省阳山铁矿
地　　址：德化县城关福阳大厦
法人代表：李志铭
经营范围：铁精矿粉、铁矿石原矿
电话号码：0595-23517798　传　真:0595-23588300

单位名称：福建省泉州市申鹭达集团
地　　址：南安市芸林工业区 123 号
法人代表：洪光明
经营范围：制造、销售：机械设备、水暖器材、卫浴陶瓷、阀门、卫浴洁具、电子配件、机械配件、五金配件。销售：机电产品、建筑材料、服装鞋帽、针织品、化工产品等。
电话号码：0595-86166892
网　　址：www.shonludagroup.com

单位名称：泉州电视台广告部
地　　址：泉州市温陵路中段天都广场一楼
法人代表：陈铭贤
经营范围：电视广告发播制作
电话号码：0595-22288809　22288829
网　　址：www.qzrt.com

单位名称：泉州泉成勘察有限公司
地　　址：泉州市丰泽区温陵北路 9 栋 303 室
法人代表：吴国清
经营范围：从事岩土工程勘察、设计、测试监测检测、咨询监理等业务。
电话号码：0595-22859930　22780731
传　　真:0595-22780951

单位名称：泉州鲤中汽车交易有限公司
地　　址：泉州展览城游乐园门口对面
法人代表：林冬青
经营范围：双环（来宝)、SRV 汽车系列、吉利系列汽车等。
电话号码：0595-22352558　传　真:0595-22352559
网　　址：qzlzqm@sina.com

单位名称：泉州四方数控技术有限公司
地　　址：泉州清蒙科技工业区科技工业大楼一楼西面
法人代表：蔡伯阳
经营范围：开发、销售数控机械、数控加工及技术咨询服务。
电话号码：13906096113　0595-22490130

单位名称：福建永春宏达粉末冶金制品厂
地　　址：永春达埔镇达理 722 号
法人代表：潘文彬
经营范围：粉末冶金制品、机械零件加工，汽车、摩托车、电动工具、家用电器、体育器材、办公用品等配件。
电话号码：0595-23791540　传　真:0595-23787541
网　　址：www.china@114.net.com

单位名称：福建省南安豪闻石业有限公司
地　　址：南安水头后房工业区
法人代表：曾柏顺
经营范围：石板材
电话号码：0595-86985548

单位名称：福建南安光明金刚石刀具厂/福建南安光明石业有限公司
地　　址：南安水头蟠龙开发区（324 线 231KM）
法人代表：黄明经
经营范围：刀具：金刚石刀头，刀具、高频机、热压机配套、全包提供配件。石业：生产、销售　花岗岩、大理石、工程板、薄板、台板、荒料开切。
电话号码:0595-86986539(刀具)　传　真:0595-86983539
0595-86901539(石业)　传　真:0595-86903539
网　　址：www.gmcuttingstone.com

单位名称：福建省泉州市瑞发石材有限公司
地　　址：南安水头镇仁福工业区
法人代表：曾文明

电话号码：0595-86905555
网　　址：www.rui8.com

单位名称：晋江达胜纺织实业有限公司
地　　址：晋江金井镇丙洲工业区
法人代表：王德伟
经营范围：生产服装、化纤布、高档织物面料的织造及后整理加工。
电话号码：0595-85395999
网　　址：www.dasheng-textile.com

单位名称：福建晋江佶龙机械工业有限公司
地　　址：晋江五里高新技术园区
法人代表：何青松
经营范围：主要生产四套色至十六套色圆网印花机、独立传动对花圆网印花机。
电话号码：0595-88181856
网　　址：www.jilong.net

单位名称：福建省金庄集团公司
地　　址：南安官桥镇金庄街53号
法人代表：王紫直
经营范围：机械制造、铸件生产。
电话号码：0595-86899188

单位名称：晋江鸿达汽车贸易有限公司
地　　址：晋江罗山罗裳开发区50号
电话号码：0595-88185266

单位名称：福建省永春美岭水泥厂
地　　址：永春县一都镇仙友村
法人代表：苏清泉
经营范围：建材（水泥）
电话号码：0595-23991199

单位名称：南安市金辉泰密胺塑胶有限公司
地　　址：南安市省新镇油园村
法人代表：黄金科
经营范围：生产、销售密胺制品及塑胶制品。
电话号码：0595-86285981
网　　址：www.qymajqw.com

单位名称：泉州鲤城协兴机械制造有限公司
地　　址：泉州市江南玉霞工业区
法人代表：吴天赐
经营范围：生产水泥制品机械、纸制品机械、机械配件、模具。
电话号码：0595-22472787

单位名称：福建石狮华联服装配件企业有限公司
地　　址：石狮龟湖东洋工业区
法人代表：黄文远
经营范围：塑料四合扣、服镇及塑料、五金扣件。
电话号码：0595-88500999　传　真:0595-88500998
网　　址：www.kam.com.cn

单位名称：泉州祥鸿制衣有限公司
地　　址：石狮市灵秀镇塔前村
法人代表：王丽玲
经营范围：生产服装
电话号码：0595-88217999
网　　址：Mail.XH-GROUP.com

单位名称：福建省电信有限公司南安市分公司
地　　址：南安市成功街电信大楼
法人代表：刘联强
电话号码：0595-86369217
网　　址：www.nabgs@public.qz.fj.cn

单位名称：福建省德化协发光洋陶器有限公司
地　　址：德化县城关龙津南段27号
法人代表：陆镇源
经营范围：生产高级日用西餐具及酒店系列产品
电话号码：0595-23588727　传　真:0595-23588058
网　　址：www.hhk.com.cn

单位名称：福建泉州新环宇石业有限公司
地　　址：南安水头蟠龙开发区
法人代表：吴华东
经营范围：薄板、大板、洗面台、台面板
电话号码：0595-86903999
网　　址：China@newuniwersalstone.com

单位名称：泉州天安汽车销售有限公司
地　　址：泉州市丰泽区泉秀路
经营范围：汽车销售,零配件销售,汽车维修
电话号码：0595-22577111

单位名称：福建省南安剑桥鞋服有限公司
地　　址：南安市九都工业区剑桥工业大厦
法人代表：陈绍军
经营范围：旅游鞋、休闲鞋、沙滩鞋、皮鞋
电话号码：0595-86503888
网　　址：www.jianqiaoshoes.com

单位名称：泉州康宏鞋业有限公司
地　　址：泉州丰泽区东美工业区5号楼

法人代表：李小虹
经营范围：生产销售冷贴鞋
电话号码：0595-22581068
网　　址：www.kanghong.com

单位名称：惠安县螺阳镇人民政府
地　　址：惠安县螺阳镇溪宅
电话号码：0595-87338957

单位名称：福建省南安市豪联陶瓷有限公司
地　　址：南安市官桥西庄工业区
法人代表：陈平安
经营范围：各种规格陶瓷墙、地砖生产与销售
电话号码：0595-86831131　　传　　真:0595-86831989
网　　址：www.haolian.com

单位名称：福建百宏集团有限公司
地　　址：晋江龙湖镇枫林工业区
法人代表：施天佑
经营范围：纺织（织布）、弹性织造（带）、化纤、服装、经编、拉链、纸品。
电话号码：0595-85228888
网　　址：www.balllion.com

单位名称：南安市水头康利石材有限公司
地　　址：南安市水头镇西锦工业区
法人代表：郑宇
经营范围：装饰石材
电话号码：0595－86981988　　传　　真:0595-86998989
网　　址：www.kanglistone.com

单位名称：晋江市中南化工贸易有限公司
地　　址：晋江罗山街道办事处世纪大道边中南大厦
法人代表：陈天生
经营范围：销售化工原料及化工制品、建筑材料。
电话号码：0595-88185805

单位名称：福建省南安市巨轮机械有限公司
地　　址：南安市滨海工业区
法人代表：郑远东
经营范围：石材加工机械
电话号码：0595-86099888
网　　址：www.julun.cn

单位名称：晋江市邮政局
地　　址：晋江市新华街179号
法人代表：王应清
经营范围：主要经营范围和业务种类包括三大服务领域，六大业务种类：即金融服务、物流配送、信息传递等三个服务领域，邮政储蓄、特快专递、报刊图书、商函广告、集邮业务、代理电信等六大业务种类，另外，还经营函件、包裹、汇票等传统业务。
电话号码：0595-85682255
网　　址：www.134.140.104.191

单位名称：福建省南安市盛达石业有限公司
地　　址：南安市水头西锦工业区
法人代表：吕建成
经营范围：石材
电话号码：0595-86998866　　传　　真:0595-86998996
网　　址：www.shengdastone.com

单位名称：福建省南安市中阳石业有限公司
地　　址：南安水头蟠龙开发区
法人代表：吕小辉
经营范围：主营各种进口大理石、大板、荒料。
电话号码：0595-86909668
网　　址：www.zhongyomgstone.cn

单位名称：福建省晋江市深沪达丽服装针织有限公司
地　　址：晋江深沪达丽工业区（半岛酒店对面）
法人代表：陈省奎
经营范围：生产各种款式针织男女内裤、拳击裤、T恤、文化衫、背心套装；各式各样松紧带、花边织带；各种全棉针织布、以汗布、罗纹布、抽针布、氨纶布。
电话号码：0595-88282480
网　　址：www.dali-co.com

单位名称：富士达（福建）鞋塑有限公司
地　　址：晋江市陈埭第一工业区C5
法人代表：陈国栋
经营范围：运动鞋系列产品
电话号码：0595-85181588
网　　址：www.fushidashoes.com

单位名称：福建省南安市恒盛仿瓷餐具有限公司
地　　址：南安市省新镇块茂岭工业区
法人代表：吴家奕
经营范围：嘧胺餐具及塑料制品
电话号码：0595-86232666
网　　址：www.cnmelamine.com

单位名称：石狮市迪娜胸围内衣有限公司
地　　址：石狮市长福路口迪娜大厦
法人代表：吴光雄
经营范围：胸围、短裤、睡衣、泳装

电话号码：0595-88708162　传　真:0595-88709261
网　　址：www.chinadina.com

单位名称：泉州南伟艺品有限公司
地　　址：南安水头镇蟠龙工业区
法人代表：黄世胜
经营范围：生产树脂、工艺陶瓷及纸、木竹、塑料工艺品
电话号码：0595-86985051

单位名称：福建省晋江市双沟金鼠王鞋业有限公司
地　　址：晋江双沟泽沟
法人代表：张秀清
经营范围：鞋类制造、服装制造
电话号码：0595-85618100
网　　址：www.jinshuwang.com

单位名称：福建省晋江宝达陶瓷有限公司
地　　址：晋江内坑镇湖内村
法人代表：刘松碧
经营范围：陶瓷
电话号码：0595-88287658

单位名称：福建省南安市三丰石材有限公司
地　　址：南安市水头镇蟠龙开发区
法人代表：陈春贵
经营范围：进口大理石
电话号码：0595-86907868

单位名称：地方国营南安市化工厂
地　　址：南安市车田镇望珠山工业区
法人代表：何景海
经营范围：黑色火药
电话号码：0595-86213886

单位名称：福建省南安市三星纺织厂
地　　址：南安市成功科技工业区
法人代表：肖君岩
经营范围：生产8型、10型消防水带、13型聚氨酯消防水带，消火栓、枪、扣等系列消防产品。
电话号码：0595-86668881　传　真:0595-86310177

单位名称：长胜家具（福建）有限公司
地　　址：南安市官桥镇南联工业园
法人代表：林文达
经营范围：生产家具及相关家具五金配件、纸箱。
电话号码：0595-86891660
网　　址：www.fjcs.com

单位名称：福建贵人鸟体育用品有限公司
地　　址：晋江陈埭沟西贵人鸟工业大厦
法人代表：林天福
经营范围：休闲运动鞋、服、帽、包、袜
电话号码：0595-85199999
网　　址：www.guirenniao5555.com

单位名称：晋江市农村信用社
地　　址：晋江青阳八八商业城E座二楼
法人代表：陈金德
经营范围：办理存款、贷款、票据贴现、国内结算业务；办理个人储蓄业务；代理其他银行的金融业务；代理收付款项及受托代办保险业务；买卖政府债券；代理发行、代理兑付、承销政府债券；提供保险箱业务；由县联社统一办理资金融通调剂业务；办理经中国人民银行批准的其他业务。
电话号码：0595-85661772
网　　址：www.jjrcc.cn

单位名称：晋江市亿兴橡塑有限公司
地　　址：晋江市内坑镇黄塘西路工业区54号
法人代表：林加兴
经营范围：各种PVC回收、再生、出售，用于鞋底、延、地板革、地板砖等
电话号码：0595-88393688

单位名称：泉州市泉港区海鹏实业开发有限公司
地　　址：泉州市泉港区峰尾镇
经营范围：港道清淤、壳沙生产加工、建材、石材销售、围恳回填
电话号码：0595-87765073

单位名称：晋江龙峰织造有限公司
经营范围：生产化纤布、织带、电脑锈花、袋
电话号码：0595-88288888　传　真:0595-88299998
网　　址：www.longfeng-cn.com

单位名称：福建省南安市力丰石材有限公司
地　　址：南安市水头镇蟠龙开发区
法人代表：陈志坚
经营范围：加工销售石板材、金刚石刀具；经营本企业自产产品及技术的出口业务；经营本企业生产所需的原辅材料、机械设备、零七八碎配件及技术的进口业务；经营进料加工和“三来一补”业务。
电话号码：0595-86907333　传　真:0595-86909899
网址：www.Lifeng-stone.cn

单位名称：南安市方园水泥制品有限公司

地　　址：南安市官桥镇南联工业园区
法人代表：李建设
经营范围：钢治混凝土，排水管，顶进管，三圆拱涵管，电览导管，钢纤维泥凝土井盖
电话号码：0595-86895168　　传　　真:0595-86836252

单位名称：中国农业银行南安市支行
地　　址：南安市普莲路商会大厦三楼
法人代表：陈佳林
经营范围：人民币回收，储蓄业务，外币代理业务，代理国际回购等业务。
电话号码：0595-86353594

单位名称：福建省永春水电设备厂
地　　址：永春县五里街823西路58号
法人代表：王爱国
经营范围：水轮机制造，发电机制造，低压配电屏制造
电话号码：0595-23882385
网　　址：www.yong-chun.cnqz.com

单位名称：长汀汇鑫棉纺织实业有限公司
地　　址：长汀县洲镇环东路15号
法人代表：何清水
经营范围：纺纱（线）、织布、电力生产
电话号码：0597-6829650　　传　　真：0597-6831529
网　　址：www.xh-group.com

单位名称：泉州惠诚旅游用品有限公司
地　　址：泉州市南环路江南工业开发区惠诚大楼
法人代表：刘惠民
经营范围：包袋、服装、鞋帽、旅游工艺品
电话号码：0595-22488168
网　　址：rimsen@public.qz.fj.cn

单位名称：泉州市泉港化工厂
地　　址：泉州市泉港区山腰
法人代表：陈震山
经营范围：制造加工琼脂、卡拉胶，海藻类养殖，化工产品（不含危险品）销售
电话号码：0595-87983727　　传　　真:0595-87981546
网　　址：www.china-chem.com.cn

单位名称：泉州市中天置业顾问有限公司
地　　址：泉州市刺桐北路瑞祥西苑5号楼3层东面
法人代表：张杰
经营范围：房地产代理、全程策划、市场Vi、广告策划
电话号码：0595-22517775　　传　　真:0595-22517776
网　　址：www.chinat.cn

单位名称：福建亲亲股份有限公司
地　　址：福建省晋江五里工业园区
法人代表：吴火炉
经营范围：生产销售膨化食品、方便面、糖果、油炸食品、米制品、豆制品、酱腌菜、果冻、蛋卷、地瓜干、调味品、紫菜、海带、熟食制品、粮油制品；农业机械、普通机械、粮油食品加工机械的制造、销售、安装；农业、生物、食品添加剂、水产品的研究开发及技术服务；与生产和销售有关信息咨询服务。
电话号码：0595-85733333
网　　址：www.fjqinqin.com

单位名称：泉州锦信玩具有限公司
地　　址：泉州经济技术开发区4-7号
法人代表：林积锁
经营范围：生产塑料玩具、木制玩具，小件木制品、塑料制品、毛绒小制品，树脂工艺品和童鞋。
电话号码：0595-22498811　　传　　真:0595-22498818
网　　址：www.babysfun.com

单位名称：福建泰兴特纸有限公司
地　　址：安溪县凤城镇同美工业区
法人代表：林加宝
经营范围：特种包装纸品、包装装潢印刷
电话号码：0595-23232988

单位名称：晋江市华鑫织造发展有限公司
地　　址：晋江市龙湖粘厝埔工业区
法人代表：粘为江
经营范围：生产各式服装、制线、化纤布、毛绒布、无纺布制品。
电话号码：0595-85252788

单位名称：福建省凤山石材集团有限公司
地　　址：晋江市磁灶大埔工业区
法人代表：吴解放
经营范围：石板材、异型线条、石雕工艺品
电话号码：0595-85887888　　传　　真:0595-85887700
网　　址：www.fsstone.com

单位名称：福建省安溪恒星工艺有限公司
地　　址：安溪县西坪镇安平路182号
法人代表：吴知贤
经营范围：木、铁、藤、竹等工艺品及家具、灯具、钟表的开发与生产
电话号码：0595-23411288　　传　　真:0595-23411289
网　　址：www.heng-xing.cnqz.com

单位名称：泉州市政水泥制品厂
地　　址：泉州北峰霞美社区内
法人代表：张奕群
经营范围：制造经营国标Q150-1800水泥、机制水泥管
电话号码：0595-22883064

单位名称：福建省晋江市荣泰机塑有限公司
地　　址：晋江市陈埭苏厝工业区
法人代表：苏永恭
经营范围：机械配件、塑料制品（不能用于盛装食品）、服装制造
电话号码：0595-85682122

单位名称：晋江百丰线业有限公司
地　　址：晋江市青阳镇洪山综合区
法人代表：陈建武
经营范围：线带加工、丝线染色
电话号码：0595-85682272

单位名称：惠安中绿农业综合开发展有限公司
地　　址：惠安螺阳镇城南工业区
法人代表：孙少锋
经营范围：种植果蔬、农副产品加工及鱼类等水产品的养殖、加工（出口不含配额许可证管理品种）
电话号码：0595-87338563

单位名称：福建省南安市吉祥保利建材厂
地　　址：南安市官桥镇金鸡山开发区
法人代表:张炳祥
经营范围：磁砖
电话号码：0595-86893298

单位名称：石狮市鸿华服装辅料有限公司/石狮市鸿华棉塑实业有限公司
地　　址：石狮市四号工业区鸿华工业大厦
法人代表：庄雅哲
经营范围：各种机织双点衬、浆点衬、无纺系列粘合衬、树脂领衬、高档腰衬、电脑绣花各种颜色绣花绒、玩具绒、西装胸棉、肩垫、夹克系列各种衬棉及妇幼卫生用品使用环保型无纺材料等品种，并承接各种特殊无纺布加工。
电话号码：0595-88782275

单位名称：福建南安市扬兴石业有限公司
法人代表：李志长
经营范围：日本冲绳破风墓、韩国纳骨堂、外栅、延材、门柱、墙壁石。
电话号码：0595-86069268
网　　址：yangxingshiye@zicn.com

单位名称：安溪县兴溪茶厂
地　　址：安溪县同美工业区
法人代表：王吾河
电话号码：0595-23233803　传　真:0595-23257373

单位名称：福建省南安轴承有限责任公司
地　　址：南安市彭美路132号
法人代表：洪竞敏
经营范围：生产制造各类轴承及配套产品
电话号码：0595-86382636
网　　址：www.fk-bearing.com

单位名称：福建省南安市嘉丰石业有限公司
地　　址：福建省南安市蟠龙开发区
法人代表：陈瑞专
经营范围：石板材
电话号码：0595-86908666

单位名称：福建泉州南琦鞋业有限公司
地　　址：泉州经济技术开发区清蒙南琦大厦
法人代表：黄炳南
经营范围：鞋子、服装
电话号码：0595-22491111　传　真:0595-22493333
网　　址：www.kinddog.com

单位名称：石狮市蚶江镇人民政府
电话号码：0595-88680841

单位名称：南安市石井进展石材有限公司
地　　址：南安市石井镇林炳村
法人代表：陈美玲
经营范围：石材
电话号码：0595-86088792

单位名称：福建天友拍卖有限公司
地　　址：泉州市津淮街五洲苑A幢402室
法人代表：林世辉
电话号码：0595-22507621　传　真:0595-22507623
网　　址：www.fj-tianyou.com.cn

单位名称：福建省南安市华阳水带织造厂
法人代表：陈信阳
经营范围：8—&65型有衬里消防水带、农用水带。
电话号码：0595-86306437
网　　址：www.fjnahy.com

单位名称：福建省南安市梅陵古园
地　　址：南安市官桥梅花岭
法人代表：谢克全
经营范围：1.梅陵古园属国家批准兴建的永久公墓。2.古园布局有妙笔生花之象、青龙入水宫之称，能为逝者安得其所、生者精神有支柱、子孙发达之福地。
电话号码：0595-86306437

单位名称：泉州宝丰石材有限公司
地　　址：南安市柳城办榕桥工业区
法人代表：黄春燕
经营范围：生产加工石板材、石材工艺品
电话号码：0595-86305666
网　　址：www.baofeng-stone.com

单位名称：福建省泉州市后茂市政机械
地　　址：泉州市后茂工业区
法人代表：吕志汉
电话号码：0595-22764196　传　真:0595-22799877
网　　址：www.houmao.com

单位名称：晋江超达鞋服有限公司
地　　址：晋江陈埭镇湖中北片工业区超达大厦
法人代表：张水搅
经营范围：鞋、服类
电话号码：0595-85181578
网　　址：www.chaoda-shoes.com

单位名称：福建工商银行南安市支行
地　　址：南安市成功街588号
电话号码：0595-86351488

单位名称：福建省德化县德义热电有限公司
地　　址：德化县浔中镇隆泰三车洋
法人代表：李志清
经营范围：生产电力、热力
电话号码：0595-23554880

单位名称：福建省南安市鞋革厂/南安顺昌鞋业有限公司
地　　址：南安洪濑红宫山工业区
法人代表：戴景水
电话号码：0595-86673888　传　真:0595-86673999
网　　址：www.scxieye@scxieye.com

单位名称：福建省晋江市内坑鸿新建材有限公司
地　　址：晋江市内坑镇长埔工业区南路47号
法人代表：王荣杰
电话号码：0595-88386548　传　真:0595-88386983

单位名称：福州海王福药制药有限公司
地　　址：福州市晋安区魁岐（原协和大学旧址）
法人代表：张思民
经营范围：树脂、陶瓷、五金三大系列工艺品
电话号码：0591-83963414
网　　址：www.fyjt.com

单位名称：南平市东方物资机电有限公司
地　　址：南平市中山路135号
经营范围：生产各种IS、IH、IB、ISG、SG、WQ等系列水泵。
电话号码：0599-8601995
网　　址：www.dfwz-pump.com/mail

单位名称：厦门航空有限公司
地　　址：厦门市埭辽路22号
法人代表：吴荣南
经营范围：主营国内航空客货运输业务、航空公司间的业务代理，航空器维修，兼营航空配餐、酒店、旅游、广告、进出口贸易等业务。
电话号码：0592-5739888
网　　址：www.xiamenair.com.cn

单位名称：龙岩市大豪酒店
地　　址：龙岩市九一南路
经营范围：集客房、餐饮、商务、会议为一体的涉外酒店
电话号码：0597-2211888

单位名称：福建煤电股份有限公司
地　　址：龙岩市红坊镇下洋
电话号码：0597—2502388

单位名称：福建省大田县岩城水泥有限责任公司
地　　址：福建省大田县广平镇
总 经 理：庄祖坤
经营范围："岩城"牌P.042.5R、P.032.5R水泥
电话号码：0598—7416001

单位名称：福建省宁德电业局
地　　址：宁德市鹤峰路48号
电话号码：0593-2825230

单位名称：福建省永春化肥厂
地　　址：永春县石鼓镇社山村
法人代表：陈燕青
经营范围：生产经营农用碳酸氢铵、商品液氨，通过ISO9001：2000质量管理体系认证和产品质量认证。

电话号码：0595-23824671　传　真：0595-23824981

单位名称：福建省泉州市兴达轻工（集团）有限公司
地　　址：福建省南安市码头镇枫树街
经营范围：水暖器材、小五金、阀门、塑料制品、制衣、卫浴洁具
电话号码：0595-86466666　86468168
网　　址：www.xd-sanitargware.com

单位名称：南安新龙石材机械厂
地　　址：南安水头镇仁福工业区
法人代表：陈忠义
经营范围：石材机械
电话号码：0595-86909787
网络实名：新龙机械厂

单位名称：福建宏玮鞋塑有限公司
地　　址：晋江陈埭镇鹏头协志大厦
简　　介：福建宏玮鞋塑有限公司创建于 2000 年，注册资金 445 万美元，占地 50 亩，建筑面积 62000 多平方米，拥有五家分厂，职工 3000 多名。公司引进具有国际先进水平的ＴＰＲ鞋底生产线和ＥＶＡ一次成型鞋底生产线近百条，拥有世界先进水平的 TPR、EVA 粒料生产线和三层鞋网机及一批先进的实验、检测设备。公司主要生产 TPR、EVA 一次成型鞋底，TPR、EVA 塑胶粒料，RB 鞋底，TPU 配件及鞋网布等，是我省鞋底生产的龙头企业。公司拥有一支精练、高绞的管理团队和一批高素质的科技人员，拥有一支熟练技术工人队伍和一流的经验、检测设备。公司始终以“质量第一 信誉至上”为宗旨。2001 年 11 月通过国际 ISO9001：2000 质量管理体系认证，2003 年 5 月，TPR、EVA 一次成型鞋底获得“福建省名牌产品”的荣誉称号。公司欢迎广大客惠顾指导，洽谈业务，愿与大家携手并进，共创未来。
电话号码：0595－85188168　85180331
网　　址：www.zhongxie.com

单位名称：安溪中国茶都
地　　址：安溪县城关镇
法人代表：林解放
经营范围：茶叶市场开发、销售、管理、经营、经营房地产租凭业务，对外开展房地产开发、销售，茶科研、茶文化传播、陶瓷产品销售。
电话号码：0595-23267098

单位名称：福建省安溪兰田水库电站有限公司
地　　址：安溪县蓝田乡中山街 69 号
法人代表：白金镑
电话号码：0595－23132828　传　真：0595-23133090

单位名称：晋江恒顺洋伞有限公司
地　　址：晋江市东石镇金瓯工业区
法人代表：颜乌喜
经营范围：生产雨伞、伞骨配件、服装、塑料制品、包装、账蓬
电话号码：0595-85589898

单位名称：南安市燕江水泥有限责任公司
地　　址：南安市码头镇诗南村鼓铜寨工业区
法人代表：潘禁水
经营范围：水泥及水泥制品
电话号码：0595-86581555

单位名称：中国工商银行南安市支行
地　　址：南安市成功街 558 号
经营范围：本、外币存贷款业务、结算业务；电话银行业务；网上银行业务；汇款直通车业务；缴费直通车业务；银证通业务；个人国外汇款业务；个人外汇买卖业务；代客外汇买卖业务；工商信贷业务；房地产信贷业务；国际结算业务；外汇结售汇业务；福费延业务；保理业务；中间代理业务；个人理财业务；储蓄存取业务；电子实时汇款业务；资信调查业务；个人消费贷款业务。
电话号码：0595-86351482　传　真：0595-86356182

单位名称：兴业银行南安支行
地　　址：南安市新华街成功大厦
经营范围：人民币存款、贷款、结算业务，人民币储蓄业务；外汇存款；外汇贷款；外汇汇款；外币兑换；国际结算；结汇、售汇；经中国银行业监督管理委员会批准的其他业务。
电话号码：0595-86381476　传　真：0595-86372111
网　　址：www.cib.com.cn

单位名称：泉州市潮兴集团公司
地　　址：惠安县崇武镇台湾街
法人代表：林建民
电话号码：0595-87686030
网　　址：www.chao xing 001@sohu.com

单位名称：龙岩市李氏百货有限公司
地　　址：龙岩市西安北中公路大厦一层
法人代表：李强
经营范围：旅游商品、化妆品、工艺品、日用百货、文具用品；五交电、烟、酒、食品、镇纺织品、服装鞋帽
电话号码：0597-2290389

单位名称：龙岩高岭土有限公司
地　　址：龙岩市登高东路 154-13 号

法人代表：李启福
经营范围：高岭土矿的开采、选矿、加工、销售；陶瓷原料、陶瓷产品、编织袋销售。
电话号码：0597-2303370
简　　介：龙岩高岭土有限公司主要产品有高岭土原矿、325目水洗高岭土、超级龙岩高岭土等四个系列共12种产品。主导产品东宫牌（LKC）高岭土原矿和325目水洗高岭土获“福建省名牌产品”和“用户满意产品”称号，并被列入《中国主要及知名建材产品》向全国陶瓷企业推荐使用。公司已通过了ISO9001：2000质量管理体系和ISO14001：1996环境管理体系认证。
网　　址：www.lkc.com.cn

单位名称：漳州市农校生物切片厂
地　　址：漳州市农校内
法人代表：张英贤
简　　介：漳州市农校生物切片厂创办于1958年，是生产植物、动物、人体解剖、动植物病量等生物玻片标本专业厂，生产的品种已达1000多种，适用于高等院校、中等职业教育、中学、小学及科研单位使用。
电话号码：0596-6676830　传　真：0596-6676950

单位名称：长泰县海力机械制造有限公司
地　　址：长泰县武安镇南坂
法人代表：张长海
经营范围：铸造、灰口铸铁、环墨铸铁、机械加工
电话号码：0596-8323220　传　真：0596-8328220

单位名称：漳州市建工程勘察院
地　　址：漳州市胜利西路97号
法人代表：廖子菁
经营范围：地质勘察
电话号码：0596-2599403

单位名称：福建省龙海市白水宏达彩印厂
地　　址：龙海市白水金鳌工业区
经营范围：1.塑料彩印、吹膜、制袋。2.承印各种规格彩色塑料包装薄膜袋、PVC粗果纸、热缩膜及复合包装袋等。3.承制各种规格高低压聚乙烯 、聚丙烯包装薄膜袋。
电话号码：0596-6816558　传　真：0596-6816658

单位名称：漳州市芗城中鑫大酒楼
地　　址：漳州百货大楼6-7层
法人代表：赵中原
简　　介：中鑫大酒楼是漳州首家集海鲜大排挡（六楼）、量贩式KTV（七楼）为一体的酒楼。位于漳州延安北路1号百货大楼6-7层，地理位置得天独厚，毗邻繁华商业购物中心，环境优雅，交通便捷，是洽谈商务及休闲娱乐好去处。酒楼拥有中央空调，直达电梯，酒楼名厨技艺精湛，所制中外名馔，可为酬宴倍增风采。七楼自助式KTV拥有豪华大小包厢共有四十多间，包括可容纳百人的多功能包厢，一应俱全的现代化设施以及典雅舒适的环境。2001年先后被授予“全国知名餐饮业”、“全国绿色餐饮业”、“发展经济先进单位”，2003年又获得餐饮业副会长企业等荣誉称号。本酒楼将继续秉承“中鑫菜肴、华而不贵、真正实惠”之经营理念，服务天下宾客。
电话号码：0596-2021278　传　真：0596-2021178

单位名称：福建天用茶业有限公司
地　　址：平和县官溪路20幢242号
法人代表：曾天用
简　　介：福建天用茶业有限公司是我省一家集种植、加工、科研为一体的白芽奇兰茶生产企业；平和县崎岭天用白芽奇兰开发中心属于该公司的一个下属。公司集生产、加工、销售、科研一条龙，走“中心+农户”的现代企业管理模式，带动了当地的白芽奇兰茶产业的发展。本公司注重企业管理工作，建立健全质量体系，争创名牌产品，取得显著效果，产品多次荣获“福建省优质茶奖”，1997年被福建省名优茶评审委员会授予“省优产品”，1999年荣获中国“99昆明世博会福建特色产品展销会金奖”，2001年被中国国际农业博览会评为“名牌产品”；2002年获得原产地标记注册，同年10月被中国绿色食品发展中心认定为绿色食品；2003年6月，“天芽牌”白芽，奇兰茶注册商标被认定为福建省著名商标；福建省“院士八闽行”指定礼品用菜，2003年获得漳州茶王赛“茶王”称号。福建天用茶业有限公司愿与社会各界竭诚合作，共展宏图。
电话号码：0596-5234451　传　真：0596-5213451
网　　址：www.tiandong.net

单位名称：福建向荣集团/福建向荣建设集团有限公司
地　　址：漳州市南昌路鑫荣小区中心广场
法人代表：朱元文
经营范围：房建一级、公路二级、市政二级、装修二级、地基基础二级、境外工程承包。
电话号码：0596-2930689　传　真：0596-2932989
网　　址：www.fjxrjt.com

单位名称：福建龙岩聚堡水泥有限公司
法人代表：孙秀芬
经营范围：生产、销售32.5R、42.5R、“大耀”牌水泥
电话号码：0597-2665538

单位名称：泉州南益集团

地　　址：泉州市温陵路中段南益办事处
电话号码：0595-22911192

单位名称：泉州红孩儿轻纺有限公司
地　　址：福建泉州市清蒙工业区
电话号码：0595-22497555

单位名称：泉州柏亚礼品有限公司
地　　址：泉州市东门仕公岭永奎工业楼
电话号码：0595-22104777

单位名称：泉州三盛橡塑有限公司
地　　址：泉州市东门仕公岭（福厦公路 190 公里处）
电话号码：0595-22105333

单位名称：泉州丽达针织制衣有限公司
地　　址：泉州清蒙开发区
电话号码：0595-22461887

单位名称：泉州梅峰扣具有限公司
地　　址：泉州市北峰开元工业区
电话号码：0595-22910355

单位名称：泉州信和涂料有限公司
地　　址：泉州市万安开发区万荣街信和大厦
电话号码：0595-22631997

单位名称：泉州鸿琦集团
地　　址：泉州市清蒙科技工业区 B-3 地块
电话号码：0595-22494888

单位名称：泉州文宝轻工有限公司
地　　址：泉州清蒙工业区
电话号码：0595-22492289

单位名称：晋江雅绅服装有限公司
地　　址：晋江市罗山镇
电话号码：0595-88171777

单位名称：晋江浩浪服装有限公司
地　　址：晋江市罗山镇上郭
电话号码：0595-88125960

单位名称：晋江时通建材有限公司
地　　址：晋江市磁灶镇
电话号码：0595-85889807

单位名称：晋江小兄弟食品有限公司

地　　址：晋江市罗山镇
电话号码：0595-88198011

单位名称：福联经编实业有限公司
地　　址：泉州市华洲柴塔路福联纺织城边
电话号码：0595-22922158

单位名称：晋江宏益汽车贸易有限公司
地　　址：晋江市罗山镇罗裳开发区
电话号码：0595-88193988

单位名称：泉州市精致工艺玩具有限公司
地　　址：泉州市洛江区万安高科技园
电话号码：0595-22596908

单位名称：台湾健鑫织造有限公司
地　　址：晋江市深沪镇东海岸开发区
电话号码：0595-88299888

单位名称：石狮市华宝集力公司
地　　址：石狮大堡工业区
电话号码：0595-88900495

单位名称：南安足友鞋业有限公司
地　　址：南安洪濑镇交一路 138 号
电话号码：0595-86688398

单位名称：泉州爱优食品有限公司
地　　址：泉州清蒙科技工业区
电话号码：0595-22462188

单位名称：鸿星尔克鞋业有限公司
地　　址：泉州鲤城区江南火炬开发区
电话号码：0595-22467707

单位名称：泉州华美密胺塑料制品有限公司
地　　址：泉州刺桐南路鲤中工业区 10-12 幢
电话号码：0595-22588098

单位名称：泉州运城制版有限公司
地　　址：泉州清蒙工业区
电话号码：0595-22491239

单位名称：泉州瑞明工贸有限公司
电话号码：0595-22713539

单位名称：泉州朋益轻工有限公司
地　　址：泉州洛江区万安开发区万荣街

电话号码：0595-22634411

单位名称：泉州聚龙鞋业有限公司
地　　址：泉州清蒙开发区
电话号码：0595-22466789

单位名称：晋江群辉彩印有限公司
地　　址：晋江市永和高科技开发区
电话号码：0595-88083378

单位名称：泉州华兴石业有限公司
地　　址：泉州东海镇石坑村东宝开发区
电话号码：0595-22905087

单位名称：泉州泉港压龙盛石业有限公司
地　　址：泉州市泉港区南埔镇邱厝
电话号码：0595-87783989

单位名称：泉州利富织造有限公司
地　　址：晋江市罗山镇上郭
电话号码：0595-88188668

单位名称：晋江福兴拉链有限公司
地　　址：晋江市龙湖镇杭边工业区
电话号码：0595-85287788

单位名称：晋江新宇拉链织造有限公司
地　　址：晋江市英林镇南兴路工业区
电话号码：0595-85486156

单位名称：晋江兴泰橡塑实业有限公司
地　　址：晋江青阳阳光中路工业区
电话号码：0595-85685995

单位名称：晋江旭日纺织有限公司
地　　址：晋江磁灶镇东山工业区
电话号码：0595-85857777

单位名称：晋江诚安鞋业有限公司
地　　址：晋江陈埭镇涵口第一工业区
电话号码：0595-85197177

单位名称：晋江峰安皮业有限公司
地　　址：晋江市江山工业区
电话号码：0595-85685491

单位名称：晋江久久王食品工业有限公司
地　　址：晋江市罗山缺塘工业南区 302 号

电话号码：0595-88187888

单位名称：南安万隆企业有限公司
地　　址：南安市水头镇
电话号码：0595-86901908

单位名称：泉州泓霖化纤有限公司
地　　址：泉州市丰泽区东海滨城工业区
电话号码：0595-22908299

单位名称：泉州联益织造有限公司
地　　址：泉州东海滨城工业区
电话号码：0595-22900068

单位名称：泉州恒盛工艺礼品有限公司
地　　址：泉州清蒙工业区
电话号码：0595-22491720

单位名称：泉州锦信玩具有限公司
地　　址：泉州清蒙工业区
电话号码：0595-22498851

单位名称：泉州富汉制衣印染有限公司
地　　址：泉州成洲鲤中工业区
电话号码：0595-22577305

单位名称：泉州伟士杰箱包制品有限公司
地　　址：泉州清蒙工业区
电话号码：0595-22498282

单位名称：泉州旭峰鞋业有限公司
地　　址：泉州市洛江区万安工业区
电话号码：0595-22631229

单位名称：泉州华厦鞋服有限公司
地　　址：泉州江南工业区
电话号码：0595-22489095

单位名称：泉州精益鞋业服装有限公司
地　　址：泉州江南工业区
电话号码：0595-22489095

单位名称：南安永顺轻工实业有限公司
地　　址：南安市水头雄狮工业区
电话号码：0595-86980246

单位名称：晋江爱奇鞋塑有限公司
地　　址：晋江市青阳镇

电话号码：0595-86559999

单位名称：爱格乐制衣有限公司
地　　址：惠安螺阳镇蔡厝工业区
电话号码：0595-87300728

单位名称：华鸿鞋业有限公司
地　　址：晋江陈埭涵埭刘厝尾工业区
电话号码：0595-85086889

单位名称：玛莱特镇织制衣有限公司
地　　址：晋江市金井镇石圳村玛莱特工业园区
电话号码：0595-85381450

单位名称：骏港针织有限公司
地　　址：晋江市金井镇石圳工业区
电话号码：0595-85381573

单位名称：森美天然食品有限公司
地　　址：惠安洛阳镇北工业区
电话号码：0595-87491420

单位名称：宝德服饰有限公司
地　　址：泉州宝洲路泉秀工业区
电话号码：0595-22998888

单位名称：福盛鞋业有限公司
地　　址：石狮长福工业区
电话号码：0595-88700612

单位名称：晋江华侨玩具有限公司
地　　址：晋江金井镇中兴南路
电话号码：0595-85388846

单位名称：泉州海日星工艺美术有限公司
地　　址：泉州丰泽区清源田边工业区
电话号码：0595-22795599

单位名称：泉州日星艺品有限公司
地　　址：泉州洛阳区万安开发区 1 号
电话号码：0595-22657863

单位名称：泉州顺达艺品有限公司
地　　址：泉州丰泽区北峰工业区丰惠西路 1 号
电话号码：0595-22887705

单位名称：宏帆艺品有限公司
地　　址：泉州鲤城区蔡庄工业区

电话号码：0595-22460818

单位名称：泉州金日旅游用品有限公司
地　　址：泉州花美村
电话号码：0595-22686596

单位名称：泉州民主灯具厂
地　　址：泉州火车站对面
电话号码：0595-22681997

单位名称：泉州东方手袋厂
地　　址：泉州北峰工业区
电话号码：0595-22888216

单位名称：泉州闽乔塑胶有限公司
地　　址：泉州丰泽区浔美工业区 D-1
电话号码：0595-22886391

单位名称：泉州刺桐彩印有限公司
地　　址：泉州北峰工业区
电话号码：0595-22886918

单位名称：泉州鲤中食品机械有限公司
地　　址：泉州江南鲤中工业区
电话号码：0595-22463713

单位名称：晋江台鹏凯亚服装织造有限公司
地　　址：晋江伍堡街
电话号码：0595-85481406

单位名称：泉州大泉赖氨酸有限公司
地　　址：泉州东海法石
电话号码：0595-22905756

单位名称：泉州筑路机械厂
地　　址：泉州东海法石
电话号码：0595-22908871

单位名称：泉州中侨味精厂
地　　址：泉州东海法石
电话号码：0595-22905793

单位名称：泉州佳鼎机械有限公司
地　　址：泉州丰泽区东海滨城工业园 CK-11
电话号码：0595-22905699

单位名称：泉州力可茂精密机械有限公司
地　　址：泉州东海法石

电话号码：0595-22900123

单位名称：晋江凯风针织有限公司
地　　址：晋江金井镇石圳工业区
电话号码：0595-85393579

单位名称：晋江亿丰织造有限公司
地　　址：晋江金井钞岱东峰区 48 号
电话号码：0595-85339777

单位名称：晋江舒华体育用品有限公司
地　　址：晋江池店镇舒华工业区
电话号码：0595-85985555

单位名称：泉州固特健美服装有限公司
地　　址：泉州城东杏宅小区
电话号码：0595-22650535

单位名称：晋江拓展电器有限公司
地　　址：晋江安海桥头
电话号码：0595-85793146

单位名称：晋江美达弹性织物有限公司
地　　址：晋江曾井洪宅安工业区
电话号码：0595-85603001

单位名称：晋江灿煌鞋业有限公司
地　　址：晋江洋埭涵埭
电话号码：0595-85088488

单位名称：晋江宝国钢材有限公司
地　　址：晋江安海镇灵水
电话号码：0595-85781396

单位名称：晋江瑞安织业有限公司
地　　址：晋江安海镇东大街 197 号
电话号码：0595-85787170

单位名称：南安仙境食品有限公司
地　　址：南安溪美环西路 64 号
电话号码：0595-86371888

单位名称：晋江安信妇幼用品有限公司
地　　址：晋江安海镇后林工业区
电话号码：0595-85784911

单位名称：石狮锦威衬布有限公司
地　　址：石狮四号工业区荣兴大厦

电话号码：0595-88584123

单位名称：南安高洁仕洁具制品有限公司
地　　址：南安市水头镇朴三村
电话号码：0595-86990768

单位名称：泉州益丽日用制品有限公司
地　　址：泉州经济技术开发区 3-15C 益丽大厦
电话号码：0595-22462297

单位名称：泉州飞龙塑钢制品有限公司
地　　址：泉州经济技术开发区二经九路
电话号码：0595-22492762

单位名称：永春美岭人造板厂
地　　址：永春县一都镇美岭村
电话号码：0595-23992658

单位名称：石狮市恒力电镀设备厂
地　　址：石狮市蚶江玉山工业区
电话号码：0595-88650309

单位名称：安溪志闽旅游开发有限公司
地　　址：安溪龙门溪瑶村
电话号码：0595-23318680

单位名称：安溪三元岩水泥有限公司
地　　址：安溪县金名镇三元村
电话号码：0595-23366999

单位名称：晋江太平洋鞋业有限公司
地　　址：晋江市陈埭镇涵埭工业区
电话号码：0595-85088288

单位名称：泉州中天石油轻工机械制造有限公司
地　　址：泉州洛江区杏宅村
电话号码：0595-22658168

单位名称：泉州力标实业有限公司
地　　址：泉州宝洲路力标大厦
电话号码：0595-22588333

单位名称：泉州格林轻工有限公司
地　　址：泉州丰泽区东海镇宝盖工业区
电话号码：0595-22109129

单位名称：泉州皇星轻工有限公司
地　　址：泉州浮桥仙景工业区 6 号楼

电话号码：0595-22879095

单位名称：泉州侨隆轻工有限公司
地　　址：泉州鲤城区浮桥仙景工业区
电话号码：0595-22467795

单位名称：泉州福格茨轻工有限公司
地　　址：泉州成洲工业城
电话号码：0595-22583856

单位名称：泉州子燕轻工有限公司
地　　址：泉州塔前开元工业区
电话号码：0595-22583003

单位名称：泉州友顺养殖有限公司
地　　址：泉州泉秀路西段富豪大厦3楼
电话号码：0595-22596012

单位名称：泉州联兴远洋渔业有限公司
地　　址：泉州鲤城区北门街华侨新村一排九号
电话号码： 0595-22284900

单位名称：泉州志成塑料厂
地　　址：泉州西郊白水营18号
电话号码：0595-22294827

单位名称：泉州千亿花卉园艺有限公司
地　　址：泉州丰泽区田安路千亿大厦11层
电话号码：0595-22596288

单位名称：泉州恒辉食品有限公司
地　　址：泉州鲤城区浮桥镇东浦村
电话号码：0595-22485168

单位名称：泉州海山冷冻食品业有限公司
地　　址：泉州市福成城区东门外
电话号码：0595-22788005

单位名称：泉州庆丰食品有限公司
地　　址：泉州鲤城区浮桥镇仙景工业区
电话号码：0595-22462597

单位名称：泉州御珍食品有限公司
地　　址：泉州鲤城区浮桥罐头厂内
电话号码：0595-22429369

单位名称：泉州宏达食品有限公司
地　　址：泉州丰泽区北峰工业区

电话号码：0595-22787996

单位名称：泉州新世纪食品开发有限公司
地　　址：泉州塔前开元工业区
电话号码：0595-22881999

单位名称：泉州益鑫针纺织有限公司
地　　址：泉州丰泽街市建行大厦25层
电话号码：0595-22163650

单位名称：泉州永兴化纤织造实业有限公司
地　　址：泉州鲤城区江南工业区
电话号码：0595-22463111

单位名称：泉州万春织带有限公司
地　　址：泉州泉秀路灯星村宝洲路口
电话号码：0595-22582154

单位名称：泉州源晟服装有限公司
地　　址：泉州鲤城区江南工业区楼1幢
电话号码：0595-22488038

单位名称：泉州侨美服装有限公司
地　　址：泉州成洲工业区4号大楼
电话号码：0595-22585533

单位名称：泉州宝龙制衣发展有限公司
地　　址：泉州泉秀路成洲工业区
电话号码：0595-22582568

单位名称：泉州鸿豪服装有限公司
地　　址：泉州鲤城区南环路临江工业区
电话号码：0595-22866981

单位名称：泉州伟隆服装有限公司
地　　址：泉州鲤城区江南火炬工业区
电话号码：0595-22462838

单位名称：泉州景泰服装有限公司
地　　址：泉州北峰工业区丰盛路11号
电话号码：0595-22889476

单位名称：泉州凯悦制衣有限公司
地　　址：泉州丰泽区成洲工业区9号区3幢
电话号码：0595-22589620

单位名称：泉州瑞祥轻纺有限公司
地　　址：泉州丰泽区北峰工业区丰盈路19号

电话号码：0595-22228222

单位名称：泉州恒翔鞋服有限公司
地　　址：泉州鲤城区江南镇火炬工业区
电话号码：0595-22481019

单位名称：泉州道崎鞋业有限公司
地　　址：泉州浮桥镇仙景工业区
电话号码：0595-22468000

单位名称：泉州丰盈制鞋有限公司
地　　址：泉州丰泽区北峰工业区丰盈路 13 号
电话号码：0595-22881818

单位名称：泉州联泰橡塑有限公司
地　　址：泉州东大路工业后街
电话号码：0595-22284900

单位名称：泉州益轩轻工有限公司
地　　址：泉州清蒙工业区 4-10B
电话号码：0595-22491777

单位名称：泉州聚龙轻工有限公司
地　　址：泉州清蒙科技工业园
电话号码：0595-22466789

单位名称：泉州利凯鞋帽有限公司
地　　址：泉州北峰工业区
电话号码：0595-22882141

单位名称：泉州远太文化用品有限公司
地　　址：泉州温陵路远太大厦 22 层
电话号码：0595-22199032

单位名称：泉州希仕达文具有限公司
地　　址：泉州鲤城区仙景工业区
电话号码：0595-22462575

单位名称：泉州三育文具有限公司
地　　址：泉州王宫远太工业区内
电话号码：0595-22485653

单位名称：泉州银鹰文教用品有限公司
地　　址：泉州东海滨城工业区 33 号
电话号码：0595-22902886

单位名称：泉州新世纪文具礼品有限公司
地　　址：泉州丰泽区北峰工业区
电话号码：0595-22902886

单位名称：泉州商盛文具有限公司
地　　址：泉州丰泽区北峰工业区丰盛路 8 号
电话号码：0595-22889133

单位名称：泉州精致工艺玩具有限公司
地　　址：泉州丰泽区浦西工业区
电话号码：0595-22650128

单位名称：泉州泳佳玩具有限公司
地　　址：泉州丰泽区北峰工业区
电话号码：0595-22888306

单位名称：泉州新光蜡艺有限公司
地　　址：泉州成洲工业区 1 幢 2 楼
电话号码：0595-22585635

单位名称：泉州艺洋礼品有限公司
地　　址：泉州成洲工业区
电话号码：0595-22575046

单位名称：泉州正雅大工艺制品有限公司
地　　址：泉州温陵路名城大厦 7 楼
电话号码：13905980090

单位名称：泉州日达修配厂
地　　址：泉州宝洲路南盛大厦
电话号码：0595-22595501

单位名称：泉州开元塑料工艺厂
地　　址：泉州市少林路
电话号码：0595-22775016

单位名称：爱尔特服饰有限公司
地　　址：晋江市罗山镇
电话号码：0595-88121888

单位名称：晋江恒昌针织有限公司
地　　址：晋江市安海
电话号码：0595-85703689

单位名称：南安中宇集团有限公司
电话号码：0595-86142222

单位名称：安溪洪恩岩旅游开发公司
电话号码：0595-23421005

单位名称：晋江兴达机电器材有限公司
电话号码：0595-85793979

单位名称：永春牛姆林管理办公室
电话号码：0595-23985986

单位名称：晋江金泰橡塑制品有限公司
电话号码：0595-85783118

单位名称：晋江福泰钢材贸易有限公司
电话号码：0595-85796768

单位名称：泉州泉港区经发局
电话号码：0595-87987797

单位名称：石狮荣杰金属有限公司
电话号码：0595-88915328

单位名称：晋江帝豪酒店
电话号码：0595-85695888

单位名称：晋江太子大酒店
电话号码：0595-85581666

单位名称：中国外运福建泉州公司
电话号码：0595-22106752

单位名称：晋江万代好鞋业有限公司
电话号码：0595-85787550

单位名称：晋江恒源镇针纺服装有限公司
电话号码：0595-85791397

单位名称：晋江安海迅达电脑办公设备服务公司
电话号码：0595-85781306

单位名称：泉州绿园喷泉工程有限公司
电话号码：0595-22108128

单位名称：晋江福益彩印有限公司
电话号码：0595-85583267

单位名称：晋江西滨春绿降解塑料有限公司
电话号码：0595-85184661

单位名称：永春万特实业有限公司
电话号码：0595-23802559

单位名称：泉州泉风电机有限公司
电话号码：0595-22153818

单位名称：泉州培联交通工程有限公司
电话号码：0595-22886035

单位名称：晋江三益钢铁有限公司
电话号码：0595-85731860

单位名称：晋江新菱玩具有限公司
电话号码：0595-85787008

单位名称：晋江兴源塑料有限公司
电话号码：0595-85786616

单位名称：晋江好利来玩具有限公司
电话号码：0595-85721390

单位名称：安踏鞋业有限公司
电话号码：0595-85199753

单位名称：南安华泉反光有限公司
电话号码：0595-86781753

单位名称：晋江兴泰无纺制品有限公司
电话号码：0595-85786361

单位名称：晋江向兴织造有限公司
电话号码：0595-85730888

单位名称：晋江建大印染有限公司
电话号码：0595-85785466

单位名称：晋江联邦印染有限公司
电话号码：0595-85787883

单位名称：晋江鸿裕电脑机绣有限公司
电话号码：0595-85786447

单位名称：晋江长顺服装织造有限公司
电话号码：0595-85766678

单位名称：晋江奇奇文具有限公司
电话号码：0595-85780881

单位名称：晋江统拓文化用品有限公司
电话号码：0595-85783588

单位名称：晋江力达电子有限公司
电话号码：0595-85729496

单位名称：晋江宝辉工艺精品有限公司
电话号码：0595-85796648

单位名称：晋江泰恒人造首饰有限公司
电话号码：0595-85732999

单位名称：晋江恒安集团有限公司
电话号码：0595-85708747

单位名称：南安燕京啤酒有限公司
电话号码：0595-86786456

单位名称：晋江电力公司
电话号码：0595-85688707

单位名称：泉州益华集团
电话号码：0595-22189942

单位名称：惠安燕京惠泉啤酒股份有限公司
电话号码：0595-87372025

单位名称：安溪县经贸局
电话号码：0595-23237809

单位名称：泉州泉港区经发局
电话号码：0595-87757555

单位名称：惠安县经贸局
电话号码：0595-87382165

单位名称：德化佳美集团公司
电话号码：0595-23535035

单位名称：晋江庆丰塑胶有限公司
电话号码：0595-85738777

单位名称：晋江联丰食品有限公司
电话号码：0595-85738999

单位名称：泉州大泉赖安酸有限公司
电话号码：0595-22905709

单位名称：晋江紫华药业有限公司
电话号码：0595-85735000

单位名称：晋江美斯达电子玩具有限公司
电话号码：0595-85789295

单位名称：泉州首富实业有限公司
电话号码：0595-22659008

单位名称：惠安富泰石油化工有限公司
电话号码：0595-87092675

单位名称：晋江兴安集团有限公司
电话号码：0595-85791003

单位名称：泉州市生产力促进中心
电话号码：0595-22492466

单位名称：石狮华威电源有限公司
电话号码：0595-88195998

单位名称：南安新绵江石油化工有限公司
电话号码：0595-86092222

单位名称：南安江盈化学品实业有限公司
电话号码：0595-86931938

单位名称：南安美佳美涂料有限公司
电话号码：0595-86473888

单位名称：惠安县对外加工装配公司
电话号码：0595-87372863

单位名称：晋江港口投资发展有限公司
电话号码：0595-85661358

单位名称：晋江泰豪制罐有限公司
电话号码：0595-85793618

单位名称：泉州时韵服装织造有限公司
地　　址：泉州刺桐路云谷工业区 8 号
电话号码：0595-22119888

单位名称：泉州宏澳服装织造有限公司
地　　址：泉州经济技术开发区 7B 幢
电话号码：0595-22499168

单位名称：南安新同发纸塑有限公司
地　　址：南安市诗山镇
电话号码：0595-86489668

单位名称：泉州美加美仿瓷餐具有限公司
地　　址：泉州经济技术开发区
电话号码：0595-22463766

单位名称：晋江新油墨有限公司
地　　址：晋江安海镇安平综合开发区九区 2 号
电话号码：0595-85721999

单位名称：泉州市医药公司
地　　址：泉州市中山中路 155 号
电话号码：0595-22379870

单位名称：南安三晶硅品精制有限公司
地　　址：南安溪头镇崎峰工业区
电话号码：0595-86376887

单位名称：晋江长兴钢管贸易有限公司
地　　址：晋江东石镇平坑
电话号码：0595-85588166

单位名称：晋江鸿展模具制造有限公司
地　　址：晋江池店镇梧潭工业区
电话号码：0595-85989777

单位名称：南安辉煌水暖有限公司
地　　址：南安市泉安路辉煌工业区
电话号码：0595-86141328

单位名称：新一代洁具管业有限公司
地　　址：南安英都镇镇府路 22 号
电话号码：0595-86166886

单位名称：南安市莲花峰药厂
地　　址：南安长安路 52 号
电话号码：0595-86382633

单位名称：南安白沙消防工贸有限公司
地　　址：南安美林镇白沙工业区
电话号码：0595-86285328

单位名称：南安恒利集团公司
地　　址：南安市省新工业区
电话号码：0595-86252666

单位名称：南安旧机动车交易中心
地　　址：南安东浦迎宾路宏基大厦
电话号码：0595-22483818

单位名称：南安帮登鞋业有限公司
地　　址：南安市洪濑镇
电话号码：0595-86682382

单位名称：晋江康大鞋业有限公司
地　　址：晋江池店浯潭
电话号码：0595-85980933

单位名称：泉州云锋资产拍卖有限公司
地　　址：泉州温陵路
电话号码：0595-22288756

单位名称：惠安县资产拍卖行有限公司
电话号码：0595-87384990

单位名称：晋江汇福鞋业有限公司
地　　址：晋江池店镇海石工业区
电话号码：0595-85991666

单位名称：晋江道格鞋业有限公司
地　　址：晋江池店镇东山工业区
电话号码：0595-85985943

单位名称：泉州松森电池有限公司
地　　址：泉州东海滨城
电话号码：0595-22917266

单位名称：晋江环球鞋服有限公司
地　　址：晋江池店镇环球工业园艺
电话号码：0595-22929292

单位名称：晋江华宝鞋业有限公司
地　　址：晋江池店镇塘厝工业区
电话号码：0595-85983177

单位名称：晋江大荣鞋业有限公司
地　　址：晋江池店镇池店村
电话号码：0595-85986777

单位名称：福建省康利体育用品有限公司
地　　址：晋江池店镇梧潭工业区
电话号码：0595-85988199

单位名称：爱恩奇鞋业有限公司
地　　址：晋江池店镇池店爱思奇鞋业大厦
电话号码：0595-85995999

单位名称：南安飞越鞋服有限公司

地　　址：南安美林街道玉叶工业区
电话号码：0595-86682531

单位名称：晋江龙山鞋业有限公司
地　　址：晋江池店工业区凤东区 7 号
电话号码：0595-85985537

单位名称：晋江必胜鞋服针织有限公司
地　　址：晋江池店镇潘湖工业区
电话号码：0595-85988658

单位名称：泉州南琦鞋业有限公司
地　　址：泉州经济技术开发区南琦大厦
电话号码：0595-22491111

单位名称：电信公司石狮分公司
地　　址：石狮东巷路
电话号码：0595-88733333

单位名称：电信公司泉州分公司
地　　址：泉州田安路中段
电话号码：0595-85678005

单位名称：铁通通信信息有限公司泉州分公司
地　　址：泉州鲤城区丰泽街毅都大厦 5 楼
电话号码：0595-85316366

单位名称：福建移动通信有限责任公司泉州分公司
地　　址：泉州刺桐东路移动通信大厦
电话号码：0595-22118588

单位名称：中国联通泉州分公司
地　　址：泉州温陵北路联通大楼
电话号码：0595-22276517

单位名称：晋江柚兴典当有限责任公司
地　　址：晋江磁灶陶瓷市场柚花大厦 10 号
电话号码：0595-85888128

单位名称：泉州协成典当有限责任公司
地　　址：泉州刺桐西路工商大楼附属楼
电话号码：0595-22159911

单位名称：中国人民财产保险股份公司泉州分公司
地　　址：泉州丰泽街保险大厦
电话号码：0595-22117226

单位名称：中国人寿保险股份公司泉州分公司

地　　址：泉州丰泽街永宏花苑保险大楼
电话号码：0595-22119117

单位名称：泉州金鑫集团有限公司
地　　址：泉州温陵路 258 号
电话号码：0595-22165588

单位名称：泉州煌星集团公司
地　　址：泉州丰泽中段
电话号码：0595-22980777

单位名称：泉州丰盛集团有限公司
地　　址：泉州田安路丰盛大厦
电话号码：0595-22569565

单位名称：泉州城市建设发展公司
地　　址：泉州田安路丰泽新村
电话号码：0595-22197161

单位名称：泉州消防安全工程公司
地　　址：泉州刺桐东路北消安大厦 3 楼
电话号码：0595-22117509

单位名称：泉州七洋机电有限公司
地　　址：泉州新门外树兜
电话号码：0595-22455391

单位名称：泉州河市电教设备有限公司
地　　址：泉州洛江区河市禾格顶
电话号码：0595-22033088

单位名称：泉州威来蓄电池有限公司
地　　址：泉州经济技术开发区二经四路 2-5B
电话号码：0595-22498861

单位名称：泉州劲达电池有限公司
地　　址：泉州丰泽区东美工业区 1 幢
电话号码：0595-22562800

单位名称：石狮华威电源有限公司
地　　址：石狮五里工业区
电话号码：0595-88195998

单位名称：南安健力达电池有限公司
地　　址：南安市霞美镇温山工业区 178 号
电话号码：0595-86750858

单位名称：泉州赛特电源科技有限公司

地　　址：泉州洛江万安开发区吉源东路恒通工业楼
电话号码：0595-22637788

单位名称：三协汽车有限公司
地　　址：石狮市鸿山镇融盛工业区
电话号码：0595-88982726

单位名称：泉州伟士杰箱包有限公司
地　　址：泉州清蒙科技工业区
电话号码：0595-22495598

单位名称：泉州雅典家私城
地　　址：泉州刺桐路地税大楼（1-4）
电话号码：0595-22115155

单位名称：泉州市支前办
电话号码：0595-22284637　22191861

单位名称：泉州市体改办
电话号码：0595-22398059　22160793

单位名称：泉州市信访局
电话号码：0595-22282037　22282860

单位名称：泉州市法制办
电话号码：0595-22281290　22399510

单位名称：泉州市人防办
电话号码：0595-22278726　22276267

单位名称：泉州市安全生产监督管理局
电话号码：0595-22371479　22371479

单位名称：泉州市教育局
电话号码：0595-22785439　22775315

单位名称：泉州市科技局
电话号码：0595-22579359　22579371

单位名称：泉州市民族与宗教事务局
电话号码：0595-22272846　22272846

单位名称：泉州市公安局
电话号码：0595-22180318　22274199

单位名称：泉州市国内安全保卫支队
电话号码：0595-22180301　22180549

单位名称：泉州市民政局
电话号码：0595-22500611　22500618

单位名称：泉州市老龄办
电话号码：0595-22570918　22570908

单位名称：泉州市双拥办
电话号码：0595-22500616　22500615

单位名称：泉州市司法局
电话号码：0595-22382963　22385887

单位名称：泉州市财政局
电话号码：0595-22283316　22196798

单位名称：泉州市贸发局
电话号码：0595-22273207　22272768

单位名称：泉州市人事局
电话号码：0595-22112399　22112399

单位名称：泉州市劳动和社会保障局
电话号码：0595-22274685　22273135

单位名称：泉州市国土资源局
电话号码：0595-22769912　22769915

单位名称：泉州市建设局
电话号码：0595-22178985　22178950

单位名称：泉州市市政公用事业局
电话号码：0595-22532972　22532970

单位名称：泉州市城乡规划局
电话号码：0595-22197523　22197531

单位名称：泉州市交通局
电话号码：0595-22581663　22581663

单位名称：泉州市水利局
电话号码：0595-22572830　22572861

单位名称：泉州市水土委
电话号码：0595-22288497　22391523

单位名称：泉州市农业局
电话号码：0595-22383728　22370270

单位名称：泉州市区划委
电话号码：0595-22284302　22280302

单位名称：泉州市海洋与渔业局
电话号码：0595-22284797　22281300

单位名称：泉州市林业局
电话号码：0595-22105593　22217278

单位名称：泉州市森林公安局
电话号码：0595-22115526　22105592

单位名称：泉州市外经局
电话号码：0595-22386715　22386716

单位名称：泉州市文化局
电话号码：0595-22114738　22118901

单位名称：泉州市文物局
电话号码：0595-22198792　22287792

单位名称：泉州市广播电视局
电话号码：0595-22108006　22111229

单位名称：泉州市洛江区双阳镇人民政府
电话号码：0595-22061038　22061243

单位名称：泉州市洛江区虹山乡人民政府
电话号码：0595-22077068　22078887

单位名称：泉州市洛江区河市镇人民政府
电话号码：0595-22033015　22033016

单位名称：泉州市洛江区马甲镇人民政府
电话号码：0595-22058046　22058046

单位名称：泉州市洛江区罗溪镇人民政府
电话号码：0595-22057095　22055110

单位名称：泉州市泉港区南埔镇人民政府
电话号码：0595-87782031　87781103

单位名称：泉州市泉港区界山镇人民政府
电话号码：0595-87725088　87725089

单位名称：泉州市泉港区后龙镇人民政府
电话号码：0595-87733886　87731556

单位名称：泉州市泉港区峰尾镇人民政府
电话号码：0595-87763709　87763698

单位名称：泉州市泉港区山腰街道人民政府
电话号码：0595-87981157　87981357

单位名称：泉州市泉港区前黄镇人民政府
电话号码：0595-87966669　87968669

单位名称：泉州市泉港区涂岭镇人民政府
电话号码：0595-87700589　87703251

单位名称：泉州市泉港区山腰盐场
电话号码：0595-87981400　87981276

单位名称：泉州市石狮宝盖镇人民政府
电话号码：0595-88705584　88708082

单位名称：泉州市石狮凤里街道办事处
电话号码：0595-88781707　88887607

单位名称：泉州市石狮湖滨街道办事处
电话号码：0595-88711520　88711521

单位名称：泉州市石狮灵秀镇人民政府
电话号码：0595-88581390　88575625

单位名称：泉州市石狮祥芝镇人民政府
电话号码：0595-88907895　88907893

单位名称：泉州市石狮鸿山镇人民政府
电话号码：0595-88980047　88980047

单位名称：泉州市石狮锦尚镇人民政府
电话号码：0595-88953776　88980136

单位名称：泉州市晋江青阳街道办事处
电话号码：0595-85601021　86501022

单位名称：泉州市晋江梅岭街道办事处
电话号码：0595-85681283　85688404

单位名称：泉州市晋江西园街道办事处
电话号码：0595-85602220　85602223

单位名称：泉州市晋江罗山街道办事处
电话号码：0595-88183120　88186520

单位名称：泉州市晋江新塘街道办事处
电话号码：0595-88129928　88129927

单位名称：泉州市晋江灵源街道办事处
电话号码：0595-85738005　85738003

单位名称：泉州市晋江陈埭镇人民政府
电话号码：0595-85180140　85191140

单位名称：泉州市晋江池店镇人民政府
电话号码：0595-85988009　85988004

单位名称：泉州市晋江安海镇人民政府
电话号码：0595-85799022　85799028

单位名称：泉州市晋江磁灶镇人民政府
电话号码：0595-85880883　85887994

单位名称：泉州市晋江内坑镇人民政府
电话号码：0595-88386931　8385930

单位名称：泉州市晋江紫帽镇人民政府
电话号码：0595-85985846　85951515

单位名称：泉州市晋江东石镇人民政府
电话号码：0595-85581557　85581774

单位名称：泉州市晋江永和镇人民政府
电话号码：0595-88082141　88082830

单位名称：泉州市晋江英林镇人民政府
电话号码：0595-85481241　85481810

单位名称：泉州市晋江金井镇人民政府
电话号码：0595-85335027　85385525

单位名称：泉州市晋江深沪镇人民政府
电话号码：0595-88280512　88286104

单位名称：泉州市晋江西滨镇人民政府
电话号码：0595-85186615　85186151

单位名称：泉州市南安溪美街道办事处
电话号码：0595-86382730　86285762

单位名称：泉州市南安柳城街道办事处
电话号码：0595-86352022　86365022

单位名称：泉州市南安美林街道办事处
电话号码：0595-86288732　86289517

单位名称：泉州市南安省新镇办事处
电话号码：0595-86255901　86255350

单位名称：泉州市南安东田镇办事处
电话号码：0595-86210068　86210113

单位名称：泉州市南安仑苍镇人民政府
电话号码：0595-86181001　86183703

单位名称：泉州市南安英都镇人民政府
电话号码：0595-86166501　86163501

单位名称：泉州市南安翔云镇人民政府
电话号码：0595-86101166　86105148

单位名称：泉州市南安眉山乡人民政府
电话号码：0595-86428573　86428673

单位名称：泉州市南安金淘镇人民政府
电话号码：0595-86411701　86411402

单位名称：泉州市南安诗山镇人民政府
电话号码：0595-86478567　86483210

单位名称：泉州市南安蓬华镇人民政府
电话号码：0595-86401488　86401498

单位名称：泉州市南安码头镇人民政府
电话号码：0595-86468501　86466902

单位名称：泉州市南安九都镇人民政府
电话号码：0595-86501220　86501837

单位名称：泉州市南安向阳乡人民政府
电话号码：0595-86522701　86522833

单位名称：泉州市南安罗东镇人民政府
电话号码：0595-86568201　86566988

单位名称：泉州市南安乐峰镇人民政府
电话号码：0595-86564101　86564201

单位名称：泉州市南安梅山镇人民政府
电话号码：0595-86585101　86583280

单位名称：泉州市南安洪濑镇人民政府
电话号码：0595-86682101　86683378

单位名称：泉州市南安洪梅镇人民政府
电话号码：0595-86611201　86611080

单位名称：泉州市南安康美镇人民政府
电话号码：0595-86653201　86651405

单位名称：泉州市南安丰州镇人民政府
电话号码：0595-86786188　85781865

单位名称：泉州市南安霞美镇人民政府
电话号码：0595-86756888　85759288

单位名称：泉州市南安官桥镇人民政府
电话号码：0595-86882101　86882709

单位名称：泉州市南安水头镇人民政府
电话号码：0595-86985101　86985607

单位名称：泉州市南安石井镇人民政府
电话号码：0595-86087101　86087534

单位名称：泉州市南安雪峰开发区
电话号码：0595-86682215　86682678

单位名称：泉州市惠安螺城镇人民政府
电话号码：0595-87382686　87382686

单位名称：泉州市惠安黄塘镇人民政府
电话号码：0595-87289024　87289562

单位名称：泉州市惠安紫山镇人民政府
电话号码：0595-87292233　87292929

单位名称：泉州市惠安洛阳镇人民政府
电话号码：0595-87481143　87481022

单位名称：泉州市惠安东园镇人民政府
电话号码：0595-87581231　87581102

单位名称：泉州市惠安张坂镇人民政府
电话号码：0595-87511906　87512017

单位名称：泉州市惠安百崎乡人民政府
电话号码：0595-87551641　87557341

单位名称：泉州市惠安崇武镇人民政府
电话号码：0595-87681326　87684947

单位名称：泉州市惠安山霞镇人民政府
电话号码：0595-87601508　87601850

单位名称：泉州市惠安涂寨镇人民政府
电话号码：0595-87238904　87238902

单位名称：泉州市惠安东岭镇人民政府
电话号码：0595-87881842　87883080

单位名称：泉州市惠安东桥镇人民政府
电话号码：0595-87852001　87850027

单位名称：泉州市惠安净峰镇人民政府
电话号码：0595-87801209　87801134

单位名称：泉州市惠安小乍镇人民政府
电话号码：0595-87839017　87839017

单位名称：泉州市惠安辋川镇人民政府
电话号码：0595-87260007　87263260

单位名称：泉州市安溪凤城镇人民政府
电话号码：0595-23232023　23289023

单位名称：泉州市安溪城厢镇人民政府
电话号码：0595-23232248　23256729

单位名称：泉州市安溪参内乡人民政府
电话号码：0595-23232684　23232685

单位名称：泉州市安溪魁斗镇人民政府
电话号码：0595-23377088　23377087

单位名称：泉州市安溪蓬莱镇人民政府
电话号码：0595-23355188　23350905

单位名称：泉州市安溪金谷镇人民政府
电话号码：0595-23366159　23366189

单位名称：泉州市安溪湖头镇人民政府
电话号码：0595-23401091　23405533

单位名称：泉州市安溪白濑乡人民政府
电话号码：0595-23407009　23407167

单位名称：泉州市安溪湖上乡人民政府
电话号码：0595-23199198　23199506

单位名称：泉州市安溪剑斗镇人民政府
电话号码：0595-23188288　23186289

单位名称：泉州市安溪感德镇人民政府
电话号码：0595-23166188　23166168

单位名称：泉州市安溪桃舟乡人民政府
电话号码：0595-23177898　23177865

单位名称：泉州市安溪福田乡人民政府
电话号码：0595-23176019　23176476

单位名称：泉州市安溪长坑乡人民政府
电话号码：0595-23122168　23122919

单位名称：泉州市安溪蓝田乡人民政府
电话号码：0595-23133188　23133158

单位名称：泉州市安溪祥华乡人民政府
电话号码：0595-23148188　23148777

单位名称：泉州市安溪西坪镇人民政府
电话号码：0595-23411001　23415068

单位名称：泉州市安溪大坪乡人民政府
电话号码：0595-23433998　23433997

单位名称：泉州市安溪尚卿乡人民政府
电话号码：0595-23488089　23488582

单位名称：泉州市安溪芦田镇人民政府
电话号码：0595-23477009　23477100

单位名称：泉州市安溪龙涓乡人民政府
电话号码：0595-23499858　23499838

单位名称：泉州市安溪虎邱镇人民政府
电话号码：0595-23422018　23422679

单位名称：泉州市安溪官桥镇人民政府
电话号码：0595-23336788　23322025

单位名称：泉州市安溪龙门镇人民政府
电话号码：0595-23311185　23314211

单位名称：泉州市永春一都镇人民政府
电话号码：0595-23991678　23991200

单位名称：泉州市永春横口乡人民政府
电话号码：0595-23971006　23971002

单位名称：泉州市永春下洋镇人民政府
电话号码：0595-3982339　3982318

单位名称：泉州市永春坑仔口镇人民政府
电话号码：0595-23952644　23951009

单位名称：泉州市永春玉斗镇人民政府
电话号码：0595-23941188　23941396

单位名称：泉州市永春桂洋镇人民政府
电话号码：0595-23961001　23962669

单位名称：泉州市永春锦斗镇人民政府
电话号码：0595-23931815　23931106

单位名称：泉州市永春呈祥乡人民政府
电话号码：0595-23976026　23976026

单位名称：泉州市永春苏坑镇人民政府
电话号码：0595-23936176　23936997

单位名称：泉州市永春蓬壶镇人民政府
电话号码：0595-23802389　23902629

单位名称：泉州市永春达埔镇人民政府
电话号码：0595-23792368　23791135

单位名称：泉州市永春介福乡人民政府
电话号码：0595-23767801　23767234

单位名称：泉州市永春吾峰镇人民政府
电话号码：0595-23762770　23763400

单位名称：泉州市永春石鼓镇人民政府
电话号码：0595-23822002　23822851

单位名称：泉州市永春五里街镇人民政府
电话号码：0595-23882285　23881918

单位名称：泉州市永春桃城镇人民政府
电话号码：0595-23882689　23877578

单位名称：泉州市永春东平镇人民政府
电话号码：0595-23702804　23702804

单位名称：泉州市永春东关镇人民政府
电话号码：0595-23707118　23702996

单位名称：泉州市永春岵山镇人民政府
电话号码：0595-23732419　23732419

单位名称：泉州市永春仙夹镇人民政府
电话号码：0595-23721058　23721844

单位名称：泉州市永春湖洋镇人民政府
电话号码：0595-23752869　23751968

单位名称：泉州市永春外山乡人民政府
电话号码：0595-23711081　23711081

单位名称：泉州市永春龙浔镇人民政府
电话号码：0595-23522755　23527035

单位名称：泉州市德化浔中镇人民政府
电话号码：0595-23523180　23523180

单位名称：泉州市德化盖德乡人民政府
电话号码：0595-23598018　23598018

单位名称：泉州市德化三班镇人民政府
电话号码：0595-23578018　23577219

单位名称：泉州市德化龙门滩镇人民政府
电话号码：0595-23568018　23568015

单位名称：泉州市德化雷峰镇人民政府
电话号码：0595-23608018　23609992

单位名称：泉州市德化南埕镇人民政府
电话号码：0595-23618018　23618028

单位名称：泉州市德化水口镇人民政府
电话号码：0595-23628118　23629729

单位名称：泉州市德化国宝乡人民政府
电话号码：0595-23638891　23639298

单位名称：泉州市德化赤水镇人民政府
电话号码：0595-23648018　23648018

单位名称：泉州市德化美湖乡人民政府
电话号码：0595-23668018　23668019

单位名称：泉州市德化大铭乡人民政府
电话号码：0595-23669019　23669019

单位名称：泉州市德化春美乡人民政府
电话号码：0595-23658018　23658197

单位名称：泉州市德化上涌镇人民政府
电话号码：0595-23678018　23679727

单位名称：泉州市德化汤头乡人民政府
电话号码：0595-23689028　23689500

单位名称：泉州市德化葛坑镇人民政府
电话号码：0595-23697018　23698018

单位名称：泉州市德化桂阳乡人民政府
电话号码：0595-23688518　23688518

单位名称：泉州市德化杨梅乡人民政府
电话号码：0595-23699618　23699618

泉州泉港海洋聚苯树脂有限公司

简　　介

泉州泉港海洋聚苯树脂有限公司成立于1999年，建设年产10万吨聚苯乙烯生产线及其配套的公用工程，总投资24686万元。本公司年产10吨聚苯乙烯工程项目采用第二代的“SOE聚苯乙烯化工专有技术”进行工程设计，该专有技术是SOE化工集团在原化工部颁发的“SOE聚苯乙烯化工专有技术”的基础上，经过十年的研究开发创新、进行设备国产化的结果。2002年9月，项目建成投产，现已达到生产设计能力并在2004年8月份通过技术改造，达到年产12万吨的水平。本公司有员工208人，其中：大专以上专业技术人员92人，占员工总数的44.2%。有博士、硕士及一批科研骨干，具有相当的科研、创新能力，公司正在组建包括研发试验线和先进实验室装置的高新科研中心。公司目前生产各种牌号聚苯乙烯树脂产品十几个，产品质量达到世界同类产品的先进水平。有已开发并通过福建省科技厅、经贸委鉴定的高光泽高抗冲聚苯乙烯电器专用料等高科技产品，正在开发的产品中有多项列为国家、省级火炬计划、科技重点项目、重点新产品项目。公司是福建省高新技术企业，福建省明星侨资企业。本公司产品广泛应用于电子电器、灯具玩具、计算机和电视机壳体、冰箱板材、装饰板材等，具有广阔的市场。本公司聚苯乙烯项目建成，满足了福建省、特别是闽东南地区和江浙地区对聚苯乙烯的需求，带动下游塑料加工业的发展，具有很好的经济效益和社会效益。